证券法一本通

中华人民共和国证券法总成

（第二版）

邢会强　编著

法律出版社
LAW PRESS · CHINA
—— 北京 ——

图书在版编目（CIP）数据

证券法一本通：中华人民共和国证券法总成/邢会强编著. --2版. --北京：法律出版社，2022
ISBN 978-7-5197-6313-8

Ⅰ.①证… Ⅱ.①邢… Ⅲ.①证券法-基本知识-中国 Ⅳ.①D922.287.4

中国版本图书馆CIP数据核字(2022)第000312号

证券法一本通
——中华人民共和国证券法总成(第二版)
ZHENGQUANFA YIBENTONG
—ZHONGHUA RENMIN GONGHEGUO ZHENGQUANFA ZONGCHENG(DI-ER BAN)

邢会强 编著

责任编辑 屈 瑶
装帧设计 李 瞻

出版发行 法律出版社
编辑统筹 学术·对外出版分社
责任校对 王 丰
责任印制 陶 松
经 销 新华书店

开本 A5
印张 21.5 字数 664千
版本 2022年2月第2版
印次 2022年2月第1次印刷
印刷 天津嘉恒印务有限公司

地址:北京市丰台区莲花池西里7号(100073)
网址:www.lawpress.com.cn
投稿邮箱:info@lawpress.com.cn
举报盗版邮箱:jbwq@lawpress.com.cn

销售电话:010-83938349
客服电话:010-83938350
咨询电话:010-63939796

书号:ISBN 978-7-5197-6313-8 定价:69.00元
凡购买本社图书,如有印装错误,我社负责退换。电话:010-83938349

编者简介

邢会强,中央财经大学法学院教授、博士生导师;中国法学会证券法学研究会副会长兼秘书长;北京市金融服务法研究会会长;中国法学会经济法学研究会常务理事兼副秘书长;《财经法学》主编、《证券法律评论》执行主编、《金融服务法评论》执行主编。2018年国家社科基金重大项目《大数据法制立法方案研究》首席专家。

编写说明

证券律师业务是律师业务中的高端业务，掌握证券律师业务是广大律师争相追逐的职业目标。证券行业是高端的“金领”行业，从事证券业务也是广大学子梦寐以求的就业首选。然而，证券法又是一门高级、精深的法律门类，不是一般法律人所能掌握的。专业的证券法将一般的法律人挡在了证券法律业务的门外。正是因为证券法的高门槛，才保证了证券法律从业者的高收入。

然而，随着我国直接融资体系的扩张和资本市场的发展，证券法律队伍亟须壮大。为了帮助广大的法律人学习好、掌握好证券法，吃透法条的含义，笔者欣然应约，编著了本书。本书第一版于 2019 年 6 月出版后，销量很好，说明受到了广大读者的欢迎。2019 年 12 月 28 日，第十三届全国人民代表大会常务委员会第十五次会议修订通过了新的《证券法》。本次《证券法》的修订力度较大，修订前的《证券法》有 240 个条文，修订后条文减少到 226 个。在新《证券法》的 226 个条文中，只有 57 个是从 2014 年的《证券法》平移过来的，其余 169 个条文都有不同程度的修改（约占新法条文总数的 75%）。[①] 新《证券法》自修订通过以来，中国证监会以及沪深证券交易所等机构又修订了不少规章和规范性文件，因此，有必要根据新《证券法》对本书进行全面修订。

本书的特色是：

第一，在《证券法》相关条文下列出了重要的法律（如《公司法》《证券投资基金法》）的全文。这两部法律与《证券法》的关系密切，因此一个条文都不能少。

---

① 参见邢会强编著：《〈中华人民共和国证券法〉新旧条文对照与适用精解》，中国法制出版社 2020 年版，序言，第 1 页。

第二,在《证券法》相关条文下列出了证监会的重要行政规章或规范性文件,尤其是新《证券法》通过后修改或制定的行政规章或规范性文件。

第三,在《证券法》相关条文下列出了几部司法解释和会议纪要,以便读者掌握裁判规则。

第四,在《证券法》相关条文下列出了几乎所有的最高人民法院公报案例,尽管其数量不多,但对于读者掌握《证券法》在实践中的司法运行却非常重要。

第五,在《证券法》相关条文下列出了许多司法判例。几乎每一位民庭法官都能够运用《民法典·合同编》进行裁判,但能够运用《证券法》进行裁判的法官却较少。为了帮助广大的法官掌握《证券法》,笔者在中国裁判文书网上收集了几乎所有的运用《证券法》进行裁判的司法判例,并将其进行精选后,在《证券法》相关条文下列出,以案说法。相信读者在读了这些司法判例后,对《证券法》的理解会更透彻。也借此希望广大法官能够学会运用《证券法》正确判案。

第六,在《证券法》相关条文下列出了较为典型的证监会行政处罚案例。证监会的执法是《证券法》实施的最重要的途径,通过这些典型的行政处罚案例,读者能形象地理解《证券法》条文的具体含义,更准确地了解证监会的执法尺度。

需要说明的是,由于大部分的案例是依据旧《证券法》作出的,为了不给读者造成干扰,本书在列举这些案例的时候,一般不再列出旧《证券法》的条文序号和已被新《证券法》取代的过时条文。如需列出,也标出了该版《证券法》的最近一次修正或修订的时间。

本书精选出的案例,大部分都是具有标志性的经典案例,对于读者了解执法者和司法者对《证券法》的理解和解释,对于我们建立对《证券法》实施的预期大有助益。希望广大读者在读了、用了本书之后,都能有所收获!

最后,感谢法律出版社学术对外分社孙东育社长、屈瑶编辑的支持和细致的编校工作。

邢会强

2018 年 6 月 7 日第一稿

2021 年 7 月 26 日第二稿

于北京

目　　录

中华人民共和国证券法

第一章　总则 …………………………………………………… 2

第一条　立法目的 ………………………………………… 2

第二条　调整对象与适用范围 …………………………… 3

第三条　“三公”原则 …………………………………… 90

第四条　平等、自愿、有偿、诚实信用原则 …………… 91

第五条　守法原则、反欺诈原则 ………………………… 94

第六条　分业原则 ………………………………………… 98

第七条　证券监管体制 ………………………………… 101

第八条　审计监督 ……………………………………… 108

第二章　证券发行 ……………………………………… 108

第九条　公开发行证券的定义 ………………………… 108

第十条　保荐制度 ……………………………………… 111

第十一条　募集设立股份有限公司 …………………… 130

第十二条　公司首次公开发行新股的条件 …………… 131

第十三条　公开发行新股报文件 ……………………… 179

第十四条　募集资金用途 ……………………………… 180

第十五条　公开发行公司债券的条件 ………………… 180

第十六条　公开发行公司债券申请文件 ……………… 180

第十七条　不得再次公开发行公司债券的情形 ……… 202

第十八条　公开发行证券申请文件格式 ……………… 203

第十九条　信息披露的基本原则 …………………………… 203
第二十条　IPO 预披露……………………………………… 203
第二十一条　证券发行注册制 ……………………………… 204
第二十二条　注册决定 ……………………………………… 223
第二十三条　公开发行募集文件的公告 …………………… 223
第二十四条　发行注册决定的撤销 ………………………… 224
第二十五条　投资者自负原则 ……………………………… 224
第二十六条　证券承销 ……………………………………… 224
第二十七条　发行人自主选择承销商 ……………………… 224
第二十八条　承销协议 ……………………………………… 224
第二十九条　承销商的义务与责任 ………………………… 225
第三十条　承销团 …………………………………………… 225
第三十一条　承销期限 ……………………………………… 225
第三十二条　发行价格的确定 ……………………………… 225
第三十三条　发行失败 ……………………………………… 225
第三十四条　股票发行情况的备案 ………………………… 225
第三章　证券交易 ……………………………………………… 226
第一节　一般规定 …………………………………………… 226
第三十五条　可交易证券范围 ……………………………… 226
第三十六条　证券转让期限的限制性规定 ………………… 226
第三十七条　证券交易场所 ………………………………… 226
第三十八条　证券交易方式 ………………………………… 242
第三十九条　证券凭证形式 ………………………………… 242
第四十条　禁止从事证券交易的人员 ……………………… 243
第四十一条　投资者信息与商业秘密保护 ………………… 244
第四十二条　证券服务机构和人员买卖股票的限制 ……… 244
第四十三条　证券交易的收费 ……………………………… 246
第四十四条　短线交易归入权 ……………………………… 246
第四十五条　程序化交易 …………………………………… 247

第二节　证券上市 …………………………………………… 256
第四十六条　证券上市审核 …………………………………… 256
第四十七条　证券交易所上市规则 …………………………… 256
第四十八条　退市 ……………………………………………… 256
第四十九条　上市、退市的救济程序 ………………………… 256
第三节　禁止的交易行为 ……………………………………… 256
第五十条　禁止内幕交易 ……………………………………… 256
第五十一条　内幕信息知情人 ………………………………… 259
第五十二条　内幕消息 ………………………………………… 262
第五十三条　内幕交易的民事责任 …………………………… 268
第五十四条　禁止利用未公开信息进行证券交易 …………… 283
第五十五条　禁止操纵市场 …………………………………… 288
第五十六条　禁止编造、传播虚假信息 ……………………… 308
第五十七条　禁止欺诈客户 …………………………………… 313
第五十八条　禁止出借证券账户 ……………………………… 317
第五十九条　禁止违规资金 …………………………………… 320
第六十条　国有企业买卖股票 ………………………………… 320
第六十一条　违规交易报告义务 ……………………………… 320
第四章　上市公司的收购 ……………………………………… 321
第六十二条　收购方式 ………………………………………… 321
第六十三条　权益披露规则及慢走规则 ……………………… 345
第六十四条　权益披露的内容 ………………………………… 348
第六十五条　收购要约 ………………………………………… 348
第六十六条　收购报告书 ……………………………………… 348
第六十七条　收购要约的收购期限 …………………………… 348
第六十八条　收购要约的不可撤销性 ………………………… 349
第六十九条　收购要约的普遍适用性 ………………………… 349
第七十条　要约收购中的禁止行为 …………………………… 349
第七十一条　协议收购 ………………………………………… 349
第七十二条　股票与资金的保管 ……………………………… 349

第七十三条　要约收购 …………………………………… 349
第七十四条　退市与余股强制出售权 ………………………… 350
第七十五条　收购人的股票禁售期 …………………………… 350
第七十六条　换股及收购情况披露 …………………………… 350
第七十七条　上市公司分立、合并 …………………………… 350
第五章　信息披露 ………………………………………………… 350
第七十八条　信息披露的基本原则 …………………………… 350
第七十九条　定期报告 ………………………………………… 351
第八十条　上市公司临时报告 ………………………………… 351
第八十一条　公司债券发行人的临时报告 …………………… 365
第八十二条　董监高对信息披露的责任 ……………………… 366
第八十三条　公平信息披露 …………………………………… 374
第八十四条　自愿性信息披露 ………………………………… 374
第八十五条　虚假陈述的民事责任 …………………………… 375
第八十六条　信息披露的载体 ………………………………… 414
第八十七条　信息披露的监管 ………………………………… 414
第六章　投资者保护 ……………………………………………… 414
第八十八条　投资者适当性 …………………………………… 414
第八十九条　对普通投资者的倾斜保护 ……………………… 423
第九十条　公开征集股东权利 ………………………………… 423
第九十一条　上市公司分红 …………………………………… 423
第九十二条　债券持有人会议 ………………………………… 427
第九十三条　先行赔付 ………………………………………… 427
第九十四条　投资者保护机构 ………………………………… 427
第九十五条　证券民事赔偿诉讼的形式 ……………………… 428
第七章　证券交易场所 …………………………………………… 446
第九十六条　证券交易场所的法律地位 ……………………… 446
第九十七条　证券交易场所的分层 …………………………… 485
第九十八条　区域性股权市场 ………………………………… 485
第九十九条　社会公共利益优先原则 ………………………… 496

第一百条　证券交易所名称保护 …………………………… 496
第一百零一条　证券交易所的财产 ………………………… 496
第一百零二条　证券交易所的组织机构 …………………… 496
第一百零三条　证券交易所的负责人的消极条件 ………… 496
第一百零四条　证券交易所从业人员的消极条件 ………… 497
第一百零五条　证券交易所的会员 ………………………… 497
第一百零六条　投资者参与证券交易的途径 ……………… 497
第一百零七条　证券账户实名制 …………………………… 497
第一百零八条　清算交收与登记过户 ……………………… 497
第一百零九条　证券交易即时行情 ………………………… 497
第一百一十条　上市交易股票的停牌或复牌 ……………… 498
第一百一十一条　技术性停牌与临时停市 ………………… 498
第一百一十二条　证券交易所的职权 ……………………… 499
第一百一十三条　证券交易所的风险监测 ………………… 499
第一百一十四条　证券交易所风险基金 …………………… 499
第一百一十五条　证券交易所的业务规则 ………………… 499
第一百一十六条　证券交易所的回避制度 ………………… 502
第一百一十七条　证券交易所的不可撤销性及其例外 …… 502
第八章　证券公司 …………………………………………… 503
第一百一十八条　证券公司的设立 ………………………… 503
第一百一十九条　证券公司设立审批 ……………………… 516
第一百二十条　证券公司的业务范围 ……………………… 516
第一百二十一条　证券公司的注册资本 …………………… 529
第一百二十二条　证券公司重大事项的核准 ……………… 530
第一百二十三条　证券公司的风险控制 …………………… 530
第一百二十四条　证券公司的董监高 ……………………… 537
第一百二十五条　证券公司的从业人员 …………………… 537
第一百二十六条　证券投资者保护基金 …………………… 537
第一百二十七条　交易风险准备金 ………………………… 542
第一百二十八条　内部控制制度 …………………………… 542

第一百二十九条　证券公司的自营业务 …………………… 551
第一百三十条　证券公司的经营 ………………………… 552
第一百三十一条　客户交易结算资金和证券 ……………… 552
第一百三十二条　经纪业务管理 ………………………… 558
第一百三十三条　证券公司受托买卖证券 ………………… 558
第一百三十四条　禁止全权委托 ………………………… 558
第一百三十五条　禁止收益承诺 ………………………… 560
第一百三十六条　证券从业人员职务行为责任归属 ……… 560
第一百三十七条　信息查询与保存 ……………………… 562
第一百三十八条　信息报送 …………………………… 562
第一百三十九条　审计或评估 ………………………… 562
第一百四十条　监管措施 ……………………………… 562
第一百四十一条　证券公司股东虚假出资、抽逃出资 …… 563
第一百四十二条　金融监管措施 ………………………… 563
第一百四十三条　停业整顿、托管、接管或撤销 ………… 563
第一百四十四条　边控与禁令 ………………………… 573
第九章　证券登记结算机构 …………………………… 574
第一百四十五条　证券登记结算机构的地位 …………… 574
第一百四十六条　设立证券登记结算机构的条件 ……… 574
第一百四十七条　证券登记结算机构的职能 …………… 574
第一百四十八条　证券登记结算机构的运营方式 ……… 574
第一百四十九条　证券登记结算机构章程、业务规则 …… 575
第一百五十条　证券存管 ……………………………… 575
第一百五十一条　证券持有人名册 ……………………… 575
第一百五十二条　业务安全保障 ………………………… 575
第一百五十三条　资料保存 …………………………… 575
第一百五十四条　证券结算风险基金 …………………… 575
第一百五十五条　证券结算风险基金 …………………… 576
第一百五十六条　证券登记结算的解散 ………………… 576
第一百五十七条　证券账户的开立 ……………………… 576

第一百五十八条　结算规则 …………………………… 576
第一百五十九条　清算交收 …………………………… 576
第十章　证券服务机构 ……………………………… 576
第一百六十条　证券服务机构的范围、基本义务
与市场准入 …………………………… 576
第一百六十一条　证券投资咨询机构的行为 ……………… 601
第一百六十二条　证券服务机构的信息和资料的保存…… 602
第一百六十三条　证券服务机构的义务和法律责任……… 602
第十一章　证券业协会 ……………………………… 608
第一百六十四条　证券业协会的法律地位 ……………… 608
第一百六十五条　证券业协会的章程 ………………… 608
第一百六十六条　证券业协会的职责 ………………… 608
第一百六十七条　证券业协会的组织机构 ……………… 609
第十二章　证券监督管理机构 ………………………… 609
第一百六十八条　证券监管机构的职责 ………………… 609
第一百六十九条　证券监管机构的具体职责 ……………… 609
第一百七十条　执法权限 ……………………………… 610
第一百七十一条　行政和解 …………………………… 631
第一百七十二条　监督检查与调查 …………………… 632
第一百七十三条　被检查、调查的单位和个人的
配合义务 …………………………… 632
第一百七十四条　信息公开 …………………………… 632
第一百七十五条　金融监管信息共享机制 ……………… 632
第一百七十六条　奖励举报制 ………………………… 632
第一百七十七条　跨境监管合作 ……………………… 632
第一百七十八条　案件移送 …………………………… 633
第一百七十九条　证券监管机构工作人员的义务………… 633
第十三章　法律责任 ………………………………… 633
第一百八十条　擅自公开或者变相公开发行证券的
法律责任 …………………………… 633

第一百八十一条　欺诈发行证券的法律责任……………… 633
第一百八十二条　保荐人虚假陈述的法律责任…………… 634
第一百八十三条　违法承销的法律责任 ………………… 634
第一百八十四条　违法承销的法律责任 ………………… 634
第一百八十五条　擅自改变募集资金用途的法律责任…… 634
第一百八十六条　股票转让违规的法律责任……………… 635
第一百八十七条　违法持有、买卖证券的法律责任 ……… 635
第一百八十八条　证券服务机构及其从业人员违法
　　　　　　　　买卖股票的法律责任 ………………… 635
第一百八十九条　短线交易的法律责任 ………………… 635
第一百九十条　程序化交易违法的法律责任……………… 635
第一百九十一条　内幕交易的法律责任 ………………… 635
第一百九十二条　操纵市场与利用未公开信息交易的
　　　　　　　　法律责任 ……………………………… 642
第一百九十三条　编造、传播虚假信息的法律责任 ……… 642
第一百九十四条　证券公司损害客户利益的法律责任…… 642
第一百九十五条　出借或借用证券账户的法律责任……… 643
第一百九十六条　违法收购上市公司的法律责任………… 643
第一百九十七条　信息披露违法的法律责任……………… 643
第一百九十八条　投资者适当性管理违法的法律责任…… 645
第一百九十九条　违法征集股东权利的法律责任………… 645
第二百条　非法开设证券交易场所的法律责任…………… 645
第二百零一条　证券账户违法的法律责任………………… 646
第二百零二条　擅自设立证券公司、非法经营证券业务的
　　　　　　　法律责任 ………………………………… 646
第二百零三条　骗取许可、核准的法律责任 …………… 646
第二百零四条　证券公司重大事项违法的法律责任……… 647
第二百零五条　证券公司违法提供融资或者担保的
　　　　　　　法律责任 ………………………………… 647
第二百零六条　防火墙违法的法律责任…………………… 647

第二百零七条　证券自营业务违法的法律责任……………… 647
第二百零八条　挪用客户的资金和证券的法律责任……… 648
第二百零九条　经纪业务违法的法律责任 ……………………648
第二百一十条　私下接受客户委托买卖证券的
法律责任 …………………………………………………… 648
第二百一十一条　报送信息违法的法律责任……………… 648
第二百一十二条　擅自设立证券登记结算机构的
法律责任 ………………………………………………… 648
第二百一十三条　证券服务机构违法的法律责任………… 649
第二百一十四条　资料保存违法的法律责任……………… 650
第二百一十五条　证券市场诚信档案 ……………………… 650
第二百一十六条　不履行法定责任的法律责任…………… 661
第二百一十七条　渎职的法律责任 ………………………… 661
第二百一十八条　治安管理处罚 …………………………… 661
第二百一十九条　刑事责任 ………………………………… 661
第二百二十条　民事赔偿责任优先原则 …………………… 661
第二百二十一条　证券市场禁入 …………………………… 662
第二百二十二条　罚没所得入国库 ………………………… 667
第二百二十三条　复议与诉讼 ……………………………… 667
第十四章　附则 ……………………………………………… 667
第二百二十四条　境外上市 ………………………………… 667
第二百二十五条　境内上市外资股 ………………………… 667
第二百二十六条　施行日期 ………………………………… 667

中华人民共和国证券法

（1998年12月29日第九届全国人民代表大会常务委员会第六次会议通过　根据2004年8月28日第十届全国人民代表大会常务委员会第十一次会议《关于修改〈中华人民共和国证券法〉的决定》第一次修正　2005年10月27日第十届全国人民代表大会常务委员会第十八次会议第一次修订　根据2013年6月29日第十二届全国人民代表大会常务委员会第三次会议《关于修改〈中华人民共和国文物保护法〉等十二部法律的决定》第二次修正　根据2014年8月31日第十二届全国人民代表大会常务委员会第十次会议《关于修改〈中华人民共和国保险法〉等五部法律的决定》第三次修正　2019年12月28日第十三届全国人民代表大会常务委员会第十五次会议第二次修订）

目　　录

第一章　总　　则
第二章　证券发行
第三章　证券交易
　第一节　一般规定
　第二节　证券上市
　第三节　禁止的交易行为
第四章　上市公司的收购
第五章　信息披露
第六章　投资者保护
第七章　证券交易场所
第八章　证券公司
第九章　证券登记结算机构
第十章　证券服务机构
第十一章　证券业协会
第十二章　证券监督管理机构
第十三章　法律责任
第十四章　附　　则

第一章 总 则

第一条 【立法目的】为了规范证券发行和交易行为,保护投资者的合法权益,维护社会经济秩序和社会公共利益,促进社会主义市场经济的发展,制定本法。

相关裁判摘要

“朱某春与中国证券监督管理委员会一审行政判决书”[北京市第一中级人民法院行政判决书(2017)京01行初235号]认为,证券监管并不直接对个别投资者所涉及的权利冲突和市场纠纷进行考量和处理,其保护的投资者合法权益,应当且仅应当是所有不特定证券投资者的集合性权益。相关裁判摘要如下:

证券监管机关应当且仅应当为整个证券市场之秩序及所有投资者之共同利益而依法全面履行其监管职责。根据《中华人民共和国证券法》第一条的规定,证券监管机关履行监管职责,毋庸置疑具有保护投资者合法权益的功能,此亦为证券监管的核心功能之一。但证券监管并不直接对个别投资者所涉及的权利冲突和市场纠纷进行考量和处理,其保护的投资者合法权益,应当且仅应当是所有不特定证券投资者的集合性权益。证券监管机关通过对证券市场依法实施有效的监管,维护有序的市场秩序,保障所有的投资者能够公平地参与市场竞争,从而实现对所有投资者共同权益的平等保护。证券监管机关不负有基于个别举报投诉而启动行政调查程序的法定义务。因此,个别投资者并不具有要求证券监管机关为其个人利益而履行监管职责的请求权。个别投资者与其他市场主体之间的具体权利冲突和纠纷,应当通过相应的法律救济途径予以解决。

行政机关履行法定职责,其首要任务在于维护公共利益。为此,行政机关需要对多元利益进行综合考量和权衡,并在此基础上合理配置和使用行政资源,以确保其监管职责能够全面有效的行使,公共利益能够得到有效的保护。不特定相关公众基于行政机关对行政管理秩序的维护而客观上获得的利益,属于“公共利益的片断”,即所谓“反射利益”,尚不足以构成行政复议法上所指的合法权益。只有当行政机关不仅有为不特定相关公众的共同利益，更有为特定的个人利益而启动行政程序的法定义务时，行政机关履行职责才具有保护个人合法权益的功能，特定主体方有资格基于个人利益而请求行政机关履行职责。

朱某春基于个别投资者的地位，通过行政复议途径要求证券监管机关履行监管职责所保护的利益仅为“反射利益”，尚不构成行政复议法所保护的合法权益，其不具有通过行政复议途径要求重庆证监局履行监管职责的请求权。

“朱某春与中国证券监督管理委员会二审行政判决书”［北京市高级人民法院行政判决书（2017）京行终4337号］认为，个人投资者的利益不是证券市场整体秩序及不特定投资者集合性权益。相关裁判摘要如下：

本案中，朱某春基于个别投资者的地位，要求证券监管机关履行监管职责所保护的利益，并非证券监管实体法律规范在保护证券市场整体秩序及不特定投资者集合性权益基础上，要求证券监管机关给予特别考虑、尊重和保护的权利和利益，故不构成行政复议法第二条所规定的得以获得行政复议申请人资格的合法权益。据此，被诉复议决定认定朱某春与重庆证监局的核查处理行为不具有法律上的利害关系，并无不当。

第二条 【调整对象与适用范围】在中华人民共和国境内，股票、公司债券、存托凭证和国务院依法认定的其他证券的发行和交易，适用本法；本法未规定的，适用《中华人民共和国公司法》和其他法律、行政法规的规定。

政府债券、证券投资基金份额的上市交易，适用本法；其他法律、行政法规另有规定的，适用其规定。

资产支持证券、资产管理产品发行、交易的管理办法，由国务院依照本法的原则规定。

在中华人民共和国境外的证券发行和交易活动，扰乱中华人民共和国境内市场秩序，损害境内投资者合法权益的，依照本法有关规定处理并追究法律责任。

相关法律条文

《中华人民共和国公司法》(2018 年 10 月 26 日第四次修正并实施)

第一章 总 则

第一条 为了规范公司的组织和行为,保护公司、股东和债权人的合法权益,维护社会经济秩序,促进社会主义市场经济的发展,制定本法。

第二条 本法所称公司是指依照本法在中国境内设立的有限责任公司和股份有限公司。

第三条 公司是企业法人,有独立的法人财产,享有法人财产权。公司以其全部财产对公司的债务承担责任。

有限责任公司的股东以其认缴的出资额为限对公司承担责任;股份有限公司的股东以其认购的股份为限对公司承担责任。

第四条 公司股东依法享有资产收益、参与重大决策和选择管理者等权利。

第五条 公司从事经营活动,必须遵守法律、行政法规,遵守社会公德、商业道德,诚实守信,接受政府和社会公众的监督,承担社会责任。

公司的合法权益受法律保护,不受侵犯。

第六条 设立公司,应当依法向公司登记机关申请设立登记。符合本法规定的设立条件的,由公司登记机关分别登记为有限责任公司或者股份有限公司;不符合本法规定的设立条件的,不得登记为有限责任公司或者股份有限公司。

法律、行政法规规定设立公司必须报经批准的,应当在公司登记前依法办理批准手续。

公众可以向公司登记机关申请查询公司登记事项,公司登记机关应当提供查询服务。

第七条 依法设立的公司,由公司登记机关发给公司营业执照。公司营业执照签发日期为公司成立日期。

公司营业执照应当载明公司的名称、住所、注册资本、经营范围、法定代表人姓名等事项。

公司营业执照记载的事项发生变更的,公司应当依法办理变更登记,由公司登记机关换发营业执照。

第八条 依照本法设立的有限责任公司，必须在公司名称中标明有限责任公司或者有限公司字样。

依照本法设立的股份有限公司，必须在公司名称中标明股份有限公司或者股份公司字样。

第九条 有限责任公司变更为股份有限公司，应当符合本法规定的股份有限公司的条件。股份有限公司变更为有限责任公司，应当符合本法规定的有限责任公司的条件。

有限责任公司变更为股份有限公司的，或者股份有限公司变更为有限责任公司的，公司变更前的债权、债务由变更后的公司承继。

第十条 公司以其主要办事机构所在地为住所。

第十一条 设立公司必须依法制定公司章程。公司章程对公司、股东、董事、监事、高级管理人员具有约束力。

第十二条 公司的经营范围由公司章程规定，并依法登记。公司可以修改公司章程，改变经营范围，但是应当办理变更登记。

公司的经营范围中属于法律、行政法规规定须经批准的项目，应当依法经过批准。

第十三条 公司法定代表人依照公司章程的规定，由董事长、执行董事或者经理担任，并依法登记。公司法定代表人变更，应当办理变更登记。

第十四条 公司可以设立分公司。设立分公司，应当向公司登记机关申请登记，领取营业执照。分公司不具有法人资格，其民事责任由公司承担。

公司可以设立子公司，子公司具有法人资格，依法独立承担民事责任。

第十五条 公司可以向其他企业投资；但是，除法律另有规定外，不得成为对所投资企业的债务承担连带责任的出资人。

第十六条 公司向其他企业投资或者为他人提供担保，依照公司章程的规定，由董事会或者股东会、股东大会决议；公司章程对投资或者担保的总额及单项投资或者担保的数额有限额规定的，不得超过规定的限额。

公司为公司股东或者实际控制人提供担保的，必须经股东会或者股东大会决议。

前款规定的股东或者受前款规定的实际控制人支配的股东，不得参加前款规定事项的表决。该项表决由出席会议的其他股东所持表决权的过半数通过。

第十七条 公司必须保护职工的合法权益,依法与职工签订劳动合同,参加社会保险,加强劳动保护,实现安全生产。

公司应当采用多种形式,加强公司职工的职业教育和岗位培训,提高职工素质。

第十八条 公司职工依照《中华人民共和国工会法》组织工会,开展工会活动,维护职工合法权益。公司应当为本公司工会提供必要的活动条件。公司工会代表职工就职工的劳动报酬、工作时间、福利、保险和劳动安全卫生等事项依法与公司签订集体合同。

公司依照宪法和有关法律的规定,通过职工代表大会或者其他形式,实行民主管理。

公司研究决定改制以及经营方面的重大问题、制定重要的规章制度时,应当听取公司工会的意见,并通过职工代表大会或者其他形式听取职工的意见和建议。

第十九条 在公司中,根据中国共产党章程的规定,设立中国共产党的组织,开展党的活动。公司应当为党组织的活动提供必要条件。

第二十条 公司股东应当遵守法律、行政法规和公司章程,依法行使股东权利,不得滥用股东权利损害公司或者其他股东的利益;不得滥用公司法人独立地位和股东有限责任损害公司债权人的利益。

公司股东滥用股东权利给公司或者其他股东造成损失的,应当依法承担赔偿责任。

公司股东滥用公司法人独立地位和股东有限责任,逃避债务,严重损害公司债权人利益的,应当对公司债务承担连带责任。

第二十一条 公司的控股股东、实际控制人、董事、监事、高级管理人员不得利用其关联关系损害公司利益。

违反前款规定,给公司造成损失的,应当承担赔偿责任。

第二十二条 公司股东会或者股东大会、董事会的决议内容违反法律、行政法规的无效。

股东会或者股东大会、董事会的会议召集程序、表决方式违反法律、行政法规或者公司章程,或者决议内容违反公司章程的,股东可以自决议作出之日起六十日内,请求人民法院撤销。

股东依照前款规定提起诉讼的,人民法院可以应公司的请求,要求股东提供相应担保。

公司根据股东会或者股东大会、董事会决议已办理变更登记的，人民法院宣告该决议无效或者撤销该决议后，公司应当向公司登记机关申请撤销变更登记。

第二章　有限责任公司的设立和组织机构

第一节　设　立

第二十三条　设立有限责任公司，应当具备下列条件：

（一）股东符合法定人数；

（二）有符合公司章程规定的全体股东认缴的出资额；

（三）股东共同制定公司章程；

（四）有公司名称，建立符合有限责任公司要求的组织机构；

（五）有公司住所。

第二十四条　有限责任公司由五十个以下股东出资设立。

第二十五条　有限责任公司章程应当载明下列事项：

（一）公司名称和住所；

（二）公司经营范围；

（三）公司注册资本；

（四）股东的姓名或者名称；

（五）股东的出资方式、出资额和出资时间；

（六）公司的机构及其产生办法、职权、议事规则；

（七）公司法定代表人；

（八）股东会会议认为需要规定的其他事项。

股东应当在公司章程上签名、盖章。

第二十六条　有限责任公司的注册资本为在公司登记机关登记的全体股东认缴的出资额。

法律、行政法规以及国务院决定对有限责任公司注册资本实缴、注册资本最低限额另有规定的，从其规定。

第二十七条　股东可以用货币出资，也可以用实物、知识产权、土地使用权等可以用货币估价并可以依法转让的非货币财产作价出资；但是，法律、行政法规规定不得作为出资的财产除外。

对作为出资的非货币财产应当评估作价，核实财产，不得高估或者低估作价。法律、行政法规对评估作价有规定的，从其规定。

第二十八条　股东应当按期足额缴纳公司章程中规定的各自所认

缴的出资额。股东以货币出资的,应当将货币出资足额存入有限责任公司在银行开设的账户;以非货币财产出资的,应当依法办理其财产权的转移手续。

股东不按照前款规定缴纳出资的,除应当向公司足额缴纳外,还应当向已按期足额缴纳出资的股东承担违约责任。

第二十九条 股东认足公司章程规定的出资后,由全体股东指定的代表或者共同委托的代理人向公司登记机关报送公司登记申请书、公司章程等文件,申请设立登记。

第三十条 有限责任公司成立后,发现作为设立公司出资的非货币财产的实际价额显著低于公司章程所定价额的,应当由交付该出资的股东补足其差额;公司设立时的其他股东承担连带责任。

第三十一条 有限责任公司成立后,应当向股东签发出资证明书。

出资证明书应当载明下列事项:

(一)公司名称;

(二)公司成立日期;

(三)公司注册资本;

(四)股东的姓名或者名称、缴纳的出资额和出资日期;

(五)出资证明书的编号和核发日期。

出资证明书由公司盖章。

第三十二条 有限责任公司应当置备股东名册,记载下列事项:

(一)股东的姓名或者名称及住所;

(二)股东的出资额;

(三)出资证明书编号。

记载于股东名册的股东,可以依股东名册主张行使股东权利。

公司应当将股东的姓名或者名称向公司登记机关登记;登记事项发生变更的,应当办理变更登记。未经登记或者变更登记的,不得对抗第三人。

第三十三条 股东有权查阅、复制公司章程、股东会会议记录、董事会会议决议、监事会会议决议和财务会计报告。

股东可以要求查阅公司会计账簿。股东要求查阅公司会计账簿的,应当向公司提出书面请求,说明目的。公司有合理根据认为股东查阅会计账簿有不正当目的,可能损害公司合法利益的,可以拒绝提供查阅,并应当自股东提出书面请求之日起十五日内书面答复股东并说明理由。公司拒绝提供查阅的，股东可以请求人民法院要求公司提供查阅。

第三十四条　股东按照实缴的出资比例分取红利；公司新增资本时，股东有权优先按照实缴的出资比例认缴出资。但是，全体股东约定不按照出资比例分取红利或者不按照出资比例优先认缴出资的除外。

第三十五条　公司成立后，股东不得抽逃出资。

第二节　组织机构

第三十六条　有限责任公司股东会由全体股东组成。股东会是公司的权力机构，依照本法行使职权。

第三十七条　股东会行使下列职权：

（一）决定公司的经营方针和投资计划；

（二）选举和更换非由职工代表担任的董事、监事，决定有关董事、监事的报酬事项；

（三）审议批准董事会的报告；

（四）审议批准监事会或者监事的报告；

（五）审议批准公司的年度财务预算方案、决算方案；

（六）审议批准公司的利润分配方案和弥补亏损方案；

（七）对公司增加或者减少注册资本作出决议；

（八）对发行公司债券作出决议；

（九）对公司合并、分立、解散、清算或者变更公司形式作出决议；

（十）修改公司章程；

（十一）公司章程规定的其他职权。

对前款所列事项股东以书面形式一致表示同意的，可以不召开股东会会议，直接作出决定，并由全体股东在决定文件上签名、盖章。

第三十八条　首次股东会会议由出资最多的股东召集和主持，依照本法规定行使职权。

第三十九条　股东会会议分为定期会议和临时会议。

定期会议应当依照公司章程的规定按时召开。代表十分之一以上表决权的股东，三分之一以上的董事，监事会或者不设监事会的公司的监事提议召开临时会议的，应当召开临时会议。

第四十条　有限责任公司设立董事会的，股东会会议由董事会召集，董事长主持；董事长不能履行职务或者不履行职务的，由副董事长主持；副董事长不能履行职务或者不履行职务的，由半数以上董事共同推举一名董事主持。

有限责任公司不设董事会的,股东会会议由执行董事召集和主持。

董事会或者执行董事不能履行或者不履行召集股东会会议职责的,由监事会或者不设监事会的公司的监事召集和主持;监事会或者监事不召集和主持的,代表十分之一以上表决权的股东可以自行召集和主持。

第四十一条　召开股东会会议,应当于会议召开十五日前通知全体股东;但是,公司章程另有规定或者全体股东另有约定的除外。

股东会应当对所议事项的决定作成会议记录,出席会议的股东应当在会议记录上签名。

第四十二条　股东会会议由股东按照出资比例行使表决权;但是,公司章程另有规定的除外。

第四十三条　股东会的议事方式和表决程序,除本法有规定的外,由公司章程规定。

股东会会议作出修改公司章程、增加或者减少注册资本的决议,以及公司合并、分立、解散或者变更公司形式的决议,必须经代表三分之二以上表决权的股东通过。

第四十四条　有限责任公司设董事会,其成员为三人至十三人;但是,本法第五十条另有规定的除外。

两个以上的国有企业或者两个以上的其他国有投资主体投资设立的有限责任公司,其董事会成员中应当有公司职工代表;其他有限责任公司董事会成员中可以有公司职工代表。董事会中的职工代表由公司职工通过职工代表大会、职工大会或者其他形式民主选举产生。

董事会设董事长一人,可以设副董事长。董事长、副董事长的产生办法由公司章程规定。

第四十五条　董事任期由公司章程规定,但每届任期不得超过三年。董事任期届满,连选可以连任。

董事任期届满未及时改选,或者董事在任期内辞职导致董事会成员低于法定人数的,在改选出的董事就任前,原董事仍应当依照法律、行政法规和公司章程的规定,履行董事职务。

第四十六条　董事会对股东会负责,行使下列职权:

(一)召集股东会会议,并向股东会报告工作;

(二)执行股东会的决议;

(三)决定公司的经营计划和投资方案;

（四）制订公司的年度财务预算方案、决算方案；

（五）制订公司的利润分配方案和弥补亏损方案；

（六）制订公司增加或者减少注册资本以及发行公司债券的方案；

（七）制订公司合并、分立、解散或者变更公司形式的方案；

（八）决定公司内部管理机构的设置；

（九）决定聘任或者解聘公司经理及其报酬事项，并根据经理的提名决定聘任或者解聘公司副经理、财务负责人及其报酬事项；

（十）制定公司的基本管理制度；

（十一）公司章程规定的其他职权。

第四十七条 董事会会议由董事长召集和主持；董事长不能履行职务或者不履行职务的，由副董事长召集和主持；副董事长不能履行职务或者不履行职务的，由半数以上董事共同推举一名董事召集和主持。

第四十八条 董事会的议事方式和表决程序，除本法有规定的外，由公司章程规定。

董事会应当对所议事项的决定作成会议记录，出席会议的董事应当在会议记录上签名。

董事会决议的表决，实行一人一票。

第四十九条 有限责任公司可以设经理，由董事会决定聘任或者解聘。经理对董事会负责，行使下列职权：

（一）主持公司的生产经营管理工作，组织实施董事会决议；

（二）组织实施公司年度经营计划和投资方案；

（三）拟订公司内部管理机构设置方案；

（四）拟订公司的基本管理制度；

（五）制定公司的具体规章；

（六）提请聘任或者解聘公司副经理、财务负责人；

（七）决定聘任或者解聘除应由董事会决定聘任或者解聘以外的负责管理人员；

（八）董事会授予的其他职权。

公司章程对经理职权另有规定的，从其规定。

经理列席董事会会议。

第五十条 股东人数较少或者规模较小的有限责任公司，可以设一名执行董事，不设董事会。执行董事可以兼任公司经理。

执行董事的职权由公司章程规定。

第五十一条 有限责任公司设监事会,其成员不得少于三人。股东人数较少或者规模较小的有限责任公司,可以设一至二名监事,不设监事会。

监事会应当包括股东代表和适当比例的公司职工代表,其中职工代表的比例不得低于三分之一,具体比例由公司章程规定。监事会中的职工代表由公司职工通过职工代表大会、职工大会或者其他形式民主选举产生。

监事会设主席一人,由全体监事过半数选举产生。监事会主席召集和主持监事会会议;监事会主席不能履行职务或者不履行职务的,由半数以上监事共同推举一名监事召集和主持监事会会议。

董事、高级管理人员不得兼任监事。

第五十二条 监事的任期每届为三年。监事任期届满,连选可以连任。

监事任期届满未及时改选,或者监事在任期内辞职导致监事会成员低于法定人数的,在改选出的监事就任前,原监事仍应当依照法律、行政法规和公司章程的规定,履行监事职务。

第五十三条 监事会、不设监事会的公司的监事行使下列职权:

(一)检查公司财务;

(二)对董事、高级管理人员执行公司职务的行为进行监督,对违反法律、行政法规、公司章程或者股东会决议的董事、高级管理人员提出罢免的建议;

(三)当董事、高级管理人员的行为损害公司的利益时,要求董事、高级管理人员予以纠正;

(四)提议召开临时股东会会议,在董事会不履行本法规定的召集和主持股东会会议职责时召集和主持股东会会议;

(五)向股东会会议提出提案;

(六)依照本法第一百五十一条的规定,对董事、高级管理人员提起诉讼;

(七)公司章程规定的其他职权。

第五十四条 监事可以列席董事会会议,并对董事会决议事项提出质询或者建议。

监事会、不设监事会的公司的监事发现公司经营情况异常,可以进行调查;必要时,可以聘请会计师事务所等协助其工作,费用由公司承担。

第五十五条 监事会每年度至少召开一次会议,监事可以提议召开临时监事会会议。

监事会的议事方式和表决程序,除本法有规定的外,由公司章程规定。

监事会决议应当经半数以上监事通过。

监事会应当对所议事项的决定作成会议记录,出席会议的监事应当在会议记录上签名。

第五十六条 监事会、不设监事会的公司的监事行使职权所必需的费用,由公司承担。

第三节 一人有限责任公司的特别规定

第五十七条 一人有限责任公司的设立和组织机构,适用本节规定;本节没有规定的,适用本章第一节、第二节的规定。

本法所称一人有限责任公司,是指只有一个自然人股东或者一个法人股东的有限责任公司。

第五十八条 一个自然人只能投资设立一个一人有限责任公司。该一人有限责任公司不能投资设立新的一人有限责任公司。

第五十九条 一人有限责任公司应当在公司登记中注明自然人独资或者法人独资,并在公司营业执照中载明。

第六十条 一人有限责任公司章程由股东制定。

第六十一条 一人有限责任公司不设股东会。股东作出本法第三十七条第一款所列决定时,应当采用书面形式,并由股东签名后置备于公司。

第六十二条 一人有限责任公司应当在每一会计年度终了时编制财务会计报告,并经会计师事务所审计。

第六十三条 一人有限责任公司的股东不能证明公司财产独立于股东自己的财产的,应当对公司债务承担连带责任。

第四节 国有独资公司的特别规定

第六十四条 国有独资公司的设立和组织机构,适用本节规定;本节没有规定的,适用本章第一节、第二节的规定。

本法所称国有独资公司,是指国家单独出资、由国务院或者地方人民政府授权本级人民政府国有资产监督管理机构履行出资人职责的有限责任公司。

第六十五条 国有独资公司章程由国有资产监督管理机构制定,或者由董事会制订报国有资产监督管理机构批准。

第六十六条 国有独资公司不设股东会,由国有资产监督管理机构行使股东会职权。国有资产监督管理机构可以授权公司董事会行使股东会的部分职权,决定公司的重大事项,但公司的合并、分立、解散、增加或者减少注册资本和发行公司债券,必须由国有资产监督管理机构决定;其中,重要的国有独资公司合并、分立、解散、申请破产的,应当由国有资产监督管理机构审核后,报本级人民政府批准。

前款所称重要的国有独资公司,按照国务院的规定确定。

第六十七条 国有独资公司设董事会,依照本法第四十六条、第六十六条的规定行使职权。董事每届任期不得超过三年。董事会成员中应当有公司职工代表。

董事会成员由国有资产监督管理机构委派;但是,董事会成员中的职工代表由公司职工代表大会选举产生。

董事会设董事长一人,可以设副董事长。董事长、副董事长由国有资产监督管理机构从董事会成员中指定。

第六十八条 国有独资公司设经理,由董事会聘任或者解聘。经理依照本法第四十九条规定行使职权。经国有资产监督管理机构同意,董事会成员可以兼任经理。

第六十九条 国有独资公司的董事长、副董事长、董事、高级管理人员,未经国有资产监督管理机构同意,不得在其他有限责任公司、股份有限公司或者其他经济组织兼职。

第七十条 国有独资公司监事会成员不得少于五人,其中职工代表的比例不得低于三分之一,具体比例由公司章程规定。

监事会成员由国有资产监督管理机构委派;但是,监事会成员中的职工代表由公司职工代表大会选举产生。监事会主席由国有资产监督管理机构从监事会成员中指定。

监事会行使本法第五十三条第(一)项至第(三)项规定的职权和国务院规定的其他职权。

第三章 有限责任公司的股权转让

第七十一条 有限责任公司的股东之间可以相互转让其全部或者部分股权。

股东向股东以外的人转让股权,应当经其他股东过半数同意。股东应就其股权转让事项书面通知其他股东征求同意,其他股东自接到书面通知之日起满三十日未答复的,视为同意转让。其他股东半数以上不同意转让的，不同意的股东应当购买该转让的股权；不购买的，视为同意转让。

经股东同意转让的股权，在同等条件下，其他股东有优先购买权。两个以上股东主张行使优先购买权的，协商确定各自的购买比例；协商不成的，按照转让时各自的出资比例行使优先购买权。

公司章程对股权转让另有规定的，从其规定。

第七十二条 人民法院依照法律规定的强制执行程序转让股东的股权时，应当通知公司及全体股东，其他股东在同等条件下有优先购买权。其他股东自人民法院通知之日起满二十日不行使优先购买权的，视为放弃优先购买权。

第七十三条 依照本法第七十一条、第七十二条转让股权后，公司应当注销原股东的出资证明书，向新股东签发出资证明书，并相应修改公司章程和股东名册中有关股东及其出资额的记载。对公司章程的该项修改不需再由股东会表决。

第七十四条 有下列情形之一的，对股东会该项决议投反对票的股东可以请求公司按照合理的价格收购其股权：

（一）公司连续五年不向股东分配利润，而公司该五年连续盈利，并且符合本法规定的分配利润条件的；

（二）公司合并、分立、转让主要财产的；

（三）公司章程规定的营业期限届满或者章程规定的其他解散事由出现，股东会会议通过决议修改章程使公司存续的。

自股东会会议决议通过之日起六十日内，股东与公司不能达成股权收购协议的，股东可以自股东会会议决议通过之日起九十日内向人民法院提起诉讼。

第七十五条 自然人股东死亡后，其合法继承人可以继承股东资格；但是，公司章程另有规定的除外。

第四章 股份有限公司的设立和组织机构

第一节 设 立

第七十六条 设立股份有限公司，应当具备下列条件：

（一）发起人符合法定人数；

（二）有符合公司章程规定的全体发起人认购的股本总额或者募集的实收股本总额；

（三）股份发行、筹办事项符合法律规定；

(四)发起人制订公司章程,采用募集方式设立的经创立大会通过;

(五)有公司名称,建立符合股份有限公司要求的组织机构;

(六)有公司住所。

第七十七条 股份有限公司的设立,可以采取发起设立或者募集设立的方式。

发起设立,是指由发起人认购公司应发行的全部股份而设立公司。

募集设立,是指由发起人认购公司应发行股份的一部分,其余股份向社会公开募集或者向特定对象募集而设立公司。

第七十八条 设立股份有限公司,应当有二人以上二百人以下为发起人,其中须有半数以上的发起人在中国境内有住所。

第七十九条 股份有限公司发起人承担公司筹办事务。

发起人应当签订发起人协议,明确各自在公司设立过程中的权利和义务。

第八十条 股份有限公司采取发起设立方式设立的,注册资本为在公司登记机关登记的全体发起人认购的股本总额。在发起人认购的股份缴足前,不得向他人募集股份。

股份有限公司采取募集方式设立的,注册资本为在公司登记机关登记的实收股本总额。

法律、行政法规以及国务院决定对股份有限公司注册资本实缴、注册资本最低限额另有规定的,从其规定。

第八十一条 股份有限公司章程应当载明下列事项:

(一)公司名称和住所;

(二)公司经营范围;

(三)公司设立方式;

(四)公司股份总数、每股金额和注册资本;

(五)发起人的姓名或者名称、认购的股份数、出资方式和出资时间;

(六)董事会的组成、职权和议事规则;

(七)公司法定代表人;

(八)监事会的组成、职权和议事规则;

(九)公司利润分配办法;

(十)公司的解散事由与清算办法;

(十一)公司的通知和公告办法;

（十二）股东大会会议认为需要规定的其他事项。

第八十二条 发起人的出资方式，适用本法第二十七条的规定。

第八十三条 以发起设立方式设立股份有限公司的，发起人应当书面认足公司章程规定其认购的股份，并按照公司章程规定缴纳出资。以非货币财产出资的，应当依法办理其财产权的转移手续。

发起人不依照前款规定缴纳出资的，应当按照发起人协议承担违约责任。

发起人认足公司章程规定的出资后，应当选举董事会和监事会，由董事会向公司登记机关报送公司章程以及法律、行政法规规定的其他文件，申请设立登记。

第八十四条 以募集设立方式设立股份有限公司的，发起人认购的股份不得少于公司股份总数的百分之三十五；但是，法律、行政法规另有规定的，从其规定。

第八十五条 发起人向社会公开募集股份，必须公告招股说明书，并制作认股书。认股书应当载明本法第八十六条所列事项，由认股人填写认购股数、金额、住所，并签名、盖章。认股人按照所认购股数缴纳股款。

第八十六条 招股说明书应当附有发起人制订的公司章程，并载明下列事项：

（一）发起人认购的股份数；

（二）每股的票面金额和发行价格；

（三）无记名股票的发行总数；

（四）募集资金的用途；

（五）认股人的权利、义务；

（六）本次募股的起止期限及逾期未募足时认股人可以撤回所认股份的说明。

第八十七条 发起人向社会公开募集股份，应当由依法设立的证券公司承销，签订承销协议。

第八十八条 发起人向社会公开募集股份，应当同银行签订代收股款协议。

代收股款的银行应当按照协议代收和保存股款，向缴纳股款的认股人出具收款单据，并负有向有关部门出具收款证明的义务。

第八十九条 发行股份的股款缴足后，必须经依法设立的验资机构验资并出具证明。发起人应当自股款缴足之日起三十日内主持召开公司创立大会。创立大会由发起人、认股人组成。

发行的股份超过招股说明书规定的截止期限尚未募足的,或者发行股份的股款缴足后,发起人在三十日内未召开创立大会的,认股人可以按照所缴股款并加算银行同期存款利息,要求发起人返还。

第九十条 发起人应当在创立大会召开十五日前将会议日期通知各认股人或者予以公告。创立大会应有代表股份总数过半数的发起人、认股人出席,方可举行。

创立大会行使下列职权:

(一)审议发起人关于公司筹办情况的报告;

(二)通过公司章程;

(三)选举董事会成员;

(四)选举监事会成员;

(五)对公司的设立费用进行审核;

(六)对发起人用于抵作股款的财产的作价进行审核;

(七)发生不可抗力或者经营条件发生重大变化直接影响公司设立的,可以作出不设立公司的决议。

创立大会对前款所列事项作出决议,必须经出席会议的认股人所持表决权过半数通过。

第九十一条 发起人、认股人缴纳股款或者交付抵作股款的出资后,除未按期募足股份、发起人未按期召开创立大会或者创立大会决议不设立公司的情形外,不得抽回其股本。

第九十二条 董事会应于创立大会结束后三十日内,向公司登记机关报送下列文件,申请设立登记:

(一)公司登记申请书;

(二)创立大会的会议记录;

(三)公司章程;

(四)验资证明;

(五)法定代表人、董事、监事的任职文件及其身份证明;

(六)发起人的法人资格证明或者自然人身份证明;

(七)公司住所证明。

以募集方式设立股份有限公司公开发行股票的,还应当向公司登记机关报送国务院证券监督管理机构的核准文件。

第九十三条 股份有限公司成立后，发起人未按照公司章程的规定缴足出资的，应当补缴；其他发起人承担连带责任。股份有限公司成立后，发现作为设立公司出资的非货币财产的实际价额显著低于公司章程所定价额的，应当由交付该出资的发起人补足其差额；其他发起人承担连带责任。

第九十四条 股份有限公司的发起人应当承担下列责任：

（一）公司不能成立时，对设立行为所产生的债务和费用负连带责任；

（二）公司不能成立时，对认股人已缴纳的股款，负返还股款并加算银行同期存款利息的连带责任；

（三）在公司设立过程中，由于发起人的过失致使公司利益受到损害的，应当对公司承担赔偿责任。

第九十五条 有限责任公司变更为股份有限公司时，折合的实收股本总额不得高于公司净资产额。有限责任公司变更为股份有限公司，为增加资本公开发行股份时，应当依法办理。

第九十六条 股份有限公司应当将公司章程、股东名册、公司债券存根、股东大会会议记录、董事会会议记录、监事会会议记录、财务会计报告置备于本公司。

第九十七条 股东有权查阅公司章程、股东名册、公司债券存根、股东大会会议记录、董事会会议决议、监事会会议决议、财务会计报告，对公司的经营提出建议或者质询。

第二节 股东大会

第九十八条 股份有限公司股东大会由全体股东组成。股东大会是公司的权力机构，依照本法行使职权。

第九十九条 本法第三十七条第一款关于有限责任公司股东会职权的规定，适用于股份有限公司股东大会。

第一百条 股东大会应当每年召开一次年会。有下列情形之一的，应当在两个月内召开临时股东大会：

（一）董事人数不足本法规定人数或者公司章程所定人数的三分之二时；

（二）公司未弥补的亏损达实收股本总额三分之一时；

（三）单独或者合计持有公司百分之十以上股份的股东请求时；

（四）董事会认为必要时；

(五)监事会提议召开时;

(六)公司章程规定的其他情形。

第一百零一条 股东大会会议由董事会召集,董事长主持;董事长不能履行职务或者不履行职务的,由副董事长主持;副董事长不能履行职务或者不履行职务的,由半数以上董事共同推举一名董事主持。

董事会不能履行或者不履行召集股东大会会议职责的,监事会应当及时召集和主持;监事会不召集和主持的,连续九十日以上单独或者合计持有公司百分之十以上股份的股东可以自行召集和主持。

第一百零二条 召开股东大会会议,应当将会议召开的时间、地点和审议的事项于会议召开二十日前通知各股东;临时股东大会应当于会议召开十五日前通知各股东;发行无记名股票的,应当于会议召开三十日前公告会议召开的时间、地点和审议事项。

单独或者合计持有公司百分之三以上股份的股东,可以在股东大会召开十日前提出临时提案并书面提交董事会;董事会应当在收到提案后二日内通知其他股东,并将该临时提案提交股东大会审议。临时提案的内容应当属于股东大会职权范围,并有明确议题和具体决议事项。

股东大会不得对前两款通知中未列明的事项作出决议。

无记名股票持有人出席股东大会会议的,应当于会议召开五日前至股东大会闭会时将股票交存于公司。

第一百零三条 股东出席股东大会会议,所持每一股份有一表决权。但是,公司持有的本公司股份没有表决权。

股东大会作出决议,必须经出席会议的股东所持表决权过半数通过。但是,股东大会作出修改公司章程、增加或者减少注册资本的决议,以及公司合并、分立、解散或者变更公司形式的决议,必须经出席会议的股东所持表决权的三分之二以上通过。

第一百零四条 本法和公司章程规定公司转让、受让重大资产或者对外提供担保等事项必须经股东大会作出决议的,董事会应当及时召集股东大会会议,由股东大会就上述事项进行表决。

第一百零五条 股东大会选举董事、监事,可以依照公司章程的规定或者股东大会的决议,实行累积投票制。

本法所称累积投票制,是指股东大会选举董事或者监事时,每一股份拥有与应选董事或者监事人数相同的表决权,股东拥有的表决权可以集中使用。

第一百零六条 股东可以委托代理人出席股东大会会议，代理人应当向公司提交股东授权委托书，并在授权范围内行使表决权。

第一百零七条 股东大会应当对所议事项的决定作成会议记录，主持人、出席会议的董事应当在会议记录上签名。会议记录应当与出席股东的签名册及代理出席的委托书一并保存。

第三节 董事会、经理

第一百零八条 股份有限公司设董事会，其成员为五人至十九人。

董事会成员中可以有公司职工代表。董事会中的职工代表由公司职工通过职工代表大会、职工大会或者其他形式民主选举产生。

本法第四十五条关于有限责任公司董事任期的规定，适用于股份有限公司董事。

本法第四十六条关于有限责任公司董事会职权的规定，适用于股份有限公司董事会。

第一百零九条 董事会设董事长一人，可以设副董事长。董事长和副董事长由董事会以全体董事的过半数选举产生。

董事长召集和主持董事会会议，检查董事会决议的实施情况。副董事长协助董事长工作，董事长不能履行职务或者不履行职务的，由副董事长履行职务；副董事长不能履行职务或者不履行职务的，由半数以上董事共同推举一名董事履行职务。

第一百一十条 董事会每年度至少召开两次会议，每次会议应当于会议召开十日前通知全体董事和监事。

代表十分之一以上表决权的股东、三分之一以上董事或者监事会，可以提议召开董事会临时会议。董事长应当自接到提议后十日内，召集和主持董事会会议。

董事会召开临时会议，可以另定召集董事会的通知方式和通知时限。

第一百一十一条 董事会会议应有过半数的董事出席方可举行。董事会作出决议，必须经全体董事的过半数通过。

董事会决议的表决，实行一人一票。

第一百一十二条 董事会会议，应由董事本人出席；董事因故不能出席，可以书面委托其他董事代为出席，委托书中应载明授权范围。

董事会应当对会议所议事项的决定作成会议记录，出席会议的董事应当在会议记录上签名。

董事应当对董事会的决议承担责任。董事会的决议违反法律、行政法规或者公司章程、股东大会决议,致使公司遭受严重损失的,参与决议的董事对公司负赔偿责任。但经证明在表决时曾表明异议并记载于会议记录的,该董事可以免除责任。

第一百一十三条 股份有限公司设经理,由董事会决定聘任或者解聘。

本法第四十九条关于有限责任公司经理职权的规定,适用于股份有限公司经理。

第一百一十四条 公司董事会可以决定由董事会成员兼任经理。

第一百一十五条 公司不得直接或者通过子公司向董事、监事、高级管理人员提供借款。

第一百一十六条 公司应当定期向股东披露董事、监事、高级管理人员从公司获得报酬的情况。

第四节 监 事 会

第一百一十七条 股份有限公司设监事会,其成员不得少于三人。

监事会应当包括股东代表和适当比例的公司职工代表,其中职工代表的比例不得低于三分之一,具体比例由公司章程规定。监事会中的职工代表由公司职工通过职工代表大会、职工大会或者其他形式民主选举产生。

监事会设主席一人,可以设副主席。监事会主席和副主席由全体监事过半数选举产生。监事会主席召集和主持监事会会议;监事会主席不能履行职务或者不履行职务的,由监事会副主席召集和主持监事会会议;监事会副主席不能履行职务或者不履行职务的,由半数以上监事共同推举一名监事召集和主持监事会会议。

董事、高级管理人员不得兼任监事。

本法第五十二条关于有限责任公司监事任期的规定,适用于股份有限公司监事。

第一百一十八条 本法第五十三条、第五十四条关于有限责任公司监事会职权的规定,适用于股份有限公司监事会。

监事会行使职权所必需的费用,由公司承担。

第一百一十九条 监事会每六个月至少召开一次会议。监事可以提议召开临时监事会会议。

监事会的议事方式和表决程序，除本法有规定的外，由公司章程规定。

监事会决议应当经半数以上监事通过。

监事会应当对所议事项的决定作成会议记录，出席会议的监事应当在会议记录上签名。

第五节 上市公司组织机构的特别规定

第一百二十条 本法所称上市公司，是指其股票在证券交易所上市交易的股份有限公司。

第一百二十一条 上市公司在一年内购买、出售重大资产或者担保金额超过公司资产总额百分之三十的，应当由股东大会作出决议，并经出席会议的股东所持表决权的三分之二以上通过。

第一百二十二条 上市公司设独立董事，具体办法由国务院规定。

第一百二十三条 上市公司设董事会秘书，负责公司股东大会和董事会会议的筹备、文件保管以及公司股东资料的管理，办理信息披露事务等事宜。

第一百二十四条 上市公司董事与董事会会议决议事项所涉及的企业有关联关系的，不得对该项决议行使表决权，也不得代理其他董事行使表决权。该董事会会议由过半数的无关联关系董事出席即可举行，董事会会议所作决议须经无关联关系董事过半数通过。出席董事会的无关联关系董事人数不足三人的，应将该事项提交上市公司股东大会审议。

第五章 股份有限公司的股份发行和转让

第一节 股份发行

第一百二十五条 股份有限公司的资本划分为股份，每一股的金额相等。

公司的股份采取股票的形式。股票是公司签发的证明股东所持股份的凭证。

第一百二十六条 股份的发行，实行公平、公正的原则，同种类的每一股份应当具有同等权利。

同次发行的同种类股票，每股的发行条件和价格应当相同；任何单位或者个人所认购的股份，每股应当支付相同价额。

第一百二十七条 股票发行价格可以按票面金额，也可以超过票面金额，但不得低于票面金额。

第一百二十八条 股票采用纸面形式或者国务院证券监督管理机构规定的其他形式。

股票应当载明下列主要事项:

(一)公司名称;

(二)公司成立日期;

(三)股票种类、票面金额及代表的股份数;

(四)股票的编号。

股票由法定代表人签名,公司盖章。

发起人的股票,应当标明发起人股票字样。

第一百二十九条 公司发行的股票,可以为记名股票,也可以为无记名股票。公司向发起人、法人发行的股票,应当为记名股票,并应当记载该发起人、法人的名称或者姓名,不得另立户名或者以代表人姓名记名。

第一百三十条 公司发行记名股票的,应当置备股东名册,记载下列事项:

(一)股东的姓名或者名称及住所;

(二)各股东所持股份数;

(三)各股东所持股票的编号;

(四)各股东取得股份的日期。

发行无记名股票的,公司应当记载其股票数量、编号及发行日期。

第一百三十一条 国务院可以对公司发行本法规定以外的其他种类的股份,另行作出规定。

第一百三十二条 股份有限公司成立后,即向股东正式交付股票。公司成立前不得向股东交付股票。

第一百三十三条 公司发行新股,股东大会应当对下列事项作出决议:

(一)新股种类及数额;

(二)新股发行价格;

(三)新股发行的起止日期;

(四)向原有股东发行新股的种类及数额。

第一百三十四条 公司经国务院证券监督管理机构核准公开发行新股时,必须公告新股招股说明书和财务会计报告,并制作认股书。

本法第八十七条、第八十八条的规定适用于公司公开发行新股。

第一百三十五条 公司发行新股，可以根据公司经营情况和财务状况，确定其作价方案。

第一百三十六条 公司发行新股募足股款后，必须向公司登记机关办理变更登记，并公告。

第二节 股份转让

第一百三十七条 股东持有的股份可以依法转让。

第一百三十八条 股东转让其股份，应当在依法设立的证券交易场所进行或者按照国务院规定的其他方式进行。

第一百三十九条 记名股票，由股东以背书方式或者法律、行政法规规定的其他方式转让；转让后由公司将受让人的姓名或者名称及住所记载于股东名册。

股东大会召开前二十日内或者公司决定分配股利的基准日前五日内，不得进行前款规定的股东名册的变更登记。但是，法律对上市公司股东名册变更登记另有规定的，从其规定。

第一百四十条 无记名股票的转让，由股东将该股票交付给受让人后即发生转让的效力。

第一百四十一条 发起人持有的本公司股份，自公司成立之日起一年内不得转让。公司公开发行股份前已发行的股份，自公司股票在证券交易所上市交易之日起一年内不得转让。

公司董事、监事、高级管理人员应当向公司申报所持有的本公司的股份及其变动情况，在任职期间每年转让的股份不得超过其所持有本公司股份总数的百分之二十五；所持本公司股份自公司股票上市交易之日起一年内不得转让。上述人员离职后半年内，不得转让其所持有的本公司股份。公司章程可以对公司董事、监事、高级管理人员转让其所持有的本公司股份作出其他限制性规定。

第一百四十二条 公司不得收购本公司股份。但是，有下列情形之一的除外：

（一）减少公司注册资本；

（二）与持有本公司股份的其他公司合并；

（三）将股份用于员工持股计划或者股权激励；

（四）股东因对股东大会作出的公司合并、分立决议持异议，要求公司收购其股份；

（五）将股份用于转换上市公司发行的可转换为股票的公司债券；

(六)上市公司为维护公司价值及股东权益所必需。

公司因前款第(一)项、第(二)项规定的情形收购本公司股份的,应当经股东大会决议;公司因前款第(三)项、第(五)项、第(六)项规定的情形收购本公司股份的,可以依照公司章程的规定或者股东大会的授权,经三分之二以上董事出席的董事会会议决议。

公司依照本条第一款规定收购本公司股份后,属于第(一)项情形的,应当自收购之日起十日内注销;属于第(二)项、第(四)项情形的,应当在六个月内转让或者注销;属于第(三)项、第(五)项、第(六)项情形的,公司合计持有的本公司股份数不得超过本公司已发行股份总额的百分之十,并应当在三年内转让或者注销。

上市公司收购本公司股份的,应当依照《中华人民共和国证券法》的规定履行信息披露义务。上市公司因本条第一款第(三)项、第(五)项、第(六)项规定的情形收购本公司股份的,应当通过公开的集中交易方式进行。

公司不得接受本公司的股票作为质押权的标的。

第一百四十三条 记名股票被盗、遗失或者灭失,股东可以依照《中华人民共和国民事诉讼法》规定的公示催告程序,请求人民法院宣告该股票失效。人民法院宣告该股票失效后,股东可以向公司申请补发股票。

第一百四十四条 上市公司的股票,依照有关法律、行政法规及证券交易所交易规则上市交易。

第一百四十五条 上市公司必须依照法律、行政法规的规定,公开其财务状况、经营情况及重大诉讼,在每会计年度内半年公布一次财务会计报告。

第六章 公司董事、监事、高级管理人员的资格和义务

第一百四十六条 有下列情形之一的,不得担任公司的董事、监事、高级管理人员:

(一)无民事行为能力或者限制民事行为能力;

(二)因贪污、贿赂、侵占财产、挪用财产或者破坏社会主义市场经济秩序,被判处刑罚,执行期满未逾五年,或者因犯罪被剥夺政治权利,执行期满未逾五年;

(三)担任破产清算的公司、企业的董事或者厂长、经理,对该公司、企业的破产负有个人责任的,自该公司、企业破产清算完结之日起未逾三年;

（四）担任因违法被吊销营业执照、责令关闭的公司、企业的法定代表人，并负有个人责任的，自该公司、企业被吊销营业执照之日起未逾三年；

（五）个人所负数额较大的债务到期未清偿。

公司违反前款规定选举、委派董事、监事或者聘任高级管理人员的，该选举、委派或者聘任无效。

董事、监事、高级管理人员在任职期间出现本条第一款所列情形的，公司应当解除其职务。

第一百四十七条 董事、监事、高级管理人员应当遵守法律、行政法规和公司章程，对公司负有忠实义务和勤勉义务。

董事、监事、高级管理人员不得利用职权收受贿赂或者其他非法收入，不得侵占公司的财产。

第一百四十八条 董事、高级管理人员不得有下列行为：

（一）挪用公司资金；

（二）将公司资金以其个人名义或者以其他个人名义开立账户存储；

（三）违反公司章程的规定，未经股东会、股东大会或者董事会同意，将公司资金借贷给他人或者以公司财产为他人提供担保；

（四）违反公司章程的规定或者未经股东会、股东大会同意，与本公司订立合同或者进行交易；

（五）未经股东会或者股东大会同意，利用职务便利为自己或者他人谋取属于公司的商业机会，自营或者为他人经营与所任职公司同类的业务；

（六）接受他人与公司交易的佣金归为己有；

（七）擅自披露公司秘密；

（八）违反对公司忠实义务的其他行为。

董事、高级管理人员违反前款规定所得的收入应当归公司所有。

第一百四十九条 董事、监事、高级管理人员执行公司职务时违反法律、行政法规或者公司章程的规定，给公司造成损失的，应当承担赔偿责任。

第一百五十条 股东会或者股东大会要求董事、监事、高级管理人员列席会议的，董事、监事、高级管理人员应当列席并接受股东的质询。

董事、高级管理人员应当如实向监事会或者不设监事会的有限责任公司的监事提供有关情况和资料，不得妨碍监事会或者监事行使职权。

第一百五十一条 董事、高级管理人员有本法第一百四十九条规定的情形的,有限责任公司的股东、股份有限公司连续一百八十日以上单独或者合计持有公司百分之一以上股份的股东,可以书面请求监事会或者不设监事会的有限责任公司的监事向人民法院提起诉讼;监事有本法第一百四十九条规定的情形的,前述股东可以书面请求董事会或者不设董事会的有限责任公司的执行董事向人民法院提起诉讼。

监事会、不设监事会的有限责任公司的监事,或者董事会、执行董事收到前款规定的股东书面请求后拒绝提起诉讼,或者自收到请求之日起三十日内未提起诉讼,或者情况紧急、不立即提起诉讼将会使公司利益受到难以弥补的损害的,前款规定的股东有权为了公司的利益以自己的名义直接向人民法院提起诉讼。

他人侵犯公司合法权益,给公司造成损失的,本条第一款规定的股东可以依照前两款的规定向人民法院提起诉讼。

第一百五十二条 董事、高级管理人员违反法律、行政法规或者公司章程的规定,损害股东利益的,股东可以向人民法院提起诉讼。

第七章 公司债券

第一百五十三条 本法所称公司债券,是指公司依照法定程序发行、约定在一定期限还本付息的有价证券。

公司发行公司债券应当符合《中华人民共和国证券法》规定的发行条件。

第一百五十四条 发行公司债券的申请经国务院授权的部门核准后,应当公告公司债券募集办法。

公司债券募集办法中应当载明下列主要事项:

(一)公司名称;

(二)债券募集资金的用途;

(三)债券总额和债券的票面金额;

(四)债券利率的确定方式;

(五)还本付息的期限和方式;

(六)债券担保情况;

(七)债券的发行价格、发行的起止日期;

(八)公司净资产额;

(九)已发行的尚未到期的公司债券总额;

(十)公司债券的承销机构。

第一百五十五条　公司以实物券方式发行公司债券的，必须在债券上载明公司名称、债券票面金额、利率、偿还期限等事项，并由法定代表人签名，公司盖章。

第一百五十六条　公司债券，可以为记名债券，也可以为无记名债券。

第一百五十七条　公司发行公司债券应当置备公司债券存根簿。

发行记名公司债券的，应当在公司债券存根簿上载明下列事项：

（一）债券持有人的姓名或者名称及住所；

（二）债券持有人取得债券的日期及债券的编号；

（三）债券总额，债券的票面金额、利率、还本付息的期限和方式；

（四）债券的发行日期。

发行无记名公司债券的，应当在公司债券存根簿上载明债券总额、利率、偿还期限和方式、发行日期及债券的编号。

第一百五十八条　记名公司债券的登记结算机构应当建立债券登记、存管、付息、兑付等相关制度。

第一百五十九条　公司债券可以转让，转让价格由转让人与受让人约定。

公司债券在证券交易所上市交易的，按照证券交易所的交易规则转让。

第一百六十条　记名公司债券，由债券持有人以背书方式或者法律、行政法规规定的其他方式转让；转让后由公司将受让人的姓名或者名称及住所记载于公司债券存根簿。

无记名公司债券的转让，由债券持有人将该债券交付给受让人后即发生转让的效力。

第一百六十一条　上市公司经股东大会决议可以发行可转换为股票的公司债券，并在公司债券募集办法中规定具体的转换办法。上市公司发行可转换为股票的公司债券，应当报国务院证券监督管理机构核准。

发行可转换为股票的公司债券，应当在债券上标明可转换公司债券字样，并在公司债券存根簿上载明可转换公司债券的数额。

第一百六十二条　发行可转换为股票的公司债券的，公司应当按照其转换办法向债券持有人换发股票，但债券持有人对转换股票或者不转换股票有选择权。

第八章　公司财务、会计

第一百六十三条　公司应当依照法律、行政法规和国务院财政部门的规定建立本公司的财务、会计制度。

第一百六十四条 公司应当在每一会计年度终了时编制财务会计报告,并依法经会计师事务所审计。

财务会计报告应当依照法律、行政法规和国务院财政部门的规定制作。

第一百六十五条 有限责任公司应当依照公司章程规定的期限将财务会计报告送交各股东。

股份有限公司的财务会计报告应当在召开股东大会年会的二十日前置备于本公司,供股东查阅;公开发行股票的股份有限公司必须公告其财务会计报告。

第一百六十六条 公司分配当年税后利润时,应当提取利润的百分之十列入公司法定公积金。公司法定公积金累计额为公司注册资本的百分之五十以上的,可以不再提取。

公司的法定公积金不足以弥补以前年度亏损的,在依照前款规定提取法定公积金之前,应当先用当年利润弥补亏损。

公司从税后利润中提取法定公积金后,经股东会或者股东大会决议,还可以从税后利润中提取任意公积金。

公司弥补亏损和提取公积金后所余税后利润,有限责任公司依照本法第三十四条的规定分配;股份有限公司按照股东持有的股份比例分配,但股份有限公司章程规定不按持股比例分配的除外。

股东会、股东大会或者董事会违反前款规定,在公司弥补亏损和提取法定公积金之前向股东分配利润的,股东必须将违反规定分配的利润退还公司。

公司持有的本公司股份不得分配利润。

第一百六十七条 股份有限公司以超过股票票面金额的发行价格发行股份所得的溢价款以及国务院财政部门规定列入资本公积金的其他收入,应当列为公司资本公积金。

第一百六十八条 公司的公积金用于弥补公司的亏损、扩大公司生产经营或者转为增加公司资本。但是,资本公积金不得用于弥补公司的亏损。

法定公积金转为资本时,所留存的该项公积金不得少于转增前公司注册资本的百分之二十五。

第一百六十九条 公司聘用、解聘承办公司审计业务的会计师事务所,依照公司章程的规定,由股东会、股东大会或者董事会决定。

公司股东会、股东大会或者董事会就解聘会计师事务所进行表决时，应当允许会计师事务所陈述意见。

第一百七十条　公司应当向聘用的会计师事务所提供真实、完整的会计凭证、会计账簿、财务会计报告及其他会计资料，不得拒绝、隐匿、谎报。

第一百七十一条　公司除法定的会计账簿外，不得另立会计账簿。

对公司资产，不得以任何个人名义开立账户存储。

第九章　公司合并、分立、增资、减资

第一百七十二条　公司合并可以采取吸收合并或者新设合并。

一个公司吸收其他公司为吸收合并，被吸收的公司解散。两个以上公司合并设立一个新的公司为新设合并，合并各方解散。

第一百七十三条　公司合并，应当由合并各方签订合并协议，并编制资产负债表及财产清单。公司应当自作出合并决议之日起十日内通知债权人，并于三十日内在报纸上公告。债权人自接到通知书之日起三十日内，未接到通知书的自公告之日起四十五日内，可以要求公司清偿债务或者提供相应的担保。

第一百七十四条　公司合并时，合并各方的债权、债务，应当由合并后存续的公司或者新设的公司承继。

第一百七十五条　公司分立，其财产作相应的分割。

公司分立，应当编制资产负债表及财产清单。公司应当自作出分立决议之日起十日内通知债权人，并于三十日内在报纸上公告。

第一百七十六条　公司分立前的债务由分立后的公司承担连带责任。但是，公司在分立前与债权人就债务清偿达成的书面协议另有约定的除外。

第一百七十七条　公司需要减少注册资本时，必须编制资产负债表及财产清单。

公司应当自作出减少注册资本决议之日起十日内通知债权人，并于三十日内在报纸上公告。债权人自接到通知书之日起三十日内，未接到通知书的自公告之日起四十五日内，有权要求公司清偿债务或者提供相应的担保。

第一百七十八条　有限责任公司增加注册资本时，股东认缴新增资本的出资，依照本法设立有限责任公司缴纳出资的有关规定执行。

股份有限公司为增加注册资本发行新股时，股东认购新股，依照本法设立股份有限公司缴纳股款的有关规定执行。

第一百七十九条 公司合并或者分立,登记事项发生变更的,应当依法向公司登记机关办理变更登记;公司解散的,应当依法办理公司注销登记;设立新公司的,应当依法办理公司设立登记。

公司增加或者减少注册资本,应当依法向公司登记机关办理变更登记。

第十章 公司解散和清算

第一百八十条 公司因下列原因解散:

(一)公司章程规定的营业期限届满或者公司章程规定的其他解散事由出现;

(二)股东会或者股东大会决议解散;

(三)因公司合并或者分立需要解散;

(四)依法被吊销营业执照、责令关闭或者被撤销;

(五)人民法院依照本法第一百八十二条的规定予以解散。

第一百八十一条 公司有本法第一百八十条第(一)项情形的,可以通过修改公司章程而存续。

依照前款规定修改公司章程,有限责任公司须经持有三分之二以上表决权的股东通过,股份有限公司须经出席股东大会会议的股东所持表决权的三分之二以上通过。

第一百八十二条 公司经营管理发生严重困难,继续存续会使股东利益受到重大损失,通过其他途径不能解决的,持有公司全部股东表决权百分之十以上的股东,可以请求人民法院解散公司。

第一百八十三条 公司因本法第一百八十条第(一)项、第(二)项、第(四)项、第(五)项规定而解散的,应当在解散事由出现之日起十五日内成立清算组,开始清算。有限责任公司的清算组由股东组成,股份有限公司的清算组由董事或者股东大会确定的人员组成。逾期不成立清算组进行清算的,债权人可以申请人民法院指定有关人员组成清算组进行清算。人民法院应当受理该申请,并及时组织清算组进行清算。

第一百八十四条 清算组在清算期间行使下列职权:

(一)清理公司财产,分别编制资产负债表和财产清单;

(二)通知、公告债权人;

(三)处理与清算有关的公司未了结的业务;

(四)清缴所欠税款以及清算过程中产生的税款;

（五）清理债权、债务；

（六）处理公司清偿债务后的剩余财产；

（七）代表公司参与民事诉讼活动。

第一百八十五条 清算组应当自成立之日起十日内通知债权人，并于六十日内在报纸上公告。债权人应当自接到通知书之日起三十日内，未接到通知书的自公告之日起四十五日内，向清算组申报其债权。

债权人申报债权，应当说明债权的有关事项，并提供证明材料。清算组应当对债权进行登记。

在申报债权期间，清算组不得对债权人进行清偿。

第一百八十六条 清算组在清理公司财产、编制资产负债表和财产清单后，应当制定清算方案，并报股东会、股东大会或者人民法院确认。

公司财产在分别支付清算费用、职工的工资、社会保险费用和法定补偿金，缴纳所欠税款，清偿公司债务后的剩余财产，有限责任公司按照股东的出资比例分配，股份有限公司按照股东持有的股份比例分配。

清算期间，公司存续，但不得开展与清算无关的经营活动。公司财产在未依照前款规定清偿前，不得分配给股东。

第一百八十七条 清算组在清理公司财产、编制资产负债表和财产清单后，发现公司财产不足清偿债务的，应当依法向人民法院申请宣告破产。

公司经人民法院裁定宣告破产后，清算组应当将清算事务移交给人民法院。

第一百八十八条 公司清算结束后，清算组应当制作清算报告，报股东会、股东大会或者人民法院确认，并报送公司登记机关，申请注销公司登记，公告公司终止。

第一百八十九条 清算组成员应当忠于职守，依法履行清算义务。

清算组成员不得利用职权收受贿赂或者其他非法收入，不得侵占公司财产。

清算组成员因故意或者重大过失给公司或者债权人造成损失的，应当承担赔偿责任。

第一百九十条 公司被依法宣告破产的，依照有关企业破产的法律实施破产清算。

第十一章 外国公司的分支机构

第一百九十一条 本法所称外国公司是指依照外国法律在中国境外设立的公司。

第一百九十二条 外国公司在中国境内设立分支机构,必须向中国主管机关提出申请,并提交其公司章程、所属国的公司登记证书等有关文件,经批准后,向公司登记机关依法办理登记,领取营业执照。

外国公司分支机构的审批办法由国务院另行规定。

第一百九十三条 外国公司在中国境内设立分支机构,必须在中国境内指定负责该分支机构的代表人或者代理人,并向该分支机构拨付与其所从事的经营活动相适应的资金。

对外国公司分支机构的经营资金需要规定最低限额的,由国务院另行规定。

第一百九十四条 外国公司的分支机构应当在其名称中标明该外国公司的国籍及责任形式。

外国公司的分支机构应当在本机构中置备该外国公司章程。

第一百九十五条 外国公司在中国境内设立的分支机构不具有中国法人资格。

外国公司对其分支机构在中国境内进行经营活动承担民事责任。

第一百九十六条 经批准设立的外国公司分支机构,在中国境内从事业务活动,必须遵守中国的法律,不得损害中国的社会公共利益,其合法权益受中国法律保护。

第一百九十七条 外国公司撤销其在中国境内的分支机构时,必须依法清偿债务,依照本法有关公司清算程序的规定进行清算。未清偿债务之前,不得将其分支机构的财产移至中国境外。

第十二章 法律责任

第一百九十八条 违反本法规定,虚报注册资本、提交虚假材料或者采取其他欺诈手段隐瞒重要事实取得公司登记的,由公司登记机关责令改正,对虚报注册资本的公司,处以虚报注册资本金额百分之五以上百分之十五以下的罚款;对提交虚假材料或者采取其他欺诈手段隐瞒重要事实的公司,处以五万元以上五十万元以下的罚款;情节严重的,撤销公司登记或者吊销营业执照。

第一百九十九条 公司的发起人、股东虚假出资,未交付或者未按期交付作为出资的货币或者非货币财产的,由公司登记机关责令改正,处以虚假出资金额百分之五以上百分之十五以下的罚款。

第二百条 公司的发起人、股东在公司成立后,抽逃其出资的,由公司登记机关责令改正,处以所抽逃出资金额百分之五以上百分之十五以下的罚款。

第二百零一条 公司违反本法规定,在法定的会计账簿以外另立会计账簿的,由县级以上人民政府财政部门责令改正,处以五万元以上五十万元以下的罚款。

第二百零二条 公司在依法向有关主管部门提供的财务会计报告等材料上作虚假记载或者隐瞒重要事实的,由有关主管部门对直接负责的主管人员和其他直接责任人员处以三万元以上三十万元以下的罚款。

第二百零三条 公司不依照本法规定提取法定公积金的,由县级以上人民政府财政部门责令如数补足应当提取的金额,可以对公司处以二十万元以下的罚款。

第二百零四条 公司在合并、分立、减少注册资本或者进行清算时,不依照本法规定通知或者公告债权人的,由公司登记机关责令改正,对公司处以一万元以上十万元以下的罚款。

公司在进行清算时,隐匿财产,对资产负债表或者财产清单作虚假记载或者在未清偿债务前分配公司财产的,由公司登记机关责令改正,对公司处以隐匿财产或者未清偿债务前分配公司财产金额百分之五以上百分之十以下的罚款;对直接负责的主管人员和其他直接责任人员处以一万元以上十万元以下的罚款。

第二百零五条 公司在清算期间开展与清算无关的经营活动的,由公司登记机关予以警告,没收违法所得。

第二百零六条 清算组不依照本法规定向公司登记机关报送清算报告,或者报送清算报告隐瞒重要事实或者有重大遗漏的,由公司登记机关责令改正。

清算组成员利用职权徇私舞弊、谋取非法收入或者侵占公司财产的,由公司登记机关责令退还公司财产,没收违法所得,并可以处以违法所得一倍以上五倍以下的罚款。

第二百零七条 承担资产评估、验资或者验证的机构提供虚假材料的,由公司登记机关没收违法所得,处以违法所得一倍以上五倍以下的罚款,并可以由有关主管部门依法责令该机构停业、吊销直接责任人员的资格证书,吊销营业执照。

承担资产评估、验资或者验证的机构因过失提供有重大遗漏的报告的，由公司登记机关责令改正，情节较重的，处以所得收入一倍以上五倍以下的罚款，并可以由有关主管部门依法责令该机构停业、吊销直接责任人员的资格证书，吊销营业执照。

承担资产评估、验资或者验证的机构因其出具的评估结果、验资或者验证证明不实，给公司债权人造成损失的，除能够证明自己没有过错的外，在其评估或者证明不实的金额范围内承担赔偿责任。

第二百零八条 公司登记机关对不符合本法规定条件的登记申请予以登记，或者对符合本法规定条件的登记申请不予登记的，对直接负责的主管人员和其他直接责任人员，依法给予行政处分。

第二百零九条 公司登记机关的上级部门强令公司登记机关对不符合本法规定条件的登记申请予以登记，或者对符合本法规定条件的登记申请不予登记的，或者对违法登记进行包庇的，对直接负责的主管人员和其他直接责任人员依法给予行政处分。

第二百一十条 未依法登记为有限责任公司或者股份有限公司，而冒用有限责任公司或者股份有限公司名义的，或者未依法登记为有限责任公司或者股份有限公司的分公司，而冒用有限责任公司或者股份有限公司的分公司名义的，由公司登记机关责令改正或者予以取缔，可以并处十万元以下的罚款。

第二百一十一条 公司成立后无正当理由超过六个月未开业的，或者开业后自行停业连续六个月以上的，可以由公司登记机关吊销营业执照。

公司登记事项发生变更时，未依照本法规定办理有关变更登记的，由公司登记机关责令限期登记；逾期不登记的，处以一万元以上十万元以下的罚款。

第二百一十二条 外国公司违反本法规定，擅自在中国境内设立分支机构的，由公司登记机关责令改正或者关闭，可以并处五万元以上二十万元以下的罚款。

第二百一十三条 利用公司名义从事危害国家安全、社会公共利益的严重违法行为的，吊销营业执照。

第二百一十四条 公司违反本法规定，应当承担民事赔偿责任和缴纳罚款、罚金的，其财产不足以支付时，先承担民事赔偿责任。

第二百一十五条 违反本法规定，构成犯罪的，依法追究刑事责任。

第十三章　附　　则

第二百一十六条　本法下列用语的含义：

（一）高级管理人员，是指公司的经理、副经理、财务负责人，上市公司董事会秘书和公司章程规定的其他人员。

（二）控股股东，是指其出资额占有限责任公司资本总额百分之五十以上或者其持有的股份占股份有限公司股本总额百分之五十以上的股东；出资额或者持有股份的比例虽然不足百分之五十，但依其出资额或者持有的股份所享有的表决权已足以对股东会、股东大会的决议产生重大影响的股东。

（三）实际控制人，是指虽不是公司的股东，但通过投资关系、协议或者其他安排，能够实际支配公司行为的人。

（四）关联关系，是指公司控股股东、实际控制人、董事、监事、高级管理人员与其直接或者间接控制的企业之间的关系，以及可能导致公司利益转移的其他关系。但是，国家控股的企业之间不仅因为同受国家控股而具有关联关系。

第二百一十七条　外商投资的有限责任公司和股份有限公司适用本法；有关外商投资的法律另有规定的，适用其规定。

第二百一十八条　本法自2006年1月1日起施行。

《中华人民共和国证券投资基金法》（2015年4月24日修订）

第一章　总　　则

第一条　为了规范证券投资基金活动，保护投资人及相关当事人的合法权益，促进证券投资基金和资本市场的健康发展，制定本法。

第二条　在中华人民共和国境内，公开或者非公开募集资金设立证券投资基金（以下简称基金），由基金管理人管理，基金托管人托管，为基金份额持有人的利益，进行证券投资活动，适用本法；本法未规定的，适用《中华人民共和国信托法》、《中华人民共和国证券法》和其他有关法律、行政法规的规定。

第三条　基金管理人、基金托管人和基金份额持有人的权利、义务，依照本法在基金合同中约定。

基金管理人、基金托管人依照本法和基金合同的约定，履行受托职责。

通过公开募集方式设立的基金（以下简称公开募集基金）的基金份额持有人按其所持基金份额享受收益和承担风险，通过非公开募集方式设立的基金(以下简称非公开募集基金)的收益分配和风险承担由基金合同约定。

第四条 从事证券投资基金活动,应当遵循自愿、公平、诚实信用的原则,不得损害国家利益和社会公共利益。

第五条 基金财产的债务由基金财产本身承担,基金份额持有人以其出资为限对基金财产的债务承担责任。但基金合同依照本法另有约定的,从其约定。

基金财产独立于基金管理人、基金托管人的固有财产。基金管理人、基金托管人不得将基金财产归入其固有财产。

基金管理人、基金托管人因基金财产的管理、运用或者其他情形而取得的财产和收益,归入基金财产。

基金管理人、基金托管人因依法解散、被依法撤销或者被依法宣告破产等原因进行清算的,基金财产不属于其清算财产。

第六条 基金财产的债权,不得与基金管理人、基金托管人固有财产的债务相抵销;不同基金财产的债权债务,不得相互抵销。

第七条 非因基金财产本身承担的债务,不得对基金财产强制执行。

第八条 基金财产投资的相关税收,由基金份额持有人承担,基金管理人或者其他扣缴义务人按照国家有关税收征收的规定代扣代缴。

第九条 基金管理人、基金托管人管理、运用基金财产,基金服务机构从事基金服务活动,应当恪尽职守,履行诚实信用、谨慎勤勉的义务。

基金管理人运用基金财产进行证券投资,应当遵守审慎经营规则,制定科学合理的投资策略和风险管理制度,有效防范和控制风险。

基金从业人员应当具备基金从业资格,遵守法律、行政法规,恪守职业道德和行为规范。

第十条 基金管理人、基金托管人和基金服务机构,应当依照本法成立证券投资基金行业协会(以下简称基金行业协会),进行行业自律,协调行业关系,提供行业服务,促进行业发展。

第十一条 国务院证券监督管理机构依法对证券投资基金活动实施监督管理;其派出机构依照授权履行职责。

第二章 基金管理人

第十二条 基金管理人由依法设立的公司或者合伙企业担任。

公开募集基金的基金管理人，由基金管理公司或者经国务院证券监督管理机构按照规定核准的其他机构担任。

第十三条 设立管理公开募集基金的基金管理公司，应当具备下列条件，并经国务院证券监督管理机构批准：

（一）有符合本法和《中华人民共和国公司法》规定的章程；

（二）注册资本不低于一亿元人民币，且必须为实缴货币资本；

（三）主要股东应当具有经营金融业务或者管理金融机构的良好业绩、良好的财务状况和社会信誉，资产规模达到国务院规定的标准，最近三年没有违法记录；

（四）取得基金从业资格的人员达到法定人数；

（五）董事、监事、高级管理人员具备相应的任职条件；

（六）有符合要求的营业场所、安全防范设施和与基金管理业务有关的其他设施；

（七）有良好的内部治理结构、完善的内部稽核监控制度、风险控制制度；

（八）法律、行政法规规定的和经国务院批准的国务院证券监督管理机构规定的其他条件。

第十四条 国务院证券监督管理机构应当自受理基金管理公司设立申请之日起六个月内依照本法第十三条规定的条件和审慎监管原则进行审查，作出批准或者不予批准的决定，并通知申请人；不予批准的，应当说明理由。

基金管理公司变更持有百分之五以上股权的股东，变更公司的实际控制人，或者变更其他重大事项，应当报经国务院证券监督管理机构批准。国务院证券监督管理机构应当自受理申请之日起六十日内作出批准或者不予批准的决定，并通知申请人；不予批准的，应当说明理由。

第十五条 有下列情形之一的，不得担任公开募集基金的基金管理人的董事、监事、高级管理人员和其他从业人员：

（一）因犯有贪污贿赂、渎职、侵犯财产罪或者破坏社会主义市场经济秩序罪，被判处刑罚的；

（二）对所任职的公司、企业因经营不善破产清算或者因违法被吊销营业执照负有个人责任的董事、监事、厂长、高级管理人员，自该公司、企业破产清算终结或者被吊销营业执照之日起未逾五年的；

（三）个人所负债务数额较大，到期未清偿的；

(四)因违法行为被开除的基金管理人、基金托管人、证券交易所、证券公司、证券登记结算机构、期货交易所、期货公司及其他机构的从业人员和国家机关工作人员;

(五)因违法行为被吊销执业证书或者被取消资格的律师、注册会计师和资产评估机构、验证机构的从业人员、投资咨询从业人员;

(六)法律、行政法规规定不得从事基金业务的其他人员。

第十六条 公开募集基金的基金管理人的董事、监事和高级管理人员,应当熟悉证券投资方面的法律、行政法规,具有三年以上与其所任职务相关的工作经历;高级管理人员还应当具备基金从业资格。

第十七条 公开募集基金的基金管理人的董事、监事、高级管理人员和其他从业人员,其本人、配偶、利害关系人进行证券投资,应当事先向基金管理人申报,并不得与基金份额持有人发生利益冲突。

公开募集基金的基金管理人应当建立前款规定人员进行证券投资的申报、登记、审查、处置等管理制度,并报国务院证券监督管理机构备案。

第十八条 公开募集基金的基金管理人的董事、监事、高级管理人员和其他从业人员,不得担任基金托管人或者其他基金管理人的任何职务,不得从事损害基金财产和基金份额持有人利益的证券交易及其他活动。

第十九条 公开募集基金的基金管理人应当履行下列职责:

(一)依法募集资金,办理基金份额的发售和登记事宜;

(二)办理基金备案手续;

(三)对所管理的不同基金财产分别管理、分别记账,进行证券投资;

(四)按照基金合同的约定确定基金收益分配方案,及时向基金份额持有人分配收益;

(五)进行基金会计核算并编制基金财务会计报告;

(六)编制中期和年度基金报告;

(七)计算并公告基金资产净值,确定基金份额申购、赎回价格;

(八)办理与基金财产管理业务活动有关的信息披露事项;

(九)按照规定召集基金份额持有人大会;

(十)保存基金财产管理业务活动的记录、账册、报表和其他相关资料;

(十一)以基金管理人名义,代表基金份额持有人利益行使诉讼权利或者实施其他法律行为;

(十二)国务院证券监督管理机构规定的其他职责。

第二十条 公开募集基金的基金管理人及其董事、监事、高级管理人员和其他从业人员不得有下列行为:

(一)将其固有财产或者他人财产混同于基金财产从事证券投资;

(二)不公平地对待其管理的不同基金财产;

(三)利用基金财产或者职务之便为基金份额持有人以外的人牟取利益;

(四)向基金份额持有人违规承诺收益或者承担损失;

(五)侵占、挪用基金财产;

(六)泄露因职务便利获取的未公开信息、利用该信息从事或者明示、暗示他人从事相关的交易活动;

(七)玩忽职守,不按照规定履行职责;

(八)法律、行政法规和国务院证券监督管理机构规定禁止的其他行为。

第二十一条 公开募集基金的基金管理人应当建立良好的内部治理结构,明确股东会、董事会、监事会和高级管理人员的职责权限,确保基金管理人独立运作。

公开募集基金的基金管理人可以实行专业人士持股计划,建立长效激励约束机制。

公开募集基金的基金管理人的股东、董事、监事和高级管理人员在行使权利或者履行职责时,应当遵循基金份额持有人利益优先的原则。

第二十二条 公开募集基金的基金管理人应当从管理基金的报酬中计提风险准备金。

公开募集基金的基金管理人因违法违规、违反基金合同等原因给基金财产或者基金份额持有人合法权益造成损失,应当承担赔偿责任的,可以优先使用风险准备金予以赔偿。

第二十三条 公开募集基金的基金管理人的股东、实际控制人应当按照国务院证券监督管理机构的规定及时履行重大事项报告义务,并不得有下列行为:

(一)虚假出资或者抽逃出资;

(二)未依法经股东会或者董事会决议擅自干预基金管理人的基金

经营活动;

(三)要求基金管理人利用基金财产为自己或者他人牟取利益,损害基金份额持有人利益;

(四)国务院证券监督管理机构规定禁止的其他行为。

公开募集基金的基金管理人的股东、实际控制人有前款行为或者股东不再符合法定条件的,国务院证券监督管理机构应当责令其限期改正,并可视情节责令其转让所持有或者控制的基金管理人的股权。

在前款规定的股东、实际控制人按照要求改正违法行为、转让所持有或者控制的基金管理人的股权前,国务院证券监督管理机构可以限制有关股东行使股东权利。

第二十四条 公开募集基金的基金管理人违法违规,或者其内部治理结构、稽核监控和风险控制管理不符合规定的,国务院证券监督管理机构应当责令其限期改正;逾期未改正,或者其行为严重危及该基金管理人的稳健运行、损害基金份额持有人合法权益的,国务院证券监督管理机构可以区别情形,对其采取下列措施:

(一)限制业务活动,责令暂停部分或者全部业务;

(二)限制分配红利,限制向董事、监事、高级管理人员支付报酬、提供福利;

(三)限制转让固有财产或者在固有财产上设定其他权利;

(四)责令更换董事、监事、高级管理人员或者限制其权利;

(五)责令有关股东转让股权或者限制有关股东行使股东权利。

公开募集基金的基金管理人整改后,应当向国务院证券监督管理机构提交报告。国务院证券监督管理机构经验收,符合有关要求的,应当自验收完毕之日起三日内解除对其采取的有关措施。

第二十五条 公开募集基金的基金管理人的董事、监事、高级管理人员未能勤勉尽责,致使基金管理人存在重大违法违规行为或者重大风险的,国务院证券监督管理机构可以责令更换。

第二十六条 公开募集基金的基金管理人违法经营或者出现重大风险,严重危害证券市场秩序、损害基金份额持有人利益的,国务院证券监督管理机构可以对该基金管理人采取责令停业整顿、指定其他机构托管、接管、取消基金管理资格或者撤销等监管措施。

第二十七条 在公开募集基金的基金管理人被责令停业整顿、被依法指定托管、接管或者清算期间,或者出现重大风险时,经国务院证券监督管理机构批准，可以对该基金管理人直接负责的董事、监事、高级管理人员和其他直接责任人员采取下列措施：

（一）通知出境管理机关依法阻止其出境；

（二）申请司法机关禁止其转移、转让或者以其他方式处分财产，或者在财产上设定其他权利。

第二十八条　有下列情形之一的，公开募集基金的基金管理人职责终止：

（一）被依法取消基金管理资格；

（二）被基金份额持有人大会解任；

（三）依法解散、被依法撤销或者被依法宣告破产；

（四）基金合同约定的其他情形。

第二十九条　公开募集基金的基金管理人职责终止的，基金份额持有人大会应当在六个月内选任新基金管理人；新基金管理人产生前，由国务院证券监督管理机构指定临时基金管理人。

公开募集基金的基金管理人职责终止的，应当妥善保管基金管理业务资料，及时办理基金管理业务的移交手续，新基金管理人或者临时基金管理人应当及时接收。

第三十条　公开募集基金的基金管理人职责终止的，应当按照规定聘请会计师事务所对基金财产进行审计，并将审计结果予以公告，同时报国务院证券监督管理机构备案。

第三十一条　对非公开募集基金的基金管理人进行规范的具体办法，由国务院金融监督管理机构依照本章的原则制定。

第三章　基金托管人

第三十二条　基金托管人由依法设立的商业银行或者其他金融机构担任。

商业银行担任基金托管人的，由国务院证券监督管理机构会同国务院银行业监督管理机构核准；其他金融机构担任基金托管人的，由国务院证券监督管理机构核准。

第三十三条　担任基金托管人，应当具备下列条件：

（一）净资产和风险控制指标符合有关规定；

（二）设有专门的基金托管部门；

（三）取得基金从业资格的专职人员达到法定人数；

（四）有安全保管基金财产的条件；

(五)有安全高效的清算、交割系统;

(六)有符合要求的营业场所、安全防范设施和与基金托管业务有关的其他设施;

(七)有完善的内部稽核监控制度和风险控制制度;

(八)法律、行政法规规定的和经国务院批准的国务院证券监督管理机构、国务院银行业监督管理机构规定的其他条件。

第三十四条 本法第十五条、第十七条、第十八条的规定,适用于基金托管人的专门基金托管部门的高级管理人员和其他从业人员。

本法第十六条的规定,适用于基金托管人的专门基金托管部门的高级管理人员。

第三十五条 基金托管人与基金管理人不得为同一机构,不得相互出资或者持有股份。

第三十六条 基金托管人应当履行下列职责:

(一)安全保管基金财产;

(二)按照规定开设基金财产的资金账户和证券账户;

(三)对所托管的不同基金财产分别设置账户,确保基金财产的完整与独立;

(四)保存基金托管业务活动的记录、账册、报表和其他相关资料;

(五)按照基金合同的约定,根据基金管理人的投资指令,及时办理清算、交割事宜;

(六)办理与基金托管业务活动有关的信息披露事项;

(七)对基金财务会计报告、中期和年度基金报告出具意见;

(八)复核、审查基金管理人计算的基金资产净值和基金份额申购、赎回价格;

(九)按照规定召集基金份额持有人大会;

(十)按照规定监督基金管理人的投资运作;

(十一)国务院证券监督管理机构规定的其他职责。

第三十七条 基金托管人发现基金管理人的投资指令违反法律、行政法规和其他有关规定,或者违反基金合同约定的,应当拒绝执行,立即通知基金管理人,并及时向国务院证券监督管理机构报告。

基金托管人发现基金管理人依据交易程序已经生效的投资指令违反法律、行政法规和其他有关规定,或者违反基金合同约定的,应当立即通知基金管理人,并及时向国务院证券监督管理机构报告。

第三十八条 本法第二十条、第二十二条的规定，适用于基金托管人。

第三十九条 基金托管人不再具备本法规定的条件，或者未能勤勉尽责，在履行本法规定的职责时存在重大失误的，国务院证券监督管理机构、国务院银行业监督管理机构应当责令其改正；逾期未改正，或者其行为严重影响所托管基金的稳健运行、损害基金份额持有人利益的，国务院证券监督管理机构、国务院银行业监督管理机构可以区别情形，对其采取下列措施：

（一）限制业务活动，责令暂停办理新的基金托管业务；

（二）责令更换负有责任的专门基金托管部门的高级管理人员。

基金托管人整改后，应当向国务院证券监督管理机构、国务院银行业监督管理机构提交报告；经验收，符合有关要求的，应当自验收完毕之日起三日内解除对其采取的有关措施。

第四十条 国务院证券监督管理机构、国务院银行业监督管理机构对有下列情形之一的基金托管人，可以取消其基金托管资格：

（一）连续三年没有开展基金托管业务的；

（二）违反本法规定，情节严重的；

（三）法律、行政法规规定的其他情形。

第四十一条 有下列情形之一的，基金托管人职责终止：

（一）被依法取消基金托管资格；

（二）被基金份额持有人大会解任；

（三）依法解散、被依法撤销或者被依法宣告破产；

（四）基金合同约定的其他情形。

第四十二条 基金托管人职责终止的，基金份额持有人大会应当在六个月内选任新基金托管人；新基金托管人产生前，由国务院证券监督管理机构指定临时基金托管人。

基金托管人职责终止的，应当妥善保管基金财产和基金托管业务资料，及时办理基金财产和基金托管业务的移交手续，新基金托管人或者临时基金托管人应当及时接收。

第四十三条 基金托管人职责终止的，应当按照规定聘请会计师事务所对基金财产进行审计，并将审计结果予以公告，同时报国务院证券监督管理机构备案。

第四章 基金的运作方式和组织

第四十四条 基金合同应当约定基金的运作方式。

第四十五条 基金的运作方式可以采用封闭式、开放式或者其他方式。

采用封闭式运作方式的基金(以下简称封闭式基金),是指基金份额总额在基金合同期限内固定不变,基金份额持有人不得申请赎回的基金;采用开放式运作方式的基金(以下简称开放式基金),是指基金份额总额不固定,基金份额可以在基金合同约定的时间和场所申购或者赎回的基金。

采用其他运作方式的基金的基金份额发售、交易、申购、赎回的办法,由国务院证券监督管理机构另行规定。

第四十六条 基金份额持有人享有下列权利:

(一)分享基金财产收益;

(二)参与分配清算后的剩余基金财产;

(三)依法转让或者申请赎回其持有的基金份额;

(四)按照规定要求召开基金份额持有人大会或者召集基金份额持有人大会;

(五)对基金份额持有人大会审议事项行使表决权;

(六)对基金管理人、基金托管人、基金服务机构损害其合法权益的行为依法提起诉讼;

(七)基金合同约定的其他权利。

公开募集基金的基金份额持有人有权查阅或者复制公开披露的基金信息资料;非公开募集基金的基金份额持有人对涉及自身利益的情况,有权查阅基金的财务会计账簿等财务资料。

第四十七条 基金份额持有人大会由全体基金份额持有人组成,行使下列职权:

(一)决定基金扩募或者延长基金合同期限;

(二)决定修改基金合同的重要内容或者提前终止基金合同;

(三)决定更换基金管理人、基金托管人;

(四)决定调整基金管理人、基金托管人的报酬标准;

(五)基金合同约定的其他职权。

第四十八条 按照基金合同约定,基金份额持有人大会可以设立日常机构,行使下列职权:

(一)召集基金份额持有人大会;

(二)提请更换基金管理人、基金托管人;

(三)监督基金管理人的投资运作、基金托管人的托管活动;

(四)提请调整基金管理人、基金托管人的报酬标准;

(五)基金合同约定的其他职权。

前款规定的日常机构,由基金份额持有人大会选举产生的人员组成;其议事规则,由基金合同约定。

第四十九条 基金份额持有人大会及其日常机构不得直接参与或者干涉基金的投资管理活动。

第五章 基金的公开募集

第五十条 公开募集基金,应当经国务院证券监督管理机构注册。未经注册,不得公开或者变相公开募集基金。

前款所称公开募集基金,包括向不特定对象募集资金、向特定对象募集资金累计超过二百人,以及法律、行政法规规定的其他情形。

公开募集基金应当由基金管理人管理,基金托管人托管。

第五十一条 注册公开募集基金,由拟任基金管理人向国务院证券监督管理机构提交下列文件:

(一)申请报告;

(二)基金合同草案;

(三)基金托管协议草案;

(四)招募说明书草案;

(五)律师事务所出具的法律意见书;

(六)国务院证券监督管理机构规定提交的其他文件。

第五十二条 公开募集基金的基金合同应当包括下列内容:

(一)募集基金的目的和基金名称;

(二)基金管理人、基金托管人的名称和住所;

(三)基金的运作方式;

(四)封闭式基金的基金份额总额和基金合同期限,或者开放式基金的最低募集份额总额;

(五)确定基金份额发售日期、价格和费用的原则;

(六)基金份额持有人、基金管理人和基金托管人的权利、义务;

(七)基金份额持有人大会召集、议事及表决的程序和规则;

(八)基金份额发售、交易、申购、赎回的程序、时间、地点、费用计算

方式,以及给付赎回款项的时间和方式;

(九)基金收益分配原则、执行方式;

(十)基金管理人、基金托管人报酬的提取、支付方式与比例;

(十一)与基金财产管理、运用有关的其他费用的提取、支付方式;

(十二)基金财产的投资方向和投资限制;

(十三)基金资产净值的计算方法和公告方式;

(十四)基金募集未达到法定要求的处理方式;

(十五)基金合同解除和终止的事由、程序以及基金财产清算方式;

(十六)争议解决方式;

(十七)当事人约定的其他事项。

第五十三条 公开募集基金的基金招募说明书应当包括下列内容:

(一)基金募集申请的准予注册文件名称和注册日期;

(二)基金管理人、基金托管人的基本情况;

(三)基金合同和基金托管协议的内容摘要;

(四)基金份额的发售日期、价格、费用和期限;

(五)基金份额的发售方式、发售机构及登记机构名称;

(六)出具法律意见书的律师事务所和审计基金财产的会计师事务所的名称和住所;

(七)基金管理人、基金托管人报酬及其他有关费用的提取、支付方式与比例;

(八)风险警示内容;

(九)国务院证券监督管理机构规定的其他内容。

第五十四条 国务院证券监督管理机构应当自受理公开募集基金的募集注册申请之日起六个月内依照法律、行政法规及国务院证券监督管理机构的规定进行审查,作出注册或者不予注册的决定,并通知申请人;不予注册的,应当说明理由。

第五十五条 基金募集申请经注册后,方可发售基金份额。

基金份额的发售,由基金管理人或者其委托的基金销售机构办理。

第五十六条 基金管理人应当在基金份额发售的三日前公布招募说明书、基金合同及其他有关文件。

前款规定的文件应当真实、准确、完整。

对基金募集所进行的宣传推介活动,应当符合有关法律、行政法规的规定,不得有本法第七十七条所列行为。

第五十七条 基金管理人应当自收到准予注册文件之日起六个月内进行基金募集。超过六个月开始募集,原注册的事项未发生实质性变化的,应当报国务院证券监督管理机构备案;发生实质性变化的,应当向国务院证券监督管理机构重新提交注册申请。

基金募集不得超过国务院证券监督管理机构准予注册的基金募集期限。基金募集期限自基金份额发售之日起计算。

第五十八条 基金募集期限届满,封闭式基金募集的基金份额总额达到准予注册规模的百分之八十以上,开放式基金募集的基金份额总额超过准予注册的最低募集份额总额,并且基金份额持有人人数符合国务院证券监督管理机构规定的,基金管理人应当自募集期限届满之日起十日内聘请法定验资机构验资,自收到验资报告之日起十日内,向国务院证券监督管理机构提交验资报告,办理基金备案手续,并予以公告。

第五十九条 基金募集期间募集的资金应当存入专门账户,在基金募集行为结束前,任何人不得动用。

第六十条 投资人交纳认购的基金份额的款项时,基金合同成立;基金管理人依照本法第五十八条的规定向国务院证券监督管理机构办理基金备案手续,基金合同生效。

基金募集期限届满,不能满足本法第五十八条规定的条件的,基金管理人应当承担下列责任:

(一)以其固有财产承担因募集行为而产生的债务和费用;

(二)在基金募集期限届满后三十日内返还投资人已交纳的款项,并加计银行同期存款利息。

第六章 公开募集基金的基金份额的交易、申购与赎回

第六十一条 申请基金份额上市交易,基金管理人应当向证券交易所提出申请,证券交易所依法审核同意的,双方应当签订上市协议。

第六十二条 基金份额上市交易,应当符合下列条件:

(一)基金的募集符合本法规定;

(二)基金合同期限为五年以上;

(三)基金募集金额不低于二亿元人民币;

(四)基金份额持有人不少于一千人;

(五)基金份额上市交易规则规定的其他条件。

第六十三条 基金份额上市交易规则由证券交易所制定,报国务院证券监督管理机构批准。

第六十四条 基金份额上市交易后,有下列情形之一的,由证券交易所终止其上市交易,并报国务院证券监督管理机构备案:

(一)不再具备本法第六十二条规定的上市交易条件;

(二)基金合同期限届满;

(三)基金份额持有人大会决定提前终止上市交易;

(四)基金合同约定的或者基金份额上市交易规则规定的终止上市交易的其他情形。

第六十五条 开放式基金的基金份额的申购、赎回、登记,由基金管理人或者其委托的基金服务机构办理。

第六十六条 基金管理人应当在每个工作日办理基金份额的申购、赎回业务;基金合同另有约定的,从其约定。

投资人交付申购款项,申购成立;基金份额登记机构确认基金份额时,申购生效。

基金份额持有人递交赎回申请,赎回成立;基金份额登记机构确认赎回时,赎回生效。

第六十七条 基金管理人应当按时支付赎回款项,但是下列情形除外:

(一)因不可抗力导致基金管理人不能支付赎回款项;

(二)证券交易场所依法决定临时停市,导致基金管理人无法计算当日基金资产净值;

(三)基金合同约定的其他特殊情形。

发生上述情形之一的,基金管理人应当在当日报国务院证券监督管理机构备案。

本条第一款规定的情形消失后,基金管理人应当及时支付赎回款项。

第六十八条 开放式基金应当保持足够的现金或者政府债券,以备支付基金份额持有人的赎回款项。基金财产中应当保持的现金或者政府债券的具体比例,由国务院证券监督管理机构规定。

第六十九条 基金份额的申购、赎回价格,依据申购、赎回日基金份额净值加、减有关费用计算。

第七十条 基金份额净值计价出现错误时,基金管理人应当立即纠正,并采取合理的措施防止损失进一步扩大。计价错误达到基金份额净值百分之零点五时,基金管理人应当公告,并报国务院证券监督管理机构备案。

因基金份额净值计价错误造成基金份额持有人损失的，基金份额持有人有权要求基金管理人、基金托管人予以赔偿。

第七章 公开募集基金的投资与信息披露

第七十一条 基金管理人运用基金财产进行证券投资，除国务院证券监督管理机构另有规定外，应当采用资产组合的方式。

资产组合的具体方式和投资比例，依照本法和国务院证券监督管理机构的规定在基金合同中约定。

第七十二条 基金财产应当用于下列投资：

(一)上市交易的股票、债券；

(二)国务院证券监督管理机构规定的其他证券及其衍生品种。

第七十三条 基金财产不得用于下列投资或者活动：

(一)承销证券；

(二)违反规定向他人贷款或者提供担保；

(三)从事承担无限责任的投资；

(四)买卖其他基金份额，但是国务院证券监督管理机构另有规定的除外；

(五)向基金管理人、基金托管人出资；

(六)从事内幕交易、操纵证券交易价格及其他不正当的证券交易活动；

(七)法律、行政法规和国务院证券监督管理机构规定禁止的其他活动。

运用基金财产买卖基金管理人、基金托管人及其控股股东、实际控制人或者与其有其他重大利害关系的公司发行的证券或承销期内承销的证券，或者从事其他重大关联交易的，应当遵循基金份额持有人利益优先的原则，防范利益冲突，符合国务院证券监督管理机构的规定，并履行信息披露义务。

第七十四条 基金管理人、基金托管人和其他基金信息披露义务人应当依法披露基金信息，并保证所披露信息的真实性、准确性和完整性。

第七十五条 基金信息披露义务人应当确保应予披露的基金信息在国务院证券监督管理机构规定时间内披露，并保证投资人能够按照基金合同约定的时间和方式查阅或者复制公开披露的信息资料。

第七十六条 公开披露的基金信息包括：

(一)基金招募说明书、基金合同、基金托管协议;

(二)基金募集情况;

(三)基金份额上市交易公告书;

(四)基金资产净值、基金份额净值;

(五)基金份额申购、赎回价格;

(六)基金财产的资产组合季度报告、财务会计报告及中期和年度基金报告;

(七)临时报告;

(八)基金份额持有人大会决议;

(九)基金管理人、基金托管人的专门基金托管部门的重大人事变动;

(十)涉及基金财产、基金管理业务、基金托管业务的诉讼或者仲裁;

(十一)国务院证券监督管理机构规定应予披露的其他信息。

第七十七条 公开披露基金信息,不得有下列行为:

(一)虚假记载、误导性陈述或者重大遗漏;

(二)对证券投资业绩进行预测;

(三)违规承诺收益或者承担损失;

(四)诋毁其他基金管理人、基金托管人或者基金销售机构;

(五)法律、行政法规和国务院证券监督管理机构规定禁止的其他行为。

第八章 公开募集基金的基金合同的变更、终止与基金财产清算

第七十八条 按照基金合同的约定或者基金份额持有人大会的决议,基金可以转换运作方式或者与其他基金合并。

第七十九条 封闭式基金扩募或者延长基金合同期限,应当符合下列条件,并报国务院证券监督管理机构备案:

(一)基金运营业绩良好;

(二)基金管理人最近二年内没有因违法违规行为受到行政处罚或者刑事处罚;

(三)基金份额持有人大会决议通过;

(四)本法规定的其他条件。

第八十条 有下列情形之一的,基金合同终止:

(一)基金合同期限届满而未延期;

（二）基金份额持有人大会决定终止；

（三）基金管理人、基金托管人职责终止，在六个月内没有新基金管理人、新基金托管人承接；

（四）基金合同约定的其他情形。

第八十一条 基金合同终止时，基金管理人应当组织清算组对基金财产进行清算。

清算组由基金管理人、基金托管人以及相关的中介服务机构组成。

清算组作出的清算报告经会计师事务所审计，律师事务所出具法律意见书后，报国务院证券监督管理机构备案并公告。

第八十二条 清算后的剩余基金财产，应当按照基金份额持有人所持份额比例进行分配。

第九章 公开募集基金的基金份额持有人权利行使

第八十三条 基金份额持有人大会由基金管理人召集。基金份额持有人大会设立日常机构的，由该日常机构召集；该日常机构未召集的，由基金管理人召集。基金管理人未按规定召集或者不能召集的，由基金托管人召集。

代表基金份额百分之十以上的基金份额持有人就同一事项要求召开基金份额持有人大会，而基金份额持有人大会的日常机构、基金管理人、基金托管人都不召集的，代表基金份额百分之十以上的基金份额持有人有权自行召集，并报国务院证券监督管理机构备案。

第八十四条 召开基金份额持有人大会，召集人应当至少提前三十日公告基金份额持有人大会的召开时间、会议形式、审议事项、议事程序和表决方式等事项。

基金份额持有人大会不得就未经公告的事项进行表决。

第八十五条 基金份额持有人大会可以采取现场方式召开，也可以采取通讯等方式召开。

每一基金份额具有一票表决权，基金份额持有人可以委托代理人出席基金份额持有人大会并行使表决权。

第八十六条 基金份额持有人大会应当有代表二分之一以上基金份额的持有人参加，方可召开。

参加基金份额持有人大会的持有人的基金份额低于前款规定比例的，召集人可以在原公告的基金份额持有人大会召开时间的三个月以后、六个月以内，就原定审议事项重新召集基金份额持有人大会。重新召集的基金份额持有人大会应当有代表三分之一以上基金份额的持有人参加,方可召开。

基金份额持有人大会就审议事项作出决定,应当经参加大会的基金份额持有人所持表决权的二分之一以上通过;但是,转换基金的运作方式、更换基金管理人或者基金托管人、提前终止基金合同、与其他基金合并,应当经参加大会的基金份额持有人所持表决权的三分之二以上通过。

基金份额持有人大会决定的事项,应当依法报国务院证券监督管理机构备案,并予以公告。

第十章 非公开募集基金

第八十七条 非公开募集基金应当向合格投资者募集,合格投资者累计不得超过二百人。

前款所称合格投资者,是指达到规定资产规模或者收入水平,并且具备相应的风险识别能力和风险承担能力、其基金份额认购金额不低于规定限额的单位和个人。

合格投资者的具体标准由国务院证券监督管理机构规定。

第八十八条 除基金合同另有约定外,非公开募集基金应当由基金托管人托管。

第八十九条 担任非公开募集基金的基金管理人,应当按照规定向基金行业协会履行登记手续,报送基本情况。

第九十条 未经登记,任何单位或者个人不得使用“基金”或者“基金管理”字样或者近似名称进行证券投资活动;但是,法律、行政法规另有规定的除外。

第九十一条 非公开募集基金,不得向合格投资者之外的单位和个人募集资金,不得通过报刊、电台、电视台、互联网等公众传播媒体或者讲座、报告会、分析会等方式向不特定对象宣传推介。

第九十二条 非公开募集基金,应当制定并签订基金合同。基金合同应当包括下列内容:

(一)基金份额持有人、基金管理人、基金托管人的权利、义务;

(二)基金的运作方式;

(三)基金的出资方式、数额和认缴期限;

(四)基金的投资范围、投资策略和投资限制;

(五)基金收益分配原则、执行方式;

（六）基金承担的有关费用；

（七）基金信息提供的内容、方式；

（八）基金份额的认购、赎回或者转让的程序和方式；

（九）基金合同变更、解除和终止的事由、程序；

（十）基金财产清算方式；

（十一）当事人约定的其他事项。

基金份额持有人转让基金份额的，应当符合本法第八十七条、第九十一条的规定。

第九十三条 按照基金合同约定，非公开募集基金可以由部分基金份额持有人作为基金管理人负责基金的投资管理活动，并在基金财产不足以清偿其债务时对基金财产的债务承担无限连带责任。

前款规定的非公开募集基金，其基金合同还应载明：

（一）承担无限连带责任的基金份额持有人和其他基金份额持有人的姓名或者名称、住所；

（二）承担无限连带责任的基金份额持有人的除名条件和更换程序；

（三）基金份额持有人增加、退出的条件、程序以及相关责任；

（四）承担无限连带责任的基金份额持有人和其他基金份额持有人的转换程序。

第九十四条 非公开募集基金募集完毕，基金管理人应当向基金行业协会备案。对募集的资金总额或者基金份额持有人的人数达到规定标准的基金，基金行业协会应当向国务院证券监督管理机构报告。

非公开募集基金财产的证券投资，包括买卖公开发行的股份有限公司股票、债券、基金份额，以及国务院证券监督管理机构规定的其他证券及其衍生品种。

第九十五条 基金管理人、基金托管人应当按照基金合同的约定，向基金份额持有人提供基金信息。

第九十六条 专门从事非公开募集基金管理业务的基金管理人，其股东、高级管理人员、经营期限、管理的基金资产规模等符合规定条件的，经国务院证券监督管理机构核准，可以从事公开募集基金管理业务。

第十一章 基金服务机构

第九十七条 从事公开募集基金的销售、销售支付、份额登记、估值、投资顾问、评价、信息技术系统服务等基金服务业务的机构，应当按照国务院证券监督管理机构的规定进行注册或者备案。

第九十八条 基金销售机构应当向投资人充分揭示投资风险,并根据投资人的风险承担能力销售不同风险等级的基金产品。

第九十九条 基金销售支付机构应当按照规定办理基金销售结算资金的划付,确保基金销售结算资金安全、及时划付。

第一百条 基金销售结算资金、基金份额独立于基金销售机构、基金销售支付机构或者基金份额登记机构的自有财产。基金销售机构、基金销售支付机构或者基金份额登记机构破产或者清算时,基金销售结算资金、基金份额不属于其破产财产或者清算财产。非因投资人本身的债务或者法律规定的其他情形,不得查封、冻结、扣划或者强制执行基金销售结算资金、基金份额。

基金销售机构、基金销售支付机构、基金份额登记机构应当确保基金销售结算资金、基金份额的安全、独立,禁止任何单位或者个人以任何形式挪用基金销售结算资金、基金份额。

第一百零一条 基金管理人可以委托基金服务机构代为办理基金的份额登记、核算、估值、投资顾问等事项,基金托管人可以委托基金服务机构代为办理基金的核算、估值、复核等事项,但基金管理人、基金托管人依法应当承担的责任不因委托而免除。

第一百零二条 基金份额登记机构以电子介质登记的数据,是基金份额持有人权利归属的根据。基金份额持有人以基金份额出质的,质权自基金份额登记机构办理出质登记时设立。

基金份额登记机构应当妥善保存登记数据,并将基金份额持有人名称、身份信息及基金份额明细等数据备份至国务院证券监督管理机构认定的机构。其保存期限自基金账户销户之日起不得少于二十年。

基金份额登记机构应当保证登记数据的真实、准确、完整,不得隐匿、伪造、篡改或者毁损。

第一百零三条 基金投资顾问机构及其从业人员提供基金投资顾问服务,应当具有合理的依据,对其服务能力和经营业绩进行如实陈述,不得以任何方式承诺或者保证投资收益,不得损害服务对象的合法权益。

第一百零四条 基金评价机构及其从业人员应当客观公正,按照依法制定的业务规则开展基金评价业务,禁止误导投资人,防范可能发生的利益冲突。

第一百零五条 基金管理人、基金托管人、基金服务机构的信息技术系统,应当符合规定的要求。国务院证券监督管理机构可以要求信息技术系统服务机构提供该信息技术系统的相关资料。

第一百零六条　律师事务所、会计师事务所接受基金管理人、基金托管人的委托，为有关基金业务活动出具法律意见书、审计报告、内部控制评价报告等文件，应当勤勉尽责，对所依据的文件资料内容的真实性、准确性、完整性进行核查和验证。其制作、出具的文件有虚假记载、误导性陈述或者重大遗漏，给他人财产造成损失的，应当与委托人承担连带赔偿责任。

第一百零七条　基金服务机构应当勤勉尽责、恪尽职守，建立应急等风险管理制度和灾难备份系统，不得泄露与基金份额持有人、基金投资运作相关的非公开信息。

第十二章　基金行业协会

第一百零八条　基金行业协会是证券投资基金行业的自律性组织，是社会团体法人。

基金管理人、基金托管人应当加入基金行业协会，基金服务机构可以加入基金行业协会。

第一百零九条　基金行业协会的权力机构为全体会员组成的会员大会。

基金行业协会设理事会。理事会成员依章程的规定由选举产生。

第一百一十条　基金行业协会章程由会员大会制定，并报国务院证券监督管理机构备案。

第一百一十一条　基金行业协会履行下列职责：

（一）教育和组织会员遵守有关证券投资的法律、行政法规，维护投资人合法权益；

（二）依法维护会员的合法权益，反映会员的建议和要求；

（三）制定和实施行业自律规则，监督、检查会员及其从业人员的执业行为，对违反自律规则和协会章程的，按照规定给予纪律处分；

（四）制定行业执业标准和业务规范，组织基金从业人员的从业考试、资质管理和业务培训；

（五）提供会员服务，组织行业交流，推动行业创新，开展行业宣传和投资人教育活动；

（六）对会员之间、会员与客户之间发生的基金业务纠纷进行调解；

（七）依法办理非公开募集基金的登记、备案；

（八）协会章程规定的其他职责。

第十三章　监督管理

第一百一十二条　国务院证券监督管理机构依法履行下列职责：

(一)制定有关证券投资基金活动监督管理的规章、规则,并行使审批、核准或者注册权;

(二)办理基金备案;

(三)对基金管理人、基金托管人及其他机构从事证券投资基金活动进行监督管理,对违法行为进行查处,并予以公告;

(四)制定基金从业人员的资格标准和行为准则,并监督实施;

(五)监督检查基金信息的披露情况;

(六)指导和监督基金行业协会的活动;

(七)法律、行政法规规定的其他职责。

第一百一十三条 国务院证券监督管理机构依法履行职责,有权采取下列措施:

(一)对基金管理人、基金托管人、基金服务机构进行现场检查,并要求其报送有关的业务资料;

(二)进入涉嫌违法行为发生场所调查取证;

(三)询问当事人和与被调查事件有关的单位和个人,要求其对与被调查事件有关的事项作出说明;

(四)查阅、复制与被调查事件有关的财产权登记、通讯记录等资料;

(五)查阅、复制当事人和与被调查事件有关的单位和个人的证券交易记录、登记过户记录、财务会计资料及其他相关文件和资料;对可能被转移、隐匿或者毁损的文件和资料,可以予以封存;

(六)查询当事人和与被调查事件有关的单位和个人的资金账户、证券账户和银行账户;对有证据证明已经或者可能转移或者隐匿违法资金、证券等涉案财产或者隐匿、伪造、毁损重要证据的,经国务院证券监督管理机构主要负责人批准,可以冻结或者查封;

(七)在调查操纵证券市场、内幕交易等重大证券违法行为时,经国务院证券监督管理机构主要负责人批准,可以限制被调查事件当事人的证券买卖,但限制的期限不得超过十五个交易日;案情复杂的,可以延长十五个交易日。

第一百一十四条 国务院证券监督管理机构工作人员依法履行职责,进行调查或者检查时,不得少于二人,并应当出示合法证件;对调查或者检查中知悉的商业秘密负有保密的义务。

第一百一十五条 国务院证券监督管理机构工作人员应当忠于职守,依法办事,公正廉洁,接受监督,不得利用职务牟取私利。

第一百一十六条 国务院证券监督管理机构依法履行职责时，被调查、检查的单位和个人应当配合，如实提供有关文件和资料，不得拒绝、阻碍和隐瞒。

第一百一十七条 国务院证券监督管理机构依法履行职责，发现违法行为涉嫌犯罪的，应当将案件移送司法机关处理。

第一百一十八条 国务院证券监督管理机构工作人员在任职期间，或者离职后在《中华人民共和国公务员法》规定的期限内，不得在被监管的机构中担任职务。

第十四章 法律责任

第一百一十九条 违反本法规定，未经批准擅自设立基金管理公司或者未经核准从事公开募集基金管理业务的，由证券监督管理机构予以取缔或者责令改正，没收违法所得，并处违法所得一倍以上五倍以下罚款；没有违法所得或者违法所得不足一百万元的，并处十万元以上一百万元以下罚款。对直接负责的主管人员和其他直接责任人员给予警告，并处三万元以上三十万元以下罚款。

基金管理公司违反本法规定，擅自变更持有百分之五以上股权的股东、实际控制人或者其他重大事项的，责令改正，没收违法所得，并处违法所得一倍以上五倍以下罚款；没有违法所得或者违法所得不足五十万元的，并处五万元以上五十万元以下罚款。对直接负责的主管人员给予警告，并处三万元以上十万元以下罚款。

第一百二十条 基金管理人的董事、监事、高级管理人员和其他从业人员，基金托管人的专门基金托管部门的高级管理人员和其他从业人员，未按照本法第十七条第一款规定申报的，责令改正，处三万元以上十万元以下罚款。

基金管理人、基金托管人违反本法第十七条第二款规定的，责令改正，处十万元以上一百万元以下罚款；对直接负责的主管人员和其他直接责任人员给予警告，暂停或者撤销基金从业资格，并处三万元以上三十万元以下罚款。

第一百二十一条 基金管理人的董事、监事、高级管理人员和其他从业人员，基金托管人的专门基金托管部门的高级管理人员和其他从业人员违反本法第十八条规定的，责令改正，没收违法所得，并处违法所得一倍以上五倍以下罚款；没有违法所得或者违法所得不足一百万元的，并处十万元以上一百万元以下罚款；情节严重的，撤销基金从业资格。

第一百二十二条 基金管理人、基金托管人违反本法规定,未对基金财产实行分别管理或者分账保管,责令改正,处五万元以上五十万元以下罚款;对直接负责的主管人员和其他直接责任人员给予警告,暂停或者撤销基金从业资格,并处三万元以上三十万元以下罚款。

第一百二十三条 基金管理人、基金托管人及其董事、监事、高级管理人员和其他从业人员有本法第二十条所列行为之一的,责令改正,没收违法所得,并处违法所得一倍以上五倍以下罚款;没有违法所得或者违法所得不足一百万元的,并处十万元以上一百万元以下罚款;基金管理人、基金托管人有上述行为的,还应当对其直接负责的主管人员和其他直接责任人员给予警告,暂停或者撤销基金从业资格,并处三万元以上三十万元以下罚款。

基金管理人、基金托管人及其董事、监事、高级管理人员和其他从业人员侵占、挪用基金财产而取得的财产和收益,归入基金财产。但是,法律、行政法规另有规定的,依照其规定。

第一百二十四条 基金管理人的股东、实际控制人违反本法第二十三条规定的,责令改正,没收违法所得,并处违法所得一倍以上五倍以下罚款;没有违法所得或者违法所得不足一百万元的,并处十万元以上一百万元以下罚款;对直接负责的主管人员和其他直接责任人员给予警告,暂停或者撤销基金或证券从业资格,并处三万元以上三十万元以下罚款。

第一百二十五条 未经核准,擅自从事基金托管业务的,责令停止,没收违法所得,并处违法所得一倍以上五倍以下罚款;没有违法所得或者违法所得不足一百万元的,并处十万元以上一百万元以下罚款;对直接负责的主管人员和其他直接责任人员给予警告,并处三万元以上三十万元以下罚款。

第一百二十六条 基金管理人、基金托管人违反本法规定,相互出资或者持有股份的,责令改正,可以处十万元以下罚款。

第一百二十七条 违反本法规定,擅自公开或者变相公开募集基金的,责令停止,返还所募资金和加计的银行同期存款利息,没收违法所得,并处所募资金金额百分之一以上百分之五以下罚款。对直接负责的主管人员和其他直接责任人员给予警告,并处五万元以上五十万元以下罚款。

第一百二十八条 违反本法第五十九条规定,动用募集的资金的,责令返还,没收违法所得,并处违法所得一倍以上五倍以下罚款;没有违法所得或者违法所得不足五十万元的，并处五万元以上五十万元以下罚款；对直接负责的主管人员和其他直接责任人员给予警告，并处三万元以上三十万元以下罚款。

第一百二十九条 基金管理人、基金托管人有本法第七十三条第一款第一项至第五项和第七项所列行为之一，或者违反本法第七十三条第二款规定的，责令改正，处十万元以上一百万元以下罚款；对直接负责的主管人员和其他直接责任人员给予警告，暂停或者撤销基金从业资格，并处三万元以上三十万元以下罚款。

基金管理人、基金托管人有前款行为，运用基金财产而取得的财产和收益，归入基金财产。但是，法律、行政法规另有规定的，依照其规定。

第一百三十条 基金管理人、基金托管人有本法第七十三条第一款第六项规定行为的，除依照《中华人民共和国证券法》的有关规定处罚外，对直接负责的主管人员和其他直接责任人员暂停或者撤销基金从业资格。

第一百三十一条 基金信息披露义务人不依法披露基金信息或者披露的信息有虚假记载、误导性陈述或者重大遗漏的，责令改正，没收违法所得，并处十万元以上一百万元以下罚款；对直接负责的主管人员和其他直接责任人员给予警告，暂停或者撤销基金从业资格，并处三万元以上三十万元以下罚款。

第一百三十二条 基金管理人或者基金托管人不按照规定召集基金份额持有人大会的，责令改正，可以处五万元以下罚款；对直接负责的主管人员和其他直接责任人员给予警告，暂停或者撤销基金从业资格。

第一百三十三条 违反本法规定，未经登记，使用“基金”或者“基金管理”字样或者近似名称进行证券投资活动的，没收违法所得，并处违法所得一倍以上五倍以下罚款；没有违法所得或者违法所得不足一百万元的，并处十万元以上一百万元以下罚款。对直接负责的主管人员和其他直接责任人员给予警告，并处三万元以上三十万元以下罚款。

第一百三十四条 违反本法规定，非公开募集基金募集完毕，基金管理人未备案的，处十万元以上三十万元以下罚款。对直接负责的主管人员和其他直接责任人员给予警告，并处三万元以上十万元以下罚款。

第一百三十五条 违反本法规定，向合格投资者之外的单位或者个人非公开募集资金或者转让基金份额的，没收违法所得，并处违法所得一倍以上五倍以下罚款；没有违法所得或者违法所得不足一百万元的，并处十万元以上一百万元以下罚款。对直接负责的主管人员和其他直接责任人员给予警告,并处三万元以上三十万元以下罚款。

第一百三十六条 违反本法规定,向合格投资者之外的单位或者个人非公开募集资金或者转让基金份额的,没收违法所得,并处违法所得一倍以上五倍以下罚款;没有违法所得或者违法所得不足一百万元的,并处十万元以上一百万元以下罚款。对直接负责的主管人员和其他直接责任人员给予警告,并处三万元以上三十万元以下罚款。

第一百三十七条 违反本法规定,擅自从事公开募集基金的基金服务业务的,责令改正,没收违法所得,并处违法所得一倍以上五倍以下罚款;没有违法所得或者违法所得不足三十万元的,并处十万元以上三十万元以下罚款。对直接负责的主管人员和其他直接责任人员给予警告,并处三万元以上十万元以下罚款。

第一百三十八条 基金销售机构未向投资人充分揭示投资风险并误导其购买与其风险承担能力不相当的基金产品的,处十万元以上三十万元以下罚款;情节严重的,责令其停止基金服务业务。对直接负责的主管人员和其他直接责任人员给予警告,撤销基金从业资格,并处三万元以上十万元以下罚款。

第一百三十九条 基金销售支付机构未按照规定划付基金销售结算资金的,处十万元以上三十万元以下罚款;情节严重的,责令其停止基金服务业务。对直接负责的主管人员和其他直接责任人员给予警告,撤销基金从业资格,并处三万元以上十万元以下罚款。

第一百四十条 挪用基金销售结算资金或者基金份额的,责令改正,没收违法所得,并处违法所得一倍以上五倍以下罚款;没有违法所得或者违法所得不足一百万元的,并处十万元以上一百万元以下罚款。对直接负责的主管人员和其他直接责任人员给予警告,并处三万元以上三十万元以下罚款。

第一百四十一条 基金份额登记机构未妥善保存或者备份基金份额登记数据的,责令改正,给予警告,并处十万元以上三十万元以下罚款;情节严重的,责令其停止基金服务业务。对直接负责的主管人员和其他直接责任人员给予警告,撤销基金从业资格,并处三万元以上十万元以下罚款。

基金份额登记机构隐匿、伪造、篡改、毁损基金份额登记数据的,责令改正,处十万元以上一百万元以下罚款,并责令其停止基金服务业务。对直接负责的主管人员和其他直接责任人员给予警告,撤销基金从业资格,并处三万元以上三十万元以下罚款。

第一百四十二条 基金投资顾问机构、基金评价机构及其从业人员违反本法规定开展投资顾问、基金评价服务的，处十万元以上三十万元以下罚款；情节严重的，责令其停止基金服务业务。对直接负责的主管人员和其他直接责任人员给予警告，撤销基金从业资格，并处三万元以上十万元以下罚款。

第一百四十三条 信息技术系统服务机构未按照规定向国务院证券监督管理机构提供相关信息技术系统资料，或者提供的信息技术系统资料虚假、有重大遗漏的，责令改正，处三万元以上十万元以下罚款。对直接负责的主管人员和其他直接责任人员给予警告，并处一万元以上三万元以下罚款。

第一百四十四条 会计师事务所、律师事务所未勤勉尽责，所出具的文件有虚假记载、误导性陈述或者重大遗漏的，责令改正，没收业务收入，暂停或者撤销相关业务许可，并处业务收入一倍以上五倍以下罚款。对直接负责的主管人员和其他直接责任人员给予警告，并处三万元以上十万元以下罚款。

第一百四十五条 基金服务机构未建立应急等风险管理制度和灾难备份系统，或者泄露与基金份额持有人、基金投资运作相关的非公开信息的，处十万元以上三十万元以下罚款；情节严重的，责令其停止基金服务业务。对直接负责的主管人员和其他直接责任人员给予警告，撤销基金从业资格，并处三万元以上十万元以下罚款。

第一百四十六条 违反本法规定，给基金财产、基金份额持有人或者投资人造成损害的，依法承担赔偿责任。

基金管理人、基金托管人在履行各自职责的过程中，违反本法规定或者基金合同约定，给基金财产或者基金份额持有人造成损害的，应当分别对各自的行为依法承担赔偿责任；因共同行为给基金财产或者基金份额持有人造成损害的，应当承担连带赔偿责任。

第一百四十七条 证券监督管理机构工作人员玩忽职守、滥用职权、徇私舞弊或者利用职务上的便利索取或者收受他人财物的，依法给予行政处分。

第一百四十八条 拒绝、阻碍证券监督管理机构及其工作人员依法行使监督检查、调查职权未使用暴力、威胁方法的，依法给予治安管理处罚。

第一百四十九条 违反法律、行政法规或者国务院证券监督管理机构的有关规定，情节严重的，国务院证券监督管理机构可以对有关责任人员采取证券市场禁入的措施。

第一百五十条 违反本法规定,构成犯罪的,依法追究刑事责任。

第一百五十一条 违反本法规定,应当承担民事赔偿责任和缴纳罚款、罚金,其财产不足以同时支付时,先承担民事赔偿责任。

第一百五十二条 依照本法规定,基金管理人、基金托管人、基金服务机构应当承担的民事赔偿责任和缴纳的罚款、罚金,由基金管理人、基金托管人、基金服务机构以其固有财产承担。

依法收缴的罚款、罚金和没收的违法所得,应当全部上缴国库。

第十五章 附 则

第一百五十三条 在中华人民共和国境内募集投资境外证券的基金,以及合格境外投资者在境内进行证券投资,应当经国务院证券监督管理机构批准,具体办法由国务院证券监督管理机构会同国务院有关部门规定,报国务院批准。

第一百五十四条 公开或者非公开募集资金,以进行证券投资活动为目的设立的公司或者合伙企业,资产由基金管理人或者普通合伙人管理的,其证券投资活动适用本法。

第一百五十五条 本法自2013年6月1日起施行。

相关规范性文件

《中国人民银行、中国银行保险监督管理委员会、中国证券监督管理委员会、国家外汇管理局关于规范金融机构资产管理业务的指导意见》(银发〔2018〕106号)

近年来,我国资产管理业务快速发展,在满足居民和企业投融资需求、改善社会融资结构等方面发挥了积极作用,但也存在部分业务发展不规范、多层嵌套、刚性兑付、规避金融监管和宏观调控等问题。按照党中央、国务院决策部署,为规范金融机构资产管理业务,统一同类资产管理产品监管标准,有效防控金融风险,引导社会资金流向实体经济,更好地支持经济结构调整和转型升级,经国务院同意,现提出以下意见:

一、规范金融机构资产管理业务主要遵循以下原则:

(一)坚持严控风险的底线思维。把防范和化解资产管理业务风险放到更加重要的位置,减少存量风险,严防增量风险。

(二)坚持服务实体经济的根本目标。既充分发挥资产管理业务功能,切实服务实体经济投融资需求,又严格规范引导,避免资金脱实向虚在金融体系内部自我循环,防止产品过于复杂,加剧风险跨行业、跨市场、跨区域传递。

(三)坚持宏观审慎管理与微观审慎监管相结合、机构监管与功能监管相结合的监管理念。实现对各类机构开展资产管理业务的全面、统一覆盖,采取有效监管措施,加强金融消费者权益保护。

(四)坚持有的放矢的问题导向。重点针对资产管理业务的多层嵌套、杠杆不清、套利严重、投机频繁等问题,设定统一的标准规制,同时对金融创新坚持趋利避害、一分为二,留出发展空间。

(五)坚持积极稳妥审慎推进。正确处理改革、发展、稳定关系,坚持防范风险与有序规范相结合,在下决心处置风险的同时,充分考虑市场承受能力,合理设置过渡期,把握好工作的次序、节奏、力度,加强市场沟通,有效引导市场预期。

二、资产管理业务是指银行、信托、证券、基金、期货、保险资产管理机构、金融资产投资公司等金融机构接受投资者委托,对受托的投资者财产进行投资和管理的金融服务。金融机构为委托人利益履行诚实信用、勤勉尽责义务并收取相应的管理费用,委托人自担投资风险并获得收益。金融机构可以与委托人在合同中事先约定收取合理的业绩报酬,业绩报酬计入管理费,须与产品一一对应并逐个结算,不同产品之间不得相互串用。

资产管理业务是金融机构的表外业务,金融机构开展资产管理业务时不得承诺保本保收益。出现兑付困难时,金融机构不得以任何形式垫资兑付。金融机构不得在表内开展资产管理业务。

私募投资基金适用私募投资基金专门法律、行政法规,私募投资基金专门法律、行政法规中没有明确规定的适用本意见,创业投资基金、政府出资产业投资基金的相关规定另行制定。

三、资产管理产品包括但不限于人民币或外币形式的银行非保本理财产品,资金信托,证券公司、证券公司子公司、基金管理公司、基金管理子公司、期货公司、期货公司子公司、保险资产管理机构、金融资产投资公司发行的资产管理产品等。依据金融管理部门颁布规则开展的资产证券化业务,依据人力资源社会保障部门颁布规则发行的养老金产品,不适用本意见。

四、资产管理产品按照募集方式的不同,分为公募产品和私募产品。公募产品面向不特定社会公众公开发行。公开发行的认定标准依照《中华人民共和国证券法》执行。私募产品面向合格投资者通过非公开方式发行。

资产管理产品按照投资性质的不同,分为固定收益类产品、权益类产品、商品及金融衍生品类产品和混合类产品。固定收益类产品投资于存款、债券等债权类资产的比例不低于80%,权益类产品投资于股票、未上市企业股权等权益类资产的比例不低于80%,商品及金融衍生品类产品投资于商品及金融衍生品的比例不低于80%,混合类产品投资于债权类资产、权益类资产、商品及金融衍生品类资产且任一资产的投资比例未达到前三类产品标准。非因金融机构主观因素导致突破前述比例限制的,金融机构应当在流动性受限资产可出售、可转让或者恢复交易的15个交易日内调整至符合要求。

金融机构在发行资产管理产品时,应当按照上述分类标准向投资者明示资产管理产品的类型,并按照确定的产品性质进行投资。在产品成立后至到期日前,不得擅自改变产品类型。混合类产品投资债权类资产、权益类资产和商品及金融衍生品类资产的比例范围应当在发行产品时予以确定并向投资者明示,在产品成立后至到期日前不得擅自改变。产品的实际投向不得违反合同约定,如有改变,除高风险类型的产品超出比例范围投资较低风险资产外,应当先行取得投资者书面同意,并履行登记备案等法律法规以及金融监督管理部门规定的程序。

五、资产管理产品的投资者分为不特定社会公众和合格投资者两大类。合格投资者是指具备相应风险识别能力和风险承担能力,投资于单只资产管理产品不低于一定金额且符合下列条件的自然人和法人或者其他组织。

(一)具有2年以上投资经历,且满足以下条件之一:家庭金融净资产不低于300万元,家庭金融资产不低于500万元,或者近3年本人年均收入不低于40万元。

(二)最近1年末净资产不低于1000万元的法人单位。

(三)金融管理部门视为合格投资者的其他情形。

合格投资者投资于单只固定收益类产品的金额不低于30万元,投资于单只混合类产品的金额不低于40万元,投资于单只权益类产品、单只商品及金融衍生品类产品的金额不低于100万元。

投资者不得使用贷款、发行债券等筹集的非自有资金投资资产管理产品。

六、金融机构发行和销售资产管理产品,应当坚持"了解产品"和"了解客户"的经营理念,加强投资者适当性管理,向投资者销售与其风险识别能力和风险承担能力相适应的资产管理产品。禁止欺诈或者误导投资者购买与其风险承担能力不匹配的资产管理产品。金融机构不得通过拆分资产管理产品的方式,向风险识别能力和风险承担能力低于产品风险等级的投资者销售资产管理产品。

金融机构应当加强投资者教育，不断提高投资者的金融知识水平和风险意识，向投资者传递“卖者尽责、买者自负”的理念，打破刚性兑付。

七、金融机构开展资产管理业务，应当具备与资产管理业务发展相适应的管理体系和管理制度，公司治理良好，风险管理、内部控制和问责机制健全。

金融机构应当建立健全资产管理业务人员的资格认定、培训、考核评价和问责制度，确保从事资产管理业务的人员具备必要的专业知识、行业经验和管理能力，充分了解相关法律法规、监管规定以及资产管理产品的法律关系、交易结构、主要风险和风险管控方式，遵守行为准则和职业道德标准。

对于违反相关法律法规以及本意见规定的金融机构资产管理业务从业人员，依法采取处罚措施直至取消从业资格，禁止其在其他类型金融机构从事资产管理业务。

八、金融机构运用受托资金进行投资，应当遵守审慎经营规则，制定科学合理的投资策略和风险管理制度，有效防范和控制风险。

金融机构应当履行以下管理人职责：

（一）依法募集资金，办理产品份额的发售和登记事宜。

（二）办理产品登记备案或者注册手续。

（三）对所管理的不同产品受托财产分别管理、分别记账，进行投资。

（四）按照产品合同的约定确定收益分配方案，及时向投资者分配收益。

（五）进行产品会计核算并编制产品财务会计报告。

（六）依法计算并披露产品净值或者投资收益情况，确定申购、赎回价格。

（七）办理与受托财产管理业务活动有关的信息披露事项。

（八）保存受托财产管理业务活动的记录、账册、报表和其他相关资料。

（九）以管理人名义，代表投资者利益行使诉讼权利或者实施其他法律行为。

（十）在兑付受托资金及收益时，金融机构应当保证受托资金及收益返回委托人的原账户、同名账户或者合同约定的受益人账户。

(十一)金融监督管理部门规定的其他职责。

金融机构未按照诚实信用、勤勉尽责原则切实履行受托管理职责,造成投资者损失的,应当依法向投资者承担赔偿责任。

九、金融机构代理销售其他金融机构发行的资产管理产品,应当符合金融监督管理部门规定的资质条件。未经金融监督管理部门许可,任何非金融机构和个人不得代理销售资产管理产品。

金融机构应当建立资产管理产品的销售授权管理体系,明确代理销售机构的准入标准和程序,明确界定双方的权利与义务,明确相关风险的承担责任和转移方式。

金融机构代理销售资产管理产品,应当建立相应的内部审批和风险控制程序,对发行或者管理机构的信用状况、经营管理能力、市场投资能力、风险处置能力等开展尽职调查,要求发行或者管理机构提供详细的产品介绍、相关市场分析和风险收益测算报告,进行充分的信息验证和风险审查,确保代理销售的产品符合本意见规定并承担相应责任。

十、公募产品主要投资标准化债权类资产以及上市交易的股票,除法律法规和金融管理部门另有规定外,不得投资未上市企业股权。公募产品可以投资商品及金融衍生品,但应当符合法律法规以及金融管理部门的相关规定。

私募产品的投资范围由合同约定,可以投资债权类资产、上市或挂牌交易的股票、未上市企业股权(含债转股)和受(收)益权以及符合法律法规规定的其他资产,并严格遵守投资者适当性管理要求。鼓励充分运用私募产品支持市场化、法治化债转股。

十一、资产管理产品进行投资应当符合以下规定:

(一)标准化债权类资产应当同时符合以下条件:

1. 等分化,可交易。

2. 信息披露充分。

3. 集中登记,独立托管。

4. 公允定价,流动性机制完善。

5. 在银行间市场、证券交易所市场等经国务院同意设立的交易市场交易。

标准化债权类资产的具体认定规则由中国人民银行会同金融监督管理部门另行制定。

标准化债权类资产之外的债权类资产均为非标准化债权类资产。

金融机构发行资产管理产品投资于非标准化债权类资产的,应当遵守金融监督管理部门制定的有关限额管理、流动性管理等监管标准。金融监督管理部门未制定相关监管标准的,由中国人民银行督促根据本意见要求制定监管标准并予以执行。

金融机构不得将资产管理产品资金直接投资于商业银行信贷资产。商业银行信贷资产受(收)益权的投资限制由金融管理部门另行制定。

(二)资产管理产品不得直接或者间接投资法律法规和国家政策禁止进行债权或股权投资的行业和领域。

(三)鼓励金融机构在依法合规、商业可持续的前提下,通过发行资产管理产品募集资金投向符合国家战略和产业政策要求、符合国家供给侧结构性改革政策要求的领域。鼓励金融机构通过发行资产管理产品募集资金支持经济结构转型,支持市场化、法治化债转股,降低企业杠杆率。

(四)跨境资产管理产品及业务参照本意见执行,并应当符合跨境人民币和外汇管理有关规定。

十二、金融机构应当向投资者主动、真实、准确、完整、及时披露资产管理产品募集信息、资金投向、杠杆水平、收益分配、托管安排、投资账户信息和主要投资风险等内容。国家法律法规另有规定的,从其规定。

对于公募产品,金融机构应当建立严格的信息披露管理制度,明确定期报告、临时报告、重大事项公告、投资风险披露要求以及具体内容、格式。在本机构官方网站或者通过投资者便于获取的方式披露产品净值或者投资收益情况,并定期披露其他重要信息:开放式产品按照开放频率披露,封闭式产品至少每周披露一次。

对于私募产品,其信息披露方式、内容、频率由产品合同约定,但金融机构应当至少每季度向投资者披露产品净值和其他重要信息。

对于固定收益类产品,金融机构应当通过醒目方式向投资者充分披露和提示产品的投资风险,包括但不限于产品投资债券面临的利率、汇率变化等市场风险以及债券价格波动情况,产品投资每笔非标准化债权类资产的融资客户、项目名称、剩余融资期限、到期收益分配、交易结构、风险状况等。

对于权益类产品,金融机构应当通过醒目方式向投资者充分披露和提示产品的投资风险,包括产品投资股票面临的风险以及股票价格波动情况等。

对于商品及金融衍生品类产品,金融机构应当通过醒目方式向投资者充分披露产品的挂钩资产、持仓风险、控制措施以及衍生品公允价值变化等。

对于混合类产品,金融机构应当通过醒目方式向投资者清晰披露产品的投资资产组合情况,并根据固定收益类、权益类、商品及金融衍生品类资产投资比例充分披露和提示相应的投资风险。

十三、主营业务不包括资产管理业务的金融机构应当设立具有独立法人地位的资产管理子公司开展资产管理业务,强化法人风险隔离,暂不具备条件的可以设立专门的资产管理业务经营部门开展业务。

金融机构不得为资产管理产品投资的非标准化债权类资产或者股权类资产提供任何直接或间接、显性或隐性的担保、回购等代为承担风险的承诺。

金融机构开展资产管理业务,应当确保资产管理业务与其他业务相分离,资产管理产品与其代销的金融产品相分离,资产管理产品之间相分离,资产管理业务操作与其他业务操作相分离。

十四、本意见发布后,金融机构发行的资产管理产品资产应当由具有托管资质的第三方机构独立托管,法律、行政法规另有规定的除外。

过渡期内,具有证券投资基金托管业务资质的商业银行可以托管本行理财产品,但应当为每只产品单独开立托管账户,确保资产隔离。过渡期后,具有证券投资基金托管业务资质的商业银行应当设立具有独立法人地位的子公司开展资产管理业务,该商业银行可以托管子公司发行的资产管理产品,但应当实现实质性的独立托管。独立托管有名无实的,由金融监督管理部门进行纠正和处罚。

十五、金融机构应当做到每只资产管理产品的资金单独管理、单独建账、单独核算,不得开展或者参与具有滚动发行、集合运作、分离定价特征的资金池业务。

金融机构应当合理确定资产管理产品所投资资产的期限,加强对期限错配的流动性风险管理,金融监督管理部门应当制定流动性风险管理规定。

为降低期限错配风险,金融机构应当强化资产管理产品久期管理,封闭式资产管理产品期限不得低于90天。资产管理产品直接或者间接投资于非标准化债权类资产的,非标准化债权类资产的终止日不得晚于封闭式资产管理产品的到期日或者开放式资产管理产品的最近一次开放日。

资产管理产品直接或者间接投资于未上市企业股权及其受(收)益权的,应当为封闭式资产管理产品,并明确股权及其受(收)益权的退出安排。未上市企业股权及其受(收)益权的退出日不得晚于封闭式资产管理产品的到期日。

金融机构不得违反金融监督管理部门的规定,通过为单一融资项目设立多只资产管理产品的方式,变相突破投资人数限制或者其他监管要求。同一金融机构发行多只资产管理产品投资同一资产的,为防止同一资产发生风险波及多只资产管理产品,多只资产管理产品投资该资产的资金总规模合计不得超过300亿元。如果超出该限额,需经相关金融监督管理部门批准。

十六、金融机构应当做到每只资产管理产品所投资资产的风险等级与投资者的风险承担能力相匹配,做到每只产品所投资资产构成清晰,风险可识别。

金融机构应当控制资产管理产品所投资资产的集中度:

(一)单只公募资产管理产品投资单只证券或者单只证券投资基金的市值不得超过该资产管理产品净资产的10%。

(二)同一金融机构发行的全部公募资产管理产品投资单只证券或者单只证券投资基金的市值不得超过该证券市值或者证券投资基金市值的30%。其中,同一金融机构全部开放式公募资产管理产品投资单一上市公司发行的股票不得超过该上市公司可流通股票的15%。

(三)同一金融机构全部资产管理产品投资单一上市公司发行的股票不得超过该上市公司可流通股票的30%。

金融监督管理部门另有规定的除外。

非因金融机构主观因素导致突破前述比例限制的,金融机构应当在流动性受限资产可出售、可转让或者恢复交易的10个交易日内调整至符合相关要求。

十七、金融机构应当按照资产管理产品管理费收入的10%计提风险准备金,或者按照规定计量操作风险资本或相应风险资本准备。风险准备金余额达到产品余额的1%时可以不再提取。风险准备金主要用于弥补因金融机构违法违规、违反资产管理产品协议、操作错误或者技术故障等给资产管理产品财产或者投资者造成的损失。金融机构应当定期将风险准备金的使用情况报告金融管理部门。

十八、金融机构对资产管理产品应当实行净值化管理,净值生成应当符合企业会计准则规定,及时反映基础金融资产的收益和风险,由托管机构进行核算并定期提供报告,由外部审计机构进行审计确认,被审计金融机构应当披露审计结果并同时报送金融管理部门。

金融资产坚持公允价值计量原则,鼓励使用市值计量。符合以下条件之一的,可按照企业会计准则以摊余成本进行计量:

(一)资产管理产品为封闭式产品,且所投金融资产以收取合同现金流量为目的并持有到期。

(二)资产管理产品为封闭式产品,且所投金融资产暂不具备活跃交易市场,或者在活跃市场中没有报价、也不能采用估值技术可靠计量公允价值。

金融机构以摊余成本计量金融资产净值,应当采用适当的风险控制手段,对金融资产净值的公允性进行评估。当以摊余成本计量已不能真实公允反映金融资产净值时,托管机构应当督促金融机构调整会计核算和估值方法。金融机构前期以摊余成本计量的金融资产的加权平均价格与资产管理产品实际兑付时金融资产的价值的偏离度不得达到5%或以上,如果偏离5%或以上的产品数超过所发行产品总数的5%,金融机构不得再发行以摊余成本计量金融资产的资产管理产品。

十九、经金融管理部门认定,存在以下行为的视为刚性兑付:

(一)资产管理产品的发行人或者管理人违反真实公允确定净值原则,对产品进行保本保收益。

(二)采取滚动发行等方式,使得资产管理产品的本金、收益、风险在不同投资者之间发生转移,实现产品保本保收益。

(三)资产管理产品不能如期兑付或者兑付困难时,发行或者管理该产品的金融机构自行筹集资金偿付或者委托其他机构代为偿付。

(四)金融管理部门认定的其他情形。

经认定存在刚性兑付行为的,区分以下两类机构进行惩处:

(一)存款类金融机构发生刚性兑付的,认定为利用具有存款本质特征的资产管理产品进行监管套利,由国务院银行保险监督管理机构和中国人民银行按照存款业务予以规范,足额补缴存款准备金和存款保险保费,并予以行政处罚。

（二）非存款类持牌金融机构发生刚性兑付的，认定为违规经营，由金融监督管理部门和中国人民银行依法纠正并予以处罚。

任何单位和个人发现金融机构存在刚性兑付行为的，可以向金融管理部门举报，查证属实且举报内容未被相关部门掌握的，给予适当奖励。

外部审计机构在对金融机构进行审计时，如果发现金融机构存在刚性兑付行为的，应当及时报告金融管理部门。外部审计机构在审计过程中未能勤勉尽责，依法追究相应责任或依法依规给予行政处罚，并将相关信息纳入全国信用信息共享平台，建立联合惩戒机制。

二十、资产管理产品应当设定负债比例（总资产/净资产）上限，同类产品适用统一的负债比例上限。每只开放式公募产品的总资产不得超过该产品净资产的140%，每只封闭式公募产品、每只私募产品的总资产不得超过该产品净资产的200%。计算单只产品的总资产时应当按照穿透原则合并计算所投资资产管理产品的总资产。

金融机构不得以受托管理的资产管理产品份额进行质押融资，放大杠杆。

二十一、公募产品和开放式私募产品不得进行份额分级。

分级私募产品的总资产不得超过该产品净资产的140%。分级私募产品应当根据所投资资产的风险程度设定分级比例（优先级份额/劣后级份额，中间级份额计入优先级份额）。固定收益类产品的分级比例不得超过3∶1，权益类产品的分级比例不得超过1∶1，商品及金融衍生品类产品、混合类产品的分级比例不得超过2∶1。发行分级资产管理产品的金融机构应当对该资产管理产品进行自主管理，不得转委托给劣后级投资者。

分级资产管理产品不得直接或者间接对优先级份额认购者提供保本保收益安排。

本条所称分级资产管理产品是指存在一级份额以上的份额为其他级份额提供一定的风险补偿，收益分配不按份额比例计算，由资产管理合同另行约定的产品。

二十二、金融机构不得为其他金融机构的资产管理产品提供规避投资范围、杠杆约束等监管要求的通道服务。

资产管理产品可以再投资一层资产管理产品，但所投资的资产管理产品不得再投资公募证券投资基金以外的资产管理产品。

金融机构将资产管理产品投资于其他机构发行的资产管理产品，从而将本机构的资产管理产品资金委托给其他机构进行投资的，该受托机构应当为具有专业投资能力和资质的受金融监督管理部门监管的机构。公募资产管理产品的受托机构应当为金融机构，私募资产管理产品的受托机构可以为私募基金管理人。受托机构应当切实履行主动管理职责，不得进行转委托，不得再投资公募证券投资基金以外的资产管理产品。委托机构应当对受托机构开展尽职调查，实行名单制管理，明确规定受托机构的准入标准和程序、责任和义务、存续期管理、利益冲突防范机制、信息披露义务以及退出机制。委托机构不得因委托其他机构投资而免除自身应当承担的责任。

金融机构可以聘请具有专业资质的受金融监督管理部门监管的机构作为投资顾问。投资顾问提供投资建议指导委托机构操作。

金融监督管理部门和国家有关部门应当对各类金融机构开展资产管理业务实行平等准入、给予公平待遇。资产管理产品应当在账户开立、产权登记、法律诉讼等方面享有平等的地位。金融监督管理部门基于风险防控考虑，确实需要对其他行业金融机构发行的资产管理产品采取限制措施的，应当充分征求相关部门意见并达成一致。

二十三、运用人工智能技术开展投资顾问业务应当取得投资顾问资质，非金融机构不得借助智能投资顾问超范围经营或者变相开展资产管理业务。

金融机构运用人工智能技术开展资产管理业务应当严格遵守本意见有关投资者适当性、投资范围、信息披露、风险隔离等一般性规定，不得借助人工智能业务夸大宣传资产管理产品或者误导投资者。金融机构应当向金融监督管理部门报备人工智能模型的主要参数以及资产配置的主要逻辑，为投资者单独设立智能管理账户，充分提示人工智能算法的固有缺陷和使用风险，明晰交易流程，强化留痕管理，严格监控智能管理账户的交易头寸、风险限额、交易种类、价格权限等。金融机构因违法违规或者管理不当造成投资者损失的，应当依法承担损害赔偿责任。

金融机构应当根据不同产品投资策略研发对应的人工智能算法或者程序化交易，避免算法同质化加剧投资行为的顺周期性，并针对由此可能引发的市场波动风险制定应对预案。因算法同质化、编程设计错误、对数据利用深度不够等人工智能算法模型缺陷或者系统异常，导致羊群效应、影响金融市场稳定运行的，金融机构应当及时采取人工干预措施，强制调整或者终止人工智能业务。

二十四、金融机构不得以资产管理产品的资金与关联方进行不正当交易、利益输送、内幕交易和操纵市场，包括但不限于投资于关联方虚假项目、与关联方共同收购上市公司、向本机构注资等。

金融机构的资产管理产品投资本机构、托管机构及其控股股东、实际控制人或者与其有其他重大利害关系的公司发行或者承销的证券，或者从事其他重大关联交易的，应当建立健全内部审批机制和评估机制，并向投资者充分披露信息。

二十五、建立资产管理产品统一报告制度。中国人民银行负责统筹资产管理产品的数据编码和综合统计工作，会同金融监督管理部门拟定资产管理产品统计制度，建立资产管理产品信息系统，规范和统一产品标准、信息分类、代码、数据格式，逐只产品统计基本信息、募集信息、资产负债信息和终止信息。中国人民银行和金融监督管理部门加强资产管理产品的统计信息共享。金融机构应当将含债权投资的资产管理产品信息报送至金融信用信息基础数据库。

金融机构于每只资产管理产品成立后5个工作日内，向中国人民银行和金融监督管理部门同时报送产品基本信息和起始募集信息；于每月10日前报送存续期募集信息、资产负债信息，于产品终止后5个工作日内报送终止信息。

中央国债登记结算有限责任公司、中国证券登记结算有限公司、银行间市场清算所股份有限公司、上海票据交易所股份有限公司、上海黄金交易所、上海保险交易所股份有限公司、中保保险资产登记交易系统有限公司于每月10日前向中国人民银行和金融监督管理部门同时报送资产管理产品持有其登记托管的金融工具的信息。

在资产管理产品信息系统正式运行前，中国人民银行会同金融监督管理部门依据统计制度拟定统一的过渡期数据报送模板；各金融监督管理部门对本行业金融机构发行的资产管理产品，于每月10日前按照数据报送模板向中国人民银行提供数据，及时沟通跨行业、跨市场的重大风险信息和事项。

中国人民银行对金融机构资产管理产品统计工作进行监督检查。资产管理产品统计的具体制度由中国人民银行会同相关部门另行制定。

二十六、中国人民银行负责对资产管理业务实施宏观审慎管理,会同金融监督管理部门制定资产管理业务的标准规制。金融监督管理部门实施资产管理业务的市场准入和日常监管,加强投资者保护,依照本意见会同中国人民银行制定出台各自监管领域的实施细则。

本意见正式实施后,中国人民银行会同金融监督管理部门建立工作机制,持续监测资产管理业务的发展和风险状况,定期评估标准规制的有效性和市场影响,及时修订完善,推动资产管理行业持续健康发展。

二十七、对资产管理业务实施监管遵循以下原则:

(一)机构监管与功能监管相结合,按照产品类型而不是机构类型实施功能监管,同一类型的资产管理产品适用同一监管标准,减少监管真空和套利。

(二)实行穿透式监管,对于多层嵌套资产管理产品,向上识别产品的最终投资者,向下识别产品的底层资产(公募证券投资基金除外)。

(三)强化宏观审慎管理,建立资产管理业务的宏观审慎政策框架,完善政策工具,从宏观、逆周期、跨市场的角度加强监测、评估和调节。

(四)实现实时监管,对资产管理产品的发行销售、投资、兑付等各环节进行全面动态监管,建立综合统计制度。

二十八、金融监督管理部门应当根据本意见规定,对违规行为制定和完善处罚规则,依法实施处罚,并确保处罚标准一致。资产管理业务违反宏观审慎管理要求的,由中国人民银行按照法律法规实施处罚。

二十九、本意见实施后,金融监督管理部门在本意见框架内研究制定配套细则,配套细则之间应当相互衔接,避免产生新的监管套利和不公平竞争。按照“新老划断”原则设置过渡期,确保平稳过渡。过渡期为本意见发布之日起至2020年年底,对提前完成整改的机构,给予适当监管激励。过渡期内,金融机构发行新产品应当符合本意见的规定;为接续存量产品所投资的未到期资产,维持必要的流动性和市场稳定,金融机构可以发行老产品对接,但应当严格控制在存量产品整体规模内,并有序压缩递减,防止过渡期结束时出现断崖效应。金融机构应当制定过渡期内的资产管理业务整改计划,明确时间进度安排,并报送相关金融监督管理部门,由其认可并监督实施,同时报备中国人民银行。过渡期结束后,金融机构的资产管理产品按照本意见进行全面规范(因子公司尚未成立而达不到第三方独立托管要求的情形除外),金融机构不得再发行或存续违反本意见规定的资产管理产品。

三十、资产管理业务作为金融业务，属于特许经营行业，必须纳入金融监管。非金融机构不得发行、销售资产管理产品，国家另有规定的除外。

非金融机构违反上述规定，为扩大投资者范围、降低投资门槛，利用互联网平台等公开宣传、分拆销售具有投资门槛的投资标的、过度强调增信措施掩盖产品风险、设立产品二级交易市场等行为，按照国家规定进行规范清理，构成非法集资、非法吸收公众存款、非法发行证券的，依法追究法律责任。非金融机构违法违规开展资产管理业务的，依法予以处罚；同时承诺或进行刚性兑付的，依法从重处罚。

三十一、本意见自发布之日起施行。

本意见所称"金融管理部门"是指中国人民银行、国务院银行保险监督管理机构、国务院证券监督管理机构和国家外汇管理局。"发行"是指通过公开或者非公开方式向资产管理产品的投资者发出认购邀约，进行资金募集的活动。"销售"是指向投资者宣传推介资产管理产品，办理产品申购、赎回的活动。"代理销售"是指接受合作机构的委托，在本机构渠道向投资者宣传推介、销售合作机构依法发行的资产管理产品的活动。

《存托凭证发行与交易管理办法（试行）》（中国证券监督管理委员会令第143号，自2018年6月6日起施行）

第一章　总　　则

第一条　为了规范存托凭证发行和交易行为，保护投资者合法权益，维护证券市场秩序，根据《中华人民共和国证券法》（以下简称《证券法》）、《中华人民共和国证券投资基金法》、《关于开展创新企业境内发行股票或存托凭证试点的若干意见》（以下简称《若干意见》）以及相关法律、行政法规，制定本办法。

第二条　本办法所称存托凭证是指由存托人签发、以境外证券为基础在中国境内发行、代表境外基础证券权益的证券。

存托凭证的发行和交易，适用《证券法》《若干意见》、本办法以及中国证监会的其他规定。存托凭证的境外基础证券发行人应当参与存托凭证发行，依法履行发行人、上市公司的义务，承担相应的法律责任。

第三条　境外基础证券发行人的股权结构、公司治理、运行规范等事项适用境外注册地公司法等法律法规规定的，应当保障对中国境内投资者权益的保护总体上不低于中国法律、行政法规以及中国证监会规定的要求,并保障存托凭证持有人实际享有的权益与境外基础证券持有人的权益相当,不得存在跨境歧视。

第四条 中国证监会依照上市公司监管的相关规定,对发行存托凭证的境外基础证券发行人进行持续监督管理。法律、行政法规或者中国证监会另有规定的除外。

证券交易所依据章程、协议和业务规则,对存托凭证上市、交易活动、境外基础证券发行人及其他信息披露义务人的信息披露行为等进行自律监管。

第二章 存托凭证的发行

第五条 公开发行以股票为基础证券的存托凭证的,境外基础证券发行人应当符合下列条件:

(一)《证券法》第十三条第(一)项至第(三)项关于股票公开发行的基本条件;

(二)为依法设立且持续经营三年以上的公司,公司的主要资产不存在重大权属纠纷;

(三)最近三年内实际控制人未发生变更,且控股股东和受控股股东、实际控制人支配的股东持有的境外基础证券发行人股份不存在重大权属纠纷;

(四)境外基础证券发行人及其控股股东、实际控制人最近三年内不存在损害投资者合法权益和社会公共利益的重大违法行为;

(五)会计基础工作规范、内部控制制度健全;

(六)董事、监事和高级管理人员应当信誉良好,符合公司注册地法律规定的任职要求,近期无重大违法失信记录;

(七)中国证监会规定的其他条件。

第六条 公开发行以股票为基础证券的存托凭证的,境外基础证券发行人应当按照中国证监会规定的格式和内容,向中国证监会报送发行申请文件。

第七条 申请公开发行存托凭证的,境外基础证券发行人应当依照《证券法》《若干意见》以及中国证监会规定,报请中国证监会核准。

中国证监会发行审核委员会依照《证券法》第二十三条以及中国证监会规定,审核存托凭证发行申请。

仅面向符合适当性管理要求的合格投资者公开发行存托凭证的,可以简化核准程序,具体程序由中国证监会另行规定。

第八条 申请存托凭证公开发行并上市的，境外基础证券发行人应当依照《证券法》第十一条、第四十九条的规定，聘请具有保荐资格的机构担任保荐人。保荐人应当依照法律、行政法规以及中国证监会规定尽职履行存托凭证发行上市推荐和持续督导职责。

公开发行存托凭证的，应当依照《证券法》第二十八条至第三十六条的规定，由证券公司承销，但投资者购买以非新增证券为基础证券的存托凭证以及中国证监会规定无需由证券公司承销的其他情形除外。

第九条 存托凭证在中国境内首次公开发行并上市后，拟发行以境外基础证券发行人新增证券为基础证券的存托凭证的，适用《证券法》《若干意见》以及中国证监会关于上市公司证券发行的规定。

第三章 存托凭证的上市和交易

第十条 依法公开发行的存托凭证应当在中国境内证券交易所上市交易。境外基础证券发行人申请存托凭证上市的，应当符合证券交易所业务规则规定的上市条件，并按照证券交易所的规定提出上市申请，证券交易所审核同意后，双方签订上市协议。

证券交易所应当依据《证券法》《若干意见》以及中国证监会规定制定存托凭证上市的相关业务规则。

第十一条 存托凭证的交易应当遵守法律、行政法规、中国证监会规定以及证券交易所业务规则的规定。

存托凭证的交易可以按照有关规定采取做市商交易方式。

证券交易所应当按照《证券法》第一百一十五条规定，对存托凭证交易实行实时监控，并可以根据需要，对出现重大异常交易情况的证券账户限制交易。

第十二条 境外基础证券发行人的股东、实际控制人、董事、监事、高级管理人员和存托凭证的其他投资者在中国境内减持其持有的存托凭证的，应当遵守法律、行政法规、中国证监会规定以及证券交易所业务规则的规定。

第十三条 境外基础证券发行人的收购及相关股份权益变动活动应当遵守法律、行政法规以及中国证监会规定。

第十四条 境外基础证券发行人实施重大资产重组、发行存托凭证购买资产的，应当符合法律、行政法规以及中国证监会规定。境外基础证券发行人不得通过发行存托凭证在中国境内重组上市。

第十五条 存托凭证应当在中国证券登记结算有限责任公司集中登记、存管和结算。

中国证券登记结算有限责任公司应当依据《证券法》《若干意见》以及中国证监会规定制定存托凭证登记结算业务规则。

第四章 存托凭证的信息披露

第十六条 境外基础证券发行人及其控股股东、实际控制人等信息披露义务人应当依照《证券法》《若干意见》、中国证监会规定以及证券交易所业务规则,及时、公平地履行信息披露义务,所披露的信息必须真实、准确、完整,不得有虚假记载、误导性陈述或者重大遗漏。

境外基础证券发行人的董事、监事、高级管理人员应当忠实、勤勉地履行职责,保证境外基础证券发行人所披露的信息真实、准确、完整。

证券交易所对境外基础证券发行人及其他信息披露义务人披露信息进行监督,督促其依法及时、准确地披露信息。

第十七条 境外基础证券发行人应当按照中国证监会、证券交易所的规定编制并披露招股说明书、上市公告书,披露存托协议、托管协议等文件。

境外基础证券发行人应当在招股说明书中,充分披露境外注册地公司法律制度及其公司章程或者章程性文件的主要规定与《中华人民共和国公司法》等法律制度的主要差异,以及该差异对存托凭证在中国境内发行、上市和对投资者保护的影响。

境外基础证券发行人具有股东投票权差异、企业协议控制架构或者类似特殊安排的,应当在招股说明书等公开发行文件显要位置充分、详细披露相关情况特别是风险、公司治理等信息,并以专章说明依法落实保护投资者合法权益规定的各项措施。

境外基础证券发行人的董事、高级管理人员应当对招股说明书签署书面确认意见。

第十八条 境外基础证券发行人应当按照《证券法》《若干意见》、中国证监会规定以及证券交易所业务规则,按时披露定期报告,并及时就可能对基础证券、存托凭证及其衍生品种交易价格产生较大影响的重大事件披露临时报告。

第十九条 境外基础证券发行人应当按照中国证监会规定的内容和格式要求,编制并披露定期报告。

境外基础证券发行人具有股东投票权差异、企业协议控制架构或者类似特殊安排的，应当在定期报告中披露相关情形及其对中国境内投资者带来的重大影响和风险。

境外基础证券发行人的董事、高级管理人员应当对定期报告签署书面确认意见。

第二十条 发生《证券法》第六十七条以及《上市公司信息披露管理办法》第三十条规定的重大事件，投资者尚未得知时，境外基础证券发行人应当立即披露，说明事件的起因、目前的状态和可能产生的法律后果。

持有或者通过持有境内外存托凭证而间接持有境外基础证券发行人发行的股份合计达到百分之五以上的投资者，属于《证券法》第六十七条第二款第（八）项以及《上市公司信息披露管理办法》第三十条第二款第（八）项规定的持有公司百分之五以上股份的股东。

《上市公司信息披露管理办法》第三十条第二款第（十四）项规定的任一股东所持公司百分之五以上股份，包括持有或者通过持有境内外存托凭证而间接持有境外基础证券发行人发行的股份合计达到百分之五。

《上市公司信息披露管理办法》第三十条第二款第（十五）项规定的主要资产包括境外基础证券发行人境内实体运营企业的主要资产。

第二十一条 发生以下情形之一的，境外基础证券发行人应当及时进行披露：

（一）存托人、托管人发生变化；

（二）存托的基础财产发生被质押、挪用、司法冻结或者发生其他权属变化；

（三）对存托协议作出重大修改；

（四）对托管协议作出重大修改；

（五）对股东投票权差异、企业协议控制架构或者类似特殊安排作出重大调整；

（六）中国证监会规定的其他情形。

第二十二条 境外基础证券发行人及其控股股东、实际控制人等信息披露义务人应当保证其在境外市场披露的信息同步在境内市场披露。

第二十三条 中国证监会、证券交易所对证券已在境外上市的基础证券发行人及其控股股东、实际控制人等信息披露义务人,可以根据境外上市地的监管水平以及境外基础证券发行人公司治理、信息披露等合规运作情况,对其信息披露事项作出具体规定。

除前款规定外,境外基础证券发行人及其控股股东、实际控制人等信息披露义务人有其他需要免予披露或者暂缓披露相关信息特殊情况的,可以根据中国证监会规定以及证券交易所业务规则免予披露或者暂缓披露相关信息,但应当说明原因,并聘请律师事务所就上述事项出具法律意见。

免予披露或者暂缓披露相关信息的原因和律师事务所出具的法律意见应当及时披露。

第二十四条 境外基础证券发行人或者其他信息披露义务人向中国证监会、证券交易所提供的文件或者信息披露文件应当使用中文,文件内容应当与其在境外市场提供的文件或者所披露的文件的内容一致。上述文件内容不一致时,以中文文件为准。

第二十五条 境外基础证券发行人应当在中国境内设立证券事务机构,聘任熟悉境内信息披露规定和要求的信息披露境内代表,负责存托凭证上市期间的信息披露与监管联络事宜。

第五章 存托凭证的存托和托管

第二十六条 下列机构可以依法担任存托人:

(一)中国证券登记结算有限责任公司及其子公司;

(二)经国务院银行业监督管理机构批准的商业银行;

(三)证券公司。

担任存托人的机构应当符合下列条件:

(一)组织机构健全,内部控制规范,风险管理有效;

(二)财务状况良好,净资产或者资本净额符合规定;

(三)信誉良好,最近三年内无重大违法行为;

(四)拥有与开展存托业务相适应的从业人员、机构配置和业务设施;

(五)法律、行政法规和规章规定的其他条件。

第二十七条 存托人应当承担以下职责:

(一)与境外基础证券发行人签署存托协议,并根据存托协议约定协助完成存托凭证的发行上市;

(二)安排存放存托凭证基础财产,可以委托具有相应业务资质、能力和良好信誉的托管人管理存托凭证基础财产，并与其签订托管协议，督促其履行基础财产的托管职责。存托凭证基础财产因托管人过错受到损害的，存托人承担连带赔偿责任；

（三）建立并维护存托凭证持有人名册；

（四）办理存托凭证的签发与注销；

（五）按照中国证监会规定和存托协议约定，向存托凭证持有人发送通知等文件；

（六）按照存托协议约定，向存托凭证持有人派发红利、股息等权益，根据存托凭证持有人意愿行使表决权等权利；

（七）境外基础证券发行人股东大会审议有关存托凭证持有人权利义务的议案时，存托人应当参加股东大会并为存托凭证持有人权益行使表决权；

（八）中国证监会规定和存托协议约定的其他职责。

第二十八条 境外基础证券发行人、存托人和存托凭证持有人通过存托协议明确存托凭证所代表权益和各方权利义务。投资者持有存托凭证即成为存托协议当事人，视为其同意并遵守存托协议约定。

存托协议应当符合法律、行政法规以及中国证监会规定，并包括以下条款：

（一）境外基础证券发行人、存托人的名称、注册地、成立依据的法律和主要经营场所；

（二）基础证券的种类；

（三）发行存托凭证的数量安排；

（四）存托凭证的签发、注销等安排；

（五）基础财产的存放和托管安排；

（六）境外基础证券发行人的权利和义务；

（七）存托人的权利和义务；

（八）存托凭证持有人的权利和义务；

（九）基础证券涉及的分红权、表决权等相应权利的具体行使方式和程序；

（十）存托凭证持有人的保护机制；

（十一）存托凭证涉及收费标准、收费对象和税费处理；

（十二）约定事项的变更方式；

（十三）存托凭证终止上市的安排；

(十四)违约责任;

(十五)解决争议的方法;

(十六)存托协议适用中国法律;

(十七)诉讼管辖法院为中国境内有管辖权的人民法院;

(十八)其他重要事项。

境外基础证券发行人、存托人修改存托协议的,应当由境外基础证券发行人提前以公告形式通知存托凭证持有人。

境外基础证券发行人应当向中国证监会提交存托协议,作为其发行、上市申请文件。存托协议修改的,应当及时向中国证监会报告。

第二十九条 存托人可以委托境外金融机构担任托管人。存托人委托托管人的,应当在存托协议中明确基础财产由托管人托管。托管人应当承担下列职责:

(一)托管基础财产;

(二)按照托管协议约定,协助办理分红派息、投票等相关事项;

(三)向存托人提供基础证券的市场信息;

(四)中国证监会规定和托管协议约定的其他职责。

第三十条 存托人与托管人签订的托管协议,应当包括下列条款:

(一)协议当事人的名称、注册地和主要经营场所;

(二)基础证券种类和数量;

(三)存托人指令的发送、确认和执行的程序;

(四)基础财产不得作为托管人破产财产或者清算财产,及相关资产隔离措施;

(五)托管人的报酬计算方法与支付方式;

(六)基础财产托管及解除托管的程序;

(七)约定事项的变更方式;

(八)违约责任;

(九)解决争议的方法;

(十)其他重要事项。

境外基础证券发行人应当向中国证监会提交存托人与托管人签署的托管协议,作为其发行申请文件。托管协议修改的,存托人应当及时告知境外基础证券发行人,并由境外基础证券发行人向中国证监会报告。

第三十一条 存托人、托管人应当忠实、勤勉地履行各项职责和义务,不得损害存托凭证持有人的合法权益。

存托人行使境外基础证券相应权利，应当按照存托协议约定的方式事先征求存托凭证持有人的意愿并按其意愿办理，不得擅自行使相应权利或者处分相应存托凭证基础财产。

第三十二条 存托人应当为存托凭证基础财产单独立户，将存托凭证基础财产与其自有财产有效隔离、分别管理、分别记账，不得将存托凭证基础财产归入其自有财产，不得侵占、挪用存托凭证基础财产。

第三十三条 存托人不得买卖其签发的存托凭证，不得兼任其履行存托职责的存托凭证的保荐人。

第六章 投资者保护

第三十四条 向投资者销售存托凭证或者提供相关服务的机构，应当遵守中国证监会关于投资者适当性管理的规定。

证券交易所应当在业务规则中明确存托凭证投资者适当性管理的相关事项。

第三十五条 境外基础证券发行人应当确保存托凭证持有人实际享有的资产收益、参与重大决策、剩余财产分配等权益与境外基础证券持有人权益相当。境外基础证券发行人不得作出任何损害存托凭证持有人合法权益的行为。

法律、行政法规以及中国证监会规定对投资者保护有强制性规定的，应当适用其规定。

第三十六条 境外基础证券发行人、存托人应当按照存托协议约定，采用安全、经济、便捷的网络或者其他方式为存托凭证持有人行使权利提供便利。

第三十七条 中证中小投资者服务中心有限责任公司可以购买最小交易份额的存托凭证，依法行使存托凭证持有人的各项权利。

中证中小投资者服务中心有限责任公司可以接受存托凭证持有人的委托，代为行使存托凭证持有人的各项权利。

中证中小投资者服务中心有限责任公司可以支持受损害的存托凭证持有人依法向人民法院提起民事诉讼。

第三十八条 境外基础证券发行人与其境内实体运营企业之间的关系安排，不得损害存托凭证持有人等投资者的合法权益。

第三十九条 境外基础证券发行人具有股东投票权差异等特殊架构的，其持有特别投票权的股东应当按照所适用的法律以及公司章程行使权利，不得滥用特别投票权，不得损害存托凭证持有人等投资者的合法权益。

出现前款情形，损害存托凭证持有人等投资者合法权益的，境外基础证券发行人及特别投票权股东应当改正，并依法承担对投资者的损害赔偿责任。

第四十条 存托凭证暂停、终止上市的情形和程序，由证券交易所业务规则规定。

存托凭证出现终止上市情形的，存托人应当根据存托协议的约定，为存托凭证持有人的权利行使提供必要保障。

存托凭证终止上市的，存托人应当根据存托协议的约定卖出基础证券，并将卖出所得扣除税费后及时分配给存托凭证持有人。基础证券无法卖出的，境外基础证券发行人应当在存托协议中作出合理安排，保障存托凭证持有人的合法权益。

第四十一条 存托凭证持有人与境外基础证券发行人、存托人、证券服务机构等主体发生纠纷的，可以向中证中小投资者服务中心有限责任公司及其他依法设立的调解组织申请调解。

第四十二条 投资者通过证券投资基金投资存托凭证的，基金管理人应当制定严格的投资决策流程和风险管理制度，做好制度、业务流程、技术系统等方面准备工作。

基金管理人应当根据审慎原则合理控制基金投资存托凭证的比例，在基金合同、招募说明书中明确投资存托凭证的比例、策略等，并充分揭示风险。

基金托管人应当加强对基金投资存托凭证的监督，切实保护基金份额持有人的合法权益。

第四十三条 已经获得中国证监会核准或者准予注册的公开募集证券投资基金投资存托凭证，应当遵守以下规定：

(一)基金合同已明确约定基金可投资境内上市交易的股票的，基金管理人可以投资存托凭证；

(二)基金合同没有明确约定基金可投资境内上市交易的股票的，如果投资存托凭证，基金管理人应当召开基金份额持有人大会进行表决。

公开募集证券投资基金投资存托凭证的比例限制、估值核算、信息披露等依照境内上市交易的股票执行。

第四十四条 合格境外机构投资者和人民币合格境外机构投资者

投资存托凭证的比例限制按照有关管理规定执行，计算基础为境内上市的存托凭证。

第七章 法律责任

第四十五条 中国证监会依法履行职责，对境外基础证券发行人及其控股股东、实际控制人、境内实体运营企业、存托人、托管人、保荐人、承销机构、证券服务机构及其他主体采取进行现场检查、进入涉嫌违法行为发生场所调查取证等措施的，适用《证券法》第一百八十条规定。

第四十六条 存托凭证的发行、交易等活动违反本办法规定的，中国证监会可以采取以下监管措施：

（一）责令改正；

（二）监管谈话；

（三）出具警示函；

（四）认定为不适当人选；

（五）依法可以采取的其他监管措施。

第四十七条 有下列行为的，中国证监会依据《证券法》相关规定进行行政处罚；构成犯罪的，依法追究刑事责任：

（一）未经中国证监会核准，擅自公开或者变相公开发行存托凭证；

（二）不符合发行条件的境外基础证券发行人以欺骗手段骗取存托凭证发行核准；

（三）保荐人在存托凭证发行、上市中出具有虚假记载、误导性陈述或者重大遗漏的保荐书，或者不履行其他法定职责；

（四）境外基础证券发行人或者其他信息披露义务人未按照规定披露信息、报送有关报告，或者所披露的信息、报送的报告有虚假记载、误导性陈述或者重大遗漏；

（五）内幕信息知情人和非法获取内幕信息的人利用内幕信息买卖存托凭证、泄露内幕信息、建议他人买卖存托凭证；

（六）违反《证券法》的规定操纵存托凭证市场；

（七）证券服务机构在为存托凭证的发行、交易等证券业务活动提供服务中，未勤勉尽责，所制作、出具的文件有虚假记载、误导性陈述或者重大遗漏；

（八）《证券法》规定的其他违法行为。

第四十八条 境外基础证券发行人的股东、实际控制人、董事、监事、高级管理人员和存托凭证的其他投资者违反本办法第十二条的规定,在中国境内减持其持有的存托凭证的,责令改正,给予警告,没收违法所得,并处三万元罚款。

第四十九条 法律、行政法规禁止参与股票交易的人员,直接或者以化名、借他人名义持有、买卖、接受他人赠送存托凭证的,依照《证券法》第一百九十九条的规定进行行政处罚。属于国家工作人员的,还应当依法给予行政处分。

第五十条 有下列行为的,依照《证券法》第二百零一条的规定进行行政处罚:

(一)为存托凭证的发行出具审计报告、资产评估报告或者法律意见书等文件的证券服务机构和人员,在该存托凭证承销期内和期满后六个月内,买卖该存托凭证;

(二)为境外基础证券发行人出具审计报告、资产评估报告或者法律意见书等文件的证券服务机构和人员,自接受境外基础证券发行人委托之日起至上述文件公开后五日内,买卖该存托凭证。

第五十一条 境外基础证券发行人的董事、监事、高级管理人员、通过存托凭证或者其他方式持有境外基础证券发行人发行的股份百分之五以上的投资者,将其持有的存托凭证在买入后六个月内卖出,或者在卖出后六个月内又买入的,依照《证券法》第一百九十五条的规定处罚。但是证券公司因包销购入售后剩余存托凭证对应境外基础证券发行人已发行股份达到百分之五以上的除外。

第五十二条 收购人违反本办法第十三条规定的,依照《证券法》第二百一十三条的规定处罚。

收购人或者收购人的控股股东,利用对境外基础证券发行人的收购,损害被收购境外基础证券发行人及其投资者的合法权益的,依照《证券法》第二百一十四条的规定处罚。

第五十三条 存托人、托管人违反本办法规定的,责令改正,给予警告,没收违法所得,并处三万元罚款。对直接负责的主管人员和其他直接责任人员给予警告,没收违法所得,并处三万元罚款。

经中国证监会责令改正后拒不改正或者违法违规情节严重的,中国证监会可以采取责令境外基础证券发行人更换存托人、责令存托人更换托管人、三十六个月内不受理由其担任存托人的申请文件、取消存托人资质等监管措施。

存托人中参与存托业务的人员，在任期内，直接或者以化名、借他人名义持有、买卖、接受他人赠送存托凭证的，责令改正，给予警告，没收违法所得，并处三万元罚款。

第五十四条 违反本办法情节严重的，中国证监会可以对有关责任人员采取证券市场禁入的措施。

第五十五条 境外基础证券发行人及其控股股东、实际控制人、存托人、托管人、保荐人、承销机构、证券服务机构等违反本办法规定，导致存托凭证持有人等投资者合法权益受到损害的，应当依法承担赔偿责任。

第八章 附 则

第五十六条 境内企业在境外发行存托凭证适用《证券法》等法律、行政法规以及中国证监会关于境内企业到境外发行证券或者将其证券在境外上市交易的规定。境内上市公司以新增证券为基础在境外发行存托凭证的，还应当同时符合有关上市公司证券发行的规定。

第五十七条 存托凭证与基础证券之间的转换应当符合国家有关规定。

境内证券交易所与境外证券交易所之间互联互通业务中涉及的存托凭证发行、交易、信息披露和投资者保护等事宜，中国证监会或者证券交易所另有规定的，从其规定。

第五十八条 中国证监会与有关国家或者地区的证券监督管理机构加强跨境监管执法合作，依法查处存托凭证业务相关跨境违法违规行为。

第五十九条 本办法下列用语具有如下含义：

（一）基础证券，是指存托凭证代表的由境外基础证券发行人在境外发行的证券；

（二）基础财产，是指基础证券及其衍生权益；

（三）存托人，是指按照存托协议的约定持有境外基础证券，并相应签发代表境外基础证券权益的存托凭证的中国境内法人；

（四）托管人，是指受存托人委托，按照托管协议托管存托凭证所代表的基础证券的金融机构；

（五）控股股东，是指通过存托凭证或者其他方式持有境外基础证券发行人发行的股份合计达到百分之五十以上的股东；持有股份的比例虽然不足百分之五十，但依其持有的股份所享有的表决权已足以对股东大会或者董事会的决议产生重大影响的股东；

(六)实际控制人,是指虽不是境外基础证券发行人的股东,但通过投资关系、协议或者其他安排,能够实际支配境外基础证券发行人的人;

(七)董事、监事、高级管理人员,是指境外基础证券发行人的董事、监事、高级管理人员或者执行类似职权的人员。没有监事、监事会或者执行类似职权的人员或者组织安排的,不适用《证券法》和本办法有关监事、监事会的规定;

(八)境内实体运营企业,是指由注册地在境外、主要经营活动在境内的红筹企业通过协议方式实际控制的境内企业;

(九)内幕信息,是指《证券法》第七十五条和本办法第二十条、第二十一条规定的信息;

(十)内幕信息知情人,是指《证券法》第七十四条规定的人员及存托人、托管人的相关人员。其中,持有或者通过持有境内外存托凭证而间接持有境外基础证券发行人发行的股份合计达到百分之五以上的投资者,属于《证券法》第七十四条第(二)项规定的持有公司百分之五以上股份的股东。

第六十条 本办法自公布之日起施行。

第三条 【“三公”原则】 证券的发行、交易活动,必须遵循公开、公平、公正的原则。

相关裁判摘要

2010年第3期《中华人民共和国最高人民法院公报》刊登的**“申银万国证券股份有限公司诉上海国宏置业有限公司财产权属纠纷案”**的判决认为,根据《证券法》公开、公平、公正的交易原则以及上市公司信息公开的有关规定,对上市公司信息披露的要求,关系到社会公众对上市公司的信赖以及证券市场的交易安全和秩序。相关裁判摘要如下:

上诉人申银万国与一审被告国宏公司之间所存在的应是股权转让关系,申银万国关于其与国宏公司实际是股权代持关系的主张,证据不足,不予采信。系争股权转让协议真实合法,应属有效,系争法人股已依法变更至国宏公司名下,则不能归属申银万国所有。国宏公司没有依约履行支付股权对价的义务,申银万国可向其主张要求支付股权转让对价的债权。

即使按上诉人申银万国所称，其与一审被告国宏公司存在实际的代持股权关系，申银万国要求确认系争法人股归其所有的主张，依法亦不能予以支持。因为，申银万国与国宏公司签订股权转让协议后已在中登公司办理了股权转让的变更登记手续，故系争股权已移转于受让人国宏公司名下，即股权变动已发生法律效力。根据我国《公司法》和《证券法》的相关规定，公司股权转让应办理变更登记手续，以取得对外的公示效力，否则不得对抗第三人。该规定遵循的是商法的外观主义原则，立法目的在于维护商事交易安全。该种对抗性登记所具有的公示力对第三人而言，第三人有权信赖登记事项的真实性。同时，根据《证券法》公开、公平、公正的交易原则以及上市公司信息公开的有关规定，上市公司的信息披露关系到社会公众对上市公司的信赖以及证券市场的交易安全和秩序。因此，上海九百作为上市公司，其股东持有股权和变动的情况必须以具有公示效力的登记为据。申银万国称其为了规避证监会有关规定而通过关联企业国宏公司隐名持有股权，并要求确认已登记在国宏公司名下的股权实际为其所有，显然不符合上述相关法律规定，也有违《公司法》所规定的诚实信用原则。现国宏公司被法院执行的债务达亿元之多，而其名下系争股权市值仅3000余万元，远不足以支付对外债务。故国宏公司的债权人基于中登公司登记而申请法院查封执行国宏公司名下系争股权的信赖利益，应依法予以保护。因此，即使如申银万国所称有实际的代持股权关系存在，系争股权也不能归申银万国所有。

第四条　【平等、自愿、有偿、诚实信用原则】证券发行、交易活动的当事人具有平等的法律地位，应当遵守自愿、有偿、诚实信用的原则。

相关裁判摘要

“魏某中与北京金棕榈影视广告有限公司证券纠纷一审民事判决书”［北京市朝阳区人民法院民事判决书(2017)京0105民初32172号］即依照本条作出了判决。相关裁判摘要如下：

原告魏某中与被告北京金棕榈影视广告有限公司（以下简称金棕榈影视公司）、第三人国信证券股份有限公司北京朝阳北路证券营业部（以下简称国信证券朝阳北路营业部）证券纠纷一案，本院立案后，依法适用普通程序公开开庭进行了审理。

根据当事人的陈述和经审查确认的证据,本院认定事实如下:1998年3月11日,魏某中在上海证券交易所开立股东编号为×××的股票账户。魏某中称,金棕榈影视公司为了申购新股,向魏某中借用账户,魏某中同意将账户挂在金棕榈影视公司资金账户下,金棕榈影视公司的资金账户为×××,姓名为棕榈影视。国信证券朝阳北路营业部提供的客户姓名为“棕榈影视”的资金账户关联了三个证券账户:证券账号为×××,股东姓名为魏某中;证券账号为×××,股东姓名为魏某中;证券账号为×××,股东姓名为杨某锋。魏某中提交的《国信证券股票明细对账单》显示,×××资金账户关联的魏某中的证券账户只有一只“中体产业”的证券。

魏某中称,1998年魏某中作为上市公司中体产业集团有限公司的高管直接认购了公司股份并支付价款,中体产业集团有限公司向证监会发出通知收到钱款,确认魏某中股东身份。国信证券朝阳北路营业部称1998年4月16日,中体产业集团有限公司所有原始股东通过工商银行存入700万元资金。

庭审中,国信证券朝阳北路营业部向本院提交了中国证监会于2007年8月7日发布的《关于做好证券公司客户交易结算资金第三方存管有关账户规范工作的通知》、中国证券登记结算有限责任公司于2007年8月14日发布的《关于进一步规范账户管理工作的通知》、中国证券登记结算有限责任公司发布的《不合格账户规范业务操作指引(第1-3号)》。

《关于做好证券公司客户交易结算资金第三方存管有关账户规范工作的通知》规定:合格账户是指开户资料真实、准确、完整,投资者身份真实,资产权属关系清晰,证券账户与资金账户实名对应,符合账户相关规定的账户。不符合上述条件的账户为不合格账户。对不合格账户,要求证券公司视不同情况逐步采取限制转托管(转指定)、限制存取款、限制买入证券等控制措施。对于未按期规范的不合格账户要另库存放,中止交易,完全符合合格账户条件后,方可恢复使用。对于资产余额为零的不合格账户,要按有关规定在登记结算公司办理注销手续。

《关于进一步规范账户管理工作的通知》规定:合格账户是指开户资料真实、准确、完整,投资者身份真实,资产权属关系清晰,证券账户与资金账户实名对应,符合账户相关规定的账户。不符合上述条件的账户为不合格账户,不合格账户具体可分为身份不对应、身份虚假、代理关系不规范、资料不规范以及其他不合格账户等类型。证券公司应结合实际情况，逐步对不合格账户采取限制转托管（专指定）、限制存取款、限制买入证券等控制措施。

《不合格账户规范业务操作指引（第1号）》载明：身份不对应的不合格A股账户是指资金账户名称、有效身份证件号与关联的A股账户在登记结算系统中注册的名称、有效身份证件号不一致，包括一个资金账户对应一个不同名称或有效身份证件号的A股账户，也包括一个资金账户，对应多个不同名称或有效身份证件号的A股账户。对于身份不对应的不合格A股账户，如果其中存在与资金账户实名对应的A股账户，投资者可以保留。其余A股账户，如无余额应直接注销，如有余额应采取措施督促投资者清空证券余额后予以注销。

《不合格账户规范业务操作指引（第3号）》载明：不能通过修改补充资料规范为合格账户的，投资者须向证券公司提交不合格账户内资产权属证明材料，该证明材料应就账户内资产权属作出实质性判定或认定。证券公司核实投资者资产权属相关情况与证明材料后，再按规定办理资产清算与账户注销等账户规范手续。不合格账户内资产权属证明材料，应为下列材料之一：法院判决书、调解书；公证机构公证书；仲裁机构裁决书、调解书；依法足以确认资产归属的其他证明材料。经证券公司核实属不合格账户但可以通过补齐资料或修改账户信息规范为合格账户的，证券公司督促投资者按要求补齐资料或修改账户信息后，向本公司申报解除单独管理。属不合格账户，且不能通过修改补充资料规范为合格账户的，证券公司应核实投资者资产权属后，向本公司申报解除该账户证券卖出限制，并承诺在投资者清空证券后及时办理该账户注销手续。

魏某中提交了《国信证券股票明细对账单》《股份变动与现金分红列表》和中体产业集团有限公司年利润分配与涉及股份变动的公告，以证明账户余额内股份余额43,173股、历年分红总额18,205.42元归其所有。国信证券朝阳北路营业部认可上述证据的真实性。

本院认为，根据本院查明的情况，金棕榈影视公司的资金账户×××关联了证券账号为×××、股东姓名为魏某中的账户，该证券账户的资金来源于中体产业集团有限公司的原始股东，现魏某中要求确认棕榈影视名下资金账户×××关联的魏某中的证券账户归其所有，本院予以确认。魏某中提交了初步证据证明资金账户×××中的现金

18,205.42元为其所有,国信证券朝阳北路营业部对此未有异议,金棕榈影视公司经本院合法传唤,无正当理由拒不到庭应诉,视为其放弃答辩和质证的权利,本院对魏某中的该项请求亦予以支持。金棕榈影视公司应将魏某中的证券账户和对应现金返还魏某中,国信证券朝阳北路营业部应予以协助。

综上,依照《中华人民共和国证券法》第四条、《中华人民共和国民事诉讼法》第一百四十四条之规定,判决如下:一、确认被告北京金棕榈影视广告有限公司的"棕榈影视"名下×××的资金账户关联的证券账号为×××、股东姓名为魏某中的证券账户为原告魏某中所有;二、确认被告北京金棕榈影视广告有限公司的"棕榈影视"名下×××的资金账户下的18,205.42元现金为原告魏某中所有。

第五条 【守法原则、反欺诈原则】 证券的发行、交易活动,必须遵守法律、行政法规;禁止欺诈、内幕交易和操纵证券市场的行为。

相关裁判摘要

"陈某生与华泰证券股份有限公司苏州现代大道证券营业部证券认购纠纷案"[苏州工业园区人民法院民事判决书(2017)苏0591民初4292号]即依照《中华人民共和国证券法》第四条、第五条作出了判决。相关裁判摘要如下:

本院经审查认定事实如下:2015年7月14日,原告陈某生在被告华泰证券处开立户号为666×××28的普通账户。2016年12月13日,原告与被告签订《融资融券业务合同》《华泰证券、民生银行客户信用交易资金第三方存管协议书》,在被告处开立户号为921100×××40的信用账户。《融资融券业务合同》中甲方陈某生的联系信息表中的通知方式载明,固定电话、移动电话、手机短信通知均为186×××3456,乙方华泰证券交易系统通知信息见乙方交易系统。合同还约定,普通账户是对甲方开立的普通证券账户和普通资金账户的统称,信用账户是指对甲方开立的信用证券账户和信用资金账户的统称;甲方承诺随时关注信用资金账户可用资金余额,同意乙方根据本合同约定,定期或不定期直接从其信用资金账户扣划融资利息、融券费用、证券交易手续费及其他相关费用。同时,关注因此导致的维持担保比例变化,如其维持担保比例不足,则及时补足担保物,否则自行承担一切责任;

甲方承诺有义务随时通过本合同约定的方式关注并了解自身信用账户情况、乙方通知、公告等所有可能或已经对甲方权益产生影响的信息或资料,如因甲方自身导致无法及时了解、知悉及获得相关信息或资料,造成的一切后果由甲方自行承担;甲方进行融资融券交易,应已开立普通证券账户。经乙方资质审查及征信调查,甲方符合开展融资融券交易要求的,乙方通知其签订本合同,开立融资融券相关信用账户。原告于2016年12月14日将普通账户的三联商社6800股、鼎龙股份19,500股、东方财富26,000股作为担保品转至该融资融券信用账户,该融资融券信用账户下的证券交易包括:2016年12月15日买入亿阳信通2万股、卖出三联商社3000股,2016年12月15日卖出亿阳信通2万股,2016年12月19日买入东方财富1万股、1万股、6500股,2016年12月22日卖出东方财富1万股。

2017年4月12日,原告通过手机号186××××3456注册并下载的被告方财富通手机App交易软件"打新神器",以信用账户申购深圳证券交易所(以下简称深交所)创业板网上发行浙江正元智慧科技股份有限公司A股股票,于2017年4月14日中签500股,原告于2017年4月14日12时24分转入普通账户6500元,因原告信用账户余额不足,仅成功认购该股40股,其余460股视为放弃认购。对上述原、被告无争议的事实,本院予以确认。

本案的争议焦点在于原告方未能在2017年4月14日前将认购资金足额存入被告方通知的信用账户致460股正元智慧被视为放弃认购,能否向被告主张损失及具体损失数额。

原告认为,原告并不清楚开通的融资融券信用账户系普通账户中的单独账户,原告之前中签新股均是将认购资金转入该普通账户,被告未明确通知原告将所中新股款项打入融资融券信用账户,存在服务过失,应当承担过错责任。被告可在4月17日17时上报前协调将普通账户款项转至融资融券信用账户,但原告于2017年4月17日与被告沟通协调未达成一致。若被告尽到义务,应通知原告将款项从普通账户转入信用账户,但被告并未如此操作。转账当日,被告客户经理电话通知时亦未提醒原告应当将款项转入融资融券信用账户。原告主张的损失赔偿系购买价格和卖出价格(或获利价格)的净差额,为15,847元。

被告认为,原告在中签正元智慧股票前,在融资融券信用账户中曾进行多次股票买卖交易,其应当知晓已开立信用账户。通过其手机App

演示,财富通软件中可以查询申购股票所用账户,其在申购新股时应当知晓其此次申购新股为信用账户。被告已通过多种方式明确告知原告交款至信用账户,客户经理还电话通知原告,但原告表示较忙后即挂断电话。原告称被告可自行协商将普通账户款项转至信用账户的意见,与深交所交易规则不符。原告在2017年4月14日缴款至普通账户后,因未缴款至信用账户,被告在此后仍然发送缴款通知,充分说明原告未缴款至信用账户系原告自身过失,原告主张的损失数额并无事实依据。被告为证明上述主张,提交向原告发送的财富通软件信息截屏3条,手机短信通知3条(发送时间为2014年4月14日8时34分、10时31分、13时30分),以证明2017年4月14日,被告以短信方式通知原告中签缴款信息,并告知需缴款至信用账户。

原告对该上述信息经质证认为,财富通发送时间与其提交的收到信息时间一致,真实性予以认可,但与原告收到的财富通信息内容不一致;对手机短信,手机上并无该信息,应当收到该信息,但不清楚为何未保存,该信息亦未提醒应缴款至信用账户。

综合原、被告质证意见,本院认为,原告于2017年4月12日申购新股正元智慧,并确认在2017年4月14日12时24分转入普通账户的6500元即为该中签股票的认购资金,说明在该时间前原告已收到被告方发送的中签通知,已知晓申购正元智慧股票中签、需准备认购资金的情况。被告提交的财富通系统通知及手机短信通知中,均明确提到中签股票缴款截止时间及缴款账户为信用账户,虽财富通软件因超过20天信息已覆盖无法核对,但该手机短信在原告手机中亦无留存,对未留存的原因,原告表示短信应当收到,但内容不清楚、未查看,亦不知何原因该短信未保存,故应推定被告方发送的手机短信通知内容原告已收到。对原告辩称在此次中签前均不知其已开通信用账户的意见,与其之前在信用账户下多次进行股票买入卖出等交易情况不符,原告在中签该股票前就应当知晓其已开通了信用账户,对原告该意见不予采纳。同时,原告用于申购的财富通软件对申购的股票详情包括申购时间、价格、数量、账户等亦有查询项可查,并不存在因被告致其对中签股票申购账户无法得知详情的情况。

根据《证券公司融资融券业务管理办法》,证券公司与客户签订融资融券业务合同后,应当根据客户的申请,按照证券登记结算机构的规定,为其开立实名信用证券账户。客户信用证券账户与其普通证券账户的开户人姓名或者名称应当一致。证券公司与客户签订融资融券业务合同后，应当通知商业银行，根据客户申请，由商业银行为客户开立实名信用资金账户。客户信用资金账户是证券公司客户信用交易担保资金账户的二级账户，用于记载客户交存的担保资金的明细数据。根据《深圳市场首次公开发行股票网上发行实施细则》的规定，原告作为投资者，可以根据其持有市值对应的网上可申购额度，使用所持深圳市场证券账户在T日申购在深交所发行的新股；投资者申购新股中签后，应根据中签结果履行资金交收义务，确保其资金账户在T+2日日终有足额的新股认购资金，投资者认购资金不足的，不足部分视为放弃认购，由此产生的后果及相关法律责任，由投资者自行承担；T+1日，中国结算深圳分公司于当日收市后向各参与申购的结算参与人发送中签数据，结算参与人应据此要求投资者准备认购资金；T+2日日终，中签的投资者应确保其资金账户有足额的新股认购资金，不足部分视为放弃认购。结算参与人应于T+3日8:30－15:00，通过D－COM系统将其放弃认购的部分向中国结算深圳分公司申报。对于因投资者资金不足而全部或部分放弃认购的情况，结算参与人（包括证券公司及托管人等）应当认真核验，并在T+3日15时前如实向中国结算深圳分公司申报。结算参与人对投资者放弃认购情况未认真核验而发生错报、漏报、申报不及时的，由此产生的后果及相关法律责任，由该结算参与人承担。本案中，被告已举证证明其在投资人申购新股过程中遵守了规定的交易流程，不存在违规行为，且按投资者留下的联系方式通知投资者中签及须准备认购资金，在原告缴纳认购资金至普通账户后，仍向原告发送缴款信息，原告以其不清楚交易规则、不清楚中签股票缴纳资金具体账户、按交易惯例将资金存入普通账户，其放弃申购而被告获利、被告应当通知其将普通账户资金转至信用账户为由，主张被告存在过失承担过错责任，赔偿其预期可得利益损失，并无依据。原告在收到被告通知缴款信息后未能及时查看核对，致其申购的信用账户在按交易规则规定的14日日终认购资金不足，不足部分被视为放弃认购，由此产生的后果及相关法律责任，应当由投资者原告自行承担。综上，对原告的诉讼请求，本院不予支持。

综上，依据《中华人民共和国合同法》第六十条、第一百零七条，《中华人民共和国证券法》第四条、第五条，《中华人民共和国民事诉讼法》第六十四条第一款之规定，判决如下：驳回原告陈某生的诉讼请求。

第六条 【分业原则】证券业和银行业、信托业、保险业实行分业经营、分业管理,证券公司与银行、信托、保险业务机构分别设立。国家另有规定的除外。

相关法律条文

《中华人民共和国银行业监督管理法》(2006年10月31日修正)

第二条 国务院银行业监督管理机构负责对全国银行业金融机构及其业务活动监督管理的工作。

本法所称银行业金融机构,是指在中华人民共和国境内设立的商业银行、城市信用合作社、农村信用合作社等吸收公众存款的金融机构以及政策性银行。

对在中华人民共和国境内设立的金融资产管理公司、信托投资公司、财务公司、金融租赁公司以及经国务院银行业监督管理机构批准设立的其他金融机构的监督管理,适用本法对银行业金融机构监督管理的规定。

国务院银行业监督管理机构依照本法有关规定,对经其批准在境外设立的金融机构以及前二款金融机构在境外的业务活动实施监督管理。

《中华人民共和国保险法》(2015年4月24日修订)

第八条 保险业和银行业、证券业、信托业实行分业经营、分业管理,保险公司与银行、证券、信托业务机构分别设立。国家另有规定的除外。

第九条 国务院保险监督管理机构依法对保险业实施监督管理。

国务院保险监督管理机构根据履行职责的需要设立派出机构。派出机构按照国务院保险监督管理机构的授权履行监督管理职责。

相关裁判摘要

"中国建设银行股份公司陕西省分行与西安市莲湖区农村信用合作联社委托理财合同纠纷二审民事判决书"[陕西省高级人民法院民事判决书(2014)陕民二终字第00085号]认为,建行陕西分行违反了《中华人民共和国证券法》第六条,属于违法经营。相关裁判摘要如下:

开信西安营业部原为建行城中支行小寨证券营业部。国家为进一步深化金融体制改革,整顿金融秩序,加强廉政建设,1995年5月25日,国务院以“国发〔1995〕11号”文转发中国人民银行《关于中国工商银行等四家银行与所属信托投资公司脱钩意见的通知》，即银证分离。据此规定，1996年11月6日，建行城中支行与开信公司签订《证券营业部转让合同》，约定建行城中支行以950万元将其所有的小寨营业部转让给开信公司。建行城中支行为规避国家强制性规定，继续拥有和经营、小寨营业部，获取非法利益，同日又与开信公司签订了《补充协议》，约定建行小寨营业部挂靠在开信公司名下，所有权不转移，还是建行所有并派人全权负责经营管理，自负盈亏。《证券营业部转让合同》中规定的有关营业部、开信公司的全部责任、权利、义务一并由建行城中支行承接。为应付央行审批和工商登记，双方又约定开信公司按转让合同应付的950万元资金，随后由建行城中支行提供资金给开信公司，开信公司再返还给建行城中支行。依据转让合同，建行小寨营业部通过了中国人民银行西安市分行的批准并进行了工商登记，更名为开信西安营业部。此后，建行城中支行以开信西安营业部的名义继续拥有和经营该营业部。1999年，在《中华人民共和国证券法》即将实施前，建行陕西分行意识到其继续拥有和经营开信西安营业部将违反法律规定，于6月22日，以开信西安营业部名义与海南赛格签订《证券部转让协议》，约定将开信西安营业部转让给海南赛格，转让款1500万元。6月30日，海南赛格向建行陕西分行指定的账户支付了1500万元的转让款。因开信公司对此转让有异议，不予配合，经协商，最终以海南赛格给付开信公司300万元成交，1999年12月18日，海南赛格与开信公司签订了《证券营业部转让合同》。后双方的转让协议因未得到证监会批准而未能生效。在建行陕西分行经营开信西安营业部期间，由于违规经营，出现重大风险，为此，建总行就解决开信西安营业部的重大风险问题发函向证监会请示，证监会在2002年4月24日以证监函〔2002〕62号致建总行的复函中明确指出，开信西安营业部尚未与建行西安分行城中支行脱钩，建行城中支行对该证券营业部的经营仍负有责任。由中国建设银行总行恢复对开信西安营业部进行监管并履行风险清理责任。根据证监会的指示，建行陕西分行对开信西安营业部进行了全面整顿，并承担了被该部挪用的5500余万元股民保证金的归还责任。2002年7月17日，建总行致函证监会称其已对开信西安营业部进行了全面监管，履行了风险清理，债权债务完全剥离，拟将开信西安营业部转让给德恒公司。2002年7月11日，开信公司清算组、德恒公司、建行陕西分行签订三方协议,协议约定开信西安营业部是经证监会批准成立且属建行陕西分行所有不具有独立法人资格的证券交易机构,建行陕西分行以500万元将该证券部转让给德恒公司,转让款汇入建行陕西分行指定账户。原营业部的任何民事行为、负债(包括或有负债)、亏损等遗留问题均由建行陕西分行处理。建行陕西分行保证该营业部无任何无记录负债,建行陕西分行承诺,对营业部或与营业部有关的正在进行或可能发生的诉讼、仲裁或行政处罚,均由建行陕西分行负责处理。开信公司清算组受建行陕西分行委托与德恒公司签订《营业部转让协议》,该协议约定的义务应当由建行陕西分行履行。开信公司清算组承诺按照证监会有关规定,协助有关过户手续,并承诺按照清算期间的有关政策法规协助建行陕西分行处理营业部遗留问题。2002年7月13日,开信公司清算组与德恒公司签订《证券营业部转让协议》。

综上所述,上诉人(原审被告)中国建设银行股份有限公司陕西省分行依法应当对开信西安营业部的债务承担责任。首先,自1996年起至2002年,开信西安营业部形式上属于开信公司,实际仍归建行所有和经营,建行不仅从开信西安营业部收取上缴的利润,还为开信西安营业部承担债务。而开信公司自始至终未参与过开信西安营业部的经营管理,更未进行过任何投资,亦未收取过收益。因此,开信西安营业部仍然属建行所有。上诉人的行为违反了国务院"国发〔1995〕11号"文转发中国人民银行《关于中国工商银行等四家银行与所属信托投资公司脱钩意见的通知》中"银行应按意见要求在机构、资金、财务、业务、人事、行政等方面与所属信托投资公司彻底脱钩,不再保持隶属或挂靠关系,施行分业管理"和《证券法》第六条"证券业和银行业、信托业、保险业分业经营、分业管理。证券公司与银行、信托、保险业务机构分别设立"的强制性规定;也违反了《中华人民共和国民法通则》第四十二条"企业法人应当在核准登记的经营范围内从事经营"、第四十九条"企业法人有下列情形之一的,除法人承担责任外,对法定代表人可以给予行政处分、罚款,构成犯罪的,依法追究刑事责任:(一)超出登记机关核准的经营范围从事非法经营的……"《中华人民共和国公司法》(1999年12月25日修正版)第十一条第二款"公司的经营范围由公司章程规定,并依法登记。公司的经营范围中属于法律、行政法规限制的项目,应当依法经过批准"的规定,属违法经营。开信西安营业部是经证监会批准成立且属建行陕西分行所有而不具有独立法人资格的证券交易机构，故上诉人建行陕西分行依法应当对开信西安营业部的债务承担法律责任。其次，国家行政监管部门要求上诉人对开信西安营业部的债务承担民事清偿责任。由于上诉人的违法经营，致使开信西安营业部出现重大风险，证监会责成建行陕西分行全面接管西安营业部，并履行风险清理责任。依据证监会的指示和上诉人对证监会的承诺，上诉人亦应对开信西安营业部承担民事清偿责任。最后，依据上诉人对多方的承诺，其理应兑现其承诺。按照证监会的文件要求，上诉人应当将开信西安营业部此前的全部债权债务清偿后方可转让，但其只清偿了其中部分债务，隐瞒了被上诉人的债务。对此，依据三方协议中上诉人对开信西安营业部的全部债务承担责任的承诺，该营业部所负被上诉人的债务仍然应由上诉人承担。

第七条 【证券监管体制】国务院证券监督管理机构依法对全国证券市场实行集中统一监督管理。

国务院证券监督管理机构根据需要可以设立派出机构，按照授权履行监督管理职责。

相关规范性文件

《中国证监会派出机构监管职责规定》（中国证券监督管理委员会令第118号，自2015年12月1日起施行）

第一章 总 则

第一条 为了明确中国证券监督管理委员会派出机构（以下简称派出机构）监管职责，完善证券期货监管，根据《中华人民共和国证券法》、《中华人民共和国证券投资基金法》、《期货交易管理条例》、《证券公司监督管理条例》、《证券公司风险处置条例》等法律、行政法规，制定本规定。

第二条 派出机构受中国证券监督管理委员会（以下简称中国证监会）垂直领导，依法以自己的名义履行监管职责。

第三条 派出机构负责证券期货市场一线监管工作，切实维护资本市场公开、公平、公正，维护投资者特别是中小投资者合法权益，防范和依法处置辖区市场风险，促进辖区资本市场稳定健康发展。

第四条 派出机构监管职责的确立和履行，遵循职权法定、依法授权、权责统一、公开透明、公平公正的原则。

派出机构履行的监管职责，除法律、行政法规明确规定外，由中国证监会规章授权。

监管职责事项涉及中国证监会职能部门、派出机构、证券期货交易场所、证券登记结算机构、行业协会等的协调配合，需要做出具体安排的，由中国证监会制定工作规程。

第五条 派出机构按照规定履行下列监管职责：

（一）对辖区有关市场主体实施日常监管；

（二）防范和处置辖区有关市场风险；

（三）对证券期货违法违规行为实施调查、作出行政处罚；

（四）证券期货投资者教育和保护；

（五）法律、行政法规规定和中国证监会授权的其他职责。

第六条 派出机构在其职责范围内，按照中国证监会规定建立健全与证券期货交易场所、证券登记结算机构、行业协会等自律组织、相关会管单位及其他派出机构之间的信息共享和监管合作机制。

第七条 派出机构应当与辖区地方人民政府相关部门、其他金融监管机构的派出机构建立健全监管协作机制，构建综合监管体系，优化监管执法环境，促进辖区资本市场规范运行和健康发展，协同做好区域内金融风险防范和处置工作。

第二章 日常监管

第八条 派出机构负责根据法律、行政法规规定以及中国证监会的授权实施行政许可事项。

派出机构进行初步审查、中国证监会复审并作出决定的行政许可，由派出机构按照规定受理，出具初步审查意见。

中国证监会相关职能部门办理行政许可，需要派出机构检查、核查相关事项或者出具监管意见的，派出机构应当提供协助。

第九条 派出机构负责对下列市场主体实施检查：

（一）证券发行人、上市公司、非上市公众公司及其控股股东、实际控制人、收购人等信息披露义务人；

（二）证券公司、公募基金管理人、期货公司及其子公司、分支机构，以及其控股股东、实际控制人；

（三）公司债券受托管理人、公募基金托管人、客户交易结算资金存管银行等机构；

（四）公募基金销售、销售支付、份额登记、估值、投资顾问、评价等服务机构；

（五）私募基金管理人、私募基金托管人及其他相关私募基金服务机构；

（六）证券期货投资咨询机构及其分支机构；

（七）从事证券期货业务的会计师事务所、资产评估机构、资信评级机构、律师事务所及其分支机构；

（八）从事证券期货业务的财务顾问机构；

（九）股权众筹融资服务机构、融资者等股权众筹融资活动相关主体；

（十）证券期货业信息技术系统服务机构；

（十一）境外证券类机构驻华代表机构；

（十二）法律、行政法规和中国证监会规定的其他市场主体。

第十条　检查的事项可以包括市场主体的信息披露、治理情况、内部控制、经营规范、执业活动等，具体检查事项由派出机构依照法律、行政法规和中国证监会规定予以确定。

市场主体取得行政许可或者按照规定进行备案，依法应当持续符合法定条件的，派出机构按规定对其持续符合法定条件的情况进行检查。

第十一条　派出机构根据中国证监会制定的有关检查办法和规程，结合辖区实际情况，制定具体检查方案，对本规定第九条所列市场主体实施检查。

第十二条　派出机构负责按照规定接收第九条所列市场主体依法报送的业务、财务等备案、报告材料，进行审阅分析。

第十三条　派出机构实施检查或者其他日常监管活动，发现有违反法律、行政法规和规章规定情形的，或者发现重大风险和问题的，应当依法采取监管措施、进行立案查处或者移送司法机关及其他相关部门；没有处理权限的，应当及时报告中国证监会或者按照规定转送其他职能部门、单位。

第三章　风险防范与处置

第十四条　派出机构应当根据市场风险防范的需要，结合辖区实际情况，按照规定以风险和问题为导向开展市场信息的搜集和分析工作，加强对市场的动态监测监控，督促市场主体提高防范和化解风险的能力。

第十五条 派出机构负责按照规定对证券公司、公募基金管理人、期货公司的风险指标实施监管。

派出机构根据审慎监管原则，要求证券公司、公募基金管理人、期货公司按照规定编制并报送风险监管报表。

第十六条 证券公司、公募基金管理人、期货公司的风险管理指标达到预警标准的，或者不符合规定标准的，派出机构按照规定采取相关措施。

第十七条 派出机构负责督促辖区证券公司、公募基金管理人、期货公司、证券期货服务机构等落实行业信息安全管理规定、技术标准，及时、完整、准确地向监管部门报送规定的数据，开展信息安全应急演练。

派出机构负责对信息安全应急演练情况进行核查，并按照规定调查处理信息安全事件。

第十八条 派出机构负责对中国证券投资者保护基金公司、中国期货市场监控中心、有关行业协会等机构发出的相关预警信息所涉事宜进行核查；发现问题的，及时采取相应的措施，督促有关市场主体整改，保障客户交易结算资金、客户保证金的安全。

第十九条 证券公司、公募基金管理人、期货公司违法经营或者出现重大风险，严重危害证券市场秩序、损害投资者利益的，派出机构可以依法对该机构及其直接负责的董事、监事、高级管理人员、其他直接责任人员采取相关措施。

派出机构负责与地方人民政府相关部门建立证券公司、公募基金管理人、期货公司以及私募基金管理人风险处置的协作机制。

第二十条 派出机构负责持续跟踪了解可能被强制退市的上市公司情况，按照规定制定上市公司风险应急处置预案。

派出机构负责与证券交易场所、地方人民政府相关部门建立信息通报、共享机制，对于可能被强制退市的上市公司，应当提前将有关情况报告地方人民政府。

派出机构负责配合地方人民政府相关部门对辖区上市公司实施托管，处置有关上市公司风险，建立健全上市公司退市工作协调机制。

第二十一条 派出机构负责协助、配合地方人民政府相关部门开展非上市公众公司风险处置工作。

第二十二条 派出机构按照规定负责公司债券违约事件的处置工作。

第二十三条 派出机构负责配合地方人民政府相关部门开展辖区各类交易场所清理整顿工作，推动建立健全相关交易场所长效管理机制。

派出机构负责与地方人民政府相关部门建立区域性股权市场监管协作机制，与其互通互报与区域性股权市场有关的信息，对地方人民政府相关部门开展区域性股权市场监管工作进行业务指导、协调和监督，对可能出现的金融风险进行预警提示和处置督导。

第二十四条 派出机构负责完善和强化外部协作机制，支持地方人民政府在有关非法证券期货活动案件查处和善后处理中发挥主导作用。

地方人民政府相关部门开展打击非法证券期货活动需要协助、配合的，派出机构可以协助、配合。派出机构应当按照规定及时移送发现的案件线索，并根据公安、司法机关等的请求，出具有关非法证券期货活动案件性质认定意见或者提供政策解释。

派出机构负责对辖区媒体有关非法证券期货活动信息收集、整理，并及时协调处理。

第四章 案件调查与行政处罚

第二十五条 派出机构负责对辖区内证券期货违法违规案件以及中国证监会相关职能部门交办的案件或者事项进行调查。

前款所称中国证监会相关职能部门交办的案件或者事项，包括中国证监会相关职能部门交办的境外机构请求协助调查的案件或事项。

第二十六条 派出机构负责办理中国证监会稽查总队、中国证监会证券监管专员办事处以及其他派出机构等请求协助调查的事项。

第二十七条 对达到刑事案件立案追诉标准的案件，派出机构应当按照规定自行或者报中国证监会向公安机关履行移送程序。

第二十八条 案件调查过程中，依法采取冻结、查封、限制被调查事件当事人证券买卖等强制措施的，派出机构按照规定负责实施。

第二十九条 派出机构负责本单位立案调查的证券期货违法违规案件的审理工作，依法对证券期货违法违规当事人实施行政处罚。但是，按照规定由其他派出机构或者中国证监会相关职能部门负责审理的除外。

派出机构可以按照规定审理中国证监会交办的其他派出机构立案调查的案件以及中国证监会相关职能部门负责调查的案件。

第三十条 派出机构对有关案件作出行政处罚决定的,由该派出机构负责行政处罚执行工作,按规定送达法律文书,督促被处罚对象履行行政处罚决定,依法申请并配合人民法院做好行政处罚强制执行工作。

第三十一条 派出机构负责按照规定做好中国证监会、其他派出机构所委托的行政处罚案件法律文书送达、处罚执行等相关工作。

第五章 投资者教育与保护

第三十二条 派出机构负责督促辖区证券期货经营机构落实投资者适当性管理制度。

派出机构应当宣传和推动辖区市场主体完善基础设施和各项制度,优化投资回报机制,畅通与投资者沟通渠道,保障中小投资者的知情权,便利中小投资者行使参与权和监督权。

第三十三条 派出机构负责在辖区组织开展投资者教育活动,督促、引导辖区上市公司、非上市公众公司、证券期货经营机构等市场主体开展投资者教育工作。

派出机构负责在中国证监会统一部署下,联合地方人民政府相关部门、教育机构、新闻媒体等单位,推动将投资者教育纳入国民教育体系,做好资本市场知识普及工作。

第三十四条 派出机构负责建立常态化投资者意见征求机制,按照规定组织或配合开展辖区证券期货投资者调查和权益评估评价,及时了解、分析投资者状况和政策制度的实施效果。

第三十五条 派出机构负责建立辖区中小投资者合法权益保障检查制度,按照本规定第二章的要求组织或配合开展投资者保护专项检查和日常检查。

第三十六条 派出机构负责建立健全投诉处理登记备案管理制度,督促有关辖区市场主体落实投资者投诉处理首要责任。

派出机构负责按照中国证监会的统一部署,支持辖区自律组织等发挥纠纷调解作用,并与辖区司法机关、仲裁、调解等组织加强联系,推动建立完善多元化纠纷解决机制。

第六章 其他职责

第三十七条 派出机构负责支持、配合资本市场全面深化改革以及创新业务试点工作,开展辖区资本市场深化改革和创新业务研究。

第三十八条 派出机构负责按照规定开展辖区证券期货市场统计调查工作。

第三十九条　派出机构负责按照资本市场诚信建设统一规划部署，做好辖区资本市场诚信信息管理、诚信激励约束、失信联合惩戒、诚信宣传教育等诚信建设工作。

第四十条　派出机构负责按照规定做好辖区内信访、举报事项处理工作。

第四十一条　派出机构负责依法主动公开或者依申请公开有关监管信息。

第四十二条　派出机构负责组织开展以证券期货法律、行政法规和规章、规范性文件为重点的法制宣传活动。

第四十三条　派出机构负责以本单位为被申请人的行政复议答复工作、以本单位为被告的行政诉讼应诉工作。

派出机构负责协助中国证监会办理辖区内行政复议申请人及第三人的行政复议法律文书送达、执行工作；协助中国证监会做好涉及本单位工作的以中国证监会为被告的行政诉讼案件应诉工作。

第四十四条　派出机构负责向中国证监会报告发生在辖区以及由辖区司法机关、仲裁机构管辖的行政诉讼、证券期货民事赔偿、证券期货犯罪等与证券期货市场相关的重大行政、民事、刑事典型案件。

第四十五条　派出机构负责协助、配合地方人民政府相关部门、其他国务院金融监督管理机构的派出机构，按照规定开展地方金融改革、反洗钱监管及其他相关工作。

第四十六条　派出机构应当在监管职责范围内与辖区司法机关及其他国家机关建立监管协助机制，依法处理涉及辖区司法机关来访、来函等协助执法事项。

派出机构负责与辖区公安机关建立、完善行政执法与刑事司法衔接协作配合机制，按照规定向公安机关通报证券期货违法犯罪线索，商请公安机关配合开展调查工作。

除前两款规定的职责外，派出机构可以对辖区其他行政执法机关、司法机关等提出的与派出机构监管职责有关的证券期货法律问题提供咨询。

第四十七条　派出机构应当建立健全与辖区新闻媒体管理部门的日常监测和协作监管机制，通报证券期货类节目和产品广告有关情况，配合做好参与广播电视证券节目的机构和人员资质审查和证券信息类产品广告的管理工作。

> 派出机构负责监测本派出机构和辖区市场相关的舆情信息,并视情况开展后续处理。
>
> **第四十八条** 派出机构依照法律、行政法规对辖区证券期货行业协会等行业自律组织进行指导和监督。
>
> **第七章 附 则**
>
> **第四十九条** 本规定所称派出机构,是指中国证监会派驻各省、自治区、直辖市和计划单列市监管局。
>
> 中国证监会证券监管专员办事处的职责,另行制定。
>
> **第五十条** 本规定所称证券期货经营机构,包括证券公司、公募基金管理人、期货公司及其子公司、分支机构,私募基金管理人、证券期货投资咨询机构以及其他经营证券期货相关业务的机构。
>
> **第五十一条** 本规定自2015年12月1日起施行。中国证监会《关于印发〈派出机构监管工作职责〉的通知》(证监发〔2003〕86号)同时废止。

第八条 【审计监督】国家审计机关依法对证券交易场所、证券公司、证券登记结算机构、证券监督管理机构进行审计监督。

第二章 证券发行

第九条 【公开发行证券的定义】公开发行证券,必须符合法律、行政法规规定的条件,并依法报经国务院证券监督管理机构或者国务院授权的部门注册。未经依法注册,任何单位和个人不得公开发行证券。证券发行注册制的具体范围、实施步骤,由国务院规定。

有下列情形之一的,为公开发行:

(一)向不特定对象发行证券;

(二)向特定对象发行证券累计超过二百人,但依法实施员工持股计划的员工人数不计算在内;

(三)法律、行政法规规定的其他发行行为。

非公开发行证券,不得采用广告、公开劝诱和变相公开方式。

相关行政法规

《国务院办公厅关于严厉打击非法发行股票和非法经营证券业务有关问题的通知》(国办发〔2006〕99号)在“明确政策界限,依法进行监管”部分,又提出了“变相公开发行股票”的概念,并对公开方式进行了解释:

(一)严禁擅自公开发行股票。向不特定对象发行股票或向特定对象发行股票后股东累计超过200人的,为公开发行,应依法报经证监会核准。未经核准擅自发行的,属于非法发行股票。

(二)严禁变相公开发行股票。向特定对象发行股票后股东累计不超过200人的,为非公开发行。非公开发行股票及其股权转让,不得采用广告、公告、广播、电话、传真、信函、推介会、说明会、网络、短信、公开劝诱等公开方式或变相公开方式向社会公众发行。严禁任何公司股东自行或委托他人以公开方式向社会公众转让股票。向特定对象转让股票,未依法报经证监会核准的,转让后,公司股东累计不得超过200人。

《国务院办公厅关于贯彻实施修订后的证券法有关工作的通知》(国办发〔2020〕5号)

各省、自治区、直辖市人民政府,国务院各部委、各直属机构:

《中华人民共和国证券法》(以下简称证券法)已由十三届全国人大常委会第十五次会议于2019年12月28日修订通过,自2020年3月1日起施行。为做好修订后的证券法贯彻实施工作,经国务院同意,现就有关事项通知如下:

一、充分认识证券法修订的重要意义

本次证券法修订系统总结我国资本市场改革发展、监管执法、风险防控的实践经验,作出全面推行证券发行注册制、显著提高证券违法成本、完善投资者保护制度、强化信息披露义务、压实中介机构责任等制度改革,为打造一个规范、透明、开放、有活力、有韧性的资本市场提供了有力法制保障,对于深化金融供给侧结构性改革,健全具有高度适应性、竞争力、普惠性的现代金融体系,维护国家经济金融安全具有重要意义。各地区、各有关部门要充分认识本次证券法修订的重要意义,做好学习宣传,分类分层开展培训,不断提高证券行政执法人员依法行政、依法监管、依法治市能力。

二、稳步推进证券公开发行注册制

(一)分步实施股票公开发行注册制改革。证监会要会同有关方面依据修订后的证券法和《关于在上海证券交易所设立科创板并试点注册制的实施意见》的规定,进一步完善科创板相关制度规则,提高注册审核透明度,优化工作程序。研究制定在深圳证券交易所创业板试点股票公开发行注册制的总体方案,并及时总结科创板、创业板注册制改革经验,积极创造条件,适时提出在证券交易所其他板块和国务院批准的其他全国性证券交易场所实行股票公开发行注册制的方案。相关方案经国务院批准后实施。

在证券交易所有关板块和国务院批准的其他全国性证券交易场所的股票公开发行实行注册制前,继续实行核准制,适用本次证券法修订前股票发行核准制度的规定。

(二)落实好公司债券公开发行注册制要求。依据修订后的证券法规定,公开发行公司债券应当依法经证监会或者国家发展改革委注册。依法由证监会负责作出注册决定的公开发行公司债券申请,由证监会指定的证券交易所负责受理、审核。依法由国家发展改革委负责作出注册决定的公开发行公司债券申请,由国家发展改革委指定的机构负责受理、审核。申请公开发行公司债券的发行人,除符合证券法规定的条件外,还应当具有合理的资产负债结构和正常的现金流量。鼓励公开发行公司债券的募集资金投向符合国家宏观调控政策和产业政策的项目建设。

(三)完善证券公开发行注册程序。证监会指定的证券交易所等机构、国家发展改革委指定的机构按照规定受理、审核公开发行证券申请,主要通过审核问询、回答问题方式开展审核工作,督促发行人完善信息披露内容,并根据审核情况提出同意发行或终止审核的意见。证监会、国家发展改革委收到有关机构报送的审核意见、发行人注册申请文件及相关审核资料后,履行发行注册程序。证监会、国家发展改革委应当制定发布相关证券公开发行注册的具体管理办法。

三、依法惩处证券违法犯罪行为

严格落实修订后的证券法规定,进一步完善证券监管执法标准,提高监管能力和水平。加大对欺诈发行、违规信息披露、中介机构未勤勉尽责以及操纵市场、内幕交易、利用未公开信息进行证券交易等严重扰乱市场秩序行为的查处力度。加强行政执法与刑事司法衔接,强化信息共享和线索通报，提高案件移送查处效率。公安机关要加大对证券违法犯罪行为的打击力度，形成有效震慑。

四、加强投资者合法权益保护

有关部门要认真贯彻修订后的证券法，采取有力有效措施，依法保护投资者特别是中小投资者合法权益。要积极配合司法机关，稳妥推进由投资者保护机构代表投资者提起证券民事赔偿诉讼的制度，推动完善有关司法解释。严格执行信息披露规定，完善有关规则，明确信息披露媒体的条件，做好规则修订前后的过渡衔接，依法保障投资者知情权。

五、加快清理完善相关规章制度

证监会、司法部等部门要对与证券法有关的行政法规进行专项清理，及时提出修改建议。有关部门要对照证券法修订后的新要求，抓紧组织清理相关规章制度，做好立改废释等工作，做好政策衔接。

国务院办公厅

2020 年 2 月 29 日

第十条　【保荐制度】发行人申请公开发行股票、可转换为股票的公司债券，依法采取承销方式的，或者公开发行法律、行政法规规定实行保荐制度的其他证券的，应当聘请证券公司担任保荐人。

保荐人应当遵守业务规则和行业规范，诚实守信，勤勉尽责，对发行人的申请文件和信息披露资料进行审慎核查，督导发行人规范运作。

保荐人的管理办法由国务院证券监督管理机构规定。

相关行政规章

《证券发行上市保荐业务管理办法》(中国证券监督管理委员会令第 170 号，自 2020 年 6 月 12 日起施行)

第一章　总　　则

第一条　为了规范证券发行上市保荐业务，提高上市公司质量和证券公司执业水平，保护投资者的合法权益，促进证券市场健康发展，根据《证券法》、《证券公司监督管理条例》、《国务院办公厅关于贯彻实施修订后的证券法有关工作的通知》(国办发〔2020〕5 号)等有关法律、行政法规，制定本办法。

第二条 发行人申请从事下列发行事项，依法采取承销方式的，应当聘请具有保荐业务资格的证券公司履行保荐职责：

(一)首次公开发行股票；

(二)上市公司发行新股、可转换公司债券；

(三)公开发行存托凭证；

(四)中国证券监督管理委员会(以下简称中国证监会)认定的其他情形。

发行人申请公开发行法律、行政法规规定实行保荐制度的其他证券的，依照前款规定办理。

在实施证券发行核准制的板块，发行人应当就上述已发行证券的上市事项聘请具有保荐业务资格的证券公司履行保荐职责。

第三条 证券公司从事证券发行上市保荐业务，应当依照本办法规定向中国证监会申请保荐业务资格。

未经中国证监会核准，任何机构不得从事保荐业务。

第四条 保荐机构履行保荐职责，应当指定品行良好、具备组织实施保荐项目专业能力的保荐代表人具体负责保荐工作。保荐代表人应当熟练掌握保荐业务相关的法律、会计、财务管理、税务、审计等专业知识，最近5年内具备36个月以上保荐相关业务经历、最近12个月持续从事保荐相关业务，最近3年未受到证券交易所等自律组织的重大纪律处分或者中国证监会的行政处罚、重大行政监管措施。

中国证券业协会制定保荐代表人自律管理规范，组织非准入型的水平评价测试，保障和提高保荐代表人的专业能力水平。

第五条 保荐机构及其保荐代表人、其他从事保荐业务的人员应当遵守法律、行政法规和中国证监会、证券交易所、中国证券业协会的相关规定，恪守业务规则和行业规范，诚实守信，勤勉尽责，尽职推荐发行人证券发行上市，持续督导发行人履行规范运作、信守承诺、信息披露等义务。

保荐机构及其保荐代表人、其他从事保荐业务的人员不得通过从事保荐业务谋取任何不正当利益。

第六条 保荐代表人应当遵守职业道德准则，珍视和维护保荐代表人职业声誉，保持应有的职业谨慎，保持和提高专业胜任能力。

保荐代表人应当维护发行人的合法利益，对从事保荐业务过程中获知的发行人信息保密。保荐代表人应当恪守独立履行职责的原则，不因迎合发行人或者满足发行人的不当要求而丧失客观、公正的立场，不得唆使、协助或者参与发行人及证券服务机构实施非法的或者具有欺诈性的行为。

保荐代表人及其配偶不得以任何名义或者方式持有发行人的股份。

保荐代表人、保荐业务负责人、内核负责人、保荐业务部门负责人及其他保荐业务人员应当保持独立、客观、审慎，与接受其服务的发行人及其关联方不存在利害关系，不存在妨碍其进行独立专业判断的情形。

第七条 同次发行的证券，其发行保荐和上市保荐应当由同一保荐机构承担。保荐机构依法对发行人申请文件、证券发行募集文件进行核查，向中国证监会、证券交易所出具保荐意见。

保荐机构应当保证所出具的文件真实、准确、完整。证券发行规模达到一定数量的，可以采用联合保荐，但参与联合保荐的保荐机构不得超过2家。

证券发行的主承销商可以由该保荐机构担任，也可以由其他具有保荐业务资格的证券公司与该保荐机构共同担任。

第八条 发行人及其控股股东、实际控制人、董事、监事、高级管理人员，为证券发行上市制作、出具有关文件的律师事务所、会计师事务所、资产评估机构等证券服务机构及其签字人员，应当依照法律、行政法规和中国证监会、证券交易所的规定，配合保荐机构及其保荐代表人履行保荐职责，并承担相应的责任。

保荐机构及其保荐代表人履行保荐职责，不能减轻或者免除发行人及其控股股东、实际控制人、董事、监事、高级管理人员、证券服务机构及其签字人员的责任。

第九条 中国证监会依法对保荐机构及其保荐代表人、其他从事保荐业务的人员进行监督管理。

证券交易所、中国证券业协会对保荐机构及其保荐代表人、其他从事保荐业务的人员进行自律管理。

第二章 保荐业务的资格管理

第十条 证券公司申请保荐业务资格，应当具备下列条件：

（一）注册资本不低于人民币1亿元，净资本不低于人民币5000万元；

(二)具有完善的公司治理和内部控制制度,风险控制指标符合相关规定;

(三)保荐业务部门具有健全的业务规程、内部风险评估和控制系统,内部机构设置合理,具备相应的研究能力、销售能力等后台支持;

(四)具有良好的保荐业务团队且专业结构合理,从业人员不少于35人,其中最近3年从事保荐相关业务的人员不少于20人;

(五)保荐代表人不少于4人;

(六)最近3年内未因重大违法违规行为受到行政处罚;

(七)中国证监会规定的其他条件。

第十一条 证券公司应当保证申请文件真实、准确、完整。申请期间,申请文件内容发生重大变化的,应当自变化之日起2个工作日内向中国证监会提交更新资料。

第十二条 中国证监会依法受理、审查申请文件。对保荐业务资格的申请,自受理之日起3个月内做出核准或者不予核准的书面决定。

第十三条 证券公司取得保荐业务资格后,应当持续符合本办法第十条规定的条件。保荐机构因重大违法违规行为受到行政处罚的,中国证监会撤销其保荐业务资格;不再具备第十条规定其他条件的,中国证监会可以责令其限期整改,逾期仍然不符合要求的,中国证监会撤销其保荐业务资格。

第十四条 保荐机构出现下列情况的,应当在5个工作日内向其住所地的中国证监会派出机构报告:

(一)保荐业务负责人、内核负责人、保荐业务部门负责人发生变化;

(二)保荐业务部门机构设置发生重大变化;

(三)保荐业务执业情况发生重大不利变化;

(四)中国证监会要求的其他事项。

第十五条 保荐机构应当在每一会计年度结束之日起4个月内向其住所地的中国证监会派出机构报送年度执业报告。年度执业报告应当包括以下内容:

(一)保荐机构、保荐代表人年度执业情况的说明;

(二)保荐机构对保荐代表人尽职调查工作日志检查情况的说明;

(三)保荐机构对保荐代表人的年度考核、评定情况;

(四)保荐机构、保荐代表人其他重大事项的说明;

（五）保荐机构对年度执业报告真实性、准确性、完整性承担责任的承诺函，并应由其法定代表人签字；

（六）中国证监会要求的其他事项。

第三章 保荐职责

第十六条 保荐机构应当尽职推荐发行人证券发行上市。

发行人证券上市后，保荐机构应当持续督导发行人履行规范运作、信守承诺、信息披露等义务。

第十七条 保荐机构推荐发行人证券发行上市，应当遵循诚实守信、勤勉尽责的原则，按照中国证监会对保荐机构尽职调查工作的要求，对发行人进行全面调查，充分了解发行人的经营状况及其面临的风险和问题。

第十八条 保荐机构在推荐发行人首次公开发行股票并上市前，应当对发行人进行辅导。辅导内容包括，对发行人的董事、监事和高级管理人员、持有5%以上股份的股东和实际控制人（或者其法定代表人）进行系统的法规知识、证券市场知识培训，使其全面掌握发行上市、规范运作等方面的有关法律法规和规则，知悉信息披露和履行承诺等方面的责任和义务，树立进入证券市场的诚信意识、自律意识和法制意识，以及中国证监会规定的其他事项。

第十九条 保荐机构辅导工作完成后，应当由发行人所在地的中国证监会派出机构进行辅导验收。发行人所在地在境外的，应当由发行人境内主营业地或境内证券事务机构所在地的中国证监会派出机构进行辅导验收。

第二十条 保荐机构应当与发行人签订保荐协议，明确双方的权利和义务，按照行业规范协商确定履行保荐职责的相关费用。

保荐协议签订后，保荐机构应当在5个工作日内向承担辅导验收职责的中国证监会派出机构报告。

第二十一条 保荐机构应当确信发行人符合法律、行政法规和中国证监会、证券交易所的有关规定，方可推荐其证券发行上市。

保荐机构决定推荐发行人证券发行上市的，可以根据发行人的委托，组织编制申请文件并出具推荐文件。

第二十二条 对发行人申请文件、证券发行募集文件中有证券服务机构及其签字人员出具专业意见的内容，保荐机构可以合理信赖，对相关内容应当保持职业怀疑、运用职业判断进行分析，存在重大异常、前后重大矛盾,或者与保荐机构获得的信息存在重大差异的,保荐机构应当对有关事项进行调查、复核,并可聘请其他证券服务机构提供专业服务。

第二十三条 对发行人申请文件、证券发行募集文件中无证券服务机构及其签字人员专业意见支持的内容,保荐机构应当获得充分的尽职调查证据,在对各种证据进行综合分析的基础上对发行人提供的资料和披露的内容进行独立判断,并有充分理由确信所作的判断与发行人申请文件、证券发行募集文件的内容不存在实质性差异。

第二十四条 保荐机构推荐发行人发行证券,应当向中国证监会提交发行保荐书、保荐代表人专项授权书以及中国证监会要求的其他与保荐业务有关的文件。发行保荐书应当包括下列内容:

(一)逐项说明本次发行是否符合《公司法》《证券法》规定的发行条件和程序;

(二)逐项说明本次发行是否符合中国证监会的有关规定,并载明得出每项结论的查证过程及事实依据;

(三)发行人存在的主要风险;

(四)对发行人发展前景的评价;

(五)保荐机构内部审核程序简介及内核意见;

(六)保荐机构及其关联方与发行人及其关联方之间的利害关系及主要业务往来情况;

(七)相关承诺事项;

(八)中国证监会要求的其他事项。

在实施证券发行注册制的板块,保荐机构应当向证券交易所提交前款规定的与保荐业务有关的文件。

第二十五条 保荐机构推荐发行人证券上市,应当向证券交易所提交上市保荐书以及证券交易所要求的其他与保荐业务有关的文件,并报中国证监会备案。上市保荐书应当包括下列内容:

(一)逐项说明本次证券上市是否符合《公司法》《证券法》及证券交易所规定的上市条件;

(二)对发行人证券上市后持续督导工作的具体安排;

(三)保荐机构及其关联方与发行人及其关联方之间的利害关系及主要业务往来情况;

(四)相关承诺事项;

（五）中国证监会或者证券交易所要求的其他事项。

在实施证券发行注册制的板块，前款规定的与保荐业务有关文件的内容要求和报送要求由证券交易所具体规定。

第二十六条 在发行保荐书和上市保荐书中，保荐机构应当就下列事项做出承诺：

（一）有充分理由确信发行人符合法律法规及中国证监会有关证券发行上市的相关规定；

（二）有充分理由确信发行人申请文件和信息披露资料不存在虚假记载、误导性陈述或者重大遗漏；

（三）有充分理由确信发行人及其董事在申请文件和信息披露资料中表达意见的依据充分合理；

（四）有充分理由确信申请文件和信息披露资料与证券服务机构发表的意见不存在实质性差异；

（五）保证所指定的保荐代表人及本保荐机构的相关人员已勤勉尽责，对发行人申请文件和信息披露资料进行了尽职调查、审慎核查；

（六）保证保荐书、与履行保荐职责有关的其他文件不存在虚假记载、误导性陈述或者重大遗漏；

（七）保证对发行人提供的专业服务和出具的专业意见符合法律、行政法规、中国证监会的规定和行业规范；

（八）自愿接受中国证监会依照本办法采取的监管措施；

（九）中国证监会规定的其他事项。

在实施证券发行注册制的板块，前款规定的上市保荐书承诺事项由证券交易所具体规定。

第二十七条 保荐机构提交发行保荐书后，应当配合中国证监会的审核，并承担下列工作：

（一）组织发行人及证券服务机构对中国证监会的意见进行答复；

（二）按照中国证监会的要求对涉及本次证券发行上市的特定事项进行尽职调查或者核查；

（三）指定保荐代表人与中国证监会职能部门进行专业沟通，保荐代表人在发行审核委员会会议上接受委员质询；

（四）中国证监会规定的其他工作。

在实施证券发行注册制的板块，保荐机构应当配合证券交易所、中国证监会的发行上市审核和注册工作，并按规定承担相应工作。

第二十八条 保荐机构应当针对发行人的具体情况,确定证券发行上市后持续督导的内容,督导发行人履行有关上市公司规范运作、信守承诺和信息披露等义务,审阅信息披露文件及向中国证监会、证券交易所提交的其他文件,并承担下列工作:

(一)督导发行人有效执行并完善防止控股股东、实际控制人、其他关联方违规占用发行人资源的制度;

(二)督导发行人有效执行并完善防止其董事、监事、高级管理人员利用职务之便损害发行人利益的内控制度;

(三)督导发行人有效执行并完善保障关联交易公允性和合规性的制度,并对关联交易发表意见;

(四)持续关注发行人募集资金的专户存储、投资项目的实施等承诺事项;

(五)持续关注发行人为他人提供担保等事项,并发表意见;

(六)中国证监会、证券交易所规定及保荐协议约定的其他工作。

第二十九条 首次公开发行股票并在主板上市的,持续督导的期间为证券上市当年剩余时间及其后2个完整会计年度;主板上市公司发行新股、可转换公司债券的,持续督导的期间为证券上市当年剩余时间及其后1个完整会计年度。

首次公开发行股票并在创业板、科创板上市的,持续督导的期间为证券上市当年剩余时间及其后3个完整会计年度;创业板、科创板上市公司发行新股、可转换公司债券的,持续督导的期间为证券上市当年剩余时间及其后2个完整会计年度。

首次公开发行股票并在创业板上市的,持续督导期内保荐机构应当自发行人披露年度报告、中期报告之日起15个工作日内在符合条件的媒体披露跟踪报告,对本办法第二十八条所涉及的事项,进行分析并发表独立意见。发行人临时报告披露的信息涉及募集资金、关联交易、委托理财、为他人提供担保等重大事项的,保荐机构应当自临时报告披露之日起10个工作日内进行分析并在符合条件的媒体发表独立意见。

持续督导的期间自证券上市之日起计算。

第三十条 持续督导期届满,如有尚未完结的保荐工作,保荐机构应当继续完成。

保荐机构在履行保荐职责期间未勤勉尽责的,其责任不因持续督导期届满而免除或者终止。

第四章　保荐业务规程

第三十一条　保荐机构应当建立分工合理、权责明确、相互制衡、有效监督的内部控制组织体系，发挥项目承做、质量控制、内核合规风控等的全流程内部控制作用，形成科学、合理、有效的保荐业务决策、执行和监督等机制，确保保荐业务纳入公司整体合规管理和风险控制范围。

第三十二条　保荐机构应当建立健全并执行覆盖全部保荐业务流程和全体保荐业务人员的内部控制制度，包括但不限于立项制度、质量控制制度、问核制度、内核制度、反馈意见报告制度、风险事件报告制度、合规检查制度、应急处理制度等，定期对保荐业务内部控制的有效性进行全面评估，保证保荐业务负责人、内核负责人、保荐业务部门负责人、保荐代表人、项目协办人及其他保荐业务相关人员勤勉尽责，严格控制风险，提高保荐业务整体质量。

第三十三条　保荐机构应当建立健全内部问责机制，明确保荐业务人员履职规范和问责措施。

保荐业务人员被采取自律监管措施、自律处分、行政监管措施、市场禁入措施、行政处罚、刑事处罚等的，保荐机构应当进行内部问责。

保荐机构应当在劳动合同、内部制度中明确，保荐业务人员出现前款情形的，应当退还相关违规行为发生当年除基本工资外的其他薪酬。

第三十四条　保荐机构对外提交和报送的发行上市申请文件、反馈意见、披露文件等重要材料和文件应当履行内核程序，由内核机构审议决策。未通过内核程序的保荐业务项目不得以公司名义对外提交或者报送相关文件。

第三十五条　保荐机构应当根据保荐业务特点制定科学、合理的薪酬考核体系，综合考量业务人员的专业胜任能力、执业质量、合规情况、业务收入等各项因素，不得以业务包干等承包方式开展保荐业务，或者以其他形式实施过度激励。

第三十六条　保荐机构从事保荐业务应当综合评估项目执行成本与风险责任，合理确定报价，不得以明显低于行业定价水平等不正当竞争方式招揽业务。

第三十七条　保荐机构应当建立健全保荐业务制度体系，细化尽职调查、辅导、文件申报、持续督导等各个环节的执业标准和操作流程，提高制度的针对性和执行性。

保荐机构应当根据监管要求、制度执行等情况,及时更新和完善保荐业务制度体系。

第三十八条 保荐机构应当建立健全廉洁从业管理内控体系,加强对工作人员的管理,不得在开展保荐业务的过程中谋取或输送不当利益。

第三十九条 保荐机构应当根据保荐业务类型和业务环节的不同,细化反洗钱要求,加强对客户身份的识别、可疑报告、客户资料及交易记录保存、反洗钱培训与宣传等工作。

第四十条 保荐机构应当建立健全对保荐代表人及其他保荐业务相关人员的持续培训制度。

第四十一条 保荐机构应当建立健全工作底稿制度,按规定建设应用工作底稿电子化管理系统。

保荐机构应当为每一项目建立独立的保荐工作底稿。保荐代表人必须为其具体负责的每一项目建立尽职调查工作日志,作为保荐工作底稿的一部分存档备查;保荐机构应当定期对尽职调查工作日志进行检查。

保荐工作底稿应当真实、准确、完整地反映保荐工作的全过程,保存期不少于20年。

第四十二条 保荐机构及其控股股东、实际控制人、重要关联方持有发行人股份的,或者发行人持有、控制保荐机构股份的,保荐机构在推荐发行人证券发行上市时,应当进行利益冲突审查,出具合规审核意见,并按规定充分披露。通过披露仍不能消除影响的,保荐机构应联合1家无关联保荐机构共同履行保荐职责,且该无关联保荐机构为第一保荐机构。

第四十三条 刊登证券发行募集文件前终止保荐协议的,保荐机构和发行人应当自终止之日起5个工作日内分别向中国证监会报告,并说明原因。

在实施证券发行注册制的板块出现上述情形的,保荐机构应同时向证券交易所报告。

第四十四条 刊登证券发行募集文件以后直至持续督导工作结束,保荐机构和发行人不得终止保荐协议,但存在合理理由的情形除外。发行人因再次申请发行证券另行聘请保荐机构、保荐机构被中国证监会撤销保荐业务资格的,应当终止保荐协议。

终止保荐协议的,保荐机构和发行人应当自终止之日起5个工作日内向中国证监会、证券交易所报告,说明原因。

第四十五条 持续督导期间,保荐机构被撤销保荐业务资格的,发行人应当在1个月内另行聘请保荐机构,未在规定期限内另行聘请的,中国证监会可以为其指定保荐机构。

第四十六条 另行聘请的保荐机构应当完成原保荐机构未完成的持续督导工作。

因原保荐机构被撤销保荐业务资格而另行聘请保荐机构的,另行聘请的保荐机构持续督导的时间不得少于1个完整的会计年度。

另行聘请的保荐机构应当自保荐协议签订之日起开展保荐工作并承担相应的责任。原保荐机构在履行保荐职责期间未勤勉尽责的,其责任不因保荐机构的更换而免除或者终止。

第四十七条 保荐机构应当指定2名保荐代表人具体负责1家发行人的保荐工作,出具由法定代表人签字的专项授权书,并确保保荐机构有关部门和人员有效分工协作。保荐机构可以指定1名项目协办人。

第四十八条 证券发行后,保荐机构不得更换保荐代表人,但因保荐代表人离职或者不符合保荐代表人要求的,应当更换保荐代表人。

保荐机构更换保荐代表人的,应当通知发行人,并在5个工作日内向中国证监会、证券交易所报告,说明原因。原保荐代表人在具体负责保荐工作期间未勤勉尽责的,其责任不因保荐代表人的更换而免除或者终止。

第四十九条 保荐机构法定代表人、保荐业务负责人、内核负责人、保荐业务部门负责人、保荐代表人和项目协办人应当在发行保荐书上签字,保荐机构法定代表人、保荐代表人应当同时在证券发行募集文件上签字。

第五十条 保荐机构应当将履行保荐职责时发表的意见及时告知发行人,同时在保荐工作底稿中保存,并可以依照本办法规定公开发表声明、向中国证监会或者证券交易所报告。

第五十一条 持续督导工作结束后,保荐机构应当在发行人公告年度报告之日起的10个工作日内向中国证监会、证券交易所报送保荐总结报告书。保荐机构法定代表人和保荐代表人应当在保荐总结报告书上签字。保荐总结报告书应当包括下列内容:

(一)发行人的基本情况;

(二)保荐工作概述;

(三)履行保荐职责期间发生的重大事项及处理情况;

(四)对发行人配合保荐工作情况的说明及评价;

(五)对证券服务机构参与证券发行上市相关工作情况的说明及评价;

(六)中国证监会、证券交易所要求的其他事项。

第五十二条 保荐代表人及其他保荐业务相关人员属于内幕信息的知情人员,应当遵守法律、行政法规和中国证监会的规定,不得利用内幕信息直接或者间接为保荐机构、本人或者他人谋取不正当利益。

第五章 保荐业务协调

第五十三条 发行人应当为保荐机构及时提供真实、准确、完整的财务会计资料和其他资料,全面配合保荐机构开展尽职调查和其他相关工作。

发行人的控股股东、实际控制人、董事、监事、高级管理人员应当全面配合保荐机构开展尽职调查和其他相关工作,不得要求或者协助发行人隐瞒应当披露的信息。

第五十四条 保荐机构及其保荐代表人履行保荐职责,可以对发行人行使下列权利:

(一)要求发行人按照本办法规定和保荐协议约定的方式,及时通报信息;

(二)定期或者不定期对发行人进行回访,查阅保荐工作需要的发行人材料;

(三)列席发行人的股东大会、董事会和监事会;

(四)对发行人的信息披露文件及向中国证监会、证券交易所提交的其他文件进行事前审阅;

(五)对有关部门关注的发行人相关事项进行核查,必要时可聘请相关证券服务机构配合;

(六)按照中国证监会、证券交易所信息披露规定,对发行人违法违规的事项发表公开声明;

(七)中国证监会、证券交易所规定或者保荐协议约定的其他权利。

第五十五条 发行人有下列情形之一的,应当及时通知或者咨询保荐机构,并将相关文件送交保荐机构:

（一）变更募集资金及投资项目等承诺事项；

（二）发生关联交易、为他人提供担保等事项；

（三）涉及重大诉讼、资产发生重大损失；

（四）公司财务状况及生产经营的外部条件发生重大变化；

（五）重大投资行为和重大购置资产的决定；

（六）股东及董事、监事、高级管理人员的变动；

（七）召开董事会、监事会、股东大会；

（八）履行信息披露义务或者向中国证监会、证券交易所报告有关事项；

（九）发生违法违规行为或者其他重大事项；

（十）中国证监会、证券交易所规定或者保荐协议约定的其他事项。

第五十六条 证券发行前，发行人及其控股股东、实际控制人、董事、监事、高级管理人员不配合保荐机构履行保荐职责的，保荐机构应当发表保留意见，并在发行保荐书中予以说明；情节严重的，应当不予保荐，已保荐的应当撤销保荐。

第五十七条 证券发行后，保荐机构有充分理由确信发行人可能存在违法违规行为以及其他不当行为的，应当督促发行人作出说明并限期纠正；情节严重的，应当向中国证监会、证券交易所报告。

第五十八条 保荐机构应当组织协调证券服务机构及其签字人员参与证券发行上市的相关工作。

发行人为证券发行上市聘用的会计师事务所、律师事务所、资产评估机构以及其他证券服务机构，保荐机构有充分理由认为其专业能力存在明显缺陷的，可以向发行人建议更换。

第五十九条 保荐机构对证券服务机构及其签字人员出具的专业意见存有疑义的，应当主动与证券服务机构进行协商，并可要求其作出解释或者出具依据。

第六十条 保荐机构有充分理由确信证券服务机构及其签字人员出具的专业意见可能存在虚假记载、误导性陈述或重大遗漏等违法违规情形或者其他不当情形的，应当及时发表意见；情节严重的，应当向中国证监会、证券交易所报告。

第六十一条 证券服务机构及其签字人员应当严格按照依法制定的业务规则和行业自律规范，审慎履行职责，作出专业判断与认定，对保荐机构提出的疑义或者意见，应当保持专业独立性，进行审慎的复核判断,并向保荐机构、发行人及时发表意见。

证券服务机构应当建立并保持有效的质量控制体系,保护投资者合法权益。证券服务机构应当妥善保存客户委托文件、核查和验证资料、工作底稿以及与质量控制、内部管理、业务经营有关的信息和资料。

第六章 监管措施和法律责任

第六十二条 中国证监会可以对保荐机构及其与发行上市保荐工作相关的人员,证券服务机构、发行人及其与证券发行上市工作相关的人员等进行定期或者不定期现场检查,相关主体应当积极配合检查,如实提供有关资料,不得拒绝、阻挠、逃避检查,不得谎报、隐匿、销毁相关证据材料。

第六十三条 中国证监会对保荐机构及其相关人员进行持续动态的跟踪管理,记录其业务资格、执业情况、违法违规行为、其他不良行为以及对其采取的监管措施等。保荐信用记录向社会公开。

第六十四条 证券公司提交的保荐业务资格申请文件存在虚假记载、误导性陈述或者重大遗漏的,中国证监会不予受理或者不予核准,并给予警告;已核准的,撤销其保荐业务资格。

第六十五条 保荐机构、保荐代表人、保荐业务负责人、内核负责人、保荐业务部门负责人及其他保荐业务相关人员违反本办法,未诚实守信、勤勉尽责地履行相关义务的,中国证监会责令改正,并对其采取监管谈话、重点关注、责令进行业务学习、出具警示函、责令公开说明、认定为不适当人选、责令增加内部合规检查的次数并提交合规检查报告、责令处分有关责任人员并报告结果、对保荐机构及其有关董事、监事、高级管理人员给予谴责等监管措施;依法应给予行政处罚的,依照有关规定进行处罚;情节严重涉嫌犯罪的,依法移送司法机关,追究其刑事责任。

第六十六条 出现下列情形之一的,中国证监会可以视情节轻重,采取责令改正、监管谈话、出具警示函等监管措施;情节严重的,中国证监会可以在3个月到12个月内不受理保荐机构、保荐代表人具体负责的推荐:

(一)制作或者出具的文件不齐备或者不符合要求;

(二)擅自改动申请文件、信息披露资料或者其他已提交文件;

(三)申请文件或者信息披露资料存在相互矛盾或者同一事实表述不一致且有实质性差异;

（四）文件披露的内容表述不清，逻辑混乱，严重影响投资者理解；

（五）未及时报告或者未及时披露重大事项；

（六）指定不符合本办法第四条规定要求的人员具体负责保荐工作；

（七）未通过内核程序，以公司名义对外提交或披露保荐业务项目文件；

（八）采取业务包干等承包方式或其他形式进行过度激励；

（九）以显著低于行业定价水平等不正当竞争方式招揽业务，违反公平竞争、破坏市场秩序。

第六十七条 保荐机构出现下列情形之一的，中国证监会可以视情节轻重，暂停保荐业务资格 3 个月到 36 个月，并可以责令保荐机构更换董事、监事、高级管理人员或者限制其权利；情节特别严重的，撤销其保荐业务资格：

（一）向中国证监会、证券交易所提交的与保荐工作相关的文件存在虚假记载、误导性陈述或者重大遗漏；

（二）重大事项未报告、未披露；

（三）内部控制制度存在重大缺陷或者未有效执行；

（四）尽职调查制度、内部核查制度、持续督导制度、保荐工作底稿制度等保荐业务制度存在重大缺陷或者未有效执行；

（五）廉洁从业管理内控体系、反洗钱制度存在重大缺陷或者未有效执行；

（六）保荐工作底稿存在虚假记载、误导性陈述或者重大遗漏；

（七）唆使、协助或者参与发行人及证券服务机构提供存在虚假记载、误导性陈述或者重大遗漏的文件；

（八）唆使、协助或者参与发行人干扰中国证监会及其发行审核委员会、证券交易所及其上市委员会的审核工作；

（九）通过从事保荐业务谋取不正当利益；

（十）伪造或者变造签字、盖章；

（十一）严重违反诚实守信、勤勉尽责义务的其他情形。

第六十八条 保荐代表人出现下列情形之一的，中国证监会可以根据情节轻重，在 3 个月到 36 个月内不受理相关保荐代表人具体负责的推荐；情节特别严重的，采取认定为不适当人选的监管措施：

（一）尽职调查工作日志缺失或者遗漏、隐瞒重要问题；

(二)未完成或者未参加辅导工作;

(三)重大事项未报告、未披露;

(四)未参加持续督导工作,或者持续督导工作未勤勉尽责;

(五)因保荐业务或其具体负责保荐工作的发行人在保荐期间内受到证券交易所、中国证券业协会公开谴责;

(六)唆使、协助或者参与发行人干扰中国证监会及其发行审核委员会、证券交易所及其上市委员会的审核工作;

(七)伪造或者变造签字、盖章;

(八)严重违反诚实守信、勤勉尽责义务的其他情形。

第六十九条 保荐代表人出现下列情形之一的,中国证监会可以采取认定为不适当人选的监管措施;情节严重的,对其采取证券市场禁入的措施:

(一)在与保荐工作相关文件上签字推荐发行人证券发行上市,但未参加尽职调查工作,或者尽职调查工作不彻底、不充分,明显不符合业务规则和行业规范;

(二)通过从事保荐业务谋取不正当利益;

(三)本人及其配偶持有发行人的股份;

(四)唆使、协助或者参与发行人及证券服务机构提供存在虚假记载、误导性陈述或者重大遗漏的文件;

(五)参与组织编制的与保荐工作相关文件存在虚假记载、误导性陈述或者重大遗漏。

第七十条 发行人出现下列情形之一的,中国证监会可以暂停保荐机构的保荐业务资格12个月到36个月,责令保荐机构更换相关负责人,对保荐代表人采取认定为不适当人选的监管措施;情节严重的,撤销保荐业务资格,对相关责任人采取证券市场禁入的措施:

(一)证券发行募集文件等申请文件存在虚假记载、误导性陈述或者重大遗漏;

(二)持续督导期间信息披露文件存在虚假记载、误导性陈述或者重大遗漏。

第七十一条 发行人公开发行证券上市当年即亏损的,中国证监会可以暂停保荐机构的保荐业务资格3个月,对保荐代表人采取认定为不适当人选的监管措施,尚未盈利的企业或者已在证券发行募集文件中充分分析并揭示相关风险的除外。

前款所称亏损或盈利，涉及的净利润以扣除非经常性损益前后孰低者为计算依据。

第七十二条 发行人在持续督导期间出现下列情形之一的，中国证监会可以根据情节轻重，在3个月到12个月内不受理相关保荐代表人具体负责的推荐；情节特别严重的，对保荐代表人采取认定为不适当人选的监管措施：

（一）证券上市当年累计50%以上募集资金的用途与承诺不符；

（二）公开发行证券并在主板上市当年营业利润比上年下滑50%以上；

（三）首次公开发行股票并上市之日起12个月内控股股东或者实际控制人发生变更；

（四）首次公开发行股票并上市之日起12个月内累计50%以上资产或者主营业务发生重组；

（五）上市公司公开发行新股、可转换公司债券之日起12个月内累计50%以上资产或者主营业务发生重组，且未在证券发行募集文件中披露；

（六）实际盈利低于盈利预测达20%以上；

（七）关联交易显失公允或者程序违规，涉及金额较大；

（八）控股股东、实际控制人或其他关联方违规占用发行人资源，涉及金额较大；

（九）违规为他人提供担保，涉及金额较大；

（十）违规购买或出售资产、借款、委托资产管理等，涉及金额较大；

（十一）董事、监事、高级管理人员侵占发行人利益受到行政处罚或者被追究刑事责任；

（十二）违反上市公司规范运作和信息披露等有关法律法规，情节严重的；

（十三）中国证监会规定的其他情形。

第七十三条 保荐代表人被暂不受理具体负责的推荐或者被采取认定为不适当人选的监管措施的，对已受理的该保荐代表人具体负责推荐的项目，保荐机构应当更换保荐代表人，并指派与本项目无关的人员进行复核；对负有责任的保荐业务负责人、内核负责人、保荐业务部门负责人等人员，保荐机构应当根据内部管理规定进行问责惩戒，情节严重的，应当予以更换。

第七十四条 保荐机构、保荐业务负责人、内核负责人或者保荐业务部门负责人在1个自然年度内被采取本办法第六十五条规定的监管措施累计5次以上,中国证监会可以暂停保荐机构的保荐业务资格3个月,责令保荐机构更换保荐业务负责人、内核负责人或者保荐业务部门负责人。

保荐代表人在2个自然年度内被采取本办法第六十五条规定的监管措施累计2次以上,中国证监会可以6个月内不受理相关保荐代表人具体负责的推荐。

第七十五条 对中国证监会拟采取的监管措施,保荐机构及其保荐代表人提出申辩的,如有充分证据证明下列事实且理由成立,中国证监会予以采纳:

(一)发行人或者其董事、监事、高级管理人员故意隐瞒重大事实,保荐机构和保荐代表人已履行勤勉尽责义务;

(二)发行人已在证券发行募集文件中做出特别提示,保荐机构和保荐代表人已履行勤勉尽责义务;

(三)发行人因不可抗力致使业绩、募集资金运用等出现异常或者未能履行承诺;

(四)发行人及其董事、监事、高级管理人员在持续督导期间故意违法违规,保荐机构和保荐代表人主动予以揭示,已履行勤勉尽责义务;

(五)保荐机构、保荐代表人已履行勤勉尽责义务的其他情形。

第七十六条 发行人违反本办法规定,持续督导期间违法违规且拒不纠正,发生重大事项未及时通知保荐机构,出现应当变更保荐机构情形未及时予以变更,或者发生其他严重不配合保荐工作情形的,中国证监会可以责令改正,予以公布并可以根据情节轻重采取下列监管措施:

(一)要求发行人每月向中国证监会报告接受保荐机构督导的情况;

(二)要求发行人披露月度财务报告、相关资料;

(三)指定证券服务机构进行核查;

(四)要求证券交易所对发行人证券的交易实行特别提示;

(五)36个月内不受理其发行证券申请;

(六)将直接负责的主管人员和其他责任人员认定为不适当人选。

第七十七条 发行人及其控股股东、实际控制人、董事、监事、高级管理人员未有效配合保荐机构及其保荐代表人开展尽职调查和其他相关工作的，中国证监会可以责令改正，并对相关单位和责任人员采取监管谈话、重点关注、出具警示函、责令公开说明等监管措施。情节严重的，采取12个月到60个月内不接受相关单位及其控制的下属单位公开发行证券相关文件，对责任人采取认定为不适当人选等监管措施，或者采取证券市场禁入的措施。

第七十八条　证券服务机构及其签字人员违反本办法规定的，中国证监会可以责令改正，并对相关机构和责任人员采取监管谈话、重点关注、出具警示函、责令公开说明、认定为不适当人选等监管措施。

第七十九条　证券服务机构及其签字人员出具的专业意见存在虚假记载、误导性陈述或重大遗漏，或者因不配合保荐工作而导致严重后果的，中国证监会可以在6个月到36个月内不受理其文件，并将处理结果予以公布。

第八十条　发行人及其控股股东、实际控制人、董事、监事、高级管理人员、证券服务机构及其签字人员违反法律、行政法规，依法应予行政处罚的，依照有关规定进行处罚；涉嫌犯罪的，依法移送司法机关，追究其刑事责任。

第七章　附　则

第八十一条　股票公开转让的公众公司向全国中小企业股份转让系统不特定合格投资者公开发行股票后挂牌的，全国中小企业股份转让系统可以参照本办法关于证券交易所的规定制定相关规则。

第八十二条　本办法所称"保荐机构"，是指《证券法》第十条所指"保荐人"。

第八十三条　本办法自公布之日起施行。2008年10月17日发布的《证券发行上市保荐业务管理办法》（证监会令第58号）同时废止。

相关裁判摘要

"胡某与中国证券监督管理委员会其他二审行政判决书"［北京市高级人民法院行政判决书（2016）京行终5336号］认为，保荐人之保荐是股票得以上市发行的必要条件，其权重远高于其他证券中介机构。相关裁判摘要如下：

根据《证券法》的规定，发行人申请公开发行股票，依法采取承销方式的，应当聘请具有保荐资格的机构担任保荐人。参照《证券发行上市保荐业务管理办法》第一条的规定，证券保荐制度的建立目的在于借助市场约束机制,通过发挥保荐人"第一看门人"的作用,提高上市公司质量、保护投资者的合法权益、促进证券市场健康发展。据此,保荐人之保荐是股票得以上市发行的必要条件,其权重远高于其他证券中介机构。同时,考虑到证券监管实践中保荐人与发行人之间事实上存在的利益牵连关系,故为充分达成上述保荐制度的设立目的,应对保荐人的依法履职情况施以严格监管。

本案中,在案证据可以证明,在涉案IPO项目的保荐过程中,南京证券屡次虚假记载,严重违反诚实信用的职业品格,同时针对中国证监会要求重点核查的事项,亦未给予足够重视、未以应有的职业谨慎履行勤勉尽责的审慎核查义务,未履行保荐人应当承担的证券发行环节"第一看门人"的法定职责。本院注意到,在中国证监会另案处理新大地的行政决定中,认定了新大地通过多记销售额,以及通过梅州绿康、曼陀神露等关联账户虚增年度利润总额等作假行为。南京证券的违法违规行为,客观上为上述作假行为进行了背书,并为新大地顺利通过中国证监会的发审会提供了便利,极大地弱化了保荐制度在涉案IPO项目中的应有作用,严重扰乱了证券市场秩序、动摇了市场信心。中国证监会基于保荐制度的重要性,结合南京证券违法主观状态、情节和严重后果以及上诉人的法律地位,给予上诉人终身市场禁入的行政监管措施,符合保荐制度的设立目的,对上诉人造成之影响与该措施旨在保护的公共利益之间保持了适度比例,并不存在明显不当之情形。

第十一条 【募集设立股份有限公司】 设立股份有限公司公开发行股票,应当符合《中华人民共和国公司法》规定的条件和经国务院批准的国务院证券监督管理机构规定的其他条件,向国务院证券监督管理机构报送募股申请和下列文件:

(一)公司章程;

(二)发起人协议;

(三)发起人姓名或者名称,发起人认购的股份数、出资种类及验资证明;

(四)招股说明书;

(五)代收股款银行的名称及地址;

(六)承销机构名称及有关的协议。

依照本法规定聘请保荐人的，还应当报送保荐人出具的发行保荐书。

法律、行政法规规定设立公司必须报经批准的，还应当提交相应的批准文件。

第十二条　【公司首次公开发行新股的条件】公司首次公开发行新股，应当符合下列条件：

（一）具备健全且运行良好的组织机构；

（二）具有持续经营能力；

（三）最近三年财务会计报告被出具无保留意见审计报告；

（四）发行人及其控股股东、实际控制人最近三年不存在贪污、贿赂、侵占财产、挪用财产或者破坏社会主义市场经济秩序的刑事犯罪；

（五）经国务院批准的国务院证券监督管理机构规定的其他条件。

上市公司发行新股，应当符合经国务院批准的国务院证券监督管理机构规定的条件，具体管理办法由国务院证券监督管理机构规定。

公开发行存托凭证的，应当符合首次公开发行新股的条件以及国务院证券监督管理机构规定的其他条件。

相关行政规章

《上市公司证券发行管理办法》（中国证券监督管理委员会令第163号，2006年4月26日中国证券监督管理委员会第178次主席办公会审议通过　根据2008年10月9日中国证券监督管理委员会《关于修改上市公司现金分红若干规定的决定》修正　根据2020年2月14日中国证券监督管理委员会《关于修改〈上市公司证券发行管理办法〉的决定》修正）

第一章　总　　则

第一条　为了规范上市公司证券发行行为，保护投资者的合法权益和社会公共利益，根据《证券法》《公司法》制定本办法。

第二条　上市公司申请在境内发行证券，适用本办法。

本办法所称证券，指下列证券品种：

（一）股票；

（二）可转换公司债券；

（三）中国证券监督管理委员会（以下简称“中国证监会”）认可的其他品种。

第三条 上市公司发行证券,可以向不特定对象公开发行,也可以向特定对象非公开发行。

第四条 上市公司发行证券,必须真实、准确、完整、及时、公平地披露或者提供信息,不得有虚假记载、误导性陈述或者重大遗漏。

第五条 中国证监会对上市公司证券发行的核准,不表明其对该证券的投资价值或者投资者的收益作出实质性判断或者保证。因上市公司经营与收益的变化引致的投资风险,由认购证券的投资者自行负责。

第二章 公开发行证券的条件

第一节 一般规定

第六条 上市公司的组织机构健全、运行良好,符合下列规定:

(一)公司章程合法有效,股东大会、董事会、监事会和独立董事制度健全,能够依法有效履行职责;

(二)公司内部控制制度健全,能够有效保证公司运行的效率、合法合规性和财务报告的可靠性;内部控制制度的完整性、合理性、有效性不存在重大缺陷;

(三)现任董事、监事和高级管理人员具备任职资格,能够忠实和勤勉地履行职务,不存在违反公司法第一百四十七条、第一百四十八条规定的行为,且最近三十六个月内未受到过中国证监会的行政处罚、最近十二个月内未受到过证券交易所的公开谴责;

(四)上市公司与控股股东或实际控制人的人员、资产、财务分开,机构、业务独立,能够自主经营管理;

(五)最近十二个月内不存在违规对外提供担保的行为。

第七条 上市公司的盈利能力具有可持续性,符合下列规定:

(一)最近三个会计年度连续盈利。扣除非经常性损益后的净利润与扣除前的净利润相比,以低者作为计算依据;

(二)业务和盈利来源相对稳定,不存在严重依赖于控股股东、实际控制人的情形;

(三)现有主营业务或投资方向能够可持续发展,经营模式和投资计划稳健,主要产品或服务的市场前景良好,行业经营环境和市场需求不存在现实或可预见的重大不利变化;

(四)高级管理人员和核心技术人员稳定,最近十二个月内未发生重大不利变化;

（五）公司重要资产、核心技术或其他重大权益的取得合法，能够持续使用，不存在现实或可预见的重大不利变化；

（六）不存在可能严重影响公司持续经营的担保、诉讼、仲裁或其他重大事项；

（七）最近二十四个月内曾公开发行证券的，不存在发行当年营业利润比上年下降百分之五十以上的情形。

第八条 上市公司的财务状况良好，符合下列规定：

（一）会计基础工作规范，严格遵循国家统一会计制度的规定；

（二）最近三年及一期财务报表未被注册会计师出具保留意见、否定意见或无法表示意见的审计报告；被注册会计师出具带强调事项段的无保留意见审计报告的，所涉及的事项对发行人无重大不利影响或者在发行前重大不利影响已经消除；

（三）资产质量良好。不良资产不足以对公司财务状况造成重大不利影响；

（四）经营成果真实，现金流量正常。营业收入和成本费用的确认严格遵循国家有关企业会计准则的规定，最近三年资产减值准备计提充分合理，不存在操纵经营业绩的情形；

（五）最近三年以现金方式累计分配的利润不少于最近三年实现的年均可分配利润的百分之三十。

第九条 上市公司最近三十六个月内财务会计文件无虚假记载，且不存在下列重大违法行为：

（一）违反证券法律、行政法规或规章，受到中国证监会的行政处罚，或者受到刑事处罚；

（二）违反工商、税收、土地、环保、海关法律、行政法规或规章，受到行政处罚且情节严重，或者受到刑事处罚；

（三）违反国家其他法律、行政法规且情节严重的行为。

第十条 上市公司募集资金的数额和使用应当符合下列规定：

（一）募集资金数额不超过项目需要量；

（二）募集资金用途符合国家产业政策和有关环境保护、土地管理等法律和行政法规的规定；

（三）除金融类企业外，本次募集资金使用项目不得为持有交易性金融资产和可供出售的金融资产、借予他人、委托理财等财务性投资，不得直接或间接投资于以买卖有价证券为主要业务的公司；

(四)投资项目实施后,不会与控股股东或实际控制人产生同业竞争或影响公司生产经营的独立性;

(五)建立募集资金专项存储制度,募集资金必须存放于公司董事会决定的专项账户。

第十一条 上市公司存在下列情形之一的,不得公开发行证券:

(一)本次发行申请文件有虚假记载、误导性陈述或重大遗漏;

(二)擅自改变前次公开发行证券募集资金的用途而未作纠正;

(三)上市公司最近十二个月内受到过证券交易所的公开谴责;

(四)上市公司及其控股股东或实际控制人最近十二个月内存在未履行向投资者作出的公开承诺的行为;

(五)上市公司或其现任董事、高级管理人员因涉嫌犯罪被司法机关立案侦查或涉嫌违法违规被中国证监会立案调查;

(六)严重损害投资者的合法权益和社会公共利益的其他情形。

第二节 发行股票

第十二条 向原股东配售股份(简称"配股"),除符合本章第一节规定外,还应当符合下列规定:

(一)拟配售股份数量不超过本次配售股份前股本总额的百分之三十;

(二)控股股东应当在股东大会召开前公开承诺认配股份的数量;

(三)采用证券法规定的代销方式发行。

控股股东不履行认配股份的承诺,或者代销期限届满,原股东认购股票的数量未达到拟配售数量百分之七十的,发行人应当按照发行价并加算银行同期存款利息返还已经认购的股东。

第十三条 向不特定对象公开募集股份(简称"增发"),除符合本章第一节规定外,还应当符合下列规定:

(一)最近三个会计年度加权平均净资产收益率平均不低于百分之六。扣除非经常性损益后的净利润与扣除前的净利润相比,以低者作为加权平均净资产收益率的计算依据;

(二)除金融类企业外,最近一期末不存在持有金额较大的交易性金融资产和可供出售的金融资产、借予他人款项、委托理财等财务性投资的情形;

(三)发行价格应不低于公告招股意向书前二十个交易日公司股票均价或前一个交易日的均价。

第三节 发行可转换公司债券

第十四条 公开发行可转换公司债券的公司,除应当符合本章第一节规定外,还应当符合下列规定:

(一)最近三个会计年度加权平均净资产收益率平均不低于百分之六。扣除非经常性损益后的净利润与扣除前的净利润相比,以低者作为加权平均净资产收益率的计算依据;

(二)本次发行后累计公司债券余额不超过最近一期末净资产额的百分之四十;

(三)最近三个会计年度实现的年均可分配利润不少于公司债券一年的利息。前款所称可转换公司债券,是指发行公司依法发行、在一定期间内依据约定的条件可以转换成股份的公司债券。

第十五条 可转换公司债券的期限最短为一年,最长为六年。

第十六条 可转换公司债券每张面值一百元。

可转换公司债券的利率由发行公司与主承销商协商确定,但必须符合国家的有关规定。

第十七条 公开发行可转换公司债券,应当委托具有资格的资信评级机构进行信用评级和跟踪评级。

资信评级机构每年至少公告一次跟踪评级报告。

第十八条 上市公司应当在可转换公司债券期满后五个工作日内办理完毕偿还债券余额本息的事项。

第十九条 公开发行可转换公司债券,应当约定保护债券持有人权利的办法,以及债券持有人会议的权利、程序和决议生效条件。

存在下列事项之一的,应当召开债券持有人会议:

(一)拟变更募集说明书的约定;

(二)发行人不能按期支付本息;

(三)发行人减资、合并、分立、解散或者申请破产;

(四)保证人或者担保物发生重大变化;

(五)其他影响债券持有人重大权益的事项。

第二十条 公开发行可转换公司债券,应当提供担保,但最近一期末经审计的净资产不低于人民币十五亿元的公司除外。

提供担保的,应当为全额担保,担保范围包括债券的本金及利息、违约金、损害赔偿金和实现债权的费用。

以保证方式提供担保的,应当为连带责任担保,且保证人最近一期经审计的净资产额应不低于其累计对外担保的金额。证券公司或上市公司不得作为发行可转债的担保人,但上市商业银行除外。

设定抵押或质押的,抵押或质押财产的估值应不低于担保金额。估值应经有资格的资产评估机构评估。

第二十一条 可转换公司债券自发行结束之日起六个月后方可转换为公司股票,转股期限由公司根据可转换公司债券的存续期限及公司财务状况确定。

债券持有人对转换股票或者不转换股票有选择权,并于转股的次日成为发行公司的股东。

第二十二条 转股价格应不低于募集说明书公告日前二十个交易日该公司股票交易均价和前一个交易日的均价。

前款所称转股价格,是指募集说明书事先约定的可转换公司债券转换为每股股份所支付的价格。

第二十三条 募集说明书可以约定赎回条款,规定上市公司可按事先约定的条件和价格赎回尚未转股的可转换公司债券。

第二十四条 募集说明书可以约定回售条款,规定债券持有人可按事先约定的条件和价格将所持债券回售给上市公司。

募集说明书应当约定,上市公司改变公告的募集资金用途的,赋予债券持有人一次回售的权利。

第二十五条 募集说明书应当约定转股价格调整的原则及方式。发行可转换公司债券后,因配股、增发、送股、派息、分立及其他原因引起上市公司股份变动的,应当同时调整转股价格。

第二十六条 募集说明书约定转股价格向下修正条款的,应当同时约定:

(一)转股价格修正方案须提交公司股东大会表决,且须经出席会议的股东所持表决权的三分之二以上同意。股东大会进行表决时,持有公司可转换债券的股东应当回避;

(二)修正后的转股价格不低于前项规定的股东大会召开日前二十个交易日该公司股票交易均价和前一个交易日的均价。

第二十七条 上市公司可以公开发行认股权和债券分离交易的可转换公司债券(简称"分离交易的可转换公司债券")。

发行分离交易的可转换公司债券,除符合本章第一节规定外,还应当符合下列规定:

(一)公司最近一期末经审计的净资产不低于人民币十五亿元;

（二）最近三个会计年度实现的年均可分配利润不少于公司债券一年的利息；

（三）最近三个会计年度经营活动产生的现金流量净额平均不少于公司债券一年的利息，符合本办法第十四条第（一）项规定的公司除外；

（四）本次发行后累计公司债券余额不超过最近一期末净资产额的百分之四十，预计所附认股权全部行权后募集的资金总量不超过拟发行公司债券金额。

第二十八条　分离交易的可转换公司债券应当申请在上市公司股票上市的证券交易所上市交易。

分离交易的可转换公司债券中的公司债券和认股权分别符合证券交易所上市条件的，应当分别上市交易。

第二十九条　分离交易的可转换公司债券的期限最短为一年。

债券的面值、利率、信用评级、偿还本息、债权保护适用本办法第十六条至第十九条的规定。

第三十条　发行分离交易的可转换公司债券，发行人提供担保的，适用本办法第二十条第二款至第四款的规定。

第三十一条　认股权证上市交易的，认股权证约定的要素应当包括行权价格、存续期间、行权期间或行权日、行权比例。

第三十二条　认股权证的行权价格应不低于公告募集说明书日前二十个交易日公司股票均价和前一个交易日的均价。

第三十三条　认股权证的存续期间不超过公司债券的期限，自发行结束之日起不少于六个月。

募集说明书公告的权证存续期限不得调整。

第三十四条　认股权证自发行结束至少已满六个月起方可行权，行权期间为存续期限届满前的一段期间，或者是存续期限内的特定交易日。

第三十五条　分离交易的可转换公司债券募集说明书应当约定，上市公司改变公告的募集资金用途的，赋予债券持有人一次回售的权利。

第三章　非公开发行股票的条件

第三十六条　本办法规定的非公开发行股票，是指上市公司采用非公开方式，向特定对象发行股票的行为。

第三十七条　非公开发行股票的特定对象应当符合下列规定：

（一）特定对象符合股东大会决议规定的条件；

（二）发行对象不超过三十五名。

发行对象为境外战略投资者的,应当遵守国家的相关规定。

第三十八条 上市公司非公开发行股票,应当符合下列规定:

(一)发行价格不低于定价基准日前二十个交易日公司股票均价的百分之八十;

(二)本次发行的股份自发行结束之日起,六个月内不得转让;控股股东、实际控制人及其控制的企业认购的股份,十八个月内不得转让;

(三)募集资金使用符合本办法第十条的规定;

(四)本次发行将导致上市公司控制权发生变化的,还应当符合中国证监会的其他规定。

第三十九条 上市公司存在下列情形之一的,不得非公开发行股票:

(一)本次发行申请文件有虚假记载、误导性陈述或重大遗漏;

(二)上市公司的权益被控股股东或实际控制人严重损害且尚未消除;

(三)上市公司及其附属公司违规对外提供担保且尚未解除;

(四)现任董事、高级管理人员最近三十六个月内受到过中国证监会的行政处罚,或者最近十二个月内受到过证券交易所公开谴责;

(五)上市公司或其现任董事、高级管理人员因涉嫌犯罪正被司法机关立案侦查或涉嫌违法违规正被中国证监会立案调查;

(六)最近一年及一期财务报表被注册会计师出具保留意见、否定意见或无法表示意见的审计报告。保留意见、否定意见或无法表示意见所涉及事项的重大影响已经消除或者本次发行涉及重大重组的除外;

(七)严重损害投资者合法权益和社会公共利益的其他情形。

第四章 发行程序

第四十条 上市公司申请发行证券,董事会应当依法就下列事项作出决议,并提请股东大会批准:

(一)本次证券发行的方案;

(二)本次募集资金使用的可行性报告;

(三)前次募集资金使用的报告;

(四)其他必须明确的事项。

第四十一条 股东大会就发行股票作出的决定,至少应当包括下列事项:

(一)本次发行证券的种类和数量;
(二)发行方式、发行对象及向原股东配售的安排;
(三)定价方式或价格区间;
(四)募集资金用途;
(五)决议的有效期;
(六)对董事会办理本次发行具体事宜的授权;
(七)其他必须明确的事项。

第四十二条 股东大会就发行可转换公司债券作出的决定,至少应当包括下列事项:

(一)本办法第四十一条规定的事项;
(二)债券利率;
(三)债券期限;
(四)担保事项;
(五)回售条款;
(六)还本付息的期限和方式;
(七)转股期;
(八)转股价格的确定和修正。

第四十三条 股东大会就发行分离交易的可转换公司债券作出的决定,至少应当包括下列事项:

(一)本办法第四十一条、第四十二条第(二)项至第(六)项规定的事项;
(二)认股权证的行权价格;
(三)认股权证的存续期限;
(四)认股权证的行权期间或行权日。

第四十四条 股东大会就发行证券事项作出决议,必须经出席会议的股东所持表决权的三分之二以上通过。向本公司特定的股东及其关联人发行证券的,股东大会就发行方案进行表决时,关联股东应当回避。

上市公司就发行证券事项召开股东大会,应当提供网络或者其他方式为股东参加股东大会提供便利。

第四十五条 上市公司申请公开发行证券或者非公开发行新股,应当由保荐人保荐,并向中国证监会申报。

保荐人应当按照中国证监会的有关规定编制和报送发行申请文件。

第四十六条 中国证监会依照下列程序审核发行证券的申请:

(一)收到申请文件后,五个工作日内决定是否受理;

(二)中国证监会受理后,对申请文件进行初审;

(三)发行审核委员会审核申请文件;

(四)中国证监会作出核准或者不予核准的决定。

第四十七条 自中国证监会核准发行之日起,上市公司应在十二个月内发行证券;超过十二个月未发行的,核准文件失效,须重新经中国证监会核准后方可发行。

第四十八条 上市公司发行证券前发生重大事项的,应暂缓发行,并及时报告中国证监会。该事项对本次发行条件构成重大影响的,发行证券的申请应重新经过中国证监会核准。

第四十九条 上市公司发行证券,应当由证券公司承销;非公开发行股票,发行对象均属于原前十名股东的,可以由上市公司自行销售。

第五十条 证券发行申请未获核准的上市公司,自中国证监会作出不予核准的决定之日起六个月后,可再次提出证券发行申请。

第五章 信息披露

第五十一条 上市公司发行证券,应当按照中国证监会规定的程序、内容和格式,编制公开募集证券说明书或者其他信息披露文件,依法履行信息披露义务。

第五十二条 上市公司应当保证投资者及时、充分、公平地获得法定披露的信息,信息披露文件使用的文字应当简洁、平实、易懂。

中国证监会规定的内容是信息披露的最低要求,凡对投资者投资决策有重大影响的信息,上市公司均应充分披露。

第五十三条 证券发行议案经董事会表决通过后,应当在两个工作日内报告证券交易所,公告召开股东大会的通知。

使用募集资金收购资产或者股权的,应当在公告召开股东大会通知的同时,披露该资产或者股权的基本情况、交易价格、定价依据以及是否与公司股东或其他关联人存在利害关系。

第五十四条 股东大会通过本次发行议案之日起两个工作日内,上市公司应当公布股东大会决议。

第五十五条 上市公司收到中国证监会关于本次发行申请的下列决定后,应当在次一工作日予以公告:

(一)不予受理或者终止审查;

（二）不予核准或者予以核准。

上市公司决定撤回证券发行申请的，应当在撤回申请文件的次一工作日予以公告。

第五十六条　上市公司全体董事、监事、高级管理人员应当在公开募集证券说明书上签字，保证不存在虚假记载、误导性陈述或者重大遗漏，并声明承担个别和连带的法律责任。

第五十七条　保荐机构及保荐代表人应当对公开募集证券说明书的内容进行尽职调查并签字，确认不存在虚假记载、误导性陈述或者重大遗漏，并声明承担相应的法律责任。

第五十八条　为证券发行出具专项文件的注册会计师、资产评估人员、资信评级人员、律师及其所在机构，应当按照本行业公认的业务标准和道德规范出具文件，并声明对所出具文件的真实性、准确性和完整性承担责任。

第五十九条　公开募集证券说明书所引用的审计报告、盈利预测审核报告、资产评估报告、资信评级报告，应当由有资格的证券服务机构出具，并由至少两名有从业资格的人员签署。

公开募集证券说明书所引用的法律意见书，应当由律师事务所出具，并由至少两名经办律师签署。

第六十条　公开募集证券说明书自最后签署之日起六个月内有效。

公开募集证券说明书不得使用超过有效期的资产评估报告或者资信评级报告。

第六十一条　上市公司在公开发行证券前的二至五个工作日内，应当将经中国证监会核准的募集说明书摘要或者募集意向书摘要刊登在至少一种中国证监会指定的报刊，同时将其全文刊登在中国证监会指定的互联网网站，置备于中国证监会指定的场所，供公众查阅。

第六十二条　上市公司在非公开发行新股后，应当将发行情况报告书刊登在至少一种中国证监会指定的报刊，同时将其刊登在中国证监会指定的互联网网站，置备于中国证监会指定的场所，供公众查阅。

第六十三条　上市公司可以将公开募集证券说明书全文或摘要、发行情况公告书刊登于其他网站和报刊，但不得早于按照第六十一条、第六十二条规定披露信息的时间。

第六章　监管和处罚

第六十四条　上市公司违反本办法规定，中国证监会可以责令整改；

对其直接负责的主管人员和其他直接责任人员,可以采取监管谈话、认定为不适当人选等行政监管措施,记入诚信档案并公布。

第六十五条 上市公司及其直接负责的主管人员和其他直接责任人员违反法律、行政法规或本办法规定,依法应予行政处罚的,依照有关规定进行处罚;涉嫌犯罪的,依法移送司法机关,追究其刑事责任。

第六十六条 上市公司提供的申请文件中有虚假记载、误导性陈述或重大遗漏的,中国证监会可作出终止审查决定,并在三十六个月内不再受理该公司的公开发行证券申请。

第六十七条 上市公司披露盈利预测的,利润实现数如未达到盈利预测的百分之八十,除因不可抗力外,其法定代表人、盈利预测审核报告签字注册会计师应当在股东大会及中国证监会指定报刊上公开作出解释并道歉;中国证监会可以对法定代表人处以警告。

利润实现数未达到盈利预测的百分之五十的,除因不可抗力外,中国证监会在三十六个月内不受理该公司的公开发行证券申请。

第六十八条 上市公司违反本办法第十条第(三)项和第(四)项规定的,中国证监会可以责令改正,并在三十六个月内不受理该公司的公开发行证券申请。

第六十九条 为证券发行出具审计报告、法律意见、资产评估报告、资信评级报告及其他专项文件的证券服务机构和人员,在其出具的专项文件中存在虚假记载、误导性陈述或重大遗漏的,除承担证券法规定的法律责任外,中国证监会十二个月内不接受相关机构出具的证券发行专项文件,三十六个月内不接受相关人员出具的证券发行专项文件。

第七十条 承销机构在承销非公开发行的新股时,将新股配售给不符合本办法第三十七条规定的对象的,中国证监会可以责令改正,并在三十六个月内不接受其参与证券承销。

第七十一条 上市公司在非公开发行新股时,违反本办法第四十九条规定的,中国证监会可以责令改正,并在三十六个月内不受理该公司的公开发行证券申请。

第七十二条 本办法规定的特定对象违反规定,擅自转让限售期限未满的股票的,中国证监会可以责令改正,情节严重的,十二个月内不得作为特定对象认购证券。

第七十三条 上市公司和保荐机构、承销商向参与认购的投资者提供财务资助或补偿的，中国证监会可以责令改正；情节严重的，处以警告、罚款。

第七章　附　　则

第七十四条　上市公司发行以外币认购的证券的办法、上市公司向员工发行证券用于激励的办法，由中国证监会另行规定。

第七十五条　依据本办法通过非公开发行股票取得的上市公司股份，其减持不适用《上市公司股东、董监高减持股份的若干规定》的有关规定。

第七十六条　本办法自2006年5月8日起施行。《上市公司新股发行管理办法》（证监会令第1号）、《关于做好上市公司新股发行工作的通知》（证监发[2001]43号）、《关于上市公司增发新股有关条件的通知》（证监发[2002]55号）、《上市公司发行可转换公司债券实施办法》（证监会令第2号）和《关于做好上市公司可转换公司债券发行工作的通知》（证监发行字[2001]115号）同时废止。

《科创板首次公开发行股票注册管理办法（试行）》（中国证券监督管理委员会令第174号）[2019年3月1日中国证券监督管理委员会第1次主席办公会议审议通过　根据2020年7月10日中国证券监督管理委员会《关于修改〈科创板首次公开发行股票注册管理办法（试行）〉的决定》修正]

第一章　总　　则

第一条　为规范在上海证券交易所科创板试点注册制首次公开发行股票相关活动，保护投资者合法权益和社会公共利益，根据《中华人民共和国证券法》《中华人民共和国公司法》《全国人民代表大会常务委员会关于授权国务院在实施股票发行注册制改革中调整适用〈中华人民共和国证券法〉有关规定的决定》《全国人民代表大会常务委员会关于延长授权国务院在实施股票发行注册制改革中调整适用〈中华人民共和国证券法〉有关规定期限的决定》《关于在上海证券交易所设立科创板并试点注册制的实施意见》及相关法律法规，制定本办法。

第二条　在中华人民共和国境内首次公开发行股票并在上海证券交易所科创板（以下简称科创板）上市，适用本办法。

第三条　发行人申请首次公开发行股票并在科创板上市，应当符合科创板定位，面向世界科技前沿、面向经济主战场、面向国家重大需求。优先支持符合国家战略，拥有关键核心技术，科技创新能力突出，主要依靠核心技术开展生产经营,具有稳定的商业模式,市场认可度高,社会形象良好,具有较强成长性的企业。

第四条 首次公开发行股票并在科创板上市,应当符合发行条件、上市条件以及相关信息披露要求,依法经上海证券交易所(以下简称交易所)发行上市审核并报经中国证券监督管理委员会(以下简称中国证监会)履行发行注册程序。

第五条 发行人作为信息披露第一责任人,应当诚实守信,依法充分披露投资者作出价值判断和投资决策所必需的信息,所披露信息必须真实、准确、完整,不得有虚假记载、误导性陈述或者重大遗漏。

发行人应当为保荐人、证券服务机构及时提供真实、准确、完整的财务会计资料和其他资料,全面配合相关机构开展尽职调查和其他相关工作。

发行人的控股股东、实际控制人应当全面配合相关机构开展尽职调查和其他相关工作,不得要求或者协助发行人隐瞒应当披露的信息。

第六条 保荐人应当诚实守信,勤勉尽责,按照依法制定的业务规则和行业自律规范的要求,充分了解发行人经营情况和风险,对注册申请文件和信息披露资料进行全面核查验证,对发行人是否符合发行条件、上市条件独立作出专业判断,审慎作出推荐决定,并对招股说明书及其所出具的相关文件的真实性、准确性、完整性负责。

第七条 证券服务机构应当严格按照依法制定的业务规则和行业自律规范,审慎履行职责,作出专业判断与认定,并对招股说明书中与其专业职责有关的内容及其所出具的文件的真实性、准确性、完整性负责。

证券服务机构及其相关执业人员应当对与本专业相关的业务事项履行特别注意义务,对其他业务事项履行普通注意义务,并承担相应法律责任。

第八条 同意发行人首次公开发行股票注册,不表明中国证监会和交易所对该股票的投资价值或者投资者的收益作出实质性判断或者保证,也不表明中国证监会和交易所对注册申请文件的真实性、准确性、完整性作出保证。

第九条 股票依法发行后,因发行人经营与收益的变化引致的投资风险,由投资者自行负责。

第二章　发行条件

第十条　发行人是依法设立且持续经营3年以上的股份有限公司，具备健全且运行良好的组织机构，相关机构和人员能够依法履行职责。

有限责任公司按原账面净资产值折股整体变更为股份有限公司的，持续经营时间可以从有限责任公司成立之日起计算。

第十一条　发行人会计基础工作规范，财务报表的编制和披露符合企业会计准则和相关信息披露规则的规定，在所有重大方面公允地反映了发行人的财务状况、经营成果和现金流量，并由注册会计师出具标准无保留意见的审计报告。

发行人内部控制制度健全且被有效执行，能够合理保证公司运行效率、合法合规和财务报告的可靠性，并由注册会计师出具无保留结论的内部控制鉴证报告。

第十二条　发行人业务完整，具有直接面向市场独立持续经营的能力：

（一）资产完整，业务及人员、财务、机构独立，与控股股东、实际控制人及其控制的其他企业间不存在对发行人构成重大不利影响的同业竞争，不存在严重影响独立性或者显失公平的关联交易。

（二）发行人主营业务、控制权、管理团队和核心技术人员稳定，最近2年内主营业务和董事、高级管理人员及核心技术人员均没有发生重大不利变化；控股股东和受控股股东、实际控制人支配的股东所持发行人的股份权属清晰，最近2年实际控制人没有发生变更，不存在导致控制权可能变更的重大权属纠纷。

（三）发行人不存在主要资产、核心技术、商标等的重大权属纠纷，重大偿债风险，重大担保、诉讼、仲裁等或有事项，经营环境已经或者将要发生重大变化等对持续经营有重大不利影响的事项。

第十三条　发行人生产经营符合法律、行政法规的规定，符合国家产业政策。

最近3年内，发行人及其控股股东、实际控制人不存在贪污、贿赂、侵占财产、挪用财产或者破坏社会主义市场经济秩序的刑事犯罪，不存在欺诈发行、重大信息披露违法或者其他涉及国家安全、公共安全、生态安全、生产安全、公众健康安全等领域的重大违法行为。

董事、监事和高级管理人员不存在最近3年内受到中国证监会行政处罚,或者因涉嫌犯罪被司法机关立案侦查或者涉嫌违法违规被中国证监会立案调查,尚未有明确结论意见等情形。

第三章 注册程序

第十四条 发行人董事会应当依法就本次股票发行的具体方案、本次募集资金使用的可行性及其他必须明确的事项作出决议,并提请股东大会批准。

第十五条 发行人股东大会就本次发行股票作出的决议,至少应当包括下列事项:

(一)本次公开发行股票的种类和数量;

(二)发行对象;

(三)定价方式;

(四)募集资金用途;

(五)发行前滚存利润的分配方案;

(六)决议的有效期;

(七)对董事会办理本次发行具体事宜的授权;

(八)其他必须明确的事项。

第十六条 发行人申请首次公开发行股票并在科创板上市,应当按照中国证监会有关规定制作注册申请文件,由保荐人保荐并向交易所申报。

交易所收到注册申请文件后,5个工作日内作出是否受理的决定。

第十七条 自注册申请文件受理之日起,发行人及其控股股东、实际控制人、董事、监事、高级管理人员,以及与本次股票公开发行并上市相关的保荐人、证券服务机构及相关责任人员,即承担相应法律责任。

第十八条 注册申请文件受理后,未经中国证监会或者交易所同意,不得改动。

发生重大事项的,发行人、保荐人、证券服务机构应当及时向交易所报告,并按要求更新注册申请文件和信息披露资料。

第十九条 交易所设立独立的审核部门,负责审核发行人公开发行并上市申请;设立科技创新咨询委员会,负责为科创板建设和发行上市审核提供专业咨询和政策建议;设立科创板股票上市委员会,负责对审核部门出具的审核报告和发行人的申请文件提出审议意见。

交易所主要通过向发行人提出审核问询、发行人回答问题方式开展审核工作,基于科创板定位,判断发行人是否符合发行条件、上市条件和信息披露要求。

第二十条 交易所按照规定的条件和程序,作出同意或者不同意发行人股票公开发行并上市的审核意见。同意发行人股票公开发行并上市的,将审核意见、发行人注册申请文件及相关审核资料报送中国证监会履行发行注册程序。不同意发行人股票公开发行并上市的,作出终止发行上市审核决定。

第二十一条 交易所应当自受理注册申请文件之日起3个月内形成审核意见。发行人根据要求补充、修改注册申请文件,以及交易所按照规定对发行人实施现场检查,或者要求保荐人、证券服务机构对有关事项进行专项核查的时间不计算在内。

第二十二条 交易所应当提高审核工作透明度,接受社会监督,公开下列事项:

(一)发行上市审核标准和程序等发行上市审核业务规则,以及相关监管问答;

(二)在审企业名单、企业基本情况及审核工作进度;

(三)发行上市审核问询及回复情况,但涉及国家秘密或者发行人商业秘密的除外;

(四)上市委员会会议的时间、参会委员名单、审议的发行人名单、审议结果及现场问询问题;

(五)对股票公开发行并上市相关主体采取的自律监管措施或者纪律处分;

(六)交易所规定的其他事项。

第二十三条 中国证监会收到交易所报送的审核意见、发行人注册申请文件及相关审核资料后,履行发行注册程序。发行注册主要关注交易所发行上市审核内容有无遗漏,审核程序是否符合规定,以及发行人在发行条件和信息披露要求的重大方面是否符合相关规定。中国证监会认为存在需要进一步说明或者落实事项的,可以要求交易所进一步问询。

中国证监会认为交易所对影响发行条件的重大事项未予关注或者交易所的审核意见依据明显不充分的,可以退回交易所补充审核。交易所补充审核后,同意发行人股票公开发行并上市的,重新向中国证监会报送审核意见及相关资料,本办法第二十四条规定的注册期限重新计算。

第二十四条 中国证监会在20个工作日内对发行人的注册申请作出同意注册或者不予注册的决定。发行人根据要求补充、修改注册申请文件,中国证监会要求交易所进一步问询,以及中国证监会要求保荐人、证券服务机构等对有关事项进行核查的时间不计算在内。

第二十五条 中国证监会同意注册的决定自作出之日起1年内有效,发行人应当在注册决定有效期内发行股票,发行时点由发行人自主选择。

第二十六条 中国证监会作出注册决定后、发行人股票上市交易前,发行人应当及时更新信息披露文件内容,财务报表过期的,发行人应当补充财务会计报告等文件;保荐人及证券服务机构应当持续履行尽职调查职责;发生重大事项的,发行人、保荐人应当及时向交易所报告。

交易所应当对上述事项及时处理,发现发行人存在重大事项影响发行条件、上市条件的,应当出具明确意见并及时向中国证监会报告。

第二十七条 中国证监会作出注册决定后、发行人股票上市交易前,发现可能影响本次发行的重大事项的,中国证监会可以要求发行人暂缓或者暂停发行、上市;相关重大事项导致发行人不符合发行条件的,可以撤销注册。

中国证监会撤销注册后,股票尚未发行的,发行人应当停止发行;股票已经发行尚未上市的,发行人应当按照发行价并加算银行同期存款利息返还股票持有人。

第二十八条 交易所因不同意发行人股票公开发行并上市,作出终止发行上市审核决定,或者中国证监会作出不予注册决定的,自决定作出之日起6个月后,发行人可以再次提出公开发行股票并上市申请。

第二十九条 中国证监会应当按规定公开股票发行注册行政许可事项相关的监管信息。

第三十条 存在下列情形之一的,发行人、保荐人应当及时书面报告交易所或者中国证监会,交易所或者中国证监会应当中止相应发行上市审核程序或者发行注册程序:

(一)相关主体涉嫌违反本办法第十三条第二款规定,被立案调查或者被司法机关侦查,尚未结案;

(二)发行人的保荐人,以及律师事务所、会计师事务所等证券服务机构因首次公开发行股票、上市公司证券发行、并购重组业务涉嫌违法

违规,或者其他业务涉嫌违法违规且对市场有重大影响被中国证监会立案调查,或者被司法机关侦查,尚未结案;

(三)发行人的签字保荐代表人,以及签字律师、签字会计师等证券服务机构签字人员因首次公开发行股票、上市公司证券发行、并购重组业务涉嫌违法违规,或者其他业务涉嫌违法违规且对市场有重大影响被中国证监会立案调查,或者被司法机关侦查,尚未结案;

(四)发行人的保荐人,以及律师事务所、会计师事务所等证券服务机构被中国证监会依法采取限制业务活动、责令停业整顿、指定其他机构托管、接管等监管措施,或者被交易所实施一定期限内不接受其出具的相关文件的纪律处分,尚未解除;

(五)发行人的签字保荐代表人、签字律师、签字会计师等中介机构签字人员被中国证监会依法采取限制证券从业资格等监管措施或者证券市场禁入的措施,或者被交易所实施一定期限内不接受其出具的相关文件的纪律处分,尚未解除;

(六)发行人及保荐人主动要求中止发行上市审核程序或者发行注册程序,理由正当且经交易所或者中国证监会批准;

(七)发行人注册申请文件中记载的财务资料已过有效期,需要补充提交;

(八)中国证监会规定的其他情形。

前款所列情形消失后,发行人可以提交恢复申请;因前款第(二)、(三)项规定情形中止的,保荐人以及律师事务所、会计师事务所等证券服务机构按照有关规定履行复核程序后,发行人也可以提交恢复申请。交易所或者中国证监会按照有关规定恢复发行上市审核程序或者发行注册程序。

第三十一条　存在下列情形之一的,交易所或者中国证监会应当终止相应发行上市审核程序或者发行注册程序,并向发行人说明理由:

(一)发行人撤回注册申请文件或者保荐人撤销保荐;

(二)发行人未在要求的期限内对注册申请文件作出解释说明或者补充、修改;

(三)注册申请文件存在虚假记载、误导性陈述或者重大遗漏;

(四)发行人阻碍或者拒绝中国证监会、交易所依法对发行人实施检查、核查;

(五)发行人及其关联方以不正当手段严重干扰发行上市审核或者

发行注册工作;

(六)发行人法人资格终止;

(七)注册申请文件内容存在重大缺陷,严重影响投资者理解和发行上市审核或者发行注册工作;

(八)发行人注册申请文件中记载的财务资料已过有效期且逾期3个月未更新;

(九)发行人中止发行上市审核程序超过交易所规定的时限或者中止发行注册程序超过3个月仍未恢复;

(十)交易所不同意发行人公开发行股票并上市;

(十一)中国证监会规定的其他情形。

第三十二条 中国证监会和交易所可以对发行人进行现场检查,可以要求保荐人、证券服务机构对有关事项进行专项核查并出具意见。

中国证监会和交易所应当建立健全信息披露质量现场检查制度,以及对保荐业务、发行承销业务的常态化检查制度,具体制度另行规定。

第三十三条 中国证监会与交易所建立全流程电子化审核注册系统,实现电子化受理、审核,以及发行注册各环节实时信息共享,并满足依法向社会公开相关信息的需要。

第四章 信息披露

第三十四条 发行人申请首次公开发行股票并在科创板上市,应当按照中国证监会制定的信息披露规则,编制并披露招股说明书,保证相关信息真实、准确、完整。信息披露内容应当简明易懂,语言应当浅白平实,以便投资者阅读、理解。

中国证监会制定的信息披露规则是信息披露的最低要求。不论上述规则是否有明确规定,凡是对投资者作出价值判断和投资决策有重大影响的信息,发行人均应当予以披露。

第三十五条 中国证监会依法制定招股说明书内容与格式准则、编报规则,对注册申请文件和信息披露资料的内容、格式、编制要求、披露形式等作出规定。

交易所可以依据中国证监会部门规章和规范性文件,制定信息披露细则或者指引,在中国证监会确定的信息披露内容范围内,对信息披露提出细化和补充要求,报中国证监会批准后实施。

第三十六条 发行人及其董事、监事、高级管理人员应当在招股说明书上签字、盖章，保证招股说明书的内容真实、准确、完整，不存在虚假记载、误导性陈述或者重大遗漏，并声明承担相应法律责任。

发行人控股股东、实际控制人应当在招股说明书上签字、盖章，确认招股说明书的内容真实、准确、完整，不存在虚假记载、误导性陈述或者重大遗漏，并声明承担相应法律责任。

第三十七条　保荐人及其保荐代表人应当在招股说明书上签字、盖章，确认招股说明书的内容真实、准确、完整，不存在虚假记载、误导性陈述或者重大遗漏，并声明承担相应的法律责任。

第三十八条　为证券发行出具专项文件的律师、注册会计师、资产评估人员、资信评级人员及其所在机构，应当在招股说明书上签字、盖章，确认对发行人信息披露文件引用其出具的专业意见无异议，信息披露文件不因引用其出具的专业意见而出现虚假记载、误导性陈述或者重大遗漏，并声明承担相应的法律责任。

第三十九条　发行人应当根据自身特点，有针对性地披露行业特点、业务模式、公司治理、发展战略、经营政策、会计政策，充分披露科研水平、科研人员、科研资金投入等相关信息，并充分揭示可能对公司核心竞争力、经营稳定性以及未来发展产生重大不利影响的风险因素。

发行人尚未盈利的，应当充分披露尚未盈利的成因，以及对公司现金流、业务拓展、人才吸引、团队稳定性、研发投入、战略性投入、生产经营可持续性等方面的影响。

第四十条　发行人应当披露其募集资金使用管理制度，以及募集资金重点投向科技创新领域的具体安排。

第四十一条　存在特别表决权股份的境内科技创新企业申请首次公开发行股票并在科创板上市的，发行人应当在招股说明书等公开发行文件中，披露并特别提示差异化表决安排的主要内容、相关风险和对公司治理的影响，以及依法落实保护投资者合法权益的各项措施。

保荐人和发行人律师应当就公司章程规定的特别表决权股份的持有人资格、特别表决权股份拥有的表决权数量与普通股份拥有的表决权数量的比例安排、持有人所持特别表决权股份能够参与表决的股东大会事项范围、特别表决权股份锁定安排及转让限制等事项是否符合有关规定发表专业意见。

第四十二条　发行人应当在招股说明书中披露公开发行股份前已发行股份的锁定期安排，特别是核心技术人员股份的锁定期安排以及尚未盈利情况下发行人控股股东、实际控制人、董事、监事、高级管理人员股份的锁定期安排。

保荐人和发行人律师应当就前款事项是否符合有关规定发表专业意见。

第四十三条 招股说明书的有效期为6个月,自公开发行前最后一次签署之日起计算。

招股说明书引用经审计的财务报表在其最近一期截止日后6个月内有效,特殊情况下发行人可申请适当延长,但至多不超过3个月。财务报表应当以年度末、半年度末或者季度末为截止日。

第四十四条 交易所受理注册申请文件后,发行人应当按交易所规定,将招股说明书、发行保荐书、上市保荐书、审计报告和法律意见书等文件在交易所网站预先披露。

第四十五条 预先披露的招股说明书及其他注册申请文件不能含有价格信息,发行人不得据此发行股票。

发行人应当在预先披露的招股说明书显要位置作如下声明:“本公司的发行申请尚需经上海证券交易所和中国证监会履行相应程序。本招股说明书不具有据以发行股票的法律效力,仅供预先披露之用。投资者应当以正式公告的招股说明书作为投资决定的依据。”

第四十六条 交易所审核同意后,将发行人注册申请文件报送中国证监会时,招股说明书、发行保荐书、上市保荐书、审计报告和法律意见书等文件应在交易所网站和中国证监会网站公开。

第四十七条 发行人股票发行前应当在交易所网站和中国证监会指定网站全文刊登招股说明书,同时在中国证监会指定报刊刊登提示性公告,告知投资者网上刊登的地址及获取文件的途径。

发行人可以将招股说明书以及有关附件刊登于其他报刊和网站,但披露内容应当完全一致,且不得早于在交易所网站、中国证监会指定报刊和网站的披露时间。

第四十八条 保荐人出具的发行保荐书、证券服务机构出具的文件及其他与发行有关的重要文件应当作为招股说明书的附件,在交易所网站和中国证监会指定的网站披露,以备投资者查阅。

第五章 发行与承销的特别规定

第四十九条 首次公开发行股票并在科创板上市的发行与承销行为,适用《证券发行与承销管理办法》,本办法另有规定的除外。

第五十条 首次公开发行股票，应当向经中国证券业协会注册的证券公司、基金管理公司、信托公司、财务公司、保险公司、合格境外机构投资者和私募基金管理人等专业机构投资者（以下统称网下投资者）询价确定股票发行价格。

发行人和主承销商可以根据自律规则，设置网下投资者的具体条件，并在发行公告中预先披露。

第五十一条 网下投资者可以按照管理的不同配售对象账户分别申报价格，每个报价应当包含配售对象信息、每股价格和该价格对应的拟申购股数。

首次公开发行股票价格（或者发行价格区间）确定后，提供有效报价的网下投资者方可参与新股申购。

第五十二条 交易所应当根据《证券发行与承销管理办法》和本办法制定科创板股票发行承销业务规则。

投资者报价要求、最高报价剔除比例、网下初始配售比例、网下优先配售比例、网下网上回拨机制、网下分类配售安排、战略配售、超额配售选择权等事项适用交易所相关规定。

《证券发行与承销管理办法》规定的战略投资者在承诺的持有期限内，可以按规定向证券金融公司借出获得配售的股票。借出期限届满后，证券金融公司应当将借入的股票返还给战略投资者。

第五十三条 保荐人的相关子公司或者保荐人所属证券公司的相关子公司参与发行人股票配售的具体规则由交易所另行规定。

第五十四条 获中国证监会同意注册后，发行人与主承销商应当及时向交易所报备发行与承销方案。交易所5个工作日内无异议的，发行人与主承销商可依法刊登招股意向书，启动发行工作。

第五十五条 交易所对证券发行承销过程实施监管。发行承销涉嫌违法违规或者存在异常情形的，中国证监会可以要求交易所对相关事项进行调查处理，或者直接责令发行人和承销商暂停或者中止发行。

第六章 发行上市保荐的特别规定

第五十六条 首次公开发行股票并在科创板上市保荐业务，适用《证券发行上市保荐业务管理办法》，本办法另有规定的除外。

第五十七条 保荐人应当根据科创板企业特点和注册制要求对科创板保荐工作内部控制做出合理安排，有效控制风险，切实提高执业质量。

第五十八条 保荐人应当按照中国证监会和交易所的规定制作、报送和披露发行保荐书、上市保荐书、回复意见及其他发行上市相关文件,遵守交易所和中国证监会的发行上市审核及发行注册程序,配合交易所和中国证监会的发行上市审核及发行注册工作,并承担相应工作。

第五十九条 首次公开发行股票并在科创板上市的,持续督导的期间为证券上市当年剩余时间及其后3个完整会计年度。

交易所可以对保荐人持续督导内容、履责要求、发行人通知报告事项等作出规定。

第七章 监督管理和法律责任

第六十条 中国证监会负责建立健全以信息披露为中心的注册制规则体系,制定股票发行注册并上市的规章规则,依法批准交易所制定的上市条件、审核标准、审核程序、上市委员会制度、信息披露、保荐、发行承销等方面的制度规则,指导交易所制定与发行上市审核相关的其他业务规则。

第六十一条 中国证监会建立对交易所发行上市审核工作和发行承销过程监管的监督机制,持续关注交易所审核情况和发行承销过程监管情况;发现交易所自律监管措施或者纪律处分失当的,可以责令交易所改正。

第六十二条 中国证监会对交易所发行上市审核和发行承销过程监管等相关工作进行年度例行检查。在检查过程中,可以调阅审核工作文件,列席相关审核会议。

中国证监会定期或者不定期按一定比例对交易所发行上市审核和发行承销过程监管等相关工作进行抽查。

中国证监会在检查和抽查过程中发现问题的,交易所应当整改。

第六十三条 中国证监会建立对发行上市监管全流程的权力运行监督制约机制,对发行上市审核程序和发行注册程序相关内控制度运行情况进行督导督察,对廉政纪律执行情况和相关人员的履职尽责情况进行监督监察。

第六十四条 交易所应当建立内部防火墙制度,发行上市审核部门、发行承销监管部门与其他部门隔离运行。参与发行上市审核的人员,不得与发行人及其控股股东、实际控制人、相关保荐人、证券服务机构有利害关系,不得直接或者间接与发行人、保荐人、证券服务机构有利益往来,不得持有发行人股票,不得私下与发行人接触。

第六十五条　交易所应当建立定期报告制度，及时总结发行上市审核和发行承销监管的工作情况，并报告中国证监会。

第六十六条　交易所发行上市审核工作违反本办法规定，有下列情形之一的，由中国证监会责令改正；情节严重的，追究直接责任人员相关责任：

（一）未按审核标准开展发行上市审核工作；

（二）未按审核程序开展发行上市审核工作；

（三）不配合中国证监会对发行上市审核工作和发行承销监管工作的检查、抽查，或者不按中国证监会的整改要求进行整改。

第六十七条　发行人不符合发行上市条件，以欺骗手段骗取发行注册的，中国证监会将自确认之日起采取5年内不接受发行人公开发行证券相关文件的监管措施。对相关责任人员，视情节轻重，采取认定为不适当人选的监管措施，或者采取证券市场禁入的措施。

第六十八条　对发行人存在本办法第六十七条规定的行为并已经发行上市的，可以依照有关规定责令上市公司及其控股股东、实际控制人在一定期间从投资者手中购回本次公开发行的股票。

第六十九条　发行人存在本办法第三十一条第（三）项、第（四）项、第（五）项规定的情形，重大事项未报告、未披露，或者发行人及其董事、监事、高级管理人员、控股股东、实际控制人的签字、盖章系伪造或者变造的，中国证监会将自确认之日起采取3年至5年内不接受发行人公开发行证券相关文件的监管措施。

第七十条　发行人的控股股东、实际控制人违反本办法规定，致使发行人所报送的注册申请文件和披露的信息存在虚假记载、误导性陈述或者重大遗漏，或者纵容、指使、协助发行人进行财务造假、利润操纵或者有意隐瞒其他重要信息等骗取发行注册行为的，中国证监会可以视情节轻重，对相关单位和责任人员自确认之日起采取1年到5年内不接受相关单位及其控制的下属单位公开发行证券相关文件，对责任人员采取认定为不适当人选等监管措施，或者采取证券市场禁入的措施。

发行人的董事、监事和高级管理人员违反本办法规定，致使发行人所报送的注册申请文件和披露的信息存在虚假记载、误导性陈述或者重大遗漏的，中国证监会可以视情节轻重，对责任人员采取认定为不适当人选等监管措施，或者采取证券市场禁入的措施。

第七十一条 保荐人未勤勉尽责,致使发行人信息披露资料存在虚假记载、误导性陈述或者重大遗漏的,中国证监会将视情节轻重,自确认之日起采取暂停保荐人业务资格1年到3年,责令保荐人更换相关负责人的监管措施;情节严重的,撤销保荐人业务资格,对相关责任人员采取证券市场禁入的措施。

保荐代表人未勤勉尽责,致使发行人信息披露资料存在虚假记载、误导性陈述或者重大遗漏的,按规定撤销保荐代表人资格。

证券服务机构未勤勉尽责,致使发行人信息披露资料中与其职责有关的内容及其所出具的文件存在虚假记载、误导性陈述或者重大遗漏的,中国证监会可以视情节轻重,自确认之日起采取3个月至3年不接受相关单位及其责任人员出具的发行证券专项文件的监管措施;情节严重的,对证券服务机构相关责任人员采取证券市场禁入的措施。

第七十二条 保荐人存在下列情形的,中国证监会可以视情节轻重,自确认之日起采取暂停保荐人业务资格3个月至3年的监管措施;情节特别严重的,撤销其业务资格:

(一)伪造或者变造签字、盖章;

(二)重大事项未报告、未披露;

(三)以不正当手段干扰审核注册工作;

(四)不履行其他法定职责。

保荐代表人存在前款规定情形的,视情节轻重,按规定暂停保荐代表人资格3个月至3年;情节严重的,按规定撤销保荐代表人资格。

证券服务机构及其相关人员存在第一款规定情形的,中国证监会可以视情节轻重,自确认之日起,采取3个月至3年不接受相关单位及其责任人员出具的发行证券专项文件的监管措施。

第七十三条 发行人公开发行证券上市当年即亏损的,中国证监会自确认之日起暂停保荐人的保荐人资格3个月,撤销相关人员的保荐代表人资格,尚未盈利的企业或者已在证券发行募集文件中充分分析并揭示相关风险的除外。

第七十四条 保荐人、证券服务机构存在以下情形的,中国证监会可以视情节轻重,采取责令改正、监管谈话、出具警示函、1年内不接受相关单位及其责任人员出具的与注册申请有关的文件等监管措施;情节严重的,可以同时采取3个月到1年内不接受相关单位及其责任人员出具的发行证券专项文件的监管措施:

（一）制作或者出具的文件不齐备或者不符合要求；

（二）擅自改动注册申请文件、信息披露资料或者其他已提交文件；

（三）注册申请文件或者信息披露资料存在相互矛盾或者同一事实表述不一致且有实质性差异；

（四）文件披露的内容表述不清，逻辑混乱，严重影响投资者理解；

（五）未及时报告或者未及时披露重大事项。

发行人存在前款规定情形的，中国证监会可视情节轻重，采取责令改正、监管谈话、出具警示函、6个月至1年内不接受发行人公开发行证券相关文件的监管措施。

第七十五条　发行人披露盈利预测的，利润实现数如未达到盈利预测的80%，除因不可抗力外，其法定代表人、财务负责人应当在股东大会及中国证监会指定报刊上公开作出解释并道歉；中国证监会可以对法定代表人处以警告。

利润实现数未达到盈利预测的50%的，除因不可抗力外，中国证监会在3年内不受理该公司的公开发行证券申请。

注册会计师为上述盈利预测出具审核报告的过程中未勤勉尽责的，中国证监会将视情节轻重，对相关机构和责任人员采取监管谈话等监管措施，记入诚信档案并公布；情节严重的，给予警告等行政处罚。

第七十六条　发行人及其控股股东和实际控制人、董事、监事、高级管理人员，保荐人、承销商、证券服务机构及其相关执业人员，在股票公开发行并上市相关的活动中存在其他违反本办法规定行为的，中国证监会可以视情节轻重，采取责令改正、监管谈话、出具警示函、责令公开说明、责令参加培训、责令定期报告、认定为不适当人选、暂不受理与行政许可有关的文件等监管措施，或者采取证券市场禁入的措施。

第七十七条　发行人及其控股股东、实际控制人、保荐人、证券服务机构及其相关人员违反《中华人民共和国证券法》依法应予以行政处罚的，中国证监会将依法予以处罚；对欺诈发行、虚假陈述负有责任的发行人、保荐人、会计师事务所、律师事务所、资产评估机构及其责任人员依法从重处罚。涉嫌犯罪的，依法移送司法机关，追究其刑事责任。

第七十八条　交易所负责对发行人及其控股股东、实际控制人、保荐人、承销商、证券服务机构等进行自律监管。

中国证券业协会负责制定保荐业务、发行承销自律监管规则，对保荐人、承销商、保荐代表人、网下投资者进行自律监管。

交易所和中国证券业协会应当对发行上市过程中违反自律监管规则的行为采取自律监管措施或者给予纪律处分。

第七十九条 中国证监会会同有关部门,加强对发行人等相关市场主体的监管信息共享,完善失信联合惩戒机制。

第八章 附 则

第八十条 符合《国务院办公厅转发证监会关于开展创新企业境内发行股票或存托凭证试点若干意见的通知》(国办发〔2018〕21号,以下简称《若干意见》)等规定的红筹企业,申请首次公开发行股票并在科创板上市,还应当符合本办法相关规定,但公司形式可适用其注册地法律规定;申请发行存托凭证并在科创板上市的,适用本办法关于发行上市审核注册程序的规定。

前款规定的红筹企业在科创板发行上市,适用《若干意见》"营业收入快速增长,拥有自主研发、国际领先技术,同行业竞争中处于相对优势地位"的具体标准,由交易所制定具体规则,并报中国证监会批准。

第八十一条 本办法自公布之日起施行。

《全国中小企业股份转让系统股票向不特定合格投资者公开发行并在精选层挂牌规则(试行)》(2020年1月19日发布)

第一章 总 则

第一条 为了规范全国中小企业股份转让系统(以下简称全国股转系统)股票向不特定合格投资者公开发行并在精选层挂牌(以下简称股票公开发行并在精选层挂牌)行为,保护投资者合法权益和社会公共利益,根据《公司法》《证券法》《国务院关于全国中小企业股份转让系统有关问题的决定》以及《非上市公众公司监督管理办法》(以下简称《公众公司办法》)、《全国中小企业股份转让系统有限责任公司管理暂行办法》等法律法规、部门规章,制定本规则。

第二条 挂牌公司(以下称发行人)向不特定合格投资者公开发行股票,发行完成后股票在全国股转系统精选层挂牌(以下简称股票在精选层挂牌),适用本规则。

第三条 发行人申请股票在精选层挂牌,应当经全国中小企业股份转让系统有限责任公司(以下简称全国股转公司)自律审查,并报中国证券监督管理委员会(以下简称中国证监会)履行发行核准程序。

第四条 发行人应当诚实守信，依法充分披露投资者作出价值判断和投资决策所必需的信息，所披露信息必须真实、准确、完整，不得有虚假记载、误导性陈述或者重大遗漏。

发行人应当向保荐机构、会计师事务所、律师事务所及其他证券服务机构及时提供真实、准确、完整的财务会计资料和其他资料，全面配合相关机构开展尽职调查和其他相关工作。

发行人的控股股东、实际控制人、董事、监事、高级管理人员应当全面配合相关机构开展尽职调查和其他相关工作，不得要求或者协助发行人隐瞒应当披露的信息。

第五条 保荐机构应当充分了解发行人经营情况和风险，对发行人申请文件和信息披露文件进行全面核查验证，对发行人是否符合公开发行条件、进入精选层条件独立作出专业判断，审慎作出推荐决定，并对公开发行说明书等文件的真实性、准确性和完整性负责。

第六条 会计师事务所、律师事务所及其他证券服务机构应当审慎履行职责，作出专业判断与认定，并对公开发行说明书等文件中与其专业职责有关的内容的真实性、准确性和完整性负责。证券服务机构及其相关人员应当对与本专业相关的业务事项履行特别注意义务，对其他业务事项履行普通注意义务，并承担相应责任。

第七条 证券公司、会计师事务所、律师事务所及其他证券服务机构及其相关人员，应当遵守有关法律法规、部门规章、规范性文件、业务规则和行业自律规范，诚实守信、勤勉尽责，对其出具文件的真实性、准确性、完整性负责。

发行人的控股股东、实际控制人、董事、监事、高级管理人员以及证券公司、证券服务机构及其相关人员，不得利用股票发行谋取不正当利益，禁止泄露内幕信息和利用内幕信息进行股票交易或者操纵股票交易价格。

第八条 全国股转公司通过审查发行人申请文件、信息披露文件，督促发行人真实、准确、完整地披露信息，保荐机构、证券服务机构切实履行信息披露的把关责任；督促发行人及其保荐机构、证券服务机构切实提高信息披露质量，便于投资者在信息充分的情况下作出投资决策。

全国股转公司自律审查工作遵循依法合规、公开透明、便捷高效的原则，提高自律审查透明度，明确市场预期。

第九条 全国股转公司根据相关法律法规、部门规章、本规则及其他相关规定对发行人及其董事、监事、高级管理人员，发行人的控股股东、实际控制人及其相关人员，证券公司、证券服务机构及其相关人员，参与本次发行的投资者等实施自律管理。

第十条 全国股转公司出具的自律监管意见或作出的终止自律审查决定，不表明全国股转公司对股票投资价值或投资者收益作出实质性判断或保证，也不表明全国股转公司对发行人申请文件和信息披露文件的真实性、准确性和完整性作出保证。

股票发行后，因发行人经营与收益的变化引致的投资风险，由投资者自行负责。

第二章 一般规定

第十一条 发行人应当为在全国股转系统连续挂牌满十二个月的创新层挂牌公司。

第十二条 发行人申请股票公开发行并在精选层挂牌应当符合《公众公司办法》规定的公开发行股票的相关要求和《全国中小企业股份转让系统分层管理办法》(以下简称《分层管理办法》)规定的精选层市值、财务条件等要求，且不存在《分层管理办法》规定的不得进入精选层的情形。

发行人存在违规对外担保、资金占用或者其他权益被控股股东、实际控制人严重损害情形的，应当在相关情形已经解除或者消除影响后申请股票公开发行并在精选层挂牌。

发行人具有表决权差异安排的，该安排应当平稳运行至少一个完整会计年度，且相关信息披露和公司治理符合有关规定。

第十三条 发行对象应当为已开通全国股转系统精选层股票交易权限的合格投资者。

第十四条 发行人应当聘请其主办券商担任保荐机构。主办券商不具有保荐机构资格的，发行人应当聘请其具有保荐机构资格的子公司担任保荐机构。

第十五条 发行人应当聘请具有证券承销业务资格的主办券商或其子公司作为承销机构。

主承销商可以由发行人保荐机构担任，也可以由发行人保荐机构与其他承销机构共同担任。

第十六条 发行人股票停复牌、内幕信息知情人登记与报备等事项，应当按照全国股转公司有关规定办理。

第十七条 发行人控股股东、实际控制人及其亲属以及本次发行前直接持有10%以上股份的股东或虽未直接持有但可实际支配10%以上股份表决权的相关主体持有或控制的股票,自在精选层挂牌之日起十二个月内不得转让或委托他人代为管理。法律法规、部门规章、规范性文件和全国股转公司有关规定对前述股票的限售期另有规定的,同时还应遵守相关规定。

发行人高级管理人员、核心员工参与战略配售取得的股票,自在精选层挂牌之日起十二个月内不得转让或委托他人代为管理。其他投资者参与战略配售取得的股票,自在精选层挂牌之日起六个月内不得转让或委托他人代为管理。

第十八条 发行人及相关主体在中国证监会作出核准决定及按照全国股转公司有关规定披露招股文件前,不得采取任何公开或变相公开方式进行股票推介活动,也不得通过其他利益关联方或委托他人进行相关活动。

第三章 发行程序

第十九条 发行人董事会应当就股票公开发行并在精选层挂牌的具体方案、募集资金使用的可行性及其他必须明确的事项作出决议,并提请股东大会批准。

第二十条 发行人股东大会就股票公开发行并在精选层挂牌作出决议,至少应当包括下列事项:

(一)本次发行股票的种类和数量;

(二)发行对象范围;

(三)定价方式、发行价格(区间)或发行底价;

(四)募集资金用途;

(五)发行前滚存利润的分配方案;

(六)发行完成后股票在精选层挂牌的相关安排;

(七)决议有效期;

(八)对董事会办理本次发行具体事宜的授权;

(九)其他必须明确的事项。

股东大会作出决议必须经出席股东大会的股东所持表决权的三分之二以上通过。公司股东人数超过200人的,应当对出席会议的持有未达到10%股份的股东表决情况实施单独计票并披露。

前款所称持有未达到10%股份的股东,不包括发行人董事、监事、高级管理人员及其关联方，也不包括持有10%以上股份的股东的关联方。

发行人召开股东大会作出决议应当通过网络投票等方式为股东参加股东大会提供便利。

第二十一条 发行人应当按照中国证监会和全国股转公司有关规定制作申请文件，由保荐机构保荐并向全国股转公司提交。

全国股转公司收到申请文件后，应当在两个交易日内对申请文件的齐备性进行自律审查，作出是否受理的决定。

发行人存在尚未实施完毕的股票发行、重大资产重组、收购、股票回购等情形的，全国股转公司不予受理。

第二十二条 全国股转公司通过向发行人及其保荐机构、证券服务机构提出问询等方式对申请文件进行自律审查。

全国股转公司可以根据自律审查需要，对发行人、保荐机构等主体实施检查，检查对象及相关人员应当配合。

第二十三条 全国股转公司设立挂牌委员会对发行人股票在精选层挂牌申请进行审议。挂牌委员会通过合议形成通过或不通过的审议意见。全国股转公司结合挂牌委员会的审议意见出具自律监管意见或作出终止自律审查决定。

第二十四条 全国股转公司自律审查通过的，根据发行人委托向中国证监会报送申请文件，同时报送自律监管意见和自律审查资料。

第二十五条 全国股转公司中止自律审查及终止自律审查的情形，由全国股转公司另行规定。

第二十六条 发行人对全国股转公司作出的终止自律审查决定存在异议的，可以按照全国股转公司有关规定申请复审、复核。

第二十七条 全国股转公司自受理申请文件之日起两个月内出具自律监管意见或作出终止自律审查决定。发行人及其保荐机构、证券服务机构回复自律审查问询的时间以及全国股转公司中止自律审查、请示有权机关、落实挂牌委员会意见、实施检查的时间不计算在内。

第二十八条 发行人及主承销商应当在取得中国证监会核准文件后，及时向全国股转公司提交发行与承销方案。

第二十九条 发行人和主承销商可以自主协商选择直接定价、竞价或询价方式确定发行价格。

第三十条 投资者应当按照发行人和主承销商的要求在申购时全

额缴付申购资金、缴付申购保证金或以其他方式参与申购。冻结资金产生的利息划入全国股转公司设立的风险基金。风险基金的使用应当符合中国证监会的规定。

采取保证金申购或其他方式申购的具体安排，由全国股转公司另行规定。

第三十一条 网上投资者有效申购总量大于网上发行数量时，根据网上发行数量和有效申购总量的比例计算各投资者获得配售的股票数量。

采取询价方式发行的，发行人和主承销商可以自主协商确定网下配售的原则和方式，并按事先确定的原则确定配售对象。

第三十二条 股票公开发行可以向战略投资者配售。

发行人的高级管理人员、核心员工可以通过专项资产管理计划、员工持股计划等参与本次发行战略配售。

第三十三条 发行人和主承销商可以在发行方案中采用超额配售选择权，采用超额配售选择权发行的股票数量不得超过本次发行股票数量的15%。

第三十四条 股票发行完成后，发行人应当及时向全国股转公司提交发行结果报告、验资报告和重大事项专项报告（如有），以及保荐机构出具的精选层挂牌推荐书（含发行结果）等文件。

第三十五条 股票公开发行后，发行人符合进入精选层条件的，全国股转公司安排其股票在精选层挂牌。

第三十六条 发行承销过程中，出现预计发行后无法符合进入精选层条件或其他中止发行情形的，发行人和主承销商应当中止发行。

中止发行后，在中国证监会核准文件有效期内，发行人可以重新启动发行。

第三十七条 发行结果存在下列情形之一的，为发行失败：

（一）采用代销方式的，代销期限届满，向投资者出售的股票数量未达到拟公开发行股票数量的70%；

（二）发行股份数量、发行对象人数、发行后市值、发行后股本总额、发行后股东人数、公众股东持股比例等不符合进入精选层条件；

（三）全国股转公司规定的其他情形。

本次发行失败的，发行人在原市场层级继续挂牌。

第三十八条 发行人和主承销商应当约定中止发行和发行失败的处理安排，并在发行公告中予以披露。

中止发行或发行失败后,涉及投资者已缴付资金的,主承销商应当协助发行人按照缴纳金额并加算银行同期存款利息返还投资者。

第三十九条 发行人在收到全国股转公司因不同意其股票在精选层挂牌而作出的终止自律审查决定或中国证监会作出的不予核准决定六个月后,可以再次提交申请文件。

第四章 信息披露

第四十条 发行人应当按照中国证监会有关规定编制并披露公开发行说明书等文件。信息披露内容应当简明易懂,语言应当浅白平实,以便投资者阅读、理解。

中国证监会及全国股转公司制定的信息披露规则是信息披露的最低要求。不论上述规则是否有明确规定,凡是对投资者作出价值判断和投资决策有重大影响的信息,发行人均应当予以披露。

第四十一条 发行人应当在符合《证券法》规定的信息披露平台刊登公开发行说明书等文件。

发行人在其他媒体披露信息的时间不得早于在符合《证券法》规定的信息披露平台的披露时间。

第四十二条 发行人收到全国股转公司受理通知后,应当将相关申请文件在符合《证券法》规定的信息披露平台预先披露。

预先披露的申请文件不能含有价格信息,发行人不得据此发行股票。

第四十三条 全国股转公司受理发行人申请文件后至出具自律监管意见前,发行人应当按照全国股转公司有关规定对预先披露的相关申请文件予以更新并披露。

中国证监会审核期间,发行人也应当及时对预先披露的相关申请文件予以更新并披露。

第四十四条 发行人召开董事会、股东大会后,应当及时披露董事会决议公告和股东大会决议公告。

第四十五条 发行人收到全国股转公司受理通知、挂牌委员会会议通知、中国证监会受理通知后,应当及时披露相关情况。

第四十六条 发行人在全国股转公司出具自律监管意见或作出终止自律审查决定,以及中国证监会作出中止审核、终止审核、核准或不予核准决定后,应当及时披露相关情况。

中国证监会作出核准决定后,发行人应当及时披露公开发行说明书(核准稿)、发行保荐书、财务报告及审计报告、法律意见书、精选层挂牌推荐书等文件。

第四十七条 采取直接定价方式发行的,发行人应当及时披露公开发行说明书(含价格)、发行公告、网上路演公告、发行结果公告等文件。

第四十八条 采取竞价方式发行的,发行人应当及时披露公开发行意向书、竞价发行公告、投资价值研究报告、网上路演公告、发行结果公告等文件。

第四十九条 采取询价方式发行的,发行人应当及时披露公开发行意向书、询价公告、发行公告、网上路演公告、发行结果公告等文件。

第五十条 发行人收到全国股转公司出具的同意其股票在精选层挂牌函后,应当及时披露进入精选层的提示性公告。

第五十一条 中止发行或发行失败的,发行人应当及时披露相关情况。

第五章 募集资金管理

第五十二条 发行人应当建立募集资金存储、使用、监管和责任追究的内部制度,明确募集资金使用的分级审批权限、决策程序、风险防控措施和信息披露要求。

第五十三条 发行人募集资金应当存放于募集资金专项账户,该账户不得存放非募集资金或用作其他用途。发行人应当与保荐机构、存放募集资金的商业银行签订三方监管协议。

第五十四条 发行人募集资金应当用于主营业务及相关业务领域,暂时闲置的募集资金可以投资于安全性高、流动性好、可以保障投资本金安全的理财产品。除金融类企业外,募集资金不得用于持有交易性金融资产、其他权益工具投资、其他债权投资或借予他人、委托理财等财务性投资,不得直接或间接投资于以买卖有价证券为主营业务的公司,不得用于股票及其他衍生品种、可转换公司债券的交易,不得通过质押、委托贷款或其他方式变相改变募集资金用途。

第五十五条 发行人应当按照公开发行说明书披露的用途使用募集资金;改变募集资金用途的,应当经公司董事会、股东大会审议通过,并经保荐机构同意。

第五十六条 发行人以自筹资金预先投入公开发行说明书披露的募集资金用途后,以募集资金置换自筹资金的,应当经公司董事会审议通过,并经保荐机构同意。发行人应当及时披露募集资金置换公告以及保荐机构关于发行人前期资金投入具体情况或安排的专项意见。

第五十七条 发行人董事会应当每半年度对募集资金使用情况进行自查,出具自查报告,并在披露年度报告及中期报告时一并披露。

发行人董事会应当聘请会计师事务所对募集资金存放和使用情况出具鉴证报告,并在发行人披露年度报告时一并披露。

保荐机构应当在保荐督导期内、持续督导主办券商应当在保荐督导期届满后每年就发行人募集资金存放及使用情况至少进行一次现场检查,出具检查报告,并在发行人披露年度报告时一并披露。

第六章 监管措施和违规处分

第五十八条 违反本业务规则的,全国股转公司可以视情节轻重采取下列自律监管措施:

(一)口头警示;

(二)约见谈话;

(三)要求提交书面承诺;

(四)出具警示函;

(五)责令改正;

(六)要求公开更正、澄清或说明;

(七)要求公开致歉;

(八)要求限期参加培训或考试;

(九)要求限期召开投资者说明会;

(十)暂停解除发行人控股股东、实际控制人的股票限售;

(十一)建议发行人更换相关任职人员;

(十二)暂不受理相关证券公司、证券服务机构或其相关人员出具的文件;

(十三)暂停证券账户交易;

(十四)限制证券账户交易;

(十五)全国股转公司规定的其他自律监管措施。

第五十九条 违反本业务规则的,全国股转公司可以视情节轻重采取下列纪律处分:

(一)通报批评;

(二)公开谴责;

(三)认定其不适合担任公司董事、监事、高级管理人员;

(四)全国股转公司规定的其他纪律处分。

第六十条 存在下列情形之一的,全国股转公司可以采取自律监管措施:

(一)发行人未按中国证监会及全国股转公司相关要求编制或披露相关文件;

(二)发行人编制的申请文件、信息披露文件未做到真实、准确、完整,但尚未达到虚假记载、误导性陈述和重大遗漏的程度;

(三)发行人未按相关规定履行审议、申报、定价、配售等发行程序或未及时履行信息披露义务;

(四)发行人未按相关规定管理和使用募集资金;

(五)保荐机构未能勤勉尽责,致使申请文件、信息披露文件未做到真实、准确、完整,但尚未达到虚假记载、误导性陈述和重大遗漏的程度;

(六)证券服务机构未能勤勉尽责,致使申请文件、信息披露文件中与其专业职责有关的内容或其出具的文件未做到真实、准确、完整,但尚未达到虚假记载、误导性陈述和重大遗漏的程度;

(七)发行人等相关主体在中国证监会作出核准决定及发行人披露招股文件前,采取任何公开或变相公开方式进行股票推介活动;

(八)发行人、保荐机构或证券服务机构擅自改动已提交的申请文件;

(九)发行人等相关主体无正当理由拒不配合保荐机构、证券服务机构开展尽职调查或其他相关工作;

(十)发行人等相关主体未及时向全国股转公司报告重大事项或未及时披露重大事项;

(十一)发行人等相关主体以不正当手段干扰全国股转公司自律审查工作;

(十二)全国股转公司认定的其他情形。

第六十一条 存在下列情形之一的,全国股转公司可以采取纪律处分:

(一)发行人申请文件、信息披露文件被认定存在虚假记载、误导性陈述或重大遗漏;

(二)保荐机构未能勤勉尽责,致使申请文件、信息披露文件被认定存在虚假记载、误导性陈述或重大遗漏;

(三)证券服务机构未能勤勉尽责,致使申请文件、信息披露文件中与其专业职责有关的内容或其出具的文件被认定存在虚假记载、误导性陈述或重大遗漏;

(四)发行人未经中国证监会核准,擅自发行股票;

(五)证券公司等中介机构在履行职责过程中与发行人及相关主体串通舞弊;

(六)证券公司承销未经核准擅自发行的股票;

(七)发行人等相关主体拒绝、阻碍、逃避检查;

(八)发行人披露盈利预测,除因不可抗力外,利润实现数未达到盈利预测80%;

(九)相关主体存在本规则第六十条规定的违规情形,且违规情节严重;

(十)全国股转公司认定的其他情形。

第六十二条 全国股转公司发现相关主体涉嫌违反法律法规和中国证监会相关规定的,应当向中国证监会报告。

第七章 附 则

第六十三条 本规则中下列用语有如下含义:

(一)以上、达到均含本数,超过不含本数。

(二)招股文件是指股票公开发行申请经中国证监会核准后,发行人公告的公开发行意向书或公开发行说明书。

第六十四条 本规则由全国股转公司负责解释。

第六十五条 本规则自发布之日起施行。

《优先股试点管理办法》(证监会令第184号,自2021年6月11日起施行)(2013年12月9日中国证券监督管理委员会第16次主席办公会会议审议通过,根据2021年6月11日中国证券监督管理委员会《关于修改部分证券期货规章的决定》修正)

第一章 总 则

第一条 为规范优先股发行和交易行为,保护投资者合法权益,根据《公司法》、《证券法》、《国务院关于开展优先股试点的指导意见》及相关法律法规,制定本办法。

第二条 本办法所称优先股是指依照《公司法》,在一般规定的普通种类股份之外,另行规定的其他种类股份,其股份持有人优先于普通股股东分配公司利润和剩余财产,但参与公司决策管理等权利受到限制。

第三条　上市公司可以发行优先股，非上市公众公司可以非公开发行优先股。

第四条　优先股试点应当符合《公司法》、《证券法》、《国务院关于开展优先股试点的指导意见》和本办法的相关规定，并遵循公开、公平、公正的原则，禁止欺诈、内幕交易和操纵市场的行为。

第五条　证券公司及其他证券服务机构参与优先股试点，应当遵守法律法规及中国证券监督管理委员会（以下简称中国证监会）相关规定，遵循行业公认的业务标准和行为规范，诚实守信、勤勉尽责。

第六条　试点期间不允许发行在股息分配和剩余财产分配上具有不同优先顺序的优先股，但允许发行在其他条款上具有不同设置的优先股。

同一公司既发行强制分红优先股，又发行不含强制分红条款优先股的，不属于发行在股息分配上具有不同优先顺序的优先股。

第七条　相同条款的优先股应当具有同等权利。同次发行的相同条款优先股，每股发行的条件、价格和票面股息率应当相同；任何单位或者个人认购的股份，每股应当支付相同价额。

第二章　优先股股东权利的行使

第八条　发行优先股的公司除按《国务院关于开展优先股试点的指导意见》制定章程有关条款外，还应当按本办法在章程中明确优先股股东的有关权利和义务。

第九条　优先股股东按照约定的股息率分配股息后，有权同普通股股东一起参加剩余利润分配的，公司章程应明确优先股股东参与剩余利润分配的比例、条件等事项。

第十条　出现以下情况之一的，公司召开股东大会会议应通知优先股股东，并遵循《公司法》及公司章程通知普通股股东的规定程序。优先股股东有权出席股东大会会议，就以下事项与普通股股东分类表决，其所持每一优先股有一表决权，但公司持有的本公司优先股没有表决权：

（一）修改公司章程中与优先股相关的内容；

（二）一次或累计减少公司注册资本超过百分之十；

（三）公司合并、分立、解散或变更公司形式；

（四）发行优先股；

（五）公司章程规定的其他情形。

上述事项的决议,除须经出席会议的普通股股东(含表决权恢复的优先股股东)所持表决权的三分之二以上通过之外,还须经出席会议的优先股股东(不含表决权恢复的优先股股东)所持表决权的三分之二以上通过。

第十一条 公司股东大会可授权公司董事会按公司章程的约定向优先股支付股息。公司累计三个会计年度或连续两个会计年度未按约定支付优先股股息的,股东大会批准当年不按约定分配利润的方案次日起,优先股股东有权出席股东大会与普通股股东共同表决,每股优先股股份享有公司章程规定的一定比例表决权。

对于股息可累积到下一会计年度的优先股,表决权恢复直至公司全额支付所欠股息。对于股息不可累积的优先股,表决权恢复直至公司全额支付当年股息。公司章程可规定优先股表决权恢复的其他情形。

第十二条 优先股股东有权查阅公司章程、股东名册、公司债券存根、股东大会会议记录、董事会会议决议、监事会会议决议、财务会计报告。

第十三条 发行人回购优先股包括发行人要求赎回优先股和投资者要求回售优先股两种情况,并应在公司章程和招股文件中规定其具体条件。发行人要求赎回优先股的,必须完全支付所欠股息,但商业银行发行优先股补充资本的除外。优先股回购后相应减记发行在外的优先股股份总数。

第十四条 公司董事、监事、高级管理人员应当向公司申报所持有的本公司优先股及其变动情况,在任职期间每年转让的股份不得超过其所持本公司优先股股份总数的百分之二十五。公司章程可以对公司董事、监事、高级管理人员转让其所持有的本公司优先股股份作出其他限制性规定。

第十五条 除《国务院关于开展优先股试点的指导意见》规定的事项外,计算股东人数和持股比例时应分别计算普通股和优先股。

第十六条 公司章程中规定优先股采用固定股息率的,可以在优先股存续期内采取相同的固定股息率,或明确每年的固定股息率,各年度的股息率可以不同;公司章程中规定优先股采用浮动股息率的,应当明确优先股存续期内票面股息率的计算方法。

第三章 上市公司发行优先股

第一节 一般规定

第十七条 上市公司应当与控股股东或实际控制人的人员、资产、财务分开，机构、业务独立。

第十八条 上市公司内部控制制度健全，能够有效保证公司运行效率、合法合规和财务报告的可靠性，内部控制的有效性应当不存在重大缺陷。

第十九条 上市公司发行优先股，最近三个会计年度实现的年均可分配利润应当不少于优先股一年的股息。

第二十条 上市公司最近三年现金分红情况应当符合公司章程及中国证监会的有关监管规定。

第二十一条 上市公司报告期不存在重大会计违规事项。公开发行优先股，最近三年财务报表被注册会计师出具的审计报告应当为标准审计报告或带强调事项段的无保留意见的审计报告；非公开发行优先股，最近一年财务报表被注册会计师出具的审计报告为非标准审计报告的，所涉及事项对公司无重大不利影响或者在发行前重大不利影响已经消除。

第二十二条 上市公司发行优先股募集资金应有明确用途，与公司业务范围、经营规模相匹配，募集资金用途符合国家产业政策和有关环境保护、土地管理等法律和行政法规的规定。

除金融类企业外，本次募集资金使用项目不得为持有交易性金融资产和可供出售的金融资产、借予他人等财务性投资，不得直接或间接投资于以买卖有价证券为主要业务的公司。

第二十三条 上市公司已发行的优先股不得超过公司普通股股份总数的百分之五十，且筹资金额不得超过发行前净资产的百分之五十，已回购、转换的优先股不纳入计算。

第二十四条 上市公司同一次发行的优先股，条款应当相同。每次优先股发行完毕前，不得再次发行优先股。

第二十五条 上市公司存在下列情形之一的，不得发行优先股：

（一）本次发行申请文件有虚假记载、误导性陈述或重大遗漏；

（二）最近十二个月内受到过中国证监会的行政处罚；

（三）因涉嫌犯罪正被司法机关立案侦查或涉嫌违法违规正被中国证监会立案调查；

(四)上市公司的权益被控股股东或实际控制人严重损害且尚未消除;

(五)上市公司及其附属公司违规对外提供担保且尚未解除;

(六)存在可能严重影响公司持续经营的担保、诉讼、仲裁、市场重大质疑或其他重大事项;

(七)其董事和高级管理人员不符合法律、行政法规和规章规定的任职资格;

(八)严重损害投资者合法权益和社会公共利益的其他情形。

第二节 公开发行的特别规定

第二十六条 上市公司公开发行优先股,应当符合以下情形之一:

(一)其普通股为上证50指数成份股;

(二)以公开发行优先股作为支付手段收购或吸收合并其他上市公司;

(三)以减少注册资本为目的回购普通股的,可以公开发行优先股作为支付手段,或者在回购方案实施完毕后,可公开发行不超过回购减资总额的优先股。

中国证监会核准公开发行优先股后不再符合本条第(一)项情形的,上市公司仍可实施本次发行。

第二十七条 上市公司最近三个会计年度应当连续盈利。扣除非经常性损益后的净利润与扣除前的净利润相比,以孰低者作为计算依据。

第二十八条 上市公司公开发行优先股应当在公司章程中规定以下事项:

(一)采取固定股息率;

(二)在有可分配税后利润的情况下必须向优先股股东分配股息;

(三)未向优先股股东足额派发股息的差额部分应当累积到下一会计年度;

(四)优先股股东按照约定的股息率分配股息后,不再同普通股股东一起参加剩余利润分配。

商业银行发行优先股补充资本的,可就第(二)项和第(三)项事项另行约定。

第二十九条 上市公司公开发行优先股的,可以向原股东优先配售。

第三十条 除本办法第二十五条的规定外，上市公司最近三十六个月内因违反工商、税收、土地、环保、海关法律、行政法规或规章，受到行政处罚且情节严重的，不得公开发行优先股。

第三十一条 上市公司公开发行优先股，公司及其控股股东或实际控制人最近十二个月内应当不存在违反向投资者作出的公开承诺的行为。

第三节 其他规定

第三十二条 优先股每股票面金额为一百元。

优先股发行价格和票面股息率应当公允、合理，不得损害股东或其他利益相关方的合法利益，发行价格不得低于优先股票面金额。

公开发行优先股的价格或票面股息率以市场询价或证监会认可的其他公开方式确定。非公开发行优先股的票面股息率不得高于最近两个会计年度的年均加权平均净资产收益率。

第三十三条 上市公司不得发行可转换为普通股的优先股。但商业银行可根据商业银行资本监管规定，非公开发行触发事件发生时强制转换为普通股的优先股，并遵守有关规定。

第三十四条 上市公司非公开发行优先股仅向本办法规定的合格投资者发行，每次发行对象不得超过二百人，且相同条款优先股的发行对象累计不得超过二百人。

发行对象为境外战略投资者的，还应当符合国务院相关部门的规定。

第四节 发行程序

第三十五条 上市公司申请发行优先股，董事会应当按照中国证监会有关信息披露规定，公开披露本次优先股发行预案，并依法就以下事项作出决议，提请股东大会批准。

（一）本次优先股的发行方案；

（二）非公开发行优先股且发行对象确定的，上市公司与相应发行对象签订的附条件生效的优先股认购合同。认购合同应当载明发行对象拟认购优先股的数量、认购价格或定价原则、票面股息率或其确定原则，以及其他必要条款。认购合同应当约定发行对象不得以竞价方式参与认购，且本次发行一经上市公司董事会、股东大会批准并经中国证监会核准，该合同即应生效；

（三）非公开发行优先股且发行对象尚未确定的，决议应包括发行对象的范围和资格、定价原则、发行数量或数量区间。

上市公司的控股股东、实际控制人或其控制的关联人参与认购本次非公开发行优先股的,按照前款第(二)项执行。

第三十六条 上市公司独立董事应当就上市公司本次发行对公司各类股东权益的影响发表专项意见,并与董事会决议一同披露。

第三十七条 上市公司股东大会就发行优先股进行审议,应当就下列事项逐项进行表决:

(一)本次发行优先股的种类和数量;

(二)发行方式、发行对象及向原股东配售的安排;

(三)票面金额、发行价格或其确定原则;

(四)优先股股东参与分配利润的方式,包括:票面股息率或其确定原则、股息发放的条件、股息支付方式、股息是否累积、是否可以参与剩余利润分配等;

(五)回购条款,包括回购的条件、期间、价格及其确定原则、回购选择权的行使主体等(如有);

(六)募集资金用途;

(七)公司与发行对象签订的附条件生效的优先股认购合同(如有);

(八)决议的有效期;

(九)公司章程关于优先股股东和普通股股东利润分配、剩余财产分配、优先股表决权恢复等相关政策条款的修订方案;

(十)对董事会办理本次发行具体事宜的授权;

(十一)其他事项。

上述决议,须经出席会议的普通股股东(含表决权恢复的优先股股东)所持表决权的三分之二以上通过。已发行优先股的,还须经出席会议的优先股股东(不含表决权恢复的优先股股东)所持表决权的三分之二以上通过。上市公司向公司特定股东及其关联人发行优先股的,股东大会就发行方案进行表决时,关联股东应当回避。

第三十八条 上市公司就发行优先股事项召开股东大会,应当提供网络投票,还可以通过中国证监会认可的其他方式为股东参加股东大会提供便利。

第三十九条 上市公司申请发行优先股应当由保荐人保荐并向中国证监会申报,其申请、审核、核准、发行等相关程序参照《上市公司证券发行管理办法》和《证券发行与承销管理办法》的规定。发审委会议按照《中国证券监督管理委员会发行审核委员会办法》规定的特别程序，审核发行申请。

第四十条　上市公司发行优先股，可以申请一次核准，分次发行，不同次发行的优先股除票面股息率外，其他条款应当相同。自中国证监会核准发行之日起，公司应在六个月内实施首次发行，剩余数量应当在二十四个月内发行完毕。超过核准文件时限的，须申请中国证监会重新核准。首次发行数量应当不少于总发行数量的百分之五十，剩余各次发行的数量由公司自行确定，每次发行完毕后五个工作日内报中国证监会备案。

第四章　非上市公众公司非公开发行优先股

第四十一条　非上市公众公司非公开发行优先股应符合下列条件：

（一）合法规范经营；

（二）公司治理机制健全；

（三）依法履行信息披露义务。

第四十二条　非上市公众公司非公开发行优先股应当遵守本办法第二十三条、第二十四条、第二十五条、第三十二条、第三十三条的规定。

第四十三条　非上市公众公司非公开发行优先股仅向本办法规定的合格投资者发行，每次发行对象不得超过二百人，且相同条款优先股的发行对象累计不得超过二百人。

第四十四条　非上市公众公司拟发行优先股的，董事会应依法就具体方案、本次发行对公司各类股东权益的影响、发行优先股的目的、募集资金的用途及其他必须明确的事项作出决议，并提请股东大会批准。

董事会决议确定具体发行对象的，董事会决议应当确定具体的发行对象名称及其认购价格或定价原则、认购数量或数量区间等；同时应在召开董事会前与相应发行对象签订附条件生效的股份认购合同。董事会决议未确定具体发行对象的，董事会决议应当明确发行对象的范围和资格、定价原则等。

第四十五条　非上市公众公司股东大会就发行优先股进行审议，表决事项参照本办法第三十七条执行。发行优先股决议，须经出席会议的普通股股东（含表决权恢复的优先股股东）所持表决权的三分之二以上通过。已发行优先股的,还须经出席会议的优先股股东(不含表决权恢复的优先股股东)所持表决权的三分之二以上通过。非上市公众公司向公司特定股东及其关联人发行优先股的,股东大会就发行方案进行表决时,关联股东应当回避,公司普通股股东(不含表决权恢复的优先股股东)人数少于二百人的除外。

第四十六条 非上市公众公司发行优先股的申请、审核(豁免)、发行等相关程序应按照《非上市公众公司监督管理办法》等相关规定办理。

第五章 交易转让及登记结算

第四十七条 优先股发行后可以申请上市交易或转让,不设限售期。

公开发行的优先股可以在证券交易所上市交易。上市公司非公开发行的优先股可以在证券交易所转让,非上市公众公司非公开发行的优先股可以在全国中小企业股份转让系统转让,转让范围仅限合格投资者。交易或转让的具体办法由证券交易所或全国中小企业股份转让系统另行制定。

第四十八条 优先股交易或转让环节的投资者适当性标准应当与发行环节保持一致;非公开发行的相同条款优先股经交易或转让后,投资者不得超过二百人。

第四十九条 中国证券登记结算公司为优先股提供登记、存管、清算、交收等服务。

第六章 信息披露

第五十条 公司应当按照中国证监会有关信息披露规则编制募集优先股说明书或其他信息披露文件,依法履行信息披露义务。上市公司相关信息披露程序和要求参照《上市公司证券发行管理办法》和《上市公司非公开发行股票实施细则》及有关监管指引的规定。非上市公众公司非公开发行优先股的信息披露程序和要求参照《非上市公众公司监督管理办法》及有关监管指引的规定。

第五十一条 发行优先股的公司披露定期报告时,应当以专门章节披露已发行优先股情况、持有公司优先股股份最多的前十名股东的名单和持股数额、优先股股东的利润分配情况、优先股的回购情况、优先股股东表决权恢复及行使情况、优先股会计处理情况及其他与优先股有关的情况,具体内容与格式由中国证监会规定。

第五十二条 发行优先股的上市公司,发生表决权恢复、回购普通股等事项,以及其他可能对其普通股或优先股交易或转让价格产生较大影响事项的,上市公司应当按照《证券法》第六十七条以及中国证监会的相关规定,履行临时报告、公告等信息披露义务。

第五十三条 发行优先股的非上市公众公司按照《非上市公众公司监督管理办法》及有关监管指引的规定履行日常信息披露义务。

第七章 回购与并购重组

第五十四条 上市公司可以非公开发行优先股作为支付手段,向公司特定股东回购普通股。上市公司回购普通股的价格应当公允、合理,不得损害股东或其他利益相关方的合法利益。

第五十五条 上市公司以减少注册资本为目的回购普通股公开发行优先股的,以及以非公开发行优先股为支付手段向公司特定股东回购普通股的,除应当符合优先股发行条件和程序,还应符合以下规定:

(一)上市公司回购普通股应当由董事会依法作出决议并提交股东大会批准;

(二)上市公司股东大会就回购普通股作出的决议,应当包括下列事项:回购普通股的价格区间,回购普通股的数量和比例,回购普通股的期限,决议的有效期,对董事会办理本次回购股份事宜的具体授权,其他相关事项。以发行优先股作为支付手段的,应当包括拟用于支付的优先股总金额以及支付比例;回购方案实施完毕之日起一年内公开发行优先股的,应当包括回购的资金总额以及资金来源;

(三)上市公司股东大会就回购普通股作出决议,必须经出席会议的普通股股东(含表决权恢复的优先股股东)所持表决权的三分之二以上通过;

(四)上市公司应当在股东大会作出回购普通股决议后的次日公告该决议;

(五)依法通知债权人;

本办法未做规定的应当符合中国证监会有关上市公司回购的其他规定。

第五十六条 上市公司收购要约适用于被收购公司的所有股东,但可以针对优先股股东和普通股股东提出不同的收购条件。

第五十七条 上市公司可以按照《上市公司重大资产重组管理办法》规定的条件发行优先股购买资产,同时应当遵守本办法第三十三条,以及第三十五条至第三十八条的规定,依法披露有关信息、履行相应程序。

第五十八条 上市公司发行优先股作为支付手段购买资产的,可以同时募集配套资金。

第五十九条 非上市公众公司发行优先股的方案涉及重大资产重组的,应当符合中国证监会有关重大资产重组的规定。

第八章 监管措施和法律责任

第六十条 公司及其控股股东或实际控制人,公司董事、监事、高级管理人员以及其他直接责任人员,相关市场中介机构及责任人员,以及优先股试点的其他市场参与者违反本办法规定的,依照《公司法》、《证券法》和中国证监会的有关规定处理;涉嫌犯罪的,依法移送司法机关,追究其刑事责任。

第六十一条 上市公司、非上市公众公司违反本办法规定,存在未按规定制定有关章程条款、不按照约定召集股东大会恢复优先股股东表决权等损害优先股股东和中小股东权益等行为的,中国证监会应当责令改正,对上市公司、非上市公众公司和其直接负责的主管人员和其他直接责任人员,可以采取相应的行政监管措施以及警告、三万元以下罚款等行政处罚。

第六十二条 上市公司违反本办法第二十二条第二款规定的,中国证监会可以责令改正,并在三十六个月内不受理该公司的公开发行证券申请。

第六十三条 上市公司、非上市公众公司向本办法规定的合格投资者以外的投资者非公开发行优先股,中国证监会应当责令改正,并可以自确认之日起在三十六个月内不受理该公司的发行优先股申请。

第六十四条 承销机构在承销非公开发行的优先股时,将优先股配售给不符合本办法合格投资者规定的对象的,中国证监会可以责令改正,并在三十六个月内不接受其参与证券承销。

第九章 附 则

第六十五条 本办法所称合格投资者包括:

(一)经有关金融监管部门批准设立的金融机构,包括商业银行、证券公司、基金管理公司、信托公司和保险公司等;

(二)上述金融机构面向投资者发行的理财产品,包括但不限于银行理财产品、信托产品、投连险产品、基金产品、证券公司资产管理产品等;

（三）实收资本或实收股本总额不低于人民币五百万元的营利法人；

（四）实缴出资总额不低于人民币五百万元的合伙企业；

（五）合格境外机构投资者（QFII）、人民币合格境外机构投资者（RQFII）、符合国务院相关部门规定的境外战略投资者；

（六）除发行人董事、高级管理人员及其配偶以外的，名下各类证券账户、资金账户、资产管理账户的资产总额不低于人民币五百万元的个人投资者；

（七）经中国证监会认可的其他合格投资者。

第六十六条　非上市公众公司首次公开发行普通股并同时非公开发行优先股的，其优先股的发行与信息披露应符合本办法中关于上市公司非公开发行优先股的有关规定。

第六十七条　注册在境内的境外上市公司在境外发行优先股，应当符合境外募集股份及上市的有关规定。

注册在境内的境外上市公司在境内发行优先股，参照执行本办法关于非上市公众公司发行优先股的规定，以及《非上市公众公司监督管理办法》等相关规定，其优先股可以在全国中小企业股份转让系统进行转让。

第六十八条　本办法下列用语含义如下：

（一）强制分红：公司在有可分配税后利润的情况下必须向优先股股东分配股息；

（二）可分配税后利润：发行人股东依法享有的未分配利润；

（三）加权平均净资产收益率：按照《公开发行证券的公司信息披露编报规则第9号——净资产收益率和每股收益的计算及披露》计算的加权平均净资产收益率；

（四）上证50指数：中证指数有限公司发布的上证50指数。

第六十九条　本办法中计算合格投资者人数时，同一资产管理机构以其管理的两只以上产品认购或受让优先股的，视为一人。

第七十条　本办法自公布之日起施行。

第十三条　【公开发行新股报文件】公司公开发行新股，应当报送募股申请和下列文件：

（一）公司营业执照；

(二)公司章程;

(三)股东大会决议;

(四)招股说明书或者其他公开发行募集文件;

(五)财务会计报告;

(六)代收股款银行的名称及地址。

依照本法规定聘请保荐人的,还应当报送保荐人出具的发行保荐书。依照本法规定实行承销的,还应当报送承销机构名称及有关的协议。

第十四条 【募集资金用途】公司对公开发行股票所募集资金,必须按照招股说明书或者其他公开发行募集文件所列资金用途使用;改变资金用途,必须经股东大会作出决议。擅自改变用途,未作纠正的,或者未经股东大会认可的,不得公开发行新股。

第十五条 【公开发行公司债券的条件】公开发行公司债券,应当符合下列条件:

(一)具备健全且运行良好的组织机构;

(二)最近三年平均可分配利润足以支付公司债券一年的利息;

(三)国务院规定的其他条件。

公开发行公司债券筹集的资金,必须按照公司债券募集办法所列资金用途使用;改变资金用途,必须经债券持有人会议作出决议。公开发行公司债券筹集的资金,不得用于弥补亏损和非生产性支出。

上市公司发行可转换为股票的公司债券,除应当符合第一款规定的条件外,还应当遵守本法第十二条第二款的规定。但是,按照公司债券募集办法,上市公司通过收购本公司股份的方式进行公司债券转换的除外。

第十六条 【公开发行公司债券申请文件】申请公开发行公司债券,应当向国务院授权的部门或者国务院证券监督管理机构报送下列文件:

(一)公司营业执照;

(二)公司章程;

(三)公司债券募集办法;

(四)国务院授权的部门或者国务院证券监督管理机构规定的其

他文件。

依照本法规定聘请保荐人的，还应当报送保荐人出具的发行保荐书。

相关规范性文件

《公司债券发行与交易管理办法》（中国证券监督管理委员会令第180号，自2021年2月26日起施行）

第一章　总　　则

第一条　为了规范公司债券的发行、交易或转让行为，保护投资者的合法权益和社会公共利益，根据《证券法》《公司法》和其他相关法律法规，制定本办法。

第二条　在中华人民共和国境内，公开发行公司债券并在证券交易所、全国中小企业股份转让系统交易，非公开发行公司债券并在证券交易所、全国中小企业股份转让系统、证券公司柜台转让的，适用本办法。法律法规和中国证券监督管理委员会（以下简称中国证监会）另有规定的，从其规定。本办法所称公司债券，是指公司依照法定程序发行、约定在一定期限还本付息的有价证券。

第三条　公司债券可以公开发行，也可以非公开发行。

第四条　发行人及其他信息披露义务人应当及时、公平地履行披露义务，所披露或者报送的信息必须真实、准确、完整，简明清晰，通俗易懂，不得有虚假记载、误导性陈述或者重大遗漏。

第五条　发行人及其控股股东、实际控制人应当诚实守信，发行人的董事、监事、高级管理人员应当勤勉尽责，维护债券持有人享有的法定权利和债券募集说明书约定的权利。

发行人及其控股股东、实际控制人、董事、监事、高级管理人员不得怠于履行偿债义务或者通过财产转移、关联交易等方式逃废债务，蓄意损害债券持有人权益。

第六条　为公司债券发行提供服务的承销机构、受托管理人，以及资信评级机构、会计师事务所、资产评估机构、律师事务所等专业机构和人员应当勤勉尽责，严格遵守执业规范和监管规则，按规定和约定履行义务。

发行人及其控股股东、实际控制人应当全面配合承销机构、受托管理人、证券服务机构的相关工作。

第七条 发行人、承销机构及其相关工作人员在发行定价和配售过程中,不得有违反公平竞争、进行利益输送、直接或间接谋取不正当利益以及其他破坏市场秩序的行为。

第八条 中国证监会对公司债券发行的注册,证券交易所对公司债券发行出具的审核意见,或者中国证券业协会按照本办法对公司债券发行的报备,不表明其对发行人的经营风险、偿债风险、诉讼风险以及公司债券的投资风险或收益等作出判断或者保证。公司债券的投资风险,由投资者自行承担。

第九条 中国证监会依法对公司债券的发行及其交易或转让活动进行监督管理。证券自律组织依照相关规定对公司债券的发行、上市交易或挂牌转让、登记结算、承销、尽职调查、信用评级、受托管理及增信等进行自律管理。

证券自律组织应当制定相关业务规则,明确公司债券发行、承销、报备、上市交易或挂牌转让、信息披露、登记结算、投资者适当性管理、持有人会议及受托管理等具体规定,报中国证监会批准或备案。

第二章 发行和交易转让的一般规定

第十条 发行公司债券,发行人应当依照《公司法》或者公司章程相关规定对以下事项作出决议:

(一)发行债券的金额;

(二)发行方式;

(三)债券期限;

(四)募集资金的用途;

(五)其他按照法律法规及公司章程规定需要明确的事项。

发行公司债券,如果对增信机制、偿债保障措施作出安排的,也应当在决议事项中载明。

第十一条 发行公司债券,可以附认股权、可转换成相关股票等条款。上市公司、股票公开转让的非上市公众公司股东可以发行附可交换成上市公司或非上市公众公司股票条款的公司债券。商业银行等金融机构可以按照有关规定发行公司债券补充资本。上市公司发行附认股权、可转换成股票条款的公司债券,应当符合上市公司证券发行管理的相关规定。股票公开转让的非上市公众公司发行附认股权、可转换成股票条款的公司债券,由中国证监会另行规定。

第十二条 根据财产状况、金融资产状况、投资知识和经验、专业能力等因素,公司债券投资者可以分为普通投资者和专业投资者。专业投资者的标准按照中国证监会的相关规定执行。

证券自律组织可以在中国证监会相关规定的基础上,设定更为严格的投资者适当性要求。

发行人的董事、监事、高级管理人员及持股比例超过百分之五的股东,可视同专业投资者参与发行人相关公司债券的认购或交易、转让。

第十三条 公开发行公司债券筹集的资金,必须按照公司债券募集说明书所列资金用途使用;改变资金用途,必须经债券持有人会议作出决议。非公开发行公司债券,募集资金应当用于约定的用途;改变资金用途,应当履行募集说明书约定的程序。

公开发行公司债券筹集的资金,不得用于弥补亏损和非生产性支出。发行人应当指定专项账户,用于公司债券募集资金的接收、存储、划转。

第三章 公开发行及交易

第一节 注册规定

第十四条 公开发行公司债券,应当符合下列条件:

(一)具备健全且运行良好的组织机构;

(二)最近三年平均可分配利润足以支付公司债券一年的利息;

(三)具有合理的资产负债结构和正常的现金流量;

(四)国务院规定的其他条件。

公开发行公司债券,由证券交易所负责受理、审核,并报中国证监会注册。

第十五条 存在下列情形之一的,不得再次公开发行公司债券:

(一)对已公开发行的公司债券或者其他债务有违约或者延迟支付本息的事实,仍处于继续状态;

(二)违反《证券法》规定,改变公开发行公司债券所募资金用途。

第十六条 资信状况符合以下标准的公开发行公司债券,专业投资者和普通投资者可以参与认购:

(一)发行人最近三年无债务违约或者延迟支付本息的事实;

(二)发行人最近三年平均可分配利润不少于债券一年利息的1.5倍;

(三)发行人最近一期末净资产规模不少于250亿元;

(四)发行人最近36个月内累计公开发行债券不少于3期,发行规模不少于100亿元;

(五)中国证监会根据投资者保护的需要规定的其他条件。

未达到前款规定标准的公开发行公司债券,仅限于专业投资者参与认购。

第二节 注册程序

第十七条 发行人公开发行公司债券,应当按照中国证监会有关规定制作注册申请文件,由发行人向证券交易所申报。

证券交易所收到注册申请文件后,在五个工作日内作出是否受理的决定。

第十八条 自注册申请文件受理之日起,发行人及其控股股东、实际控制人、董事、监事、高级管理人员,以及与本次债券公开发行并上市相关的主承销商、证券服务机构及相关责任人员,即承担相应法律责任。

第十九条 注册申请文件受理后,未经中国证监会或者证券交易所同意,不得改动。

发生重大事项的,发行人、主承销商、证券服务机构应当及时向证券交易所报告,并按要求更新注册申请文件和信息披露资料。

第二十条 证券交易所负责审核发行人公开发行公司债券并上市申请。

证券交易所主要通过向发行人提出审核问询、发行人回答问题方式开展审核工作,判断发行人是否符合发行条件、上市条件和信息披露要求。

第二十一条 证券交易所按照规定的条件和程序,提出审核意见。认为发行人符合发行条件和信息披露要求的,将审核意见、注册申请文件及相关审核资料报送中国证监会履行发行注册程序。认为发行人不符合发行条件或信息披露要求的,作出终止发行上市审核决定。

第二十二条 证券交易所应当建立健全审核机制,提高审核工作透明度,公开审核工作相关事项,接受社会监督。

第二十三条 中国证监会收到证券交易所报送的审核意见、发行人注册申请文件及相关审核资料后,履行发行注册程序。中国证监会认为存在需要进一步说明或者落实事项的,可以问询或要求证券交易所进一步问询。

中国证监会认为证券交易所的审核意见依据不充分的,可以退回证券交易所补充审核。

第二十四条 证券交易所应当自受理注册申请文件之日起二个月内出具审核意见，中国证监会应当自证券交易所受理注册申请文件之日起三个月内作出同意注册或者不予注册的决定。发行人根据中国证监会、证券交易所要求补充、修改注册申请文件的时间不计算在内。

第二十五条 公开发行公司债券，可以申请一次注册，分期发行。中国证监会同意注册的决定自作出之日起两年内有效，发行人应当在注册决定有效期内发行公司债券，并自主选择发行时点。

公开发行公司债券的募集说明书自最后签署之日起六个月内有效。发行人应当及时更新债券募集说明书等公司债券发行文件，并在每期发行前报证券交易所备案。

第二十六条 中国证监会作出注册决定后，主承销商及证券服务机构应当持续履行尽职调查职责；发生重大事项的，发行人、主承销商、证券服务机构应当及时向证券交易所报告。

证券交易所应当对上述事项及时处理，发现发行人存在重大事项影响发行条件、上市条件的，应当出具明确意见并及时向中国证监会报告。

第二十七条 中国证监会作出注册决定后、发行人公司债券上市前，发现可能影响本次发行的重大事项的，中国证监会可以要求发行人暂缓或者暂停发行、上市；相关重大事项导致发行人不符合发行条件的，可以撤销注册。

中国证监会撤销注册后，公司债券尚未发行的，发行人应当停止发行；公司债券已经发行尚未上市的，发行人应当按照发行价并加算银行同期存款利息返还债券持有人。

第二十八条 中国证监会应当按规定公开公司债券发行注册行政许可事项相关的监管信息。

第二十九条 存在下列情形之一的，发行人、主承销商、证券服务机构应当及时书面报告证券交易所或者中国证监会，证券交易所或者中国证监会应当中止相应发行上市审核程序或者发行注册程序：

（一）发行人因涉嫌违法违规被行政机关调查，或者被司法机关侦查，尚未结案，对其公开发行公司债券行政许可影响重大；

（二）发行人的主承销商，以及律师事务所、会计师事务所、资信评级机构等证券服务机构因涉嫌公司债券发行业务违法违规，或者其他业务涉嫌违法违规且对市场有重大影响被中国证监会及其派出机构立案调查，或者被司法机关侦查，尚未结案；

(三)发行人的主承销商,以及律师事务所、会计师事务所、资信评级机构等证券服务机构的签字人员因涉嫌公司债券发行业务违法违规,或者其他业务涉嫌违法违规且对市场有重大影响被中国证监会及其派出机构立案调查,或者被司法机关侦查,尚未结案;

(四)发行人的主承销商,以及律师事务所、会计师事务所、资信评级机构等证券服务机构被中国证监会依法采取限制业务活动、责令停业整顿、指定其他机构托管、接管等监管措施,或者被证券交易所实施一定期限内不接受其出具的相关文件的纪律处分,尚未解除;

(五)发行人的主承销商、以及律师事务所、会计师事务所、资信评级机构等证券服务机构签字人员被中国证监会依法采取限制从事证券服务业务等监管措施或者证券市场禁入的措施,或者被证券交易所实施一定期限内不接受其出具的相关文件的纪律处分,尚未解除;

(六)发行人或主承销商主动要求中止发行上市审核程序或者发行注册程序,理由正当且经证券交易所或者中国证监会批准;

(七)中国证监会或证券交易所规定的其他情形。

中国证监会、证券交易所根据发行人、主承销商申请,决定中止审核的,待相关情形消失后,发行人、主承销商可以向中国证监会、证券交易所申请恢复审核。中国证监会、证券交易所依据相关规定中止审核的,待相关情形消失后,或者主承销商、证券服务机构就前款第(二)(三)项情形按照有关规定履行复核程序后,中国证监会、证券交易所按规定恢复审核。

第三十条 存在下列情形之一的,证券交易所或者中国证监会应当终止相应发行上市审核程序或者发行注册程序,并向发行人说明理由:

(一)发行人主动要求撤回申请或主承销商申请撤回所出具的核查意见;

(二)发行人未在要求的期限内对注册申请文件作出解释说明或者补充、修改;

(三)注册申请文件存在虚假记载、误导性陈述或重大遗漏;

(四)发行人阻碍或者拒绝中国证监会、证券交易所依法对发行人实施检查、核查;

(五)发行人及其关联方以不正当手段严重干扰发行上市审核或者发行注册工作;

（六）发行人法人资格终止；

（七）发行人注册申请文件内容存在重大缺陷，严重影响投资者理解和发行上市审核或者发行注册工作；

（八）发行人中止发行上市审核程序超过证券交易所规定的时限或者中止发行注册程序超过六个月仍未恢复；

（九）证券交易所认为发行人不符合发行条件或信息披露要求；

（十）中国证监会或证券交易所规定的其他情形。

第三节 交　易

第三十一条 公开发行的公司债券，应当在证券交易场所交易。

公开发行公司债券并在证券交易场所交易的，应当符合证券交易场所规定的上市、挂牌条件。

第三十二条 证券交易场所应当对公开发行公司债券的上市交易实施分类管理，实行差异化的交易机制，建立相应的投资者适当性管理制度，健全风险控制机制。证券交易场所应当根据债券资信状况的变化及时调整交易机制和投资者适当性安排。

第三十三条 公开发行公司债券申请上市交易的，应当在发行前根据证券交易场所的相关规则，明确交易机制和交易环节投资者适当性安排。发行环节和交易环节的投资者适当性要求应当保持一致。

第四章 非公开发行及转让

第三十四条 非公开发行的公司债券应当向专业投资者发行，不得采用广告、公开劝诱和变相公开方式，每次发行对象不得超过二百人。

第三十五条 承销机构应当按照中国证监会、证券自律组织规定的投资者适当性制度，了解和评估投资者对非公开发行公司债券的风险识别和承担能力，确认参与非公开发行公司债券认购的投资者为专业投资者，并充分揭示风险。

第三十六条 非公开发行公司债券，承销机构或依照本办法第三十九条规定自行销售的发行人应当在每次发行完成后五个工作日内向中国证券业协会报备。

中国证券业协会在材料齐备时应当及时予以报备。报备不代表中国证券业协会实行合规性审查，不构成市场准入，也不豁免相关主体的违规责任。

第三十七条 非公开发行公司债券，可以申请在证券交易场所、证券公司柜台转让。

非公开发行公司债券并在证券交易场所转让的,应当遵守证券交易场所制定的业务规则,并经证券交易场所同意。

非公开发行公司债券并在证券公司柜台转让的,应当符合中国证监会的相关规定。

第三十八条 非公开发行的公司债券仅限于专业投资者范围内转让。转让后,持有同次发行债券的投资者合计不得超过二百人。

第五章 发行与承销管理

第三十九条 发行公司债券应当由具有证券承销业务资格的证券公司承销。

取得证券承销业务资格的证券公司、中国证券金融股份有限公司非公开发行公司债券可以自行销售。

第四十条 承销机构承销公司债券,应当依据本办法以及中国证监会、中国证券业协会有关风险管理和内部控制等相关规定,制定严格的风险管理和内部控制制度,明确操作规程,保证人员配备,加强定价和配售等过程管理,有效控制业务风险。

承销机构应当建立健全内部问责机制,相关业务人员因违反公司债券相关规定被采取自律监管措施、自律处分、行政监管措施、市场禁入措施、行政处罚、刑事处罚等的,承销机构应当进行内部问责。

承销机构应当制定合理的薪酬考核体系,不得以业务包干等承包方式开展公司债券承销业务,或者以其他形式实施过度激励。

承销机构应当综合评估项目执行成本与风险责任,合理确定报价,不得以明显低于行业定价水平等不正当竞争方式招揽业务。

第四十一条 主承销商应当遵守业务规则和行业规范,诚实守信、勤勉尽责、保持合理怀疑,按照合理性、必要性和重要性原则,对公司债券发行文件的真实性、准确性和完整性进行审慎核查,并有合理谨慎的理由确信发行文件披露的信息不存在虚假记载、误导性陈述或者重大遗漏。

主承销商对公司债券发行文件中证券服务机构出具专业意见的重要内容存在合理怀疑的,应当履行审慎核查和必要的调查、复核工作,排除合理怀疑。证券服务机构应当配合主承销商的相关核查工作。

第四十二条 承销机构承销公司债券,应当依照《证券法》相关规定采用包销或者代销方式。

第四十三条 发行人和主承销商应当签订承销协议,在承销协议中界定双方的权利义务关系，约定明确的承销基数。采用包销方式的，应当明确包销责任。组成承销团的承销机构应当签订承销团协议，由主承销商负责组织承销工作。公司债券发行由两家以上承销机构联合主承销的，所有担任主承销商的承销机构应当共同承担主承销责任，履行相关义务。承销团由三家以上承销机构组成的，可以设副主承销商，协助主承销商组织承销活动。承销团成员应当按照承销团协议及承销协议的约定进行承销活动，不得进行虚假承销。

第四十四条 公司债券公开发行的价格或利率以询价或公开招标等市场化方式确定。发行人和主承销商应当协商确定公开发行的定价与配售方案并予公告，明确价格或利率确定原则、发行定价流程和配售规则等内容。

第四十五条 发行人和承销机构不得操纵发行定价、暗箱操作；不得以代持、信托等方式谋取不正当利益或向其他相关利益主体输送利益；不得直接或通过其利益相关方向参与认购的投资者提供财务资助；不得有其他违反公平竞争、破坏市场秩序等行为。

发行人不得在发行环节直接或间接认购其发行的公司债券。发行人的董事、监事、高级管理人员、持股比例超过百分之五的股东及其他关联方认购或交易、转让其发行的公司债券的，应当披露相关情况。

第四十六条 公开发行公司债券的，发行人和主承销商应当聘请律师事务所对发行过程、配售行为、参与认购的投资者资质条件、资金划拨等事项进行见证，并出具专项法律意见书。公开发行的公司债券上市后十个工作日内，主承销商应当将专项法律意见、承销总结报告等文件一并报证券交易场所。

第四十七条 发行人和承销机构在推介过程中不得夸大宣传，或以虚假广告等不正当手段诱导、误导投资者，不得披露除债券募集说明书等信息以外的发行人其他信息。承销机构应当保留推介、定价、配售等承销过程中的相关资料，并按相关法律法规规定存档备查，包括推介宣传材料、路演现场录音等，如实、全面反映询价、定价和配售过程。相关推介、定价、配售等的备查资料应当按中国证券业协会的规定制作并妥善保管。

第四十八条 中国证券业协会应当制定非公开发行公司债券承销业务的风险控制管理规定，根据市场风险状况对承销业务范围进行限制并动态调整。

第四十九条 债券募集说明书及其他信息披露文件所引用的审计报告、法律意见书、评级报告及资产评估报告等,应当由符合《证券法》规定的证券服务机构出具。

证券服务机构应当严格遵守法律法规、中国证监会制定的监管规则、执业准则、职业道德守则、证券交易场所制定的业务规则及其他相关规定,建立并保持有效的质量控制体系、独立性管理和投资者保护机制,审慎履行职责,作出专业判断与认定,并对募集说明书或者其他信息披露文件中与其专业职责有关的内容及其出具的文件的真实性、准确性、完整性负责。

证券服务机构及其相关执业人员应当对与本专业相关的业务事项履行特别注意义务,对其他业务事项履行普通注意义务,并承担相应法律责任。

证券服务机构及其执业人员从事证券服务业务应当配合中国证监会的监督管理,在规定的期限内提供、报送或披露相关资料、信息,并保证其提供、报送或披露的资料、信息真实、准确、完整,不得有虚假记载、误导性陈述或者重大遗漏。

证券服务机构应当妥善保存客户委托文件、核查和验证资料、工作底稿以及与质量控制、内部管理、业务经营有关的信息和资料。

第六章 信息披露

第五十条 发行人及其他信息披露义务人应当按照中国证监会及证券自律组织的相关规定履行信息披露义务。

第五十一条 公司债券上市交易的发行人应当按照中国证监会、证券交易所的规定及时披露债券募集说明书,并在债券存续期内披露中期报告和经符合《证券法》规定的会计师事务所审计的年度报告。非公开发行公司债券的发行人信息披露的时点、内容,应当按照募集说明书的约定及证券交易场所的规定履行。

发行人及其控股股东、实际控制人、董事、监事、高级管理人员等作出公开承诺的,应当在募集说明书等文件中披露。

第五十二条 公司债券募集资金的用途应当在债券募集说明书中披露。发行人应当在定期报告中披露公开发行公司债券募集资金的使用情况。非公开发行公司债券的,应当在债券募集说明书中约定募集资金使用情况的披露事宜。

第五十三条 发行人的董事、高级管理人员应当对公司债券发行文件和定期报告签署书面确认意见。

发行人的监事会应当对董事会编制的公司债券发行文件和定期报告进行审核并提出书面审核意见。监事应当签署书面确认意见。

发行人的董事、监事和高级管理人员应当保证发行人及时、公平地披露信息，所披露的信息真实、准确、完整。

董事、监事和高级管理人员无法保证公司债券发行文件和定期报告内容的真实性、准确性、完整性或者有异议的，应当在书面确认意见中发表意见并陈述理由，发行人应当披露。发行人不予披露的，董事、监事和高级管理人员可以直接申请披露。

第五十四条 发生可能对上市交易公司债券的交易价格产生较大影响的重大事件，投资者尚未得知时，发行人应当立即将有关该重大事件的情况向中国证监会、证券交易场所报送临时报告，并予公告，说明事件的起因、目前的状态和可能产生的法律后果。

前款所称重大事件包括：

（一）公司股权结构或者生产经营状况发生重大变化；

（二）公司债券信用评级发生变化；

（三）公司重大资产抵押、质押、出售、转让、报废；

（四）公司发生未能清偿到期债务的情况；

（五）公司新增借款或者对外提供担保超过上年末净资产的百分之二十；

（六）公司放弃债权或者财产超过上年末净资产的百分之十；

（七）公司发生超过上年末净资产百分之十的重大损失；

（八）公司分配股利，作出减资、合并、分立、解散及申请破产的决定，或者依法进入破产程序、被责令关闭；

（九）涉及公司的重大诉讼、仲裁；

（十）公司涉嫌犯罪被依法立案调查，公司的控股股东、实际控制人、董事、监事、高级管理人员涉嫌犯罪被依法采取强制措施；

（十一）中国证监会规定的其他事项。

发行人的控股股东或者实际控制人对重大事件的发生、进展产生较大影响的，应当及时将其知悉的有关情况书面告知发行人，并配合发行人履行信息披露义务。

第五十五条 资信评级机构为公开发行公司债券进行信用评级的，应当符合以下规定或约定：

(一)将评级信息告知发行人,并及时向市场公布首次评级报告、定期和不定期跟踪评级报告;

(二)公司债券的期限为一年以上的,在债券有效存续期间,应当每年至少向市场公布一次定期跟踪评级报告;

(三)应充分关注可能影响评级对象信用等级的所有重大因素,及时向市场公布信用等级调整及其他与评级相关的信息变动情况,并向证券交易场所报告。

第五十六条 公开发行公司债券的发行人及其他信息披露义务人应当将披露的信息刊登在其债券交易场所的互联网网站和符合中国证监会规定条件的媒体,同时将其置备于公司住所、证券交易场所,供社会公众查阅。

第七章 债券持有人权益保护

第五十七条 公开发行公司债券的,发行人应当为债券持有人聘请债券受托管理人,并订立债券受托管理协议;非公开发行公司债券的,发行人应当在募集说明书中约定债券受托管理事项。在债券存续期限内,由债券受托管理人按照规定或协议的约定维护债券持有人的利益。

发行人应当在债券募集说明书中约定,投资者认购或持有本期公司债券视作同意债券受托管理协议、债券持有人会议规则及债券募集说明书中其他有关发行人、债券持有人权利义务的相关约定。

第五十八条 债券受托管理人由本次发行的承销机构或其他经中国证监会认可的机构担任。债券受托管理人应当为中国证券业协会会员。为本次发行提供担保的机构不得担任本次债券发行的受托管理人。债券受托管理人应当勤勉尽责,公正履行受托管理职责,不得损害债券持有人利益。对于债券受托管理人在履行受托管理职责时可能存在的利益冲突情形及相关风险防范、解决机制,发行人应当在债券募集说明书及债券存续期间的信息披露文件中予以充分披露,并同时在债券受托管理协议中载明。

第五十九条 公开发行公司债券的受托管理人应当按规定或约定履行下列职责:

(一)持续关注发行人和保证人的资信状况、担保物状况、增信措施及偿债保障措施的实施情况,出现可能影响债券持有人重大权益的事项时,召集债券持有人会议;

(二)在债券存续期内监督发行人募集资金的使用情况;

(三)对发行人的偿债能力和增信措施的有效性进行全面调查和持续关注,并至少每年向市场公告一次受托管理事务报告;

(四)在债券存续期内持续督导发行人履行信息披露义务;

(五)预计发行人不能偿还债务时,要求发行人追加担保,并可以依法申请法定机关采取财产保全措施;

(六)在债券存续期内勤勉处理债券持有人与发行人之间的谈判或者诉讼事务;

(七)发行人为债券设定担保的,债券受托管理人应在债券发行前或债券募集说明书约定的时间内取得担保的权利证明或其他有关文件,并在增信措施有效期内妥善保管;

(八)发行人不能按期兑付债券本息或出现募集说明书约定的其他违约事件的,可以接受全部或部分债券持有人的委托,以自己名义代表债券持有人提起、参加民事诉讼或者破产等法律程序,或者代表债券持有人申请处置抵质押物。

第六十条 非公开发行公司债券的,债券受托管理人应当按照债券受托管理协议的约定履行职责。

第六十一条 受托管理人为履行受托管理职责,有权代表债券持有人查询债券持有人名册及相关登记信息、专项账户中募集资金的存储与划转情况。证券登记结算机构应当予以配合。

第六十二条 发行公司债券,应当在债券募集说明书中约定债券持有人会议规则。

债券持有人会议规则应当公平、合理。债券持有人会议规则应当明确债券持有人通过债券持有人会议行使权利的范围,债券持有人会议的召集、通知、决策生效条件与决策程序、决策效力范围和其他重要事项。债券持有人会议按照本办法的规定及会议规则的程序要求所形成的决议对全体债券持有人有约束力,债券持有人会议规则另有约定的除外。

第六十三条 存在下列情形的,债券受托管理人应当按规定或约定召集债券持有人会议:

(一)拟变更债券募集说明书的约定;

(二)拟修改债券持有人会议规则;

(三)拟变更债券受托管理人或受托管理协议的主要内容;

(四)发行人不能按期支付本息;

(五)发行人减资、合并等可能导致偿债能力发生重大不利变化,需要决定或者授权采取相应措施;

(六)发行人分立、被托管、解散、申请破产或者依法进入破产程序;

(七)保证人、担保物或者其他偿债保障措施发生重大变化;

(八)发行人、单独或合计持有本期债券总额百分之十以上的债券持有人书面提议召开;

(九)发行人管理层不能正常履行职责,导致发行人债务清偿能力面临严重不确定性;

(十)发行人提出债务重组方案的;

(十一)发生其他对债券持有人权益有重大影响的事项。

在债券受托管理人应当召集而未召集债券持有人会议时,单独或合计持有本期债券总额百分之十以上的债券持有人有权自行召集债券持有人会议。

第六十四条 发行人可采取内外部增信机制、偿债保障措施,提高偿债能力,控制公司债券风险。内外部增信机制、偿债保障措施包括但不限于下列方式:

(一)第三方担保;

(二)商业保险;

(三)资产抵押、质押担保;

(四)限制发行人债务及对外担保规模;

(五)限制发行人对外投资规模;

(六)限制发行人向第三方出售或抵押主要资产;

(七)设置债券回售条款。

公司债券增信机构可以成为中国证券业协会会员。

第六十五条 发行人应当在债券募集说明书中约定构成债券违约的情形、违约责任及其承担方式以及公司债券发生违约后的诉讼、仲裁或其他争议解决机制。

第八章 监督管理和法律责任

第六十六条 中国证监会建立对证券交易场所公司债券业务监管工作的监督机制,持续关注证券交易场所发行审核、发行承销过程及其他公司债券业务监管情况,并开展定期或不定期检查。中国证监会在检查和抽查过程中发现问题的,证券交易场所应当整改。

证券交易场所应当建立定期报告制度，及时总结公司债券发行审核、发行承销过程及其他公司债券业务监管工作情况，并报告中国证监会。

第六十七条　证券交易场所公司债券发行上市审核工作违反本办法规定，有下列情形之一的，由中国证监会责令改正；情节严重的，追究直接责任人员相关责任：

（一）未按审核标准开展公司债券发行上市审核工作；

（二）未按程序开展公司债券发行上市审核工作；

（三）不配合中国证监会对发行上市审核工作、发行承销过程及其他公司债券业务监管工作的检查、抽查，或者不按中国证监会的整改要求进行整改。

第六十八条　违反法律法规及本办法等规定的，中国证监会可以对相关机构和人员采取责令改正、监管谈话、出具警示函、责令公开说明、责令定期报告等相关监管措施；依法应予行政处罚的，依照《证券法》《行政处罚法》等法律法规和中国证监会的有关规定进行处罚；涉嫌犯罪的，依法移送司法机关，追究其刑事责任。

第六十九条　非公开发行公司债券，发行人及其他信息披露义务人披露的信息存在虚假记载、误导性陈述或者重大遗漏的，中国证监会可以对发行人、其他信息披露义务人及其直接负责的主管人员和其他直接责任人员采取本办法第六十八条规定的相关监管措施；情节严重的，依照《证券法》第一百九十七条予以处罚。

第七十条　非公开发行公司债券，发行人违反本办法第十三条规定的，中国证监会可以对发行人及其直接负责的主管人员和其他直接责任人员采取本办法第六十八条规定的相关监管措施；情节严重的，处以警告、罚款。

第七十一条　除中国证监会另有规定外，承销或自行销售非公开发行公司债券未按规定进行报备的，中国证监会可以对承销机构及其直接负责的主管人员和其他直接责任人员采取本办法第六十八条规定的相关监管措施；情节严重的，处以警告、罚款。

第七十二条　承销机构在承销公司债券过程中，有下列行为之一的，中国证监会可以对承销机构及其直接负责的主管人员和其他直接责任人员采取本办法第六十八条规定的相关监管措施；情节严重的，依照《证券法》第一百八十四条予以处罚。

(一)未勤勉尽责,违反本办法第四十一条规定的行为;

(二)以不正当竞争手段招揽承销业务;

(三)从事本办法第四十五条规定禁止的行为;

(四)从事本办法第四十七条规定禁止的行为;

(五)未按本办法及相关规定要求披露有关文件;

(六)未按照事先披露的原则和方式配售公司债券,或其他未依照披露文件实施的行为;

(七)未按照本办法及相关规定要求保留推介、定价、配售等承销过程中相关资料;

(八)其他违反承销业务规定的行为。

第七十三条 发行人及其控股股东、实际控制人、债券受托管理人等违反本办法规定,损害债券持有人权益的,中国证监会可以对发行人、发行人的控股股东和实际控制人、受托管理人及其直接负责的主管人员和其他直接责任人员采取本办法第六十八条规定的相关监管措施;情节严重的,处以警告、罚款。

第七十四条 发行人及其控股股东、实际控制人、董事、监事、高级管理人员违反本办法第五条第二款的规定,严重损害债券持有人权益的,中国证监会可以依法限制其市场融资等活动,并将其有关信息纳入证券期货市场诚信档案数据库。

第七十五条 发行人的控股股东滥用公司法人独立地位和股东有限责任,损害债券持有人利益的,应当依法对公司债务承担连带责任。

第九章 附 则

第七十六条 发行公司债券并在证券交易场所交易或转让的,应当由中国证券登记结算有限责任公司依法集中统一办理登记结算业务。非公开发行公司债券并在证券公司柜台转让的,可以由中国证券登记结算有限责任公司或者其他依法从事证券登记、结算业务的机构办理。

第七十七条 发行公司债券,应当符合地方政府性债务管理的相关规定,不得新增政府债务。

第七十八条 证券公司和其他金融机构次级债券的发行、交易或转让,适用本办法。境外注册公司在中国证监会监管的债券交易场所的债券发行、交易或转让,参照适用本办法。

第七十九条 本办法所称证券自律组织包括证券交易所、全国中小企业股份转让系统、中国证券登记结算有限责任公司、中国证券业协会以及中国证监会认定的其他自律组织。

本办法所称证券交易场所包括证券交易所、全国中小企业股份转让系统。

第八十条 本办法自公布之日起施行。2015 年 1 月 15 日发布的《公司债券发行与交易管理办法》(证监会令第 113 号)同时废止。

《关于公开发行公司债券实施注册制有关事项的通知》(证监办发〔2020〕14 号)

修订后的《中华人民共和国证券法》于 2020 年 3 月 1 日起施行,根据《国务院办公厅关于贯彻实施修订后的证券法有关工作的通知》(国办发〔2020〕5 号,以下简称《国务院通知》),现就相关事项通知如下:

一、自 2020 年 3 月 1 日起,公司债券公开发行实行注册制。公开发行公司债券,应当符合修订后的《中华人民共和国证券法》《国务院通知》规定的发行条件和信息披露要求等。

二、公开发行公司债券,由证券交易所负责受理、审核,并报我会履行发行注册程序。

三、公开发行公司债券申请文件和募集说明书的内容与格式参照现行规定办理。

四、上海、深圳证券交易所应当按照修订后的《中华人民共和国证券法》《国务院通知》及本通知的规定,明确审核标准、审核程序、上市条件、交易方式等相关事宜,明确材料报送及操作流程,做好衔接安排,有序实施受理、审核工作。

五、上海、深圳证券交易所应当督促发行人及其他信息披露义务人充分披露投资者做出价值判断和投资决策所必需的信息,确保信息披露真实、准确、完整、及时、公平。

六、上海、深圳证券交易所应当督促承销机构、信用评级机构、会计师事务所、律师事务所等中介机构诚实守信、勤勉尽责,按照执业规范和监管规则对公司债券发行人进行充分的尽职调查。

七、实施公开发行公司债券注册制的同时,我会将加强公司债券发行人的持续监管,强化中介机构责任,切实保护投资者合法权益。

八、2020 年 3 月 1 日前证券交易所已受理的公开发行公司债券申请项目,按照原《证券法》《公司债券发行与交易管理办法》规定的标准和程序执行。

《关于上海证券交易所公开发行公司债券实施注册制相关业务安排的通知》(上证发〔2020〕13号)

根据《中华人民共和国证券法》(以下简称《证券法》)、《国务院办公厅关于贯彻实施修订后的证券法有关工作的通知》(国办发〔2020〕5号,以下简称《国办通知》)和中国证监会《关于公开发行公司债券实施注册制有关事项的通知》(证监办发〔2020〕14号)的相关规定,公开发行公司债券自3月1日起实施注册制。现就公开发行公司债券并在上海证券交易所(以下简称本所)上市的发行上市审核及相关业务安排通知如下:

一、自2020年3月1日起,申请面向普通投资者或者专业投资者公开发行公司债券(不含可转换公司债券)并在本所上市的,由本所负责发行上市受理、审核,并由中国证监会进行发行注册。

二、公开发行公司债券实施注册制后,公开发行公司债券申请文件、募集说明书内容与格式暂参照现行规定执行。

三、本所发行上市审核遵循依法合规、公开透明、便捷高效的原则,实行电子化审核,提高审核透明度,明确市场预期。申请、受理、问询、回复等事项通过本所债券项目申报系统办理,审核流程和时限等暂按公司债券上市预审核现行相关规定执行。

四、本所审核中重点关注并判断发行人是否符合《证券法》《国办通知》等规定的公司债券公开发行条件、本所规定的上市条件、中国证监会及本所有关信息披露要求,督促发行人完善信息披露内容。

审核通过的,本所将审核意见及相关申请文件报送中国证监会履行发行注册程序;审核不通过的,终止发行上市审核并向发行人告知理由。

五、发行人作为信息披露第一责任人,应当按照《证券法》《国办通知》及中国证监会和本所有关规定,诚实守信,充分披露投资者做出价值判断和投资决策所必需的信息。发行人和其他信息披露义务人披露的信息应当真实、准确、完整,简明清晰、通俗易懂,不得有虚假记载、误导性陈述或者重大遗漏。

承销机构及会计师事务所、律师事务所等证券服务机构应当按照《证券法》《国办通知》等规定履行职责和义务,依规核查,协助发行人做好申请文件的报送工作。

六、公司债券公开发行获得注册后,发行及上市安排按照本所现行规定执行。

公司债券上市后，发行人和其他信息披露义务人应当按照《证券法》、中国证监会及本所相关规定，履行信息披露义务。

七、公开发行公司债券上市期间的交易方式及其调整、投资者适当性管理等事宜，按本所现行相关业务规则的规定执行。自2020年3月1日起，本所不再实施暂停上市制度；已暂停上市的债券，发行人按照《关于调整债券上市期间交易方式有关事项的通知》（上证发〔2019〕39号）第一条规定的情形确定交易方式并及时公告。

八、2020年3月1日前本所已受理的公司债券上市预审核申请，仍按原《证券法》《公司债券发行与交易管理办法》和本所规定的标准和程序开展上市预审核。

九、本所将根据《证券法》、国务院和中国证监会有关规定，尽快制定、修订公司债券公开发行上市审核规则、上市规则等配套规则，适时对外发布。

十、非公开发行公司债券的申请文件、挂牌条件确认、转让、信息披露等按现有规定执行。

十一、本通知自发布之日起施行。本通知发布前，本所其他有关规定与本通知不一致的，以本通知为准。

《深圳证券交易所关于公开发行公司债券实施注册制相关业务安排的通知》（深证上〔2020〕129号）

根据《中华人民共和国证券法》（以下简称《证券法》）、《国务院办公厅关于贯彻实施修订后的证券法有关工作的通知》（以下简称《国务院通知》）、中国证监会《关于公开发行公司债券实施注册制有关事项的通知》（以下简称《通知》）的相关规定，公开发行公司债券自3月1日起实施注册制。现就公开发行公司债券并在深圳证券交易所（以下简称本所）上市的发行上市审核及相关业务安排通知如下：

一、公开发行公司债券实施注册制安排

（一）自2020年3月1日起，拟面向普通投资者或者专业投资者公开发行并在本所上市的公司债券（不含可转换公司债券），由本所按照《证券法》《国务院通知》《通知》等规定的公司债券公开发行条件、本所规定的上市条件、中国证监会及本所有关信息披露要求进行发行上市受理、审核，中国证监会履行发行注册程序。

（二）公开发行公司债券实施注册制后，公开发行公司债券申请文件、募集说明书内容与格式暂参照现行规定执行。

(三)主承销商应当通过本所固定收益品种业务专区申报发行上市申请文件。审核流程和时限等暂按公司债券上市预审核现行相关规定执行。

(四)本所遵循依法合规、公开透明、便捷高效的原则,对申请文件实行电子化审核,确保审核透明,明确市场预期。审核通过的,本所将审核意见及相关申请文件报送中国证监会履行发行注册程序;审核不通过的,作出终止发行上市审核的决定。

(五)发行人作为信息披露第一责任人,应当按照《证券法》《国务院通知》《通知》以及本所有关业务规则等相关规定,诚实守信,充分披露投资者做出价值判断和投资决策所必需的信息。发行人和其他信息披露义务人披露的信息应当真实、准确、完整,简明清晰,通俗易懂,不得有虚假记载、误导性陈述或者重大遗漏。

(六)主承销商以及会计师事务所、律师事务所等证券服务机构应当按照《证券法》《国务院通知》《通知》以及本所有关业务规则等相关规定进行核查,并协助发行人做好申请文件的报送工作。

二、公开发行公司债券上市条件及交易方式

(一)自2020年3月1日起,发行人申请其公开发行的公司债券在本所上市,应当符合《证券法》《国务院通知》《通知》等法律法规规定的公司债券公开发行条件。

(二)公司债券上市后,发行人和其他信息披露义务人应当按照《证券法》、中国证监会及本所相关规定,履行信息披露义务。

(三)公开发行公司债券上市后的交易方式及其调整机制暂按本所现行有关业务规则执行。

三、暂停上市的公司债券相关安排

自2020年3月1日起,本所不再实施暂停上市制度,已暂停上市的公司债券按照本所《关于调整债券上市期间交易方式有关事项的通知》相关规定进行交易。

四、其他事项

(一)2020年3月1日前本所已受理的公开发行公司债券上市预审核申请及上市申请,本所仍按照原《证券法》《公司债券发行与交易管理办法》《深圳证券交易所公司债券上市规则(2018年修订)》等规定的标准和程序完成上市预审核工作和上市审核工作。

(二)非公开发行公司债券的申请文件、挂牌条件确认、转让、信息披露等按现有规定执行。

（三）本通知自发布之日起施行。本所2014年6月19日发布的《关于为暂停上市公司债券提供转让服务的通知》（深证会〔2014〕93号）同时废止。《深圳证券交易所公司债券上市规则（2018年修订）》及本通知实施前本所发布的其他有关规定与本通知不一致的，以本通知为准。

（四）本所将修订完善相关配套规则，适时对外发布。

《国家发展改革委关于企业债券发行实施注册制有关事项的通知》（发改财金〔2020〕298号）

修订后的《中华人民共和国证券法》自2020年3月1日起施行，根据《国务院办公厅关于贯彻实施修订后的证券法有关工作的通知》（国办发〔2020〕5号，以下简称《通知》）有关要求，现就企业债券发行实施注册制的有关事项通知如下。

一、企业债券发行全面施行注册制

按照《中华人民共和国证券法》和《通知》有关要求，企业债券发行由核准制改为注册制。国家发展改革委为企业债券的法定注册机关，发行企业债券应当依法经国家发展改革委注册。

国家发展改革委指定相关机构负责企业债券的受理、审核。其中，中央国债登记结算有限责任公司为受理机构，中央国债登记结算有限责任公司、中国银行间市场交易商协会为审核机构。两家机构应尽快制定相关业务流程、受理审核标准等配套制度，并在规定的时限内完成受理、审核工作。

企业债券发行人直接向受理机构提出申请，我委对企业债券受理、审核工作及两家指定机构进行监督指导，并在法定时限内履行发行注册程序。

二、明确企业债券发行条件

企业债券发行人应当具备健全且运行良好的组织机构，最近三年平均可分配利润足以支付企业债券一年的利息，应当具有合理的资产负债结构和正常的现金流量，鼓励发行企业债券的募集资金投向符合国家宏观调控政策和产业政策的项目建设。

三、强化信息披露要求和中介机构责任

确立以信息披露为中心的注册制监管理念，明确发行人是信息披露的第一责任人。发行人应当遵循真实、准确、完整、及时、公平的原则，按照法律法规及我委的有关规定,通过指定的渠道披露信息,并承担相应的法律责任。承销机构、信用评级机构、会计师事务所、律师事务所、资产评估机构等中介机构应勤勉尽责、诚实守信。中介机构应对债券发行人进行充分的尽职调查,协助做好信息披露等工作,对所出具的专业报告和专业意见负责。受理审核机构可对信息披露内容和形式进行督促检查。

四、落实省级发展改革部门监管职责

按照注册制改革的需要,取消企业债券申报中的省级转报环节。债券募集资金用于固定资产投资项目的,省级发展改革部门应对募投项目出具符合国家宏观调控政策、固定资产投资管理法规制度和产业政策的专项意见,并承担相应责任。省级发展改革部门要发挥属地管理优势,通过项目筛查、风险排查、监督检查等方式,做好区域内企业债券监管工作,防范化解企业债券领域风险。

五、加强与有关部门的协调配合

国家发展改革委将与证监会等有关部门密切配合,贯彻落实好《中华人民共和国证券法》和《通知》的有关要求,协同有序推进注册制实施的各项工作。我委将积极支持证监会开展债券市场统一执法工作,依法严惩企业债券领域的违法违规行为。

六、稳妥做好新旧制度衔接

企业债券发行实施注册制是重大改革,企业债券市场参与各方应充分认识本次改革的重要意义,认真贯彻落实相关要求。对于修订后的《中华人民共和国证券法》施行前已受理的企业债券项目,我委将按原核准制有关要求继续推进。我委将不断完善监管规则,制定注册文件格式、申报文件目录等配套文件,建立公开、透明、高效的企业债券发行注册管理体系。

现阶段,申报文件内容和格式仍参照现行规定办理。

第十七条 【不得再次公开发行公司债券的情形】有下列情形之一的,不得再次公开发行公司债券:

(一)对已公开发行的公司债券或者其他债务有违约或者延迟支付本息的事实,仍处于继续状态;

(二)违反本法规定,改变公开发行公司债券所募资金的用途。

第十八条　【公开发行证券申请文件格式】发行人依法申请公开发行证券所报送的申请文件的格式、报送方式，由依法负责注册的机构或者部门规定。

第十九条　【信息披露的基本原则】发行人报送的证券发行申请文件，应当充分披露投资者作出价值判断和投资决策所必需的信息，内容应当真实、准确、完整。

为证券发行出具有关文件的证券服务机构和人员，必须严格履行法定职责，保证所出具文件的真实性、准确性和完整性。

第二十条　【IPO 预披露】发行人申请首次公开发行股票的，在提交申请文件后，应当按照国务院证券监督管理机构的规定预先披露有关申请文件。

相关裁判摘要

“泉州市泉港区春回大地电子科技有限公司与中国证券监督管理委员会二审行政裁定书”［北京市高级人民法院行政裁定书（2017）京行终 4078 号］认为，对招股说明书进行预披露和审核通过（“过会”）的行为属于发行程序中的一个环节，对外不产生法律效力，不具有独立的可诉性。相关裁判摘要如下：

经查，2015 年 4 月 18 日及 6 月 29 日，发行人上海电影股份有限公司（以下简称上海电影公司）在中国证券监督管理委员会（以下简称中国证监会）官网上预先披露了其招股说明书（申报稿）。同年 12 月 30 日，中国证监会在其官网上公布“主板发审委 2015 年第 217 次会议审核结果公告”，其中载明的审核结果为上海电影公司（首发）获通过。泉州春回大地公司认为上海电影公司在招股说明书上使用了泉州春回大地公司的“SFC”商标，构成商标侵权。中国证监会在其官网上发布招股说明书，其下属的发行审核委员会（以下简称发审委）作出的 2015 年第 217 次会议审核决定上海电影公司（首发）通过，进一步导致商标侵权行为扩大，损害了泉州春回大地公司的合法权益，遂向北京市第一中级人民法院（以下简称一审法院）提起诉讼，请求法院判决撤销中国证监会 2015 年第 217 次发审委会议作出的关于上海电影公司（首发）获得通过的审核决定（以下简称被诉审核决定），并责令中国证监会在其官网上撤下《上海电影股份有限公司首次公开发行股票招股说明书》（以下简称涉案招股说明书）。

本院认为,公民、法人或者其他组织向人民法院提起行政诉讼,应当符合法定起诉条件。根据《中华人民共和国行政诉讼法》第四十九条第(四)项的规定,属于人民法院受案范围是提起诉讼的法定条件。《首次公开发行股票并上市管理办法》在第三章规定了发行程序,参照第四十八条及第五十条的相关规定,中国证监会受理申请文件后,由相关职能部门对发行人的申请文件进行初审,并由发行审核委员会审核,中国证监会依照法定条件对发行人的发行申请作出予以核准或者不予核准的决定,并出具相关文件。从上述规定可以看出,发审委对发行人的申请文件所作出的审核决定系发行程序中的一个环节,并非中国证监会最终作出的核准或不予核准发行人发行申请的决定,对外不产生法律效力,故被诉审核决定不具有独立可诉性,不属于人民法院行政审判受案范围。泉州春回大地公司请求撤销被诉审核决定不符合法定起诉条件,依法应予驳回。

另,对于招股说明书的公示行为,参照《首次公开发行股票并上市管理办法》第五十八条的规定,申请文件受理后、发行审核委员会审核前,发行人应当将招股说明书(申报稿)在中国证监会网站(www.csrc.gov.cn)预先披露。发行人可以将招股说明书(申报稿)刊登于其企业网站,但披露内容应当完全一致,且不得早于在中国证监会网站的披露时间。故该信息披露行为属于发行人提出股票发行申请后,在发行程序中所应当履行的法定披露义务,亦属于发行程序中的中间环节行为,不具有可诉性,泉州春回大地公司请求责令中国证监会在其官网上撤下涉案招股说明书亦不符合行政诉讼的法定起诉条件,依法应予驳回。泉州春回大地公司如认为涉案招股说明书侵犯其商标权等民事权益,应另行通过民事诉讼或其他途径寻求救济。

第二十一条 【证券发行注册制】国务院证券监督管理机构或者国务院授权的部门依照法定条件负责证券发行申请的注册。证券公开发行注册的具体办法由国务院规定。

按照国务院的规定,证券交易所等可以审核公开发行证券申请,判断发行人是否符合发行条件、信息披露要求,督促发行人完善信息披露内容。

依照前两款规定参与证券发行申请注册的人员,不得与发行申请人有利害关系,不得直接或者间接接受发行申请人的馈赠,不得持有所注册的发行申请的证券，不得私下与发行申请人进行接触。

相关规范性文件

《上海证券交易所科创板股票发行上市审核规则》(2019 年 3 月实施　2020 年 12 月第一次修订)(上证发〔2020〕89 号)

第一章　总　　则

第一条　为了规范上海证券交易所(以下简称本所)科创板试点注册制的股票发行上市审核工作，保护投资者合法权益，根据《中华人民共和国证券法》《中华人民共和国公司法》《关于在上海证券交易所设立科创板并试点注册制的实施意见》《科创板首次公开发行股票注册管理办法(试行)》(以下简称《注册办法》)等相关法律、行政法规、部门规章和规范性文件，制定本规则。

第二条　发行人申请首次公开发行股票并在科创板上市(以下简称股票首次发行上市)的审核，适用本规则。符合《国务院办公厅转发证监会关于开展创新企业境内发行股票或存托凭证试点若干意见的通知》(国办发〔2018〕21 号)及中国证监会和本所相关规定的红筹企业，申请发行股票或者存托凭证并在科创板上市的审核，适用本规则。

第三条　发行人申请股票首次发行上市，应当符合科创板定位，面向世界科技前沿、面向经济主战场、面向国家重大需求。优先支持符合国家战略，拥有关键核心技术，科技创新能力突出，主要依靠核心技术开展生产经营，具有稳定的商业模式，市场认可度高，社会形象良好，具有较强成长性的企业。

第四条　发行人申请股票首次发行上市，应当向本所提交发行上市申请文件。本所对发行人的发行上市申请文件进行审核(以下简称发行上市审核)，认为发行人符合发行条件、上市条件和信息披露要求的，将审核意见、发行上市申请文件及相关审核资料报送中国证监会履行注册程序；认为发行人不符合发行条件、上市条件或者信息披露要求的，作出终止发行上市审核的决定。

第五条　本所发行上市审核基于科创板定位，重点关注并判断下列事项：

(一)发行人是否符合中国证监会规定的科创板股票发行条件；

(二)发行人是否符合本所规定的科创板股票上市条件；

(三)发行人的信息披露是否符合中国证监会和本所要求。

第六条 本所通过审核发行上市申请文件,督促发行人真实、准确、完整地披露信息,保荐人、证券服务机构切实履行信息披露的把关责任;督促发行人及其保荐人、证券服务机构提高信息披露质量,便于投资者在信息充分的情况下作出投资决策。本所发行上市审核遵循依法合规、公开透明、便捷高效的原则,提高审核透明度,明确市场预期。

第七条 本所发行上市审核实行电子化审核,申请、受理、问询、回复等事项通过本所发行上市审核业务系统办理。

第八条 本所设立科创板发行上市审核机构(以下简称发行上市审核机构),对发行人的发行上市申请文件进行审核,出具审核报告。本所设立科创板股票上市委员会(以下简称上市委员会),对发行上市审核机构出具的审核报告和发行上市申请文件进行审议,提出审议意见。上市委员会的职责、人员组成、工作程序等事项,由本所另行规定。本所结合上市委员会的审议意见,出具发行人符合发行条件、上市条件和信息披露要求的审核意见或者作出终止发行上市审核的决定。

第九条 本所依据法律、行政法规、部门规章、规范性文件、本规则及本所其他相关规定(以下简称相关法律及规则),对下列机构和人员在科创板股票发行上市中的相关活动进行自律监管:

(一)发行人及其董事、监事、高级管理人员;

(二)发行人的控股股东、实际控制人及其相关人员;

(三)保荐人、保荐代表人及保荐人其他相关人员;

(四)会计师事务所、律师事务所等证券服务机构及其相关人员。

前款规定的机构和人员应当积极配合本所发行上市审核工作,接受本所自律监管并承担相应的法律责任。

第十条 本所出具发行人符合发行条件、上市条件和信息披露要求的审核意见,不表明本所对发行上市申请文件及所披露信息的真实性、准确性、完整性作出保证,也不表明本所对该股票的投资价值或者投资者的收益作出实质性判断或者保证。

第二章 申请与受理

第十一条 发行人申请股票首次发行上市,应当按照规定聘请保荐人进行保荐,并委托保荐人通过本所发行上市审核业务系统报送下列发行上市申请文件:

（一）中国证监会规定的招股说明书、发行保荐书、审计报告、法律意见书、公司章程、股东大会决议等注册申请文件；

（二）上市保荐书；

（三）本所要求的其他文件。

发行上市申请文件的内容与格式应当符合中国证监会和本所的相关规定。

第十二条 在提交发行上市申请文件前，对于重大疑难、无先例事项等涉及本所业务规则理解与适用的问题，发行人及保荐人可以通过本所发行上市审核业务系统进行咨询；确需当面咨询的，可以通过本所发行上市审核业务系统预约。

第十三条 本所收到发行上市申请文件后五个工作日内，对文件进行核对，作出是否受理的决定，告知发行人及其保荐人，并在本所网站公示。发行上市申请文件与中国证监会及本所规定的文件目录不相符、文档名称与文档内容不相符、文档格式不符合中国证监会和本所要求、签章不完整或者不清晰、文档无法打开或者存在本所认定的其他不齐备情形的，发行人应当予以补正，补正时限最长不超过三十个工作日。发行人补正发行上市申请文件的，本所收到发行上市申请文件的时间以发行人最终提交补正文件的时间为准。本所按照收到发行人发行上市申请文件的先后顺序予以受理。

第十四条 存在下列情形之一的，本所不予受理发行人的发行上市申请文件：

（一）招股说明书、发行保荐书、上市保荐书等发行上市申请文件不齐备且未按要求补正。

（二）保荐人、证券服务机构及其相关人员因证券违法违规被采取认定为不适当人选、限制业务活动、一定期限内不接受其出具的相关文件等相关措施，尚未解除；或者因首次公开发行并上市、上市公司发行证券、并购重组业务涉嫌违法违规，或者其他业务涉嫌违法违规且对市场有重大影响被立案调查、侦查，尚未结案。

第十五条 发行上市申请文件的内容应当真实、准确、完整。发行上市申请文件一经受理，发行人及其控股股东、实际控制人、董事、监事和高级管理人员，以及与本次股票发行上市相关的保荐人、证券服务机构及其相关人员即须承担相应的法律责任。未经本所同意，不得对发行上市申请文件进行更改。

第十六条 本所受理发行上市申请文件当日,发行人应当在本所网站预先披露招股说明书、发行保荐书、上市保荐书、审计报告和法律意见书等文件。

本所受理发行上市申请后至中国证监会作出注册决定前,发行人应当按照本规则的规定,对预先披露的招股说明书、发行保荐书、上市保荐书、审计报告和法律意见书等文件予以更新并披露。依照前两款规定预先披露的招股说明书等文件不是发行人发行股票的正式文件,不能含有股票发行价格信息,发行人不得据此发行股票。发行人应当在预先披露的招股说明书的显要位置声明:"本公司的发行申请尚需经上海证券交易所和中国证监会履行相应程序。本招股说明书不具有据以发行股票的法律效力,仅供预先披露之用。投资者应当以正式公告的招股说明书作为投资决定的依据。"

第十七条 本所受理发行上市申请文件后十个工作日内,保荐人应当以电子文档形式报送保荐工作底稿和验证版招股说明书,供监管备查。

第三章 发行条件、上市条件的审核

第十八条 发行人申请股票首次发行上市的,应当符合中国证监会《注册办法》规定的发行条件。

第十九条 发行人应当根据中国证监会和本所相关规定,结合科创板定位,就是否符合相关行业范围和科创属性要求等事项进行审慎评估,并提交符合科创板定位的专项说明;保荐人应当就发行人是否符合相关行业范围和科创属性要求等事项进行专业判断,并出具发行人符合科创板定位的专项意见。本所在发行上市审核中,将关注发行人的评估是否客观,保荐人的判断是否合理,并可以根据需要就发行人科创属性相关事项向本所设立的科技创新咨询委员会提出咨询。

第二十条 本所对发行条件的审核,重点关注下列事项:

(一)发行人是否符合《注册办法》及中国证监会规定的发行条件;

(二)保荐人和律师事务所等证券服务机构出具的发行保荐书、法律意见书等文件中是否就发行人符合发行条件逐项发表明确意见,且具备充分的理由和依据。

本所对前款规定的事项存在疑问的,发行人应当按照本所要求作出解释说明,保荐人及证券服务机构应当进行核查,并相应修改发行上市申请文件。

第二十一条 本所在发行上市审核中,对发行条件具体审核标准等涉及中国证监会部门规章及规范性文件理解和适用的重大疑难问题、重大无先例情况以及其他需要中国证监会决定的事项,将及时请示中国证监会。

第二十二条 发行人申请股票首次发行上市的,应当符合《上海证券交易所科创板股票上市规则》规定的上市条件。除本规则第二十三条、第二十四条规定的情形外,发行人申请股票首次发行上市的,应当至少符合下列上市标准中的一项,发行人的招股说明书和保荐人的上市保荐书应当明确说明所选择的具体上市标准:

(一)预计市值不低于人民币10亿元,最近两年净利润均为正且累计净利润不低于人民币5000万元,或者预计市值不低于人民币10亿元,最近一年净利润为正且营业收入不低于人民币1亿元;

(二)预计市值不低于人民币15亿元,最近一年营业收入不低于人民币2亿元,且最近三年累计研发投入占最近三年累计营业收入的比例不低于15%;

(三)预计市值不低于人民币20亿元,最近一年营业收入不低于人民币3亿元,且最近三年经营活动产生的现金流量净额累计不低于人民币1亿元;

(四)预计市值不低于人民币30亿元,且最近一年营业收入不低于人民币3亿元;

(五)预计市值不低于人民币40亿元,主要业务或产品需经国家有关部门批准,市场空间大,目前已取得阶段性成果。医药行业企业需至少有一项核心产品获准开展二期临床试验,其他符合科创板定位的企业需具备明显的技术优势并满足相应条件。前款所称净利润以扣除非经常性损益前后的孰低者为准,所称净利润、营业收入、经营活动产生的现金流量净额均指经审计的数值。本所可以根据市场情况,经中国证监会批准,对第二款规定的具体标准进行调整。

第二十三条 符合《国务院办公厅转发证监会关于开展创新企业境内发行股票或存托凭证试点若干意见的通知》(国办发〔2018〕21号)相关规定的红筹企业,可以申请发行股票或存托凭证并在科创板上市。营业收入快速增长,拥有自主研发、国际领先技术,同行业竞争中处于相对优势地位的尚未在境外上市红筹企业,申请发行股票或存托凭证并在科创板上市的,市值及财务指标应当至少符合下列上市标准中的一项,发行人的招股说明书和保荐人的上市保荐书应当明确说明所选择的具体上市标准：

(一)预计市值不低于人民币100亿元；

(二)预计市值不低于人民币50亿元，且最近一年营业收入不低于人民币5亿元。

第二十四条 存在表决权差异安排的发行人申请股票或者存托凭证首次公开发行并在科创板上市的，其表决权安排等应当符合《上海证券交易所科创板股票上市规则》等规则的规定；发行人应当至少符合下列上市标准中的一项，发行人的招股说明书和保荐人的上市保荐书应当明确说明所选择的具体上市标准：

(一)预计市值不低于人民币100亿元；

(二)预计市值不低于人民币50亿元，且最近一年营业收入不低于人民币5亿元。

第二十五条 本所对上市条件的审核，重点关注下列事项：

(一)发行人是否符合本规则及本所相关规则规定的上市条件；

(二)保荐人和律师事务所等证券服务机构出具的上市保荐书、法律意见书等文件中是否就发行人选择的上市标准以及符合上市条件发表明确意见，且具备充分的理由和依据。本所对前款规定的事项存在疑问的，发行人应当按照本所要求作出解释说明，保荐人及证券服务机构应当进行核查，并相应修改发行上市申请文件。

第二十六条 发行人存在实施员工持股计划、期权激励、整体变更前累计未弥补亏损等事项的处理，由本所另行规定。

第四章 信息披露的要求与审核

第一节 信息披露的要求

第二十七条 申请股票首次发行上市的，发行人及其控股股东、实际控制人、董事、监事和高级管理人员应当依法履行信息披露义务，保荐人、证券服务机构应当依法对发行人的信息披露进行核查把关。

第二十八条 发行人作为信息披露第一责任人，应当诚实守信，依法充分披露投资者作出价值判断和投资决策所必需的信息，保证发行上市申请文件和信息披露的真实、准确、完整，不得有虚假记载、误导性陈述或者重大遗漏。发行人应当为保荐人、证券服务机构及时提供真实、准确、完整的业务运营、财务会计及其他资料，全面配合相关机构开展尽职调查和其他相关工作。

第二十九条 发行人的控股股东、实际控制人、董事、监事、高级管理人员等相关主体应当诚实守信，保证发行上市申请文件和信息披露的真实、准确、完整，依法作出并履行相关承诺，不得损害投资者合法权益。前款规定的相关主体应当全面配合相关机构开展尽职调查和其他相关工作。发行人的控股股东、实际控制人不得指使或者协助发行人进行虚假记载、误导性陈述或者重大遗漏等违法违规行为。

第三十条 保荐人应当诚实守信、勤勉尽责，保证招股说明书及其出具发行保荐书、上市保荐书等文件的真实、准确、完整。保荐人应当严格遵守依法制定的业务规则和行业自律规范的要求，严格执行内部控制制度，对发行上市申请文件进行全面核查验证，对发行人是否符合科创板定位、发行条件、上市条件和信息披露要求作出专业判断，审慎作出推荐决定。

第三十一条 会计师事务所、律师事务所等证券服务机构应当诚实守信、勤勉尽责，保证招股说明书中与其专业职责有关的内容及其出具文件的真实、准确、完整。证券服务机构应当严格遵守法律法规、中国证监会依法制定的监管规则、执业准则、职业道德守则、本所依法制定的业务规则及其他相关规定，建立并保持有效的质量控制体系和投资者保护机制，严格执行内部控制制度，对与其专业职责有关的业务事项进行核查验证，履行特别注意义务，对其他业务事项履行普通注意义务，审慎发表专业意见。证券服务机构及其相关人员从事证券服务业务应当配合本所的自律管理，在规定的期限内提供、报送或披露相关资料、信息，并保证其提供、报送或披露的资料、信息真实、准确、完整，不得有虚假记载、误导性陈述或者重大遗漏。证券服务机构应当妥善保存客户委托文件、核查和验证资料、工作底稿以及与质量控制、内部管理、业务经营有关的信息和资料。

第二节 信息披露的审核

第三十二条 本所对发行上市申请文件进行审核，通过提出问题、回答问题等多种方式，督促发行人及其保荐人、证券服务机构完善信息披露，真实、准确、完整地披露信息，提高信息披露质量。

第三十三条 本所在信息披露审核中，重点关注发行人的信息披露是否达到真实、准确、完整的要求，是否符合招股说明书内容与格式准则的要求。

第三十四条 本所在信息披露审核中，重点关注发行上市申请文件及信息披露内容是否包含对投资者作出投资决策有重大影响的信息,披露程度是否达到投资者作出投资决策所必需的水平。包括但不限于是否充分、全面披露发行人业务、技术、财务、公司治理、投资者保护等方面的信息以及本次发行的情况,是否充分揭示可能对发行人经营状况、财务状况产生重大不利影响的所有因素。

第三十五条 本所在信息披露审核中,重点关注发行上市申请文件及信息披露内容是否一致、合理和具有内在逻辑性,包括但不限于财务数据是否勾稽合理,是否符合发行人实际情况,非财务信息与财务信息是否相互印证,保荐人、证券服务机构核查依据是否充分,能否对财务数据的变动或者与同行业公司存在的差异作出合理解释。

第三十六条 本所在信息披露审核中,重点关注发行上市申请文件披露的内容是否简明易懂,是否便于一般投资者阅读和理解。包括但不限于是否使用浅白语言,是否简明扼要、重点突出、逻辑清晰,是否结合企业自身特点进行有针对性的信息披露。

第三十七条 本所对发行上市申请文件的信息披露进行审核时,可以视情况在审核问询中对发行人、保荐人及证券服务机构,提出下列要求:

(一)解释和说明相关问题及原因;

(二)补充核查相关事项;

(三)补充提供新的证据或材料;

(四)修改或更新信息披露内容。

第五章 审核程序

第一节 审核机构审核

第三十八条 本所发行上市审核机构按照发行上市申请文件受理的先后顺序开始审核。

第三十九条 对股票首次发行上市申请,本所发行上市审核机构自受理之日起二十个工作日内,通过保荐人向发行人提出首轮审核问询。在首轮审核问询发出前,发行人及其保荐人、证券服务机构及其相关人员不得与审核人员接触,不得以任何形式干扰审核工作。

第四十条 在首轮审核问询发出后,发行人及其保荐人对本所审核问询存在疑问的,可以通过本所发行上市审核业务系统进行沟通;确需当面沟通的,可以通过本所发行上市审核业务系统预约。

第四十一条 首轮审核问询后,存在下列情形之一的,本所发行上市审核机构收到发行人回复后十个工作日内可以继续提出审核问询:

（一）首轮审核问询后，发现新的需要问询事项；

（二）发行人及其保荐人、证券服务机构的回复未能有针对性地回答本所发行上市审核机构提出的审核问询，或者本所就其回复需要继续审核问询；

（三）发行人的信息披露仍未满足中国证监会和本所规定的要求；

（四）本所认为需要继续审核问询的其他情形。

第四十二条 发行人及其保荐人、证券服务机构应当按照本所发行上市审核机构审核问询要求进行必要的补充调查和核查，及时、逐项回复本所发行上市审核机构提出的审核问询，相应补充或者修改发行上市申请文件，并于上市委员会审议会议结束后十个工作日内汇总补充报送与审核问询回复相关的保荐工作底稿和更新后的验证版招股说明书。发行人及其保荐人、证券服务机构对本所发行上市审核机构审核问询的回复是发行上市申请文件的组成部分，发行人及其保荐人、证券服务机构应当保证回复的真实、准确、完整，并在回复后及时在本所网站披露问询和回复的内容。

第四十三条 本所发行上市审核机构可以根据需要，就发行上市申请文件中与发行人业务与技术相关的问题，向本所科技创新咨询委员会进行咨询；科技创新咨询委员会所提出的咨询意见，可以供本所审核问询参考。

第四十四条 发行上市申请文件和对本所发行上市审核机构审核问询的回复中，拟披露的信息属于国家秘密、商业秘密，披露后可能导致其违反国家有关保密的法律法规或者严重损害公司利益的，可以豁免披露。发行人应当说明豁免披露的理由，本所认为豁免披露理由不成立的，发行人应当按照规定予以披露。

第四十五条 本所在发行上市审核中，可以根据需要，约见问询发行人的董事、监事、高级管理人员、控股股东、实际控制人以及保荐人、证券服务机构及其相关人员，调阅发行人、保荐人、证券服务机构与发行上市申请相关的资料。

第四十六条 本所依照相关规定，从发行上市申请已被本所受理的发行人中抽取一定比例，对其信息披露质量进行现场检查。本所在发行上市审核中，发现发行上市申请文件存在重大疑问且发行人及其保荐人、证券服务机构回复中无法作出合理解释的，可以对发行人及其保荐人、证券服务机构进行现场检查。

第四十七条 本所发行上市审核机构收到发行人及其保荐人、证券服务机构对本所审核问询的回复后,认为不需要进一步审核问询的,将出具审核报告并提交上市委员会审议。

第四十八条 申请股票首次发行上市的,本所在规定的时限内出具发行人符合发行条件、上市条件和信息披露要求的审核意见或者作出终止发行上市审核的决定,但发行人及其保荐人、证券服务机构回复本所审核问询的时间不计算在内。发行人及其保荐人、证券服务机构回复本所审核问询的时间总计不超过三个月。自受理发行上市申请文件之日起,本所审核和中国证监会注册的时间总计不超过三个月。本规则规定的中止审核、请示有权机关、落实上市委员会意见、暂缓审议、处理会后事项、实施现场检查、要求进行专项核查,并要求发行人补充、修改申请文件等情形,不计算在前两款规定的时限内。

第四十九条 发行上市审核中,发行人回复本所审核问询或者发生其他情形,需要更新预先披露文件的,应当修改相关信息披露文件,并在本所发出上市委员会会议通知前,将修改后的招股说明书、发行保荐书、上市保荐书、审计报告和法律意见书等文件预先披露。

第二节 上市委员会审议

第五十条 上市委员会召开审议会议,对本所发行上市审核机构出具的审核报告及发行上市申请文件进行审议。每次审议会议由五名委员参加,其中会计、法律专家至少各一名。

第五十一条 上市委员会进行审议时要求对发行人及其保荐人进行现场问询的,发行人代表及保荐代表人应当到会接受问询,回答委员提出的问题。

第五十二条 上市委员会审议时,参会委员就审核报告的内容和发行上市审核机构提出的初步审核意见发表意见,通过合议形成发行人是否符合发行条件、上市条件和信息披露要求的审议意见。发行人存在发行条件、上市条件或者信息披露方面的重大事项有待进一步核实,无法形成审议意见的,经会议合议,上市委员会可以对该发行人的发行上市申请暂缓审议。暂缓审议时间不超过二个月。对发行人的同一发行上市申请,上市委员会只能暂缓审议一次。

第五十三条 本所结合上市委员会的审议意见,出具发行人符合发行条件、上市条件和信息披露要求的审核意见或者作出终止发行上市审核的决定。上市委员会认为发行人符合发行条件、上市条件和信息披露要求,但要求发行人补充披露有关信息的,本所发行上市审核机构告知保荐人组织落实;发行上市审核机构对发行人及其保荐人、证券服务机构的落实情况予以核对,通报参会委员,无须再次提请上市委员会审议。发行人对相关事项补充披露后,本所出具发行人符合发行条件、上市条件和信息披露要求的审核意见。

第三节 向证监会报送审核意见

第五十四条 本所审核通过的,向中国证监会报送发行人符合发行条件、上市条件和信息披露要求的审核意见、相关审核资料和发行人的发行上市申请文件。中国证监会要求本所进一步问询的,本所向发行人及保荐人、证券服务机构提出反馈问题。中国证监会在注册程序中,决定退回本所补充审核的,本所发行上市审核机构对要求补充审核的事项重新审核,并提交上市委员会审议。本所审核通过的,重新向中国证监会报送审核意见及相关资料;审核不通过的,作出终止发行上市审核的决定。

第五十五条 发行人应当根据本所审核意见或者其他需要更新预先披露文件的情形,修改相关信息披露文件;本所向中国证监会报送发行人符合发行条件、上市条件和信息披露要求的审核意见时,发行人应当将修改后的招股说明书、发行保荐书、上市保荐书、审计报告和法律意见书等文件在中国证监会网站和本所网站同步公开。

第五十六条 发行人在取得中国证监会同意注册决定后,启动股票公开发行前,应当在本所网站和符合中国证监会规定条件的网站披露招股意向书。

第五十七条 发行价格确定后五个工作日内,发行人应当在本所网站和符合中国证监会规定条件的网站刊登招股说明书,同时在符合中国证监会规定条件的报刊刊登提示性公告,告知投资者网上刊登的地址及获取文件的途径。招股说明书的有效期为六个月,自公开发行前最后一次签署之日起计算。发行人应当使用有效期内的招股说明书完成本次发行。招股说明书中引用的财务报表在其最近一期截止日后六个月内有效。特别情况下发行人可以申请适当延长,延长至多不超过三个月。财务报表应当以年度末、半年度末或者季度末为截止日。

第四节 会后事项

第五十八条 本所受理发行上市申请后至股票上市交易前,发生重大事项的,发行人及其保荐人应当及时向本所报告,并按要求更新发行上市申请文件。发行人的保荐人、证券服务机构应当持续履行尽职调查职责,并向本所提交专项核查意见。

第五十九条 上市委员会审议会议后至股票上市交易前,发生重大事项,对发行人是否符合发行条件、上市条件或者信息披露要求产生重大影响的,发行上市审核机构经重新审核后决定是否重新提交上市委员会审议。重新提交上市委员会审议的,应当向中国证监会报告,并按照本章的相关规定办理。

第六十条 中国证监会作出注册决定后至股票上市交易前,发生重大事项,可能导致发行人不符合发行条件、上市条件或者信息披露要求的,发行人应当暂停发行;已经发行的,暂缓上市。本所发现发行人存在上述情形的,有权要求发行人暂缓上市。发行人及其保荐人应当将上述情况及时报告本所并作出公告,说明重大事项相关情况及发行人将暂停发行、暂缓上市。本所经审核认为相关重大事项导致发行人不符合发行条件、上市条件或者信息披露要求的,将出具明确意见并向中国证监会报告。

第五节 复 审

第六十一条 本所对发行上市申请不予受理或者终止审核的,发行人可以在收到本所相关文件后五个工作日内,向本所申请复审。但因发行人撤回发行上市申请或者保荐人撤回保荐终止审核的,发行人不得申请复审。

第六十二条 发行人根据前条规定申请复审的,应当向本所提交下列申请文件:

(一)复审申请书;

(二)保荐人就复审事项出具的意见书;

(三)律师事务所就复审事项出具的法律意见书;

(四)本所规定的其他文件。

第六十三条 本所收到复审申请后二十个工作日内,召开上市委员会复审会议。上市委员会复审期间,原决定的效力不受影响。上市委员会复审会议认为申请复审理由成立的,本所对发行上市申请予以受理或者重新审核,审核时限自受理之日或重新审核之日起算,本所对审核时限另有规定的除外;复审会议认为申请复审理由不成立的,本所维持原决定。

本所因发行人不符合发行条件、上市条件或者信息披露要求作出终止发行上市审核的决定后，发行人提出异议申请复审的，参加上市委员会原审议会议的委员，不得参加本次复审会议。

第六章 审核中止与终止

第六十四条 出现下列情形之一的，发行人、保荐人和证券服务机构应当及时告知本所，本所将中止发行上市审核，通知发行人及其保荐人：

（一）发行人及其控股股东、实际控制人涉嫌贪污、贿赂、侵占财产、挪用财产或者破坏社会主义市场经济秩序的犯罪，或者涉嫌欺诈发行、重大信息披露违法或其他涉及国家安全、公共安全、生态安全、生产安全、公众健康安全等领域的重大违法行为，被立案调查或者被司法机关立案侦查，尚未结案；

（二）发行人的保荐人或者签字保荐代表人、证券服务机构或者相关签字人员因首次公开发行并上市、上市公司发行证券、并购重组业务涉嫌违法违规，或者其他业务涉嫌违法违规且对市场有重大影响被中国证监会立案调查，或者被司法机关侦查，尚未结案；

（三）发行人的保荐人、证券服务机构被中国证监会依法采取限制业务活动、责令停业整顿、指定其他机构托管或者接管等监管措施，尚未解除；

（四）发行人的签字保荐代表人、证券服务机构相关签字人员被中国证监会依法采取市场禁入、认定为不适当人选等监管措施，尚未解除；

（五）保荐人或者签字保荐代表人、证券服务机构或者相关签字人员，被本所实施一定期限内不接受其出具的相关文件的纪律处分，尚未解除；

（六）发行上市申请文件中记载的财务资料已过有效期，需要补充提交；

（七）发行人及保荐人主动要求中止审核，理由正当并经本所同意。

出现前款第一项至六项所列情形，发行人、保荐人和证券服务机构未及时告知本所，本所经核实符合中止审核情形的，将直接中止审核。

第六十五条 因前条第一款第二项至五项中止审核，发行人根据规定需要更换保荐人或者证券服务机构的，更换后的保荐人或者证券服务机构应当自中止审核之日起三个月内完成尽职调查，重新出具相关文件，并对原保荐人或者证券服务机构出具的文件进行复核，出具复核意见，对差异情况作出说明。发行人根据规定无需更换保荐人或者证券服务机构的,保荐人或者证券服务机构应当及时向本所出具复核报告。因前条第一款第二项至五项中止审核,发行人更换签字保荐代表人或者证券服务机构相关签字人员的,更换后的保荐代表人或者证券服务机构相关人员应当自中止审核之日起一个月内,对原保荐代表人或者证券服务机构相关人员签字的文件进行复核,出具复核意见,对差异情况作出说明。因前条第一款第六项、第七项中止审核的,发行人应当在中止审核后三个月内补充提交有效文件或者消除主动要求中止审核的相关情形。

第六十六条 本规则第六十四条第一款所列中止审核的情形消除或者在本规则第六十五条规定的时限内完成相关事项后,发行人、保荐人和证券服务机构应当及时告知本所。本所经审核确认后,恢复对发行人的发行上市审核,并通知发行人及其保荐人。依照前款规定恢复审核的,审核时限自恢复审核之日起继续计算。但发行人对其财务报告期进行调整达到一个或一个以上会计年度的,审核时限自恢复审核之日起重新起算。

第六十七条 出现下列情形之一的,本所将终止发行上市审核,通知发行人及其保荐人:

(一)发行上市申请文件内容存在重大缺陷,严重影响投资者理解和本所审核;

(二)发行人撤回发行上市申请或者保荐人撤销保荐;

(三)发行人未在规定时限内回复本所审核问询或者未对发行上市申请文件作出解释说明、补充修改;

(四)发行上市申请文件被认定存在虚假记载、误导性陈述或者重大遗漏;

(五)发行人阻碍或者拒绝本所依法实施的检查;

(六)发行人及其关联方以不正当手段严重干扰本所发行上市审核工作;

(七)发行人的法人资格终止;

(八)本规则第六十四条第一款规定的中止审核情形未能在三个月内消除,或者未能在本规则第六十五条规定的时限内完成相关事项;

(九)本所审核认为发行人不符合发行条件、上市条件或者信息披露要求。

第七章 审核相关事项

第六十八条 本所受理发行上市申请后至股票上市交易前，发行人及其保荐人应当密切关注公共媒体关于发行人的重大报道、市场传闻。相关报道、传闻与发行人信息披露存在重大差异，所涉事项可能对本次发行上市产生重大影响的，发行人及其保荐人应当向本所作出解释说明，并按规定履行信息披露义务；保荐人、证券服务机构应当进行必要的核查并将核查结果向本所报告。

第六十九条 本所受理发行上市申请后至股票上市交易前，本所收到与发行人本次发行上市相关的投诉举报的，可以就投诉举报涉及的事项向发行人及其保荐人、证券服务机构进行问询，要求发行人及其保荐人向本所作出解释说明，并按规定履行信息披露义务；要求保荐人、证券服务机构进行必要的核查并将核查结果向本所报告。

第七十条 发行人应当将信息披露文件刊登在本所网站，并按照规定在符合中国证监会规定条件的网站刊登相关信息披露文件。发行人应当保证在符合中国证监会规定条件的网站与在本所网站披露的相应文件内容完全一致。发行人可以将信息披露文件刊登于其他网站，但披露内容应当完全一致，且披露时间不得早于本所网站和符合中国证监会规定条件的网站的披露时间。发行人不得以新闻发布或者答记者问等其他形式代替信息披露或者泄露未公开信息。

第七十一条 本所向市场公开发行上市审核工作的下列信息，接受社会监督：

（一）发行上市审核标准和审核程序等发行上市审核业务规则，以及相关监管问答；

（二）在审企业名单、企业基本信息及审核工作进度；

（三）本所审核问询和发行人及其保荐人、证券服务机构回复，但涉及国家秘密或者发行人商业秘密的除外；

（四）上市委员会会议的时间、参会委员名单、审议的发行人名单、审议结果及现场问询问题；

（五）本所对发行人及其控股股东、实际控制人、保荐人、证券服务机构及其相关人员采取的监管措施或者纪律处分；

（六）本所认为必要的其他信息。

第八章 自律管理

第七十二条 本所在发行上市审核中，可以根据本规则及本所相关

规则采取下列监管措施:

(一)书面警示;

(二)监管谈话;

(三)要求限期改正;

(四)要求公开更正、澄清或者说明;

(五)本所规定的其他监管措施。

第七十三条 本所在发行上市审核中,可以根据本规则及本所相关规则实施下列纪律处分:

(一)通报批评;

(二)公开谴责;

(三)六个月至五年内不接受发行人提交的发行上市申请文件;

(四)三个月至三年内不接受保荐人、证券服务机构提交的发行上市申请文件、信息披露文件;

(五)三个月至三年内不接受保荐代表人及保荐人其他相关人员、证券服务机构相关人员签字的发行上市申请文件、信息披露文件;

(六)公开认定发行人董事、监事、高级管理人员三年以上不适合担任上市公司董事、监事、高级管理人员;

(七)本所规定的其他纪律处分。

第七十四条 本规则第九条规定的主体出现下列情形之一的,本所可以视情节轻重采取书面警示、监管谈话、要求限期改正等监管措施,或者给予通报批评、公开谴责、三个月至一年内不接受保荐人、证券服务机构及相关人员提交或签字的发行上市申请文件及信息披露文件、六个月至一年内不接受发行人提交的发行上市申请文件等纪律处分:

(一)制作、出具的发行上市申请文件不符合要求,或者擅自改动招股说明书等发行上市申请文件;

(二)发行上市申请文件、信息披露文件内容存在重大缺陷,严重影响投资者理解和本所审核;

(三)发行上市申请文件、信息披露文件未做到真实、准确、完整,但未达到虚假记载、误导性陈述和重大遗漏的程度;

(四)发行上市申请文件前后存在实质性差异且无合理理由;

(五)未在规定时限内回复本所审核问询,且未说明理由;

(六)未及时向本所报告相关重大事项或者未及时披露;

(七)本所认定的其他情形。

第七十五条　存在下列情形之一的，本所对发行人给予一年至五年内不接受其提交的发行上市申请文件的纪律处分：

（一）发行人向本所报送的发行上市申请文件、信息披露文件被认定存在虚假记载、误导性陈述或者重大遗漏；

（二）发行人拒绝、阻碍、逃避本所检查，谎报、隐匿、销毁相关证据材料；

（三）发行人及其关联方以不正当手段严重干扰本所发行上市审核工作；

（四）重大事项未向本所报告或者未披露；

（五）发行上市申请文件中发行人或者其董事、监事、高级管理人员、控股股东、实际控制人的签字、盖章系伪造、变造。

第七十六条　发行人的控股股东、实际控制人、董事、监事、高级管理人员违反本规则规定，致使发行人报送的发行上市申请文件、信息披露文件被认定存在虚假记载、误导性陈述或者重大遗漏的，本所可以视情节轻重对相关主体给予通报批评、公开谴责、公开认定三年以上不适合担任上市公司董事、监事、高级管理人员或者自确认之日起一年至五年内不接受控股股东、实际控制人及其控制的其他发行人提交的发行上市申请文件等纪律处分。

第七十七条　保荐人未勤勉尽责，致使发行上市申请文件、信息披露文件被认定存在虚假记载、误导性陈述或者重大遗漏的，本所视情节轻重，自确认之日起，可以对保荐人、保荐代表人及相关责任人员给予一年至三年内不接受其提交或签字的发行上市申请文件、信息披露文件的纪律处分。证券服务机构未勤勉尽责，致使发行上市申请文件、信息披露文件中与其职责有关的内容及其所出具的文件被认定存在虚假记载、误导性陈述或者重大遗漏的，本所视情节轻重，自确认之日起，可以对相关机构及其责任人员给予三个月至三年内不接受其提交或签字的发行上市申请文件、信息披露文件的纪律处分。保荐人、证券服务机构及其相关人员存在下列情形之一的，本所视情节轻重，可以给予三个月至三年内不接受其提交或者签字的发行上市申请文件、信息披露文件的纪律处分：

（一）伪造、变造发行上市申请文件中的签字、盖章；

（二）重大事项未报告或者未披露；

（三）以不正当手段干扰本所发行上市审核工作；

（四）内部控制、尽职调查等制度存在缺陷或者未有效执行；

（五）通过相关业务谋取不正当利益；

（六）不履行其他法定职责。

第七十八条 保荐人报送的发行上市申请在一年内累计两次被本所不予受理的，自第二次收到本所相关文件之日起三个月后，方可向本所报送新的发行上市申请。本所审核认为发行人不符合发行条件、上市条件或者信息披露要求作出终止发行上市审核的决定或者中国证监会作出不予注册决定的，自决定作出之日起六个月后，发行人方可再次向本所提交发行上市申请。

第七十九条 发行人披露盈利预测的，利润实现数未达到盈利预测百分之八十的，除因不可抗力外，本所可以对发行人及其董事长、总经理、财务负责人给予通报批评、公开谴责或者一年内不接受发行人提交的发行上市申请文件的纪律处分；对签字保荐代表人给予通报批评、公开谴责或者三个月至一年内不接受其签字的发行上市申请文件、信息披露文件的纪律处分。利润实现数未达到盈利预测百分之五十的，除因不可抗力外，本所可以对发行人及其董事长、总经理、财务负责人给予公开谴责或者三年内不接受发行人提交的发行上市申请文件的纪律处分；对签字保荐代表人给予公开谴责或者一年至二年内不接受其签字的发行上市申请文件、信息披露文件的纪律处分。注册会计师在对前两款规定的盈利预测出具审核报告的过程中未勤勉尽责的，本所可以对签字注册会计师给予通报批评、公开谴责或者一年内不接受其签字的发行上市申请文件、信息披露文件的纪律处分。

第八十条 监管对象不服本所给予第七十三条第二项至六项的纪律处分决定的，可以按照《上海证券交易所复核实施办法》向本所提出复核申请。

第八十一条 本所建立发行人及其控股股东、实际控制人、董事、监事、高级管理人员以及保荐人、证券服务机构及其相关人员等机构和个人的诚信公示制度，对外公开本所采取的监管措施和纪律处分，记入诚信档案，并向中国证监会报告。本所对保荐人、证券服务机构在科创板从事股票发行上市相关业务的执业质量进行定期评价，评价结果供发行上市审核参考。

第八十二条 本所在发行上市审核中，发现发行人及其控股股东、实际控制人、保荐人、证券服务机构及其相关人员涉嫌证券违法行为的，将依法报中国证监会查处。

第九章 附 则

第八十三条 本规则下列用语具有如下含义：

（一）营业收入：指公司利润表列报的营业收入；公司编制合并财务报表的为合并利润表列报的营业总收入。

（二）净利润：指公司利润表列报的净利润；公司编制合并财务报表的为合并利润表列报的归属于母公司所有者的净利润，不包括少数股东损益。

（三）经营活动产生的现金流量净额：指公司现金流量表列报的经营活动产生的现金流量净额；公司编制合并财务报表的为合并现金流量表列报的经营活动产生的现金流量净额。

（四）预计市值：指股票公开发行后按照总股本乘以发行价格计算出来的发行人股票名义总价值。

（五）红筹企业：指注册地在境外、主要经营活动在境内的企业。

（六）表决权差异安排：指发行人按照《中华人民共和国公司法》第一百三十一条的规定，在一般规定的普通股份之外，发行拥有特别表决权的股份。每一特别表决权的股份拥有的表决权数量大于每一普通股份拥有的表决权数量，其他股东权利与普通股份相同。

（七）验证版招股说明书：指在招股说明书中标示出重要的披露内容对应保荐工作底稿依据的招股说明书版本。

第八十四条 本规则经本所理事会审议通过，报中国证监会批准后生效，修改时亦同。

第八十五条 本规则由本所负责解释。

第八十六条 本规则自发布之日起施行。

第二十二条 【注册决定】 国务院证券监督管理机构或者国务院授权的部门应当自受理证券发行申请文件之日起三个月内，依照法定条件和法定程序作出予以注册或者不予注册的决定，发行人根据要求补充、修改发行申请文件的时间不计算在内。不予注册的，应当说明理由。

第二十三条 【公开发行募集文件的公告】 证券发行申请经注册后，发行人应当依照法律、行政法规的规定，在证券公开发行前公告公开发行募集文件，并将该文件置备于指定场所供公众查阅。

发行证券的信息依法公开前，任何知情人不得公开或者泄露该信息。

发行人不得在公告公开发行募集文件前发行证券。

第二十四条 【发行注册决定的撤销】 国务院证券监督管理机构或者国务院授权的部门对已作出的证券发行注册的决定,发现不符合法定条件或者法定程序,尚未发行证券的,应当予以撤销,停止发行。已经发行尚未上市的,撤销发行注册决定,发行人应当按照发行价并加算银行同期存款利息返还证券持有人;发行人的控股股东、实际控制人以及保荐人,应当与发行人承担连带责任,但是能够证明自己没有过错的除外。

股票的发行人在招股说明书等证券发行文件中隐瞒重要事实或者编造重大虚假内容,已经发行并上市的,国务院证券监督管理机构可以责令发行人回购证券,或者责令负有责任的控股股东、实际控制人买回证券。

第二十五条 【投资者自负原则】 股票依法发行后,发行人经营与收益的变化,由发行人自行负责;由此变化引致的投资风险,由投资者自行负责。

第二十六条 【证券承销】 发行人向不特定对象发行的证券,法律、行政法规规定应当由证券公司承销的,发行人应当同证券公司签订承销协议。证券承销业务采取代销或者包销方式。

证券代销是指证券公司代发行人发售证券,在承销期结束时,将未售出的证券全部退还给发行人的承销方式。

证券包销是指证券公司将发行人的证券按照协议全部购入或者在承销期结束时将售后剩余证券全部自行购入的承销方式。

第二十七条 【发行人自主选择承销商】 公开发行证券的发行人有权依法自主选择承销的证券公司。

第二十八条 【承销协议】 证券公司承销证券,应当同发行人签订代销或者包销协议,载明下列事项:

(一)当事人的名称、住所及法定代表人姓名;

(二)代销、包销证券的种类、数量、金额及发行价格;

(三)代销、包销的期限及起止日期;

(四)代销、包销的付款方式及日期;

（五）代销、包销的费用和结算办法；

（六）违约责任；

（七）国务院证券监督管理机构规定的其他事项。

第二十九条 【承销商的义务与责任】证券公司承销证券，应当对公开发行募集文件的真实性、准确性、完整性进行核查。发现有虚假记载、误导性陈述或者重大遗漏的，不得进行销售活动；已经销售的，必须立即停止销售活动，并采取纠正措施。

证券公司承销证券，不得有下列行为：

（一）进行虚假的或者误导投资者的广告宣传或者其他宣传推介活动；

（二）以不正当竞争手段招揽承销业务；

（三）其他违反证券承销业务规定的行为。

证券公司有前款所列行为，给其他证券承销机构或者投资者造成损失的，应当依法承担赔偿责任。

第三十条 【承销团】向不特定对象发行证券聘请承销团承销的，承销团应当由主承销和参与承销的证券公司组成。

第三十一条 【承销期限】证券的代销、包销期限最长不得超过九十日。

证券公司在代销、包销期内，对所代销、包销的证券应当保证先行出售给认购人，证券公司不得为本公司预留所代销的证券和预先购入并留存所包销的证券。

第三十二条 【发行价格的确定】股票发行采取溢价发行的，其发行价格由发行人与承销的证券公司协商确定。

第三十三条 【发行失败】股票发行采用代销方式，代销期限届满，向投资者出售的股票数量未达到拟公开发行股票数量百分之七十的，为发行失败。发行人应当按照发行价并加算银行同期存款利息返还股票认购人。

第三十四条 【股票发行情况的备案】公开发行股票，代销、包销期限届满，发行人应当在规定的期限内将股票发行情况报国务院证券监督管理机构备案。

第三章 证券交易

第一节 一般规定

第三十五条 【可交易证券范围】 证券交易当事人依法买卖的证券，必须是依法发行并交付的证券。

非依法发行的证券，不得买卖。

第三十六条 【证券转让期限的限制性规定】 依法发行的证券，《中华人民共和国公司法》和其他法律对其转让期限有限制性规定的，在限定的期限内不得转让。

上市公司持有百分之五以上股份的股东、实际控制人、董事、监事、高级管理人员，以及其他持有发行人首次公开发行前发行的股份或者上市公司向特定对象发行的股份的股东，转让其持有的本公司股份的，不得违反法律、行政法规和国务院证券监督管理机构关于持有期限、卖出时间、卖出数量、卖出方式、信息披露等规定，并应当遵守证券交易所的业务规则。

第三十七条 【证券交易场所】 公开发行的证券，应当在依法设立的证券交易所上市交易或者在国务院批准的其他全国性证券交易场所交易。

非公开发行的证券，可以在证券交易所、国务院批准的其他全国性证券交易场所、按照国务院规定设立的区域性股权市场转让。

相关行政法规条文

《国务院关于全国中小企业股份转让系统有关问题的决定》(国发〔2013〕49号，2013年12月13日)规定了全国股份转让系统是依据证券法设立的全国性证券交易场所：全国股份转让系统是经国务院批准，依据证券法设立的全国性证券交易场所，主要为创新型、创业型、成长型中小微企业发展服务。境内符合条件的股份公司均可通过主办券商申请在全国股份转让系统挂牌，公开转让股份，进行股权融资、债权融资、资产重组等。申请挂牌的公司应当业务明确、产权清晰、依法规范经营、公司治理健全,可以尚未盈利,但须履行信息披露义务,所披露的信息应当真实、准确、完整。

在全国股份转让系统挂牌的公司,达到股票上市条件的,可以直接向证券交易所申请上市交易。在符合《国务院关于清理整顿各类交易场所切实防范金融风险的决定》(国发〔2011〕38号)要求的区域性股权转让市场进行股权非公开转让的公司,符合挂牌条件的,可以申请在全国股份转让系统挂牌公开转让股份。

挂牌公司依法纳入非上市公众公司监管,股东人数可以超过200人。股东人数未超过200人的股份公司申请在全国股份转让系统挂牌,证监会豁免核准。挂牌公司向特定对象发行证券,且发行后证券持有人累计不超过200人的,证监会豁免核准。依法需要核准的行政许可事项,证监会应当建立简便、快捷、高效的行政许可方式,简化审核流程,提高审核效率,无需再提交证监会发行审核委员会审核。

相关行政规章

《非上市公众公司监督管理办法》(中国证券监督管理委员会令第161号,自2019年12月20日起施行)

第一章 总 则

第一条 为了规范非上市公众公司股票转让和发行行为,保护投资者合法权益,维护社会公共利益,根据《证券法》、《公司法》及相关法律法规的规定,制定本办法。

第二条 本办法所称非上市公众公司(以下简称公众公司)是指有下列情形之一且其股票未在证券交易所上市交易的股份有限公司:

(一)股票向特定对象发行或者转让导致股东累计超过200人;

(二)股票公开转让。

第三条 公众公司应当按照法律、行政法规、本办法和公司章程的规定,做到股权明晰,合法规范经营,公司治理机制健全,履行信息披露义务。

第四条 公众公司公开转让股票应当在全国中小企业股份转让系统(以下简称全国股转系统)进行,公开转让的公众公司股票应当在中国证券登记结算公司集中登记存管。

第五条 公众公司可以依法进行股权融资、债权融资、资产重组等。

公众公司发行优先股、可转换公司债券等证券品种,应当遵守法律、行政法规和中国证券监督管理委员会(以下简称中国证监会)的相关规定。

第六条 为公司出具专项文件的证券公司、律师事务所、会计师事务所及其他证券服务机构,应当勤勉尽责、诚实守信,认真履行审慎核查义务,按照依法制定的业务规则、行业执业规范和职业道德准则发表专业意见,保证所出具文件的真实性、准确性和完整性,并接受中国证监会的监管。

第二章 公司治理

第七条 公众公司应当依法制定公司章程。

中国证监会依法对公众公司章程必备条款作出具体规定,规范公司章程的制定和修改。

第八条 公众公司应当建立兼顾公司特点和公司治理机制基本要求的股东大会、董事会、监事会制度,明晰职责和议事规则。

第九条 公众公司的治理结构应当确保所有股东,特别是中小股东充分行使法律、行政法规和公司章程规定的合法权利。

股东对法律、行政法规和公司章程规定的公司重大事项,享有知情权和参与权。

公众公司应当建立健全投资者关系管理,保护投资者的合法权益。

第十条 公众公司股东大会、董事会、监事会的召集、提案审议、通知时间、召开程序、授权委托、表决和决议等应当符合法律、行政法规和公司章程的规定;会议记录应当完整并安全保存。

股东大会的提案审议应当符合规定程序,保障股东的知情权、参与权、质询权和表决权;董事会应当在职权范围和股东大会授权范围内对审议事项作出决议,不得代替股东大会对超出董事会职权范围和授权范围的事项进行决议。

第十一条 公众公司董事会应当对公司的治理机制是否给所有的股东提供合适的保护和平等权利等情况进行充分讨论、评估。

第十二条 公众公司应当强化内部管理,按照相关规定建立会计核算体系、财务管理和风险控制等制度,确保公司财务报告真实可靠及行为合法合规。

第十三条 公众公司进行关联交易应当遵循平等、自愿、等价、有偿的原则,保证交易公平、公允,维护公司的合法权益,根据法律、行政法规、中国证监会的规定和公司章程,履行相应的审议程序。

关联交易不得损害公众公司利益。

第十四条 公众公司应当采取有效措施防止股东及其关联方以各

种形式占用或者转移公司的资金、资产及其他资源。

公众公司股东、实际控制人、董事、监事及高级管理人员不得实施侵占公司资产、利益输送等损害公众公司利益的行为。

未经董事会或股东大会批准或授权,公众公司不得对外提供担保。

第十五条 公众公司实施并购重组行为,应当按照法律、行政法规、中国证监会的规定和公司章程,履行相应的决策程序并聘请证券公司和相关证券服务机构出具专业意见。

任何单位和个人不得利用并购重组损害公众公司及其股东的合法权益。

第十六条 进行公众公司收购,收购人或者其实际控制人应当具有健全的公司治理机制和良好的诚信记录。收购人不得以任何形式从被收购公司获得财务资助,不得利用收购活动损害被收购公司及其股东的合法权益。

在公众公司收购中,收购人持有的被收购公司的股份,在收购完成后 12 个月内不得转让。

第十七条 公众公司实施重大资产重组,重组的相关资产应当权属清晰、定价公允,重组后的公众公司治理机制健全,不得损害公众公司和股东的合法权益。

第十八条 公众公司应当按照法律的规定,同时结合公司的实际情况在章程中约定建立表决权回避制度。

第十九条 公众公司应当在章程中约定纠纷解决机制。股东有权按照法律、行政法规和公司章程的规定,通过仲裁、民事诉讼或者其他法律手段保护其合法权益。

第二十条 股票公开转让的科技创新公司存在特别表决权股份的,应当在公司章程中规定以下事项:

(一)特别表决权股份的持有人资格;

(二)特别表决权股份拥有的表决权数量与普通股份拥有的表决权数量的比例安排;

(三)持有人所持特别表决权股份能够参与表决的股东大会事项范围;

(四)特别表决权股份锁定安排及转让限制;

(五)特别表决权股份与普通股份的转换情形;

(六)其他事项。全国股转系统应对存在特别表决权股份的公司表决权差异的设置、存续、调整、信息披露和投资者保护等事项制定具体规定。

第三章 信息披露

第二十一条 公司及其他信息披露义务人应当按照法律、行政法规和中国证监会的规定履行信息披露义务,所披露的信息应当真实、准确、完整,不得有虚假记载、误导性陈述或者重大遗漏。公司及其他信息披露义务人应当及时、公平地向所有投资者披露信息。

公司的董事、监事、高级管理人员应当忠实、勤勉地履行职责,保证公司披露信息的真实、准确、完整。

第二十二条 信息披露文件主要包括公开转让说明书、定向转让说明书、定向发行说明书、发行情况报告书、公开发行说明书、定期报告和临时报告等。具体的内容与格式、编制规则及披露要求,由中国证监会另行制定。

第二十三条 股票公开转让与定向发行的公众公司应当报送年度报告、中期报告,并予公告。年度报告中的财务会计报告应当经符合《证券法》规定的会计师事务所审计。

股票向特定对象转让导致股东累计超过200人的公众公司,应当报送年度报告,并予公告。年度报告中的财务会计报告应当经会计师事务所审计。

第二十四条 公众公司董事、高级管理人员应当对定期报告签署书面确认意见;对报告内容有异议的,应当单独陈述理由,并与定期报告同时披露。公众公司不得以董事、高级管理人员对定期报告内容有异议为由不按时披露定期报告。

公众公司监事会应当对董事会编制的定期报告进行审核并提出书面审核意见,说明董事会对定期报告的编制和审核程序是否符合法律、行政法规、中国证监会的规定和公司章程,报告的内容是否能够真实、准确、完整地反映公司实际情况。

第二十五条 证券公司、律师事务所、会计师事务所及其他证券服务机构出具的文件和其他有关的重要文件应当作为备查文件,予以披露。

第二十六条 发生可能对股票价格产生较大影响的重大事件,投资者尚未得知时,公众公司应当立即将有关该重大事件的情况向中国证监会和全国股转系统报送临时报告,并予以公告,说明事件的起因、目前的状态和可能产生的后果。

第二十七条 中国证监会对公众公司实行差异化信息披露管理，具体规定由中国证监会另行制定。

第二十八条 公众公司实施并购重组的，相关信息披露义务人应当依法严格履行公告义务。

参与并购重组的相关单位和人员，应当及时、准确地向公众公司通报有关信息，配合公众公司真实、准确、完整地进行披露，在并购重组的信息依法披露前负有保密义务，禁止利用该信息进行内幕交易。

第二十九条 公众公司应当制定信息披露事务管理制度并指定具有相关专业知识的人员负责信息披露事务。

第三十条 除监事会公告外，公众公司披露的信息应当以董事会公告的形式发布。董事、监事、高级管理人员非经董事会书面授权，不得对外发布未披露的信息。

第三十一条 公司及其他信息披露义务人依法披露的信息，应当在符合《证券法》规定的信息披露平台公布。公司及其他信息披露义务人可在公司网站或者其他公众媒体上刊登依本办法必须披露的信息，但披露的内容应当完全一致，且不得早于在上述信息披露平台披露的时间。

股票向特定对象转让导致股东累计超过200人的公众公司可以在公司章程中约定其他信息披露方式；在《证券法》规定的信息披露平台披露相关信息的，应当符合本条第一款的要求。

第三十二条 公司及其他信息披露义务人应当将信息披露公告文稿和相关备查文件置备于公司住所供社会公众查阅。

第三十三条 公司应当配合为其提供服务的证券公司及律师事务所、会计师事务所等证券服务机构的工作，按要求提供所需资料，不得要求证券公司、证券服务机构出具与客观事实不符的文件或者阻碍其工作。

第四章 股票转让

第三十四条 股票向特定对象转让导致股东累计超过200人的股份有限公司，应当自上述行为发生之日起3个月内，按照中国证监会有关规定制作申请文件，申请文件应当包括但不限于：定向转让说明书、律师事务所出具的法律意见书、会计师事务所出具的审计报告。股份有限公司持申请文件向中国证监会申请核准。在提交申请文件前，股份有限公司应当将相关情况通知所有股东。

在3个月内股东人数降至200人以内的,可以不提出申请。

股票向特定对象转让应当以非公开方式协议转让。申请股票挂牌公开转让的,按照本办法第三十五条、第三十六条的规定办理。

第三十五条 公司申请其股票挂牌公开转让的,董事会应当依法就股票挂牌公开转让的具体方案作出决议,并提请股东大会批准,股东大会决议必须经出席会议的股东所持表决权的2/3以上通过。

董事会和股东大会决议中还应当包括以下内容:

(一)按照中国证监会的相关规定修改公司章程;

(二)按照法律、行政法规和公司章程的规定建立健全公司治理机制;

(三)履行信息披露义务,按照相关规定披露公开转让说明书、年度报告、中期报告及其他信息披露内容。

公司申请其股票挂牌公开转让时,可以按照本办法第五章规定申请发行股票。

第三十六条 股东人数超过200人的公司申请其股票挂牌公开转让,应当按照中国证监会有关规定制作公开转让的申请文件,申请文件应当包括但不限于:公开转让说明书、律师事务所出具的法律意见书、符合《证券法》规定的会计师事务所出具的审计报告、证券公司出具的推荐文件、全国股转系统的自律监管意见。公司持申请文件向中国证监会申请核准。

公开转让说明书应当在公开转让前披露。

第三十七条 股东人数未超过200人的公司申请其股票挂牌公开转让,中国证监会豁免核准,由全国股转系统进行审查。

第三十八条 中国证监会受理申请文件后,依法对公司治理和信息披露进行审核,在20个工作日内作出核准、中止审核、终止审核、不予核准的决定。

第三十九条 公司及其董事、监事、高级管理人员,应当对公开转让说明书、定向转让说明书签署书面确认意见,保证所披露的信息真实、准确、完整。

第四十条 申请股票挂牌公开转让的公司应当聘请证券公司推荐其股票挂牌公开转让。证券公司应当对所推荐的股票公开转让的公众公司进行持续督导,督促公司诚实守信、及时履行信息披露义务、完善公司治理、提高规范运作水平。

股票公开转让的公众公司应当配合证券公司持续督导工作，接受证券公司的指导和督促。

第四十一条　本办法施行前股东人数超过200人的股份有限公司，符合条件的，可以申请在全国股转系统挂牌公开转让股票、首次公开发行并在证券交易所上市。

第五章　定向发行

第四十二条　本办法所称定向发行包括股份有限公司向特定对象发行股票导致股东累计超过200人，以及公众公司向特定对象发行股票两种情形。

前款所称特定对象的范围包括下列机构或者自然人：

（一）公司股东；

（二）公司的董事、监事、高级管理人员、核心员工；

（三）符合投资者适当性管理规定的自然人投资者、法人投资者及其他经济组织。

股票未公开转让的公司确定发行对象时，符合本条第二款第（三）项规定的投资者合计不得超过35名。

核心员工的认定，应当由公司董事会提名，并向全体员工公示和征求意见，由监事会发表明确意见后，经股东大会审议批准。投资者适当性管理规定由中国证监会另行制定。

第四十三条　公司应当对发行对象的身份进行确认，有充分理由确信发行对象符合本办法和公司的相关规定。

公司应当与发行对象签订包含风险揭示条款的认购协议，发行过程中不得采取公开路演、询价等方式。

第四十四条　公司董事会应当依法就本次股票发行的具体方案作出决议，并提请股东大会批准，股东大会决议必须经出席会议的股东所持表决权的2/3以上通过。

股东大会就股票发行作出的决议，至少应当包括下列事项：

（一）本次发行股票的种类和数量（数量上限）；

（二）发行对象或范围、现有股东优先认购安排；

（三）定价方式或发行价格（区间）；

（四）限售情况；

(五)募集资金用途;

(六)决议的有效期;

(七)对董事会办理本次发行具体事宜的授权;

(八)发行前滚存利润的分配方案;

(九)其他必须明确的事项。

申请向特定对象发行股票导致股东累计超过200人的股份有限公司,董事会和股东大会决议中还应当包括以下内容:

(一)按照中国证监会的相关规定修改公司章程;

(二)按照法律、行政法规和公司章程的规定建立健全公司治理机制;

(三)履行信息披露义务,按照相关规定披露定向发行说明书、发行情况报告书、年度报告、中期报告及其他信息披露内容。

第四十五条 董事会、股东大会决议确定具体发行对象的,董事、股东参与认购或者与认购对象存在关联关系的,应当回避表决。

出席董事会的无关联关系董事人数不足三人的,应将该事项提交公司股东大会审议。

第四十六条 公司应当按照中国证监会有关规定制作定向发行的申请文件,申请文件应当包括但不限于:定向发行说明书、律师事务所出具的法律意见书、符合《证券法》规定的会计师事务所出具的审计报告、证券公司出具的推荐文件。

第四十七条 股票公开转让的公众公司向公司前十名股东、实际控制人、董事、监事、高级管理人员及核心员工定向发行股票,连续12个月内发行的股份未超过公司总股本10%且融资总额不超过2000万元的,无需提供证券公司出具的推荐文件以及律师事务所出具的法律意见书。

按照前款规定发行股票的,董事会决议中应当明确发行对象、发行价格和发行数量,且公司不得存在以下情形:

(一)认购人以非现金资产认购的;

(二)发行股票导致公司控制权发生变动的;

(三)本次发行中存在特殊投资条款安排的;

(四)公司或其控股股东、实际控制人、董事、监事、高级管理人员最近12个月内被中国证监会给予行政处罚或采取监管措施、被全国股转系统采取纪律处分的。

第四十八条 向特定对象发行股票后股东累计超过200人的公司,应当持申请文件向中国证监会申请核准。股票公开转让的公众公司提交的申请文件还应当包括全国股转系统的自律监管意见。

股票公开转让的公众公司向特定对象发行股票后股东累计不超过200人的,中国证监会豁免核准,由全国股转系统自律管理。

第四十九条 中国证监会受理申请文件后,依法对公司治理和信息披露以及发行对象情况进行审核,在20个工作日内作出核准、中止审核、终止审核、不予核准的决定。

第五十条 公司申请定向发行股票,可申请一次核准,分期发行。自中国证监会予以核准之日起,公司应当在3个月内首期发行,剩余数量应当在12个月内发行完毕。超过核准文件限定的有效期未发行的,须重新经中国证监会核准后方可发行。首期发行数量应当不少于总发行数量的50%,剩余各期发行的数量由公司自行确定,每期发行后5个工作日内将发行情况报中国证监会备案。

第五十一条 股票发行结束后,公众公司应当按照中国证监会的有关要求编制并披露发行情况报告书。申请分期发行的公众公司应在每期发行后按照中国证监会的有关要求进行披露,并在全部发行结束或者超过核准文件有效期后按照中国证监会的有关要求编制并披露发行情况报告书。

豁免向中国证监会申请核准定向发行的公众公司,应当在发行结束后按照中国证监会的有关要求编制并披露发行情况报告书。

第五十二条 公司及其董事、监事、高级管理人员,应当对定向发行说明书、发行情况报告书签署书面确认意见,保证所披露的信息真实、准确、完整。

第五十三条 公众公司定向发行股份购买资产的,按照本章有关规定办理。

第六章 向不特定合格投资者公开发行

第五十四条 股票公开转让的公众公司可以向全国股转系统不特定合格投资者公开发行股票(以下简称公开发行)。

前款所称的不特定合格投资者应当符合投资者适当性管理规定。

第五十五条 公司申请公开发行,应当符合以下条件:

(一)具备健全且运行良好的组织机构;

(二)具有持续盈利能力,财务状况良好,最近3年财务会计文件无虚假记载;

(三)依法规范经营,最近3年内,公司及其控股股东、实际控制人不存在贪污、贿赂、侵占财产、挪用财产或者破坏社会主义市场经济秩序的刑事犯罪,不存在欺诈发行、重大信息披露违法或者其他涉及国家安全、公共安全、生态安全、生产安全、公众健康安全等领域的重大违法行为,最近12个月内未受到中国证监会行政处罚。

第五十六条 公司董事会应当依法就本次股票发行的具体方案、本次募集资金使用的可行性及其他必须明确的事项作出决议,并提请股东大会批准。公司股东大会就本次股票发行作出的决议,至少应当包括下列事项:

(一)本次公开发行股票的种类和数量;

(二)发行对象的范围;

(三)定价方式、发行价格(区间)或发行底价;

(四)募集资金用途;

(五)决议的有效期;

(六)对董事会办理本次发行具体事宜的授权;

(七)发行前滚存利润的分配方案;

(八)其他必须明确的事项。

第五十七条 股东大会就公开发行股票事项作出决议,必须经出席会议的股东所持表决权的2/3以上通过。公司股东人数超过200人的,应当对出席会议的持股比例在10%以下的股东表决情况单独计票并予以披露。

公司就公开发行股票事项召开股东大会,应当提供网络投票的方式,公司还可以通过其他方式为股东参加股东大会提供便利。

第五十八条 公司应当按照中国证监会有关规定制作公开发行的申请文件,申请文件应当包括但不限于:公开发行说明书、律师事务所出具的法律意见书、符合《证券法》规定的会计师事务所出具的审计报告、保荐人出具的股票发行保荐书、全国股转系统的自律监管意见。公司持申请文件向中国证监会申请核准。

第五十九条 中国证监会受理申请文件后,依法对公开发行条件、信息披露等进行审核,在20个工作日内作出核准、中止审核、终止审核、不予核准的决定。

第六十条 公开发行股票，应当聘请具有保荐资格的机构担任保荐人，其保荐业务适用《证券发行上市保荐业务管理办法》（以下简称《保荐办法》）相关规定，本办法另有规定的除外。

第六十一条 尚未盈利或者已在股票发行申请文件中充分分析并揭示相关风险的公司申请公开发行股票，在公开发行股票当年即亏损的，其保荐人不适用《保荐办法》第六十七条相关责任。

第六十二条 保荐人应当按照中国证监会和全国股转系统的规定制作、报送和披露发行保荐书、回复意见等相关文件，遵守中国证监会和全国股转系统的规定，配合中国证监会和全国股转系统工作，自提交保荐文件之日起，保荐机构及其保荐代表人应承担相应的责任。

全国股转系统应当根据《保荐办法》和本办法制定全国股转系统股票发行保荐业务规则，并报中国证监会批准。

第六十三条 保荐人持续督导期间为公开发行完成后当年剩余时间及其后2个完整会计年度。

第六十四条 公司公开发行股票，应当聘请具有证券承销业务资格的证券公司承销，按照《证券法》有关规定签订承销协议，确定采取代销或包销方式。

申请公开发行股票公司的高级管理人员、核心员工可以参与战略配售。

公司在全国股转系统公开发行股票、证券公司承销在全国股转系统公开发行的股票以及投资者认购在全国股转系统公开发行的股票，适用本办法。

第六十五条 公司、承销机构及相关人员不得存在以下行为：

（一）泄露询价或定价信息；

（二）以任何方式操纵发行定价；

（三）夸大宣传，或以虚假广告等不正当手段诱导、误导投资者；

（四）向投资者提供除公开发行意向书等公开信息以外的公司信息；

（五）以提供透支、回扣或者中国证监会认定的其他不正当手段诱使他人申购股票；

(六)以代持、信托持股等方式谋取不正当利益或向其他相关利益主体输送利益;

(七)直接或通过其利益相关方向参与申购的投资者提供财务资助或者补偿;

(八)以自有资金或者变相通过自有资金参与网下配售;

(九)与投资者互相串通,协商报价和配售;

(十)收取投资者回扣或其他相关利益;

(十一)中国证监会规定的其他情形。

第六十六条 公司公开发行股票,可以与主承销商自主协商直接定价,也可以通过合格投资者网上竞价,或者网下询价等方式确定股票发行价格和发行对象。公司和主承销商应当在公开发行说明书和发行公告中披露本次发行股票采用的定价方式。

发行价格可以参考公司股票的市场价格(如有)、同行业可比公司的市盈率或市净率等。如果发行价格明显偏离股票市场价格,公司应当对定价依据及定价方式、定价的合理性作出充分说明并披露,主承销商应当对本次发行价格的合理性、相关定价依据和定价方法的合理性,是否损害现有股东利益等发表意见。

第六十七条 公司通过网下询价方式确定股票发行价格和发行对象的,询价对象应当是经中国证券业协会注册的网下投资者。

公司和主承销商可以根据全国股转系统和中国证券业协会相关自律规则的规定,设置网下投资者的具体条件,并在发行公告中预先披露。

第六十八条 全国股转系统应当根据本办法制定全国股转系统股票发行承销业务规则,并报中国证监会批准。

第六十九条 股票公开发行的申请经中国证监会核准后,公司与主承销商应当及时向全国股转系统报送发行与承销方案,并向中国证监会备案。

第七章 监督管理

第七十条 中国证监会会同国务院有关部门、地方人民政府,依照法律法规和国务院有关规定,各司其职,分工协作,对公众公司进行持续监管,防范风险,维护证券市场秩序。

第七十一条　中国证监会依法履行对公司股票转让、股票发行、信息披露的监管职责，有权对公司、证券公司、证券服务机构等采取《证券法》规定的有关措施。

第七十二条　全国股转系统应当发挥自律管理作用，对股票公开转让的公众公司及相关信息披露义务人披露信息进行监督，督促其依法及时、准确地披露信息。发现股票公开转让的公众公司及相关信息披露义务人有违反法律、行政法规和中国证监会相关规定的行为，应当向中国证监会报告，并采取自律管理措施。

全国股转系统对股票发行承销过程实施自律管理。发现异常情形或者涉嫌违法违规的，中国证监会可以要求全国股转系统对相关事项进行调查处理，或者直接责令公司、证券公司暂停或中止发行。

全国股转系统可以依据相关规则对股票公开转让的公众公司进行检查。

第七十三条　中国证券业协会应当发挥自律管理作用，对从事公司股票转让和股票发行业务的证券公司进行监督，督促其勤勉尽责地履行尽职调查和督导职责。发现证券公司有违反法律、行政法规和中国证监会相关规定的行为，应当向中国证监会报告，并采取自律管理措施。

中国证券业协会应当建立对承销商询价、定价、配售行为和询价投资者报价行为的自律管理制度，并加强相关行为的监督检查，发现违规情形的，应当及时采取自律管理措施。

第七十四条　中国证监会可以要求公司及其他信息披露义务人或者其董事、监事、高级管理人员对有关信息披露问题作出解释、说明或者提供相关资料，并要求公司提供证券公司或者证券服务机构的专业意见。

中国证监会对证券公司和证券服务机构出具文件的真实性、准确性、完整性有疑义的，可以要求相关机构作出解释、补充，并调阅其工作底稿。

第七十五条　证券公司在从事股票转让、股票发行等业务活动中，应当按照中国证监会的有关规定勤勉尽责地进行尽职调查，规范履行内核程序，认真编制相关文件，并持续督导所推荐公司及时履行信息披露义务、完善公司治理。

证券公司承销公众公司股票,应当依据本办法以及中国证监会、中国证券登记结算公司和中国证券业协会有关风险控制和内部控制等相关规定,制定严格的风险管理制度和内部控制制度,加强定价和配售过程管理,落实承销责任。为股票发行出具相关文件的证券服务机构和人员,应当按照行业公认的业务标准和道德规范,严格履行法定职责,对其所出具文件的真实性、准确性和完整性承担责任。

第七十六条 证券服务机构为公司的股票转让、股票发行等活动出具审计报告、资产评估报告或者法律意见书等文件的,应当严格履行法定职责,遵循勤勉尽责和诚实信用原则,对公司的主体资格、股本情况、规范运作、财务状况、公司治理、信息披露等内容的真实性、准确性、完整性进行充分的核查和验证,并保证其出具的文件不存在虚假记载、误导性陈述或者重大遗漏。

第七十七条 中国证监会依法对公司及其他信息披露义务人、证券公司、证券服务机构进行监督检查或者调查,被检查或者调查对象有义务提供相关文件资料。对于发现问题的单位和个人,中国证监会可以采取责令改正、监管谈话、责令公开说明、出具警示函等监管措施,并记入诚信档案;涉嫌违法、犯罪的,应当立案调查或者移送司法机关。

第八章 法律责任

第七十八条 公司在其公告的股票挂牌公开转让、股票发行文件中隐瞒重要事实或者编造重要虚假内容的,除依照《证券法》有关规定进行处罚外,中国证监会可以采取终止审核并自确认之日起在36个月内不受理公司的股票转让和股票发行申请的监管措施。

公司擅自改动已提交的股票转让、股票发行申请文件的,或发生重大事项未及时报告或者未及时披露的,中国证监会可视情节轻重,采取责令改正、监管谈话、出具警示函、终止审核并自确认之日起在12个月内不受理公司的股票转让和股票发行申请的监管措施。

第七十九条 公司向不符合本办法规定条件的投资者发行股票的,中国证监会可以责令改正,并可以自确认之日起在36个月内不受理其申请。

第八十条 公司未依照本办法第三十四条、第三十六条、第四十八条、第五十八条规定，擅自转让或者发行股票的，依照《证券法》有关规定进行处罚。

第八十一条 公众公司违反本办法第十三条、第十四条规定的，中国证监会可以责令改正，对相关责任主体给予警告，单处或者并处3万元以下的罚款。

第八十二条 公司及其他信息披露义务人未按照规定披露信息，或者所披露的信息有虚假记载、误导性陈述或者重大遗漏的，依照《证券法》有关规定进行处罚。

第八十三条 信息披露义务人及其董事、监事、高级管理人员，公司控股股东、实际控制人，为信息披露义务人出具专项文件的证券公司、证券服务机构及其工作人员，违反《证券法》、行政法规和中国证监会相关规定的，中国证监会可以采取责令改正、监管谈话、出具警示函、认定为不适当人选等监管措施，并记入诚信档案；情节严重的，中国证监会可以对有关责任人员采取证券市场禁入的措施。

第八十四条 公众公司内幕信息知情人或非法获取内幕信息的人，在对公众公司股票价格有重大影响的信息公开前，泄露该信息、买卖或者建议他人买卖该股票的，依照《证券法》有关规定进行处罚。

第八十五条 股票公开转让的公众公司及其股东、实际控制人未按本办法规定配合证券公司、证券服务机构尽职调查、持续督导等工作的，中国证监会可以采取责令改正、监管谈话、出具警示函等监管措施，并记入诚信档案。

第八十六条 证券公司及其工作人员未按本办法规定履行持续督导责任，情节严重的，中国证监会可以采取责令改正、监管谈话、出具警示函等监管措施。

第八十七条 证券公司、证券服务机构出具的文件有虚假记载、误导性陈述或者重大遗漏的，除依照《证券法》及相关法律法规的规定处罚外，中国证监会可视情节轻重，自确认之日起采取3个月至12个月内不接受该机构出具的相关专项文件，36个月内不接受相关签字人员出具的专项文件的监管措施。

第八十八条 证券公司、证券服务机构擅自改动已提交的股票转让、股票发行申请文件的，或发生重大事项未及时报告或者未及时披露的,中国证监会可视情节轻重,采取责令改正、监管谈话、出具警示函、12个月内不接受相关单位及其负责人员出具的与公众公司股票转让、股票发行有关的文件等监管措施。

第八十九条 证券公司及其直接负责的主管人员和其他责任人员在承销证券过程中,违反本办法第六十五条规定的,中国证监会可以视情节轻重采取责令改正、监管谈话、出具警示函、责令公开说明、认定为不适当人选等监管措施,或者采取市场禁入措施,并记入诚信档案;情节严重的,还可以采取3个月至12个月暂不受理其证券承销业务有关文件的监管措施;依法应予行政处罚的,依照《证券法》有关规定予以处罚。

第九章 附 则

第九十条 公众公司申请在证券交易所上市的,应当遵守中国证监会和证券交易所的相关规定。

第九十一条 注册在境内的境外上市公司在境内定向发行股份、将境内股份在全国股转系统挂牌公开转让,按照本办法相关规定执行。

第九十二条 本办法施行前股东人数超过200人的股份有限公司,不在全国股转系统挂牌公开转让股票或证券交易所上市的,应当按相关要求规范后申请纳入非上市公众公司监管。

第九十三条 公司发行优先股、可转换公司债券的,应当符合中国证监会和全国股转系统的有关规定,普通股、优先股、可转换公司债券持有人数合并计算,并按照本办法第五章有关规定办理。

第九十四条 本办法所称股份有限公司是指首次申请股票转让或定向发行的股份有限公司;所称公司包括非上市公众公司和首次申请股票转让或定向发行的股份有限公司。

第九十五条 本办法自2013年1月1日起施行。

第三十八条 【证券交易方式】证券在证券交易所上市交易,应当采用公开的集中交易方式或者国务院证券监督管理机构批准的其他方式。

第三十九条 【证券凭证形式】证券交易当事人买卖的证券可以采用纸面形式或者国务院证券监督管理机构规定的其他形式。

第四十条　【禁止从事证券交易的人员】证券交易场所、证券公司和证券登记结算机构的从业人员，证券监督管理机构的工作人员以及法律、行政法规规定禁止参与股票交易的其他人员，在任期或者法定限期内，不得直接或者以化名、借他人名义持有、买卖股票或者其他具有股权性质的证券，也不得收受他人赠送的股票或者其他具有股权性质的证券。

任何人在成为前款所列人员时，其原已持有的股票或者其他具有股权性质的证券，必须依法转让。

实施股权激励计划或者员工持股计划的证券公司的从业人员，可以按照国务院证券监督管理机构的规定持有、卖出本公司股票或者其他具有股权性质的证券。

相关行政处罚决定书摘要

"中国证券监督管理委员会北京监管局行政处罚决定书（蒋某波）"（〔2019〕6号）认定：蒋某波作为证券公司从业人员，利用其母亲"张某兰"证券账户持有、买卖股票，违反了《证券法》。相关行政处罚决定书摘要如下：

经查明，蒋某波存在以下违法事实：蒋某波于2011年12月30日取得一般证券业务执业证书，2015年8月14日至调查日任开源证券股份有限公司（以下简称开源证券）固定收益部部门经理。蒋某波作为证券公司从业人员，在2016年10月25日至2017年2月10日期间利用其母亲"张某兰"证券账户持有、买卖股票。

2016年10月25日至2017年2月10日，蒋某波先后转入"张某兰"证券账户300万元和306.9万元，并通过手机号码186××××5103操作该证券账户买卖股票。该证券账户资金主要来自蒋某波。蒋某波利用"张某兰"证券账户买卖"百川能源"等14只股票，交易金额19,855,753.59元，盈利648,619.99元。

蒋某波的上述行为违反了《证券法》的相关规定，构成《证券法》所述"法律、行政法规规定禁止参与股票交易的人员，直接或者以化名、借他人名义持有、买卖股票"的行为。

我局调查人员于2017年9月1日对蒋某江进行谈话，随后蒋某波于2017年9月5日变更了其在中国证券业协会及开源证券登记的手机号码，意图隐瞒、掩盖违法事实，干扰调查工作。我局量罚时已结合全案情况,综合考虑了蒋某波违法行为的事实、性质、情节与社会危害程度。

根据当事人违法行为的事实、性质、情节与社会危害程度,依据《证券法》的规定,我局决定:没收蒋某波违法所得648,619.99元,并处以2,594,479.96元罚款。

第四十一条 【投资者信息与商业秘密保护】 证券交易场所、证券公司、证券登记结算机构、证券服务机构及其工作人员应当依法为投资者的信息保密,不得非法买卖、提供或者公开投资者的信息。

证券交易场所、证券公司、证券登记结算机构、证券服务机构及其工作人员不得泄露所知悉的商业秘密。

第四十二条 【证券服务机构和人员买卖股票的限制】 为证券发行出具审计报告或者法律意见书等文件的证券服务机构和人员,在该证券承销期内和期满后六个月内,不得买卖该证券。

除前款规定外,为发行人及其控股股东、实际控制人,或者收购人、重大资产交易方出具审计报告或者法律意见书等文件的证券服务机构和人员,自接受委托之日起至上述文件公开后五日内,不得买卖该证券。实际开展上述有关工作之日早于接受委托之日的,自实际开展上述有关工作之日起至上述文件公开后五日内,不得买卖该证券。

相关行政处罚决定书摘要

“中国证监会行政处罚决定书(张某清)”(〔2011〕23号) 对审计人员违法买卖股票作出了行政处罚。相关行政处罚决定书摘要如下:

经查明,张某清存在以下违法事实:

大信会计师事务有限公司(以下简称大信所)是保利房地产(集团)股份有限公司(以下简称保利地产)2008年年度报告的审计机构,于2008年12月22日接受保利地产委托,开始进行2008年年度报告审计,保利地产2008年年度报告公告日期为2009年2月18日。大信所及该所从事保利地产年度报告审计的人员限制买卖“保利地产”股票的期间为大信所接受保利地产委托日至保利地产年报公告后5日,即2008年12月22日至2009年2月23日。

大信所指定审计六部为保利地产2008年年度报告审计的承办部门,审计期间张某清任审计六部高级经理兼主管所领导。张某清复核并审批了保利地产的2008年年度报告审计计划,签字注册会计师及其他下属审计人员在审计过程中向张某清报告了审计进展和沟通情况,张某清还复核了审计底稿和审计报告,参加了保利地产审计委员会会议并汇报了审计相关情况。

张某清在限制交易期内利用"张某清"账户交易了"保利地产"股票,交易总金额4,710,114.50元,盈利53,917.34元;利用"范某"账户交易了"保利地产"股票,交易总金额278,674.00元,盈利17,977.21元。

张某清在限制交易期内交易"保利地产"股票的行为违反了《证券法》关于"为上市公司出具审计报告、资产评估报告或者法律意见书等文件的证券服务机构和人员,自接受委托之日起至上述文件公开后五日内,不得买卖该股票"的规定。

"中国证监会行政处罚决定书(吴某佳)"(〔2013〕70号)认定:吴某佳在担任财富证券有限责任公司研发中心总经理期间,自2007年10月23日至2012年2月28日,利用"雷小某""雷洪某"账户交易股票,累计买入金额416,426,834.18元,累计卖出金额404,729,301.62元,实际亏损9,267,627.43元。证监会认为:吴某佳作为证券公司的从业人员,在任期内借用他人账户买卖、持有股票的行为,违反了《证券法》的规定,构成了《证券法》所述"法律、行政法规规定禁止参与股票交易的人员,直接或者以化名、借他人名义持有、买卖股票"的行为。相关处罚决定书摘要如下:

当事人吴某佳在申辩材料中提出:其一,涉案的"雷小某""雷洪某"账户实际由其妻雷小某操作。他本人在接受调查时承认其使用"雷小某"和"雷洪某"账户,系由于个人认知上的偏差和调查人员的误导。其二,调查时用于涉案账户交易的上网本之所以出现在他的办公室,是因为当时该上网本出现问题,其妻要他找人重装系统,恰好被调查人员发现。其三,《证券法》规定证券从业人员不得买卖股票,系受特定历史条件局限,存在一定缺陷。证券从业人员买卖股票在现实中较为普遍,未见被处罚的先例。同时,《中华人民共和国证券投资基金法》已放松对基金从业人员买卖股票的限制,《证券法》应当予以参考和借鉴。综上,吴某佳请求我会对其免予处罚。

> 我会认为,吴某佳的申辩理由不能成立,主要理由如下:
>
> 其一,吴某佳、雷小某和雷洪某在接受我会调查时,均称"雷小某""雷洪某"账户由吴某佳使用。吴某佳承认账户主要通过他个人的笔记本电脑进行交易,且在调查人员见证下用该笔记本电脑登录"雷小某""雷洪某"账户。同时,雷小某第三方存管银行账户的联系人为吴某佳,资金主要来源于吴某佳银行账户;雷洪某资金账户和第三方存管银行账户开户资料预留联系电话为吴某佳的电话。上述证据足以证明系由吴某佳而非其妻子在操作涉案账户,且吴某佳所谓涉案笔记本电脑恰巧出现在其办公室的说法也缺乏证据支持。
>
> 其二,吴某佳系取得证券从业资格并长期从事证券业务的人员,理应知悉《证券法》关于禁止证券公司从业人员买卖股票的规定。在我会调查时,吴某佳承认违规买卖股票,是对事实的陈述,而非其本人认知上的偏差或调查人员的误导。同时,我会调取的证据与吴某佳调查时陈述内容相互印证,足以认定吴某佳存在借用他人名义持有、买卖股票的行为。
>
> 其三,《证券法》明确禁止证券公司从业人员直接或者以化名、借他人名义持有、买卖股票。任何人员违反上述规定,均应承担相应的法律后果。

第四十三条 【证券交易的收费】证券交易的收费必须合理,并公开收费项目、收费标准和管理办法。

第四十四条 【短线交易归入权】上市公司、股票在国务院批准的其他全国性证券交易场所交易的公司持有百分之五以上股份的股东、董事、监事、高级管理人员,将其持有的该公司的股票或者其他具有股权性质的证券在买入后六个月内卖出,或者在卖出后六个月内又买入,由此所得收益归该公司所有,公司董事会应当收回其所得收益。但是,证券公司因购入包销售后剩余股票而持有百分之五以上股份,以及有国务院证券监督管理机构规定的其他情形的除外。

前款所称董事、监事、高级管理人员、自然人股东持有的股票或者其他具有股权性质的证券,包括其配偶、父母、子女持有的及利用他人账户持有的股票或者其他具有股权性质的证券。

公司董事会不按照第一款规定执行的,股东有权要求董事会在三十日内执行。公司董事会未在上述期限内执行的,股东有权为了公司的利益以自己的名义直接向人民法院提起诉讼。

公司董事会不按照第一款的规定执行的,负有责任的董事依法承担连带责任。

相关行政处罚决定书摘要

“中国证监会行政处罚决定书”(〔2012〕33号)认定:经查明,易某泽存在如下违法事实:易某泽于2008年至2011年9月担任三安光电股份有限公司(以下简称三安光电)董事会秘书。2009年1月至2011年7月,易某泽操控国泰君安证券武汉紫阳东路营业部吴某香账户以及广发证券武汉黄孝河路营业部黄某慧账户在6个月内买卖三安光电股票;根据上海证券交易所计算,获利22,332,340元。中国证监会认为,当事人上述行为构成短线交易。相关行政处罚决定书摘要如下:

易某泽时任上市公司高级管理人员,明知应当遵守《证券法》禁止从事短线交易的规定,但其回避使用其本人同名证券账户,转而使用他人证券账户买卖三安光电股票,从事违法行为,从中获取巨额收益,具有明显的违法主观故意,且违法行为持续时间较长,情形恶劣,依法应予惩戒。

《证券法》规定,“上市公司董事、监事、高级管理人员、持有上市公司股份百分之五以上的股东,将其持有的该公司的股票在买入后六个月内卖出,或者在卖出后六个月内又买入,由此所得收益归该公司所有,公司董事会应当收回其所得收益。但是,证券公司因包销购入售后剩余股票而持有百分之五以上股份的,卖出该股票不受六个月时间限制”。据此,易某泽应当将所得收益22,332,340元上缴三安光电。根据当事人违法行为的事实、性质、情节与社会危害程度,依据《证券法》的规定,我会决定:对易某泽给予警告,并处以罚款。

第四十五条 【程序化交易】通过计算机程序自动生成或者下达交易指令进行程序化交易的,应当符合国务院证券监督管理机构的规定,并向证券交易所报告,不得影响证券交易所系统安全或者正常交易秩序。

相关裁判摘要

“伊世顿贸易公司通过程序化交易操纵期货市场案”[上海市第一中级人民法院刑事判决书(2016)沪01刑初78号]

被告单位张家港保税区伊世顿国际贸易有限公司,住所地江苏省张家港市张家港保税区纺织原料市场1405A室,主要办事机构所在地上海市南京西路1038号梅陇镇广场2806室,法定代表人乔某(英文名G)。

被告人高某,女,汉族,大学文化,系张家港保税区伊世顿国际贸易有限公司执行董事,因涉嫌犯操纵期货市场罪于2015年10月15日被逮捕,现羁押于上海市看守所。

被告人梁某中(英文名L,美利坚合众国国籍),男,系张家港保税区伊世顿国际贸易有限公司业务拓展经理,因涉嫌犯操纵期货市场罪于2015年7月11日被刑事拘留,同年8月17日被逮捕,现羁押于上海市看守所。

被告人金某献,男,汉族,大学文化,系Z公司技术总监,因涉嫌犯操纵期货市场罪于2015年7月11日被刑事拘留,同年8月17日被逮捕,现羁押于上海市看守所。

上海市人民检察院第一分院以沪检一分诉刑诉〔2016〕78号起诉书指控被告单位张家港保税区伊世顿国际贸易有限公司、被告人高某、梁某中犯操纵期货市场罪、被告人金某献犯操纵期货市场罪、职务侵占罪,于2016年8月3日向本院提起公诉。本院受理后,依法组成合议庭,于2017年3月14日召开庭前会议,于同年4月21日进行公开开庭审理。上海市人民检察院第一分院指派检察员顾佳、万大庆和代理检察员陈海燕出庭支持公诉。被告单位张家港保税区伊世顿国际贸易有限公司的诉讼代表人曲某、被告人高某、梁某中、金某献及各自的辩护人刘潇江、李强、黄德海、林坚、黄辉、管翊强、朱亮等到庭参加诉讼。被告人梁某中表示因通晓中国语言、文字而不需要翻译,本院决定不聘请翻译。本案经依法延期审理和延长审理期限,现已审理终结。

公诉机关起诉指控:

一、操纵期货市场。被告单位张家港保税区伊世顿国际贸易有限公司(以下简称伊世顿公司)以国内贸易公司名义于2012年9月注册成立,由乔某、安某(英文名 A,与乔某均另案处理)实际控制。2013 年 6 月起,伊世顿公司为逃避 × ×所(以下简称 × ×所)监管,通过被告人高某、金某献介绍,以借用或者收购方式,实际控制了严某 1 等 19 名自然人和 Y 公司(以下简称 Y 公司)名下 7 个基金开设于 Z 公司(以下简称 Z 公司)的期货账户,与伊世顿公司自有账户组成账户组(以下简称伊世顿账户组),进行 × ×所股指期货合约交易。2015 年年初,伊世顿公司将装有高频程序化交易软件的服务器托管于 Z 公司租用的 × ×所机柜内,并违反规定逃避期货公司资金和持仓验证,将自行开发的报单交易系统(以下简称 RM 交易系统)非法接入 × ×所交易系统,直接进场交易。同年6 月1 日至7 月6 日,伊世顿公司利用以逃避期货公司资金和持仓验证等非法手段获取的交易速度优势,滥用高频程序化交易,采取自买自卖、撤销申报等违规方法,在交易日内多次、反复、大量、连续交易中证500 股指期货主力合约(以下简称 IC 主力合约)、沪深 300 股指期货主力合约(以下简称 IF 主力合约)共 377.44 万余手,从中获取非法利益人民币 3.89 亿余元(以下所涉币种除另行注明外均为人民币)。经中国证券监督管理委员会(以下简称证监会)依法认定,上述行为构成期货市场操纵行为。在伊世顿公司的犯罪活动中,高某负责管理各账户资金出入、输入交易参数、执行人工平仓操作等;梁某中负责收集交易软件所需的市场行情、交易政策信息及采购、维护服务器等;金某献帮助伊世顿公司将 RM 系统非法接入 × ×所交易系统,并提供信息技术服务。3 名被告人还帮助转移伊世顿公司获取的部分赃款。

二、职务侵占。2013 年 5 月至 2015 年 5 月,被告人金某献利用担任 Z 公司技术总监,负责为伊世顿公司提供技术服务的职务便利,向本公司虚构、谎报支付伊世顿公司的手续费返佣数额,侵吞本公司资金 1450 万余元。

案发后,被告人高某、梁某中、金某献先后自动投案,如实供述了主要犯罪事实。金某献在亲友帮助下,积极退赔赃款。

针对上述起诉指控,公诉机关当庭宣读、出示了下列证据:伊世顿公司期货账户组各账户交易记录等电子证据;× ×所《关于伊世顿公司从事期货交易行为的分析报告》、证监会《关于伊世顿公司涉嫌操纵期货市场案有关问题的认定函》《关于伊世顿公司涉嫌操纵期货市场案有关问题补充说明的函》等有关认定意见(以下分别简称分析报告、认定函、补充说明函)、相关期货账户开户资料、银行对账记录等书证;证人李某1、黄某、姚某、巫某等人的证言;上海××事务所有限公司出具的《关于伊世顿公司司法会计鉴定意见书》(以下简称司法鉴定意见);被告人高某、梁某中、金某献的供述等。

据此,公诉机关认为,被告单位伊世顿公司及其直接责任人员被告人高某、梁某中伙同被告人金某献利用以逃避期货公司资金和持仓验证等非法手段获取的交易速度优势,滥用高频程序化交易软件进行股指期货合约交易,严重影响期货市场正常定价机制,扰乱市场交易秩序,情节特别严重,应以操纵期货市场罪追究刑事责任,且系共同犯罪。金某献身为公司工作人员,利用职务便利,侵占本单位资金数额巨大,还应以职务侵占罪追究刑事责任,予以数罪并罚。高某、梁某中、金某献犯罪以后自动投案,如实供述主要犯罪事实,系自首。据此,依据《中华人民共和国刑法》第一百八十二条、第二百七十一条、第六条、第二十五条第一款、第三十条、第三十一条、第三十五条、第六十七条第一款、第六十九条和《中华人民共和国刑事诉讼法》第一百七十二条之规定,提起公诉。

被告单位伊世顿公司的诉讼代表人对起诉指控伊世顿公司犯操纵期货市场罪的事实、证据和罪名均无异议。伊世顿公司的辩护人提出如下辩护意见:(1)证监会和××所出具的函件不具备法定证据形式,在内容上存在统计数据不客观、计算方法误读、比较方式不正确和适用法律错误等问题,故不能作为证据使用;(2)起诉指控伊世顿公司非法获利3.893亿余元不准确,应该按照××所分析报告认定的市场正常偏离度区分合法所得和违法所得,而不能采用司法鉴定意见。

被告人高某和辩护人对起诉指控高某的行为构成操纵期货市场罪的事实、证据和罪名均没有异议。辩护人提出如下辩护意见:(1)高某系受指使参与伊世顿公司操纵期货市场犯罪,且参与程度较轻;(2)高某具有自首情节,且认罪悔罪态度较好,建议法庭结合本案系新型犯罪等因素对高某减轻处罚,并适用缓刑。

被告人梁某中和辩护人对起诉指控梁某中的行为构成操纵期货市场罪的事实、证据和罪名均没有异议。辩护人提出如下辩护意见:梁某中具有自首情节,系从犯,能认罪、悔罪,建议法庭对梁某中减轻处罚,并适用缓刑,且不附加驱逐出境。

被告人金某献对起诉指控其行为构成操纵期货市场罪和职务侵占

罪的事实、证据和罪名均无异议。金某猷的辩护人提出如下辩护意见：(1)证监会等出具的函件不能作为证据使用；(2)金某献所实施的操纵期货市场行为和职务侵占行为构成牵连关系，应当以操纵期货市场罪论处，建议法庭对金某献判处三年以下有期徒刑，并适用缓刑。

经审理查明：

一、操纵期货市场事实

被告单位伊世顿公司于 2012 年 9 月在我国江苏省张家港保税区注册成立，法定代表人为乔某，股东系以乔某、安某(均另案处理)为法定代表人的两家境外企业。伊世顿公司自成立起即从事期货、证券交易。2012 年年底，伊世顿公司通过时任 Z 公司技术总监的被告人金某献在该期货公司开设期货账户。被告人高某于 2014 年 1 月正式进入伊世顿公司担任执行董事，主要负责联系安某和乔某、对期货账户进行日常管理、购买部分服务器等。被告人梁某中于 2014 年 5 月进入伊世顿公司担任业务拓展经理，主要负责收集交易政策和市场行情数据、购买服务器、维护服务器网络和程序等。

自 2013 年 6 月起至 2015 年 2 月间，被告单位伊世顿公司通过被告人高某、金某献，以有偿租借方式先后实际控制了户名为高某、严某 1、姚某等 19 个个人期货账户，还通过高某开设了户名为富舜共赢 ×0 号 – ×6 号的 7 个特殊法人期货账户，由此实际控制了连同伊世顿公司自有期货账户在内的伊世顿账户组。自 2013 年 1 月起至 2015 年 7 月间，伊世顿公司使用自有资金和从高某、金某献等人处拆借得的资金等，利用实际控制的期货账户，采用高频程序化交易方式从事股指期货交易。其间，伊世顿公司隐瞒实际控制伊世顿账户组、大量账户从事高频程序化交易等情况，规避 ×× 所对账户实际控制关系报备、股指期货交易的交易手数、撤单量和自成交量等限制的监管措施，从而取得不正当交易优势。

自 2013 年年底起至 2015 年 4 月间，被告单位伊世顿公司伙同被告人金某献等人，自行研发、测试了 RM 交易系统，并进行了技术伪装，还铺设了专门用于股指期货交易的网络。其间，金某献指使下属员工配合伊世顿公司将自行购买的服务器存放于上海 A 有限公司(以下简称 A 公司)机房内和将 RM 交易系统下载、安装至上述服务器内并与伊世顿账户组相关联。至此，伊世顿公司因擅自使用 RM 交易系统，绕过 Z 公司资金和持仓验证，从而非法取得额外交易速度优势。

2015年6月1日至7月6日间,被告单位伊世顿公司及其直接责任人员被告人高某、梁某中伙同被告人金某献,在已使用高频程序化交易的基础上,利用不正当的交易优势和额外交易速度优势大量操纵××所股指期货交易。经统计,伊世顿公司分别成交IC、IF主力合约100.47万手和276.97万手,合计377.44万手,共计非法获利3.893亿余元。

在上述期间内,被告人高某、梁某中、金某献除前述各自负责和参与的相关事项外,还帮助被告单位伊世顿公司向境外转移资金。此外,金某献在得知证监会调查伊世顿公司异常交易情况后即指使他人将服务器中的RM交易系统予以彻底删除。

二、职务侵占事实

2013年5月起,被告人金某献利用全面负责Z公司与伊世顿公司业务联系的职务便利,向Z公司虚构伊世顿公司要求返佣的事实,采用签订虚假软件服务协议等方式骗取返佣款予以非法占有。2013年8月至2014年7月间,金某献采用上述方法侵吞Z公司钱款共计550万余元。

2014年年中,被告人金某献向Z公司隐瞒已与伊世顿公司私下达成低比例返佣约定的事实,继续采用前述方法非法占有部分返佣款。2014年8月至2015年6月间,金某献共计收到Z公司支付的返佣款2627万余元,在将其中1827万余元支付给伊世顿公司后,将剩余的797万余元予以侵吞。

综上所述,被告人金某献共计非法占有Z公司资金1348万余元。嗣后,金某献将其中530余万元支付给他人。

三、其他事实

2015年7月7日,被告人梁某中入境至上海市。同月8日至10日间,梁某中和被告人金某献在接受证监稽查部门调查期间如实供述了参与操纵期货市场的主要事实。同年10月14日,被告人高某主动入境向公安机关投案,到案后如实供述了操纵期货市场的主要事实。此外,金某献还主动供述了公安机关尚未掌握的职务侵占的主要事实。

案发后,公安机关查扣了被告单位伊世顿公司、被告人高某、金某献等银行账户内涉案钱款,从涉案人处追缴职务侵占违法所得530余万元。

上述事实,有公诉机关提交,并经法庭质证、认证的"案发经过"、相关冻结账户材料、证人吴某、陈某1的证言以及被告人高某、梁某中、金某献的供述等证实。

针对控辩双方争议焦点,本院评判如下:

(一)关于被告单位伊世顿公司、被告人金某献的辩护人所提证监会和××所出具的函件不具备法定证据形式,在内容上存在比较方式不客观和没有法律依据,故不能作为证据采用的问题

本院认为,证监会依法享有对期货市场监管的职责,作为主管部门有权对市场违法行为做出具体行政认定,故证监会出具认定函和补充说明函属于其法定职权。××所作为涉案股指期货交易的专门机构,是出具分析报告的合法主体,亦属于其法定职权。经对证监会、××所出具的上述函件进行全面审查,上述函件系依据伊世顿公司进行股指期货交易的全部基础数据出具,所反映的案件事实均有相关证据予以证实,出具的程序和形式符合法律规定。证监会和××所应法庭要求委派工作人员就上述函件中的专业问题向法庭说明情况。据此,上述函件可以作为本案证据。

(二)关于被告单位伊世顿公司的辩护人所提起诉指控伊世顿公司非法获利3.893亿余元不准确,应该按照××所分析报告认定的市场正常偏离度区分合法所得和违法所得,而不能采用司法鉴定意见的问题

本院认为,被告单位伊世顿公司在涉案交易日内对IC、IF主力合约所实施的全部交易行为均是通过擅自安装的、绕过Z公司资金和持仓验证的RM交易系统完成的,均属操纵行为,故全部交易所得扣除合理费用后的盈利即为非法获利。据此,××所分析报告所认定的伊世顿公司非法获利数额合理、合法,应予采纳。关于辩护意见所涉偏离度,本院认为,偏离度系××所用于分析伊世顿公司交易行为性质时所采用的一种数据评判标准,并非计算非法获利数额的标准,故该辩护意见本院不予采纳。

(三)关于被告人梁某中的辩护人所提梁某中系从犯的问题

本院认为,被告人梁某中系被告单位伊世顿公司操纵期货市场犯罪的直接责任人员之一,与其他被告人相互配合,积极参与伊世顿公司操纵期货市场犯罪,故不应当认定为从犯,但根据其在单位犯罪中的作用和地位,在量刑时予以综合考虑。相关辩护意见与事实不符,本院不予采纳。

(四)关于被告人金某献的辩护人所提牵连犯的问题

本院认为,本案中金某献并非基于一个犯罪目的实施了职务侵占行为和操纵期货市场行为,且该两种行为也不具有手段行为与目的行为、原因行为与结果行为的牵连关系,故依法不能对金某献以牵连犯论处。相关辩护意见于法无据,本院不予采纳。

(五)关于起诉指控被告人金某献职务侵占罪的数额认定问题

本院认为,现有证据证明,起诉指控被告人金某献职务侵占1450万余元中有102万余元是Z公司给予金某献个人的业务提成,不应计入犯罪数额中,应予扣除,故金某献职务侵占的数额应当为1348万余元。

综上所述,本院认为,被告单位伊世顿公司违反《××所交易细则》《××所实际控制关系账户报备指引(试行)》关于股指期货交易实行实际控制关系账户报备、连接测试、程序化交易报备等监管措施的相关规定,隐瞒了实际控制账户和大量账户使用高频程序化交易等情况,规避了××所对风险控制的监管,从而恶意取得不正当交易优势;伊世顿公司违反《期货交易管理条例》《期货公司监督管理办法》《××所交易细则》关于××所实行会员(即期货公司)分级结算制度和基于该制度延伸出的保证金制度和持仓限额制度等基本制度,擅自使用未经检测的RM交易系统,绕过Z公司的资金和持仓验证,减少了相对于其他合规投资者必须耗费的验证时间,降低了自身整体交易时间延迟,从而非法取得其他合规投资者无法取得的额外交易速度优势;伊世顿公司在本身已使用高频程序化交易的基础上,利用上述不正当交易优势和额外交易速度优势抢占交易先机,限制或排除其他合规投资者最优交易机会,其行为严重破坏了股指期货市场公平交易秩序和原则,符合操纵期货市场的行为特征。伊世顿公司的操纵行为系新型操纵行为,不仅破坏了股指期货市场的基本制度、基本原则和交易秩序,而且造成了严重的社会危害,与《中华人民共和国刑法》第一百八十二条第一款前三项所规定的典型操纵情形在危害性上具有相当性。据此,伊世顿公司为谋取非法利益,操纵××所IC、IF主力合约,其行为构成操纵期货市场罪。伊世顿公司所犯操纵期货市场罪的操纵手法隐蔽,操纵时间长,非法获利数额特别巨大,操纵后果十分严重,属于情节特别严重。伊世顿公司能认罪、悔罪,依法可予酌情从轻处罚。

被告人高某、梁某中作为被告单位伊世顿公司的直接责任人员,均积极参与伊世顿公司操纵期货市场行为，故其行为均构成操纵期货市场罪，且均属情节特别严重。高某能主动到案和如实供述犯罪事实，梁某中在被采取强制措施前如实供述犯罪事实，故依法应当认定高某、梁某中均具有自首情节，结合两名被告人在伊世顿公司中的具体地位和作用以及认罪悔罪态度，依法均可以减轻处罚，适用缓刑，并对梁某中不驱逐出境。

被告人金某献与被告单位伊世顿公司合谋，操纵××所 IC、IF 主力合约，其行为亦构成操纵期货市场罪，情节特别严重，且系共同犯罪；金某献还利用全面负责 Z 公司与伊世顿公司业务联系等职务便利，非法占有本单位资金达 1348 万余元，数额巨大，其行为又构成职务侵占罪，依法应予两罪并罚。金某献在被采取强制措施前后分别主动供述参与操纵期货市场的主要事实和公安机关尚未掌握的职务侵占事实，依法可予认定其所犯两罪均具有自首情节。结合金某献在操纵期货市场罪中所起作用和已退缴、追缴职务侵占罪大部分违法所得等情节综合考量，可对其所犯两罪均予减轻处罚。

公诉机关起诉指控被告单位伊世顿公司、被告人高某、梁某中犯操纵期货市场罪、被告人金某献犯操纵期货市场罪和职务侵占罪的罪名成立，应予支持。高某、梁某中的辩护人所提量刑意见可予采纳。金某献的辩护人所提部分量刑意见予以采纳。

为维护我国金融管理秩序，保障公私财产不受侵犯，依照《中华人民共和国刑法》第一百八十二条第一款第（四）项和第二款、第二百七十一条第一款、第六条、第二十五条第一款、第三十条、第三十一条、第六十七条、第六十九条、第七十二条第一款和第三款、第七十三条第二款和第三款、第六十四条之规定，判决如下：

一、被告单位张家港保税区伊世顿国际贸易有限公司犯操纵期货市场罪，判处罚金人民币三亿元。

二、被告人高某犯操纵期货市场罪，判处有期徒刑三年，缓刑四年，并处罚金人民币一百万元。

三、被告人梁某中犯操纵期货市场罪，判处有期徒刑二年六个月，缓刑三年，并处罚金人民币八十万元。

四、被告人金某献犯操纵期货市场罪，判处有期徒刑二年，并处罚金人民币六十万元；犯职务侵占罪，判处有期徒刑四年，决定执行有期徒刑五年，并处罚金人民币六十万元。

> 五、追缴被告单位张家港保税区伊世顿国际贸易有限公司违法所得人民币三亿八千九百三十万元,上缴国库。追缴被告人金某献职务侵占违法所得人民币八百一十五万元,发还给被害单位Z公司。
>
> 被告人高某、梁某中回到社区后,应当遵守法律、法规,服从监督管理,接受教育,完成公益劳动,做一名有益社会的公民。

第二节 证 券 上 市

第四十六条 【证券上市审核】 申请证券上市交易,应当向证券交易所提出申请,由证券交易所依法审核同意,并由双方签订上市协议。

证券交易所根据国务院授权的部门的决定安排政府债券上市交易。

第四十七条 【证券交易所上市规则】 申请证券上市交易,应当符合证券交易所上市规则规定的上市条件。

证券交易所上市规则规定的上市条件,应当对发行人的经营年限、财务状况、最低公开发行比例和公司治理、诚信记录等提出要求。

第四十八条 【退市】 上市交易的证券,有证券交易所规定的终止上市情形的,由证券交易所按照业务规则终止其上市交易。

证券交易所决定终止证券上市交易的,应当及时公告,并报国务院证券监督管理机构备案。

第四十九条 【上市、退市的救济程序】 对证券交易所作出的不予上市交易、终止上市交易决定不服的,可以向证券交易所设立的复核机构申请复核。

第三节 禁止的交易行为

第五十条 【禁止内幕交易】 禁止证券交易内幕信息的知情人和非法获取内幕信息的人利用内幕信息从事证券交易活动。

相关行政处罚决定书摘要

“中国证监会行政处罚决定书(吴某、谢某琴)”(〔2013〕72号)案中,证监会认定:吴某的行为构成知悉内幕信息后买卖股票的内幕交易行为,谢某琴的行为构成泄露内幕信息、知悉内幕信息后买卖股票的内幕交易行为。相关行政处罚决定书摘要如下:

经查明,当事人存在以下违法事实:

一、内幕信息的形成与公开过程

从2006年11月起,浙江杭萧钢构股份有限公司(以下简称杭萧钢构)开始与中国国际基金有限公司(以下简称中基公司)接触,商讨安哥拉住宅项目合作事项。2007年1月中旬杭萧钢构与中基公司开始正式谈判。2007年2月8日,双方就该项目的合同价格、数量、付款方式、工期等内容基本达成一致意见,主要参与谈判人员杭萧钢构董事长单某、总裁周某于当晚返回杭州。2007年2月15日,杭萧钢构发布股票异常波动公告称:正与有关业主洽谈一境外建设项目,整体涉及总金额折合人民币300亿元。2007年3月13日,杭萧钢构发布了签订该项目合同的公告。

二、当事人知悉与传递内幕信息的情况

吴某系职业股民;谢某琴系时任杭萧钢构总裁周某之妻,吴某前妻樊某的朋友。

2007年1月底,杭萧钢构公司董事长让周某负责“安哥拉公房住宅项目”。2007年2月3日至2月8日,周某先后去南宁、深圳、香港等地洽谈该项目。谈判期间,周某曾告诉过谢某琴正在和香港谈一个大项目,如果这个合同做成的话,他就可以轻松一点了。周某在谢某琴询问杭萧钢构公司情况时,让谢某琴不要管这些,同时反对谢某琴买卖股票,更反对买卖本公司股票。

在周某出差期间,谢某琴聊天时告诉樊某,周某代表杭萧钢构谈一个合同,而且出去这么长时间,一定会很重要,且与香港有关;如果这个合同谈下来,杭萧钢构接下来几年的日子就蛮好过了,而且公司会有利润,杭萧钢构的股票价格可能会上涨,我们是否去买点(指买杭萧钢构股票)赚点钱。随后一两天内,樊某将该消息告诉了吴某,吴某追问消息的来源,樊某说是谢某琴告知的。吴某知道谢某琴的丈夫在杭萧钢构工作,因此认为消息可信度高,开始关注杭萧钢构股票。

2007年2月9日周某回到杭州后,谢某琴在与周某一同吃早饭时通过询问了解到杭萧钢构洽谈上述重大合同的人,包括董事长单某全部回来了,进一步确信这是个利好消息,并准备开户买入股票。

2月9日下午,谢某琴打电话给吴某询问开户事宜,表示要买入"杭萧钢构",同时告诉吴某杭萧钢构有个大项目要签订,如果谈成功,杭萧钢构接下来两三年的日子都会很好过。吴某听到该消息后,开始大量买入杭萧钢构股票。吴某的手机通话记录显示,2007年2月9日13点37分25秒和13点44分20秒时,谢某琴使用住所地固定电话两次拨打吴某手机,两次通话时长分别为282秒和149秒。

2007年2月12日,谢某琴借用其嫂吴某某的身份证,在西南证券杭州庆春东路营业部开立了资金、股票及对应的工商银行账户,资金账户号为250××××50。2007年2月14日9点20分28秒,该账户委托买入杭萧钢构股票18.07万股,由于当天"杭萧钢构"已经封涨停,所以一直未能成交。截至2月14日收盘,该账户实际买入为0股。

2007年2月13日,谢某琴到吴某的大户室表示要买入"杭萧钢构",吴某告诉她股票已经涨停了,买不进。后吴某表示将2月13日买入的10万股以每股5元的价格转让给谢某琴,盈亏由谢自负,同时谢某琴从其控制的吴某某银行账户划出50万元至吴某和樊某账户。3月16日,谢某琴表示将其拥有的10万股卖掉,吴某代其卖出后,将50万元盈利汇至谢某琴告知的吴某某银行账户。

根据计算,截至2007年3月16日,吴某账户在2007年2月9日至2月14日买入的杭萧钢构股票盈利798.42万元,扣除转让给谢某琴10万股的盈利50万元,吴某账户盈利748.42万元。

2007年9月5日,吴某向公安机关主动上缴违法所得800万元。2007年9月6日,谢某琴向公安机关主动上缴违法所得50万元。

我会认为,吴某的行为构成知悉内幕信息后买卖股票的内幕交易行为,谢某琴的行为构成泄露内幕信息、知悉内幕信息后买卖股票的内幕交易行为。

当事人吴某提出,其不知道谢某琴的丈夫是杭萧钢构总经理,在与谢某琴的交谈中未获知内幕信息,其大量买入该股票是基于个人技术分析和对大市研判。请求对其免予或减轻处罚。

经复核,基于当事人吴某、谢某琴的询问笔录、涉案账户交易记录等证据,当事人吴某确系从谢某琴处得知涉案内幕信息,利用该信息从事了内幕交易。鉴于当事人吴某在陈述、申辩材料中未就《行政处罚事先告知书》有关其违法行为的认定提出新的事实及证据,对其申辩意见不予采纳。

第五十一条　【内幕信息知情人】证券交易内幕信息的知情人包括:

(一)发行人及其董事、监事、高级管理人员;

(二)持有公司百分之五以上股份的股东及其董事、监事、高级管理人员,公司的实际控制人及其董事、监事、高级管理人员;

(三)发行人控股或者实际控制的公司及其董事、监事、高级管理人员;

(四)由于所任公司职务或者因与公司业务往来可以获取公司有关内幕信息的人员;

(五)上市公司收购人或者重大资产交易方及其控股股东、实际控制人、董事、监事和高级管理人员;

(六)因职务、工作可以获取内幕信息的证券交易场所、证券公司、证券登记结算机构、证券服务机构的有关人员;

(七)因职责、工作可以获取内幕信息的证券监督管理机构工作人员;

(八)因法定职责对证券的发行、交易或者对上市公司及其收购、重大资产交易进行管理可以获取内幕信息的有关主管部门、监管机构的工作人员;

(九)国务院证券监督管理机构规定的可以获取内幕信息的其他人员。

相关行政规章

《上市公司重大资产重组管理办法》(中国证券监督管理委员会令第166号,自2020年3月20日起施行)(2020年修正)

第四十一条　上市公司及其董事、监事、高级管理人员,重大资产重组的交易对方及其关联方,交易对方及其关联方的董事、监事、高级管理人员或者主要负责人,交易各方聘请的证券服务机构及其从业人员,参与重大资产重组筹划、论证、决策、审批等环节的相关机构和人员,以及因直系亲属关系、提供服务和业务往来等知悉或者可能知悉股价敏感信息的其他相关机构和人员,在重大资产重组的股价敏感信息依法披露前负有保密义务,禁止利用该信息进行内幕交易。

相关规范性文件

《关于规范上市公司信息披露及相关各方行为的通知》(证监公司字〔2007〕128号,自2007年8月15日起施行)

第三条 对于正在筹划中的可能影响公司股价的重大事项,上市公司及其董事、监事、高级管理人员,交易对手方及其关联方和其董事、监事、高级管理人员(或主要负责人),聘请的专业机构和经办人员,参与制订、论证、审批等环节的相关机构和人员,以及提供咨询服务、由于业务往来知悉或可能知悉该事项的相关机构和人员等(以下简称内幕信息知情人)在相关事项依法披露前负有保密义务。在上市公司股价敏感重大信息依法披露前,任何内幕信息知情人不得公开或者泄露该信息,不得利用该信息进行内幕交易。

相关裁判摘要

2013年第1期《中华人民共和国最高人民法院公报》刊登的**"江苏省南通市人民检察院诉刘某春、陈某玲内幕交易案"**的判决认为,国家工作人员因履行工作职责而获取对证券交易价格具有重大影响的、尚未公开的信息的,属于内幕信息的知情人员。相关裁判摘要如下:

本案中,被告人刘某春(原南京市经济委员会主任)代表南京市经委,作为十四所与高淳县政府洽谈十四所对高淳陶瓷公司资产重组事项的南京市政府部门联系人,参与了重组过程。在此期间,洽谈双方均多次告知刘某春合作谈判的进展情况,刘某春也多次向南京市政府分管领导进行汇报。刘某春是因其担任的行政机关职务、履行其工作职责而获悉了内幕信息。刘某春在价格敏感期内外借巨资买入巨额高淳陶瓷股票、谋取巨额利益的行为,也充分证明其是内幕信息知情人。作为国务院证券监督管理机构的中国证监会作出刘某春属于《证券法》规定的证券交易内幕信息知情人的认定,有充分的事实依据和法律依据,应予采信。刘某春关于其不是内幕信息知情人的辩解及其辩护人关于刘某春是政府机关公务人员、作为内幕交易罪的犯罪主体不适格的辩护意见均不能成立。

《证券法》赋予中国证监会对内幕信息、知情人员等的认定权。最高人民法院、最高人民检察院、公安部、中国证监会《关于整治非法证券活动有关问题的通知》规定,对非法证券活动是否涉嫌犯罪,由公安机关、司法机关认定;公安机关、司法机关认为需要有关行政主管机关进行性质认定的,行政主管机关应当出具认定意见。故中国证监会在法定职权范围内,对本案内幕信息、知情人员、价格敏感期起止日期以及利用内幕信息进行股票交易等出具的认定意见,是根据法律授权作出的专业认定,符合客观事实和法律规定,具有证明力。

被告人刘某春作为十四所与高淳县政府洽谈十四所重组高淳陶瓷公司事项的南京市政府部门联系人,因履行工作职责获取了内幕信息,是内幕信息知情人员。在内幕信息尚未公开前,刘某春向被告人陈某玲泄露该信息,共同利用所知悉的内幕信息进行股票交易,情节特别严重,其行为均构成内幕交易罪。本案系共同犯罪,刘某春是主犯,陈某玲是从犯。

相关行政处罚决定书摘要

"中国证监会行政处罚决定书(岳某斌)"(〔2011〕57 号)对于"非法获取内幕信息的人"进行了解释。相关行政处罚决定书摘要如下:

当事人代理人提出,若将当事人归为"证监会规定的其他人",也应在根据相关证据足以判断其知悉内幕信息的基础上才能予以认定。

我会认为,我国《证券法》将内幕交易违法主体界定为两类,一类是"证券交易内幕信息的知情人",另一类是"非法获取内幕信息的人"。"证券交易内幕信息的知情人"是基于职务、身份、工作关系等合法原因而知悉内幕信息的人;"非法获取内幕信息的人"既包括采用盗窃、窃听、黑客、贿赂等违法手段积极获取内幕信息的人,也包括并未采取违法手段,只是因"证券交易内幕信息的知情人"的泄露行为而间接获悉内幕信息,但是本身又不具有获取内幕信息的合法资格、合法理由的人。对于后一类"非法获取内幕信息的人"来说,如果获悉内幕信息后没有买卖相关证券,也没有再泄露该信息或者建议他人买卖,则不构成违法;如果获悉内幕信息后实施了买卖相关证券、再泄露该信息或者建议他人买卖 3 种行为之一,就构成了《证券法》规定的违法行为。本案中,马某属于《证券法》规定的“证券交易内幕信息的知情人”,岳某斌虽未采取违法手段,只是因马某的信息泄露行为而知悉内幕信息,但是,由于岳某斌并不具备获悉本案相关内幕信息的合法身份或者合法理由,因此,认定岳某斌属于“非法获取内幕信息的人”;岳某斌“非法获取内幕信息”之后,交易相关股票,其行为构成内幕交易。

第五十二条 【内幕消息】 证券交易活动中,涉及发行人的经营、财务或者对该发行人证券的市场价格有重大影响的尚未公开的信息,为内幕信息。

本法第八十条第二款、第八十一条第二款所列重大事件属于内幕信息。

相关裁判摘要

“赵某志与天津晖若投资有限公司、俞某庚证券纠纷一审民事判决书”[天津市滨海新区人民法院民事判决书(2016)津0116民初5号] 认为全国中小企业股份转让系统挂牌公司的有关内幕信息属于证券法上的内幕信息。相关裁判摘要如下:

根据《证券市场内幕交易行为认定指引(试行)》的规定,认定一项证券交易活动是否属于内幕交易行为,应同时具备以下三个要件:一、行为主体为内幕人;二、相关信息为内幕信息;三、行为人在内幕信息的价格敏感期内买卖相关证券,或者建议他人买卖相关证券,或者泄露该信息。内幕信息是确定整个内幕交易行为的核心要件,构成内幕交易行为的前提是存在内幕信息,内幕信息是指证券交易活动中,涉及公司的经营、财务或者对公司证券的市场价格有重大影响的尚未公开的信息。内幕信息具备两个方面的特性,未公开性和重要性,内幕人在该重要信息未公开前不得进行交易或向他人泄露信息。重要性指与公司财务或经营管理有重大关系,一旦公开可能对市场价格有重大影响。某一信息能否对证券价格有重大影响,一般以普通投资者的合理判断为假设基础。结合以上两点,本案重钢公司将股票转让方式由协议转让变更为做市交易这一信息,应构成内幕信息。全国中小企业股份转让系统规定了三种交易方式即协议转让、做市转让及竞价转让。协议转让是指投资者可以通过主办券商,在转让的信息披露平台发布交易意向,寻找潜在的交易对手方,双方协商确定股份的买卖数量和价格后向交易系统发出成交委托完成交易。做市转让是指做市商向市场双向报价,投资者据此与做市商成交,投资者之间不进行直接交易。全国中小企业股份转让系统的挂牌公司,可以采取三种转让方式之一进行转让,经全国股份转让系统公司同意,可以变更股票转让方式。转让方式的变更属于与非上市公众公司经营管理有关的重要信息,且从原告提交的《重钢公司股票交易异常波动公告》可以看出,第三人重钢公司变更转让方式后,交易价格有显著提高,具有重要性的特点,且符合《证券法》对内幕信息的定义。内幕主体是构成内幕交易行为的构成要件,内幕交易的主体就是知悉证券交易内部信息的人员,除公司内部人外还包括接受信息者和盗用信息等外部人。本案被告晖若公司作为发行人重钢公司的控股股东,被告李某作为发行人重钢公司的董事,被告俞某庚作为发行人重钢公司的高管,均属于证券法上规定的内幕主体。

“中国证监会行政处罚决定书(潘某深)”(〔2008〕12号)认为明知某市场传闻不实就是一种内幕信息。相关行政处罚决定书摘要如下:

潘某深从1998年9月21日至今一直担任大唐电信董事,并于2001年9月21日至今担任大唐电信董事会审计与监督委员会委员。根据公司章程,董事会审计与监督委员会的职责包括审核公司的财务信息及其披露。

2002年,潘某深在国泰君安证券公司北京知春路营业部开立18××××11(“潘某深”)资金账户,下挂1个上海股东账户。开户资料所留手机号码系潘某深本人现在使用,固定电话系其办公室电话,资金来源为其本人实名银行账户银证转入。潘某深本人承认该账户归其所有,交易资金来源于他的工资卡,资金存取一般通过银证转账。截至2007年4月15日,该账户内有大唐电信股票13,637股。

2005年,大唐电信亏损。2006年10月30日,大唐电信发布2006年业绩预增公告,预计2006年全年实现盈利。2007年2、3月间,大唐电信与其2006年年审机构经过沟通,拟对光通信、无线分公司的资产计提大幅减值准备,初步判断大唐电信2006年会有数亿元的亏损。2007年4月4日上午10时33分,大唐电信董事会秘书将审计机构的预审计意见、公司经营班子关于年报亏损的汇报、预亏公告全文以电子邮件的形式向全体董事(包括潘某深)作了汇报,汇报材料中称因“对整合后的无线、光通信资产进行大幅减值计提,由此将造成2006年年度财务报告亏损5亿-6亿元。”2007年4月5日,大唐电信发布《大唐电信科技股份有限公司2006年度业绩预告更正公告》,宣布公司由预盈转预亏,但未披露预计亏损的具体数额。根据询问笔录,潘某深称自己在公告前就知道会有几个亿的亏损。

2007年4月16日,潘某深通过办公室电话下单,以每股20.53元的价格将其所持有的大唐电信股票13,637股悉数卖出,成交金额为279,967.61元。该价格既是当日收盘价,也是当日涨停价。次日,潘某深向上海证券交易所汇报了此次交易情况。但在向交易所提交的书面材料中和接受调查人员询问时,潘某深均称其4月16日的抛售行为属于误操作,误将大唐电信股票当成其他股票全部卖出。经查交易记录,其账户4月16日的操作只有这一笔,且至2007年4月27日,除申购新股外,其账户也未进行任何其他操作。

2007年4月18日,大唐电信发布2006年业绩快报,称2006年公司净亏损719,016,700.00元。2007年4月27日,大唐电信发布2006年年度财务报告,称2006年公司净亏损718,862,000.00元。

我会认为,潘某深作为上市公司大唐电信的董事,是《证券法》规定的“证券交易内幕信息的知情人”;其所知悉的大唐电信2006年将巨额亏损的信息,为《证券法》规定的“内幕信息”;其2007年4月16日卖出大唐电信股票的行为,发生在该内幕信息公开以前。因此,潘某深的行为,违反了《证券法》“证券交易内幕信息的知情人和非法获取内幕信息的人,在内幕信息公开前,不得买卖该公司的证券,或者泄露该信息,或者建议他人买卖该证券”的规定,应当按照《证券法》予以处罚。经计算,潘某深的违法所得(规避的损失)金额是7607.81元。

证券市场是对信息高度依赖的市场,证券内幕交易破坏了证券市场公开、公平、公正的原则,损伤了投资者对证券市场的信心,扰乱了证券市场秩序。上市公司董事、监事和高级管理人员由于其特殊身份,是最接近、最有机会了解本公司内幕信息的人员。因此,上市公司董事、监事和高级管理人员应当本着对公司、对投资者、对证券市场,也是对自己的声誉和职业生涯高度负责的态度,严格遵守证券法律、法规、规章和有关规则的规定,在内幕信息公开前,不得买卖本公司的证券,不得泄露该内幕信息,也不得建议他人买卖该证券。鉴于上述情况,同时考虑到潘某深在交易行为发生后曾主动向上海证券交易所报告、案发后能够积极配合监管部门调查,而且内幕交易违法所得金额不大等情节,我会决定对潘某深处以罚款。

“中国证监会行政处罚决定书(光大证券股份有限公司、徐某明、杨某忠等5名责任人)”(〔2013〕59号)认为,市场供求信息属于内幕信息。相关行政处罚决定书摘要如下:

经查明,2013年8月16日11时05分,光大证券在进行交易型开放式指数基金(以下简称ETF)申赎套利交易时,因程序错误,其所使用的策略交易系统以234亿元的巨量资金申购180ETF成份股,实际成交72.7亿元。经测算,180ETF与沪深300指数在2013年1月4日至8月21日期间的相关系数达99.82%,即巨量申购和成交180ETF成份股对沪深300指数,180ETF、50ETF和股指期货合约价格均产生重大影响。同时,巨量申购和成交可能对投资者判断产生重大影响,从而对沪深300指数,180ETF、50ETF和股指期货合约价格产生重大影响。根据《证券法》和《期货交易管理条例》的规定,“光大证券在进行ETF套利交易时,因程序错误,其所使用的策略交易系统以234亿元的巨量资金申购180ETF成份股,实际成交72.7亿元”为内幕信息。光大证券是《证券法》和《期货交易管理条例》规定的内幕信息知情人。

上述内幕信息自2013年8月16日11时05分交易时产生,至当日14时22分光大证券发布公告时公开。

同日不晚于11时40分,徐某明召集杨某忠、沈某光和杨某波开会,达成通过做空股指期货、卖出ETF对冲风险的意见,并让杨某波负责实施。因此,光大证券知悉内幕信息的时间不晚于2013年8月16日11时40分。

一、光大证券2013年8月16日下午将所持股票转换为180ETF和50ETF并卖出的行为和2013年8月16日下午卖出股指期货空头合约IF1309、IF1312共计6240张的行为构成内幕交易。

2013年8月16日13时,光大证券称因重大事项停牌。当日14时22分,光大证券发布公告,称“公司策略投资部自营业务在使用其独立套利系统时出现问题”。但在当日13时开市后,光大证券即通过卖空股指期货、卖出ETF对冲风险,至14时22分,卖出股指期货空头合约IF1309、IF1312共计6240张,合约价值43.8亿元,获利74,143,471.45元;卖出180ETF共计2.63亿份,价值1.35亿元,卖出50ETF共计6.89亿份,价值12.8亿元,合计规避损失13,070,806.63元。

光大证券在内幕信息公开前将所持股票转换为ETF卖出和卖出股指期货空头合约的交易,构成《证券法》和《期货交易管理条例》所述内幕交易行为。徐某明为直接负责的主管人员,杨某忠、沈某光、杨某波为其他直接责任人员。

以上事实,有相关说明、询问笔录、公告、会议纪要、相关鉴定以及上海证券交易所、中国金融期货交易所计算的相关数据等证据证明,足以认定。

二、当事人提出的陈述申辩意见

光大证券在陈述申辩中提出:

其一,2013 年 8 月 16 日全天所做对冲交易,是按照光大证券《策略投资部业务管理制度》的规定和策略投资的原理,按照既定计划进行的必然性和常识性操作,具有合规性和正当性,符合业内操作惯例。

其二,本案系我国资本市场上首次发生的新型案件,事件发生时,作为一个正常理性的市场交易主体,无法判断错单信息属于内幕信息,更无从判断下午的行为可能构成内幕交易行为。证监会认定相关交易构成内幕交易法律依据不足。

其三,证监会对于违法所得的认定没有法律依据,而且存在计算错误。

其四,即使证监会认定其构成内幕交易,也应该从轻减轻处罚,不应处以 5 倍罚款。

除上述申辩理由外,徐某明、杨某忠、沈某光、杨某波还提出,没有内幕交易的主观故意,杨某忠、沈某光、杨某波还分别提出了各自的申辩意见。杨某忠提出,2013 年 8 月 16 日中午的会议,只是一个碰头会,不是班子成员会,也不是投资决策委员会正式决策会议,对于对冲方案,其本人不是提出者、决策者和实施者。沈某光提出,作为办公室主任,只是向总裁徐某明汇报情况,没有参与讨论相关问题,没有参与决策,只是根据指示做好资金调拨及拆借,其不是光大证券高级管理人员,不应被列为其他直接负责的主管人员。杨某波提出,其并非高级管理人员,没有参与会议决策,不应对其处以重罚。

针对上述申辩意见,我会经复核认为:

本案是我国资本市场上首次发生的新型案件,虽然《证券法》和《期货交易管理条例》列举的内幕信息主要是与发行人自身相关的信息或与政策相关的信息,但同时规定证监会有权就具体信息是否属于内幕信息进行认定。内幕信息有两个基本特征,包括信息重大和未公开性。本案中,光大证券因程序错误以 234 亿元的巨量资金申购 180ETF

成份股，实际成交72.7亿元，可能影响投资者判断，对沪深300指数，180ETF、50ETF和股指期货合约价格均可能产生重大影响，同时这一信息在一段时间内处于未公布状态，符合内幕信息特征。我会据此依法认定其为内幕信息。光大证券自身就是信息产生的主体，对内幕信息知情。

按照光大证券《策略投资部业务管理制度》的规定和策略投资的原理，光大证券可以进行正常的对冲交易，但是光大证券决策层了解相关事件的重大性之后，在没有向社会公开之前进行的交易，并非针对可能遇到的风险进行一般对冲交易的既定安排，而是利用内幕信息进行的交易。此时公司具有进行内幕交易的主观故意，符合《证券法》中"利用"要件，应当认定为内幕交易。光大证券内幕交易行为性质恶劣，影响重大，对市场造成了严重影响，应当依法予以处罚。

本案的违法所得认定综合考虑了交易金额，税费，内幕信息的影响时间等因素，具有合理性。

本案4名责任人员召开公司层面的决策会议决定先交易后披露，理应承担相应的责任。

根据《证券法》和《期货交易管理条例》的规定，我会决定：

一、没收光大证券ETF内幕交易违法所得13,070,806.63元，并处以违法所得5倍的罚款；没收光大证券股指期货内幕交易违法所得74,143,471.45元，并处以违法所得5倍的罚款。上述两项罚没款共计523,285,668.48元。

二、对光大证券ETF内幕交易直接负责的主管人员徐某明给予警告，并处以罚款；对光大证券股指期货内幕交易直接负责的主管人员徐某明给予警告，并处以罚款。

三、对光大证券ETF内幕交易的其他直接责任人员杨某忠给予警告，并处以罚款；对光大证券股指期货内幕交易的其他直接责任人员杨某忠给予警告，并处以罚款。

四、对光大证券ETF内幕交易的其他直接责任人员沈某光给予警告，并处以罚款；对光大证券股指期货内幕交易的其他直接责任人员沈某光给予警告，并处以罚款。

五、对光大证券ETF内幕交易的其他直接责任人员杨某波给予警告，并处以罚款；对光大证券股指期货内幕交易的其他直接责任人员杨某波给予警告，并处以罚款。

相关裁判摘要

“杨某波、中国证券监督管理委员会金融行政管理(金融)再审审查与审判监督行政裁定书”[中华人民共和国最高人民法院行政裁定书(2015)行监字第2092号]认为,交易者知悉内幕信息后实施相关的证券期货交易行为,原则上即应推定其利用了内幕信息,具有内幕交易的主观故意。相关裁判摘要如下:

在内幕交易案件中,交易者知悉内幕信息后实施相关的证券期货交易行为,原则上即应推定其利用了内幕信息,具有内幕交易的主观故意。如果该交易行为系基于内幕信息形成以前即已经制订的投资计划和指令所作出,并足以证明其实施的交易行为与内幕信息无关,则可以作为内幕交易的抗辩事由。本案中,光大证券案发下午实施的对冲交易,是在内幕信息公开前,社会公众和中小股民均不明真实情况下,直接针对错单交易而采取的将所持股票转换为ETF并卖出和卖出股指期货空头合约的交易行为,其并非基于内幕信息形成之前已经制订的投资计划、指令所作出的交易行为。因此,被诉市场禁入决定和原审判决认定上述对冲交易行为构成内幕交易,并无不当。

第五十三条　【内幕交易的民事责任】证券交易内幕信息的知情人和非法获取内幕信息的人,在内幕信息公开前,不得买卖该公司的证券,或者泄露该信息,或者建议他人买卖该证券。

持有或者通过协议、其他安排与他人共同持有公司百分之五以上股份的自然人、法人、非法人组织收购上市公司的股份,本法另有规定的,适用其规定。

内幕交易行为给投资者造成损失的,应当依法承担赔偿责任。

相关法律条文

《中华人民共和国刑法》(2020年修正)

第一百八十条　【内幕交易、泄露内幕信息罪;利用未公开信息交易罪】证券、期货交易内幕信息的知情人员或者非法获取证券、期货交易内幕信息的人员,在涉及证券的发行,证券、期货交易或者其他对证券、期货交易价格有重大影响的信息尚未公开前,买入或者卖出该证券,或者从事与该内幕信息有关的期货交易,或者泄露该信息,或者明示、暗示他人从事上述交易活动，情节严重的，处五年以下有期徒刑或者拘役，并处或者单处违法所得一倍以上五倍以下罚金；情节特别严重的，处五年以上十年以下有期徒刑，并处违法所得一倍以上五倍以下罚金。

单位犯前款罪的，对单位判处罚金，并对其直接负责的主管人员和其他直接责任人员，处五年以下有期徒刑或者拘役。

内幕信息、知情人员的范围，依照法律、行政法规的规定确定。

证券交易所、期货交易所、证券公司、期货经纪公司、基金管理公司、商业银行、保险公司等金融机构的从业人员以及有关监管部门或者行业协会的工作人员，利用因职务便利获取的内幕信息以外的其他未公开的信息，违反规定，从事与该信息相关的证券、期货交易活动，或者明示、暗示他人从事相关交易活动，情节严重的，依照第一款的规定处罚。

相关司法解释

《最高人民法院、最高人民检察院关于办理内幕交易、泄露内幕信息刑事案件具体应用法律若干问题的解释》(法释〔2012〕6号，自2012年6月1日起施行)

为维护证券、期货市场管理秩序，依法惩治证券、期货犯罪，根据刑法有关规定，现就办理内幕交易、泄露内幕信息刑事案件具体应用法律的若干问题解释如下：

第一条 下列人员应当认定为刑法第一百八十条第一款规定的“证券、期货交易内幕信息的知情人员”：

(一)证券法第七十四条规定的人员；

(二)期货交易管理条例第八十五条第十二项规定的人员。

第二条 具有下列行为的人员应当认定为刑法第一百八十条第一款规定的“非法获取证券、期货交易内幕信息的人员”：

(一)利用窃取、骗取、套取、窃听、利诱、刺探或者私下交易等手段获取内幕信息的；

(二)内幕信息知情人员的近亲属或者其他与内幕信息知情人员关系密切的人员，在内幕信息敏感期内，从事或者明示、暗示他人从事，或者泄露内幕信息导致他人从事与该内幕信息有关的证券、期货交易，相关交易行为明显异常，且无正当理由或者正当信息来源的；

(三)在内幕信息敏感期内,与内幕信息知情人员联络、接触,从事或者明示、暗示他人从事,或者泄露内幕信息导致他人从事与该内幕信息有关的证券、期货交易,相关交易行为明显异常,且无正当理由或者正当信息来源的。

第三条 本解释第二条第二项、第三项规定的"相关交易行为明显异常",要综合以下情形,从时间吻合程度、交易背离程度和利益关联程度等方面予以认定:

(一)开户、销户、激活资金账户或者指定交易(托管)、撤销指定交易(转托管)的时间与该内幕信息形成、变化、公开时间基本一致的;

(二)资金变化与该内幕信息形成、变化、公开时间基本一致的;

(三)买入或者卖出与内幕信息有关的证券、期货合约时间与内幕信息的形成、变化和公开时间基本一致的;

(四)买入或者卖出与内幕信息有关的证券、期货合约时间与获悉内幕信息的时间基本一致的;

(五)买入或者卖出证券、期货合约行为明显与平时交易习惯不同的;

(六)买入或者卖出证券、期货合约行为,或者集中持有证券、期货合约行为与该证券、期货公开信息反映的基本面明显背离的;

(七)账户交易资金进出与该内幕信息知情人员或者非法获取人员有关联或者利害关系的;

(八)其他交易行为明显异常情形。

第四条 具有下列情形之一的,不属于刑法第一百八十条第一款规定的从事与内幕信息有关的证券、期货交易:

(一)持有或者通过协议、其他安排与他人共同持有上市公司百分之五以上股份的自然人、法人或者其他组织收购该上市公司股份的;

(二)按照事先订立的书面合同、指令、计划从事相关证券、期货交易的;

(三)依据已被他人披露的信息而交易的;

(四)交易具有其他正当理由或者正当信息来源的。

第五条 本解释所称"内幕信息敏感期"是指内幕信息自形成至公开的期间。

证券法第六十七条第二款所列“重大事件”的发生时间，第七十五条规定的“计划”、“方案”以及期货交易管理条例第八十五条第十一项规定的“政策”、“决定”等的形成时间，应当认定为内幕信息的形成之时。

影响内幕信息形成的动议、筹划、决策或者执行人员，其动议、筹划、决策或者执行初始时间，应当认定为内幕信息的形成之时。

内幕信息的公开，是指内幕信息在国务院证券、期货监督管理机构指定的报刊、网站等媒体披露。

第六条 在内幕信息敏感期内从事或者明示、暗示他人从事或者泄露内幕信息导致他人从事与该内幕信息有关的证券、期货交易，具有下列情形之一的，应当认定为刑法第一百八十条第一款规定的“情节严重”：

（一）证券交易成交额在五十万元以上的；

（二）期货交易占用保证金数额在三十万元以上的；

（三）获利或者避免损失数额在十五万元以上的；

（四）三次以上的；

（五）具有其他严重情节的。

第七条 在内幕信息敏感期内从事或者明示、暗示他人从事或者泄露内幕信息导致他人从事与该内幕信息有关的证券、期货交易，具有下列情形之一的，应当认定为刑法第一百八十条第一款规定的“情节特别严重”：

（一）证券交易成交额在二百五十万元以上的；

（二）期货交易占用保证金数额在一百五十万元以上的；

（三）获利或者避免损失数额在七十五万元以上的；

（四）具有其他特别严重情节的。

第八条 二次以上实施内幕交易或者泄露内幕信息行为，未经行政处理或者刑事处理的，应当对相关交易数额依法累计计算。

第九条 同一案件中，成交额、占用保证金额、获利或者避免损失额分别构成情节严重、情节特别严重的，按照处罚较重的数额定罪处罚。

构成共同犯罪的，按照共同犯罪行为人的成交总额、占用保证金总额、获利或者避免损失总额定罪处罚，但判处各被告人罚金的总额应掌握在获利或者避免损失总额的一倍以上五倍以下。

第十条 刑法第一百八十条第一款规定的“违法所得”,是指通过内幕交易行为所获利益或者避免的损失。

内幕信息的泄露人员或者内幕交易的明示、暗示人员未实际从事内幕交易的,其罚金数额按照因泄露而获悉内幕信息人员或者被明示、暗示人员从事内幕交易的违法所得计算。

第十一条 单位实施刑法第一百八十条第一款规定的行为,具有本解释第六条规定情形之一的,按照刑法第一百八十条第二款的规定定罪处罚。

《最高人民法院 最高人民检察院 公安部 中国证监会关于办理证券期货违法犯罪案件工作若干问题的意见》(2011 年 4 月 27 日证监发〔2011〕30 号)

为加强办理证券期货违法犯罪案件工作,完善行政执法与刑事司法的衔接机制,进一步依法有效惩治证券期货违法犯罪,提出如下意见:

一、证券监管机构依据行政机关移送涉嫌犯罪案件的有关规定,在办理可能移送公安机关查处的证券期货违法案件过程中,经履行批准程序,可商请公安机关协助查询、复制被调查对象的户籍、出入境信息等资料,对有关涉案人员按照相关规定采取边控、报备措施。证券监管机构向公安机关提出请求时,应当明确协助办理的具体事项,提供案件情况及相关材料。

二、证券监管机构办理证券期货违法案件,案情重大、复杂、疑难的,可商请公安机关就案件性质、证据等问题提出参考意见;对有证据表明可能涉嫌犯罪的行为人可能逃匿或者销毁证据的,证券监管机构应当及时通知公安机关;涉嫌犯罪的,公安机关应当及时立案侦查。

三、证券监管机构与公安机关建立和完善协调会商机制。证券监管机构依据行政机关移送涉嫌犯罪案件的有关规定,在向公安机关移送重大、复杂、疑难的涉嫌证券期货犯罪案件前,应当启动协调会商机制,就行为性质认定、案件罪名适用、案件管辖等问题进行会商。

四、公安机关、人民检察院和人民法院在办理涉嫌证券期货犯罪案件过程中,可商请证券监管机构指派专业人员配合开展工作,协助查阅、复制有关专业资料。证券监管机构可以根据司法机关办案需要,依法就案件涉及的证券期货专业问题向司法机关出具认定意见。

五、司法机关对证券监管机构随案移送的物证、书证、鉴定结论、视听资料、现场笔录等证据要及时审查，作出是否立案的决定；随案移送的证据，经法定程序查证属实的，可作为定案的根据。

六、证券监管机构依据行政机关移送涉嫌犯罪案件的有关规定向公安机关移交证据，应当制作证据移交清单，双方经办人员应当签字确认，加盖公章，相关证据随证据移交清单一并移交。

七、对涉众型证券期货犯罪案件，在已收集的证据能够充分证明基本犯罪事实的前提下，公安机关可在被调查对象范围内按一定比例收集和调取书证、被害人陈述、证人证言等相关证据。

八、以证券交易所、期货交易所、证券登记结算机构、期货保证金监控机构以及证券公司、期货公司留存的证券期货委托记录和交易记录、登记存管结算资料等电子数据作为证据的，数据提供单位应以电子光盘或者其他载体记录相关原始数据，并说明制作方法、制作时间及制作人等信息，并由复制件制作人和原始电子数据持有人签名或盖章。

九、发行人、上市公司或者其他信息披露义务人在证券监管机构指定的信息披露媒体、信息披露义务人或证券交易所网站发布的信息披露公告，其打印件或据此制作的电子光盘，经核对无误后，说明其来源、制作人、制作时间、制作地点等的，可作为刑事证据使用，但有其他证据证明打印件或光盘内容与公告信息不一致的除外。

十、涉嫌证券期货犯罪的第一审案件，由中级人民法院管辖，同级人民检察院负责提起公诉，地（市）级以上公安机关负责立案侦查。

相关行政处罚决定书摘要

“中国证券监督管理委员会海南监管局行政处罚决定书（林某、杨某桃）”（〔2018〕1号）对发朋友圈泄露内幕信息进行了处罚。相关行政处罚决定书摘要如下：

经查明，林某、杨某桃存在以下违法事实：

一、内幕信息形成过程

2017年6月1日下午收市后，奋达科技董事长肖某提出员工增持股票倡议的想法。当日17点左右，肖某与董事会秘书谢某平沟通了关于倡议内部员工增持公司股票的事项,基于此,谢某平拟定了《关于向公司内部员工增持公司股票的倡议书》并由肖某书面签署。

2017年6月2日7点,谢某平电话告知证券事务代表周某清上述事项需公开披露。7点30分,谢某平、周某清与证券事务代表助理罗某斌赶到公司处理信息披露事宜,但直到8点04分才将拟披露信息提交交易所信息披露系统(交易所信息披露系统早上的提交时限为8点),导致该信息未正式公开披露。其间,罗某斌不慎将《关于深圳市奋达科技股份有限公司董事长向内部员工增持公司股票倡议书的公告》(以下简称《倡议书公告》)遗忘在文印室复印机台上。

8点05分,时任公司技术市场部工程师钟某文和销售技术中心文员杨某桃来公司文印室复印材料时,看到了罗某斌遗忘在复印机上的《倡议书公告》,杨某桃当场用手机对该文件进行了拍照。

8点20分,罗某斌发现其有关该事项披露的文件遗忘在复印机台,遂前往将该文件取回。

10点,杨某桃将其拍摄的《倡议书公告》照片发到其微信朋友圈。

10点31分,钟某文将杨某桃微信朋友圈中《倡议书公告》的图片发到名称为"电器销售技术部"的微信群,微信群成员林某在微信群中看到了该信息。

中午休市期间,奋达科技正式对外披露《倡议书公告》,并于11点45分收到巨潮资讯关于本次信息已成功披露的回执。

综上,董事长肖某提出公司内部员工增持公司股票的倡议,是"国务院证券监督管理机构认定的对证券交易价格有显著影响的其他重要信息",属于内幕信息,《倡议书公告》的内容与董事长肖某提出的公司内部员工增持公司股票倡议的内容一致。该内幕信息不晚于2017年6月1日17点形成,于2017年6月2日中午休市期间公开。

二、杨某桃泄露内幕信息

2017年6月2日8点05分,杨某桃在奋达科技文印室复印材料时看到罗某斌遗忘在复印机上的《倡议书公告》,并当场用手机拍照。10点,杨某桃将其手机拍摄的《倡议书公告》文稿照片发送至微信朋友圈,造成该内幕信息在奋达科技正式对外披露前被泄露。

三、林某内幕交易“奋达科技”股票

2017年6月2日10时31分，钟某文将杨某桃微信朋友圈中《倡议书公告》图片转发到名称为“电器销售技术部”的微信群，林某看到钟某文转发的《倡议书公告》图片。当日11点04分，林某将80万元资金转到本人的证券账户；11点05至07分，林某买入“奋达科技”69,000股，买入成交金额806,630元，分别于2017年6月7日和8月14日卖出，获利106,715.08元。

我局认为，杨某桃对《倡议书公告》进行拍照并发送至微信朋友圈的行为，构成泄露内幕信息的行为。林某利用《倡议书公告》的内幕信息，通过本人证券账户交易“奋达科技”股票，构成了内幕交易的行为。

根据当事人违法行为的事实、性质、情节及社会危害程度，我局决定：对杨某桃泄露内幕信息的行为处以罚款。没收林某内幕交易违法所得106,715.08元，并处以一倍罚款。

“中国证监会行政处罚决定书（夏某伟）”（〔2009〕26号）对“知悉”标准从正反两个方面进行了详细分析，并认为：只要有证据证明知悉内幕信息是影响当事人交易行为的因素之一，就可以认定内幕交易行为成立；当事人要想排除自己行为的违法性，应当有证据证明即使在完全不知道内幕信息的情况下，也会进行同样的交易行为；如果没有证据完全切断知悉内幕信息与其后的交易行为之间的联系，就不足以阻却行为的违法性。相关行政处罚决定书摘要如下：

在内幕交易案件中，当事人交易决策的形成和实施动因往往比较复杂，受多种因素的综合影响；有时既受内幕信息的影响，也同时受内幕信息之外的其他一些认知因素的影响。在有些情况下，当事人事先基于市场传言、个人分析等因素，已经关注相关证券，并产生了交易念头，然后通过种种渠道刺探、获知内幕信息，经验证后实施交易，案发后以“根据市场传言买卖”“早就有了交易计划”等借口推卸责任；在另一些情况下，当事人先获知了内幕信息，但没有马上交易，而是又对相关证券的基本面与技术面作了一些研究分析，然后实施交易，案发后以“根据自己的研究分析和独立判断买卖”为由，否认内幕交易。根据《证券法》防范与打击内幕交易的立法宗旨和有关规定，只要有证据证明知悉内幕信息是影响当事人交易行为的因素之一，就可以认定内幕交易行为成立；当事人要想排除自己行为的违法性，应当有证据证明即使在完全不知道内幕信息的情况下,也会进行同样的交易行为;如果没有证据完全切断知悉内幕信息与其后的交易行为之间的联系,就不足以阻却行为的违法性。具体到本案,虽然不排除当事人的“分析判断”可能会对其交易行为有一定的影响,但由于该行为本身已经符合内幕交易违法行为的构成要件,当事人的辩解无足够证据、也无足够力量排除对其内幕交易行为的认定。

“中国证监会行政处罚决定书(王某英)”(〔2014〕29号)认为,只要监管机构提供的证据能够证明,没有合法获取内幕信息的资格和地位的人,在内幕信息公开前与内幕信息知情人或知晓该内幕信息的人联络、接触,其证券交易活动与内幕信息高度吻合,即构成内幕交易。相关行政处罚决定书摘要如下:

经查,王某英实施了内幕交易深圳市长方半导体照明股份有限公司(以下简称长方照明)股票的行为,具体事实如下:

2012年6月底,长方照明董事长邓某长就长方照明高送转事项与副总经理邓某贤等其他董事会成员沟通。6月21日,大华会计师事务所与长方照明签订业务约定书及内幕信息知情人保密协议。7月2日,大华会计师事务所会计师陆续进场,到长方照明现场开展审计。7月18日上午,邓某长将利润分配预案的提案提交到董事会办公室,当日下午,长方照明证券事务代表将公告内容提交到深交所业务专区。7月18日晚,长方照明在深交所发布《关于2012年半年度利润分配预案的预披露公告》,以截至2012年6月30日公司总股本10,800万股为基数向全体股东每10股派发现金股利人民币2元(含税),同时以10,800万股为基数向全体股东每10股转增15股。

2008年11月5日,王某英在安信证券汕尾陆丰证券营业部开立其本人账户,联系人为王某伟。该账户以前从未买卖过长方照明股票,2012年7月18日当天一次性买入长方照明股票66,500股,成交金额1,117,200元。2012年7月18日至2013年3月27日,该账户累计买入长方照明股票85,500股,成交金额1,557,210元,转增108,000股,累计卖出18,500股,成交金额356,215元。截至2013年3月27日,该户仍持有长方照明股票175,000股。

王某英的股票账户由其侄儿林某锥代为操作,2012年7月18日,王某英电话通知林某锥全仓买入长方照明股票,林某锥据此进行了下单交易。王某英账户大额资金来源主要为邓某贤农行账户转入107万元。王某英、邓某贤称向王某英账户汇入107万元是归还邓某贤之前向王某英的借款和利息。

调查发现邓某贤与王某英在2012年6月21日至7月18日有5次通话。

长方照明利润分配计划属于《证券法》规定的"公司分配股利或者增资计划"范围,是涉及公司的经营、财务或者对该公司证券的市场交易价格有重大影响的信息,在尚未公开前,属于内幕信息。长方照明董事长邓某长、董事兼副总经理邓某贤等均是该内幕信息的知情人。至2012年6月21日,该信息已经形成,并以长方照明与大华会计师事务所签订保密协议的形式予以保存。

王某英的股票账户在7月18日首次一次性买入长方照明股票66,500股,与该账户通常分散、少量地买入其他股票的特征不同,交易行为异常。结合王某英资金账户与邓某贤资金账户之间存在大额资金往来的情况,以及在2012年6月21日至7月18日期间邓某贤与王某英有多次通话的事实,可以认定王某英与内幕信息知情人邓某贤存在密切关系,王某英是从邓某贤处非法获取了内幕信息。

上述违法事实分别有交易明细、银行账户明细、当事人询问笔录和通讯记录、上市公司报告公告等证据证明,足以认定。

根据当事人违法行为的事实、性质、情节与社会危害程度,我会决定:对王某英处以30万元罚款;责令王某英在接到本行政处罚决定书之日起7个交易日内,依法处理非法持有的长方照明股票;如有违法所得,没收违法所得。

相关裁判摘要

"张某光与中国证券监督管理委员会二审行政判决书"[北京市高级人民法院行政判决书(2017)京行终2185号]认为,在投资者并非内幕信息知情人,又无直接证据证明投资者非法获取了内幕信息并实施内幕交易的情况下,证券监管机构认定投资者存在内幕交易行为的,应当对投资者在内幕信息公开前与内幕信息知情人员联络、接触,以及该联络、接触时间与其相关证券交易活动高度吻合的问题承担证明责任,投资者应当对其在内幕信息敏感期内与内幕信息知情人员联络、接触且该联络、接触时间与相关证券交易活动高度吻合问题,承担合理说明以及提供证据排除其存在利用内幕信息从事相关证券交易活动的责任。相关裁判摘要如下:

《证券法》禁止证券交易内幕信息的知情人和非法获取内幕信息的人利用内幕信息从事证券交易活动。按照最高人民法院《关于审理证券行政处罚案件证据若干问题的座谈会纪要》第一部分“关于证券行政处罚案件的举证问题”和第五部分“关于内幕交易行为的认定问题”的意见,人民法院在审理证券内幕交易行政处罚案件时,应当考虑到该类案件违法行为的特殊性,由监管机构承担主要违法事实证明责任,通过推定的方式适当向原告转移部分特定事实的证明责任。在原告并非内幕信息知情人,又无直接证据证明原告非法获取了内幕信息并实施内幕交易的情况下,证券监管机构认定原告存在内幕交易行为的,应当对原告在内幕信息公开前与内幕信息知情人员联络、接触,以及该联络、接触时间与其相关证券交易活动高度吻合的问题承担证明责任,原告应当对其在内幕信息敏感期内与内幕信息知情人员联络、接触且该联络、接触时间与相关证券交易活动高度吻合问题,承担合理说明以及提供证据排除其存在利用内幕信息从事相关证券交易活动的责任。这就是说,如果在内幕信息敏感期内,原告与内幕信息知情人员联络、接触,其证券交易活动与内幕信息的形成、变化以及与内幕信息知情人员联络、接触时间高度吻合,构成相关交易行为明显异常,需要原告作出合理说明或者提供证据排除其存在利用内幕信息从事相关交易活动;如果原告对该明显异常的交易活动不能作出合理说明,或者不能提供证据排除其存在利用内幕信息从事相关交易活动的,可以认定监管机构认定的内幕交易行为成立。

本案中,中国证监会认定,张某曾账户及周某英账户由张某光实际控制和使用,资金来源于张某光,由张某光或张某光委托其姐张某玲下单交易“任子行”股票;张某光与景某军是多年生意伙伴,双方关系密切,内幕信息敏感期内两人有联络;两个账户交易时点与内幕信息形成过程及张某光、景某军通讯时间高度吻合,交易金额明显放大,买入态度坚决,交易特征异常。对此,本院在审理过程中,张某光对自己是张某曾账户及周某英账户的实际控制人、其与景某军系多年生意伙伴,以及其与景某军时常联系、交易“任子行”股票的相关事实并无异议。针对张某光提出的中国证监会并无证据证明其实际获得了内幕信息,且中国证监会调取的短信通讯记录并无短信的内容,其是通过对网络行业发展前景的发展与判断而进行股票交易决策,因而并不构成知悉内幕信息并进行交易的主张,本院认为,虽然并无直接证据证明张某光实际获取了内幕信息的内容，但参照最高人民法院《关于审理证券行政处罚案件证据若干问题的座谈会纪要》的前述规定，在内幕信息敏感期内，只要张某光与内幕信息知情人员联络、接触，且其证券交易活动与内幕信息知情人员联络、接触时间高度吻合，就属于交易行为明显异常的情形，需要张某光作出合理说明或者提供证据排除其存在利用内幕信息从事交易活动，在此过程中并不必然要求中国证监会必须证明张某光与内幕信息知情人员联络、接触的具体内容，相反，如果张某光不能证明自己与景某军的联络、接触与内幕信息无关，则将对张某光作出不利的认定。本案中，张某光进行账户交易的时点与内幕信息形成过程及张某光、景某军通讯时间高度吻合，交易金额明显放大，买入态度坚决，买卖证券行为明显与账户平时交易习惯相背离，交易特征明显异常。在此情况下，张某光既未提供证明其与景某军联络、接触的内容可以排除内幕信息的证据，其关于通过对网络行业发展前景的发展与判断而进行股票交易决策的申辩理由，又不构成合理说明。此外，张某光还提出其此前曾经交易过“任子行”股票，因而不构成交易明显异常的主张，对此本院认为，张某光对“任子行”股票的交易历史记录与本案股票交易时间相差一年有余，且之前的交易日期也相对集中，并不构成张某光对“任子行”股票的常态化交易，同样不构成对本案所涉及明显异常交易的合理说明。因此，被诉处罚决定认定张某光构成内幕交易，并无不当。

“黄某军与光大证券股份有限公司侵权责任纠纷一审民事判决书”［广东省深圳市中级人民法院民事判决书（2015）深中法商初字第190号］认为，在认定内幕交易与投资者损失的因果关系方面，应采用推定因果关系的做法。相关裁判摘要如下：

证券市场中因果关系不同于传统的民事因果关系。首先，证券市场主体人数众多、交易迅速、成交量大。作为一个以计算机网络技术为基础的市场，大多数证券交易是通过集合竞价和连续竞价，采取交易所主机撮合方式而完成的，内幕交易行为人与受害人并不直接对应或接触。因此，投资者交易的股票或期货无法与内幕交易行为人交易的股票或期货完全一一对应。其次，在证券市场中，投资者的损害主要表现为证券价格的下降或上升，但是影响证券价格的因素非常多，往往是多种原因相互交织引起证券价格波动。在这种情况下，由投资者通过证据去证明内幕交易的因果关系几乎不可能，相当于架空了内幕交易惩罚制度，不符合立法的本意。

本院注意到,我国目前法律法规或者司法解释并未对内幕交易与投资者损失的因果关系方面作出具体明确规定,但与此最相似、同样涉及证券市场投资者民事赔偿的《最高人民法院关于审理证券市场因虚假陈述引发的民事赔偿案件的若干规定》第十八条对因果关系作出如下规定:“投资人具有以下情形的,人民法院应当认定虚假陈述与损害结果之间存在因果关系:(一)投资人所投资的是与虚假陈述直接关联的证券;(二)投资人在虚假陈述实施日及以后,至揭露日或者更正日之前买入该证券;(三)投资人在虚假陈述揭露日或者更正日及以后,因卖出该证券发生亏损,或者因持续持有该证券而产生亏损。”根据该规定,在具备一定条件的情况下,推定因果关系成立。

考虑到上述因素,本院认为,在认定内幕交易与投资者损失的因果关系方面,亦应采用推定因果关系的做法。基于有效市场理论,假定证券及期货市场的价格受所有投资公众可获知的公开信息的影响,交易时不披露内幕信息,会在极大程度上影响市场价格的真实性。因此,存在内幕交易行为应当推定为会影响到投资者所投资的交易品种价格,进而造成投资者的损失。具体而言,本院认为,在内幕信息具有价格敏感性的情况下,在内幕交易行为人实施内幕交易行为的期间,如果投资者从事了与内幕交易行为主要交易方向相反的证券交易行为,而且投资者买卖的是与内幕信息直接关联的证券、证券衍生产品或期货合约,最终遭受损失,则应认定内幕交易与投资者损失具有因果关系。

光大证券公司还提出,当日内幕交易时间段,光大证券公司交易IF1309和IF1312的数量远远低于市场成交总量,每分钟交易IF1309和IF1312的数量又较为平均,因此并不会导致大盘价格下降,与黄某军损失之间没有因果关系。另外,光大证券公司于14时22分发布公告前后,相关市场价格走势呈平稳下跌趋势,没有明显地突变,说明无论光大证券公司是否公开内幕信息,对市场价格走势不会产生较大影响,故投资者交易受损并非光大证券公司内幕交易行为所致。本院认为,内幕交易中,交易总量的大小、交易数量是否平均,对因果关系的认定并无影响,因为立法禁止从事内幕交易行为,并未区分上述具体实施因素,而是考虑到内幕交易破坏证券市场交易制度的公平性,影响到一般投资人对证券市场公开、公正、公平的信赖。在采用推定因果关系的情况下,上述具体交易数量与具体交易模式,对于与内幕信息直接关联的交易品种,并不影响因果关系的认定,最多在赔偿责任限额方面对内幕交易行为人有影响。另外，在本案较短的内幕交易期间内，光大证券公司也没有举证证明存在其他市场风险因素的明显介入，故光大证券公司以自身交易模式为由否认因果关系存在的观点本院不予支持。

在因果关系方面，本案还涉及诸多因素影响到因果关系的具体认定，其中包括交易品种关联性、交易方向、交易时间，等等。分别分析如下：

1. 交易品种对因果关系的影响

与因果关系密切相关的一个问题是交易品种直接关联性问题。光大证券公司所交易的股指期货空头合约为 IF1309、IF1312、50ETF 以及 180ETF，本案黄某军交易的品种为 IF1309，故可以直接认定为与光大证券公司的内幕交易行为具有因果关系。

2. 交易方向对因果关系的影响

交易方向对因果关系的认定有重大影响，如果投资者主要交易方向与内幕交易行为人的交易方向相同的，则应当认定投资者的损失与内幕交易行为之间不存在因果关系。证券市场与股指期货市场交易规则有所不同，在判断主要交易方向方面，就股指期货交易方向，本院注意到黄某军反复多次买入和卖出股指期货合约。对此光大证券公司提出，黄某军的操作属于纯粹投机的双向交易，进而表明黄某军从事交易系自主判断和自主决策，不受光大证券公司内幕交易行为影响。本院认为，基于摊低成本、规避风险等交易策略，投资者的交易模式确实可以表明其目的是通过捕捉相关交易品种短时间内的价格波动而频繁交易来获利，由于股指期货市场的交易特征，这种做法不违反投资规则，无可厚非。无论光大证券公司是否存在内幕交易行为，投资者根据其投资策略完全可能在当日进行多次交易甚至频繁交易，但由于光大证券公司内幕交易行为影响了市场价格，根据推定因果关系的理论，只要造成了投资者的损失，亦应认定构成因果关系。

根据本案的具体案情，光大证券公司在当日内幕交易时间段的交易行为是卖出股指期货合约 IF1309。而在当日内幕交易时间段内，黄某军的交易记录显示其买入 IF1309 的总手数大于卖出总手数，故应认定为黄某军的交易方向与光大证券公司的交易方向相反。

3. 交易时间对因果关系的影响

本案中黄某军所主张的交易品种既有发生在内幕交易时间段的，也有发生在非内幕交易时间段的，对于发生在非内幕交易时间段的交易，黄某军的损失与光大证券公司的行为是否存在因果关系,亦是本案争议问题之一。本院认为,本案引发诉讼的原因是光大证券公司的内幕交易行为。法律之所以制裁内幕交易行为,确立赔偿机制,是因为内幕交易给相关市场造成了重大的负面影响。市场受信息支撑并由信息左右,信息对交易品种价格的变化具有决定性的影响。内幕交易行为人因提前拥有可靠信息,可以使自己摆脱交易的风险,而一般投资者则要面对巨大风险,相当于内幕交易行为人将其获益转嫁为投资者的损失,这将使得相关市场失去公平、公正性和失去效率,并使得投资者失去对市场的信心和投资的愿望,从而从根本上腐蚀市场的正常机制,影响市场的健康发展。如果投资者的交易发生于光大证券公司的内幕交易行为时间段之外,这种情况能否索赔,应考虑到投资者所面对的市场风险问题。众所周知,股票与股指期货等交易品种具有流动性、风险性、波动性的特征。在瞬息万变的市场当中,投资于这些交易品种的风险是客观存在的。作为投资者,不仅要面临自身主观行为因素所造成的风险,还要面临外部客观因素所带来的风险,包括各类所投资公司的个体风险、整个市场风险。在市场风险中,除了由于汇率、利率等金融政策、国内和国际的突发事件、经济和政治制度的变动等所引发的风险,计算机的技术故障风险或者其他投资者操作错误亦是每个投资者所必要面对的广义上的市场风险,因为当今世界证券及期货市场的交易架构基本依赖于计算机网络系统,包括硬件与软件。至于其他投资者的错误操作,无论是源自计算机软硬件故障还是投资者自身操作指令不当,除非是属于法律明确禁止之行为如虚假陈述、内幕交易、操纵市场等,否则难以从民事侵权法律上追究其责任。首先,对于一名投资者而言,根本无法事先判断其他投资者的投资行为是有意、无意或者是存在错误,其所能观察到的,仅仅是市场价格变化,就此意义而言,在交易之时,该投资者并不存在重大误解,也无从要求撤销这种交易行为。其次,在一个价格瞬息万变、波动巨大的市场上,每位投资者做出投资决策时应依赖于自己的判断,而不应对其他投资者的投资行为产生任何信赖,其他投资者的行为导致某一时刻的大盘或者个股的价格剧烈变化,不代表着跟风必定获利。因此无法从法律上认定损失因果关系的存在。否则,导致市场波动的每一次突发事件、政策决定、他人投资行为或者其他因素,都会引发诉讼,"市场"一词将失去其本意。

就本案而言,本院认为,对于光大证券公司在内幕交易时间段内的行为，属于应受法律制裁的行为，黄某军主张的该时间段的损失依法可以获得赔偿。但中国证监会并未认定光大证券公司当日上午的行为属于内幕交易(即便可能存在极少量的股指期货交易行为)，也未认定光大证券公司当日存在虚假陈述、操纵市场等相关法律所禁止的行为，故黄某军主张的在非内幕交易时间段进行的交易，属于跟风买入受损，应自担投资风险，无法认定存在法律上的因果关系。

第五十四条　【禁止利用未公开信息进行证券交易】 禁止证券交易场所、证券公司、证券登记结算机构、证券服务机构和其他金融机构的从业人员、有关监管部门或者行业协会的工作人员，利用因职务便利获取的内幕信息以外的其他未公开的信息，违反规定，从事与该信息相关的证券交易活动，或者明示、暗示他人从事相关交易活动。

利用未公开信息进行交易给投资者造成损失的，应当依法承担赔偿责任。

相关法律条文

《中华人民共和国刑法》(2020 年修正)第一百八十条第四款：

证券交易所、期货交易所、证券公司、期货经纪公司、基金管理公司、商业银行、保险公司等金融机构的从业人员以及有关监管部门或者行业协会的工作人员，利用因职务便利获取的内幕信息以外的其他未公开的信息，违反规定，从事与该信息相关的证券、期货交易活动，或者明示、暗示他人从事相关交易活动，情节严重的，依照第一款的规定处罚。

相关裁判摘要

指导案例 61 号：马某利用未公开信息交易案

【裁判要点】

刑法第一百八十条第四款规定的利用未公开信息交易罪援引法定刑的情形，应当是对第一款内幕交易、泄露内幕信息罪全部法定刑的引用，即利用未公开信息交易罪应有“情节严重”“情节特别严重”两种情形和两个量刑档次。

【基本案情】

2011 年 3 月 9 日至 2013 年 5 月 30 日期间，被告人马某担任博时基金管理有限公司旗下的博时精选股票证券投资经理,全权负责投资基金投资股票市场,掌握了博时精选股票证券投资基金交易的标的股票、交易时间和交易数量等未公开信息。马某在任职期间利用其掌控的上述未公开信息,从事与该信息相关的证券交易活动,操作自己控制的“金某”“严某甲”“严某乙”三个股票账户,通过临时购买的不记名神州行电话卡下单,先于(1-5个交易日)、同期或稍晚于(1-2个交易日)其管理的“博时精选”基金账户买卖相同股票76只,累计成交金额10.5亿余元,非法获利18,833,374.74元。2013年7月17日,马某主动到深圳市公安局投案,且到案之后能如实供述其所犯罪行,属自首;马某认罪态度良好,违法所得能从扣押、冻结的财产中全额返还,判处的罚金亦能全额缴纳。

【裁判结果】

广东省深圳市中级人民法院(2014)深中法刑二初字第27号刑事判决认为,被告人马某的行为已构成利用未公开信息交易罪。但刑法中并未对利用未公开信息交易罪规定“情节特别严重”的情形,因此只能认定马某的行为属于“情节严重”。马某自首,依法可以从轻处罚;马某认罪态度良好,违法所得能全额返还,罚金亦能全额缴纳,确有悔罪表现;另经深圳市福田区司法局社区矫正和安置帮教科调查评估,对马某宣告缓刑对其所居住的社区没有重大不良影响,符合适用缓刑的条件。遂以利用未公开信息交易罪判处马某有期徒刑三年,缓刑五年,并处罚金人民币1884万元;违法所得人民币18,833,374.74元依法予以追缴,上缴国库。

宣判后,深圳市人民检察院提出抗诉认为,被告人马某的行为应认定为犯罪情节特别严重,依照“情节特别严重”的量刑档次处罚。一审判决适用法律错误,量刑明显不当,应当依法改判。

广东省高级人民法院(2014)粤高法刑二终字第137号刑事裁定认为,刑法第一百八十条第四款规定,利用未公开信息交易,情节严重的,依照第一款的规定处罚,该条款并未对利用未公开信息交易罪规定有“情节特别严重”情形;而根据第一百八十条第一款的规定,情节严重的,处五年以下有期徒刑或者拘役,并处或者单处违法所得一倍以上五倍以下罚金,故马某利用未公开信息交易,属于犯罪情节严重,应在该量刑幅度内判处刑罚。原审判决量刑适当,抗诉机关的抗诉理由不成立,不予采纳。遂裁定驳回抗诉,维持原判。

二审裁定生效后，广东省人民检察院提请最高人民检察院按照审判监督程序向最高人民法院提出抗诉。最高人民检察院抗诉提出，刑法第一百八十条第四款属于援引法定刑的情形，应当引用第一款处罚的全部规定；利用未公开信息交易罪与内幕交易、泄露内幕信息罪的违法与责任程度相当，法定刑亦应相当；马某的行为应当认定为犯罪情节特别严重，对其适用缓刑明显不当。本案终审裁定以刑法第一百八十条第四款未对利用未公开信息交易罪规定有“情节特别严重”为由，降格评价马某的犯罪行为，属于适用法律确有错误，导致量刑不当，应当依法纠正。

最高人民法院依法组成合议庭对该案直接进行再审，并公开开庭审理了本案。再审查明的事实与原审基本相同，原审认定被告人马某非法获利数额 18,833,374.74 元存在计算错误，实际为 19,120,246.98 元，依法应当予以更正。最高人民法院(2015)刑抗字第 1 号刑事判决认为，原审被告人马某的行为已构成利用未公开信息交易罪。马某利用未公开信息交易股票 76 只，累计成交额 10.5 亿余元，非法获利 1912 万余元，属于情节特别严重。鉴于马某具有主动从境外回国投案自首法定从轻、减刑处罚情节；在未受控制的情况下，将股票兑成现金存在涉案三个账户中并主动向中国证券监督管理委员会说明情况，退还了全部违法所得，认罪悔罪态度好，赃款未挥霍，原判罚金刑得已全部履行等酌定从轻处罚情节，对马某可予减轻处罚。第一审判决、第二审裁定认定事实清楚，证据确实、充分，定罪准确，但因对法律条文理解错误，导致量刑不当，应予纠正。依照《中华人民共和国刑法》第一百八十条第四款、第一款、第六十七条第一款、第五十二条、第五十三条、第六十四条及《最高人民法院关于适用〈中华人民共和国刑事诉讼法〉的解释》第三百八十九条第(三)项的规定，判决如下：一、维持广东省高级人民法院(2014)粤高法刑二终字第 137 号刑事裁定和深圳市中级人民法院(2014)深中法刑二初字第 27 号刑事判决中对原审被告人马某的定罪部分；二、撤销广东省高级人民法院(2014)粤高法刑二终字第 137 号刑事裁定和深圳市中级人民法院(2014)深中法刑二初字第 27 号刑事判决中对原审被告人马某的量刑及追缴违法所得部分；三、原审被告人马某犯利用未公开信息交易罪，判处有期徒刑三年，并处罚金人民币 1913 万元；四、违法所得人民币 19,120,246.98 元依法予以追缴，上缴国库。

【裁判理由】

法院生效裁判认为：本案事实清楚，定罪准确，争议的焦点在于如何正确理解刑法第一百八十条第四款对于第一款的援引以及如何把握利用未公开信息交易罪“情节特别严重”的认定标准。

一、对刑法第一百八十条第四款援引第一款量刑情节的理解和把握

刑法第一百八十条第一款对内幕交易、泄露内幕信息罪规定为：“证券、期货交易内幕信息的知情人员或者非法获取证券、期货交易内幕信息的人员，在涉及证券的发行，证券、期货交易或者其他对证券、期货交易价格有重大影响的信息尚未公开前，买入或者卖出该证券，或者从事与该内幕信息有关的期货交易，或者泄露该信息，或者明示、暗示他人从事上述交易活动，情节严重的，处五年以下有期徒刑或者拘役，并处或者单处违法所得一倍以上五倍以下罚金；情节特别严重的，处五年以上十年以下有期徒刑，并处违法所得一倍以上五倍以下罚金。”第四款对利用未公开信息交易罪规定为：“证券交易所、期货交易所、证券公司、期货经纪公司、基金管理公司、商业银行、保险公司等金融机构的从业人员以及有关监管部门或者行业协会的工作人员，利用因职务便利获取的内幕信息以外的其他未公开的信息，违反规定，从事与该信息相关的证券、期货交易活动，或者明示、暗示他人从事相关交易活动，情节严重的，依照第一款的规定处罚。”

对于第四款中“情节严重的，依照第一款的规定处罚”应如何理解，在司法实践中存在不同的认识。一种观点认为，第四款中只规定了“情节严重”的情形，而未规定“情节特别严重”的情形，因此，这里的“情节严重的，依照第一款的规定处罚”只能是依照第一款中“情节严重”的量刑档次予以处罚；另一种观点认为，第四款中的“情节严重”只是入罪条款，即达到了情节严重以上的情形，依据第一款的规定处罚。至于具体处罚，应看符合第一款中的“情节严重”还是“情节特别严重”的情形，分别情况依法判处。情节严重的，“处五年以下有期徒刑”，情节特别严重的，“处五年以上十年以下有期徒刑”。

最高人民法院认为，刑法第一百八十条第四款援引法定刑的情形，应当是对第一款全部法定刑的引用，即利用未公开信息交易罪应有“情节严重”“情节特别严重”两种情形和两个量刑档次。这样理解的具体理由如下：

(一)符合刑法的立法目的。由于我国基金、证券、期货等领域中，利用未公开信息交易行为比较多发，行为人利用公众投入的巨额资金作后盾，以提前买入或者提前卖出的手段获得巨额非法利益，将风险与损失转嫁到其他投资者，不仅对其任职单位的财产利益造成损害，而且严重破坏了公开、公正、公平的证券市场原则，严重损害客户投资者或处于信息弱势的散户利益，严重损害金融行业信誉，影响投资者对金融机构的信任，进而对资产管理和基金、证券、期货市场的健康发展产生严重影响。为此，《中华人民共和国刑法修正案（七）》新增利用未公开信息交易罪，并将该罪与内幕交易、泄露内幕信息罪规定在同一法条中，说明两罪的违法与责任程度相当。利用未公开信息交易罪也应当适用"情节特别严重"。

（二）符合法条的文意。首先，刑法第一百八十条第四款中的"情节严重"是入罪条款。《最高人民检察院、公安部关于公安机关管辖的刑事案件立案追诉标准的规定（二）》，对利用未公开信息交易罪规定了追诉的情节标准，说明该罪需达到"情节严重"才能被追诉。利用未公开信息交易罪属情节犯，立法要明确其情节犯属性，就必须借助"情节严重"的表述，以避免"情节不严重"的行为入罪。其次，该款中"情节严重"并不兼具量刑条款的性质。刑法条文中大量存在"情节严重"兼具定罪条款及量刑条款性质的情形，但无一例外均在其后列明了具体的法定刑。刑法第一百八十条第四款中"情节严重"之后，并未列明具体的法定刑，而是参照内幕交易、泄露内幕信息罪的法定刑。因此，本款中的"情节严重"仅具有定罪条款的性质，而不具有量刑条款的性质。

（三）符合援引法定刑立法技术的理解。援引法定刑是指对某一犯罪并不规定独立的法定刑，而是援引其他犯罪的法定刑作为该犯罪的法定刑。刑法第一百八十条第四款援引法定刑的目的是避免法条文字表述重复，并不属于法律规定不明确的情形。

综上所述，刑法第一百八十条第四款虽然没有明确表述"情节特别严重"，但是根据本条款设立的立法目的、法条文意及立法技术，应当包含"情节特别严重"的情形和量刑档次。

二、利用未公开信息交易罪"情节特别严重"的认定标准

虽然没有关于利用未公开信息交易罪"情节特别严重"认定标准的专门规定，但鉴于刑法规定利用未公开信息交易罪是参照内幕交易、泄露内幕信息罪的规定处罚，最高人民法院、最高人民检察院《关于办理内幕交易、泄露内幕信息刑事案件具体应用法律若干问题的解释》将成交额250万元以上、获利75万元以上等情形认定为内幕交易、泄露内幕信息罪"情节特别严重"的标准,利用未公开信息交易罪也应当遵循相同的标准。马某利用未公开信息进行交易活动,累计成交额达10.5亿余元,非法获利达1912万余元,已远远超过上述标准,且在案发时属全国查获的该类犯罪数额最大者,参照最高人民法院、最高人民检察院《关于办理内幕交易、泄露内幕信息刑事案件具体应用法律若干问题的解释》,马某的犯罪情节应当属于"情节特别严重"。

第五十五条　【禁止操纵市场】禁止任何人以下列手段操纵证券市场,影响或者意图影响证券交易价格或者证券交易量:

(一)单独或者通过合谋,集中资金优势、持股优势或者利用信息优势联合或者连续买卖;

(二)与他人串通,以事先约定的时间、价格和方式相互进行证券交易;

(三)在自己实际控制的账户之间进行证券交易;

(四)不以成交为目的,频繁或者大量申报并撤销申报;

(五)利用虚假或者不确定的重大信息,诱导投资者进行证券交易;

(六)对证券、发行人公开作出评价、预测或者投资建议,并进行反向证券交易;

(七)利用在其他相关市场的活动操纵证券市场;

(八)操纵证券市场的其他手段。

操纵证券市场行为给投资者造成损失的,应当依法承担赔偿责任。

相关裁判摘要

"李宁与中国证券监督管理委员会信息公开一审行政判决书"[北京市第一中级人民法院行政判决书(2016)京01行初699号]认为,判断操纵市场,应当对整个交易行为进行综合分析,判断交易者是否明显存在背离正常市场交易规律而人为干预甚至制造背离真实供求关系的市场价格的主观意图和客观行为。相关裁判摘要如下:

证券法明确列举的操纵证券市场的情形,本质都是凭借市场优势地位或者采用欺诈手法人为干预市场走势或影响市场行情,破坏市场正常的量价形成机制，释放虚假的市场信号，一般都具有诱使其他投资者跟风交易，操纵者从中牟利的主观恶意。证券法规定的以其他手段操纵证券市场，亦应比照前述情形予以认定。本院认可，即使是合法的证券期货大宗交易，也可能会对市场价格产生影响，这种影响来自正常市场供求关系的变化，对于大宗交易者而言，基于专业认知也往往能够大致预测因为供求关系的变化而对市场价格可能产生的影响。因此，并非可能影响市场价格的大宗交易就当然属于操纵市场行为，而应当对整个交易行为进行综合分析，判断交易者是否明显存在背离正常市场交易规律而人为干预甚至制造背离真实供求关系的市场价格的主观意图和客观行为。

本案中，根据已查明的事实，2013 年 7 月 1 日、2013 年 8 月 1 日、2013 年 8 月 20 日、2013 年 8 月 21 日、2013 年 10 月 24 日、2013 年 9 月 18 日，“李宁”账户组于前述 6 个交易日中 4 个交易日持股比超 5%，其于前述交易日交易“元力股份”具有一定资金及持股优势。而于前述交易日中，“李宁”账户组交易“元力股份”的交易量占比、申买比重等数显著偏高，单个交易日申买量占比最高达到 77.71%，最高成交量占比达到 94.69%。且前述交易均为短时间内大笔申报买入，交易时间最短区间为 1 分 54 秒，最长区间为 6 分 29 秒。不仅如此，“李宁”账户组于申买时段内的平均申买价格均高于申报前一刻买委托第一档价格。这显然有悖于“低买高卖”的正常市场交易行为。进一步结合“李宁”账户组于前述交易日的同日或次日进行的反向卖出行为，能够认定“李宁”账户组实施的大笔申报买入意在通过人为影响市场交易价格或交易量的方法诱使其他投资者跟风买入，之后其通过反向卖出交易从中牟利。“李宁”账户组的交易行为，已经明显不符合合理交易行为一般特点，其利用自己的资金优势，人为制造背离真实供求关系的市场价格的意图明显。

从客观效果分析，“李宁”账户组的交易对于“元力股份”股票价格走势的影响权重极高。前述 6 个交易日“元力股份”股价涨幅分别达 1.96%、3.98%、3.69%、1.62%、2.22%、4.33%，其中 2013 年 9 月 18 日的收盘涨幅偏离当日创业板指数 2.92%。因此，原告实际控制“李宁”账户组于前述 6 个交易日实施的交易行为已构成证券法规定的以其他手段操纵证券市场，被告依据前述规定进行处罚于法有据。

相关行政处罚决定书摘要

“中国证监会行政处罚决定书(北八道集团有限公司、林某丰、林某婷等4名责任人员)”(〔2018〕27号)认为,北八道通过采用集中资金优势、持股优势连续交易,在自己实际控制的证券账户之间交易的方式,影响了“张家港行”交易价格。相关行政处罚决定书摘要如下:

经查明,北八道集团有限公司(以下简称北八道)存在以下违法事实:

一、北八道控制账户情况

北八道实际控制“陈某腾”等301个证券账户(以下简称账户组)。账户组由员工及员工相关账户和配资中介提供账户(以下简称配资户)两类组成。员工及员工相关账户有:公某、何某(华泰证券户、西南证券户)、蔡某、黄某勤、毛某珊、林某垒、王某凯、叶某加、宋某川、叶某华(长城国瑞证券户、华泰证券户)、侯某梅、陈某腾14个账户。配资户有:配资中介张某海提供的安某兰、白某云、常某萍等103个账户,朱某峰提供的蔡某波、陈某娥、陈某根等97个账户,以及其他中介提供的87个账户。账户组与北八道存在大量、频繁的资金往来。账户组中员工及员工相关账户的交易资金主要来源和去向均指向北八道。配资户的保证金来源、提取盈利去向、利息支付方也均指向北八道,且有相关配资中介指认。

二、北八道通过多种手段操纵“张家港行”股价

2017年2月10日至4月12日,北八道利用账户组中297个账户(不包括宋某川、万某玲、王某萍、张某燕4个账户)交易“张家港行”。2017年2月10日至4月12日,北八道控制账户组累计买入243,135,641股,买入金额4,796,696,204.16元;累计卖出241,020,841股,卖出金额5,235,485,292.98元。

(一)北八道集中资金优势和持股优势连续买卖操纵“张家港行”股价。2017年2月10日至4月12日期间的31个交易日(已去除停牌的11个交易日)内,账户组持仓量占市场流通股比例超过20%的天数达25个交易日,超过40%的天数达13个交易日。在账户组操纵的主要区间2月15日至4月7日,持仓量占市场流通股比例均超过20%。2017年3月6日,账户组达到最高持仓量,持仓量占市场流通股比例为52.34%。

在2017年2月10日至4月12日期间的31个交易日内,每个交易日账户组均交易“张家港行”股票。其中账户组交易量占该股当日市场成交量大于10%的有20个交易日,大于20%的有8个交易日,大于30%的有2个交易日。2017年2月16日,账户组交易量占市场成交量的比例为62.46%。账户组单日买成交量占该股市场成交量的比例大于10%的有16个交易日,大于20%的有9个交易日,大于30%的有5个交易日。账户组单日卖成交量占该股当日市场成交量的比例大于10%的有15个交易日,大于20%的有10个交易日,大于30%的有6个交易日。账户组在26个交易日买委托量在市场买委托量排名第一,22个交易日卖委托量在市场卖委托量排名第一。账户组反向交易占比大于30%的有18个交易日,大于50%的有12个交易日。

账户组拉抬股价意图明显。在2017年2月10日至4月12日期间,申买价高于卖一档价的申买量占账户组期间总申买量的74.04%;账户组申买价高于卖五档价的申报量占期间总申买量的62.51%;账户组申买价高于申买前一笔市场成交价的申买量占账户组期间总申买量的30.72%;账户组申买价高于申买前一笔市场成交价超过1%的笔数为106笔,分布在2月10日至4月5日期间的13个交易日中,累计申买量占账户组2017年2月10日至4月12日期间总申买量的2.59%。较为典型的交易日有:

2017年2月16日,账户组利用资金优势,通过大量、高价申报在集合竞价阶段拉抬股价。当日,账户组开盘集合竞价买成交量占市场成交量比例97.91%。当日9时15分00秒至9时15分06秒的6秒时间内,账户组申买162笔,申买量34,190,300股,占集合竞价阶段市场申买量的71.05%,其中以涨停价申买量占比72.93%。账户组集合竞价阶段买撤单量700,000股,占市场买撤单量的30.4%。当日“张家港行”股票价格以涨停价16.20元开盘。账户组在盘中继续通过高价申报、在自己实际控制的账户之间交易拉抬股价。当日账户组买成交量占市场成交量的72.40%,买委托量市场排名第一,买撤单占市场买委托比例为25.59%,在自己实际控制的账户之间交易的量占市场成交量的41.05%,反向交易占比84.09%,当日“张家港行”股价与中小板综指偏离幅度9.42个百分点。

2017年2月17日,账户组利用资金优势,通过高价申报在集合竞价阶段拉抬股价,大单申报封涨停。账户组开盘集合竞价申买量19,565,300

股,均以涨停价申买,占集合竞价市场申买量的60.47%,占市场涨停价申买量的67.42%。账户组在集合竞价阶段均未成交,其中5,109,200股延续至连续竞价阶段成交。当日"张家港行"股票价格开盘价17.82元,较前日收盘价上涨10%。账户组在盘中继续以涨停价申买70笔,累计13,798,500股。收盘时以涨停价封单股数为23,179,940股。账户组封单量占全市场封单比77.83%,账户组以涨停价申买量占市场涨停价申买量的比例为60.76%,以涨停价申买成交量占其以涨停价申买量的比例为14.34%。

2017年3月2日,账户组利用持股优势、资金优势,通过高价申报、连续买卖在盘中拉抬股价。当日9时30分00秒至9时34分33秒,账户组委托买入365笔,共计16,885,500股,买入成交量13,156,507股,占该期间市场买入成交量的50.82%。其中165笔申买价高于前一笔市场成交价,占总申买笔数的45.21%;申买价高于前一笔市场成交价超过1%的笔数为34笔。账户组在短时间内大量、连续买卖"张家港行",该股股价5分钟内涨幅10.83%。当日9时30分02秒,账户组以20.00元申买150,000股,申买价高于申买前最新市场成交价的4.17%;账户组申报量为申报前一刻市场卖委托前5档申报总量的1.18倍。账户组在上述拉抬期间之前没有卖出交易,在拉抬过程中卖出10,000股,拉抬后卖出25,217,528股,拉抬后卖出均价21.29元,账户组在期间买入均价20.33元。

2017年3月3日,账户组利用资金优势,多次通过高价申报、连续买卖在盘中拉抬股价。当日9时30分00秒至9时56分17秒,账户组委托买入221笔共计12,747,600股,买入成交量9,855,006股,占该期间市场买入成交量37,914,146股的25.99%。账户组在此期间的114笔申买价高于前一笔市场成交价,占其总申买笔数的51.58%。账户组大量、连续买卖"张家港行",期间该股股价涨幅12.88%,而在账户组拉抬之前该股股价下跌3.62%。账户组在上述拉抬期间之前没有卖出交易,在拉抬过程中卖出2,375,900股,占其当日卖出量4,586,030股的51.81%;拉抬后卖出2,210,130股,拉抬后卖出均价23.02元,而账户组在期间买入均价22.18元,在账户组买入前最后一笔市场成交价为20.50元。当日账户组在10时13分14秒至10时22分33秒,10时42分29秒至10时57分33秒,14时39分21秒至14时53分37秒三个时间段内,均通过高价申报、连续买卖进行拉抬,期间账户组买入成交量占市场成交量的比例分别为61.14%、48.32%、44.56%，账户组在上述期间申买价高于前一笔市场成交价的笔数占其总申买笔数的比例分别为73.33%、46.51%、55.81%，该股股价在账户组拉抬期间涨幅分别为2.18%、2.48%、3.42%。

2017年3月7日，账户组利用资金优势，通过大量、连续申买在尾盘拉抬股价。当日14时51分48秒至14时54分31秒，账户组在3分钟内委托买入37笔共计1,980,800股，买入成交量1,019,500股，占该期间市场买入成交量2,004,349股的50.86%。账户组在此期间的21笔申买价高于前一笔市场成交价，占其总申买笔数的56.76%，其中15笔申买价高于市场卖一档价。账户组在尾盘短时间内大量、连续申买"张家港行"，在3分钟内该股股价涨幅达3.3%。账户组于次日卖出12,748,850股，成交均价24.34元，比其在当日尾盘3分钟拉抬区间内买入均价22.21元上涨9.59%。

（二）北八道通过在自己控制的账户之间进行交易操纵"张家港行"股价。在2017年2月10日至4月12日的31个交易日内，北八道有21个交易日在自己实际控制的证券账户之间交易"张家港行"股票，占总交易日的67.74%。北八道在其实际控制的证券账户之间交易"张家港行"数量占当日市场成交量比例大于5%（含5%）的有3个交易日。2017年2月16日，该比例达到41.05%。

综上所述，2017年2月10日至4月12日期间，北八道通过采用集中资金优势、持股优势连续交易，在自己实际控制的证券账户之间交易的方式，影响了"张家港行"交易价格，获利466,894,890.32元。2017年2月10日至4月12日期间，"张家港行"股价上涨109.55%，同期中小板综指累计上涨2.74%，偏离106.81个百分点。期间上市公司并无影响股价的重大事项。

以上事实有相关人员询问笔录、证券账户资料、交易流水、银行账户资料、相关配资协议、相关材料及交易数据、交易所计算数据等证据证明，足以认定。

我会认为，2017年2月10日至4月12日期间，北八道控制账户组，通过采用集中资金优势、持股优势连续交易，在自己实际控制的证券账户之间交易方式操纵"张家港行"，影响了股票价格，违反了《证券法》。上述行为直接负责的主管人员为时任北八道法定代表人林某丰、时任北八道控股股东林某婷，其他直接责任人员为时任北八道总经理、配资业务负责人李某苗。

根据当事人违法行为的事实、性质、情节与社会危害程度,依据《证券法》的规定,我会决定:一、没收北八道违法所得466,894,890.32元,并处罚款2,334,474,451.6元;二、对直接负责的主管人员林某丰、林某婷给予警告,并分别处以罚款;三、对其他直接责任人员李某苗给予警告,并处以罚款。

"中国证监会行政处罚决定书(周某明)"(〔2007〕35号)认为,频繁申报和撤销申报构成市场操纵。相关行政处罚决定书摘要如下:

经查明,在2006年1月至11月,周某明利用在短时间内频繁申报和撤销申报手段操纵"大同煤业"等15只股票价格。其中,2006年6月26日,周某明在该日上午的21分钟内连续挂出61笔"大同煤业"(股票代码601001)股票买单,共计40,090,000股,申报价格从第一笔的10.22元提高到第61笔的10.59元,并随后在26分钟内全部撤单,在撤单后,以10.36元卖出"大同煤业"股票4,331,579股。周某明以同样手段,在2006年7月10日操纵"四川路桥"(股票代码600039)股票价格,在2006年7月27日操纵"G同科"(股票代码600846)股票价格,在2006年8月17日操纵"G中海"(股票代码600026)股票价格,在2006年1月17日操纵"嘉宝集团"(股票代码600622)股票价格,在2006年6月7日操纵"中纺投资"(股票代码600061)股票价格,在2006年6月15日操纵"上海医药"(股票代码600849)股票价格,在2006年6月19日操纵"G嘉宝"(股票代码600622)股票价格,在2006年4月12日操纵"中炬高新"(股票代码600872)股票价格,在2006年4月21日操纵"安阳钢铁"(股票代码600569)股票价格,在2006年1月16日操纵"彩虹股份"(股票代码600707)股票价格,在2006年6月6日操纵"安彩高科"(股票代码600207)股票价格。在2006年7月27日操纵"G贵研"(股票代码600459)股票价格,在2006年1月24日操纵"*ST运盛"(股票代码600767)股票价格,在2006年11月13日,周某明操纵"成都建设"(股票代码600109)股票价格。

经计算,周某明利用频繁申报和撤销申报手段操纵"大同煤业"等15只股票价格的违法所得为1,762,239.85元。

证明以上违法事实的主要证据有:在证券营业部调取的周某明交易"大同煤业"等15只股票的股东账户、资金划转凭证,上海证券交易所提供的周某明交易"大同煤业"等15只股票的计算数据,相关人员的谈话笔录等。上述行为事实清楚,证据确凿、充分,足以认定。

我会认为,周某明的上述行为违反了《证券法》的规定,构成操纵证券市场,应当依法给予行政处罚。

根据当事人违法行为的事实、性质、情节与社会危害程度,依据《证券法》的规定,我会决定如下:没收周某明违法所得 1,762,239.85 元,并处以罚款 1,762,239.85 元。

"中国证监会行政处罚决定书(鲜某)"(〔2017〕29 号)对利用信息优势控制信息披露节奏及内容操纵股票作出了行政处罚。相关行政处罚决定书摘要如下:

鲜某实际控制、使用涉案账户情况:"刘某杰""鲜某""夏某梅"证券账户以及 14 个信托账户共计 28 个 HOMS 交易单元(以下简称账户组)由鲜某实际控制、使用。账户组交易资金来源于鲜某、鲜某控制的公司及 14 个信托计划,交易 MAC 地址高度重合。

鲜某采用多种手段操纵"多伦股份"股价:

(一)鲜某通过集中资金优势、持股优势连续买卖操纵"多伦股份"股价

2014 年 1 月 17 日至 2015 年 6 月 12 日(以下简称操纵期间),"多伦股份"有 316 个交易日,账户组在 223 个交易日中交易了"多伦股份",其中:买入量排名第一的有 93 个交易日,排名居前两名的交易日共计 110 个,排名居前三名的交易日共计 117 个,排名居前四名的交易日共计 125 个,排名居前五名的交易日共计 133 个;卖出量排名第一的有 77 个交易日,排名居前两名的交易日共计 94 个,排名居前三名的交易日共计 105 个,排名居前四名的交易日共计 115 个,排名居前五名的交易日共计 119 个。账户组买入"多伦股份"数量占该股市场买入量比例超过 10% 的有 65 个交易日,超过 20% 的有 22 个交易日,超过 30% 的有 11 个交易日,超过 40% 的有 5 个交易日,买入占比在 2015 年 1 月 12 日达到最高值,为 56.87%;账户组卖出"多伦股份"的数量占该股市场卖出量比例超过 10% 的有 50 个交易日,超过 20% 的有 18 个交易日,超过 30% 的有 7 个交易日,超过 40% 的有 3 个交易日,卖出占比在 2014 年 12 月 29 日达到最高值,为 53.46%。

操纵期间,账户组持有"多伦股份"占该股总股本 10% 以上的交易日为 60 个,占 5% 以上的交易日为 179 个,持股最高的日期为 2014 年 12 月 26 日,持有 47,154,962 股,占总股本 13.85%。

(二)鲜某利用信息优势控制信息披露节奏及内容操纵“多伦股份”股价

1. 鲜某控制多伦股份拟更名事项披露节奏

2015年4月9日,多伦股份员工周某萍根据多伦股份董事长和董事会秘书鲜某的指示向上海市工商行政管理局(以下简称上海市工商局)申请变更多伦股份的企业名称。2015年4月16日,上海市工商局核准同意多伦股份申请变更的企业名称为“匹凸匹金融信息服务(上海)股份有限公司”,并标注行业及行业代码:金融信息服务09619,申请变更人为鲜某。2015年4月17日,鲜某知悉多伦股份名称变更取得预先核准。

多伦股份原经营、生产与销售高级挂釉石质墙地砖,房地产开发与经营,国内采购的金属材料,建筑材料批发等业务。而申请变更后,其名称中涉及的行业为“金融信息服务”,公司经营范围发生了重大变化。多伦股份更名事项涉及名称变更和经营范围变更,根据《证券法》第六十七条第二款第(一)项的规定,属于需要立即公告的重大事件。但鲜某直至2015年5月7日才将该事项提交公司第七届董事会第十次会议审议,并于2015年5月11日对外公告。公告称“立志于做中国首家互联网金融上市公司,基于上述业务转型的需要,为使公司名称能够体现公司的主营业务,公司拟将名称变更为匹凸匹金融信息服务(上海)股份有限公司”。

2. 鲜某控制多伦股份信息披露内容误导投资者

2015年5月11日,多伦股份公告《关于获得控股股东www.p2p.com网站域名特别授权的公告》,公告称,“通过本次授权,可以使公司在互联网金融行业处于领先的竞争优势”,“该特别授权对公司的转型是具有突破性意义的,必将给公司带来深远影响”。从多伦股份公告内容来看,www.p2p.com网站正在筹备中,并无任何业务运营,且香港多伦只免费授权该网站域名使用1年,后续存在不确定性。而互联网金融为当时股票炒作热点题材,上述公告内容足以对投资者产生误导。

上述内容公告后,2015年5月11日至6月2日,“多伦股份”可交易日共计6日,股价连续6日涨停,涨幅为77.37%;同期上证指数涨幅为16.75%,中证互联网金融指数涨幅为29.58%。而鲜某控制账户组在上述事项披露之前连续买卖“多伦股份”。

账户组在2015年4月21日至5月10日(4月15日至4月28日

"多伦股份"停牌,4月29日复牌后至5月10日共6个交易日),除4月29日当天没有交易"多伦股份"外,其余5个交易日连续净买入"多伦股份",合计17,889,746股,交易金额202,077,118.46元,日均净买入约3,577,949股,远大于2014年1月17日(账户组首次交易"多伦股份")至2015年4月20日(账户组净买入"多伦股份"的交易日共计110个)日均净买入量965,936股。

(三)鲜某通过在自己控制的账户之间进行证券交易操纵"多伦股份"股价

在2014年1月17日至2015年6月12日的316个交易日中,鲜某有88个交易日在自己实际控制的账户组证券账户之间交易"多伦股份",总量达到84,789,478股。鲜某在自己实际控制的账户组证券账户之间交易"多伦股份"的数量占市场成交量比例超过5%的有30个交易日,超过10%的有16个交易日,2015年1月12日最高达到40.27%。

(四)鲜某通过虚假申报操纵"多伦股份"股价

2015年5月11日、5月12日,账户组在涨停价买盘远大于卖盘的情况下,大量以涨停价申买"多伦股份",并频繁撤单然后再申报,明显不以成交为目的,以虚假申报方式制造涨停价买单众多假象,影响投资者判断,两天实际买入量均为零。

2015年5月11日,集合竞价阶段9:15:00至9:24:59,"多伦股份"全市场涨停价(12.06元)买申报量为81,381,600股,其中,账户组9:15:08至9:19:21以涨停价买申报多伦股份39笔,共计15,804,100股,占同期市场涨停价申买量的比例为19.42%。2015年5月11日之前10个交易日"多伦股份"日均成交量为40,148,650股,账户组集合竞价涨停价买申报量为前10天日均成交量的39.36%。集合竞价阶段"多伦股份"全部卖申报量为522,551股,共成交459,951股,成交价为12.06元,卖申报量占集合竞价阶段市场全部涨停价买申报量的0.64%,占账户组涨停价买申报量的3.31%。在连续竞价阶段9:38:53至13:21:26,账户组对集合竞价阶段39笔申报中的8笔予以撤单,撤单量共计5,059,600股,撤单量占集合竞价阶段申报量比例为32.01%。

2015年5月12日,集合竞价阶段9:15:00至9:24:58,"多伦股份"全市场涨停价(13.27元)买申报量为85,296,400股,其中,账户组

9:15:37 至 9:23:08 以涨停价买申报“多伦股份”48 笔,共计 14,250,500 股,占同期市场涨停价申买量的比例为 16.71%。2015 年 5 月 12 日之前的 10 个交易日多伦股份日均成交量为 38,378,510 股,账户组申报量为前 10 天日均成交量的比例为 37.13%。集合竞价阶段市场全部卖申报量为 511,602 股,成交 456,802 股,成交价为 13.27 元。卖申报量占同期市场涨停价买申报量的比例为 0.60%,占账户组涨停价买申报量的比例为 3.59%。在连续竞价阶段 9:30:05 至 14:45:22,账户组对集合竞价阶段 48 笔申报中的 24 笔撤单,撤单量共计 7,300,500 股,撤单数量占申买数量的 51.23%。

综上所述,鲜某通过采用集中资金优势、持股优势、信息优势连续买卖,在自己实际控制的证券账户之间交易,虚假申报等方式,影响“多伦股份”交易价格和交易量,违法所得共计 578,330,753.74 元。2014 年 1 月 17 日至 2015 年 6 月 12 日,“多伦股份”股价涨幅为 260.00%,同期上证指数涨幅为 155.29%。

鲜某在提交给我会的材料中提出:其一,账户组对应的信托单元所持有的股票均在信托计划的受托人名下,这些信托单元的设立、存续并非为操纵“多伦股份”股价。其二,2014 年 4 月 24 日、5 月 13 日香港多伦先后减持 2000 万股“多伦股份”,仅是大股东持股方式的变更,减持对象是其委托设立的结构化资金信托计划,是大股东合理利用结构化融资工具,没有进行套利交易。其三,多伦股份更名时,非常看好互联网金融的发展前景,想好好发展互联网金融业务。其四,其并未操纵“多伦股份”股价,没有操纵“多伦股份”股价的主观意图。

经复核,我会认为:其一,鲜某具有相关信托计划的投资决策权,其利用账户组进行的证券交易符合操纵证券市场特征。信托计划设立、存续目的并不影响其交易行为的违法性。其二,2014 年 4 月 24 日、5 月 13 日香港多伦通过二级市场减持“多伦股份”,账户组同时申报买入,香港多伦与账户组之间两天合计成交 15,595,064 股,此种交易方式一方面构成《证券法》规定的“在自己实际控制的账户之间进行证券交易,影响证券交易价格或者证券交易量”所述情形;另一方面亦表明鲜某具有隐蔽持股,为操纵行为创造条件的主观故意。其三,对于多伦股份更名事宜,在互联网金融题材大热期间,鲜某控制信息披露的节奏,同时发布误导性的公告。在 www.p2p.com 网站正在筹备、尚未开始运营的情况下,公告却称“可以使公司在互联网金融行业处于领先的竞争优势”，该表述过度夸大、渲染给公司业务带来的影响，误导投资者。鲜某在明知网站尚未运营的情况下，却利用上市公司发布误导性公告，具有明显的操纵意图。其四，操纵期间，鲜某作为时任多伦股份实际控制人、董事长、董事会秘书，利用资金优势、持股优势、信息优势，连续买卖“多伦股份”，买入量排名第一的有93个交易日，排名居前两名的交易日共计110个，排名居前三名的交易日共计117个。随着账户组的逐步买入，其所持“多伦股份”比例逐步上升，有179个交易日持股比例在5%以上，并有60个交易日持股比例超过10%。此外，鲜某频繁、大量在自己控制的账户之间进行证券交易、虚假申报的行为明显不以成交为目的，具有操纵的主观意图。鲜某通过上述一系列行为，影响“多伦股份”价格和交易量，严重扰乱市场秩序，构成市场操纵。

鲜某曾因多伦股份信息披露违法被我会上海监管局行政处罚。在本案中，鲜某作为多伦股份实际控制人、董事长、董事会秘书，采用多种手段操纵上市公司股价，行为特别恶劣，严重扰乱证券市场秩序。

根据当事人违法行为的事实、性质、情节与社会危害程度，依据《证券法》的规定，我会决定：对鲜某操纵“多伦股份”行为，责令依法处理非法持有的证券，没收违法所得578,330,753.74元，并处以2,891,653,768.70元罚款。

“中国证监会行政处罚决定书[蝶彩资产管理(上海)有限公司、谢某华、阙某斌]”(〔2017〕80号)对通过所谓的“市值管理”操纵股价进行了处罚，相关行政处罚决定书摘要如下：

经查明，当事人存在以下违法事实：

一、蝶彩资产管理(上海)有限公司(以下简称蝶彩资产)、谢某华和阙某彬合谋操纵股价的筹划过程

2013年3月，阙某彬与谢某华在上海见面，阙某彬向谢某华表达了希望高价减持“恒康医疗”的意愿，谢某华表示可以通过“市值管理”的方式提高恒康医疗“价值”，进而拉升股价，实现阙某彬高价减持“恒康医疗”的目的。

2013年5月7日，德邦证券有限责任公司(以下简称德邦证券)、兴业银行股份有限公司(以下简称兴业银行)和阙某彬三方签署《德邦证券－兴业银行定向资产管理业务资产管理合同》(以下简称《资产管理合同》)，阙某彬为委托人，德邦证券为管理人，兴业银行为托管人。根据合同约定，自管理人确认委托资产全部到账后，向委托人和托管人发送《委托资产起始运作通知书》,委托人和托管人双方确认签收的当日(若非同日签收,以最后一方签收日的当日)合同开始生效。2013年5月8日,阙某彬将2000万股“恒康医疗”托管转至资产管理账户。根据合同约定的生效条件,《资产管理合同》于2013年5月9日生效。

德邦证券、蝶彩资产和阙某彬三方签署《研究顾问协议》,协议约定蝶彩资产作为研究顾问机构提供顾问服务,顾问服务期限与定向计划的委托管理期限相同。蝶彩资产根据阙某彬在“恒康医疗”股价不低于20元/股的情况下对持有的2000万股“恒康医疗”进行减持的需求,提供减持策略报告和操作方案,蝶彩资产收取研究顾问费,研究顾问费按减持成交金额的12.5%计提,收取金额为计提金额扣除管理费、托管费和交易费用后的余额。

二、蝶彩资产、谢某华和阙某彬合谋操纵股价的实施过程

从2013年5月9日(按照《研究顾问协议》和《资产管理合同》的相关约定确定蝶彩资产开始履行顾问服务义务的时间)起至7月4日阙某彬完成减持“恒康医疗”的期间(以下简称操纵期间),蝶彩资产及谢某华向阙某彬提出一系列“市值管理”建议,阙某彬通过实施部分“市值管理”建议,操纵“恒康医疗”股价。具体如下:

一是蝶彩资产、谢某华和阙某彬实施合谋操纵股价的主观意图。《研究顾问协议》的签订确立了谢某华、蝶彩资产与阙某彬在不低于20元/股减持股票事项上的合作关系;协议中约定蝶彩资产研究顾问费按减持成交金额的12.5%计提,绑定了双方的共同利益,蝶彩资产、谢某华和阙某彬存在利用“市值管理”拉抬“恒康医疗”股价并减持获利的共同动机;同时,谢某华在询问笔录中承认希望恒康医疗能够落实“市值管理”建议,相互配合共同实现“市值管理”目标,说明谢某华存在实现上述“市值管理”目标的主观意愿。

二是蝶彩资产、谢某华和阙某彬实施合谋操纵股价的客观行为。蝶彩资产的工作人员及谢某华通过邮件发送给阙某彬的《市值管理备忘录》和恒康医疗在涉案期间的一系列行为明确了谢某华、蝶彩资产实际参与了“市值管理”事项,并发挥了重要作用。经查,蝶彩资产的工作人员及谢某华在发送给阙某彬的《市值管理备忘录》中提出的“市值管理”建议包括:建议恒康医疗加快战略转型;建议采取收购医院、安排行业研究员调研、安排财经公关和证券媒体采访等方式改善恒康医疗资本市场形象;建议恒康医疗“加强”信息披露,将恒康医疗正在做的对股价有提升的项目向市场披露来进行"市值管理"。从恒康医疗在涉案期间披露收购三家医院、"DYW101"和"独一味牙膏"等事项可以看出,阙某彬采纳了谢某华、蝶彩资产提出的"市值管理"建议,并按照恒康医疗实际情况和已有的可供利用事项实施了"市值管理"行为。其中,恒康医疗未完整披露收购医院价款,对《补充协议》及3000万元补偿款未予披露;未及时披露"DYW101"项目,并用误导性陈述影响投资者预期;在操纵期间选择时点披露"独一味牙膏"研发及生产进展,增加操纵期间"利好"信息披露密度,影响投资者预期。

三是蝶彩资产、谢某华和阙某彬合谋操纵股价目标的完成。2013年7月3日、4日阙某彬成功以20元/股均价减持"恒康医疗"2200万股(其中2000万股为"资产管理计划"所涉恒康医疗股票),蝶彩资产、谢某华完成了与阙某彬约定的"市值管理"目标。

三、蝶彩资产、谢某华和阙某彬合谋操纵股价的结果

2013年5月9日至7月3日,"恒康医疗"股价累计上涨24.86%(以前一个交易日的收盘价为基数,下同),同期中小板综指累计下跌1.24%,偏离26.10个百分点;同期深证医药行业指数累计下跌1.91%,偏离26.77个百分点。

2013年5月9日至7月4日,"恒康医疗"股价累计上涨15.52%,同期中小板综指累计下跌0.80%,偏离16.32个百分点;同期深证医药行业指数累计下跌3.11%,偏离18.63个百分点。

2013年7月5日至8月30日,阙某彬减持"恒康医疗"完成后,股价累计下跌2.45%,同期中小板综指累计上涨6.94%、深证医药行业指数累计上涨3.03%,恒康医疗没有发布任何对股价有影响的信息,其股价因缺乏利好信息支撑而下滑,涨势显著弱于可比指数。

2013年7月3日、4日,阙某彬通过大宗交易系统减持"恒康医疗"2200万股,共获利51,621,068元。其中包括"德邦证券－兴业银行定向资产管理业务资产管理合同"约定的2000万股,7月3日、4日各减持1000万股,减持均价20元/股;7月4日阙某彬自主减持200万股,减持均价19.91元/股。

2013年7月5日,阙某彬按照约定支付了蝶彩资产研究顾问费48,580,000元。

以上事实,有相关人员邮件、询问笔录、相关协议、项目资料、深圳证券交易所出具的盈利计算表等证据证明,足以认定。

阙某彬与蝶彩资产、谢某华合谋,利用作为上市公司控股股东及实际控制人具有的信息优势,控制恒康医疗密集发布利好信息,人为操纵信息披露的内容和时点,未及时、真实、准确、完整披露对恒康医疗不利的信息,夸大恒康医疗研发能力,选择时点披露恒康医疗已有的重大利好信息,借“市值管理”名义,行操纵股价之实。通过上述一系列信息披露的综合起效,客观上误导了投资者,影响了“恒康医疗”股价,实现了阙某彬高价减持“恒康医疗”的目的,违反了《证券法》的规定,构成操纵证券市场行为。蝶彩资产、谢某华与阙某彬合谋操纵股价违法所得51,621,068元。其中,蝶彩资产、谢某华负责策划恒康医疗“市值管理”方案,蝶彩资产起主导作用,非法获取48,580,000元,应承担主要责任,谢某华是直接负责的主管人员;阙某彬起配合作用,非法获取3,041,068元,应承担次要责任。

当事人蝶彩资产、谢某华及其代理人在听证中提出:第一,当事人不具有控制恒康医疗信息披露以实施操纵“恒康医疗”股价的主观故意。在《独一味战略发展规划》中,蝶彩资产提出了对独一味五年分别要实现的市值管理目标。其以持续提升恒康医疗内在价值为目的的“市值管理”服务符合国家相关规定。《研究顾问协议》中对顾问服务费用的约定属于正常的市场行为,本质上带有风险管理的性质,不能因此倒推其具有操纵股价的动机。第二,蝶彩资产、谢某华没有控制恒康医疗三项信息披露从而实施合谋操纵股价的具体行为。从信息披露程序可看出,恒康医疗信息披露无须征求蝶彩资产、谢某华意见,该信息披露事项与蝶彩资产、谢某华向阙某彬提出的“市值管理”建议无关。第三,关于蝶彩资产实施减持操作的事实认定错误,该案无任何证据证明蝶彩资产发出了减持指令,蝶彩资产仅向阙某彬提供了减持建议和三家可供选择的接盘机构,没有为阙某彬安排过接盘方。第四,“恒康医疗”股价的变化分析不能推出当事人合谋操纵股价,反而证明了恒康医疗实施“市值管理”对公司价值的正面影响;此外,《行政处罚事先告知书》中对公告减持后的股价涨幅计算存在误差。第五,蝶彩资产提供的“市值管理”服务合法合规,与以“市值管理”为名行操纵股价之实的行为具有根本的区别。

蝶彩资产、谢某华在听证会后补充提供申辩材料:第一,在《听证申辩补充证据说明材料》中提出,蝶彩资产和谢某华关于价值创造的实践符合国际咨询公司的业务模式,不存在短期操纵股价获利的交易动机和行为。第二,在《听证申辩补充证据说明材料(二)》中提出,恒康医疗根据自身经营计划决定实施并公告的三个项目均与蝶彩资产的咨询建议内容无关,双方合作期间蝶彩资产提出的咨询建议基本上未得到阙某彬的反馈和采纳,因此蝶彩资产不存在与阙某彬合谋操纵"恒康医疗"股价的事实。第三,其提交的《专家意见书》中,专家一致认为蝶彩资产和谢某华的行为属于上市公司市值管理中正常的咨询服务行为,在市值管理过程中提供正常的咨询服务,既不是减持交易的决策者或最终控制者,也不是恒康医疗信息披露的参与者;《行政处罚事先告知书》混淆了"合法的市值管理"和"利用市值管理操纵股价"的界限;即便正常的市值管理过程中,恒康医疗存在个别信息披露违规,蝶彩资产和谢某华不应对该行为承担责任,不宜认定为操纵股价。

当事人阙某彬的代理人在听证中提出:第一,阙某彬没有操纵股价的主观意图。第二,阙某彬从未与谢某华、蝶彩资产实施合谋操纵股价的行为,从未配合、落实谢某华、蝶彩资产提出的不合理"市值管理"要求,从未控制上市公司发布公告,公告不存在任何虚假、误导。第三,公告发布后股价走势不存在异常状况,公司公告与公司在涉案期间股价大幅上涨的结果无关。第四,操纵期间及成本价认定错误,导致当事人的盈利金额计算错误。

我会认为,第一,在主观方面,蝶彩资产、谢某华、阙某彬具有操纵"恒康医疗"股价的故意。《研究顾问协议》的本质可以从协议由来、协议内容和相关各方具体行为三个角度判断。从协议的由来来看,结合阙某彬、谢某华等多份询问笔录,该份协议签订的背景是阙某彬由于研发肿瘤药物而意图以20元/股的价格减持"恒康医疗"筹集资金;从协议的内容来看,其核心内容是阙某彬以不低于20元/股的价格减持2000万股"恒康医疗",而不是通过"市值管理"提升恒康医疗的"价值";从相关各方的具体行为来看,蝶彩资产在《市值管理备忘录》中多次强调恒康医疗须采纳并落实"市值管理"建议才能拉升"恒康医疗"股价。蝶彩资产诸如加快收购医院、加强信息披露、安排行业研究员调研等"市值管理"建议,均是为了直接或间接影响"恒康医疗"股价。同时,恒康医疗和阙某彬利用已有可利用的事项,实施了蝶彩资产提出的多项"市值管理"建议,拉升"恒康医疗"股价大幅上扬偏离可比指数。所以,《研究顾问协议》的本质即是提升"恒康医疗"股价,而非系统全面地提升恒康医疗价值,蝶彩资产、谢某华、阙某彬以"市值管理"为名而行操纵市场之实。

此外,蝶彩资产提供的申辩证据中有4份《独一味市值管理工作备忘录》,其中仅第二份明确提到了独一味五年的战略发展规划,其表述为"蝶彩资产于2013年5月22日针对独一味(以下简称贵司)市值管理要求审阅了贵司拟定的战略发展规划,战略发展规划明确了公司未来五年发展路径、利润目标和市值目标"。由此可见,五年发展规划并非蝶彩资产拟定,而是恒康医疗已经制定完成,仅由蝶彩资产审阅,该申辩证据无法证明蝶彩资产致力于帮助恒康医疗提升内在价值以谋求长期发展的主张。《研究顾问协议》中并无五年的战略发展规划的表述和顾问服务建议,并且蝶彩资产与阙某彬的合作,在阙某彬减持股票完成后即结束,蝶彩资产、谢某华也没有为恒康医疗提供长期市值管理的客观行为。综上所述,我会对该项申辩意见不予采纳。

第二,蝶彩资产、谢某华通过邮件发送给阙某彬的《市值管理备忘录》、恒康医疗在涉案期间的一系列行为明确了蝶彩资产、谢某华、阙某彬实际参与了"市值管理"事项,利用"市值管理"实现以不低于20元/股减持"恒康医疗"的目标。

"市值管理"建议包括:建议恒康医疗加快战略转型;建议采取收购医院、安排行业研究员调研、安排财经公关和证券媒体采访等方式改善恒康医疗资本市场形象;建议恒康医疗"加强"信息披露等。恒康医疗确实按照蝶彩资产提出的"市值管理"思路,通过不及时、真实、准确、完整披露公司重大信息等一系列方式进行了"市值管理",实现"恒康医疗"股价上扬的目标。其中,"加强"信息披露方面具体情况如下:

1. 未完整、准确披露收购三家医院对价情况

2013年6月,恒康医疗发布收购蓬溪医院、资阳医院和德阳医院三家医院的公告。经调查,收购过程中除签订收购合同外,恒康医疗董事会秘书郭某曾通过电子邮件发送给阙某彬《补偿协议》,协议显示恒康医疗关联方需向刘某均(收购项目介绍人)支付3000万元补偿款,但恒康医疗未披露《补偿协议》及补偿款的支付条件和金额等情况,表面上降低了收购成本,增强了投资者对收购事项收益的预期,对"恒康医疗"股价产生积极影响。

2. 未真实、准确披露"DYW101"项目研发情况

2013年6月恒康医疗公告称其全资子公司上海独一味生物科技有限公司(以下简称上海独一味)和美国Apexigen公司等协作研发完成

了"DYW101"项目第一阶段研究。经查,"DYW101"项目实际由四川恒康发展有限责任公司子公司上海津曼特生物科技有限公司进行。上海独一味不具备产品研发的条件和能力,其仅为名义参与方。该公告夸大了上海独一味的研发能力,误导投资者,有利于提升"恒康医疗"股价。

3. 未及时披露独一味牙膏研发进展情况

第一,2013 年 6 月 24 日恒康医疗发布公告称独一味牙膏于日前研制完毕。经查,该研发工作 2011 年之前就已完成;2011 年 2 月恒康医疗获得相关注册商标;2011 年 6 月初恒康医疗提出相关发明专利申请。该公告发布时间与实际研发时间差异较大,选择时点披露相关研发进展,增加重大利好信息披露密度,影响投资者收益预期,从而提升"恒康医疗"股价。

第二,恒康医疗落实蝶彩资产提出的"市值管理"建议,必须结合恒康医疗的实际情况,从恒康医疗的实际出发,把蝶彩资产提出的"市值管理"建议内化为切实可行的具体方案。从恒康医疗披露一系列与蝶彩资产"市值管理"建议相符合的信息来看,蝶彩资产的"市值管理"建议被阙某彬充分认可、吸收并实际采纳。最终导致"恒康医疗"股价异常上涨,阙某彬支付、蝶彩资产非法获得 48,580,000 元的高额咨询服务费。因此,《听证申辩补充证据说明材料(二)》中提出的恒康医疗公告的三个项目均与蝶彩资产的咨询建议内容无关、蝶彩资产的咨询建议没有被阙某彬和恒康医疗采纳的申辩意见不成立。综上所述,我会对该项申辩意见不予采纳。

第三,《研究顾问协议》明确约定"以不低于 20 元/股的价格减持恒康医疗股票",蝶彩资产为阙某彬提供"市值管理"建议的本质是把"恒康医疗"股价拉升到 20 元/股的价位,与其在《听证申辩补充证据说明材料》中提出的国外公司咨询服务的内容有本质区别。因此,我会对该项申辩意见不予采纳。

第四,关于专家一致认为蝶彩资产和谢某华在"市值管理"过程中提供的是正常咨询服务的问题。根据《研究顾问协议》明确约定"以不低于 20 元/股的价格减持恒康医疗股票",蝶彩资产为阙某彬提供"市值管理"建议的本质是把"恒康医疗"股价拉升到 20 元/股的价位,属于典型的操纵"恒康医疗"股价的行为。蝶彩资产、谢某华以合法的形式掩盖非法的目的,借"市值管理"名义,行操纵股价之实。蝶彩资产、谢某华与阙某彬合谋操纵股价违法所得51,621,068元,其中,蝶彩资产、谢某华非法获取48,580,000元。从当事人主观目的、客观行为、实际效果等完整的逻辑链条来看,蝶彩资产、谢某华与阙某彬合谋操纵“恒康医疗”股价的事实清楚,证据确实充分,因此《专家意见书》提出的结论意见不具有合理性。另外,《行政处罚事先告知书》并未涉及蝶彩资产、谢某华应当对恒康医疗的信息披露违规行为承担责任的事实。综上所述,我会对该项申辩意见不予采纳。

第五,关于减持指令的具体下达和接盘方安排的事实认定问题。在认定蝶彩资产、谢某华和阙某彬合谋操纵股价的情况下,具体减持指令的下达和接盘方的安排是否由蝶彩资产作出,并不影响合谋操纵股价的后果以及双方责任的认定。我会对该申辩意见予以采纳,并对相关表述作出调整。

第六,当事人提出减持后的股价涨幅计算存在误差,经核算,我会对该申辩意见予以采纳,并对减持后的股价涨幅作出调整。该项误差不影响当事人合谋操纵股价的结果,对当事人的认定和处理亦不产生影响。

第七,2013年5月7日德邦证券、兴业银行和阙某彬签署《资产管理合同》,约定该合同自管理人德邦证券确认委托资产全部到账、向委托人阙某彬和托管人兴业银行发送《委托资产起始运作通知书》并经双方确认签收后生效。同日,德邦证券、蝶彩资产和阙某彬签署《研究顾问协议》,约定蝶彩资产提供顾问服务的期限同《资产管理合同》的委托管理期限。据此,当事人提出合同生效日期应为2013年5月9日,作为操纵起点的股票价格应为合同生效前一日的收盘价,即2013年5月8日“恒康医疗”的收盘价。经查相关合同,我会对此项申辩意见予以采纳。

根据当事人违法行为的事实、性质、情节与社会危害程度,依据《证券法》(2014年修正)的规定,我会决定:一、没收蝶彩资产违法所得48,580,000元,并处以97,160,000元罚款;二、对谢某华给予警告,并处以60万元罚款;三、没收阙某彬违法所得3,041,068元,并处以3,041,068元罚款。

“高某与中国证券监督管理委员会其他二审行政裁定书”[北京市高级人民法院行政裁定书(2016)京行终3032号]认为证监会根据公安部的提请,作出《关于伊世顿公司涉嫌操纵期货市场案有关问题的认定函》,

该认定函系证监会就伊世顿公司股指期货交易等情况所作的陈述、说明，并未涉及高某本人，亦未为其设定权利义务，未对其权利义务产生实际影响。

2016年4月21日，起诉人高某向一审法院递交起诉状，状告中国证券监督管理委员会（以下简称证监会）。起诉人诉称，证监会于2015年7月9日，将《关于伊世顿国际贸易有限公司涉嫌犯罪的移送函》交公安部，公安部于当日将《关于伊世顿国际贸易有限公司涉嫌操纵期货市场犯罪问题依法查处的通知》下发上海市公安局，上海市公安局于当日对张家港保税区伊世顿国际贸易有限公司（以下简称伊世顿公司）以涉嫌操纵期货市场罪立案侦查。2015年10月15日，上海市公安局以本案起诉人系伊世顿公司执行董事，涉嫌参与犯罪，对起诉人执行逮捕。2016年1月11日，证监会作出证监函〔2016〕6号《关于伊世顿公司涉嫌操纵期货市场案有关问题的认定函》（以下简称认定函），认定伊世顿公司在2015年6月1日至7月6日期间，通过高频程序化交易的技术手段，形成明显高于其他投资者的交易优势，影响了股指期货合约的交易价格和交易量，构成期货市场操纵行为。2016年1月14日，上海市公安局依据认定函和依据认定函作出的司法会计鉴定报告，将伊世顿公司及起诉人等以涉嫌操纵期货市场罪移送上海市人民检察院第一分院起诉。起诉人认为，证监会无权对操纵证券期货市场的违法犯罪行为作出认定，证监会认定的"高频程序化交易"系法律法规及规章均未作出明确规定的证券期货交易行为。证监会作出的认定函是超越法定职权且无法律法规依据的违法行政行为。故诉至法院，请求：依法撤销证监会2016年1月11日作出的证监函〔2016〕6号《关于伊世顿公司涉嫌操纵期货市场案有关问题的认定函》。

一审法院经审查认为，当事人提起的行政诉讼应当符合人民法院的受案范围。本案中，证监会根据公安部的提请，作出《关于伊世顿公司涉嫌操纵期货市场案有关问题的认定函》（证监函〔2016〕6号），该行为属于公安机关侦查行为的组成部分。当事人对该行为不服提起诉讼的，不属于人民法院行政诉讼的受案范围。依照《中华人民共和国行政诉讼法》第四十九条第（四）项、第八十五条之规定，裁定对高某的起诉不予立案。

高某不服一审裁定，向本院提起上诉，其主要理由为：一是一审法院认定高某提起诉讼的行政行为属于公安机关侦查行为的组成部分没有事实和法律依据。本案被诉行政行为明显不属于刑事诉讼法所规定侦查活动中的询问、讯问、勘验等专门调查工作。二是一审法院认定被诉行政行为不属于人民法院行政诉讼的受案范围没有事实和法律依据。本案所涉的认定行为具备行政行为所要求的主体要素和职权要素,证监会是国家行政执法机关,是按照其法定职权和要求做出的行政行为。本案所涉的认定行为是证监会在行政执法过程中,对当事人的权利义务进行了确定和重大处分,应属于行政确认行为,该具体行政行为对相对人的权利义务产生了实际影响。证监会的行为已经违法,该行为并不在行政诉讼法列举的排除事项之列,属于行政诉讼的受案范围。故请求撤销一审裁定,指令一审法院立案审理。

本院认为,根据《中华人民共和国行政诉讼法》第四十九条规定,公民、法人或者其他组织向人民法院提起行政诉讼,应当符合法定的条件。被诉行为属于人民法院行政诉讼受案范围,系公民提起行政诉讼应具备的法定条件之一。本案中,证监会根据公安部的提请,作出《关于伊世顿公司涉嫌操纵期货市场案有关问题的认定函》,该认定函系证监会就伊世顿公司股指期货交易等情况所作的陈述、说明,并未涉及高某本人,亦未为其设定权利义务,未对其权利义务产生实际影响,高某对该认定函不服提起诉讼,不属于人民法院行政诉讼受案范围。上诉人高某的上诉理由缺乏事实和法律依据,对其撤销一审裁的上诉请求,本院不予支持。综上所述,依照《中华人民共和国行政诉讼法》第四十九条第(四)项,第八十九条第一款第(一)项之规定,裁定如下:驳回上诉,维持一审裁定。本裁定为终审裁定。

第五十六条 【禁止编造、传播虚假信息】禁止任何单位和个人编造、传播虚假信息或者误导性信息,扰乱证券市场。

禁止证券交易场所、证券公司、证券登记结算机构、证券服务机构及其从业人员,证券业协会、证券监督管理机构及其工作人员,在证券交易活动中作出虚假陈述或者信息误导。

各种传播媒介传播证券市场信息必须真实、客观,禁止误导。传播媒介及其从事证券市场信息报道的工作人员不得从事与其工作职责发生利益冲突的证券买卖。

编造、传播虚假信息或者误导性信息,扰乱证券市场,给投资者造成损失的,应当依法承担赔偿责任。

相关行政处罚决定书摘要

“中国证监会行政处罚决定书(成都每日经济新闻报社有限公司、李某)”(〔2016〕114号)对媒体传播虚假信息进行了行政处罚。相关行政处罚决定书摘要如下:

经查明,成都每日经济新闻报社有限公司(以下简称每日经济新闻)、李某存在以下违法事实:

一、虚假信息的有关情况

2016年2月24日中午,微博、微信等互联网平台开始流传“3月1日起创业板全面停止审核”相关信息,主要内容为“自3月1日起创业板将全面停止审核,后续按注册制实施;主板和中小板暂时未定,择期再做安排”。

二、每日经济新闻、李某涉嫌传播虚假信息的情况

每日经济新闻于2月25日00:02在每经网(域名www.nbd.com.cn)发布了《注册制改革授权下周实施A股市场步入敏感期》的报道,报道内容称:“伴随着3月1日这一时点的临近,A股市场也变得敏感起来。正是在这一背景下,2月24日下午出现的一则传闻引发不少业内人士的关注。该传闻的内容是‘知情人士透露,自3月1日起创业板将全面停止审核,后续按注册制实施;主板和中小板暂时未定,择期再做安排’。不过,当记者向一位大型券商投行负责人求证这一消息时,其明确表示没有听说。而后,记者又向多位中介机构人士求证,均未能确认这一传闻的真实性。”报道还称:“‘这个传闻有点可怕,还有那么多创业板(公司排队等待上市)’。其中一位中介机构人士表示,如果按照这个传闻的说法,要在注册制实施后才安排创业板拟上市公司上会,那岂不是意味着未来几个月,都可能没有创业板企业上会?上述中介机构人士指出,随着注册制改革授权日期的到来,市场上也出现了各种各样的信息,而这背后是市场对注册制改革的高度关注。”

经查,该篇报道由李某采写。李某为成都商报记者,外派至每日经济新闻证券部工作,由每日经济新闻负责管理和考核,并发放薪酬。根据李某的询问笔录及其提供的相关截图文件,2月24日下午14:36左右其手机微信群“天天涨停板”中的好友“彭某征”发布了创业板全面停止审核的相关信息,后经其搜索,多个微博、股吧均在传播。其还向两位中介机构人士和一位上市公司下属企业负责投资的人士进行了初步核实。然而,上述三人均回复李某并未听说该信息。李某撰写完成该报道后,按照每日经济新闻内部有关原创稿件的发布流程经每日经济新闻内部审核后发布。

每日经济新闻2016年2月25日发布《注册制改革授权下周实施A股市场步入敏感期》,之后被多个主流财经网站转载,包括同花顺财经、狐证券、新浪财经、凤凰财经、网易财经、中证网等,造成了广泛传播。

每日经济新闻《采编手册》第三章"采编规范"第四节"新闻编辑"规定,"对于新闻事实存疑无法核实的稿件,坚决不发"。《每日经济新闻关于严防虚假新闻报道的规定》第三条规定,"来自互联网的信息原则上只能作为采访的'线索',不能随意采信、直接写入报道";第四条规定,"采访时,记者搜集到的信息应具有多个消息来源相互佐证,而不应该依靠单一消息来源做报道""新闻越重要、敏感、复杂,越需要采访核实更多的信息源";第十九条规定,"编辑对于外来稿件的选用(特别是网络报道),必须保持高度警惕,事先必须核实,确保新闻事实准确无误后方可转载、选用……"

听证会上,当事人提出如下申辩意见:第一,事先告知书认定报道传播虚假信息,是混淆了传闻内容虚假和传闻作为现象客观存在之间的关系;第二,告知书错误理解了传播虚假信息的构成要件,系适用法律错误;第三,文章采编流程是否违反每日经济新闻报社的内部规定,不能作为证监会认定违法和处罚的依据;第四,文章对社会不存在误导。

我会认为:第一,涉案报道不仅描述了一则虚假信息在市场传播的事实,而且对这一信息进行了解读,是一篇围绕敏感题材、以虚假信息为主要内容的新闻报道。第二,新闻媒体的报道在涉及证券市场改革的重要政策时,要严格以监管部门正式发布的信息为依据;新闻媒体要审慎报道可能影响投资者预期和市场稳定的新闻题材,严禁依据道听途说制造或编造新闻,不得凭借猜测想象炮制或歪曲新闻事实,避免误导性陈述。涉案报道在引用关于证券市场重大政策变化的传闻时,当事人未向监管部门求证,媒体内部未严格审核。当事人从撰写报道到内部审核到网上发布,每一环节均缺乏必要的审慎,致使虚假信息在市场广泛传播,严重扰乱了市场秩序,其行为已经构成《证券法》规定的传播虚假信息。第三,我会对当事人进行行政处罚以《证券法》相关规定为依据。第四,涉案虚假信息的广泛传播严重扰乱了市场秩序,致使我会通过新闻发布会辟谣。根据当事人违法行为的事实、性质、情节与社会危害程度，依据《证券法》之规定，我会决定：一、责令每日经济新闻改正，并处以20万元罚款。二、责令李某改正，并处以20万元罚款。

“中国证监会行政处罚决定书[李某、中融汇智金融服务(上海)有限公司]”(〔2016〕113号)对网络自媒体编造、传播虚假信息进行了行政处罚，相关行政处罚决定书摘要如下：

经查明，李某、中融汇智存在以下违法事实：

一、李某编造虚假信息

李某为微信公众号“弥达斯”(微信号：midasjr)内容中心总编辑，负责稿件采写、初审工作。

2016年2月24日下午，李某通过网络搜索了招商银行股份有限公司(以下简称招商银行)副行长赵某在亚布力中国企业家2016年论坛上讲话的相关信息，撰写了《国家队：招商银行副行长喊你还钱了》一文。

《国家队：招商银行副行长喊你还钱了》一文采用不符合实际的标题吸引读者眼球，内容上也存在断章取义、主观臆测、曲解发言人真实意思等情形。文章正文提到“招商银行副行长赵某近日公开喊话证监会，敦促其赶紧还钱”，发言人的原话表述的是：“未来股市好了，起来了，慢慢慢慢就把我们退了。我们也希望，比如现在2800点，真的赚到4200、4300，中证金(注：指中国证券金融股份有限公司)也退了，能把钱还给我们。”根据招商银行提供的说明，赵某表达的是“对未来股市向好，救市成功，各方共赢的良好愿望”。同时，文章正文提到“不仅如此，对于救市资金这大半年来的投资损益情况不够透明，该副行长也表示了不满”。根据招商银行提供的说明，发言中对投资损益的相关表达，是赵某针对主持人提出的4万亿元资金来源及救市具体渠道其本人并不知道这一客观事实的陈述，绝非对于救市资金这大半年来的投资损益情况不够透明表示的不满。

二、中融汇智传播虚假信息

微信公众号“弥达斯”实际由中融汇智运营。2016年2月24日20时26分，李某将《国家队：招商银行副行长喊你还钱了》一文发送至“弥达斯—舆情监控”微信群。经内部审核校稿后，2016年2月24日21时13分，“弥达斯”正式发布《国家队：招商银行副行长喊你还钱了》一文。

当日,共 19,847 人阅读 21,700 次;次日,共 18,161 人阅读 20,956 次。该文发布后被广泛传播。

2016 年 2 月 25 日,招商银行向“弥达斯”发送《关于撤销〈国家队:招商银行副行长喊你还钱了〉的函》。2 月 25 日 14 时 46 分左右,“弥达斯”删除了《国家队:招商银行副行长喊你还钱了》一文。

2016 年 2 月 26 日 19 时 34 分,中融汇智在“弥达斯”发布了《弥达斯致招商银行的公开道歉函》。

李某、中融汇智的上述行为构成《证券法》所述扰乱证券市场的行为。

当事人及其代理人提出如下申辩意见:第一,李某的行为不构成编造虚假信息。李某撰写了涉案文章,该文章核心内容、素材均有权威网站的客观真实报道,文章标题以及相关编辑内容均是基于客观事实的合理提炼,不存在编造虚假信息的问题。同时,李某主观上从未有误导市场的意图,并积极配合有关部门的调查取证。根据《中华人民共和国行政处罚法》(以下简称《行政处罚法》)第二十七条的规定,李某积极配合主动消除或者减轻危害后果,并且客观上得到及时纠正,没有造成危害后果,依法不应当受到行政处罚。第二,中融汇智的行为不构成传播虚假信息。中融汇智作为微信公众号“弥达斯”的运营管理方,其员工李某撰写了涉案文章,该文章核心内容、素材均有权威网站的客观真实报道,虽为吸引用户采取了不当的表达方式,但尚未到达编造虚假信息的程度。同时,中融汇智主观上从未有误导市场的意图,在涉案文章发布后立即采取了消除影响的措施,并追责相关人员、加强内部管理,态度诚恳、负责。根据《行政处罚法》第二十七条的规定,中融汇智积极主动消除或者减轻违法行为危害后果,并且客观上该行为显著轻微并得到及时纠正,没有造成危害后果,依法不应当受到行政处罚。

我会认为:第一,李某撰写的《国家队:招商银行副行长喊你还钱了》一文,与招商银行副行长赵某的讲话有明显出入,是在已有素材基础上歪曲、引申形成的,过度的歪曲和引申已达到编造的程度,可以认定涉案文章为虚假信息。第二,中融汇智删除涉案文章是因为招商银行向其发送了《关于撤销〈国家队:招商银行副行长喊你还钱了〉的函》,并非主动删除。中融汇智删除文章和发布致歉信的情节不符合《行政处罚法》第二十七条第(一)项关于“主动消除或者减轻违法行为危害后果的”规定,没有依法从轻或者减轻处罚的情节。因此,对当事人提出的李某的行为不构成编造虚假信息、中融汇智的行为不构成传播虚假信息的申辩意见不予采纳。

根据当事人违法行为的事实、性质、情节与社会危害程度，依据《证券法》的规定，我会决定：一、责令李某改正，并处以20万元罚款。二、责令中融汇智改正，并处以20万元罚款。

第五十七条 【禁止欺诈客户】 禁止证券公司及其从业人员从事下列损害客户利益的行为：

（一）违背客户的委托为其买卖证券；

（二）不在规定时间内向客户提供交易的确认文件；

（三）未经客户的委托，擅自为客户买卖证券，或者假借客户的名义买卖证券；

（四）为牟取佣金收入，诱使客户进行不必要的证券买卖；

（五）其他违背客户真实意思表示，损害客户利益的行为。

违反前款规定给客户造成损失的，应当依法承担赔偿责任。

相关裁判摘要

“第一创业证券股份有限公司上海巨野路证券营业部等诉黄某财产损害赔偿纠纷一案二审民事判决书”［上海市第一中级人民法院民事判决书（2015）沪一中民六（商）终字第406号］认为，持续性的、大量的、频繁的股票交易违背了客户的委托，构成侵权。相关裁判摘要如下：

原审法院查明，2007年2月15日，黄某在第一创业证券公司开设证券账户，证券账号为A4872×××05，资金账号为83×××1317，并向中国工商银行上海市分行申请卡号为×××3/×××4的工商银行牡丹灵通卡开通银证转账的证券代理业务服务功能。2007年12月24日，黄某、第一创业证券公司与中国工商银行股份有限公司上海市分行签订《证券公司客户交易结算资金第三方存管业务三方协议》，并开设工商银行账号×××3/×××7作为个人银证转账关系账户，并将原账户注销。黄某并于2007年12月26日申请×××7开户。2007年12月28日，黄某取消电话银行业务，并将银证转账账户由原来的×××7变更为×××5。自2007年2月15日至2013年4月16日，黄某资金账户内共陆续存入本金人民币42万元(以下所涉货币均为人民币),因股票交易产生的红利为5225元、利息和现金分红96.64元、账户盈利398,697.40元、手续费(证券公司佣金)511,162.98元、印花税292,496.77元、过户费4225.08元。截至2013年4月16日,黄某资金账户剩余可用资金为834.21元、证券账户中股票市值为15,300元,共计剩余资产16,134.21元。自2007年2月16日至2011年4月27日,黄某证券账户共发生交易天数651天,交易次数8296次,平均每天交易12.74次,甚至2007年5月11日交易74次、2007年6月18日交易62次、2007年6月19日交易68次、2007年7月9日交易58次、2007年7月10日交易55次、2007年7月13日交易54次。黄某遂诉至原审法院,要求确认第一创业证券公司赔偿42万元,翁某屹承担连带赔偿责任。

原审法院另查明,2013年7月8日,第一创业证券公司决定对翁某屹的违规行为记入"上海地区证券营销人员(证券经纪人)信息备案系统诚信档案"予以业内公示。其原因载明:"因2013年5月接获上海证监局转办的客户黄某关于投诉我营业部挪用他的资金,进行高频交易,以赚取佣金收入的事项。通过上海证监局的现场检查,发现我部已离职客户经理翁某屹存在违规行为、涉嫌代客理财,给客户造成了严重的损失。"

原审庭审中,黄某明确本案诉讼的请求权基础为侵权法律关系。黄某的诉讼代理人王某华系黄某的母亲,王某华自述,涉案证券账户虽然由黄某本人申请而开户,但王某华对黄某的账户及密码均知晓,且王某华承认,其曾将黄某系争股票账户和交易密码告诉过翁某屹并委托翁某屹进行两支股票的证券交易,交易金额约为4万元。对此,翁某屹承认,其在接受王某华委托购买股票时从王某华处知晓黄某的系争股票账户和密码。虽然第一创业证券公司对黄某的交易操作方式明细以及数据汇总说明表提出异议,但其未提供相应的证据予以反证。

原审法院认为,根据我国法律规定,侵权责任的构成要件应当包括侵权行为的事实、侵权行为具有过错、侵权行为和损害结果之间存在因果关系。首先,我国《证券法》规定,"禁止证券公司及其从业人员从事下列损害客户利益的欺诈行为:……(四)未经客户的委托,擅自为客户买卖证券,或者假借客户的名义买卖证券;(五)为牟取佣金收入,诱使客户进行不必要的证券买卖……欺诈客户行为给客户造成损失的,行为人应当依法承担赔偿责任。”第一百四十五条规定:“证券公司及其从业人员不得未经过其依法设立的营业场所私下接受客户委托买卖证券。”这是规定了证券公司及其从业人员的禁止行为,该类不作为义务系法律强制性规定。翁某屹对黄某名下的股票进行大量的、频繁的交易是法律所禁止的行为,故其具有侵权之事实。虽然翁某屹认为,其对黄某证券账户进行的所有操作,均是经王某华委托,故翁某屹的行为是受黄某委托而进行证券交易,并没有实施侵权行为。但是对于该项辩称,翁某屹并未提供证据予以佐证,原审法院对此不予采信。其次,翁某屹在第一创业证券公司任投资顾问一职,虽然其对黄某证券账户及密码的知晓源于王某华的告知,但这并不意味着翁某屹可以利用黄某未妥善保管证券账户和密码的过错,在明知法律所禁止的情形下,仍为私自操作股票之行为,故翁某屹的行为具有过错。最后,系争证券账户中高额佣金、印花税系基于翁某屹进行的大量买进卖出股票的多次操作而产生,而正是因为高额佣金、印花税的支付等致使黄某账户资金产生损失,故翁某屹私自买卖股票的行为与黄某损失之间具有因果关系。虽然翁某屹认为,系争交易均因股票大盘行情不好,为了降低成本和损失而进行的反复操作,但其未提供相应的证据予以佐证,原审法院对翁某屹该项辩称亦不予采信。因此,翁某屹对黄某的涉案损失应当承担侵权损害赔偿责任。

原审法院认为,我国《证券法》规定:“证券公司应当建立健全内部控制制度,采取有效隔离措施,防范公司与客户之间、不同客户之间的利益冲突。”《证券公司监督管理条例》第二条规定:“证券公司应当遵守法律、行政法规和国务院证券监督管理机构的规定,审慎经营,履行对客户的诚信义务。”第二十七条第一款规定:“证券公司应当按照审慎经营的原则,建立健全风险管理与内部控制制度,防范和控制风险。”中国证券监督管理委员会颁布的《关于加强证券经纪业务管理的规定》第三条规定:“……(三)建立健全客户交易安全监控制度,保护客户资产安全。证券公司应当配合监管部门、证券交易所对客户异常交易行为进行监督、控制、调查,根据监管部门及证券交易所要求,及时、真实、准确、完整地提供客户账户资料及相关交易情况说明。发现盗买盗卖等异常交易行为疑点时,应当及时通知客户并核实确认、留存证据;基本确认盗买盗卖等异常交易行为的,应当立即采取措施控制资产,并协助客户向公安机关报案。”上述规范性法律文件均明确了通过规定证券公司的内部控制制度、审慎经营原则以及诚信义务来保障客户的资金安全,即证券公司对客户证券账户内的资金负有安全保障义务。黄某于第一创业证券公司处开户,故黄某账户所进行的所有证券交易均在第一创业证券公司交易席位内进行交易,而第一创业证券公司作为专业的证券公司营业部,其具有技术、信息优势以及内部控制制度的要求,可以对客户的异常交易进行监控,故第一创业证券公司有责任也有能力对其客户即黄某股票账户的交易行为进行监督、管理,防范风险,对于异常交易行为应采取及时发现、监控、调查、通知黄某并核实确认。此外,第一创业证券公司亦系大量的、频繁的异常证券交易中的佣金直接受益人,其亦有义务对黄某的资金负有安全保障义务。在本案系争股票交易期间,黄某作为自然人,其证券账户经常单日内存在持续性的、大量的、频繁的股票交易,显属异常交易行为。但是第一创业证券公司在异常交易发生后并没有及时采取措施防止损失的扩大,其并未尽到安全保障义务,明显存有侵权行为。故第一创业证券公司应对黄某承担侵权损害赔偿责任。

翁某屹利用黄某未妥善保管证券账户和密码的过错,在明知私自买卖交易黄某股票属违法行为的情况下,仍进行大量的频繁的股票交易造成了财产损害,因此翁某屹之行为系故意侵权,应当对黄某损失承担剩余70%的责任。

第一创业证券公司未尽监管责任以及安全保障义务导致损失的扩大,其也应承担相应的损害赔偿责任,但是基于第一创业证券公司的侵权行为的性质显然不同于翁某屹的侵权行为的性质,因此,第一创业证券公司应当在翁某屹承担侵权责任的50%范围内承担补充赔偿责任,并且第一创业证券公司在赔偿后可向直接侵权人即翁某屹追偿。

判决后,上诉人第一创业证券公司不服,向本院提起上诉。当事人在二审期间均未提交新的证据材料。原审法院查明的事实属实,证据充分,本院予以确认。本院认为,侵权行为的构成要件包括:行为人存在过错、行为不法、损害结果以及损害结果与不法行为之间存在因果关系。上诉人翁某屹在原审庭审中承认客户将账户和密码告知证券公司工作人员,由工作人员代为股票交易的行为有违《证券法》的规定,故翁某屹在代被上诉人进行股票交易时,存在过错。同时,根据我国《证券法》第七十九条的规定,禁止证券公司及其从业人员未经客户委托,擅自为客户买卖证券,或者假借客户的名义买卖证券。上诉人第一创业证券公司及翁某屹均主张，被上诉人将账户及密码告知翁某屹，即视为委托翁某屹代为进行股票交易。本院认为，《证券法》所谓的"委托"的意思表示应当明确且具体，仅依据被上诉人告知其本人的账户及密码的行为不能认定被上诉人作出了明确的委托交易意思表示。在两上诉人没有证据证明被上诉人明确委托翁某屹代为交易股票的情况下，本院认定翁某屹代被上诉人买卖股票的行为违反了《证券法》的规定。而第一创业证券公司将翁某屹的行为记入"上海地区证券营销人员(证券经纪人)信息备案系统诚信档案"予以业内公示，亦证明了翁某屹行为的不法性。同时，被上诉人损失系因缴纳巨额佣金导致，与翁某屹违法操作之间具有相当因果关系。综上所述，原审法院认定翁某屹构成侵权并无不当。第一创业证券公司作为翁某屹所在单位及专业证券公司，对于自己公司的证券从业人员负有管理、监督责任，并应当建立相应制度避免从业人员违法操作行为发生。本案损害结果的发生与第一创业证券公司对本公司证券从业人员管理不善之间具有因果关系，故原审法院认定第一创业证券公司构成侵权亦无不当。原审法院依据第一创业证券公司及翁某屹各自的过错程度判决两上诉人承担相应的责任，依法有据，本院予以维持。但原审法院认为第一创业证券公司在承担补充赔偿责任后有权向翁某屹追偿缺乏法律依据，本院予以纠正。

第五十八条 【禁止出借证券账户】任何单位和个人不得违反规定，出借自己的证券账户或者借用他人的证券账户从事证券交易。

相关行政处罚决定书摘要

"中国证监会行政处罚决定书(江阴市汇金铜业有限公司、赵某娣)"(〔2014〕23号)对法人非法利用他人账户从事证券交易作出了行政处罚。相关行政处罚决定书摘要如下：

经查明，汇金铜业存在以下违法事实：2009年5月至2011年4月，汇金铜业利用在华泰证券股份有限公司镇江中山东路证券营业部开立的240×××544(账户名称：黄某)和在中国国际金融有限公司上海淮海中路证券营业部开立的830×××352(账户名称：季某某)两个资金账户下挂的证券账户从事证券交易，获利55,035,209.86元。

汇金铜业利用黄某、季某某账户从事证券交易的行为,违反了《证券法》的规定。对汇金铜业的上述违法行为,赵某娣是直接负责的主管人员。在我会调查过程中,汇金铜业和赵某娣能够积极配合我会工作,且主动清理涉案账户。根据当事人违法行为的事实、性质、情节与社会危害程度,我会决定:一、没收汇金铜业违法所得 55,035,209.86 元;二、对赵某娣给予警告,并处以 3 万元罚款。

相关裁判摘要

"郝某莎、万向信托有限公司信托纠纷再审审查与审判监督民事裁定书"[中华人民共和国最高人民法院民事裁定书(2017)最高法民申3856号]认为,结构化信托(伞形信托)的信托投资公司不构成出借证券账户。相关裁判摘要如下:

再审申请人(一审原告、二审上诉人)认为,浙江省高级人民法院(原审法院)(2017)浙民终184号民事判决对于"不属于非法出借证券账户"的认定明显错误。原审法院承认71号信托计划下挂的信托单元是通过71号信托计划的证券账户在进行证券交易,但对委托人拥有投资决策权的事实视而不见,对出借账户的实质含糊其词。但根据合同约定,委托人自行决定信托财产管理运用、委托人代表具有投资决策权,委托人发送投资指令,这些才是真正的事实,是判断证券账户出借的事实基础。从约定角度来看,合同表明受托人只是委托人投资指令的执行者,所谓的审查要求与股民炒股应遵循的内容并无实质区别,并无审核的意思表示。从信托合同的约定以及实际操作可以看出,在正常情况下,郝某莎的股票交易通过71号信托计划的证券账户完全可以、且实际上依据自己的投资指令顺利完成。因此,本案中"出借证券账户"的特征非常清晰、事实非常清楚。受托人在设计71号信托计划时就已经定性自己是通道的角色,因此在信托合同中明确信托财产的管理处分由委托人自行决定,并据此进而明确由委托人代表行使信托财产的投资决策权,由委托人代表发出委托人投资指令,这些必然导致证券账户出借的实质和结果。万向公司违反《证券法》关于"禁止法人出借自己或者他人的证券账户"的禁令。

万向公司书面答辩称:一、诉争信托计划符合《信托法》等法律法规的要求,系合法有效的信托产品。诉争信托计划符合结构化信托、集合资金信托及证券投资信托的相关要求。诉争信托计划作为一种集合信托计划,符合银监会关于集合资金信托计划的相关要求。本案中,万向公司将包括郝某莎在内的多名委托人交付的资金进行集中管理、运用、处分的资金信托业务活动属于集合资金信托计划,符合《信托公司集合资金信托计划管理办法》对集合资金信托计划的要求。在子信托单元中,郝某莎作为劣后委托人及委托人代表享有投资建议权,并通过IT账户系统向受托人提交指令建议。万向公司作为受托人收到指令建议后,根据信托文件的规定进行审查,审查通过后发出交易指令。信托单元本质上是"结构化证券投资信托"产品,本案一、二审法院援引《中国银监会关于加强信托公司结构化信托业务监管有关问题的通知》予以说明,并无不妥,结构化信托合法合规。伞形结构化证券投资信托只是技术创新,不改变结构化信托法律关系的性质,与信托的效力无关。郝某莎主张伞形结构化证券投资信托无效没有事实依据。本案一、二审法院对诉争信托性质的认定正确,不存在郝某莎所称的认识错误。诉争信托产品并非个别信托公司的个别行为,在信托行业内具有广泛的普遍性,涉及的信托产品规模在万亿规模以上,系特定监管时期形成的信托产品,目前均已经被监管部门叫停。二、本案终审判决认定事实清楚、适用法律正确,不存在郝某莎所称的认定错误。诉争信托不存在非法出借账户的情形。在信托计划存续期间,万向公司作为受托人始终对信托股票账户享有控制权,并在此基础上随时对信托财产进行管理、执行风控措施。万向公司依据其受托人权限和责任对次级委托人提交的指令进行审查,并享有拒绝执行指令的权利。如果存在如郝某莎所言的违法出借证券账户的情况,则万向公司必然丧失对该股票账户的控制权,也无法执行风控措施。证监会发布的《关于继续做好清理整顿违法从事证券业务活动的通知》系要求清理、整顿相关的信托产品账户而非对信托计划本身的效力或是否违法作出认定,是司法实践中的普通共识。本案中,也不存在诉争信托计划被证监会列为违规项目的情形,证监会依法对场外配资中证券违法违规案件作出的行政处罚亦不包括万向公司及诉争信托计划。郝某莎并不能直接地、不受约束地根据自己的指令建议和意志来完成股票配置。所有的交易指令都是由受托人所控制的资产管理系统(软件系统)发出的,而受托人是根据该系统来管理次级受益人的指令建议并执行风控措施。IT技术的应用实现高效率的指令传递,并不意味着万向公司没有对投资指令进行审核,更不能以外观操作引起的错觉来颠覆其法律关系的判断。

本院认为,《中国银行业监督管理委员会关于印发〈信托公司证券投资信托业务操作指引〉的通知》第二十一条规定:证券投资信托设立后,信托公司应当亲自处理信托业务,自主决策,并亲自履行向证券交易经纪机构下达交易指令的义务,不得将投资管理职责委托他人行使。结合双方在71号合同中的约定,本案诉争信托计划是采用母子信托模式,子信托通过母信托的账户进行投资交易,组成不同的资产组合进行独立交易,万向公司针对一个集合信托开立一个证券账户,以信托资产配置证券资产,并无不当。万向公司依照相关规定对指令建议进行审查后再发出交易指令,始终对信托财产以及信托股票账户享有控制权,能够自主决定交易指令的发出以及执行风控措施。因此,万向公司并未出借账户,原审法院认定事实清楚,并无不当。

"张某1与南京建信资产管理有限公司、张某2等合同纠纷二审民事判决书"[江苏省南京市中级人民法院民事判决书(2017)苏01民终5942号]认为,违反《证券法》关于禁止出借证券账户规定的合同属于无效合同。相关裁判摘要如下:

《证券法》(2005年修订)规定:"禁止法人非法利用他人账户从事证券交易;禁止法人出借自己或者他人的证券账户。"根据建信公司与张某1签订的合同内容,本案系建信公司向张某1提供出借账户并按照4:1的资金比例配资炒股纠纷,建信公司提供出借账户、张某1借用账户的行为违反了上述法律规定,按照《中华人民共和国合同法》第五十二条第五项之规定,建信公司与张某1签署的两份《投资顾问协议》均属无效。

第五十九条 【禁止违规资金】依法拓宽资金入市渠道,禁止资金违规流入股市。

禁止投资者违规利用财政资金、银行信贷资金买卖证券。

第六十条 【国有企业买卖股票】国有独资企业、国有独资公司、国有资本控股公司买卖上市交易的股票,必须遵守国家有关规定。

第六十一条 【违规交易报告义务】证券交易场所、证券公司、证券登记结算机构、证券服务机构及其从业人员对证券交易中发现的禁止的交易行为,应当及时向证券监督管理机构报告。

第四章　上市公司的收购

第六十二条　【收购方式】 投资者可以采取要约收购、协议收购及其他合法方式收购上市公司。

相关行政规章

《上市公司收购管理办法》(中国证券监督管理委员会令第166号,自2020年3月20日起施行)(2006年5月17日中国证券监督管理委员会第180次主席办公会议审议通过,根据2008年8月27日中国证券监督管理委员会《关于修改〈上市公司收购管理办法〉第六十三条的决定》、2012年2月14日中国证券监督管理委员会《关于修改〈上市公司收购管理办法〉第六十二条及第六十三条的决定》、2014年10月23日中国证券监督管理委员会《关于修改〈上市公司收购管理办法〉的决定》、2020年3月20日中国证券监督管理委员会《关于修改部分证券期货规章的决定》修正)

第一章　总　　则

第一条　为了规范上市公司的收购及相关股份权益变动活动,保护上市公司和投资者的合法权益,维护证券市场秩序和社会公共利益,促进证券市场资源的优化配置,根据《证券法》、《公司法》及其他相关法律、行政法规,制定本办法。

第二条　上市公司的收购及相关股份权益变动活动,必须遵守法律、行政法规及中国证券监督管理委员会(以下简称中国证监会)的规定。当事人应当诚实守信,遵守社会公德、商业道德,自觉维护证券市场秩序,接受政府、社会公众的监督。

第三条　上市公司的收购及相关股份权益变动活动,必须遵循公开、公平、公正的原则。

上市公司的收购及相关股份权益变动活动中的信息披露义务人,应当充分披露其在上市公司中的权益及变动情况,依法严格履行报告、公告和其他法定义务。在相关信息披露前,负有保密义务。

信息披露义务人报告、公告的信息必须真实、准确、完整,不得有虚假记载、误导性陈述或者重大遗漏。

第四条　上市公司的收购及相关股份权益变动活动不得危害国家安全和社会公共利益。

上市公司的收购及相关股份权益变动活动涉及国家产业政策、行业准入、国有股份转让等事项,需要取得国家相关部门批准的,应当在取得批准后进行。

外国投资者进行上市公司的收购及相关股份权益变动活动的,应当取得国家相关部门的批准,适用中国法律,服从中国的司法、仲裁管辖。

第五条 收购人可以通过取得股份的方式成为一个上市公司的控股股东,可以通过投资关系、协议、其他安排的途径成为一个上市公司的实际控制人,也可以同时采取上述方式和途径取得上市公司控制权。

收购人包括投资者及与其一致行动的他人。

第六条 任何人不得利用上市公司的收购损害被收购公司及其股东的合法权益。

有下列情形之一的,不得收购上市公司:

(一)收购人负有数额较大债务,到期未清偿,且处于持续状态;

(二)收购人最近3年有重大违法行为或者涉嫌有重大违法行为;

(三)收购人最近3年有严重的证券市场失信行为;

(四)收购人为自然人的,存在《公司法》第一百四十六条规定情形;

(五)法律、行政法规规定以及中国证监会认定的不得收购上市公司的其他情形。

第七条 被收购公司的控股股东或者实际控制人不得滥用股东权利损害被收购公司或者其他股东的合法权益。

被收购公司的控股股东、实际控制人及其关联方有损害被收购公司及其他股东合法权益的,上述控股股东、实际控制人在转让被收购公司控制权之前,应当主动消除损害;未能消除损害的,应当就其出让相关股份所得收入用于消除全部损害做出安排,对不足以消除损害的部分应当提供充分有效的履约担保或安排,并依照公司章程取得被收购公司股东大会的批准。

第八条 被收购公司的董事、监事、高级管理人员对公司负有忠实义务和勤勉义务,应当公平对待收购本公司的所有收购人。

被收购公司董事会针对收购所做出的决策及采取的措施,应当有利于维护公司及其股东的利益,不得滥用职权对收购设置不适当的障碍,不得利用公司资源向收购人提供任何形式的财务资助,不得损害公司及其股东的合法权益。

第九条 收购人进行上市公司的收购,应当聘请符合《证券法》规定的专业机构担任财务顾问。收购人未按照本办法规定聘请财务顾问的,不得收购上市公司。

财务顾问应当勤勉尽责,遵守行业规范和职业道德,保持独立性,保证其所制作、出具文件的真实性、准确性和完整性。

财务顾问认为收购人利用上市公司的收购损害被收购公司及其股东合法权益的,应当拒绝为收购人提供财务顾问服务。

财务顾问不得教唆、协助或者伙同委托人编制或披露存在虚假记载、误导性陈述或者重大遗漏的报告、公告文件，不得从事不正当竞争，不得利用上市公司的收购谋取不正当利益。

为上市公司收购出具资产评估报告、审计报告、法律意见书的证券服务机构及其从业人员，应当遵守法律、行政法规、中国证监会的有关规定，以及证券交易所的相关规则，遵循本行业公认的业务标准和道德规范，诚实守信，勤勉尽责，对其所制作、出具文件的真实性、准确性和完整性承担责任。

第十条　中国证监会依法对上市公司的收购及相关股份权益变动活动进行监督管理。

中国证监会设立由专业人员和有关专家组成的专门委员会。专门委员会可以根据中国证监会职能部门的请求，就是否构成上市公司的收购、是否有不得收购上市公司的情形以及其他相关事宜提供咨询意见。中国证监会依法做出决定。

第十一条　证券交易所依法制定业务规则，为上市公司的收购及相关股份权益变动活动组织交易和提供服务，对相关证券交易活动进行实时监控，监督上市公司的收购及相关股份权益变动活动的信息披露义务人切实履行信息披露义务。

证券登记结算机构依法制定业务规则，为上市公司的收购及相关股份权益变动活动所涉及的证券登记、存管、结算等事宜提供服务。

第二章　权益披露

第十二条　投资者在一个上市公司中拥有的权益，包括登记在其名下的股份和虽未登记在其名下但该投资者可以实际支配表决权的股份。投资者及其一致行动人在一个上市公司中拥有的权益应当合并计算。

第十三条　通过证券交易所的证券交易，投资者及其一致行动人拥有权益的股份达到一个上市公司已发行股份的5%时，应当在该事实发生之日起3日内编制权益变动报告书，向中国证监会、证券交易所提交书面报告，通知该上市公司，并予公告；在上述期限内，不得再行买卖该上市公司的股票，但中国证监会规定的情形除外。

前述投资者及其一致行动人拥有权益的股份达到一个上市公司已发行股份的5%后，通过证券交易所的证券交易，其拥有权益的股份占该上市公司已发行股份的比例每增加或者减少5%，应当依照前款规定进行报告和公告。在该事实发生之日起至公告后3日内，不得再行买卖该上市公司的股票，但中国证监会规定的情形除外。

前述投资者及其一致行动人拥有权益的股份达到一个上市公司已发行股份的5%后，其拥有权益的股份占该上市公司已发行股份的比例每增加或者减少1%，应当在该事实发生的次日通知该上市公司，并予公告。

违反本条第一款、第二款的规定买入在上市公司中拥有权益的股份的,在买入后的36个月内,对该超过规定比例部分的股份不得行使表决权。

第十四条 通过协议转让方式,投资者及其一致行动人在一个上市公司中拥有权益的股份拟达到或者超过一个上市公司已发行股份的5%时,应当在该事实发生之日起3日内编制权益变动报告书,向中国证监会、证券交易所提交书面报告,通知该上市公司,并予公告。

前述投资者及其一致行动人拥有权益的股份达到一个上市公司已发行股份的5%后,其拥有权益的股份占该上市公司已发行股份的比例每增加或者减少达到或者超过5%的,应当依照前款规定履行报告、公告义务。

前两款规定的投资者及其一致行动人在作出报告、公告前,不得再行买卖该上市公司的股票。相关股份转让及过户登记手续按照本办法第四章及证券交易所、证券登记结算机构的规定办理。

第十五条 投资者及其一致行动人通过行政划转或者变更、执行法院裁定、继承、赠与等方式拥有权益的股份变动达到前条规定比例的,应当按照前条规定履行报告、公告义务,并参照前条规定办理股份过户登记手续。

第十六条 投资者及其一致行动人不是上市公司的第一大股东或者实际控制人,其拥有权益的股份达到或者超过该公司已发行股份的5%,但未达到20%的,应当编制包括下列内容的简式权益变动报告书:

(一)投资者及其一致行动人的姓名、住所;投资者及其一致行动人为法人的,其名称、注册地及法定代表人;

(二)持股目的,是否有意在未来12个月内继续增加其在上市公司中拥有的权益;

(三)上市公司的名称、股票的种类、数量、比例;

(四)在上市公司中拥有权益的股份达到或者超过上市公司已发行股份的5%或者拥有权益的股份增减变化达到5%的时间及方式、增持股份的资金来源;

(五)在上市公司中拥有权益的股份变动的时间及方式;

(六)权益变动事实发生之日前6个月内通过证券交易所的证券交易买卖该公司股票的简要情况;

(七)中国证监会、证券交易所要求披露的其他内容。

前述投资者及其一致行动人为上市公司第一大股东或者实际控制人，其拥有权益的股份达到或者超过一个上市公司已发行股份的5%，但未达到20%的，还应当披露本办法第十七条第一款规定的内容。

第十七条 投资者及其一致行动人拥有权益的股份达到或者超过一个上市公司已发行股份的20%但未超过30%的，应当编制详式权益变动报告书，除须披露前条规定的信息外，还应当披露以下内容：

（一）投资者及其一致行动人的控股股东、实际控制人及其股权控制关系结构图；

（二）取得相关股份的价格、所需资金额，或者其他支付安排；

（三）投资者、一致行动人及其控股股东、实际控制人所从事的业务与上市公司的业务是否存在同业竞争或者潜在的同业竞争，是否存在持续关联交易；存在同业竞争或者持续关联交易的，是否已做出相应的安排，确保投资者、一致行动人及其关联方与上市公司之间避免同业竞争以及保持上市公司的独立性；

（四）未来12个月内对上市公司资产、业务、人员、组织结构、公司章程等进行调整的后续计划；

（五）前24个月内投资者及其一致行动人与上市公司之间的重大交易；

（六）不存在本办法第六条规定的情形；

（七）能够按照本办法第五十条的规定提供相关文件。

前述投资者及其一致行动人为上市公司第一大股东或者实际控制人的，还应当聘请财务顾问对上述权益变动报告书所披露的内容出具核查意见，但国有股行政划转或者变更、股份转让在同一实际控制人控制的不同主体之间进行、因继承取得股份的除外。投资者及其一致行动人承诺至少3年放弃行使相关股份表决权的，可免于聘请财务顾问和提供前款第（七）项规定的文件。

第十八条 已披露权益变动报告书的投资者及其一致行动人在披露之日起6个月内，因拥有权益的股份变动需要再次报告、公告权益变动报告书的，可以仅就与前次报告书不同的部分作出报告、公告；自前次披露之日起超过6个月的，投资者及其一致行动人应当按照本章的规定编制权益变动报告书，履行报告、公告义务。

第十九条 因上市公司减少股本导致投资者及其一致行动人拥有权益的股份变动出现本办法第十四条规定情形的，投资者及其一致行动人免于履行报告和公告义务。上市公司应当自完成减少股本的变更登记之日起2个工作日内,就因此导致的公司股东拥有权益的股份变动情况作出公告;因公司减少股本可能导致投资者及其一致行动人成为公司第一大股东或者实际控制人的,该投资者及其一致行动人应当自公司董事会公告有关减少公司股本决议之日起3个工作日内,按照本办法第十七条第一款的规定履行报告、公告义务。

第二十条 上市公司的收购及相关股份权益变动活动中的信息披露义务人依法披露前,相关信息已在媒体上传播或者公司股票交易出现异常的,上市公司应当立即向当事人进行查询,当事人应当及时予以书面答复,上市公司应当及时作出公告。

第二十一条 上市公司的收购及相关股份权益变动活动中的信息披露义务人应当在证券交易所的网站和符合中国证监会规定条件的媒体上依法披露信息;在其他媒体上进行披露的,披露内容应当一致,披露时间不得早于前述披露的时间。

第二十二条 上市公司的收购及相关股份权益变动活动中的信息披露义务人采取一致行动的,可以以书面形式约定由其中一人作为指定代表负责统一编制信息披露文件,并同意授权指定代表在信息披露文件上签字、盖章。

各信息披露义务人应当对信息披露文件中涉及其自身的信息承担责任;对信息披露文件中涉及的与多个信息披露义务人相关的信息,各信息披露义务人对相关部分承担连带责任。

第三章 要约收购

第二十三条 投资者自愿选择以要约方式收购上市公司股份的,可以向被收购公司所有股东发出收购其所持有的全部股份的要约(以下简称全面要约),也可以向被收购公司所有股东发出收购其所持有的部分股份的要约(以下简称部分要约)。

第二十四条 通过证券交易所的证券交易,收购人持有一个上市公司的股份达到该公司已发行股份的30%时,继续增持股份的,应当采取要约方式进行,发出全面要约或者部分要约。

第二十五条 收购人依照本办法第二十三条、第二十四条、第四十七条、第五十六条的规定,以要约方式收购一个上市公司股份的,其预定收购的股份比例均不得低于该上市公司已发行股份的5%。

第二十六条 以要约方式进行上市公司收购的,收购人应当公平对待被收购公司的所有股东。持有同一种类股份的股东应当得到同等对待。

第二十七条　收购人为终止上市公司的上市地位而发出全面要约的,或者因不符合本办法第六章的规定而发出全面要约的,应当以现金支付收购价款;以依法可以转让的证券(以下简称证券)支付收购价款的,应当同时提供现金方式供被收购公司股东选择。

第二十八条　以要约方式收购上市公司股份的,收购人应当编制要约收购报告书,聘请财务顾问,通知被收购公司,同时对要约收购报告书摘要作出提示性公告。

本次收购依法应当取得相关部门批准的,收购人应当在要约收购报告书摘要中作出特别提示,并在取得批准后公告要约收购报告书。

第二十九条　前条规定的要约收购报告书,应当载明下列事项:

(一)收购人的姓名、住所;收购人为法人的,其名称、注册地及法定代表人,与其控股股东、实际控制人之间的股权控制关系结构图;

(二)收购人关于收购的决定及收购目的,是否拟在未来12个月内继续增持;

(三)上市公司的名称、收购股份的种类;

(四)预定收购股份的数量和比例;

(五)收购价格;

(六)收购所需资金额、资金来源及资金保证,或者其他支付安排;

(七)收购要约约定的条件;

(八)收购期限;

(九)公告收购报告书时持有被收购公司的股份数量、比例;

(十)本次收购对上市公司的影响分析,包括收购人及其关联方所从事的业务与上市公司的业务是否存在同业竞争或者潜在的同业竞争,是否存在持续关联交易;存在同业竞争或者持续关联交易的,收购人是否已作出相应的安排,确保收购人及其关联方与上市公司之间避免同业竞争以及保持上市公司的独立性;

(十一)未来12个月内对上市公司资产、业务、人员、组织结构、公司章程等进行调整的后续计划;

(十二)前24个月内收购人及其关联方与上市公司之间的重大交易;

(十三)前6个月内通过证券交易所的证券交易买卖被收购公司股票的情况;

(十四)中国证监会要求披露的其他内容。

收购人发出全面要约的,应当在要约收购报告书中充分披露终止上市的风险、终止上市后收购行为完成的时间及仍持有上市公司股份的剩余股东出售其股票的其他后续安排;收购人发出以终止公司上市地位为目的的全面要约,无须披露前款第(十)项规定的内容。

第三十条 收购人按照本办法第四十七条拟收购上市公司股份超过30%,须改以要约方式进行收购的,收购人应当在达成收购协议或者做出类似安排后的3日内对要约收购报告书摘要作出提示性公告,并按照本办法第二十八条、第二十九条的规定履行公告义务,同时免于编制、公告上市公司收购报告书;依法应当取得批准的,应当在公告中特别提示本次要约须取得相关批准方可进行。

未取得批准的,收购人应当在收到通知之日起2个工作日内,公告取消收购计划,并通知被收购公司。

第三十一条 收购人自作出要约收购提示性公告起60日内,未公告要约收购报告书的,收购人应当在期满后次一个工作日通知被收购公司,并予公告;此后每30日应当公告一次,直至公告要约收购报告书。

收购人作出要约收购提示性公告后,在公告要约收购报告书之前,拟自行取消收购计划的,应当公告原因;自公告之日起12个月内,该收购人不得再次对同一上市公司进行收购。

第三十二条 被收购公司董事会应当对收购人的主体资格、资信情况及收购意图进行调查,对要约条件进行分析,对股东是否接受要约提出建议,并聘请独立财务顾问提出专业意见。在收购人公告要约收购报告书后20日内,被收购公司董事会应当公告被收购公司董事会报告书与独立财务顾问的专业意见。

收购人对收购要约条件做出重大变更的,被收购公司董事会应当在3个工作日内公告董事会及独立财务顾问就要约条件的变更情况所出具的补充意见。

第三十三条 收购人作出提示性公告后至要约收购完成前,被收购公司除继续从事正常的经营活动或者执行股东大会已经作出的决议外,未经股东大会批准,被收购公司董事会不得通过处置公司资产、对外投资、调整公司主要业务、担保、贷款等方式,对公司的资产、负债、权益或者经营成果造成重大影响。

第三十四条　在要约收购期间，被收购公司董事不得辞职。

第三十五条　收购人按照本办法规定进行要约收购的，对同一种类股票的要约价格，不得低于要约收购提示性公告日前6个月内收购人取得该种股票所支付的最高价格。

要约价格低于提示性公告日前30个交易日该种股票的每日加权平均价格的算术平均值的，收购人聘请的财务顾问应当就该种股票前6个月的交易情况进行分析，说明是否存在股价被操纵、收购人是否有未披露的一致行动人、收购人前6个月取得公司股份是否存在其他支付安排、要约价格的合理性等。

第三十六条　收购人可以采用现金、证券、现金与证券相结合等合法方式支付收购上市公司的价款。收购人以证券支付收购价款的，应当提供该证券的发行人最近3年经审计的财务会计报告、证券估值报告，并配合被收购公司聘请的独立财务顾问的尽职调查工作。收购人以在证券交易所上市的债券支付收购价款的，该债券的可上市交易时间应当不少于一个月。收购人以未在证券交易所上市交易的证券支付收购价款的，必须同时提供现金方式供被收购公司的股东选择，并详细披露相关证券的保管、送达被收购公司股东的方式和程序安排。

收购人聘请的财务顾问应当对收购人支付收购价款的能力和资金来源进行充分的尽职调查，详细披露核查的过程和依据，说明收购人是否具备要约收购的能力。收购人应当在作出要约收购提示性公告的同时，提供以下至少一项安排保证其具备履约能力：

（一）以现金支付收购价款的，将不少于收购价款总额的20%作为履约保证金存入证券登记结算机构指定的银行；收购人以在证券交易所上市交易的证券支付收购价款的，将用于支付的全部证券交由证券登记结算机构保管，但上市公司发行新股的除外；

（二）银行对要约收购所需价款出具保函；

（三）财务顾问出具承担连带保证责任的书面承诺，明确如要约期满收购人不支付收购价款，财务顾问进行支付。

第三十七条　收购要约约定的收购期限不得少于30日，并不得超过60日；但是出现竞争要约的除外。

在收购要约约定的承诺期限内，收购人不得撤销其收购要约。

第三十八条　采取要约收购方式的，收购人作出公告后至收购期限届满前，不得卖出被收购公司的股票，也不得采取要约规定以外的形式和超出要约的条件买入被收购公司的股票。

第三十九条 收购要约提出的各项收购条件,适用于被收购公司的所有股东。

上市公司发行不同种类股份的,收购人可以针对持有不同种类股份的股东提出不同的收购条件。

收购人需要变更收购要约的,必须及时公告,载明具体变更事项,并通知被收购公司。变更收购要约不得存在下列情形:

(一)降低收购价格;

(二)减少预定收购股份数额;

(三)缩短收购期限;

(四)中国证监会规定的其他情形。

第四十条 收购要约期限届满前15日内,收购人不得变更收购要约;但是出现竞争要约的除外。

出现竞争要约时,发出初始要约的收购人变更收购要约距初始要约收购期限届满不足15日的,应当延长收购期限,延长后的要约期应当不少于15日,不得超过最后一个竞争要约的期满日,并按规定追加履约保证。

发出竞争要约的收购人最迟不得晚于初始要约收购期限届满前15日发出要约收购的提示性公告,并应当根据本办法第二十八条和第二十九条的规定履行公告义务。

第四十一条 要约收购报告书所披露的基本事实发生重大变化的,收购人应当在该重大变化发生之日起2个工作日内作出公告,并通知被收购公司。

第四十二条 同意接受收购要约的股东(以下简称预受股东),应当委托证券公司办理预受要约的相关手续。收购人应当委托证券公司向证券登记结算机构申请办理预受要约股票的临时保管。证券登记结算机构临时保管的预受要约的股票,在要约收购期间不得转让。

前款所称预受,是指被收购公司股东同意接受要约的初步意思表示,在要约收购期限内不可撤回之前不构成承诺。在要约收购期限届满3个交易日前,预受股东可以委托证券公司办理撤回预受要约的手续,证券登记结算机构根据预受要约股东的撤回申请解除对预受要约股票的临时保管。在要约收购期限届满前3个交易日内,预受股东不得撤回其对要约的接受。在要约收购期限内,收购人应当每日在证券交易所网站上公告已预受收购要约的股份数量。

出现竞争要约时,接受初始要约的预受股东撤回全部或者部分预受的股份,并将撤回的股份售予竞争要约人的,应当委托证券公司办理撤回预受初始要约的手续和预受竞争要约的相关手续。

第四十三条　收购期限届满,发出部分要约的收购人应当按照收购要约约定的条件购买被收购公司股东预受的股份,预受要约股份的数量超过预定收购数量时,收购人应当按照同等比例收购预受要约的股份;以终止被收购公司上市地位为目的的,收购人应当按照收购要约约定的条件购买被收购公司股东预受的全部股份;因不符合本办法第六章的规定而发出全面要约的收购人应当购买被收购公司股东预受的全部股份。

收购期限届满后3个交易日内,接受委托的证券公司应当向证券登记结算机构申请办理股份转让结算、过户登记手续,解除对超过预定收购比例的股票的临时保管;收购人应当公告本次要约收购的结果。

第四十四条　收购期限届满,被收购公司股权分布不符合证券交易所规定的上市交易要求,该上市公司的股票由证券交易所依法终止上市交易。在收购行为完成前,其余仍持有被收购公司股票的股东,有权在收购报告书规定的合理期限内向收购人以收购要约的同等条件出售其股票,收购人应当收购。

第四十五条　收购期限届满后15日内,收购人应当向证券交易所提交关于收购情况的书面报告,并予以公告。

第四十六条　除要约方式外,投资者不得在证券交易所外公开求购上市公司的股份。

第四章　协议收购

第四十七条　收购人通过协议方式在一个上市公司中拥有权益的股份达到或者超过该公司已发行股份的5%,但未超过30%的,按照本办法第二章的规定办理。

收购人拥有权益的股份达到该公司已发行股份的30%时,继续进行收购的,应当依法向该上市公司的股东发出全面要约或者部分要约。符合本办法第六章规定情形的,收购人可以免于发出要约。

收购人拟通过协议方式收购一个上市公司的股份超过30%的,超过30%的部分,应当改以要约方式进行;但符合本办法第六章规定情形的,收购人可以免于发出要约。符合前述规定情形的,收购人可以履行其收购协议;不符合前述规定情形的,在履行其收购协议前,应当发出全面要约。

第四十八条 以协议方式收购上市公司股份超过30%,收购人拟依据本办法第六十二条、第六十三条第一款第(一)项、第(二)项、第(十)项的规定免于发出要约的,应当在与上市公司股东达成收购协议之日起3日内编制上市公司收购报告书,通知被收购公司,并公告上市公司收购报告书摘要。

收购人应当在收购报告书摘要公告后5日内,公告其收购报告书、财务顾问专业意见和律师出具的法律意见书;不符合本办法第六章规定的情形的,应当予以公告,并按照本办法第六十一条第二款的规定办理。

第四十九条 依据前条规定所作的上市公司收购报告书,须披露本办法第二十九条第(一)项至第(六)项和第(九)项至第(十四)项规定的内容及收购协议的生效条件和付款安排。

已披露收购报告书的收购人在披露之日起6个月内,因权益变动需要再次报告、公告的,可以仅就与前次报告书不同的部分作出报告、公告;超过6个月的,应当按照本办法第二章的规定履行报告、公告义务。

第五十条 收购人公告上市公司收购报告书时,应当提交以下备查文件:

(一)中国公民的身份证明,或者在中国境内登记注册的法人、其他组织的证明文件;

(二)基于收购人的实力和从业经验对上市公司后续发展计划可行性的说明,收购人拟修改公司章程、改选公司董事会、改变或者调整公司主营业务的,还应当补充其具备规范运作上市公司的管理能力的说明;

(三)收购人及其关联方与被收购公司存在同业竞争、关联交易的,应提供避免同业竞争等利益冲突、保持被收购公司经营独立性的说明;

(四)收购人为法人或者其他组织的,其控股股东、实际控制人最近2年未变更的说明;

(五)收购人及其控股股东或实际控制人的核心企业和核心业务、关联企业及主营业务的说明;收购人或其实际控制人为两个或两个以上的上市公司控股股东或实际控制人的,还应当提供其持股5%以上的上市公司以及银行、信托公司、证券公司、保险公司等其他金融机构的情况说明;

（六）财务顾问关于收购人最近3年的诚信记录、收购资金来源合法性、收购人具备履行相关承诺的能力以及相关信息披露内容真实性、准确性、完整性的核查意见；收购人成立未满3年的，财务顾问还应当提供其控股股东或者实际控制人最近3年诚信记录的核查意见。

境外法人或者境外其他组织进行上市公司收购的，除应当提交第一款第（二）项至第（六）项规定的文件外，还应当提交以下文件：

（一）财务顾问出具的收购人符合对上市公司进行战略投资的条件、具有收购上市公司的能力的核查意见；

（二）收购人接受中国司法、仲裁管辖的声明。

第五十一条　上市公司董事、监事、高级管理人员、员工或者其所控制或者委托的法人或者其他组织，拟对本公司进行收购或者通过本办法第五章规定的方式取得本公司控制权（以下简称管理层收购）的，该上市公司应当具备健全且运行良好的组织机构以及有效的内部控制制度，公司董事会成员中独立董事的比例应当达到或者超过1/2。公司应当聘请符合《证券法》规定的资产评估机构提供公司资产评估报告，本次收购应当经董事会非关联董事作出决议，且取得2/3以上的独立董事同意后，提交公司股东大会审议，经出席股东大会的非关联股东所持表决权过半数通过。独立董事发表意见前，应当聘请独立财务顾问就本次收购出具专业意见，独立董事及独立财务顾问的意见应当一并予以公告。

上市公司董事、监事、高级管理人员存在《公司法》第一百四十八条规定情形，或者最近3年有证券市场不良诚信记录的，不得收购本公司。

第五十二条　以协议方式进行上市公司收购的，自签订收购协议起至相关股份完成过户的期间为上市公司收购过渡期（以下简称过渡期）。在过渡期内，收购人不得通过控股股东提议改选上市公司董事会，确有充分理由改选董事会的，来自收购人的董事不得超过董事会成员的1/3；被收购公司不得为收购人及其关联方提供担保；被收购公司不得公开发行股份募集资金，不得进行重大购买、出售资产及重大投资行为或者与收购人及其关联方进行其他关联交易，但收购人为挽救陷入危机或者面临严重财务困难的上市公司的情形除外。

第五十三条　上市公司控股股东向收购人协议转让其所持有的上市公司股份的，应当对收购人的主体资格、诚信情况及收购意图进行调查，并在其权益变动报告书中披露有关调查情况。

控股股东及其关联方未清偿其对公司的负债,未解除公司为其负债提供的担保,或者存在损害公司利益的其他情形的,被收购公司董事会应当对前述情形及时予以披露,并采取有效措施维护公司利益。

第五十四条 协议收购的相关当事人应当向证券登记结算机构申请办理拟转让股份的临时保管手续,并可以将用于支付的现金存放于证券登记结算机构指定的银行。

第五十五条 收购报告书公告后,相关当事人应当按照证券交易所和证券登记结算机构的业务规则,在证券交易所就本次股份转让予以确认后,凭全部转让款项存放于双方认可的银行账户的证明,向证券登记结算机构申请解除拟协议转让股票的临时保管,并办理过户登记手续。

收购人未按规定履行报告、公告义务,或者未按规定提出申请的,证券交易所和证券登记结算机构不予办理股份转让和过户登记手续。

收购人在收购报告书公告后30日内仍未完成相关股份过户手续的,应当立即作出公告,说明理由;在未完成相关股份过户期间,应当每隔30日公告相关股份过户办理进展情况。

第五章　间接收购

第五十六条 收购人虽不是上市公司的股东,但通过投资关系、协议、其他安排导致其拥有权益的股份达到或者超过一个上市公司已发行股份的5%未超过30%的,应当按照本办法第二章的规定办理。

收购人拥有权益的股份超过该公司已发行股份的30%的,应当向该公司所有股东发出全面要约;收购人预计无法在事实发生之日起30日内发出全面要约的,应当在前述30日内促使其控制的股东将所持有的上市公司股份减持至30%或者30%以下,并自减持之日起2个工作日内予以公告;其后收购人或者其控制的股东拟继续增持的,应当采取要约方式;拟依据本办法第六章的规定免于发出要约的,应当按照本办法第四十八条的规定办理。

第五十七条 投资者虽不是上市公司的股东,但通过投资关系取得对上市公司股东的控制权,而受其支配的上市公司股东所持股份达到前条规定比例、且对该股东的资产和利润构成重大影响的,应当按照前条规定履行报告、公告义务。

第五十八条 上市公司实际控制人及受其支配的股东,负有配合上市公司真实、准确、完整披露有关实际控制人发生变化的信息的义务;

实际控制人及受其支配的股东拒不履行上述配合义务，导致上市公司无法履行法定信息披露义务而承担民事、行政责任的，上市公司有权对其提起诉讼。实际控制人、控股股东指使上市公司及其有关人员不依法履行信息披露义务的，中国证监会依法进行查处。

第五十九条　上市公司实际控制人及受其支配的股东未履行报告、公告义务的，上市公司应当自知悉之日起立即作出报告和公告。上市公司就实际控制人发生变化的情况予以公告后，实际控制人仍未披露的，上市公司董事会应当向实际控制人和受其支配的股东查询，必要时可以聘请财务顾问进行查询，并将查询情况向中国证监会、上市公司所在地的中国证监会派出机构（以下简称派出机构）和证券交易所报告；中国证监会依法对拒不履行报告、公告义务的实际控制人进行查处。

上市公司知悉实际控制人发生较大变化而未能将有关实际控制人的变化情况及时予以报告和公告的，中国证监会责令改正，情节严重的，认定上市公司负有责任的董事为不适当人选。

第六十条　上市公司实际控制人及受其支配的股东未履行报告、公告义务，拒不履行第五十八条规定的配合义务，或者实际控制人存在不得收购上市公司情形的，上市公司董事会应当拒绝接受受实际控制人支配的股东向董事会提交的提案或者临时议案，并向中国证监会、派出机构和证券交易所报告。中国证监会责令实际控制人改正，可以认定实际控制人通过受其支配的股东所提名的董事为不适当人选；改正前，受实际控制人支配的股东不得行使其持有股份的表决权。上市公司董事会未拒绝接受实际控制人及受其支配的股东所提出的提案的，中国证监会可以认定负有责任的董事为不适当人选。

第六章　免除发出要约

第六十一条　符合本办法第六十二条、第六十三条规定情形的，投资者及其一致行动人可以：

（一）免于以要约收购方式增持股份；

（二）存在主体资格、股份种类限制或者法律、行政法规、中国证监会规定的特殊情形的，免于向被收购公司的所有股东发出收购要约。

不符合本章规定情形的，投资者及其一致行动人应当在30日内将其或者其控制的股东所持有的被收购公司股份减持到30%或者30%以下；拟以要约以外的方式继续增持股份的，应当发出全面要约。

第六十二条 有下列情形之一的,收购人可以免于以要约方式增持股份:

(一)收购人与出让人能够证明本次股份转让是在同一实际控制人控制的不同主体之间进行,未导致上市公司的实际控制人发生变化;

(二)上市公司面临严重财务困难,收购人提出的挽救公司的重组方案取得该公司股东大会批准,且收购人承诺3年内不转让其在该公司中所拥有的权益;

(三)中国证监会为适应证券市场发展变化和保护投资者合法权益的需要而认定的其他情形。

第六十三条 有下列情形之一的,投资者可以免于发出要约:

(一)经政府或者国有资产管理部门批准进行国有资产无偿划转、变更、合并,导致投资者在一个上市公司中拥有权益的股份占该公司已发行股份的比例超过30%;

(二)因上市公司按照股东大会批准的确定价格向特定股东回购股份而减少股本,导致投资者在该公司中拥有权益的股份超过该公司已发行股份的30%;

(三)经上市公司股东大会非关联股东批准,投资者取得上市公司向其发行的新股,导致其在该公司拥有权益的股份超过该公司已发行股份的30%,投资者承诺3年内不转让本次向其发行的新股,且公司股东大会同意投资者免于发出要约;

(四)在一个上市公司中拥有权益的股份达到或者超过该公司已发行股份的30%的,自上述事实发生之日起一年后,每12个月内增持不超过该公司已发行的2%的股份;

(五)在一个上市公司中拥有权益的股份达到或者超过该公司已发行股份的50%的,继续增加其在该公司拥有的权益不影响该公司的上市地位;

(六)证券公司、银行等金融机构在其经营范围内依法从事承销、贷款等业务导致其持有一个上市公司已发行股份超过30%,没有实际控制该公司的行为或者意图,并且提出在合理期限内向非关联方转让相关股份的解决方案;

(七)因继承导致在一个上市公司中拥有权益的股份超过该公司已发行股份的30%;

(八)因履行约定购回式证券交易协议购回上市公司股份导致投资

者在一个上市公司中拥有权益的股份超过该公司已发行股份的30%，并且能够证明标的股份的表决权在协议期间未发生转移；

（九）因所持优先股表决权依法恢复导致投资者在一个上市公司中拥有权益的股份超过该公司已发行股份的30%；

（十）中国证监会为适应证券市场发展变化和保护投资者合法权益的需要而认定的其他情形。

相关投资者应在前款规定的权益变动行为完成后3日内就股份增持情况做出公告，律师应就相关投资者权益变动行为发表符合规定的专项核查意见并由上市公司予以披露。相关投资者按照前款第（五）项规定采用集中竞价方式增持股份的，每累计增持股份比例达到上市公司已发行股份的2%的，在事实发生当日和上市公司发布相关股东增持公司股份进展公告的当日不得再行增持股份。前款第（四）项规定的增持不超过2%的股份锁定期为增持行为完成之日起6个月。

第六十四条　收购人按照本章规定的情形免于发出要约的，应当聘请符合《证券法》规定的律师事务所等专业机构出具专业意见。

第七章　财务顾问

第六十五条　收购人聘请的财务顾问应当履行以下职责：

（一）对收购人的相关情况进行尽职调查；

（二）应收购人的要求向收购人提供专业化服务，全面评估被收购公司的财务和经营状况，帮助收购人分析收购所涉及的法律、财务、经营风险，就收购方案所涉及的收购价格、收购方式、支付安排等事项提出对策建议，并指导收购人按照规定的内容与格式制作公告文件；

（三）对收购人进行证券市场规范化运作的辅导，使收购人的董事、监事和高级管理人员熟悉有关法律、行政法规和中国证监会的规定，充分了解其应当承担的义务和责任，督促其依法履行报告、公告和其他法定义务；

（四）对收购人是否符合本办法的规定及公告文件内容的真实性、准确性、完整性进行充分核查和验证，对收购事项客观、公正地发表专业意见；

（五）与收购人签订协议，在收购完成后12个月内，持续督导收购人遵守法律、行政法规、中国证监会的规定、证券交易所规则、上市公司章程，依法行使股东权利，切实履行承诺或者相关约定。

第六十六条　收购人聘请的财务顾问就本次收购出具的财务顾问

报告,应当对以下事项进行说明和分析,并逐项发表明确意见:

(一)收购人编制的上市公司收购报告书或者要约收购报告书所披露的内容是否真实、准确、完整;

(二)本次收购的目的;

(三)收购人是否提供所有必备证明文件,根据对收购人及其控股股东、实际控制人的实力、从事的主要业务、持续经营状况、财务状况和诚信情况的核查,说明收购人是否具备主体资格,是否具备收购的经济实力,是否具备规范运作上市公司的管理能力,是否需要承担其他附加义务及是否具备履行相关义务的能力,是否存在不良诚信记录;

(四)对收购人进行证券市场规范化运作辅导的情况,其董事、监事和高级管理人员是否已经熟悉有关法律、行政法规和中国证监会的规定,充分了解应承担的义务和责任,督促其依法履行报告、公告和其他法定义务的情况;

(五)收购人的股权控制结构及其控股股东、实际控制人支配收购人的方式;

(六)收购人的收购资金来源及其合法性,是否存在利用本次收购的股份向银行等金融机构质押取得融资的情形;

(七)涉及收购人以证券支付收购价款的,应当说明有关该证券发行人的信息披露是否真实、准确、完整以及该证券交易的便捷性等情况;

(八)收购人是否已经履行了必要的授权和批准程序;

(九)是否已对收购过渡期间保持上市公司稳定经营作出安排,该安排是否符合有关规定;

(十)对收购人提出的后续计划进行分析,收购人所从事的业务与上市公司从事的业务存在同业竞争、关联交易的,对收购人解决与上市公司同业竞争等利益冲突及保持上市公司经营独立性的方案进行分析,说明本次收购对上市公司经营独立性和持续发展可能产生的影响;

(十一)在收购标的上是否设定其他权利,是否在收购价款之外还作出其他补偿安排;

(十二)收购人及其关联方与被收购公司之间是否存在业务往来,收购人与被收购公司的董事、监事、高级管理人员是否就其未来任职安排达成某种协议或者默契;

(十三)上市公司原控股股东、实际控制人及其关联方是否存在未清偿对公司的负债、未解除公司为其负债提供的担保或者损害公司利益的其他情形；存在该等情形的，是否已提出切实可行的解决方案；

（十四）涉及收购人拟免于发出要约的，应当说明本次收购是否属于本办法第六章规定的情形，收购人是否作出承诺及是否具备履行相关承诺的实力。

第六十七条　上市公司董事会或者独立董事聘请的独立财务顾问，不得同时担任收购人的财务顾问或者与收购人的财务顾问存在关联关系。独立财务顾问应当根据委托进行尽职调查，对本次收购的公正性和合法性发表专业意见。独立财务顾问报告应当对以下问题进行说明和分析，发表明确意见：

（一）收购人是否具备主体资格；

（二）收购人的实力及本次收购对被收购公司经营独立性和持续发展可能产生的影响分析；

（三）收购人是否存在利用被收购公司的资产或者由被收购公司为本次收购提供财务资助的情形；

（四）涉及要约收购的，分析被收购公司的财务状况，说明收购价格是否充分反映被收购公司价值，收购要约是否公平、合理，对被收购公司社会公众股股东接受要约提出的建议；

（五）涉及收购人以证券支付收购价款的，还应当根据该证券发行人的资产、业务和盈利预测，对相关证券进行估值分析，就收购条件对被收购公司的社会公众股股东是否公平合理、是否接受收购人提出的收购条件提出专业意见；

（六）涉及管理层收购的，应当对上市公司进行估值分析，就本次收购的定价依据、支付方式、收购资金来源、融资安排、还款计划及其可行性、上市公司内部控制制度的执行情况及其有效性、上述人员及其直系亲属在最近24个月内与上市公司业务往来情况以及收购报告书披露的其他内容等进行全面核查，发表明确意见。

第六十八条　财务顾问应当在财务顾问报告中作出以下承诺：

（一）已按照规定履行尽职调查义务，有充分理由确信所发表的专业意见与收购人公告文件的内容不存在实质性差异；

（二）已对收购人公告文件进行核查，确信公告文件的内容与格式符合规定；

（三）有充分理由确信本次收购符合法律、行政法规和中国证监会的规定，有充分理由确信收购人披露的信息真实、准确、完整，不存在虚假记载、误导性陈述和重大遗漏；

（四）就本次收购所出具的专业意见已提交其内核机构审查，并获得通过；

（五）在担任财务顾问期间，已采取严格的保密措施，严格执行内部防火墙制度；

（六）与收购人已订立持续督导协议。

第六十九条 财务顾问在收购过程中和持续督导期间，应当关注被收购公司是否存在为收购人及其关联方提供担保或者借款等损害上市公司利益的情形，发现有违法或者不当行为的，应当及时向中国证监会、派出机构和证券交易所报告。

第七十条 财务顾问为履行职责，可以聘请其他专业机构协助其对收购人进行核查，但应当对收购人提供的资料和披露的信息进行独立判断。

第七十一条 自收购人公告上市公司收购报告书至收购完成后12个月内，财务顾问应当通过日常沟通、定期回访等方式，关注上市公司的经营情况，结合被收购公司定期报告和临时公告的披露事宜，对收购人及被收购公司履行持续督导职责：

（一）督促收购人及时办理股权过户手续，并依法履行报告和公告义务；

（二）督促和检查收购人及被收购公司依法规范运作；

（三）督促和检查收购人履行公开承诺的情况；

（四）结合被收购公司定期报告，核查收购人落实后续计划的情况，是否达到预期目标，实施效果是否与此前的披露内容存在较大差异，是否实现相关盈利预测或者管理层预计达到的目标；

（五）涉及管理层收购的，核查被收购公司定期报告中披露的相关还款计划的落实情况与事实是否一致；

（六）督促和检查履行收购中约定的其他义务的情况。

在持续督导期间，财务顾问应当结合上市公司披露的季度报告、半年度报告和年度报告出具持续督导意见，并在前述定期报告披露后的15日内向派出机构报告。

在此期间，财务顾问发现收购人在上市公司收购报告书中披露的信息与事实不符的，应当督促收购人如实披露相关信息，并及时向中国证监会、派出机构、证券交易所报告。财务顾问解除委托合同的，应当及时向中国证监会、派出机构作出书面报告，说明无法继续履行持续督导职责的理由，并予公告。

第八章　持续监管

第七十二条　在上市公司收购行为完成后12个月内，收购人聘请的财务顾问应当在每季度前3日内就上一季度对上市公司影响较大的投资、购买或者出售资产、关联交易、主营业务调整以及董事、监事、高级管理人员的更换、职工安置、收购人履行承诺等情况向派出机构报告。

收购人注册地与上市公司注册地不同的，还应当将前述情况的报告同时抄报收购人所在地的派出机构。

第七十三条　派出机构根据审慎监管原则，通过与承办上市公司审计业务的会计师事务所谈话、检查财务顾问持续督导责任的落实、定期或者不定期的现场检查等方式，在收购完成后对收购人和上市公司进行监督检查。

派出机构发现实际情况与收购人披露的内容存在重大差异的，对收购人及上市公司予以重点关注，可以责令收购人延长财务顾问的持续督导期，并依法进行查处。

在持续督导期间，财务顾问与收购人解除合同的，收购人应当另行聘请其他财务顾问机构履行持续督导职责。

第七十四条　在上市公司收购中，收购人持有的被收购公司的股份，在收购完成后18个月内不得转让。

收购人在被收购公司中拥有权益的股份在同一实际控制人控制的不同主体之间进行转让不受前述18个月的限制，但应当遵守本办法第六章的规定。

第九章　监管措施与法律责任

第七十五条　上市公司的收购及相关股份权益变动活动中的信息披露义务人，未按照本办法的规定履行报告、公告以及其他相关义务的，中国证监会责令改正，采取监管谈话、出具警示函、责令暂停或者停止收购等监管措施。在改正前，相关信息披露义务人不得对其持有或者实际支配的股份行使表决权。

第七十六条　上市公司的收购及相关股份权益变动活动中的信息披露义务人在报告、公告等文件中有虚假记载、误导性陈述或者重大遗漏的,中国证监会责令改正,采取监管谈话、出具警示函、责令暂停或者停止收购等监管措施。在改正前,收购人对其持有或者实际支配的股份不得行使表决权。

第七十七条 投资者及其一致行动人取得上市公司控制权而未按照本办法的规定聘请财务顾问,规避法定程序和义务,变相进行上市公司的收购,或者外国投资者规避管辖的,中国证监会责令改正,采取出具警示函、责令暂停或者停止收购等监管措施。在改正前,收购人不得对其持有或者实际支配的股份行使表决权。

第七十八条 收购人未依照本办法的规定履行相关义务、相应程序擅自实施要约收购的,或者不符合本办法规定的免除发出要约情形,拒不履行相关义务、相应程序的,中国证监会责令改正,采取监管谈话、出具警示函、责令暂停或者停止收购等监管措施。在改正前,收购人不得对其持有或者支配的股份行使表决权。

发出收购要约的收购人在收购要约期限届满,不按照约定支付收购价款或者购买预受股份的,自该事实发生之日起3年内不得收购上市公司,中国证监会不受理收购人及其关联方提交的申报文件。

存在前二款规定情形,收购人涉嫌虚假披露、操纵证券市场的,中国证监会对收购人进行立案稽查,依法追究其法律责任;收购人聘请的财务顾问没有充分证据表明其勤勉尽责的,自收购人违规事实发生之日起1年内,中国证监会不受理该财务顾问提交的上市公司并购重组申报文件,情节严重的,依法追究法律责任。

第七十九条 上市公司控股股东和实际控制人在转让其对公司的控制权时,未清偿其对公司的负债,未解除公司为其提供的担保,或者未对其损害公司利益的其他情形作出纠正的,中国证监会责令改正、责令暂停或者停止收购活动。

被收购公司董事会未能依法采取有效措施促使公司控股股东、实际控制人予以纠正,或者在收购完成后未能促使收购人履行承诺、安排或者保证的,中国证监会可以认定相关董事为不适当人选。

第八十条 上市公司董事未履行忠实义务和勤勉义务,利用收购谋取不当利益的,中国证监会采取监管谈话、出具警示函等监管措施,可以认定为不适当人选。

上市公司章程中涉及公司控制权的条款违反法律、行政法规和本办法规定的,中国证监会责令改正。

第八十一条　为上市公司收购出具资产评估报告、审计报告、法律意见书和财务顾问报告的证券服务机构或者证券公司及其专业人员，未依法履行职责的，或者违反中国证监会的有关规定或者行业规范、业务规则的，中国证监会责令改正，采取监管谈话、出具警示函、责令公开说明、责令定期报告等监管措施。

前款规定的证券服务机构及其从业人员被责令改正的，在改正前，不得接受新的上市公司并购重组业务。

第八十二条　中国证监会将上市公司的收购及相关股份权益变动活动中的当事人的违法行为和整改情况记入诚信档案。

违反本办法的规定构成证券违法行为的，依法追究法律责任。

第十章　附　　则

第八十三条　本办法所称一致行动，是指投资者通过协议、其他安排，与其他投资者共同扩大其所能够支配的一个上市公司股份表决权数量的行为或者事实。

在上市公司的收购及相关股份权益变动活动中有一致行动情形的投资者，互为一致行动人。如无相反证据，投资者有下列情形之一的，为一致行动人：

（一）投资者之间有股权控制关系；

（二）投资者受同一主体控制；

（三）投资者的董事、监事或者高级管理人员中的主要成员，同时在另一个投资者担任董事、监事或者高级管理人员；

（四）投资者参股另一投资者，可以对参股公司的重大决策产生重大影响；

（五）银行以外的其他法人、其他组织和自然人为投资者取得相关股份提供融资安排；

（六）投资者之间存在合伙、合作、联营等其他经济利益关系；

（七）持有投资者30%以上股份的自然人，与投资者持有同一上市公司股份；

（八）在投资者任职的董事、监事及高级管理人员，与投资者持有同一上市公司股份；

（九）持有投资者30%以上股份的自然人和在投资者任职的董事、监事及高级管理人员，其父母、配偶、子女及其配偶、配偶的父母、兄弟姐妹及其配偶、配偶的兄弟姐妹及其配偶等亲属，与投资者持有同一上市公司股份；

(十)在上市公司任职的董事、监事、高级管理人员及其前项所述亲属同时持有本公司股份的,或者与其自己或者其前项所述亲属直接或者间接控制的企业同时持有本公司股份;

(十一)上市公司董事、监事、高级管理人员和员工与其所控制或者委托的法人或者其他组织持有本公司股份;

(十二)投资者之间具有其他关联关系。

一致行动人应当合并计算其所持有的股份。投资者计算其所持有的股份,应当包括登记在其名下的股份,也包括登记在其一致行动人名下的股份。

投资者认为其与他人不应被视为一致行动人的,可以向中国证监会提供相反证据。

第八十四条 有下列情形之一的,为拥有上市公司控制权:

(一)投资者为上市公司持股50%以上的控股股东;

(二)投资者可以实际支配上市公司股份表决权超过30%;

(三)投资者通过实际支配上市公司股份表决权能够决定公司董事会半数以上成员选任;

(四)投资者依其可实际支配的上市公司股份表决权足以对公司股东大会的决议产生重大影响;

(五)中国证监会认定的其他情形。

第八十五条 信息披露义务人涉及计算其拥有权益比例的,应当将其所持有的上市公司已发行的可转换为公司股票的证券中有权转换部分与其所持有的同一上市公司的股份合并计算,并将其持股比例与合并计算非股权类证券转为股份后的比例相比,以二者中的较高者为准;行权期限届满未行权的,或者行权条件不再具备的,无需合并计算。

前款所述二者中的较高者,应当按下列公式计算:

(一)投资者持有的股份数量/上市公司已发行股份总数

(二)(投资者持有的股份数量+投资者持有的可转换为公司股票的非股权类证券所对应的股份数量)/(上市公司已发行股份总数+上市公司发行的可转换为公司股票的非股权类证券所对应的股份总数)

前款所称"投资者持有的股份数量"包括投资者拥有的普通股数量和优先股恢复的表决权数量,"上市公司已发行股份总数"包括上市公司已发行的普通股总数和优先股恢复的表决权总数。

第八十六条 投资者因行政划转、执行法院裁决、继承、赠与等方式取得上市公司控制权的，应当按照本办法第四章的规定履行报告、公告义务。

第八十七条　权益变动报告书、收购报告书、要约收购报告书、被收购公司董事会报告书等文件的内容与格式，由中国证监会另行制定。

第八十八条　被收购公司在境内、境外同时上市的，收购人除应当遵守本办法及中国证监会的相关规定外，还应当遵守境外上市地的相关规定。

第八十九条　外国投资者收购上市公司及在上市公司中拥有的权益发生变动的，除应当遵守本办法的规定外，还应当遵守外国投资者投资上市公司的相关规定。

第九十条　本办法自2006年9月1日起施行。中国证监会发布的《上市公司收购管理办法》（证监会令第10号）、《上市公司股东持股变动信息披露管理办法》（证监会令第11号）、《关于要约收购涉及的被收购公司股票上市交易条件有关问题的通知》（证监公司字[2003]16号）和《关于规范上市公司实际控制权转移行为有关问题的通知》（证监公司字[2004]1号）同时废止。

第六十三条　【权益披露规则及慢走规则】通过证券交易所的证券交易，投资者持有或者通过协议、其他安排与他人共同持有一个上市公司已发行的有表决权股份达到百分之五时，应当在该事实发生之日起三日内，向国务院证券监督管理机构、证券交易所作出书面报告，通知该上市公司，并予公告，在上述期限内不得再行买卖该上市公司的股票，但国务院证券监督管理机构规定的情形除外。

投资者持有或者通过协议、其他安排与他人共同持有一个上市公司已发行的有表决权股份达到百分之五后，其所持该上市公司已发行的有表决权股份比例每增加或者减少百分之五，应当依照前款规定进行报告和公告，在该事实发生之日起至公告后三日内，不得再行买卖该上市公司的股票，但国务院证券监督管理机构规定的情形除外。

投资者持有或者通过协议、其他安排与他人共同持有一个上市公司已发行的有表决权股份达到百分之五后，其所持该上市公司已发行的有表决权股份比例每增加或者减少百分之一，应当在该事实发生的次日通知该上市公司，并予公告。

违反第一款、第二款规定买入上市公司有表决权的股份的，在买入后的三十六个月内，对该超过规定比例部分的股份不得行使表决权。

相关行政处罚决定书摘要

“中国证监会行政处罚决定书(沈某宇)”(〔2009〕28号)对未按规定报告、披露信息，违规买卖股票作出了行政处罚。相关行政处罚决定书摘要如下：

经查明，沈某宇存在以下违法事实：2008年5月30日，沈某宇利用其控制的“金某法”“沈某平”“徐某仙”账户陆续买入“中兵光电”股票，10时46分11秒上述账户持有“中兵光电”达7,200,000股，持股比例占该公司总股本的5.00%，当日收盘时，上述账户持有“中兵光电”达12,048,966股，持股比例占该公司总股本的8.37%，沈某宇未按规定向中国证券监督管理委员会或派出机构、上海证券交易所作出书面报告，未通知中兵光电科技股份有限公司，并予公告。沈某宇是上述未按规定报告、披露信息的责任人。上述事实有证券营业部交易流水、开户资料、资金流水等证据证明，足以认定。

我会认定，沈某宇未按规定报告、披露信息的行为，违反了《证券法》“通过证券交易所的证券交易，投资者持有或者通过协议、其他安排与他人共同持有一个上市公司已发行的股份达到百分之五时，应当在该事实发生之日起三日内，向国务院证券监督管理机构、证券交易所作出书面报告，通知该上市公司，并予公告”的规定，构成《证券法》“发行人、上市公司或者其他信息披露义务人未按照规定披露信息，或所披露的信息有虚假记载、误导性陈述或者重大遗漏的”的行为。对于沈某宇未按规定报告、披露信息的行为，给予沈某宇警告，并处罚款。

相关裁判摘要

“庄某明与中国证券监督管理委员会一审行政判决书”[北京市第一中级人民法院行政判决书(2016)京01行初866号]对本条的立法目的进行了解释。相关裁判摘要如下：

证券法本条的规定在学理上通常被称为“权益披露规则及慢走规则”。由于上市公司对于大股东增持或者减持股份的行为往往处于被动地位，而其他中小投资者在信息获取方面则处于劣势，因此当大股东增持或者减持上市公司股份时，如果上市公司对相关信息欠缺了解，则无法采取有效的应对措施，而其他投资者也容易因信息不对称而难以对市场的变化进行理性判断，从而导致交易不公平。《证券法》设置权益披露规则的目的，正是在于通过对达到法定持股比例的大股东课以报告、公告等信息披露义务，保护上市公司以及其他投资者对市场变化的知情权，从而平衡上市公司、大股东及其他投资者之间的权利义务关系。《证券法》进一步设置了慢走规则，其主要目的也在于通过对大股东买卖股票予以一定期限的限制，保障上市公司以及其他投资者能够有时间对已经发生的大股东的增持或者减持行为进行评估，并提示其对可能进一步发生的市场变化予以关注，从而确保权益披露规则的功能得以实现。

“李宁与中国证券监督管理委员会信息公开一审行政判决书”［北京市第一中级人民法院行政判决书（2016）京01行初699号］对“投资者持有或者通过协议、其他安排与他人共同持有一个上市公司已发行的股份”进行了解释。相关裁判摘要如下：

认定行为人实际控制某一账户，需要判断行为人是否对该账户具有管理、使用或处分的权益。行为人虽非账户的名义持有人，但通过投资关系、协议或者其他安排能够实际管理、使用或处分他人账户的，也可以视为行为人实际控制该账户。根据被告提交的第一组证据，“汤某”账户交易“元力股份”存入的交易资金全部来自李宁，所取交易资金大部分转回李宁；“李某某”账户存入的交易资金主要来自李宁和汤某，所取交易资金全部划回汤某；“张某某”账户存入的交易资金全部来源于李宁；“张某”账户所存入的交易资金全部来源李宁，所取交易资金大部分转回李宁。且“李宁”账户与“汤某”账户、“李某某”账户、“张某某”账户、“张某”账户有重合的交易MAC地址。“李宁”账户组共使用过15个MAC地址交易“元力股份”，其中，“李宁”账户使用过12个，“张某某”账户使用过10个，“李某某”账户使用过4个，“张某”账户使用过4个，“汤某”账户使用过2个。同时，原告与汤某为夫妻关系；原告与李某某为兄妹关系，两人同为长春市嘉信房地产开发有限公司股东；原告与张某某为亲密朋友关系；张某为长春市嘉信房地产开发有限公司员工。且李某某开户预留联系电话与原告开户资料预留电话号码及原告本人使用的电话号码相同，张某账户开户资料预留的其他联系人为张某某。本院认为，综合以上资金关系、交易下单地址重合情况、身份关系等关联情况,足以证明原告实际控制"李宁"账户组。原告主张原告并未实际控制"李宁"账户组,但未提交充分的证据予以证实,故其相关诉讼主张均缺乏事实及法律依据,本院不予支持。

第六十四条 【权益披露的内容】 依照前条规定所作的公告,应当包括下列内容:

(一)持股人的名称、住所;

(二)持有的股票的名称、数额;

(三)持股达到法定比例或者持股增减变化达到法定比例的日期、增持股份的资金来源;

(四)在上市公司中拥有有表决权的股份变动的时间及方式。

第六十五条 【收购要约】 通过证券交易所的证券交易,投资者持有或者通过协议、其他安排与他人共同持有一个上市公司已发行的有表决权股份达到百分之三十时,继续进行收购的,应当依法向该上市公司所有股东发出收购上市公司全部或者部分股份的要约。

收购上市公司部分股份的要约应当约定,被收购公司股东承诺出售的股份数额超过预定收购的股份数额的,收购人按比例进行收购。

第六十六条 【收购报告书】 依照前条规定发出收购要约,收购人必须公告上市公司收购报告书,并载明下列事项:

(一)收购人的名称、住所;

(二)收购人关于收购的决定;

(三)被收购的上市公司名称;

(四)收购目的;

(五)收购股份的详细名称和预定收购的股份数额;

(六)收购期限、收购价格;

(七)收购所需资金额及资金保证;

(八)公告上市公司收购报告书时持有被收购公司股份数占该公司已发行的股份总数的比例。

第六十七条 【收购要约的收购期限】 收购要约约定的收购期限不得少于三十日,并不得超过六十日。

第六十八条　【收购要约的不可撤销性】在收购要约确定的承诺期限内，收购人不得撤销其收购要约。收购人需要变更收购要约的，应当及时公告，载明具体变更事项，且不得存在下列情形：

（一）降低收购价格；

（二）减少预定收购股份数额；

（三）缩短收购期限；

（四）国务院证券监督管理机构规定的其他情形。

第六十九条　【收购要约的普遍适用性】收购要约提出的各项收购条件，适用于被收购公司的所有股东。

上市公司发行不同种类股份的，收购人可以针对不同种类股份提出不同的收购条件。

第七十条　【要约收购中的禁止行为】采取要约收购方式的，收购人在收购期限内，不得卖出被收购公司的股票，也不得采取要约规定以外的形式和超出要约的条件买入被收购公司的股票。

第七十一条　【协议收购】采取协议收购方式的，收购人可以依照法律、行政法规的规定同被收购公司的股东以协议方式进行股份转让。

以协议方式收购上市公司时，达成协议后，收购人必须在三日内将该收购协议向国务院证券监督管理机构及证券交易所作出书面报告，并予公告。

在公告前不得履行收购协议。

第七十二条　【股票与资金的保管】采取协议收购方式的，协议双方可以临时委托证券登记结算机构保管协议转让的股票，并将资金存放于指定的银行。

第七十三条　【要约收购】采取协议收购方式的，收购人收购或者通过协议、其他安排与他人共同收购一个上市公司已发行的有表决权股份达到百分之三十时，继续进行收购的，应当依法向该上市公司所有股东发出收购上市公司全部或者部分股份的要约。但是，按照国务院证券监督管理机构的规定免除发出要约的除外。

收购人依照前款规定以要约方式收购上市公司股份，应当遵守本法第六十五条第二款、第六十六条至第七十条的规定。

第七十四条 【退市与余股强制出售权】 收购期限届满,被收购公司股权分布不符合证券交易所规定的上市交易要求的,该上市公司的股票应当由证券交易所依法终止上市交易;其余仍持有被收购公司股票的股东,有权向收购人以收购要约的同等条件出售其股票,收购人应当收购。

收购行为完成后,被收购公司不再具备股份有限公司条件的,应当依法变更企业形式。

第七十五条 【收购人的股票禁售期】 在上市公司收购中,收购人持有的被收购的上市公司的股票,在收购行为完成后的十八个月内不得转让。

第七十六条 【换股及收购情况披露】 收购行为完成后,收购人与被收购公司合并,并将该公司解散的,被解散公司的原有股票由收购人依法更换。

收购行为完成后,收购人应当在十五日内将收购情况报告国务院证券监督管理机构和证券交易所,并予公告。

第七十七条 【上市公司分立、合并】 国务院证券监督管理机构依照本法制定上市公司收购的具体办法。

上市公司分立或者被其他公司合并,应当向国务院证券监督管理机构报告,并予公告。

第五章 信息披露

第七十八条 【信息披露的基本原则】 发行人及法律、行政法规和国务院证券监督管理机构规定的其他信息披露义务人,应当及时依法履行信息披露义务。

信息披露义务人披露的信息,应当真实、准确、完整,简明清晰,通俗易懂,不得有虚假记载、误导性陈述或者重大遗漏。

证券同时在境内境外公开发行、交易的,其信息披露义务人在境外披露的信息,应当在境内同时披露。

第七十九条 【定期报告】上市公司、公司债券上市交易的公司、股票在国务院批准的其他全国性证券交易场所交易的公司，应当按照国务院证券监督管理机构和证券交易场所规定的内容和格式编制定期报告，并按照以下规定报送和公告：

（一）在每一会计年度结束之日起四个月内，报送并公告年度报告，其中的年度财务会计报告应当经符合本法规定的会计师事务所审计；

（二）在每一会计年度的上半年结束之日起二个月内，报送并公告中期报告。

第八十条 【上市公司临时报告】发生可能对上市公司、股票在国务院批准的其他全国性证券交易场所交易的公司的股票交易价格产生较大影响的重大事件，投资者尚未得知时，公司应当立即将有关该重大事件的情况向国务院证券监督管理机构和证券交易场所报送临时报告，并予公告，说明事件的起因、目前的状态和可能产生的法律后果。

前款所称重大事件包括：

（一）公司的经营方针和经营范围的重大变化；

（二）公司的重大投资行为，公司在一年内购买、出售重大资产超过公司资产总额百分之三十，或者公司营业用主要资产的抵押、质押、出售或者报废一次超过该资产的百分之三十；

（三）公司订立重要合同、提供重大担保或者从事关联交易，可能对公司的资产、负债、权益和经营成果产生重要影响；

（四）公司发生重大债务和未能清偿到期重大债务的违约情况；

（五）公司发生重大亏损或者重大损失；

（六）公司生产经营的外部条件发生的重大变化；

（七）公司的董事、三分之一以上监事或者经理发生变动，董事长或者经理无法履行职责；

（八）持有公司百分之五以上股份的股东或者实际控制人持有股份或者控制公司的情况发生较大变化，公司的实际控制人及其控制的其他企业从事与公司相同或者相似业务的情况发生较大变化；

（九）公司分配股利、增资的计划，公司股权结构的重要变化，公司

减资、合并、分立、解散及申请破产的决定,或者依法进入破产程序、被责令关闭;

(十)涉及公司的重大诉讼、仲裁,股东大会、董事会决议被依法撤销或者宣告无效;

(十一)公司涉嫌犯罪被依法立案调查,公司的控股股东、实际控制人、董事、监事、高级管理人员涉嫌犯罪被依法采取强制措施;

(十二)国务院证券监督管理机构规定的其他事项。

公司的控股股东或者实际控制人对重大事件的发生、进展产生较大影响的,应当及时将其知悉的有关情况书面告知公司,并配合公司履行信息披露义务。

相关行政规章

《上市公司信息披露管理办法》(中国证券监督管理委员会令第182号,自2021年5月1日起施行)

第一章 总 则

第一条 为了规范上市公司及其他信息披露义务人的信息披露行为,加强信息披露事务管理,保护投资者合法权益,根据《中华人民共和国公司法》(以下简称《公司法》)、《中华人民共和国证券法》(以下简称《证券法》)等法律、行政法规,制定本办法。

第二条 信息披露义务人履行信息披露义务应当遵守本办法的规定,中国证券监督管理委员会(以下简称中国证监会)对首次公开发行股票并上市、上市公司发行证券信息披露另有规定的,从其规定。

第三条 信息披露义务人应当及时依法履行信息披露义务,披露的信息应当真实、准确、完整,简明清晰、通俗易懂,不得有虚假记载、误导性陈述或者重大遗漏。

信息披露义务人披露的信息应当同时向所有投资者披露,不得提前向任何单位和个人泄露。但是,法律、行政法规另有规定的除外。

在内幕信息依法披露前,内幕信息的知情人和非法获取内幕信息的人不得公开或者泄露该信息,不得利用该信息进行内幕交易。任何单位和个人不得非法要求信息披露义务人提供依法需要披露但尚未披露的信息。

证券及其衍生品种同时在境内境外公开发行、交易的,其信息披露义务人在境外市场披露的信息,应当同时在境内市场披露。

第四条 上市公司的董事、监事、高级管理人员应当忠实、勤勉地履行职责，保证披露信息的真实、准确、完整，信息披露及时、公平。

第五条 除依法需要披露的信息之外，信息披露义务人可以自愿披露与投资者作出价值判断和投资决策有关的信息，但不得与依法披露的信息相冲突，不得误导投资者。

信息披露义务人自愿披露的信息应当真实、准确、完整。自愿性信息披露应当遵守公平原则，保持信息披露的持续性和一致性，不得进行选择性披露。

信息披露义务人不得利用自愿披露的信息不当影响公司证券及其衍生品种交易价格，不得利用自愿性信息披露从事市场操纵等违法违规行为。

第六条 上市公司及其控股股东、实际控制人、董事、监事、高级管理人员等作出公开承诺的，应当披露。

第七条 信息披露文件包括定期报告、临时报告、招股说明书、募集说明书、上市公告书、收购报告书等。

第八条 依法披露的信息，应当在证券交易所的网站和符合中国证监会规定条件的媒体发布，同时将其置备于上市公司住所、证券交易所，供社会公众查阅。

信息披露文件的全文应当在证券交易所的网站和符合中国证监会规定条件的报刊依法开办的网站披露，定期报告、收购报告书等信息披露文件的摘要应当在证券交易所的网站和符合中国证监会规定条件的报刊披露。

信息披露义务人不得以新闻发布或者答记者问等任何形式代替应当履行的报告、公告义务，不得以定期报告形式代替应当履行的临时报告义务。

第九条 信息披露义务人应当将信息披露公告文稿和相关备查文件报送上市公司注册地证监局。

第十条 信息披露文件应当采用中文文本。同时采用外文文本的，信息披露义务人应当保证两种文本的内容一致。两种文本发生歧义时，以中文文本为准。

第十一条 中国证监会依法对信息披露文件及公告的情况、信息披露事务管理活动进行监督检查，对信息披露义务人的信息披露行为进行监督管理。

证券交易所应当对上市公司及其他信息披露义务人的信息披露行为进行监督,督促其依法及时、准确地披露信息,对证券及其衍生品种交易实行实时监控。证券交易所制定的上市规则和其他信息披露规则应当报中国证监会批准。

第二章 定期报告

第十二条 上市公司应当披露的定期报告包括年度报告、中期报告。凡是对投资者作出价值判断和投资决策有重大影响的信息,均应当披露。

年度报告中的财务会计报告应当经符合《证券法》规定的会计师事务所审计。

第十三条 年度报告应当在每个会计年度结束之日起四个月内,中期报告应当在每个会计年度的上半年结束之日起两个月内编制完成并披露。

第十四条 年度报告应当记载以下内容:

(一)公司基本情况;

(二)主要会计数据和财务指标;

(三)公司股票、债券发行及变动情况,报告期末股票、债券总额、股东总数,公司前十大股东持股情况;

(四)持股百分之五以上股东、控股股东及实际控制人情况;

(五)董事、监事、高级管理人员的任职情况、持股变动情况、年度报酬情况;

(六)董事会报告;

(七)管理层讨论与分析;

(八)报告期内重大事件及对公司的影响;

(九)财务会计报告和审计报告全文;

(十)中国证监会规定的其他事项。

第十五条 中期报告应当记载以下内容:

(一)公司基本情况;

(二)主要会计数据和财务指标;

(三)公司股票、债券发行及变动情况、股东总数、公司前十大股东持股情况,控股股东及实际控制人发生变化的情况;

(四)管理层讨论与分析;

(五)报告期内重大诉讼、仲裁等重大事件及对公司的影响;

（六）财务会计报告；

（七）中国证监会规定的其他事项。

第十六条 定期报告内容应当经上市公司董事会审议通过。未经董事会审议通过的定期报告不得披露。

公司董事、高级管理人员应当对定期报告签署书面确认意见，说明董事会的编制和审议程序是否符合法律、行政法规和中国证监会的规定，报告的内容是否能够真实、准确、完整地反映上市公司的实际情况。

监事会应当对董事会编制的定期报告进行审核并提出书面审核意见。监事应当签署书面确认意见。监事会对定期报告出具的书面审核意见，应当说明董事会的编制和审议程序是否符合法律、行政法规和中国证监会的规定，报告的内容是否能够真实、准确、完整地反映上市公司的实际情况。

董事、监事无法保证定期报告内容的真实性、准确性、完整性或者有异议的，应当在董事会或者监事会审议、审核定期报告时投反对票或者弃权票。

董事、监事和高级管理人员无法保证定期报告内容的真实性、准确性、完整性或者有异议的，应当在书面确认意见中发表意见并陈述理由，上市公司应当披露。上市公司不予披露的，董事、监事和高级管理人员可以直接申请披露。

董事、监事和高级管理人员按照前款规定发表意见，应当遵循审慎原则，其保证定期报告内容的真实性、准确性、完整性的责任不仅因发表意见而当然免除。

第十七条 上市公司预计经营业绩发生亏损或者发生大幅变动的，应当及时进行业绩预告。

第十八条 定期报告披露前出现业绩泄露，或者出现业绩传闻且公司证券及其衍生品种交易出现异常波动的，上市公司应当及时披露本报告期相关财务数据。

第十九条 定期报告中财务会计报告被出具非标准审计意见的，上市公司董事会应当针对该审计意见涉及事项作出专项说明。

定期报告中财务会计报告被出具非标准审计意见，证券交易所认为涉嫌违法的，应当提请中国证监会立案调查。

第二十条 上市公司未在规定期限内披露年度报告和中期报告的，中国证监会应当立即立案调查，证券交易所应当按照股票上市规则予以处理。

第二十一条 年度报告、中期报告的格式及编制规则,由中国证监会和证券交易所制定。

第三章 临时报告

第二十二条 发生可能对上市公司证券及其衍生品种交易价格产生较大影响的重大事件,投资者尚未得知时,上市公司应当立即披露,说明事件的起因、目前的状态和可能产生的影响。

前款所称重大事件包括:

(一)《证券法》第八十条第二款规定的重大事件;

(二)公司发生大额赔偿责任;

(三)公司计提大额资产减值准备;

(四)公司出现股东权益为负值;

(五)公司主要债务人出现资不抵债或者进入破产程序,公司对相应债权未提取足额坏账准备;

(六)新公布的法律、行政法规、规章、行业政策可能对公司产生重大影响;

(七)公司开展股权激励、回购股份、重大资产重组、资产分拆上市或者挂牌;

(八)法院裁决禁止控股股东转让其所持股份;任一股东所持公司百分之五以上股份被质押、冻结、司法拍卖、托管、设定信托或者被依法限制表决权等,或者出现被强制过户风险;

(九)主要资产被查封、扣押或者冻结;主要银行账户被冻结;

(十)上市公司预计经营业绩发生亏损或者发生大幅变动;

(十一)主要或者全部业务陷入停顿;

(十二)获得对当期损益产生重大影响的额外收益,可能对公司的资产、负债、权益或者经营成果产生重要影响;

(十三)聘任或者解聘为公司审计的会计师事务所;

(十四)会计政策、会计估计重大自主变更;

(十五)因前期已披露的信息存在差错、未按规定披露或者虚假记载,被有关机关责令改正或者经董事会决定进行更正;

(十六)公司或者其控股股东、实际控制人、董事、监事、高级管理人员受到刑事处罚,涉嫌违法违规被中国证监会立案调查或者受到中国证监会行政处罚,或者受到其他有权机关重大行政处罚;

（十七）公司的控股股东、实际控制人、董事、监事、高级管理人员涉嫌严重违纪违法或者职务犯罪被纪检监察机关采取留置措施且影响其履行职责；

（十八）除董事长或者经理外的公司其他董事、监事、高级管理人员因身体、工作安排等原因无法正常履行职责达到或者预计达到三个月以上，或者因涉嫌违法违规被有权机关采取强制措施且影响其履行职责；

（十九）中国证监会规定的其他事项。

上市公司的控股股东或者实际控制人对重大事件的发生、进展产生较大影响的，应当及时将其知悉的有关情况书面告知上市公司，并配合上市公司履行信息披露义务。

第二十三条　上市公司变更公司名称、股票简称、公司章程、注册资本、注册地址、主要办公地址和联系电话等，应当立即披露。

第二十四条　上市公司应当在最先发生的以下任一时点，及时履行重大事件的信息披露义务：

（一）董事会或者监事会就该重大事件形成决议时；

（二）有关各方就该重大事件签署意向书或者协议时；

（三）董事、监事或者高级管理人员知悉该重大事件发生时。

在前款规定的时点之前出现下列情形之一的，上市公司应当及时披露相关事项的现状、可能影响事件进展的风险因素：

（一）该重大事件难以保密；

（二）该重大事件已经泄露或者市场出现传闻；

（三）公司证券及其衍生品种出现异常交易情况。

第二十五条　上市公司披露重大事件后，已披露的重大事件出现可能对上市公司证券及其衍生品种交易价格产生较大影响的进展或者变化的，上市公司应当及时披露进展或者变化情况、可能产生的影响。

第二十六条　上市公司控股子公司发生本办法第二十二条规定的重大事件，可能对上市公司证券及其衍生品种交易价格产生较大影响的，上市公司应当履行信息披露义务。

上市公司参股公司发生可能对上市公司证券及其衍生品种交易价格产生较大影响的事件的，上市公司应当履行信息披露义务。

第二十七条　涉及上市公司的收购、合并、分立、发行股份、回购股份等行为导致上市公司股本总额、股东、实际控制人等发生重大变化的，信息披露义务人应当依法履行报告、公告义务，披露权益变动情况。

第二十八条 上市公司应当关注本公司证券及其衍生品种的异常交易情况及媒体关于本公司的报道。

证券及其衍生品种发生异常交易或者在媒体中出现的消息可能对公司证券及其衍生品种的交易产生重大影响时,上市公司应当及时向相关各方了解真实情况,必要时应当以书面方式问询。

上市公司控股股东、实际控制人及其一致行动人应当及时、准确地告知上市公司是否存在拟发生的股权转让、资产重组或者其他重大事件,并配合上市公司做好信息披露工作。

第二十九条 公司证券及其衍生品种交易被中国证监会或者证券交易所认定为异常交易的,上市公司应当及时了解造成证券及其衍生品种交易异常波动的影响因素,并及时披露。

第四章 信息披露事务管理

第三十条 上市公司应当制定信息披露事务管理制度。信息披露事务管理制度应当包括:

(一)明确上市公司应当披露的信息,确定披露标准;

(二)未公开信息的传递、审核、披露流程;

(三)信息披露事务管理部门及其负责人在信息披露中的职责;

(四)董事和董事会、监事和监事会、高级管理人员等的报告、审议和披露的职责;

(五)董事、监事、高级管理人员履行职责的记录和保管制度;

(六)未公开信息的保密措施,内幕信息知情人登记管理制度,内幕信息知情人的范围和保密责任;

(七)财务管理和会计核算的内部控制及监督机制;

(八)对外发布信息的申请、审核、发布流程;与投资者、证券服务机构、媒体等的信息沟通制度;

(九)信息披露相关文件、资料的档案管理制度;

(十)涉及子公司的信息披露事务管理和报告制度;

(十一)未按规定披露信息的责任追究机制,对违反规定人员的处理措施。

上市公司信息披露事务管理制度应当经公司董事会审议通过,报注册地证监局和证券交易所备案。

第三十一条 上市公司董事、监事、高级管理人员应当勤勉尽责,关注信息披露文件的编制情况,保证定期报告、临时报告在规定期限内披露。

第三十二条 上市公司应当制定定期报告的编制、审议、披露程序。经理、财务负责人、董事会秘书等高级管理人员应当及时编制定期报告草案，提请董事会审议；董事会秘书负责送达董事审阅；董事长负责召集和主持董事会会议审议定期报告；监事会负责审核董事会编制的定期报告；董事会秘书负责组织定期报告的披露工作。

第三十三条 上市公司应当制定重大事件的报告、传递、审核、披露程序。董事、监事、高级管理人员知悉重大事件发生时，应当按照公司规定立即履行报告义务；董事长在接到报告后，应当立即向董事会报告，并敦促董事会秘书组织临时报告的披露工作。

上市公司应当制定董事、监事、高级管理人员对外发布信息的行为规范，明确非经董事会书面授权不得对外发布上市公司未披露信息的情形。

第三十四条 上市公司通过业绩说明会、分析师会议、路演、接受投资者调研等形式就公司的经营情况、财务状况及其他事件与任何单位和个人进行沟通的，不得提供内幕信息。

第三十五条 董事应当了解并持续关注公司生产经营情况、财务状况和公司已经发生的或者可能发生的重大事件及其影响，主动调查、获取决策所需要的资料。

第三十六条 监事应当对公司董事、高级管理人员履行信息披露职责的行为进行监督；关注公司信息披露情况，发现信息披露存在违法违规问题的，应当进行调查并提出处理建议。

第三十七条 高级管理人员应当及时向董事会报告有关公司经营或者财务方面出现的重大事件、已披露的事件的进展或者变化情况及其他相关信息。

第三十八条 董事会秘书负责组织和协调公司信息披露事务，汇集上市公司应予披露的信息并报告董事会，持续关注媒体对公司的报道并主动求证报道的真实情况。董事会秘书有权参加股东大会、董事会会议、监事会会议和高级管理人员相关会议，有权了解公司的财务和经营情况，查阅涉及信息披露事宜的所有文件。董事会秘书负责办理上市公司信息对外公布等相关事宜。

上市公司应当为董事会秘书履行职责提供便利条件，财务负责人应当配合董事会秘书在财务信息披露方面的相关工作。

第三十九条 上市公司的股东、实际控制人发生以下事件时，应当主动告知上市公司董事会，并配合上市公司履行信息披露义务：

(一)持有公司百分之五以上股份的股东或者实际控制人持有股份或者控制公司的情况发生较大变化,公司的实际控制人及其控制的其他企业从事与公司相同或者相似业务的情况发生较大变化;

(二)法院裁决禁止控股股东转让其所持股份,任一股东所持公司百分之五以上股份被质押、冻结、司法拍卖、托管、设定信托或者被依法限制表决权等,或者出现被强制过户风险;

(三)拟对上市公司进行重大资产或者业务重组;

(四)中国证监会规定的其他情形。

应当披露的信息依法披露前,相关信息已在媒体上传播或者公司证券及其衍生品种出现交易异常情况的,股东或者实际控制人应当及时、准确地向上市公司作出书面报告,并配合上市公司及时、准确地公告。

上市公司的股东、实际控制人不得滥用其股东权利、支配地位,不得要求上市公司向其提供内幕信息。

第四十条 上市公司向特定对象发行股票时,其控股股东、实际控制人和发行对象应当及时向上市公司提供相关信息,配合上市公司履行信息披露义务。

第四十一条 上市公司董事、监事、高级管理人员、持股百分之五以上的股东及其一致行动人、实际控制人应当及时向上市公司董事会报送上市公司关联人名单及关联关系的说明。上市公司应当履行关联交易的审议程序,并严格执行关联交易回避表决制度。交易各方不得通过隐瞒关联关系或者采取其他手段,规避上市公司的关联交易审议程序和信息披露义务。

第四十二条 通过接受委托或者信托等方式持有上市公司百分之五以上股份的股东或者实际控制人,应当及时将委托人情况告知上市公司,配合上市公司履行信息披露义务。

第四十三条 信息披露义务人应当向其聘用的证券公司、证券服务机构提供与执业相关的所有资料,并确保资料的真实、准确、完整,不得拒绝、隐匿、谎报。

证券公司、证券服务机构在为信息披露出具专项文件时,发现上市公司及其他信息披露义务人提供的材料有虚假记载、误导性陈述、重大遗漏或者其他重大违法行为的,应当要求其补充、纠正。信息披露义务人不予补充、纠正的,证券公司、证券服务机构应当及时向公司注册地证监局和证券交易所报告。

第四十四条 上市公司解聘会计师事务所的，应当在董事会决议后及时通知会计师事务所，公司股东大会就解聘会计师事务所进行表决时，应当允许会计师事务所陈述意见。股东大会作出解聘、更换会计师事务所决议的，上市公司应当在披露时说明解聘、更换的具体原因和会计师事务所的陈述意见。

第四十五条 为信息披露义务人履行信息披露义务出具专项文件的证券公司、证券服务机构及其人员，应当勤勉尽责、诚实守信，按照法律、行政法规、中国证监会规定、行业规范、业务规则等发表专业意见，保证所出具文件的真实性、准确性和完整性。

证券服务机构应当妥善保存客户委托文件、核查和验证资料、工作底稿以及与质量控制、内部管理、业务经营有关的信息和资料。证券服务机构应当配合中国证监会的监督管理，在规定的期限内提供、报送或者披露相关资料、信息，保证其提供、报送或者披露的资料、信息真实、准确、完整，不得有虚假记载、误导性陈述或者重大遗漏。

第四十六条 会计师事务所应当建立并保持有效的质量控制体系、独立性管理和投资者保护机制，秉承风险导向审计理念，遵守法律、行政法规、中国证监会的规定，严格执行注册会计师执业准则、职业道德守则及相关规定，完善鉴证程序，科学选用鉴证方法和技术，充分了解被鉴证单位及其环境，审慎关注重大错报风险，获取充分、适当的证据，合理发表鉴证结论。

第四十七条 资产评估机构应当建立并保持有效的质量控制体系、独立性管理和投资者保护机制，恪守职业道德，遵守法律、行政法规、中国证监会的规定，严格执行评估准则或者其他评估规范，恰当选择评估方法，评估中提出的假设条件应当符合实际情况，对评估对象所涉及交易、收入、支出、投资等业务的合法性、未来预测的可靠性取得充分证据，充分考虑未来各种可能性发生的概率及其影响，形成合理的评估结论。

第四十八条 任何单位和个人不得非法获取、提供、传播上市公司的内幕信息，不得利用所获取的内幕信息买卖或者建议他人买卖公司证券及其衍生品种，不得在投资价值分析报告、研究报告等文件中使用内幕信息。

第四十九条 媒体应当客观、真实地报道涉及上市公司的情况，发挥舆论监督作用。

任何单位和个人不得提供、传播虚假或者误导投资者的上市公司信息。

第五章 监督管理与法律责任

第五十条 中国证监会可以要求信息披露义务人或者其董事、监事、高级管理人员对有关信息披露问题作出解释、说明或者提供相关资料,并要求上市公司提供证券公司或者证券服务机构的专业意见。

中国证监会对证券公司和证券服务机构出具的文件的真实性、准确性、完整性有疑义的,可以要求相关机构作出解释、补充,并调阅其工作底稿。

信息披露义务人及其董事、监事、高级管理人员,证券公司和证券服务机构应当及时作出回复,并配合中国证监会的检查、调查。

第五十一条 上市公司董事、监事、高级管理人员应当对公司信息披露的真实性、准确性、完整性、及时性、公平性负责,但有充分证据表明其已经履行勤勉尽责义务的除外。

上市公司董事长、经理、董事会秘书,应当对公司临时报告信息披露的真实性、准确性、完整性、及时性、公平性承担主要责任。

上市公司董事长、经理、财务负责人应当对公司财务会计报告的真实性、准确性、完整性、及时性、公平性承担主要责任。

第五十二条 信息披露义务人及其董事、监事、高级管理人员违反本办法的,中国证监会为防范市场风险,维护市场秩序,可以采取以下监管措施:

(一)责令改正;

(二)监管谈话;

(三)出具警示函;

(四)责令公开说明;

(五)责令定期报告;

(六)责令暂停或者终止并购重组活动;

(七)依法可以采取的其他监管措施。

第五十三条 上市公司未按本办法规定制定上市公司信息披露事务管理制度的,由中国证监会责令改正;拒不改正的,给予警告并处国务院规定限额以下罚款。

第五十四条 信息披露义务人未按照《证券法》规定在规定期限内报送有关报告、履行信息披露义务,或者报送的报告、披露的信息有虚假记载、误导性陈述或者重大遗漏的，由中国证监会按照《证券法》第一百九十七条处罚。

上市公司通过隐瞒关联关系或者采取其他手段，规避信息披露、报告义务的，由中国证监会按照《证券法》第一百九十七条处罚。

第五十五条　为信息披露义务人履行信息披露义务出具专项文件的证券公司、证券服务机构及其人员，违反法律、行政法规和中国证监会规定的，中国证监会为防范市场风险，维护市场秩序，可以采取责令改正、监管谈话、出具警示函、责令公开说明、责令定期报告等监管措施；依法应当给予行政处罚的，由中国证监会依照有关规定进行处罚。

第五十六条　任何单位和个人泄露上市公司内幕信息，或者利用内幕信息买卖证券的，由中国证监会按照《证券法》第一百九十一条处罚。

第五十七条　任何单位和个人编造、传播虚假信息或者误导性信息，扰乱证券市场的；证券交易场所、证券公司、证券登记结算机构、证券服务机构及其从业人员，证券业协会、中国证监会及其工作人员，在证券交易活动中作出虚假陈述或者信息误导的；传播媒介传播上市公司信息不真实、不客观的，由中国证监会按照《证券法》第一百九十三条处罚。

第五十八条　上市公司董事、监事在董事会或者监事会审议、审核定期报告时投赞成票，又在定期报告披露时表示无法保证定期报告内容的真实性、准确性、完整性或者有异议的，中国证监会可以对相关人员给予警告并处国务院规定限额以下罚款；情节严重的，可以对有关责任人员采取证券市场禁入的措施。

第五十九条　利用新闻报道以及其他传播方式对上市公司进行敲诈勒索的，由中国证监会责令改正，并向有关部门发出监管建议函，由有关部门依法追究法律责任。

第六十条　信息披露义务人违反本办法的规定，情节严重的，中国证监会可以对有关责任人员采取证券市场禁入的措施。

第六十一条　违反本办法，涉嫌犯罪的，依法移送司法机关追究刑事责任。

第六章　附　　则

第六十二条　本办法下列用语的含义：

（一）为信息披露义务人履行信息披露义务出具专项文件的证券公司、证券服务机构，是指为证券发行、上市、交易等证券业务活动制作、出具保荐书、审计报告、资产评估报告、估值报告、法律意见书、财务顾问报告、资信评级报告等文件的证券公司、会计师事务所、资产评估机构、律师事务所、财务顾问机构、资信评级机构等。

(二)信息披露义务人,是指上市公司及其董事、监事、高级管理人员、股东、实际控制人,收购人,重大资产重组、再融资、重大交易有关各方等自然人、单位及其相关人员,破产管理人及其成员,以及法律、行政法规和中国证监会规定的其他承担信息披露义务的主体。

(三)及时,是指自起算日起或者触及披露时点的两个交易日内。

(四)上市公司的关联交易,是指上市公司或者其控股子公司与上市公司关联人之间发生的转移资源或者义务的事项。

关联人包括关联法人(或者其他组织)和关联自然人。

具有以下情形之一的法人(或者其他组织),为上市公司的关联法人(或者其他组织):

1. 直接或者间接地控制上市公司的法人(或者其他组织);

2. 由前项所述法人(或者其他组织)直接或者间接控制的除上市公司及其控股子公司以外的法人(或者其他组织);

3. 关联自然人直接或者间接控制的、或者担任董事、高级管理人员的,除上市公司及其控股子公司以外的法人(或者其他组织);

4. 持有上市公司百分之五以上股份的法人(或者其他组织)及其一致行动人;

5. 在过去十二个月内或者根据相关协议安排在未来十二月内,存在上述情形之一的;

6. 中国证监会、证券交易所或者上市公司根据实质重于形式的原则认定的其他与上市公司有特殊关系,可能或者已经造成上市公司对其利益倾斜的法人(或者其他组织)。

具有以下情形之一的自然人,为上市公司的关联自然人:

1. 直接或者间接持有上市公司百分之五以上股份的自然人;

2. 上市公司董事、监事及高级管理人员;

3. 直接或者间接地控制上市公司的法人的董事、监事及高级管理人员;

4. 上述第1、2项所述人士的关系密切的家庭成员,包括配偶、父母、年满十八周岁的子女及其配偶、兄弟姐妹及其配偶,配偶的父母、兄弟姐妹,子女配偶的父母;

> 5. 在过去十二个月内或者根据相关协议安排在未来十二个月内，存在上述情形之一的；
>
> 6. 中国证监会、证券交易所或者上市公司根据实质重于形式的原则认定的其他与上市公司有特殊关系，可能或者已经造成上市公司对其利益倾斜的自然人。
>
> **第六十三条** 中国证监会可以对金融、房地产等特定行业上市公司的信息披露作出特别规定。
>
> **第六十四条** 境外企业在境内发行股票或者存托凭证并上市的，依照本办法履行信息披露义务。法律、行政法规或者中国证监会另有规定的，从其规定。
>
> **第六十五条** 本办法自2021年5月1日起施行。2007年1月30日发布的《上市公司信息披露管理办法》(证监会令第40号)、2016年12月9日发布的《公开发行证券的公司信息披露编报规则第13号——季度报告的内容与格式》(证监会公告〔2016〕33号)同时废止。

第八十一条 【公司债券发行人的临时报告】发生可能对上市交易公司债券的交易价格产生较大影响的重大事件，投资者尚未得知时，公司应当立即将有关该重大事件的情况向国务院证券监督管理机构和证券交易场所报送临时报告，并予公告，说明事件的起因、目前的状态和可能产生的法律后果。

前款所称重大事件包括：

(一)公司股权结构或者生产经营状况发生重大变化；

(二)公司债券信用评级发生变化；

(三)公司重大资产抵押、质押、出售、转让、报废；

(四)公司发生未能清偿到期债务的情况；

(五)公司新增借款或者对外提供担保超过上年末净资产的百分之二十；

(六)公司放弃债权或者财产超过上年末净资产的百分之十；

(七)公司发生超过上年末净资产百分之十的重大损失；

(八)公司分配股利，作出减资、合并、分立、解散及申请破产的决定，或者依法进入破产程序、被责令关闭；

(九)涉及公司的重大诉讼、仲裁；

(十)公司涉嫌犯罪被依法立案调查,公司的控股股东、实际控制人、董事、监事、高级管理人员涉嫌犯罪被依法采取强制措施;

(十一)国务院证券监督管理机构规定的其他事项。

第八十二条 【董监高对信息披露的责任】 发行人的董事、高级管理人员应当对证券发行文件和定期报告签署书面确认意见。

发行人的监事会应当对董事会编制的证券发行文件和定期报告进行审核并提出书面审核意见。监事应当签署书面确认意见。

发行人的董事、监事和高级管理人员应当保证发行人及时、公平地披露信息,所披露的信息真实、准确、完整。

董事、监事和高级管理人员无法保证证券发行文件和定期报告内容的真实性、准确性、完整性或者有异议的,应当在书面确认意见中发表意见并陈述理由,发行人应当披露。发行人不予披露的,董事、监事和高级管理人员可以直接申请披露。

相关行政规章

《信息披露违法行为行政责任认定规则》(证监会公告〔2011〕11号,自2011年4月29日起施行)

第一章 总 则

第一条 为规范信息披露违法行政责任认定工作,引导、督促发行人、上市公司及其控股股东、实际控制人、收购人等信息披露义务人(以下统称信息披露义务人)及其有关责任人员依法履行信息披露义务,保护投资者合法权益,根据《中华人民共和国证券法》(以下简称《证券法》)、《中华人民共和国行政处罚法》(以下简称《行政处罚法》)和其他相关法律、行政法规等,结合证券监管实践,制定本规则。

第二条 《证券法》规定的信息披露违法行为行政责任认定适用本规则。

第三条 信息披露义务人应当按照有关信息披露法律、行政法规、规章和规范性文件,以及证券交易所业务规则等规定,真实、准确、完整、及时、公平披露信息。

发行人、上市公司的董事、监事、高级管理人员应当为公司和全体股东的利益服务,诚实守信,忠实、勤勉地履行职责,独立作出适当判断,保护投资者的合法权益,保证信息披露真实、准确、完整、及时、公平。

第四条 认定信息披露违法行为行政责任，应当根据有关信息披露法律、行政法规、规章和规范性文件，以及证券交易所业务规则等规定，遵循专业标准和职业道德，运用逻辑判断和监管工作经验，审查运用证据，全面、客观、公正地认定事实，依法处理。

第五条 信息披露违法行为情节严重，涉嫌犯罪的，证监会依法移送司法机关追究刑事责任。

依法给予行政处罚或者采取市场禁入措施的，按照规定记入证券期货诚信档案。

依法不予处罚或者市场禁入的，可以根据情节采取相应的行政监管措施并记入证券期货诚信档案。

第六条 在信息披露中保荐人、证券服务机构及其人员未勤勉尽责，或者制作、出具的文件有虚假记载、误导性陈述或者重大遗漏的，证监会依法认定其责任和予以行政处罚。

第二章 信息披露违法行为认定

第七条 信息披露义务人未按照法律、行政法规、规章和规范性文件，以及证券交易所业务规则规定的信息披露（包括报告，下同）期限、方式等要求及时、公平披露信息，应当认定构成未按照规定披露信息的信息披露违法行为。

第八条 信息披露义务人在信息披露文件中对所披露内容进行不真实记载，包括发生业务不入账、虚构业务入账、不按照相关规定进行会计核算和编制财务会计报告，以及其他在信息披露中记载的事实与真实情况不符的，应当认定构成所披露的信息有虚假记载的信息披露违法行为。

第九条 信息披露义务人在信息披露文件中或者通过其他信息发布渠道、载体，作出不完整、不准确陈述，致使或者可能致使投资者对其投资行为发生错误判断的，应当认定构成所披露的信息有误导性陈述的信息披露违法行为。

第十条 信息披露义务人在信息披露文件中未按照法律、行政法规、规章和规范性文件以及证券交易所业务规则关于重大事件或者重要事项信息披露要求披露信息，遗漏重大事项的，应当认定构成所披露的信息有重大遗漏的信息披露违法行为。

第三章 信息披露义务人信息披露违法的责任认定

第十一条 信息披露义务人行为构成信息披露违法的，应当根据其违法行为的客观方面和主观方面等综合审查认定其责任。

第十二条 认定信息披露违法行为的客观方面通常要考虑以下情形:

(一)违法披露信息包括重大差错更正信息中虚增或者虚减资产、营业收入及净利润的数额及其占当期所披露数的比重,是否因此资不抵债,是否因此发生盈亏变化,是否因此满足证券发行、股权激励计划实施、利润承诺条件,是否因此避免被特别处理,是否因此满足取消特别处理要求,是否因此满足恢复上市交易条件等;

(二)未按照规定披露的重大担保、诉讼、仲裁、关联交易以及其他重大事项所涉及的数额及其占公司最近一期经审计总资产、净资产、营业收入的比重,未按照规定及时披露信息时间长短等;

(三)信息披露违法所涉及事项对投资者投资判断的影响大小;

(四)信息披露违法后果,包括是否导致欺诈发行、欺诈上市、骗取重大资产重组许可、收购要约豁免、暂停上市、终止上市,给上市公司、股东、债权人或者其他人造成直接损失数额大小,以及未按照规定披露信息造成该公司证券交易的异动程度等;

(五)信息披露违法的次数,是否多次提供虚假或者隐瞒重要事实的财务会计报告,或者多次对依法应当披露的其他重要信息不按照规定披露;

(六)社会影响的恶劣程度;

(七)其他需要考虑的情形。

第十三条 认定信息披露义务人信息披露违法主观方面通常要考虑以下情形:

(一)信息披露义务人为单位的,在单位内部是否存在违法共谋,信息披露违法所涉及的具体事项是否是经董事会、公司办公会等会议研究决定或者由负责人员决定实施的,是否只是单位内部个人行为造成的;

(二)信息披露义务人的主观状态,信息披露违法是否是故意的欺诈行为,是否是不够谨慎、疏忽大意的过失行为;

(三)信息披露违法行为发生后的态度,公司董事、监事、高级管理人员知道信息披露违法后是否继续掩饰,是否采取适当措施进行补救;

(四)与证券监管机构的配合程度,当发现信息披露违法后,公司董事、监事、高级管理人员是否向证监会报告,是否在调查中积极配合,是否对调查机关欺诈、隐瞒,是否有干扰、阻碍调查情况;

(五)其他需要考虑的情形。

第十四条 其他违法行为引起信息披露义务人信息披露违法的，通常综合考虑以下情形认定责任：

(一)信息披露义务人是否存在过错，有无实施信息披露违法行为的故意，是否存在信息披露违法的过失；

(二)信息披露义务人是否因违法行为直接获益或者以其他方式获取利益，是否因违法行为止损或者避损，公司投资者是否因该项违法行为遭受重大损失；

(三)信息披露违法责任是否能被其他违法行为责任所吸收，认定其他违法行为行政责任、刑事责任是否能更好体现对违法行为的惩处；

(四)其他需要考虑的情形。

前款所称其他违法行为，包括上市公司的董事、监事、高级管理人员违背对公司的忠实义务，利用职务便利，操纵上市公司从事损害公司利益行为；上市公司的控股股东或者实际控制人，指使上市公司董事、监事、高级管理人员从事损害公司利益行为；上市公司董事、监事、高级管理人员和持股5%以上股东违法买卖公司股票行为；公司工作人员挪用资金、职务侵占等行为；配合证券市场内幕交易、操纵市场以及其他可能致使信息披露义务人信息披露违法的行为。

第四章 信息披露违法行为责任人员及其责任认定

第十五条 发生信息披露违法行为的，依照法律、行政法规、规章规定，对负有保证信息披露真实、准确、完整、及时和公平义务的董事、监事、高级管理人员，应当视情形认定其为直接负责的主管人员或者其他直接责任人员承担行政责任，但其能够证明已尽忠实、勤勉义务，没有过错的除外。

第十六条 信息披露违法行为的责任人员可以提交公司章程，载明职责分工和职责履行情况的材料，相关会议纪要或者会议记录以及其他证据来证明自身没有过错。

第十七条 董事、监事、高级管理人员之外的其他人员，确有证据证明其行为与信息披露违法行为具有直接因果关系，包括实际承担或者履行董事、监事或者高级管理人员的职责，组织、参与、实施了公司信息披露违法行为或者直接导致信息披露违法的，应当视情形认定其为直接负责的主管人员或者其他直接责任人员。

第十八条 有证据证明因信息披露义务人受控股股东、实际控制人指使,未按照规定披露信息,或者所披露的信息有虚假记载、误导性陈述或者重大遗漏的,在认定信息披露义务人责任的同时,应当认定信息披露义务人控股股东、实际控制人的信息披露违法责任。信息披露义务人的控股股东、实际控制人是法人的,其负责人应当认定为直接负责的主管人员。

控股股东、实际控制人直接授意、指挥从事信息披露违法行为,或者隐瞒应当披露信息、不告知应当披露信息的,应当认定控股股东、实际控制人指使从事信息披露违法行为。

第十九条 信息披露违法责任人员的责任大小,可以从以下方面考虑责任人员与案件中认定的信息披露违法的事实、性质、情节、社会危害后果的关系,综合分析认定:

(一)在信息披露违法行为发生过程中所起的作用。对于认定的信息披露违法事项是起主要作用还是次要作用,是否组织、策划、参与、实施信息披露违法行为,是积极参加还是被动参加。

(二)知情程度和态度。对于信息披露违法所涉事项及其内容是否知情,是否反映、报告,是否采取措施有效避免或者减少损害后果,是否放任违法行为发生。

(三)职务、具体职责及履行职责情况。认定的信息披露违法事项是否与责任人员的职务、具体职责存在直接关系,责任人员是否忠实、勤勉履行职责,有无懈怠、放弃履行职责,是否履行职责预防、发现和阻止信息披露违法行为发生。

(四)专业背景。是否存在责任人员有专业背景,对于信息披露中与其专业背景有关违法事项应当发现而未予指出的情况,如专业会计人士对于会计问题、专业技术人员对于技术问题等未予指出。

(五)其他影响责任认定的情况。

第二十条 认定从轻或者减轻处罚的考虑情形:

(一)未直接参与信息披露违法行为;

(二)在信息披露违法行为被发现前,及时主动要求公司采取纠正措施或者向证券监管机构报告;

(三)在获悉公司信息披露违法后,向公司有关主管人员或者公司上级主管提出质疑并采取了适当措施;

(四)配合证券监管机构调查且有立功表现;

(五)受他人胁迫参与信息披露违法行为;

（六）其他需要考虑的情形。

第二十一条　认定为不予行政处罚的考虑情形：

（一）当事人对认定的信息披露违法事项提出具体异议记载于董事会、监事会、公司办公会会议记录等，并在上述会议中投反对票的；

（二）当事人在信息披露违法事实所涉及期间，由于不可抗力、失去人身自由等无法正常履行职责的；

（三）对公司信息披露违法行为不负有主要责任的人员在公司信息披露违法行为发生后及时向公司和证券交易所、证券监管机构报告的；

（四）其他需要考虑的情形。

第二十二条　任何下列情形，不得单独作为不予处罚情形认定：

（一）不直接从事经营管理；

（二）能力不足、无相关职业背景；

（三）任职时间短、不了解情况；

（四）相信专业机构或者专业人员出具的意见和报告；

（五）受到股东、实际控制人控制或者其他外部干预。

第二十三条　下列情形认定为应当从重处罚情形：

（一）不配合证券监管机构监管，或者拒绝、阻碍证券监管机构及其工作人员执法，甚至以暴力、威胁及其他手段干扰执法；

（二）在信息披露违法案件中变造、隐瞒、毁灭证据，或者提供伪证，妨碍调查；

（三）两次以上违反信息披露规定并受到行政处罚或者证券交易所纪律处分；

（四）在信息披露上有不良诚信记录并记入证券期货诚信档案；

（五）证监会认定的其他情形。

第五章　附　　则

第二十四条　本规则自公布之日起施行。本规则施行前尚未做出处理决定的案件适用本规则。

相关行政处罚决定书摘要

“中国证监会行政处罚决定书（上海外高桥、史某俊等6名责任人员）”（〔2008〕25号）认定，史某俊时任上海外高桥保税区开发股份有限公司（以下简称外高桥）董事、总经理，对外高桥的信息披露违法行为负有主要责任，并决定对外高桥责令改正，并处以30万元的罚款；对史某

俊给予警告,并处以10万元的罚款;同时,还对其他董事、监事和高级管理人员进行警告和罚款。相关行政处罚决定书摘要如下:

经查,外高桥存在如下违法行为:

一、2003年年报、2004年半年报及年报“银行存款—其他货币资金”科目虚假记载

2003年7月29日,外高桥在国海证券有限责任公司上海北京东路营业部(以下简称北京东路营业部)开立证券账户。2003年7月29日至12月24日,外高桥分9笔划入北京东路营业部180,000,000元,并分3笔从营业部划回外高桥90,000,000元。截至2003年12月31日,外高桥账面记录“银行存款—其他货币资金—人民币—存出保证金—国海证券”科目的账面余额为90,164,974.67元,并将该数据记载于2003年年报的货币资金科目中。但实际存在的数额为3384元,其他资金已被划作他用。

2004年3月11日,外高桥将50,000,000元划入北京东路营业部的外高桥资金账户。2004年3月31日、6月30日,外高桥分别记利息增加806,843.67元以及639,587.21元。截至2004年6月30日,外高桥账面记录“银行存款—其他货币资金—人民币—存出保证金—国海证券”科目的账面余额为141,611,405.55元,并将该数据记载于2004年半年报货币资金科目中。但实际存在的数额为20,770.55元,其他资金已被划作他用。

2004年7月7日、10月18日,外高桥分2次共将60,000,000元资金划入北京东路营业部的外高桥资金账户。2004年9月30日、12月31日,外高桥分别记利息增加769,721.88元以及893,049.72元。截至2004年12月31日,外高桥账面记录“银行存款—其他货币资金—人民币—存出保证金—国海证券”科目的账面余额为203,274,177.15元,并将该数据记载于2004年年报货币资金科目中。但实际存在的数额为20,770.55元,其他资金已被划作他用。

二、外高桥对委托理财收回情况虚假记载

外高桥于2004年4月22日与北京中兴光大投资有限公司(以下简称中兴光大)签署1年期《委托理财协议》,本金29,000,000元。2005年4月1日,外高桥将自有资金33,020,000元划至上海众托科技有限公司(以下简称众托科技),当日又由众托科技划回外高桥29,000,000元,外高桥记录为中兴光大归还委托理财款。2005年4月

1日，外高桥与中兴光大签订《协议》，约定中兴光大委托众托科技支付29,000,000元，双方《委托理财协议》中止；同时，中兴光大与众托科技签订《协议》，约定了众托科技与中兴光大的债权债务关系。

三、外高桥以个人名义开立账户买卖证券

外高桥于2003年7月29日在北京东路营业部开立证券账户60088956，下挂有4个自然人证券账号，申购新股，授权代理人为黎某红。另外，外高桥子公司上海外高桥玖益物资贸易有限公司于2000年2月14日在北京东路营业部开立证券账户，授权代理人为黎某红，资金账号60012222，下挂有1个机构账号、128个自然人证券账号；外高桥子公司上海外高桥保宏大酒店有限公司于2003年8月4日在北京东路营业部开立证券账户60088959，下挂有1个机构账号、124个自然人证券账号，授权代理人为黎某红。

上述违法事实，有相应的董事会决议、年报等证据证明，事实清楚，证据确实充分，足以认定。

时任外高桥董事兼总经理史某俊，在审议通过2003年年报、2004年半年报及年报的董事会决议上签字，其间，主持公司党委、行政工作，具体主管计划财务部、审计稽核部等，在公司2003年年报、2004年半年报及年报"银行存款—其他货币资金"科目虚假记载违法行为中，审批了资金划转；在公司对委托理财收回情况虚假记载的违法行为中，参与实施了部分行为；在法人以个人名义设立账户买卖证券的违法行为中，没有尽到管理责任。综上所述，认定史某俊为对外高桥违法行为直接负责的主管人员。另外，因其犯挪用公款和企业人员受贿罪被判有期徒刑两年、缓刑两年，违法情节严重。

史某俊在听证及申辩材料中提出：银行存款2亿元被挪用并形成虚假记载，是黎某红内外勾结、违法犯罪的结果，本人确未发现对账单虚假，"绝对没有主观上的故意"，确实毫不知情，同时负责公司审计的会计师事务所在审计中也没发现；委托理财2900万元的虚假记载确实是事实，但事出有因、逼于无奈，是经公司领导集体研究决定的；外高桥法人以个人名义设立账户买卖证券，本人没有授权，也不知情，不是主管负责人；挪用公款受贿犯罪9.4万元法院已经作出判决，但情节极其轻微，与前述行为无关。

经审理，史某俊的陈述申辩理由不成立。没有故意，毫不知情，不能成为其免责理由。史某俊作为外高桥的董事兼总经理，没有履行应尽的职责,去发现、阻止违法行为,尽到一个正常人管理自己财产的注意义务,在管理上失察、存在过失,应当承担责任。审计责任和信息披露责任人员责任是两种不同的责任。负责审计的会计师事务所没有发现,不等于公司责任人员就可以不负相关责任。信息披露的根本要求就是把真实的情况准确、完整地披露出来,让投资者自己抉择。关于委托理财2900万元虚假记载的问题,不管是出于什么原因,也不能在信息披露中虚假记载。即便集体研究做出这种虚假记载行为,作为董事兼总经理也应当承担责任。关于法人以个人名义设立账户问题,没有授权和不知情不能作为其免责理由,担任总经理后,对于公司2个账户违法买卖证券不知情,足见史某俊在管理上的失控、失职。虽然史某俊不是该项事务的直接主管负责人,但作为董事兼总经理,未能勤勉尽责,应当承担违法买卖证券的责任。关于挪用公款和受贿9.4万元犯罪问题,虽然与本案认定的虚假记载、法人以个人名义买卖证券行为无关,但是,它是一个重要事实,结合本案其他事实,不仅说明史某俊作为董事兼总经理未依法履行勤勉义务,而且说明未对公司尽到忠实义务,挪用公款和受贿9.4万元构成犯罪,违法情节严重。

外高桥虚假记载的行为违反了原《证券法》第五十九条、第六十条、第六十一条关于信息披露、中报和年报的有关规定,构成了原《证券法》第一百七十七条的行为;外高桥以个人名义开立账户买卖证券的行为,违反了原《证券法》第七十四条的有关规定,构成了原《证券法》第一百九十条的行为。

第八十三条 【公平信息披露】信息披露义务人披露的信息应当同时向所有投资者披露,不得提前向任何单位和个人泄露。但是,法律、行政法规另有规定的除外。

任何单位和个人不得非法要求信息披露义务人提供依法需要披露但尚未披露的信息。任何单位和个人提前获知的前述信息,在依法披露前应当保密。

第八十四条 【自愿性信息披露】除依法需要披露的信息之外,信息披露义务人可以自愿披露与投资者作出价值判断和投资决策有关的信息,但不得与依法披露的信息相冲突,不得误导投资者。

发行人及其控股股东、实际控制人、董事、监事、高级管理人员等作出公开承诺的，应当披露。不履行承诺给投资者造成损失的，应当依法承担赔偿责任。

第八十五条 【虚假陈述的民事责任】 信息披露义务人未按照规定披露信息，或者公告的证券发行文件、定期报告、临时报告及其他信息披露资料存在虚假记载、误导性陈述或者重大遗漏，致使投资者在证券交易中遭受损失的，信息披露义务人应当承担赔偿责任；发行人的控股股东、实际控制人、董事、监事、高级管理人员和其他直接责任人员以及保荐人、承销的证券公司及其直接责任人员，应当与发行人承担连带赔偿责任，但是能够证明自己没有过错的除外。

相关司法解释

《最高人民法院关于审理证券市场虚假陈述侵权民事赔偿案件的若干规定》(法释〔2022〕2号，自2022年1月22日起施行)

为正确审理证券市场虚假陈述侵权民事赔偿案件，规范证券发行和交易行为，保护投资者合法权益，维护公开、公平、公正的证券市场秩序，根据《中华人民共和国民法典》《中华人民共和国证券法》《中华人民共和国公司法》《中华人民共和国民事诉讼法》等法律规定，结合审判实践，制定本规定。

一、一般规定

第一条 信息披露义务人在证券交易场所发行、交易证券过程中实施虚假陈述引发的侵权民事赔偿案件，适用本规定。

按照国务院规定设立的区域性股权市场中发生的虚假陈述侵权民事赔偿案件，可以参照适用本规定。

第二条 原告提起证券虚假陈述侵权民事赔偿诉讼，符合民事诉讼法第一百二十二条规定，并提交以下证据或者证明材料的，人民法院应当受理：

(一)证明原告身份的相关文件；

(二)信息披露义务人实施虚假陈述的相关证据；

(三)原告因虚假陈述进行交易的凭证及投资损失等相关证据。

人民法院不得仅以虚假陈述未经监管部门行政处罚或者人民法院生效刑事判决的认定为由裁定不予受理。

第三条 证券虚假陈述侵权民事赔偿案件，由发行人住所地的省、自治区、直辖市人民政府所在的市、计划单列市和经济特区中级人民法院或者专门人民法院管辖。《最高人民法院关于证券纠纷代表人诉讼若干问题的规定》等对管辖另有规定的,从其规定。

省、自治区、直辖市高级人民法院可以根据本辖区的实际情况,确定管辖第一审证券虚假陈述侵权民事赔偿案件的其他中级人民法院,报最高人民法院备案。

二、虚假陈述的认定

第四条 信息披露义务人违反法律、行政法规、监管部门制定的规章和规范性文件关于信息披露的规定,在披露的信息中存在虚假记载、误导性陈述或者重大遗漏的,人民法院应当认定为虚假陈述。

虚假记载,是指信息披露义务人披露的信息中对相关财务数据进行重大不实记载,或者对其他重要信息作出与真实情况不符的描述。

误导性陈述,是指信息披露义务人披露的信息隐瞒了与之相关的部分重要事实,或者未及时披露相关更正、确认信息,致使已经披露的信息因不完整、不准确而具有误导性。

重大遗漏,是指信息披露义务人违反关于信息披露的规定,对重大事件或者重要事项等应当披露的信息未予披露。

第五条 证券法第八十五条规定的"未按照规定披露信息",是指信息披露义务人未按照规定的期限、方式等要求及时、公平披露信息。

信息披露义务人"未按照规定披露信息"构成虚假陈述的,依照本规定承担民事责任;构成内幕交易的,依照证券法第五十三条的规定承担民事责任;构成公司法第一百五十二条规定的损害股东利益行为的,依照该法承担民事责任。

第六条 原告以信息披露文件中的盈利预测、发展规划等预测性信息与实际经营情况存在重大差异为由主张发行人实施虚假陈述的,人民法院不予支持,但有下列情形之一的除外:

(一)信息披露文件未对影响该预测实现的重要因素进行充分风险提示的;

(二)预测性信息所依据的基本假设、选用的会计政策等编制基础明显不合理的;

(三)预测性信息所依据的前提发生重大变化时,未及时履行更正义务的。

前款所称的重大差异,可以参照监管部门和证券交易场所的有关规定认定。

第七条 虚假陈述实施日,是指信息披露义务人作出虚假陈述或者发生虚假陈述之日。

信息披露义务人在证券交易场所的网站或者符合监管部门规定条件的媒体上公告发布具有虚假陈述内容的信息披露文件,以披露日为实施日;通过召开业绩说明会、接受新闻媒体采访等方式实施虚假陈述的,以该虚假陈述的内容在具有全国性影响的媒体上首次公布之日为实施日。信息披露文件或者相关报导内容在交易日收市后发布的,以其后的第一个交易日为实施日。

因未及时披露相关更正、确认信息构成误导性陈述,或者未及时披露重大事件或者重要事项等构成重大遗漏的,以应当披露相关信息期限届满后的第一个交易日为实施日。

第八条 虚假陈述揭露日,是指虚假陈述在具有全国性影响的报刊、电台、电视台或监管部门网站、交易场所网站、主要门户网站、行业知名的自媒体等媒体上,首次被公开揭露并为证券市场知悉之日。

人民法院应当根据公开交易市场对相关信息的反应等证据,判断投资者是否知悉了虚假陈述。

除当事人有相反证据足以反驳外,下列日期应当认定为揭露日:

(一)监管部门以涉嫌信息披露违法为由对信息披露义务人立案调查的信息公开之日;

(二)证券交易场所等自律管理组织因虚假陈述对信息披露义务人等责任主体采取自律管理措施的信息公布之日。

信息披露义务人实施的虚假陈述呈连续状态的,以首次被公开揭露并为证券市场知悉之日为揭露日。信息披露义务人实施多个相互独立的虚假陈述的,人民法院应当分别认定其揭露日。

第九条 虚假陈述更正日,是指信息披露义务人在证券交易场所网站或者符合监管部门规定条件的媒体上,自行更正虚假陈述之日。

三、重大性及交易因果关系

第十条 有下列情形之一的,人民法院应当认定虚假陈述的内容具有重大性:

(一)虚假陈述的内容属于证券法第八十条第二款、第八十一条第二款规定的重大事件;

(二)虚假陈述的内容属于监管部门制定的规章和规范性文件中要求披露的重大事件或者重要事项;

(三)虚假陈述的实施、揭露或者更正导致相关证券的交易价格或者交易量产生明显的变化。

前款第一项、第二项所列情形,被告提交证据足以证明虚假陈述并未导致相关证券交易价格或者交易量明显变化的,人民法院应当认定虚假陈述的内容不具有重大性。

被告能够证明虚假陈述不具有重大性,并以此抗辩不应当承担民事责任的,人民法院应当予以支持。

第十一条 原告能够证明下列情形的,人民法院应当认定原告的投资决定与虚假陈述之间的交易因果关系成立:

(一)信息披露义务人实施了虚假陈述;

(二)原告交易的是与虚假陈述直接关联的证券;

(三)原告在虚假陈述实施日之后、揭露日或更正日之前实施了相应的交易行为,即在诱多型虚假陈述中买入了相关证券,或者在诱空型虚假陈述中卖出了相关证券。

第十二条 被告能够证明下列情形之一的,人民法院应当认定交易因果关系不成立:

(一)原告的交易行为发生在虚假陈述实施前,或者是在揭露或更正之后;

(二)原告在交易时知道或者应当知道存在虚假陈述,或者虚假陈述已经被证券市场广泛知悉;

(三)原告的交易行为是受到虚假陈述实施后发生的上市公司的收购、重大资产重组等其他重大事件的影响;

(四)原告的交易行为构成内幕交易、操纵证券市场等证券违法行为的;

(五)原告的交易行为与虚假陈述不具有交易因果关系的其他情形。

四、过错认定

第十三条 证券法第八十五条、第一百六十三条所称的过错,包括以下两种情形:

(一)行为人故意制作、出具存在虚假陈述的信息披露文件,或者明知信息披露文件存在虚假陈述而不予指明、予以发布;

（二）行为人严重违反注意义务，对信息披露文件中虚假陈述的形成或者发布存在过失。

第十四条　发行人的董事、监事、高级管理人员和其他直接责任人员主张对虚假陈述没有过错的，人民法院应当根据其工作岗位和职责、在信息披露资料的形成和发布等活动中所起的作用、取得和了解相关信息的渠道、为核验相关信息所采取的措施等实际情况进行审查认定。

前款所列人员不能提供勤勉尽责的相应证据，仅以其不从事日常经营管理、无相关职业背景和专业知识、相信发行人或者管理层提供的资料、相信证券服务机构出具的专业意见等理由主张其没有过错的，人民法院不予支持。

第十五条　发行人的董事、监事、高级管理人员依照证券法第八十二条第四款的规定，以书面方式发表附具体理由的意见并依法披露的，人民法院可以认定其主观上没有过错，但在审议、审核信息披露文件时投赞成票的除外。

第十六条　独立董事能够证明下列情形之一的，人民法院应当认定其没有过错：

（一）在签署相关信息披露文件之前，对不属于自身专业领域的相关具体问题，借助会计、法律等专门职业的帮助仍然未能发现问题的；

（二）在揭露日或更正日之前，发现虚假陈述后及时向发行人提出异议并监督整改或者向证券交易场所、监管部门书面报告的；

（三）在独立意见中对虚假陈述事项发表保留意见、反对意见或者无法表示意见并说明具体理由的，但在审议、审核相关文件时投赞成票的除外；

（四）因发行人拒绝、阻碍其履行职责，导致无法对相关信息披露文件是否存在虚假陈述作出判断，并及时向证券交易场所、监管部门书面报告的；

（五）能够证明勤勉尽责的其他情形。

独立董事提交证据证明其在履职期间能够按照法律、监管部门制定的规章和规范性文件以及公司章程的要求履行职责的，或者在虚假陈述被揭露后及时督促发行人整改且效果较为明显的，人民法院可以结合案件事实综合判断其过错情况。

外部监事和职工监事，参照适用前两款规定。

第十七条 保荐机构、承销机构等机构及其直接责任人员提交的尽职调查工作底稿、尽职调查报告、内部审核意见等证据能够证明下列情形的,人民法院应当认定其没有过错:

(一)已经按照法律、行政法规、监管部门制定的规章和规范性文件、相关行业执业规范的要求,对信息披露文件中的相关内容进行了审慎尽职调查;

(二)对信息披露文件中没有证券服务机构专业意见支持的重要内容,经过审慎尽职调查和独立判断,有合理理由相信该部分内容与真实情况相符;

(三)对信息披露文件中证券服务机构出具专业意见的重要内容,经过审慎核查和必要的调查、复核,有合理理由排除了职业怀疑并形成合理信赖。

在全国中小企业股份转让系统从事挂牌和定向发行推荐业务的证券公司,适用前款规定。

第十八条 会计师事务所、律师事务所、资信评级机构、资产评估机构、财务顾问等证券服务机构制作、出具的文件存在虚假陈述的,人民法院应当按照法律、行政法规、监管部门制定的规章和规范性文件,参考行业执业规范规定的工作范围和程序要求等内容,结合其核查、验证工作底稿等相关证据,认定其是否存在过错。

证券服务机构的责任限于其工作范围和专业领域。证券服务机构依赖保荐机构或者其他证券服务机构的基础工作或者专业意见致使其出具的专业意见存在虚假陈述,能够证明其对所依赖的基础工作或者专业意见经过审慎核查和必要的调查、复核,排除了职业怀疑并形成合理信赖的,人民法院应当认定其没有过错。

第十九条 会计师事务所能够证明下列情形之一的,人民法院应当认定其没有过错:

(一)按照执业准则、规则确定的工作程序和核查手段并保持必要的职业谨慎,仍未发现被审计的会计资料存在错误的;

(二)审计业务必须依赖的金融机构、发行人的供应商、客户等相关单位提供不实证明文件,会计师事务所保持了必要的职业谨慎仍未发现的;

(三)已对发行人的舞弊迹象提出警告并在审计业务报告中发表了审慎审计意见的;

（四）能够证明没有过错的其他情形。

五、责任主体

第二十条　发行人的控股股东、实际控制人组织、指使发行人实施虚假陈述，致使原告在证券交易中遭受损失的，原告起诉请求直接判令该控股股东、实际控制人依照本规定赔偿损失的，人民法院应当予以支持。

控股股东、实际控制人组织、指使发行人实施虚假陈述，发行人在承担赔偿责任后要求该控股股东、实际控制人赔偿实际支付的赔偿款、合理的律师费、诉讼费用等损失的，人民法院应当予以支持。

第二十一条　公司重大资产重组的交易对方所提供的信息不符合真实、准确、完整的要求，导致公司披露的相关信息存在虚假陈述，原告起诉请求判令该交易对方与发行人等责任主体赔偿由此导致的损失的，人民法院应当予以支持。

第二十二条　有证据证明发行人的供应商、客户，以及为发行人提供服务的金融机构等明知发行人实施财务造假活动，仍然为其提供相关交易合同、发票、存款证明等予以配合，或者故意隐瞒重要事实致使发行人的信息披露文件存在虚假陈述，原告起诉请求判令其与发行人等责任主体赔偿由此导致的损失的，人民法院应当予以支持。

第二十三条　承担连带责任的当事人之间的责任分担与追偿，按照民法典第一百七十八条的规定处理，但本规定第二十条第二款规定的情形除外。

保荐机构、承销机构等责任主体以存在约定为由，请求发行人或者其控股股东、实际控制人补偿其因虚假陈述所承担的赔偿责任的，人民法院不予支持。

六、损失认定

第二十四条　发行人在证券发行市场虚假陈述，导致原告损失的，原告有权请求按照本规定第二十五条的规定赔偿损失。

第二十五条　信息披露义务人在证券交易市场承担民事赔偿责任的范围，以原告因虚假陈述而实际发生的损失为限。原告实际损失包括投资差额损失、投资差额损失部分的佣金和印花税。

第二十六条　投资差额损失计算的基准日，是指在虚假陈述揭露或更正后，为将原告应获赔偿限定在虚假陈述所造成的损失范围内，确定损失计算的合理期间而规定的截止日期。

在采用集中竞价的交易市场中,自揭露日或更正日起,被虚假陈述影响的证券集中交易累计成交量达到可流通部分100%之日为基准日。

自揭露日或更正日起,集中交易累计换手率在10个交易日内达到可流通部分100%的,以第10个交易日为基准日;在30个交易日内未达到可流通部分100%的,以第30个交易日为基准日。

虚假陈述揭露日或更正日起至基准日期间每个交易日收盘价的平均价格,为损失计算的基准价格。

无法依前款规定确定基准价格的,人民法院可以根据有专门知识的人的专业意见,参考对相关行业进行投资时的通常估值方法,确定基准价格。

第二十七条 在采用集中竞价的交易市场中,原告因虚假陈述买入相关股票所造成的投资差额损失,按照下列方法计算:

(一)原告在实施日之后、揭露日或更正日之前买入,在揭露日或更正日之后、基准日之前卖出的股票,按买入股票的平均价格与卖出股票的平均价格之间的差额,乘以已卖出的股票数量;

(二)原告在实施日之后、揭露日或更正日之前买入,基准日之前未卖出的股票,按买入股票的平均价格与基准价格之间的差额,乘以未卖出的股票数量。

第二十八条 在采用集中竞价的交易市场中,原告因虚假陈述卖出相关股票所造成的投资差额损失,按照下列方法计算:

(一)原告在实施日之后、揭露日或更正日之前卖出,在揭露日或更正日之后、基准日之前买回的股票,按买回股票的平均价格与卖出股票的平均价格之间的差额,乘以买回的股票数量;

(二)原告在实施日之后、揭露日或更正日之前卖出,基准日之前未买回的股票,按基准价格与卖出股票的平均价格之间的差额,乘以未买回的股票数量。

第二十九条 计算投资差额损失时,已经除权的证券,证券价格和证券数量应当复权计算。

第三十条 证券公司、基金管理公司、保险公司、信托公司、商业银行等市场参与主体依法设立的证券投资产品,在确定因虚假陈述导致的损失时,每个产品应当单独计算。

投资者及依法设立的证券投资产品开立多个证券账户进行投资的，应当将各证券账户合并，所有交易按照成交时间排序，以确定其实际交易及损失情况。

第三十一条　人民法院应当查明虚假陈述与原告损失之间的因果关系，以及导致原告损失的其他原因等案件基本事实，确定赔偿责任范围。

被告能够举证证明原告的损失部分或者全部是由他人操纵市场、证券市场的风险、证券市场对特定事件的过度反应、上市公司内外部经营环境等其他因素所导致的，对其关于相应减轻或者免除责任的抗辩，人民法院应当予以支持。

七、诉讼时效

第三十二条　当事人主张以揭露日或更正日起算诉讼时效的，人民法院应当予以支持。揭露日与更正日不一致的，以在先的为准。

对于虚假陈述责任人中的一人发生诉讼时效中断效力的事由，应当认定对其他连带责任人也发生诉讼时效中断的效力。

第三十三条　在诉讼时效期间内，部分投资者向人民法院提起人数不确定的普通代表人诉讼的，人民法院应当认定该起诉行为对所有具有同类诉讼请求的权利人发生时效中断的效果。

在普通代表人诉讼中，未向人民法院登记权利的投资者，其诉讼时效自权利登记期间届满后重新开始计算。向人民法院登记权利后申请撤回权利登记的投资者，其诉讼时效自撤回权利登记之次日重新开始计算。

投资者保护机构依照证券法第九十五条第三款的规定作为代表人参加诉讼后，投资者声明退出诉讼的，其诉讼时效自声明退出之次日起重新开始计算。

八、附　则

第三十四条　本规定所称证券交易场所，是指证券交易所、国务院批准的其他全国性证券交易场所。

本规定所称监管部门，是指国务院证券监督管理机构、国务院授权的部门及有关主管部门。

本规定所称发行人，包括证券的发行人、上市公司或者挂牌公司。

本规定所称实施日之后、揭露日或更正日之后、基准日之前，包括该日；所称揭露日或更正日之前，不包括该日。

第三十五条 本规定自2022年1月22日起施行。《最高人民法院关于受理证券市场因虚假陈述引发的民事侵权纠纷案件有关问题的通知》《最高人民法院关于审理证券市场因虚假陈述引发的民事赔偿案件的若干规定》同时废止。《最高人民法院关于审理涉及会计师事务所在审计业务活动中民事侵权赔偿案件的若干规定》与本规定不一致的,以本规定为准。

本规定施行后尚未终审的案件,适用本规定。本规定施行前已经终审,当事人申请再审或者按照审判监督程序决定再审的案件,不适用本规定。

《全国法院民商事审判工作会议纪要》(法〔2019〕254号,自2019年11月8日起施行)

会议认为,《最高人民法院关于审理证券市场因虚假陈述引发的民事赔偿案件的若干规定》施行以来,证券市场的发展出现了新的情况,证券虚假陈述纠纷案件的审理对司法能力提出了更高的要求。在案件审理过程中,对于需要借助其他学科领域的专业知识进行职业判断的问题,要充分发挥专家证人的作用,使得案件的事实认定符合证券市场的基本常识和普遍认知或者认可的经验法则,责任承担与侵权行为及其主观过错程度相匹配,在切实维护投资者合法权益的同时,通过民事责任追究实现震慑违法的功能,维护公开、公平、公正的资本市场秩序。

79.【共同管辖的案件移送】原告以发行人、上市公司以外的虚假陈述行为人为被告提起诉讼,被告申请追加发行人或者上市公司为共同被告的,人民法院应予准许。人民法院在追加后发现其他有管辖权的人民法院已先行受理因同一虚假陈述引发的民事赔偿案件的,应当按照民事诉讼法司法解释第36条的规定,将案件移送给先立案的人民法院。

80.【案件审理方式】案件审理方式方面,在传统的"一案一立、分别审理"的方式之外,一些人民法院已经进行了将部分案件合并审理、在示范判决基础上委托调解等改革,初步实现了案件审理的集约化和诉讼经济。在认真总结审判实践经验的基础上,有条件的地方人民法院可以选择个案以《民事诉讼法》第54条规定的代表人诉讼方式进行审理,逐步展开试点工作。就案件审理中涉及的适格原告范围认定、公告通知方式、投资者权利登记、代表人推选、执行款项的发放等具体工作，积极协调相关部门和有关方面，推动信息技术审判辅助平台和常态化、可持续的工作机制建设，保障投资者能够便捷、高效、透明和低成本地维护自身合法权益，为构建符合中国国情的证券民事诉讼制度积累审判经验，培养审判队伍。

81.【立案登记】多个投资者就同一虚假陈述向人民法院提起诉讼，可以采用代表人诉讼方式对案件进行审理的，人民法院在登记立案时可以根据原告起诉状中所描述的虚假陈述的数量、性质及其实施日、揭露日或者更正日等时间节点，将投资者作为共同原告统一立案登记。原告主张被告实施了多个虚假陈述的，可以分别立案登记。

82.【案件甄别及程序决定】人民法院决定采用《民事诉讼法》第54条规定的方式审理案件的，在发出公告前，应当先行就被告的行为是否构成虚假陈述，投资者的交易方向与诱多、诱空的虚假陈述是否一致，以及虚假陈述的实施日、揭露日或者更正日等案件基本事实进行审查。

83.【选定代表人】权利登记的期间届满后，人民法院应当通知当事人在指定期间内完成代表人的推选工作。推选不出代表人的，人民法院可以与当事人商定代表人。人民法院在提出人选时，应当将当事人诉讼请求的典型性和利益诉求的份额等作为考量因素，确保代表行为能够充分、公正地表达投资者的诉讼主张。国家设立的投资者保护机构以自己的名义提起诉讼，或者接受投资者的委托指派工作人员或者委托诉讼代理人参与案件审理活动的，人民法院可以商定该机构或者其代理的当事人作为代表人。

84.【揭露日和更正日的认定】虚假陈述的揭露和更正，是指虚假陈述被市场所知悉、了解，其精确程度并不以"镜像规则"为必要，不要求达到全面、完整、准确的程度。原则上，只要交易市场对监管部门立案调查、权威媒体刊载的揭露文章等信息存在着明显的反应，对一方主张市场已经知悉虚假陈述的抗辩，人民法院依法予以支持。

85.【重大性要件的认定】审判实践中，部分人民法院对重大性要件和信赖要件存在着混淆认识，以行政处罚认定的信息披露违法行为对投资者的交易决定没有影响为由否定违法行为的重大性，应当引起注意。重大性是指可能对投资者进行投资决策具有重要影响的信息，虚假陈述已经被监管部门行政处罚的，应当认为是具有重大性的违法行为。在案件审理过程中,对于一方提出的监管部门作出处罚决定的行为不具有重大性的抗辩,人民法院不予支持,同时应当向其释明,该抗辩并非民商事案件的审理范围,应当通过行政复议、行政诉讼加以解决。

相关裁判摘要

2005年第11期《中华人民共和国最高人民法院公报》刊登的**"陈某华等23名投资人诉大庆联谊公司、申银证券公司虚假陈述侵权赔偿纠纷案"**的判决认为,即使其他信息披露义务人后续披露了其他虚假信息,也不能排除投资人对在先披露信息的信赖。大庆联谊公司欺诈上市虚假陈述行为持续影响着股票价格,股民在信息不对称的情况下继续投资购买大庆联谊公司股票,由此形成的投资损失,当然与虚假陈述行为之间存在因果关系。相关裁判摘要如下:

上诉人申银证券公司上诉认为,对《招股说明书》进行审核是会计师事务所的职责,其无能力承担此项义务;况且《招股说明书》仅针对一级市场并不断被后续披露的信息所覆盖,投资人在二级市场是以投机为目的进行股票买卖,不是根据《招股说明书》介绍的情况进行投资,因此主张不应由其对虚假陈述承担共同侵权的连带责任。

根据《最高人民法院关于审理证券市场因虚假陈述引发的民事赔偿案件的若干规定》,对发行人或者上市公司的上市文件,证券承销商、证券上市推荐人或者专业中介服务机构都有责任审核,都可能对发行人或者上市公司的虚假陈述行为承担连带责任。以上述主体为被告的诉讼,属于普通共同诉讼。在一审诉讼中,原告基于其诉讼利益的判断而选择其中某些人当被告,不违反法律规定。法院根据原告的请求确定诉讼参加人,是尊重当事人的诉讼选择权,并无不当。在虚假陈述行为被完全揭露前,即使其他信息披露义务人后续披露了其他虚假信息,也不能排除投资人对在先披露信息的信赖。投资人进行股票交易以期获取收益,是合法行为;投资人的投资动机,并非法定的免除损害赔偿责任的条件。虚假陈述行为给从事合法股票交易的投资人造成损失,不能因投资人交易动机的不同而免除虚假陈述行为人的赔偿责任。上诉人申银证券公司作为证券经营机构,推荐并承销上诉人大庆联谊公司股票发行,是法定的信息披露义务人。申银证券公司未尽到法律所要求的勤勉、审慎注意义务,没有对源于大庆联谊公司的虚假陈述予以纠正或出具保留意见，而且自己还编制和出具了虚假陈述文件。同时，申银证券公司没有向法院证明其存在法定的免责事由。申银证券公司违法行为的内容和性质，已被中国证监会的行政处罚予以确认。申银证券公司就原判认定其“未经认真审核、致使申报材料含有重大虚假信息”提出的异议，与已经生效的行政处罚相矛盾，明显不能成立。原判依据《证券赔偿案件规定》第二十七条的规定，判令申银证券公司承担共同侵权的连带责任，并无不当。申银证券公司关于其不应承担责任的上诉理由，没有法律依据和事实根据，不予支持。

《最高人民法院关于审理证券市场因虚假陈述引发的民事赔偿案件的若干规定》第十九条第（四）项规定，被告举证证明原告的损失或者部分损失是由证券市场系统风险等其他因素所导致的，人民法院应当认定虚假陈述与损害结果之间不存在因果关系。此条虽将系统风险作为免除民事责任的条件之一，但对系统风险这一概念未作明确定义，双方当事人也对系统风险有不同的理解，故应依据通常理解确定系统风险的含义。证券业通常理解，系统风险是指对证券市场产生普遍影响的风险因素，其特征在于系统风险因共同因素所引发，对证券市场所有的股票价格均产生影响，这种影响为个别企业或行业所不能控制，投资人亦无法通过分散投资加以消除。上诉人大庆联谊公司上诉认为，原判未考虑系统风险对造成被上诉人损失的影响，并为此提交了相关股票价格和上证指数变动等证据支持自己的这一主张。大庆联谊公司既然提出这一主张，首先应当举证证明造成系统风险的事由存在，其次应当证明该事由对股票市场产生了重大影响，引起全部股票价格大幅度涨跌，导致了系统风险发生。但综观大庆联谊公司向一审和二审法院提交的所有证据，并不能证明1999年4月21日至2000年4月27日，证券市场存在足以影响所有股票价格下跌的合理事由，更不能证明该事由与股市价格波动的逻辑关系。对虚假陈述行为和所谓系统风险如何影响股价变动以及各自影响的程度，大庆联谊公司也没有提出具体的区分判断标准和有说服力的理由。经考查，1999年4月21日至2000年4月27日，股票市场的大盘走势图反映股票交易比较平稳，上证综合指数并未发生大幅度下跌。在此期间，大庆联谊公司欺诈上市虚假陈述行为持续影响着股票价格，股民在信息不对称的情况下继续投资购买大庆联谊公司股票，由此形成的投资损失，当然与虚假陈述行为之间存在因果关系。至于大庆联谊公司在二审提交的其他法院关于虚假陈述侵权赔偿案民事判决,不仅因该判决尚未发生法律效力,而且因该案投资人股票交易时间段、虚假陈述行为对投资人影响程度均与本案不同,不能作为处理本案的依据。由于大庆联谊公司提交的证据不能证明系统风险确实存在,原判以证据不足为由,否决大庆联谊公司关于存在系统风险,应当免除赔偿责任的抗辩主张,并无不当。

"张某与海润光伏科技股份有限公司证券虚假陈述责任纠纷二审民事判决书"[江苏省高级人民法院民事判决书(2017)苏民终1571号]认为,大股东在公司经营巨额亏损的情况下提出高比例转增提案,且相关公告陈述的分配理由未真实描述上市公司的实际经营状况,构成虚假陈述。相关裁判摘要如下:

本案中,海润光伏公司前三大股东在《2014年年度业绩预亏公告》发布前10天,通过《分配提案》提出高比例转增提案,并进而发布《分配预告》。此时,海润光伏公司2014年的经营状况为巨额亏损,但相关《分配提案》《分配预告》中关于高比例转增的理由却为"积极回报股东,与所有股东分享公司未来发展的经营成果,在符合利润分配原则、保证正常经营和长远发展的前提下""公司董事会一致认为前述分配预案充分考虑了对广大投资者的合理投资回报"。本院认为,海润光伏公司前三大股东在公司经营巨额亏损的情况下,提出高比例转增提案,且相关公告陈述的分配理由未真实描述海润光伏公司的实际经营状况,足以使广大投资者误认为海润光伏公司系在经营状况良好的情况下进行高比例转增,进而对投资决定产生重要影响。相关公告发布后,海润光伏股票的市场价格确实产生了较大波动。因此,海润光伏公司于2015年1月23日《分配预告》中披露的信息,属于证券市场虚假陈述中的误导性陈述,应承担相应的赔偿责任。

"马某萍与江苏友利投资控股股份有限公司二审民事判决书"[江苏省高级人民法院民事判决书(2016)苏民终732号]认为,未披露重大关联交易未必构成虚假陈述。相关裁判摘要如下:

江苏友利控股不存在《最高人民法院关于审理证券市场因虚假陈述引发的民事赔偿案件的若干规定》所涉及的证券虚假陈述行为。理由如下:

第一,马某萍在本案中认为江苏友利控股构成证券虚假陈述的理由是,依据四川证监局作出的(2014)3号《行政处罚决定书》,江苏友利控股在2012年年度报告中未披露重大关联交易事实。对此,本院认为马某萍仅依据该《行政处罚决定书》尚不足以认定江苏友利控股构成证券虚假陈述。《最高人民法院关于审理证券市场因虚假陈述引发的民事赔偿案件的若干规定》第十七条第一款规定:证券市场虚假陈述,是指信息披露义务人违反证券法律规定,在证券发行或者交易过程中,对重大事件作出违背事实真相的虚假记载、误导性陈述,或者在披露信息时发生重大遗漏、不正当披露信息的行为。第十七条第二款规定,对于重大事件,结合《证券法》第五十九条(2005年10月27日《证券法》修订后第六十三条)、第六十条(修订后第六十五)、第六十一条(修订后第六十六条)、第六十二条(修订后第六十七条)第七十二条(修订后第七十八条)及相关规定的内容认定。第十七条第五款规定,重大遗漏,是指信息披露义务人在信息披露文件中,未将应当记载的事项完全或者部分予以记载。根据上述规定,虽然四川证监局作出的(2014)3号《行政处罚决定书》认定江苏友利控股在2012年度报告中未披露重大关联交易事实,并予以相应行政处罚。但该行为是否属于《最高人民法院关于审理证券市场因虚假陈述引发的民事赔偿案件的若干规定》第十七条规定的对于重大事件在披露信息时发生重大遗漏行为,仍需进行司法审查。

第二,根据四川证监局作出的(2014)3号《行政处罚决定书》认定的事实,江苏友利控股的控股子公司氨纶公司与友利控股的关联方锅炉公司存在交换承兑汇票、出售承兑汇票的行为,全年累计与同一关联人进行的有关承兑汇票的关联交易金额占江苏友利控股2011年经审计净资产值的5.11%,而江苏友利控股没有在2012年度报告中予以披露。因此,江苏友利控股受处罚的行政违法行为系未按规定披露江苏友利控股关联企业间交换承兑汇票及出售承兑汇票的行为。对于该行为是否属于对重大事件的重大遗漏行为或不正当披露行为,本院认为:

1. 承兑汇票交换与承兑汇票买卖行为并不导致江苏友利控股主要财务指标失真。江苏友利控股未披露的关联交易系其关联企业间交换承兑汇票及出售承兑汇票的交易行为,因承兑汇票均载明了票面金额,承兑汇票交换与承兑汇票买卖不易存在价格偏高或偏低的情形,与关联方之间进行的货物买卖、资产置换、股权变更等较易形成利益输送、财产转移的交易存在明显区别。相关关联交易并未导致江苏友利控股总资产、净资产、负债、利润、收入等重要财务指标的变化。2. 江苏友利控股2012年度报告对大部分关联交易亦有反映。江苏友利控股二审提交的江苏友利控股2012年度报告中现金流量表附注第5点“收到的其他筹资活动有关的现金”栏亦载明,收到的关联方银行承兑汇票贴现融资款65,522,903.07元。根据上述记载,江苏友利控股已披露大部分关联交易内容,仅系未按照《公开发行证券的公司信息披露内容与格式准则第2号——年度报告的内容与格式》(2012年修订)第三十一条的规定,在重大事项栏内予以披露。3.案涉行政违法行为并未导致友利控股股票价格及成交量的明显变化。案涉关联交易均不属于《证券法》规定的“重大事件”。且2012年4月24日江苏友利控股公布2012年度报告后,友利控股股票价格及成交量亦未发生重大变化,2012年4月24日至5月13日,友利控股股票的交易价格、交易量均无明显变化。2012年5月14日,江苏友利控股发布《业绩预告》,载明江苏友利控股2012年上半年业绩大幅增长,当日友利控股股票涨停,股票成交量系2012年5月13日成交量的6.5倍,之后直至2012年6月17日,友利控股股票一直持续上涨。因此,2012年5月14日至2012年6月17日,友利控股股票价格的上涨显然并非因江苏友利控股未披露其关联企业间交换承兑汇票及出售承兑汇票的交易行为所致。综合上述分析,江苏友利控股2012年度报告中虽存在违法之处,但该行为不属于《最高人民法院关于审理证券市场因虚假陈述引发的民事赔偿案件的若干规定》第十七条所规定的对重大事件在披露信息时发生重大遗漏,亦未造成友利控股股票价格和交易量的明显变化,故江苏友利控股的行为不构成证券虚假陈述。

“陈某兰诉云南云投生态环境科技股份有限公司证券虚假陈述责任纠纷案”[云南省昆明市中级人民法院民事判决书(2012)昆民五初字第2号]关于虚假陈述实施日和揭露日的确定进行了分析。相关裁判摘要如下:

绿大地公司2007年12月6日公开发布了首次发行股票招股说明书,并在其后的2007年年报,2008年半年报、年报,2009年半年报、年报中均存在虚假陈述行为,其虚假陈述的行为呈现一个连续的状态,故本院认为其虚假陈述实施日应为一系列虚假陈述行为最早发生的时间:2007年12月6日。

《最高人民法院关于审理证券市场因虚假陈述引发的民事赔偿案件的若干规定》第二十条第二款规定,虚假陈述揭露日,是指虚假陈述在全国范围发行或者播放的报刊、电台、电视台等媒体上，首次被公开揭露之日。其定义的揭露日应当具备三个条件：1. 必须是首次公开揭露；2. 在全国范围发行或者播放的媒体上；3. 是针对虚假陈述的内容进行的揭露。本院认为，2010 年 3 月 18 日，绿大地公司发布 2010 - 010 号公告，绿大地公司因涉嫌信息披露违规被中国证监会立案调查。该日是对绿大地公司涉及虚假陈述行为首次在中国证监会指定的信息披露网站及报刊上公开进行的揭露，符合上述司法解释规定对揭露日的认定标准。鉴于证监会的职能及权威性，其立案调查的公告发布以后，足以说明被调查的股票存在虚假陈述的可能，对于理性的投资者，已经起到了充分的风险提示作用，具有高度的警示性，足以影响投资决策。因此，2010 年 3 月 18 日应为绿大地公司虚假陈述行为的揭露日。

针对原告提出本案存在 2010 年 3 月 18 日和 2011 年 3 月 18 日两个虚假陈述揭露日，分别针对绿大地公司交易阶段年报和发行阶段招股说明书这两种不同的虚假陈述行为进行揭露的主张，本院认为，虚假陈述是概括性的概念，涵盖了股票发行交易的整个过程中的信息披露行为。《中华人民共和国证券法》及《虚假陈述若干规定》并未对不同阶段的虚假陈述进行分类。绿大地公司虚假陈述行为从招股说明书开始直到 2009 年年报为止，只有虚增资产和收入一种连续的虚假陈述行为，几次信息披露行为之间存在一贯性和逻辑上的紧密联系。2010 年 3 月 18 日中国证监会的立案调查通知书的内容表述为“涉嫌信息披露违规”，并未特指针对的是绿大地公司某个阶段或某个文件的虚假陈述行为，而具有不特定性，应当涵盖绿大地公司虚假陈述的所有行为和内容，不应有倾向性地理解为就是年度报告。证监会在 2013 年作出的行政处罚决定书的内容也印证了证监会在 2010 年 3 月 18 日对绿大地公司进行调查时，涵盖了招股说明书及年报、半年报虚假陈述的全部内容，并不仅仅是针对年报虚假陈述进行的调查。其后绿大地公司发布的几次公告仅是对绿大地公司涉嫌虚假陈述的事实进行了进一步的披露，不应认为是另外的揭露日。故对原告提出的存在两个揭露日的主张不予采信。即便 2009 年年报披露的时间为 2010 年 4 月 30 日，在 2010 年 3 月 18 日之后，但其披露的内容针对的是 2009 年发生的事实和数据，且在内容上与之前几年虚假陈述行为具有紧密的联系，并非在 2010 年 3 月 18 日以后新发生的其他虚假陈述行为，2010 年 3 月 18 日也只是对虚假陈述行为予以揭露，并非全面纠正，因此揭露日之后依然存在虚假陈述行为与揭露日的认定不存在矛盾。故本院对原告提出的存在两个揭露日的主张不予采信。

“北京无线天利移动信息技术股份有限公司等与谢某生证券虚假陈述责任纠纷案”[北京市高级人民法院民事判决书(2017)京民终793号]认为,媒体报道对证券市场尚未起到足够的警示作用的,不应认定为虚假陈述被揭露。相关裁判摘要如下:

本院认为,一审法院据此并结合本案案情,确定2015年6月23日为本案虚假陈述揭露日是正确的。理由如下:

第一,无线天利公司在发布涉案《招股说明书》及相关公告中,未对相关关联关系进行披露。其在收购上海誉好公司时,未对相关关联交易进行披露,未依法履行关联交易程序。上述对重大事件的虚假陈述行为,后经中国证监会立案调查,并最终依据《证券法》相关规定,对无线天利公司及其相关责任人作出了行政处罚。此结论性事实与无线天利公司于2015年6月23日发布的《关于收到中国证券监督管理委员会调查通知书暨复牌公告》的内容前后呼应,且完全相符,是国家行政监管机构对无线天利公司存在虚假陈述行为的最终证实和确定。同时,该公告内容属于在全国范围内首次被公开揭露。因此,上述事实符合《若干规定》中关于“首次被公开揭露”之规定。

第二,根据相关行政法规规定,证券监管机构并非仅根据群众举报或相关情况反映就进行立案调查,而是只有在掌握较为确实充分的证据的前提下,才能对涉嫌证券市场违法、违规者进行立案稽查。因此,中国证监会作为国家证券监管机构,其立案调查的性质不仅属于国家的一种行政监管措施,而且属于行政监管力度和行政监管手段都相当强烈的行政监管措施。故无线天利公司于2015年6月23日发布的《关于收到中国证券监督管理委员会调查通知书暨复牌公告》内容,对于所有投资者都应属于具有较强警示性的投资信息,足以影响投资者的投资决策,符合有关虚假陈述“揭露”之客观要求。

第三,虚假陈述被揭示的意义就在于其对证券市场发出了一个警示信号,提醒投资人重新判断股票价值,进而对市场价格产生影响。无线天利公司于2015年6月23日发布的《关于收到中国证券监督管理委员会调查通知书暨复牌公告》的内容,不仅较为符合实际,而且已明确写明“请广大投资者注意投资风险”,故其足以提醒投资者要重新判断股票价值,注意证券市场投资风险,否则风险自负,这是对于一个理性投资人的基本要求。因此,从投资人理性的角度出发,当投资人获悉中国证监会因无线天利公司"关联关系及相关事项未披露"而决定对无线天利公司立案调查时,应当预料到其中所涉无线天利公司的行为可能被定性为虚假陈述,进而影响自身的投资决策,防范投资风险。故无线天利公司2015年6月23日《关于收到中国证券监督管理委员会调查通知书暨复牌公告》的内容符合虚假陈述,足以满足"揭露"之本质要求。

第四,自无线天利公司发布上述公告的2015年6月23日起至2015年7月8日的12个交易日内,京天利股票价格立即呈现出连续12个跌停板的行情,已足以对证券市场起到重大警示作用。

第五,关于无线天利公司提出应将"价值线"等相关财经媒体发表并转载题为"京天利惊天骗局"文章的2015年5月18日认定为本案虚假陈述揭露日的上诉理由,本院认为,虽然2015年5月18日相关财经媒体以原创和转载的方式对于无线天利公司未对相关关联关系、关联交易进行披露,未依法履行关联交易程序等对重大事件的虚假陈述行为进行了一定程度的报道,但此后无线天利公司分别于2015年5月20日和2015年5月21日,针对上述媒体的报道内容,发布了《关于媒体报道的澄清公告》和《关于媒体报道的补充公告》,对媒体报道的内容进行了澄清说明,并明确无线天利公司收购上海誉好公司不涉及关联交易情况,同时说明:"公司指定的信息披露媒体为中国证监会指定信息披露网站。有关公司的信息均以在指定媒体刊登的信息为准。"无线天利公司的这一"继续隐瞒"行为,致使证券市场投资者对于上述媒体报道内容的可信度产生怀疑。由此,在相关媒体报道了上述内容后,京天利股票在2015年5月18日至5月29日的10个交易日内的价格涨跌幅程度正常,并未出现异常波动。因此,可以认定上述媒体报道内容对证券市场尚未起到足够的警示作用,故不应认定2015年5月18日为本案虚假陈述揭露日。无线天利公司的此项上诉理由不能成立,本院不予支持。综上所述,本案虚假陈述揭露日应确定为2015年6月23日。

"林某、安徽新力金融股份有限公司证券虚假陈述责任纠纷再审审查与审判监督民事裁定书"[最高人民法院(2019)最高法民申6424号]认为,揭露日还需具备揭露的内容相对确定,与虚假陈述内容或证券监督管理机构行政处罚决定书内容一致;揭露的力度足以向市场传递警示信号等条件。相关裁判摘要如下:

林某申请再审称,根据2019年《全国法院民商事审判工作会议纪要》第84条规定,本案虚假陈述揭露日应为新力金融公司发布《安徽新力金融股份有限公司关于收到中国证券监督管理委员会立案调查通知的公告》(以下简称《立案调查公告》)之日,原审法院认定新力金融公司公告其收到中国证券监督管理委员会安徽监管局(以下简称安徽证监局)《行政处罚事先告知书》之日为虚假陈述揭露日,适用法律错误。

本院经审查认为,本案焦点是案涉虚假陈述揭露日认定问题。《最高人民法院关于审理证券市场因虚假陈述引发的民事赔偿案件的若干规定》第二十条第二款规定:"虚假陈述揭露日,是指虚假陈述在全国范围发行或者播放的报刊、电台、电视台等媒体上,首次被公开揭露之日。"据此,揭露日的确定应满足首次性、全国性的要求。另外,一般认为揭露日还需具备揭露的内容相对确定,与虚假陈述内容或证券监督管理机构行政处罚决定书内容一致;揭露的力度足以向市场传递警示信号等条件。本案中,林某主张新力金融公司发布《立案调查公告》日,即2017年4月1日为本案虚假陈述揭露日。但《立案调查公告》仅记载了"因你公司涉嫌违反证券法有关规定,根据《中华人民共和国证券法》的有关规定,我会决定对你公司进行立案调查,请予以配合"等内容,记载内容较为笼统,不够具体明确,也并未涉及本案虚假陈述行为,尚不足以引起投资者对虚假陈述行为的警示。另外,《立案调查公告》属于重大利空信息,本身就会对股票价格会造成一定程度的下跌影响,且大盘走势、投资人心理、庄家操控等因素均可能影响股价走势,故不能仅以《立案调查公告》发布后新力金融公司股价下跌为由,认定《立案调查公告》已经对案涉虚假陈述行为予以揭露。综上,案涉《立案调查公告》尚不具备确定本案虚假陈述揭露日的全部条件,林某主张《立案调查公告》发布日(2017年4月1日)为本案虚假陈述揭露日不能成立。林某据此认为其损害结果与案涉虚假陈述行为之间存在因果关系的主张,亦不能成立。

综上,林某的再审申请不符合《中华人民共和国民事诉讼法》第二百条规定的应当再审情形。本院依照《中华人民共和国民事诉讼法》第二百零四条第一款,《最高人民法院关于适用〈中华人民共和国民事诉讼法〉的解释》第三百九十五条第二款的规定,裁定如下:驳回林某的再审申请。

“周某英与云南云投生态环境科技股份有限公司证券虚假陈述责任纠纷案”[云南省昆明市中级人民法院民事判决书(2015)昆民五初字第45号]认为，投资人只有在虚假陈述实施日至虚假陈述行为的揭露日期间买入股票，并在虚假陈述行为的揭露日以后卖出或持续持有，而产生亏损的，才能被认定为与虚假陈述行为之间具有因果关系。相关裁判摘要如下：

依据《虚假陈述若干规定》第十八条和第十九条的规定，投资人只有在虚假陈述实施日(2007年12月6日)至虚假陈述行为的揭露日(2010年3月18日)期间买入绿大地公司股票，并在虚假陈述行为的揭露日以后卖出或持续持有，而产生亏损的，才能被认定为与绿大地公司虚假陈述行为之间具有因果关系。

本案中原告周某英主张因被告绿大地公司虚假陈述而给其造成投资损失的证券交易行为均发生在2010年3月18日以后，系在虚假陈述揭露日之后进行的投资。2010年3月18日绿大地公司披露了涉嫌信息违规被中国证监会立案调查的信息，已经向社会披露了绿大地公司在信息披露中可能存在不真实、不完整、不及时、不准确的情况，原告周某英作为一个理性的投资者，在得知这一信息后，应当充分考虑可能的投资风险的存在，作为股民在审慎投资的前提下，原告周某英在绿大地公司虚假陈述行为已经被揭露的情况下，继续买入该公司股票，应当属于明知投资风险存在而自甘冒险的投资行为，显然缺乏足够的风险防范意识。因此，本院认为，原告周某英的投资损失系证券投资的正常交易风险，与绿大地公司的虚假陈述行为之间不具有因果关系，被告绿大地公司、何某葵对原告的投资损失不应当承担民事赔偿责任。

“张某、汉王科技股份有限公司证券虚假陈述责任纠纷再审审查与审判监督民事裁定书”[中华人民共和国最高人民法院民事裁定书(2017)最高法民申2547号]认为，投资者在虚假陈述行为实施日之后买入股票，在虚假陈述行为揭露日之前全部卖出的，其经济损失与虚假陈述行为之间无因果关系。相关裁判摘要如下：

本案张某虽在汉王科技公司未披露关联公司和关联交易的虚假陈述行为实施日之后买入了“汉王科技”股票，但张某在该虚假陈述行为揭露日之前已将所持“汉王科技”股票全部卖出，原审判决在上述事实认定的基础上，根据《虚假陈述赔偿规定》的相关规定，认定张某主张的经济损失与本案汉王科技公司的虚假陈述行为之间并无因果关系，适用法律并无不当。

“姚某冰与佛山电器照明股份有限公司证券虚假陈述责任纠纷一审民事判决书”[广东省广州市中级人民法院民事判决书(2015)穗中法金民初字第504号]认为,证券虚假陈述民事赔偿纠纷适用因果关系推定原则。相关裁判摘要如下:

从《最高人民法院关于审理证券市场因虚假陈述引发的民事赔偿案件的若干规定》(以下简称《规定》)第十八条和第十九条的规定来看,证券虚假陈述民事赔偿纠纷适用因果关系推定原则,投资人只须承担基本的举证责任,证明其存在损失,即应认定其损失与虚假陈述行为具有因果关系。在本案中,原告举证证明其在第十八条规定时点进行佛山照明股票交易并产生损失,原告已完成了基本举证责任,被告应举证证明存在第十九条规定的情形,否则应认定原告的损失与被告的虚假陈述行为之间具有因果关系。

关于被告提出的原告损失全部系由系统性风险导致,原告交易股票行为与被告的信息披露行为之间无交易因果关系的问题,本院分述如下:

(一)关于系统风险对原告损失的影响。

从以上第十九条的规定来看,系统风险是虚假陈述行为人免除全部或者部分民事责任的事由。系统风险,一般应指对证券市场产生普遍影响的风险因素,它由系统风险共同因素所引发,对证券市场所有股票价格均产生影响,并且这种影响为个别企业或行业所不能控制,投资人亦无法通过分散投资加以消除。但是,《规定》未对何为证券市场系统风险进行界定,也未对系统风险的计算提供具体标准。被告所提交的证据能够证明佛山照明股票的价格确实受到系统风险的影响,但未能充分证明系统风险与佛山照明股价波动的逻辑关系,不能证明系统风险和虚假陈述行为如何影响股价的变动以及各自影响的程度,没有提出具体区分判断及有说服力的理由,被告的举证无法推断出系统风险导致原告的全部损失,故被告抗辩原告损失全部由系统风险造成的理由不成立。鉴于《规定》未对如何计算系统风险提供具体标准,本院结合本案的实际情况,确定以深证B股指数作为参数,以买入平均价×损失计算数(1-卖出时的深证B股指数/买入时的平均深证B股指数)计算系统风险致损金额。在扣除系统风险致损的金额之后,原告余下的投资差额损失应由被告承担。

(二)关于交易因果关系的问题。

被告主张其未披露的关联交易对投资者决策没有影响,其行为与原告损失之间不存在交易上的因果关系,对此,本院认为,被告的抗辩理由不成立,理由如下:

首先,如上所述,《规定》第十八条、第十九条对因果关系的构成要件及不适用的情形已有详尽的规定,应当依照以上规定对被告行为与原告损失之间是否存在因果关系进行认定,被告提出所谓交易因果关系超出现行法律规定的框架。《规定》并未将被告虚假陈述行为是否对原告股票交易决策有影响作为被告承担赔偿责任的要件之一。

其次,投资者是否进行股票交易的决定受多重因素影响,任何人无法替代投资人作出是否交易的决定。为确保投资者独立判断是否应买入或者卖出证券,法律法规均要求上市公司充分履行信息披露义务,否则上市公司就应对因信息披露不实导致投资人误判产生的损失承担赔偿责任,而无须再考虑客观上是否存在交易因果关系。关联交易是上市公司实际控制人、管理人进行利益输送、损害上市公司利益的方式之一,对上市公司、证券市场及投资者的信心和决策等会产生一定影响。《公司法》《证券法》《上市公司章程指引》《上市公司治理准则》等法律法规均对关联关系或关联交易进行规制和指引,信息披露义务是法律法规对关联关系或关联交易进行监管的基本要求。如果关联交易对投资者决策没有影响,那么法律法规无须要求上市公司对此进行披露,证券管理部门也无须因为被告不披露关联交易而进行处罚。因此,被告认为的是否披露关联交易并不会影响投资者股票交易决策是被告的主观判断,没有法律依据,也不符合制度设计。

最后,即便考虑交易因果关系的影响,本案被告的虚假陈述行为也诱导了原告作出股票交易的决定,与原告的损失也存在因果关系。如下文陈述,本案虚假陈述行为的实施日为2010年7月15日,被告于当日公布了其与香港天际共同增资佛照锂,但是隐瞒了香港天际是其关联方的信息。被告公布增资锂电新能源的利好消息,隐瞒了关联交易的因素,引诱投资者购买股票。以理性人的标准判断,原告在决策时信息不对称,受被告发布的不完整利好消息的影响,那么,可认定原告的股票交易决策受到被告信息披露的诱导,原告股票交易决策与被告虚假陈述行为具有关联性。综上,被告关于原告损失均系由系统风险造成,原告买入股票与被告虚假陈述行为之间不存在交易上因果关系的抗辩理由不能成立,本院不予支持。

“毛某民与上海游久”游戏股份有限公司、代某等证券虚假陈述责任纠纷一审民事判决书[上海金融法院民事判决书(2018)沪74民初1185号]认为,被告刘某、代某未披露因登记结婚形成的一致行动关系与原告投资损失之间不具有法律上的因果关系,原告要求被告刘某、代某承担证券虚假陈述民事赔偿责任,事实及法律依据不足,本院不予支持。相关裁判摘要如下:

原告毛某民向本院提出诉讼请求:判令三被告赔偿原告投资差额损失人民币22,587元(以下币种均为人民币),佣金和印花税损失45.17元,合计22,632.17元。事实和理由:游久游戏系上市公司,刘某、代某为游久游戏的大股东。2017年4月26日游久游戏发布公告称,代某、刘某收到中国证券监督管理委员会上海监管局(以下简称上海证监局)沪〔2017〕1号、沪〔2017〕2号《行政处罚决定书》。根据该决定书,2015年1月18日刘某与代某登记结婚,形成一致行动人关系。游久游戏是信息披露义务人,未履行信息披露义务,上市公司虚假陈述的侵权赔偿责任,适用无过错责任原则,只要上市公司的行为构成虚假陈述造成投资者损失,即为虚假陈述行为实施人,应承担相应民事赔偿责任。刘某、代某为谋求个人利益最大化,隐瞒结婚事实,欺骗投资者和监管部门,造成投资者损失,主观过错明显,该行为不仅构成行政违法,更是民事侵权行为,应承担民事赔偿责任。刘某和代某隐瞒结婚的事实,故意逃避监管部门按照借壳上市的程序和标准审查本次并购交易,影响了投资者的判断。故本案虚假陈述实施日为2015年1月18日,揭露日为2016年1月12日,基准日为2016年1月28日,股票基准价为16.86元。原告毛某民基于对被告虚假陈述的信任投资其股票,实施日前持有该股票存量0股,实施日至揭露日期间买入6900股,卖出3900股,可索赔股数为3000股,买入平均价为22.03元;揭露日至基准日期间卖出3000股,卖出总价43,500元。上述投资差额损失依法应由三被告赔偿。

被告刘某、代某共同辩称:1.二被告所涉行政违法行为系未及时披露因登记结婚而形成的一致行动人关系的信息,不属于《证券法》规定的应当对投资者承担虚假陈述民事赔偿责任的情形。该一致行动人关系事项并未导致游久游戏控股股东或实际控制人发生变化,与投资者的投资决策、投资损失均没有因果关系。退一步而言,即便上述行为构成虚假陈述,也属于“诱空型”虚假陈述,不属于最高人民法院《关于审理证券市场虚假陈述引发的民事赔偿案件的若干规定》(以下简称《虚假陈述若干规定》)认定的需要对投资者承担赔偿责任的虚假陈述类型。2. 二被告不是上市公司的控股股东或实际控制人,不属于《证券法》和《虚假陈述若干规定》规定的承担证券虚假陈述民事赔偿责任的主体,非本案适格被告。《虚假陈述若干规定》第七条规定了证券虚假陈述民事赔偿案件的被告范围,二被告不属于其中第一项“发起人、控股股东等实际控制人”,更不属于第二至六项,至于第七项“其他作出虚假陈述的机构或者自然人”,《虚假陈述若干规定》第二十五条明确指向违反 1998 年《证券法》第五条、第七十二条、第一百八十八条、第一百八十九条的规定给投资人造成损失的情形。1998 年《证券法》上述条文规制的是“国家工作人员、新闻传播媒介从业人员和有关人员”编造、传播虚假信息以及“证券交易所、证券公司、证券登记结算机构、证券交易服务机构、社会中介机构及其从业人员,证券业协会、证券监督管理机构及其工作人员”的虚假陈述或信息误导行为。3. 从股价表现来看,二被告形成一致行动人关系的信息揭示后,游久游戏的股价持续上涨,证明了投资人买入游久游戏股票的行为与该信息披露违法行为之间没有因果关系。实际上,投资人购入游久游戏股票大多是因为本案实施日(2015 年 1 月 21 日)至更正日(2016 年 1 月 12 日)期间正处我国 A 股市场“牛市”的大背景及受游久游戏更名、主营业务调整等重大利好消息的影响;而投资人的亏损主要因 2015 年下半年场外配资去杠杆,A 股震荡下行“股灾”期间及 2016 年 1 月 A 股市场实施熔断机制期间。在上证指数下跌 12.15% 的情况下,游久游戏股价逆市上涨 21.56%。以上事实足以说明二被告的行政违法行为不构成《虚假陈述若干规定》规定的重大事件,与投资人的投资损失之间没有因果关系。

被告游久游戏辩称:1. 游久游戏不是虚假陈述侵权行为人,不是虚假陈述责任主体,不应承担虚假陈述侵权赔偿责任。《行政处罚决定书》的处罚主体是代某和刘某,上市公司游久游戏并未受到行政处罚。《虚假陈述若干规定》第六条规定投资人提起诉讼的前置程序是行政处罚决定或刑事裁判文书,虽然本案追加上市公司作为共同被告,但上市公司未被处罚的情况下公司无须承担民事责任。2. 游久游戏未违反监管部门关于信息披露方面的规定,未参与也不知晓刘某和代某违规事实。游久游戏组织刘某参加了相关信息披露的培训学习,但刘某在就职董事时没有向公司说明婚姻状况,刘某、代某未向公司履行通知义务。

游久游戏已尽相关责任,不应承担投资损失赔偿责任。3. 刘某、代某信息披露违规行为不足以影响投资人的投资判断,不属于应承担虚假陈述赔偿责任的情形。具体意见同被告刘某、代某的答辩意见。

当事人围绕诉讼请求依法提交了证据,本院组织当事人进行了证据交换和质证。

根据本院确认的证据及各方当事人陈述,本院查明事实如下:2014 年,游久游戏前身爱使股份通过发行股份及支付现金方式,购买刘某、代某、大连卓皓贸易有限公司持有的游久时代(北京)科技有限公司 100% 股权。2014 年 11 月公司为前述重大资产重组而发行的股份在上交所上市,股票名称为游久游戏,股票代码为 600652。刘某与代某分别为第二和第三大股东,持股比例分别为 10.28%、9.31%,其中代某放弃所持有的 3000 万股股份在重组完成后 36 个月内所对应的表决权、提名权、提案权,其持有公司有表决权股份占公司总股本的 5.70%。

2015 年 1 月 18 日,刘某、代某登记结婚。二人因此形成一致行动人关系。2016 年 1 月 8 日,上交所向游久游戏发出《问询函》,要求游久游戏确认刘某、代某在重组报告书中反映双方之间不构成一致行动关系的披露是否真实、准确;目前双方是否存在婚姻关系并由此形成一致行动关系,公司第一大股东或实际控制权是否已发生变更;双方是否违反重组时不谋求公司控制权等承诺。刘某、代某于 2016 年 1 月 10 日向游久游戏公司董事会作了书面回复。2016 年 1 月 12 日,游久游戏发布《关于上海证券交易所问询函回复的公告》,首次对外公开披露上述事项。公告明确,代某和刘某持股数量合计 163,123,054 股,持股比例合计 19.59%,超过了原公司第一大股东天天科技有限公司(以下简称天天科技)17.11% 的持股占比;因代某对其所持部分股份放弃对应的表决权、提名权、提案权,故二人合计持有有表决权的股份比例为 15.99%,低于天天科技 17.11% 的持股占比。刘某、代某经书面征询确认,虽然因登记结婚新增一致行动关系,但主观上并无谋求公司实际控制权的意图,且实际上也未导致公司第一大股东及实际控制人发生变更。刘某、代某补充承诺,将继续履行 2014 年重组时已作出的重组完成后 36 个月内不谋求上市公司控制权的相关承诺。2016 年 1 月 18 日,刘某、代某作为信息披露义务人,签署并披露《上海游久游戏股份有限公司简式权益变动报告书》。

2016年5月18日，上交所出具〔2016〕26号《关于对上海游久游戏股份有限公司股东刘某、代某予以通报批评的决定》的纪律处分决定书。上交所查明刘某、代某结婚后一直未告知游久游戏公司并披露二人的一致行动关系，也未及时披露相关的权益变动报告书，直至经上交所问询后才分别进行了补充披露，故决定对游久游戏股东刘某、代某予以通报批评。

2017年4月18日，上海证监局作出沪〔2017〕1号和沪〔2017〕2号《行政处罚决定书》，认定代某、刘某形成一致行动关系，合计持有公司股份比例达19.59%，合计持有公司有表决权股份占公司总股本的15.99%后，未按照《证券法》《上市公司收购管理办法》的规定履行信息披露义务，构成了《证券法》所述"发行人、上市公司或者其他信息披露义务人未按照规定披露信息"的违法行为。根据上述违法行为，对代某、刘某给予警告，并分别处以30万元罚款。2017年4月26日，游久游戏发布《关于股东收到中国证监会上海监管局〈行政处罚决定书〉的公告》。

本案审理过程中，各方对揭露日为2016年1月12日，基准日为2016年1月28日，基准价为16.86元均无异议。对实施日原告认为应系被告刘某、代某结婚日即2015年1月18日；被告主张根据规定应于三日内披露，故期限结束后的首日为实施日，即2015年1月21日。本院认为，《上市公司收购管理办法》规定应在事实发生之日起三日内报告及公告，刘某、代某登记结婚日为事实发生日，但三日内未报告并公告，由此构成信息披露违规，故实施日为2015年1月21日较合理。

各方确认，游久游戏股票于实施日2015年1月21日收盘价6.62元/股；揭露日2016年1月12日收盘价14.47元/股，当日涨幅0.35%；基准日2016年1月28日收盘价为17.59元/股。自揭露日至基准日游久游戏股票涨幅为21.56%。上证指数2015年1月21日收于3323.61点；2016年1月12日收于3022.86点，当日涨幅0.20%；2016年1月28日收于2655.66点。自揭露日至基准日上证指数跌幅12.15%。

2015年6月至8月，上证指数自最高5100余点跌至2800余点。2016年1月1日上交所根据相关规定实行指数熔断机制，于2016年1月8日暂停实施。2016年1月，上证指数自3200余点跌至2700余点。自实施日至揭露日，游久游戏股票的涨跌态势与上证指数基本一致。

根据原告毛某民提供证券历史交易情况表,实施日至揭露日间,毛某民于2015年3月18日买入游久游戏股票1300股,3月25日卖出1300股;3月30日买入1300股,3月31日卖出1300股;12月15日买入1300股,12月16日卖出1300股;12月23日买入2000股,12月28日买入1000股。截至2016年1月12日揭露日,毛某民持有游久游戏股票3000股。2016年1月14日,毛某民分两次卖出2000股、1000股。揭露日至基准日间毛某民共卖出游久游戏股票3000股,至2016年1月28日基准日,毛某民持游久游戏股票0股。

本案首先需明确被告刘某、代某信息披露违规行为是否属于证券市场虚假陈述民事责任的证券欺诈行为。

本院认为,信息披露违规、违法行为应当承担行政责任,但不一定构成诱多、诱空的民事证券欺诈行为。我国现行法律、行政法规、规章,以及证券交易所业务规则等规范性文件规定的上市公司信息披露义务,基本涵盖了所有投资者决策可能需要的信息。上市公司及相关信息披露义务人必须按照规定真实、准确、完整、及时、公平地披露信息,否则依法履行监督管理职责的行政部门即可认定相关主体构成信息披露违法,并责令承担相应的行政责任。而证券虚假陈述赔偿责任在本质上属于侵权责任,其构成须具备过错、损害和因果关系三要件。在证券市场虚假陈述案件审理中,法院审查行为违法性和过错的同时,也需审查行为和损害结果之间的因果关系。如果所涉信息不会对投资者的投资决策、股票价格产生实质影响致投资人损失,那么该行政违法行为与投资者的损失之间即缺乏因果关系。

从本案行政处罚的行政违法行为看,《行政处罚决定书》认定刘某、代某因登记结婚构成一致行动关系未公告,违反了《证券法》及《上市公司收购管理办法》的规定,即投资者及其一致行动人通过继承、赠与等方式与他人共同持有一个上市公司已发行的股份变动达到一个上市公司已发行的股份的百分之五后,其所持股份比例每增加或减少百分之五,应当在该事实发生之日起三日内进行报告和公告。故被告刘某、代某因缔结婚姻形成一致行动关系而导致共同持有游久游戏股份比例上升需要报告和公告。登记结婚行为本身无违法性,而二人未及时披露信息才使该行为具有行政违法性的特征。但二人一致行动关系未改变公司第一大股东为天天科技的现状,刘某、代某未掌握公司的实际控制权,故二人因登记结婚而产生的一致行动关系对于公司的稳健持续经营无直接明显影响,难以得出可能会对投资者的投资决策产生实质影响,并致投资者损失的结论。原告以新闻稿拟证明被告刘某、代某未披露一致行动关系反映出公司存在“借壳上市”的可能。原告未说明该新闻稿具体查明路径,真实性难以确认;新闻内容系对游久游戏“借壳上市”的猜测性报道,用语含糊,未下结论;新闻称“借壳上市”是建立在刘某、代某在公司上市后谋求公司实际控制权的基础上,但新闻同时也提及代某与刘某在交易公告中称不谋求公司实际控制权。因上海证监局处罚的事项并非游久游戏借壳上市,原告以未查实的事项证明刘某、代某未披露一致行动人关系与原告投资损失之间具有因果关系依据不足。本院对原告上述理由及证据不予采信。

从游久游戏股价走势看,虚假陈述实施日 2015 年 1 月 21 日至揭露日 2016 年 1 月 12 日期间,游久游戏股价快速上涨,2015 年 6 月 11 日左右涨至峰值后快速下跌,2016 年 1 月 12 日揭露日左右止跌作小幅反弹,至 2016 年 1 月 28 日基准日股票仍处小幅上升趋势。而同期上证指数自 2015 年 1 月 21 日亦处快速上升趋势,至 2015 年 6 月 12 日左右升至峰值后下降,2016 年 1 月 12 日仍处下降通道,至 2016 年 1 月 28 日期间继续保持下降态势。从上证指数 2015 年至 2016 年的走势可以看出,被告称 2015 年上半年股市过热,下半年大盘走低,2016 年 1 月实施熔断机制使股市出现下跌情况符合实际情况。在此背景下,游久游戏个股受到公司重组与大盘走强的双重影响,自实施日左右股价上涨,至年中与上证指数同时到达峰值后同时下跌,到揭露日后大盘继续下跌,游久游戏股价反而出现小幅反弹,至根据司法解释规定计算的基准日,游久游戏股价仍在上涨中。从涉案个股股价走势可以看出,市场价格并未受到虚假陈述的影响,即遗漏披露的内容被更正、揭露后,并未对游久游戏股票的市场交易价格产生负面影响。

综上,本院认为,被告刘某、代某未披露因登记结婚形成的一致行动关系与原告投资损失之间不具有法律上的因果关系,原告要求被告刘某、代某承担证券虚假陈述民事赔偿责任,事实及法律依据不足,本院不予支持。因被告游久游戏并非涉案《行政处罚决定书》的处罚对象,《行政处罚决定书》未认定游久游戏作为上市公司对刘某、代某的信息披露违规行为负有责任。而上交所《纪律处分决定书》查明刘某、代某在结婚后未告知公司二人一致行动关系。故游久游戏并无证券市场虚假陈述的侵权行为,不能作为证券市场虚假陈述的民事责任主体。原告要求游久游戏承担其投资损失的赔偿责任,无事实和法律依据,本院不予支持。依据《证券法》《关于审理证券市场因虚假陈述引发的民事赔偿案件的若干规定》的规定,判决如下:驳回原告毛某民的诉讼请求。

"吴某寅与北大医药股份有限公司北大资源集团控股有限公司等证券虚假陈述责任纠纷二审民事判决书"[重庆市高级人民法院民事判决书(2019)渝民终345号]认定上诉人不能证明其损失与北大医药公司的信息披露违法行为之间具有因果关系。相关裁判摘要如下:

一审法院认定事实:北大医药公司原名为北大国际医院集团西南合成制药股份有限公司,于1993年5月18日成立,2013年11月22日更名为北大医药股份有限公司(北大医药公司)。该公司股票在深圳证券交易所上市发行,股票名称为北大医药,证券代码为000788。

北大医药公司2012年年度报告载明西南合成集团持有北大医药公司33.62%的股权,北大国际医院集团有限公司持有北大医药公司18.33%的股权。北大医药公司实际控制人为北京大学,北京大学依据相关文件要求由北京北大资产管理有限公司代表其统一持有校办企业及学校对外投资的股权,负责经营、监督和管理,并承担相应的保值增值责任,其通过北京北大资产管理有限公司间接持有西南合成集团51.95%股权。北京大学亦是中国高科集团股份有限公司、方正证券股份有限公司、方正科技集团股份有限公司、方正数码(控股)有限公司、方正控股有限公司的实际控制人,北京大学通过北大资产经营有限公司持有北大方正集团有限公司70%的股权。

北大医药公司2013年年度报告载明北大医药公司控股股东为西南合成集团,持有北大医药公司28.58%的股权,北大医疗产业集团有限公司(即上述北大国际医院集团有限公司,自2013年8月5日起更名为北大医疗产业集团有限公司,以下简称北大医疗公司)持有北大医药公司11.62%的股权。

北大资源公司2013年年度报告载明公司股东为北大方正集团有限公司(持股49%)、北大资源集团有限公司(持股51%)。北大资源集团有限公司2013年年度报告载明公司股东为利德科技发展有限公司(出资7000万元)、北大方正集团有限公司(出资5000万元)、北大资产经营有限公司(出资8000万元)。

2013年6月14日,北大医药公司在中国证监会指定信息披露网站发布《关于股东协议转让公司股份的签约提示性公告》,主要载明:2013

年6月13日，北大医药公司接到控股股东西南合成集团和股东北大医疗公司的通知，经过公开征集，西南合成集团与北京大学教育基金会、北大医疗公司与北京政泉公司于2013年6月13日在北京已分别签订了《股份转让协议书》，西南合成集团将其持有的北大医药公司3000万股股份（占该公司总股本的5.03%）转让给北京大学教育基金会，北京大学教育基金会与北大医药公司其他股东不存在一致行动关系；北大医疗公司将其持有的北大医药公司4000万股股份（占该公司总股本的6.71%）转让给北京政泉公司，北京政泉公司与北大医药公司其他股东不存在关联关系或一致行动关系。本次协议转让获得有关国资监管机构审核批准并实施完毕后，西南合成集团持有的北大医药公司股份数量为170,356,260股，占北大医药公司当前总股本的28.58%；北京大学教育基金会持有的北大医药公司股份数量为30,000,000股，占北大医药公司总股本的5.03%；北大医疗公司持有的北大医药公司股份数量为69,236,545股，占北大医药公司当前总股本的11.62%；北京政泉公司持有的北大医药公司股份数量为40,000,000股，占北大医药公司总股本的6.71%。西南合成集团仍为北大医药公司第一大股东，北大医疗公司、北京政泉公司、北京大学教育基金会均为持有北大医药公司5%以上股份的股东。

2014年7月12日，北大医药公司在中国证监会指定信息披露网站发布《关于5%以上股东减持股份的公告》，载明北京政泉公司于2014年7月7日－11日，通过深圳证券交易所集中竞价交易系统减持北大医药公司无限售流通股股份10,308,082股，占北大医药公司总股本的1.73%，减持后，北京政泉公司持有北大医药公司股份数量为29,691,918股，占北大医药公司总股本的4.982%，不再是持有北大医药公司5%以上股份的股东。

2014年10月20日，北京政泉公司分别向深圳证券交易所、中国证券监督管理委员会重庆监管局发送《关于北大医药公司股东涉嫌违法关联交易和信息虚假披露的举报函》，举报其与北大资源公司之间的代持北大医药公司股权事宜涉嫌重大违规违法问题。其认为北大医药公司存在对广大投资者故意隐瞒本次股权交易的实质，信息披露不实的行为，以及存在内幕交易重大嫌疑，造成巨额国有资产流失的行为。10月28日，北大医药公司向北京政泉公司发送问询函，根据北大医药公司收到的深圳证券交易所公司管理部《关于对北大医药股份有限公司的关注函》(公司部关注函〔2014〕第334号)的要求,请北京政泉公司就其公司是否存在利用上市公司内幕信息进行内幕交易的行为进行核实并作出书面说明回复。10月29日,北京政泉公司作出《关于内幕交易的复函》,主要载明:北京政泉公司基于对北大方正集团有限公司的信任,接受方正集团执委会主席兼首席执行官李某请托代北大资源公司持有北大医药公司部分股票,李某向其保证该股票代持行为完全合法,并保证此次代持绝对不会给北京政泉公司带来任何风险。2013年7月,北京政泉公司在李某提供的代持协议上签章,并按李某的安排买入4000万股股票,后按照李某的要求,配合他指定的李某军、郭某光、田某等人卖出股票。北京政泉公司仅在卖出股票时提供相关手续帮助,具体卖出时机及交易对象均由前述人员全面负责和具体操作,其毫不知情。2014年6月,北京政泉公司对2013年度合同进行清查发现:买入股票的一笔大额资金来源于李某控制的深圳市康隆科技发展有限公司,股票卖出所获全部款项直接转入北大资源公司账户内,但李某曾提及这些款项将最终落入包括深圳市康隆科技发展有限公司等他的私人公司账户;代表李某操作此项业务的人均与北大医药公司有关联关系,北大医药公司是北大方正集团有限公司的下属公司,股票的实际受让人是北大方正集团有限公司的关联公司,与北大医药公司就股票转让所发布的公告明显不一致;北京政泉公司买入股票后,北大医药公司即爆出与北大进行战略合作等利好消息,股票涨幅巨大,在股票高点李某等人示意北京政泉公司将股票抛出,获利将近4亿元。北京政泉公司认为股票代持存在严重违法违规,存在李某等人利用事先掌握的内幕信息操纵北大医药公司股票大涨,随后抛出获利的内幕交易行为,造成了巨额国有资产的流失。北大医药公司的前两大股东、股票的出让方北大医疗公司、股票的实际受让方北大资源公司等均与李某所在的北大方正集团有限公司存在关联关系,而北大医药公司在公告中隐瞒了此次交易为关联交易的事实,属于虚假披露。

2014年11月2日,北京政泉公司在其官网上发布了前述举报函、问询函及复函,并发布《关于北京政泉公司代持北大医药公司股票事宜的声明函》,声明北京政泉公司出于对北大方正集团有限公司的信任,在未进行法律、财税等相关尽职调查的情况下,同意李某的请托代北大资源公司持有北大医药公司股票,并与李某指派的李某军(北大方正集团有限公司副总裁、现任北大医药公司董事长)签署了代持协议。北京政泉公司仅为股票代持方,代持协议的起草。北大资源公司一方的签章及全部股票买入及卖出均由郭某光、田某等人根据李某的指派全权负责和具体实施,北京政泉公司不存在任何内幕交易、利益输送或操纵股价的行为。11 月 3 日,证券时报网、新浪财经、腾讯网、凤凰财经等网络媒体就北京政泉公司举报北大系内幕交易、北大医药公司停牌核查消息进行转载、报道。报道载明 11 月 3 日午间,北京政泉公司举报北大方正集团有限公司相关责任人涉嫌内幕交易的材料在坊间流传,北大医药公司股票(000788)午后开盘股价急速下挫并一度触及跌停,随后紧急临时停盘。11 月 4 日,北大医药公司在中国证监会指定信息披露网站发布《关于媒体传闻核查停牌公告》,主要载明:基于网络媒体报道的北京政泉公司质疑北大医药公司股东的关联方涉嫌股票代持、内幕交易的违规行为,北大医药公司股价出现较大波动,经公司申请,北大医药公司股票于 2014 年 11 月 3 日 13 时 52 分起停牌,待有关事项明晰后及时履行信息披露义务并申请公司股票复牌。

2017 年 5 月 5 日,中国证监会作出〔2017〕44 号《行政处罚决定书》,载明:"2013 年 6 月,北京政泉公司通过北大医药公司公告拟受让北大医疗公司出让的 4000 万股北大医药公司股票,占北大医药公司总股本的比例为 6.71%,于 2013 年 9 月完成股权过户手续。2013 年 6 月至 9 月,北京政泉公司与北大资源公司签订《股份代持协议书》,甲方为北大资源公司,乙方为北京政泉公司。双方约定:1. 由甲方实际出资购买并享有相关投资权益,交由乙方代持的股份为北大医药公司的股份 4000 万股。……(三)北大医药公司未及时履行北京政泉公司、北大资源公司签订股份代持协议事项的信息披露义务。北京政泉公司以及其财务总监杨某、解某淋的询问笔录均指称时任北大医药公司董事长李某军参与了股份代持协议的签订。李某军自 2012 年 5 月起任北大方正集团有限公司高级副总裁、北大医疗公司副总裁,分管北大医药公司,同时兼任北大医药公司董事长;且李某军为股份代持协议的实际策划、实施者北大方正集团有限公司李某 1 之弟。综上,时任北大医药公司董事长、法定代表人李某军在 2013 年 6 月至 9 月中旬期间知悉北京政泉公司、北大资源公司签订股份代持协议事项……北大医药公司未按规定履行信息披露义务的行为违反了《证券法》的规定。对北大医药公司上述行为直接负责的主管人员为北大医药公司时任董事长李某军。……北大医药公司作为法定信息披露义务人,应当严格按照《证券法》的规定,对涉案股份代持事项履行信息披露义务,同时应当保证其所披露的信息真实、准确、完整,不得有虚假记载、误导性陈述或者重大遗漏。北大医药公司未依法披露北京政泉公司与北大资源公司之间的股份代持协议,构成信息披露违法。在案证据与事实足以认定,李某军在2013年6月至9月中旬期间知悉北京政泉公司、北大资源公司签订股份代持协议事项。上市公司董事、监事、高级管理人员应当保证上市公司所披露的信息真实、准确、完整。李某军作为北大医药公司的董事长应依法有效督促北大医药公司履行信息披露义务,对其信息披露违法行为,依法应当担责……依据《证券法》的规定,我会决定:一、对北大医药公司、北大资源公司给予警告,并分别处以60万元罚款;二、对北京政泉公司责令改正,给予警告,并处以60万元罚款;三、对李某军、张某东、余某、胜某刚、贾某给予警告,并分别处以30万元罚款。"

2017年5月10日,北大医药公司发布《北大医药股份有限公司关于收到中国证券监督管理委员会〈行政处罚决定书〉的公告》,将前述(2017)44号《行政处罚决定书》的内容进行披露,并表示根据行政处罚决定书的内容,公司因涉嫌违反证券法律法规被中国证监会立案调查事项已调查、审理终结,公司股票不会因上述处罚决定而被暂停上市或终止上市。公司目前经营状况正常,敬请投资者注意投资风险。

另查明:2014年7月11日至2014年10月30日期间,吴某寅分多笔共计买入8000股北大医药公司股票,成交金额为144,937.4元;2014年10月20日,吴某寅卖出500股北大医药公司股票,成交金额为10,700元。

一审法院认为,本案争议焦点是:1.吴某寅主张的损失与北大医药公司的虚假陈述之间是否存在因果关系;2.北大资源公司、北京政泉公司是否为本案适格被告,是否应当对吴某寅主张的投资损失承担赔偿责任。

1.关于吴某寅主张的损失与北大医药公司的虚假陈述之间是否存在因果关系的问题。首先,根据《证券法》"发生可能对上市公司股票交易价格产生较大影响的重大事件,投资者尚未得知时,上市公司应当立即将有关该重大事件的情况向国务院证券监督管理机构和证券交易所报送临时报告,并予公告,说明事件的起因、目前的状态和可能产生的法律后果。下列情况为前款所称重大事件:(一)公司的经营方针和经营范围的重大变化;(二)公司的重大投资行为和重大的购置财产的决定;(三)公司订立重要合同,可能对公司的资产、负债、权益和经营成果产生重要影响;(四)公司发生重大债务和未能清偿到期重大债务的违约情况;(五)公司发生重大亏损或者重大损失;(六)公司生产经营的外部条件发生的重大变化;(七)公司的董事、三分之一以上监事或者经理发生变动;(八)持有公司百分之五以上股份的股东或者实际控制人,其持有股份或者控制公司的情况发生较大变化;(九)公司减资、合并、分立、解散及申请破产的决定;(十)涉及公司的重大诉讼,股东大会、董事会决议被依法撤销或者宣告无效;(十一)公司涉嫌犯罪被司法机关立案调查,公司董事、监事、高级管理人员涉嫌犯罪被司法机关采取强制措施;(十二)国务院证券监督管理机构规定的其他事项"的规定,北大医药公司虽未及时履行北京政泉公司、北大资源公司签订股份代持事项的信息披露义务,但该股份代持事项不属于上列发生可能对上市公司股票交易价格产生较大影响的重大事件;且无论实际股东北大资源公司或记名股东北京政泉公司,均非北大医药公司控股股东,北大医药公司实际控制人地位亦未受该股份代持事项的影响。故,该股份代持事项不具有重大性,不会对股票价格涨跌产生实质影响,对投资者决策亦无明显的利好或利空意义。该代持事项未及时披露不像其他虚增业绩、隐瞒亏损等虚假陈述行为或消极地实施虚假记载、误导性陈述、重大遗漏和不正当披露行为,会对市场走向和投资者判断产生重大性影响。其次,本案中,西南合成集团对外虽呈现为控股股东减持股票,但实际仍由北大资源公司持有股票,属于隐藏利好消息,发布利空消息,属于诱空型虚假陈述,该行为不会导致投资者积极买入股票。吴某寅买入股票时间主要在北大医药公司证券虚假陈述实施日一年后即2014年下半年"牛市"开始后,也表明了吴某寅的投资行为未受该代持事项影响,与北大医药公司的信息披露违法行为无关,本案所涉的股份代持事项与吴某寅投资交易行为没有因果关系。最后,吴某寅投资损失主要是由北京政泉公司发布对北大医药公司具有负面影响的声明,是由北京政泉公司举报等其他因素导致。综上,北大医药公司对涉案股份代持事项未履行信息披露义务,构成证券市场虚假陈述行为,但该虚假陈述行为不具有重大性,不会对北大医药公司股票交易价格产生较大影响,也未对吴某寅的投资行为产生影响;吴某寅的投资行为与北大医药公司的虚假陈述之间不存在因果关系,吴某寅主张的损失与北大医药公司的虚假陈述之间亦不存在因果关系。

2. 关于北大资源公司、北京政泉公司是否为本案适格被告,是否应当对吴某寅主张的投资损失承担赔偿责任的问题。如前所述,吴某寅所主张的投资损失与北大医药公司对涉案股份代持事项未履行信息披露义务的虚假陈述行为之间不存在法律上的因果关系,北大医药公司不承担吴某寅主张的投资损失的赔偿责任,因此,本争议焦点无继续评述必要。

综上所述,吴某寅作为投资人应当自行承担证券市场投资风险,北大医药公司、北大资源公司、北京政泉公司不应承担吴某寅投资损失的赔偿责任。依照《证券法》以及最高人民法院《关于审理证券市场因虚假陈述引发的民事赔偿案件的若干规定》、最高人民法院《关于民事诉讼证据的若干规定》的规定,一审法院判决:驳回吴某寅的诉讼请求。

本院经审理查明:2013 年 6 月 13 日,北大医药公司股票收盘价为 13.50 元。2013 年 6 月 14 日北大医药公司发布《关于股东协议转让公司股份的签约提示性公告》,北大医药公司股票当天收盘价为 13.20 元,较上一日跌幅为 2.22%,6 月 15 日股票价格上涨 0.91%后,后 6 个交易日连续下跌。至 2013 年 6 月 25 日,北大医药公司股票价格下跌至 10.22 元,跌幅为 22.58%。同期医药制造业股票价格跌幅为 7.91%,深证综指跌幅为 9.81%。

2014 年 4 月 10 日,北大医药公司发布《重大事项停牌公告》,主要载明:北大医药公司正在筹划重大事项,鉴于该事项尚处于论证阶段且存在重大不确定性,北大医药公司股票自 2014 年 4 月 11 日开市起停牌。2014 年 4 月 18 日,北大医药公司《二〇一三年度股东大会决议公告》载明:拟投资建设北大医药公司麻柳制造基地项目,该项目计划总投资 63,656.01 万元,其中建设投资 49,181.38 万元,配套流动资金 9349.65 万元。2014 年 4 月 24 日,北大医药公司发布《关于重大资产重组停牌公告》,主要载明:北大医药公司正在筹划重大重组事项,因有关事项尚存不确定性,北大医药公司股票自 2014 年 4 月 25 日开市起继续停牌。2014 年 6 月 3 日,北大医药公司发布《第七届董事会第二十三次会议决议》,主要载明:北大医药公司拟发行股份购买深圳市一体医疗科技有限公司 100%股权。2014 年 7 月 14 日,北大医药公司发布《关于公司与北京大学医学部、北京大学肿瘤医院、北大医疗产业基金、心安医疗签署战略合作协议暨关联交易的公告》,主要载明:北大医药公司与上述公司拟设立北大医疗肿瘤医院管理有限公司。2014 年 9 月

1日，北大医药公司发布《关于公司全资子公司与北京大学人民医院签署体外诊断试剂耗材供应与配送及实验室流程优化长期服务协议暨关联交易的公告》，主要载明：北大医药公司为北大人民医院提供体外诊断试剂与耗材供应及配送，合同的总金额为北大人民医院体外诊断试剂耗材供应与配送及实验室流程优化项目的年度中标金额88,880,099.789元。实际金额以北大人民医院每年度实际采购体外诊断试剂耗材的金额为准。2014年10月17日，北大医药公司发布《关于重大资产重组事项获中国证监会并购重组审核委员会通过暨公司股票复牌的公告》，主要载明：北大医药公司股票于2014年10月20日开市起复牌。2014年4月11日，北大医药公司股价为13.42元，2014年10月20日，北大医药公司股价为22.58元，涨幅为68.26%。同期深证综指涨幅为23.24%，深证成指涨幅为8.14%，深证A指涨幅为23.3%，医药制造业股票涨幅为11.1%。

2014年11月3日至12月22日，北大医药公司股票交易流通股在无大宗交易的情况下换手率达到100%。2014年11月3日北大医药公司股票收盘价为17.45元，11月21日为17.99元，11月24日为17.34元，11月25日为17.34元，11月26日为17.81元，11月27日为18.05元，11月28日为17.77元，12月1日为17.19元，12月2日为17.28元，12月3日为17.28元，12月4日为17.89元，12月5日为17.73元，12月8日为17.34元，12月9日为16.18元，12月10日为16.65元，12月11日为17.34元，12月12日为17.42元，12月15日为17.21元，12月16日为16.60元，12月17日为15.92元，12月18日为16.57元，12月19日为16.04元，12月22日为14.44元，较2014年11月3日收盘价跌幅为17.25%。同期医药制造业股票价格跌幅4.94%。2014年11月3日至2014年12月22日期间北大医药公司股票交易日收盘平均价为17.08元。

二审查明的其他事实与一审查明的事实相同。

本院认为，本案二审的争议焦点是：1.代持股份事项是否属于重大事件；2.北大医药公司是否应当赔偿吴某寅损失；3.北大资源公司、北京政泉公司是否应当承担连带赔偿责任。

一、关于代持股份事项是否属于重大事件的问题

根据《最高人民法院关于审理证券市场因虚假陈述引发的民事赔偿案件的若干规定》第十七条第一款“证券市场虚假陈述，是指信息披露义务人违反证券法律规定,在证券发行或者交易过程中,对重大事件作出违背事实真相的虚假记载、误导性陈述,或者在披露信息时发生重大遗漏、不正当披露信息的行为”的规定,构成证券市场虚假陈述须是重大事件,而重大事件应依据《证券法》的规定予以认定。本案所涉的北京政泉公司代北大资源公司持有北大医药公司6.71%的股份事项符合《证券法》“持有公司百分之五以上股份的股东或者实际控制人,其持有股份或者控制公司的情况发生较大变化”规定的情形,且中国证监会的行政处罚决定书中也认定代持事项违反了《证券法》的规定,因此代持股份事项属于《证券法》所称的重大事件,北大医药公司应当立即将有关该重大事件的情况向国务院证券监督管理机构和证券交易所报送临时报告,并予公告,说明事件的起因、目前的状态和可能产生的法律后果,而北大医药公司对涉案股份代持事项未履行信息披露义务,构成证券市场虚假陈述。

二、关于北大医药公司是否应当赔偿吴某寅损失的问题

本案中北大医药公司是否应当赔偿吴某寅损失的问题,关键是对于代持股份事项与吴某寅的损失之间是否具有因果关系的认定。首先,无论本案中的虚假陈述实施日如何确定,吴某寅购买北大医药公司股票是在虚假陈述实施日近一年之后,期间北大医药公司多次发布影响股价的信息,股价也在不断地变动,而吴某寅提交的证据也不足以证明其是受北大医药公司虚假披露的信息的影响而购买该股票,故不能因吴某寅在虚假陈述实施日之后揭露日之前买入股票,揭露日之后卖出或持有股票就当然推定其损失与本案所涉虚假陈述行为之间具有因果关系。其次,从北大医药公司对外发布《关于股东协议转让公司股份的签约提示性公告》的内容来看,其表现为控股股东减持股票,通常会被认为是利空消息,会导致股价下跌,北大医药公司这一期间的股价也予以印证。北大医药公司2013年6月14日发布《关于股东协议转让公司股份的签约提示性公告》后,北大医药公司股票当天收盘价为13.20元,较上一日下跌为2.22%。至2013年6月25日,北大医药公司股票价格较《关于股东协议转让公司股份的签约提示性公告》发布当天股价下跌22.58%,远高于同期医药制造业股票价格的跌幅7.91%及深证综指的跌幅9.81%。截至2014年4月11日北大医药公司发布股票停牌公告,其股票价格为13.42元,仍未达到《关于股东协议转让公司股份的签约提示性公告》发布前一日的收盘价。由此可知,北大医药公司虚假陈述的行为对外表现为控股股东减持股票,但实际仍由相关联的北大资源公司持有股票,该行为不应导致投资者积极买入股票,而应是卖出股票。虽然吴某寅上诉称作为受让方的北京政泉公司具有实力,本案所涉的虚假陈述应为诱多型虚假陈述,但其并未举示证据加以证明,也与股价的变动不符。故一审法院认定为本案所涉虚假陈述属于诱空型虚假陈述并无不当,吴某寅关于本案所涉虚假陈述为诱多型虚假陈述的理由不成立,本院不予支持。最后,2014 年 4 月 11 日北大医药公司发布股票停牌公告至 2014 年 10 月 20 日北大医药公司发布开市复牌公告期间,北大医药公司相继发布了投资建设北大医药公司麻柳制造基地项目、收购深圳市一体医疗科技有限公司 100% 股权、设立北大医疗肿瘤医院管理有限公司、北大医药公司为北大人民医院提供合同金额为 88,880,099.789 元的体外诊断试剂与耗材供应及配送等利好消息。至 2014 年 10 月 20 日,北大医药公司股价为 22.58 元,涨幅为 68.26%,远高于同期深证综指的涨幅为 23.24%、深证成指的涨幅为 8.14%、深证 A 指的涨幅为 23.3%、医药制造业股票的涨幅为 11.1%。吴某寅买入股票时间主要在 2014 年下半年北大医药公司发布一系列利好消息及股票市场"牛市"开始后,表明吴某寅的投资行为并非受代持股份事项的影响,不能证明其损失与北大医药公司的信息披露违法行为之间具有因果关系。因此,本案中北大医药公司不应赔偿吴某寅的损失。

虚假陈述日、揭露日(更正日)和基准日三个时间点,对于虚假陈述行为损失的衡量具有基础性意义。因本案中北大医药公司不应赔偿吴某寅的损失,故本案确定该三个时间点已无必要。

三、关于北大资源公司、北京政泉公司是否应当承担连带赔偿责任的问题

基于前述分析,本院认定吴某寅所主张的投资损失与北大医药公司对涉案股份代持事项未履行信息披露义务的虚假陈述行为之间不存在法律上的因果关系,北大医药公司不应赔偿吴某寅的损失,故对该争议焦点不再评判。

综上,一审认定事实清楚,适用法律虽有瑕疵,但裁判结果正确,故对吴某寅的上诉请求不予支持。判决如下:驳回上诉,维持原判。二审案件受理费 50 元,由吴某寅负担。本判决为终审判决。

第八十六条 【信息披露的载体】依法披露的信息,应当在证券交易场所的网站和符合国务院证券监督管理机构规定条件的媒体发布,同时将其置备于公司住所、证券交易场所,供社会公众查阅。

第八十七条 【信息披露的监管】国务院证券监督管理机构对信息披露义务人的信息披露行为进行监督管理。

证券交易场所应当对其组织交易的证券的信息披露义务人的信息披露行为进行监督,督促其依法及时、准确地披露信息。

第六章 投资者保护

第八十八条 【投资者适当性】证券公司向投资者销售证券、提供服务时,应当按照规定充分了解投资者的基本情况、财产状况、金融资产状况、投资知识和经验、专业能力等相关信息;如实说明证券、服务的重要内容,充分揭示投资风险;销售、提供与投资者上述状况相匹配的证券、服务。

投资者在购买证券或者接受服务时,应当按照证券公司明示的要求提供前款所列真实信息。拒绝提供或者未按照要求提供信息的,证券公司应当告知其后果,并按照规定拒绝向其销售证券、提供服务。

证券公司违反第一款规定导致投资者损失的,应当承担相应的赔偿责任。

相关行政规章

《证券期货投资者适当性管理办法》(中国证券监督管理委员会令第177号,自2020年10月30日起施行)(2016年5月26日中国证券监督管理委员会2016年第7次主席办公会议审议通过,根据2020年10月30日中国证券监督管理委员会《关于修改、废止部分证券期货规章的决定》修正)

第一条 为了规范证券期货投资者适当性管理,维护投资者合法权益,根据《证券法》《证券投资基金法》《证券公司监督管理条例》《期货交易管理条例》及其他相关法律、行政法规,制定本办法。

第二条 向投资者销售公开或者非公开发行的证券、公开或者非公开募集的证券投资基金和股权投资基金(包括创业投资基金,以下简称基金)、公开或者非公开转让的期货及其他衍生产品,或者为投资者提供相关业务服务的，适用本办法。

第三条　向投资者销售证券期货产品或者提供证券期货服务的机构（以下简称经营机构）应当遵守法律、行政法规、本办法及其他有关规定，在销售产品或者提供服务的过程中，勤勉尽责，审慎履职，全面了解投资者情况，深入调查分析产品或者服务信息，科学有效评估，充分揭示风险，基于投资者的不同风险承受能力以及产品或者服务的不同风险等级等因素，提出明确的适当性匹配意见，将适当的产品或者服务销售或者提供给适合的投资者，并对违法违规行为承担法律责任。

第四条　投资者应当在了解产品或者服务情况，听取经营机构适当性意见的基础上，根据自身能力审慎决策，独立承担投资风险。

经营机构的适当性匹配意见不表明其对产品或者服务的风险和收益做出实质性判断或者保证。

第五条　中国证券监督管理委员会（以下简称中国证监会）及其派出机构依照法律、行政法规、本办法及其他相关规定，对经营机构履行适当性义务进行监督管理。

证券期货交易场所、登记结算机构及中国证券业协会、中国期货业协会、中国证券投资基金业协会（以下统称行业协会）等自律组织对经营机构履行适当性义务进行自律管理。

第六条　经营机构向投资者销售产品或者提供服务时，应当了解投资者的下列信息：

（一）自然人的姓名、住址、职业、年龄、联系方式，法人或者其他组织的名称、注册地址、办公地址、性质、资质及经营范围等基本信息；

（二）收入来源和数额、资产、债务等财务状况；

（三）投资相关的学习、工作经历及投资经验；

（四）投资期限、品种、期望收益等投资目标；

（五）风险偏好及可承受的损失；

（六）诚信记录；

（七）实际控制投资者的自然人和交易的实际受益人；

（八）法律法规、自律规则规定的投资者准入要求相关信息；

（九）其他必要信息。

第七条　投资者分为普通投资者与专业投资者。

普通投资者在信息告知、风险警示、适当性匹配等方面享有特别保护。

第八条　符合下列条件之一的是专业投资者：

(一)经有关金融监管部门批准设立的金融机构,包括证券公司、期货公司、基金管理公司及其子公司、商业银行、保险公司、信托公司、财务公司等;经行业协会备案或者登记的证券公司子公司、期货公司子公司、私募基金管理人。

(二)上述机构面向投资者发行的理财产品,包括但不限于证券公司资产管理产品、基金管理公司及其子公司产品、期货公司资产管理产品、银行理财产品、保险产品、信托产品、经行业协会备案的私募基金。

(三)社会保障基金、企业年金等养老基金,慈善基金等社会公益基金,合格境外机构投资者(QFII)、人民币合格境外机构投资者(RQFII)。

(四)同时符合下列条件的法人或者其他组织:

1. 最近1年末净资产不低于2000万元;

2. 最近1年末金融资产不低于1000万元;

3. 具有2年以上证券、基金、期货、黄金、外汇等投资经历。

(五)同时符合下列条件的自然人:

1. 金融资产不低于500万元,或者最近3年个人年均收入不低于50万元;

2. 具有2年以上证券、基金、期货、黄金、外汇等投资经历,或者具有2年以上金融产品设计、投资、风险管理及相关工作经历,或者属于本条第(一)项规定的专业投资者的高级管理人员、获得职业资格认证的从事金融相关业务的注册会计师和律师。

前款所称金融资产,是指银行存款、股票、债券、基金份额、资产管理计划、银行理财产品、信托计划、保险产品、期货及其他衍生产品等。

第九条 经营机构可以根据专业投资者的业务资格、投资实力、投资经历等因素,对专业投资者进行细化分类和管理。

第十条 专业投资者之外的投资者为普通投资者。

经营机构应当按照有效维护投资者合法权益的要求,综合考虑收入来源、资产状况、债务、投资知识和经验、风险偏好、诚信状况等因素,确定普通投资者的风险承受能力,对其进行细化分类和管理。

第十一条 普通投资者和专业投资者在一定条件下可以互相转化。

符合本办法第八条第(四)、(五)项规定的专业投资者,可以书面告知经营机构选择成为普通投资者,经营机构应当对其履行相应的适当性义务。

符合下列条件之一的普通投资者可以申请转化成为专业投资者，但经营机构有权自主决定是否同意其转化：

（一）最近1年末净资产不低于1000万元，最近1年末金融资产不低于500万元，且具有1年以上证券、基金、期货、黄金、外汇等投资经历的除专业投资者外的法人或其他组织；

（二）金融资产不低于300万元或者最近3年个人年均收入不低于30万元，且具有1年以上证券、基金、期货、黄金、外汇等投资经历或者1年以上金融产品设计、投资、风险管理及相关工作经历的自然人投资者。

第十二条 普通投资者申请成为专业投资者应当以书面形式向经营机构提出申请并确认自主承担可能产生的风险和后果，提供相关证明材料。

经营机构应当通过追加了解信息、投资知识测试或者模拟交易等方式对投资者进行谨慎评估，确认其符合前条要求，说明对不同类别投资者履行适当性义务的差别，警示可能承担的投资风险，告知申请的审查结果及其理由。

第十三条 经营机构应当告知投资者，其根据本办法第六条规定所提供的信息发生重要变化、可能影响分类的，应及时告知经营机构。经营机构应当建立投资者评估数据库并及时更新，充分使用已了解信息和已有评估结果，避免重复采集，提高评估效率。

第十四条 中国证监会、自律组织在针对特定市场、产品或者服务制定规则时，可以考虑风险性、复杂性以及投资者的认知难度等因素，从资产规模、收入水平、风险识别能力和风险承担能力、投资认购最低金额等方面，规定投资者准入要求。投资者准入要求包含资产指标的，应当规定投资者在购买产品或者接受服务前一定时期内符合该指标。

现有市场、产品或者服务规定投资者准入要求的，应当符合前款规定。

第十五条 经营机构应当了解所销售产品或者所提供服务的信息，根据风险特征和程度，对销售的产品或者提供的服务划分风险等级。

第十六条 划分产品或者服务风险等级时应当综合考虑以下因素：

（一）流动性；

(二)到期时限;

(三)杠杆情况;

(四)结构复杂性;

(五)投资单位产品或者相关服务的最低金额;

(六)投资方向和投资范围;

(七)募集方式;

(八)发行人等相关主体的信用状况;

(九)同类产品或者服务过往业绩;

(十)其他因素。

涉及投资组合的产品或者服务,应当按照产品或者服务整体风险等级进行评估。

第十七条 产品或者服务存在下列因素的,应当审慎评估其风险等级:

(一)存在本金损失的可能性,因杠杆交易等因素容易导致本金大部分或者全部损失的产品或者服务;

(二)产品或者服务的流动变现能力,因无公开交易市场、参与投资者少等因素导致难以在短期内以合理价格顺利变现的产品或者服务;

(三)产品或者服务的可理解性,因结构复杂、不易估值等因素导致普通人难以理解其条款和特征的产品或者服务;

(四)产品或者服务的募集方式,涉及面广、影响力大的公募产品或者相关服务;

(五)产品或者服务的跨境因素,存在市场差异、适用境外法律等情形的跨境发行或者交易的产品或者服务;

(六)自律组织认定的高风险产品或者服务;

(七)其他有可能构成投资风险的因素。

第十八条 经营机构应当根据产品或者服务的不同风险等级,对其适合销售产品或者提供服务的投资者类型作出判断,根据投资者的不同分类,对其适合购买的产品或者接受的服务作出判断。

第十九条 经营机构告知投资者不适合购买相关产品或者接受相关服务后,投资者主动要求购买风险等级高于其风险承受能力的产品或者接受相关服务的,经营机构在确认其不属于风险承受能力最低类别的投资者后,应当就产品或者服务风险高于其承受能力进行特别的书面风险警示,投资者仍坚持购买的,可以向其销售相关产品或者提供相关服务。

第二十条　经营机构向普通投资者销售高风险产品或者提供相关服务，应当履行特别的注意义务，包括制定专门的工作程序，追加了解相关信息，告知特别的风险点，给予普通投资者更多的考虑时间，或者增加回访频次等。

第二十一条　经营机构应当根据投资者和产品或者服务的信息变化情况，主动调整投资者分类、产品或者服务分级以及适当性匹配意见，并告知投资者上述情况。

第二十二条　禁止经营机构进行下列销售产品或者提供服务的活动：

（一）向不符合准入要求的投资者销售产品或者提供服务；

（二）向投资者就不确定事项提供确定性的判断，或者告知投资者有可能使其误认为具有确定性的意见；

（三）向普通投资者主动推介风险等级高于其风险承受能力的产品或者服务；

（四）向普通投资者主动推介不符合其投资目标的产品或者服务；

（五）向风险承受能力最低类别的投资者销售或者提供风险等级高于其风险承受能力的产品或者服务；

（六）其他违背适当性要求，损害投资者合法权益的行为。

第二十三条　经营机构向普通投资者销售产品或者提供服务前，应当告知下列信息：

（一）可能直接导致本金亏损的事项；

（二）可能直接导致超过原始本金损失的事项；

（三）因经营机构的业务或者财产状况变化，可能导致本金或者原始本金亏损的事项；

（四）因经营机构的业务或者财产状况变化，影响客户判断的重要事由；

（五）限制销售对象权利行使期限或者可解除合同期限等全部限制内容；

（六）本办法第二十九条规定的适当性匹配意见。

第二十四条　经营机构对投资者进行告知、警示，内容应当真实、准确、完整，不存在虚假记载、误导性陈述或者重大遗漏，语言应当通俗易懂；告知、警示应当采用书面形式送达投资者，并由其确认已充分理解和接受。

第二十五条 经营机构通过营业网点向普通投资者进行本办法第十二条、第二十条、第二十一条和第二十三条规定的告知、警示,应当全过程录音或者录像;通过互联网等非现场方式进行的,经营机构应当完善配套留痕安排,由普通投资者通过符合法律、行政法规要求的电子方式进行确认。

第二十六条 经营机构委托其他机构销售本机构发行的产品或者提供服务,应当审慎选择受托方,确认受托方具备代销相关产品或者提供服务的资格和落实相应适当性义务要求的能力,应当制定并告知代销方所委托产品或者提供服务的适当性管理标准和要求,代销方应当严格执行,但法律、行政法规、中国证监会其他规章另有规定的除外。

第二十七条 经营机构代销其他机构发行的产品或者提供相关服务,应当在合同中约定要求委托方提供的信息,包括本办法第十六条、第十七条规定的产品或者服务分级考虑因素等,自行对该信息进行调查核实,并履行投资者评估、适当性匹配等适当性义务。委托方不提供规定的信息、提供信息不完整的,经营机构应当拒绝代销产品或者提供服务。

第二十八条 对在委托销售中违反适当性义务的行为,委托销售机构和受托销售机构应当依法承担相应法律责任,并在委托销售合同中予以明确。

第二十九条 经营机构应当制定适当性内部管理制度,明确投资者分类、产品或者服务分级、适当性匹配的具体依据、方法、流程等,严格按照内部管理制度进行分类、分级,定期汇总分类、分级结果,并对每名投资者提出匹配意见。

经营机构应当制定并严格落实与适当性内部管理有关的限制不匹配销售行为、客户回访检查、评估与销售隔离等风控制度,以及培训考核、执业规范、监督问责等制度机制,不得采取鼓励不适当销售的考核激励措施,确保从业人员切实履行适当性义务。

第三十条 经营机构应当每半年开展一次适当性自查,形成自查报告。发现违反本办法规定的问题,应当及时处理并主动报告住所地中国证监会派出机构。

第三十一条 鼓励经营机构将投资者分类政策、产品或者服务分级政策、自查报告在公司网站或者符合中国证监会规定条件的媒体进行披露。

第三十二条 经营机构应当按照相关规定妥善保存其履行适当性义务的相关信息资料，防止泄露或者被不当利用，接受中国证监会及其派出机构和自律组织的检查。对匹配方案、告知警示资料、录音录像资料、自查报告等的保存期限不得少于20年。

第三十三条 投资者购买产品或者接受服务，按规定需要提供信息的，所提供的信息应当真实、准确、完整。投资者根据本办法第六条规定所提供的信息发生重要变化、可能影响其分类的，应当及时告知经营机构。

投资者不按照规定提供相关信息，提供信息不真实、不准确、不完整的，应当依法承担相应法律责任，经营机构应当告知其后果，并拒绝向其销售产品或者提供服务。

第三十四条 经营机构应当妥善处理适当性相关的纠纷，与投资者协商解决争议，采取必要措施支持和配合投资者提出的调解。经营机构履行适当性义务存在过错并造成投资者损失的，应当依法承担相应法律责任。

经营机构与普通投资者发生纠纷的，经营机构应当提供相关资料，证明其已向投资者履行相应义务。

第三十五条 中国证监会及其派出机构在监管中应当审核或者关注产品或者服务的适当性安排，对适当性制度落实情况进行检查，督促经营机构严格落实适当性义务，强化适当性管理。

第三十六条 证券期货交易场所应当制定完善本市场相关产品或者服务的适当性管理自律规则。

行业协会应当制定完善会员落实适当性管理要求的自律规则，制定并定期更新本行业的产品或者服务风险等级名录以及本办法第十九条、第二十二条规定的风险承受能力最低的投资者类别，供经营机构参考。经营机构评估相关产品或者服务的风险等级不得低于名录规定的风险等级。

证券期货交易场所、行业协会应当督促、引导会员履行适当性义务，对备案产品或者相关服务应当重点关注高风险产品或者服务的适当性安排。

第三十七条 经营机构违反本办法规定的，中国证监会及其派出机构可以对经营机构及其直接负责的主管人员和其他直接责任人员，采取责令改正、监管谈话、出具警示函等监督管理措施。

第三十八条 证券公司、期货公司违反本办法规定,存在较大风险或者风险隐患的,中国证监会及其派出机构可以按照《证券法》第一百四十条、《证券公司监督管理条例》第七十条、《期货交易管理条例》第五十五条的规定,采取监督管理措施。

第三十九条 违反本办法第六条、第十八条、第十九条、第二十条、第二十一条、第二十二条第(三)项至第(六)项、第二十三条、第二十四条、第三十三条规定的,按照《证券法》第一百九十八条、《证券投资基金法》第一百三十七条、《证券公司监督管理条例》第八十四条、《期货交易管理条例》第六十七条予以处理。

第四十条 违反本办法第二十二条第(一)项至第(二)项、第二十六条、第二十七条规定的,按照《证券投资基金法》第一百三十五条、《证券公司监督管理条例》第八十三条、《期货交易管理条例》第六十六条予以处理。

第四十一条 经营机构有下列情形之一的,给予警告,并处以3万元以下罚款;对直接负责的主管人员和其他直接责任人员,给予警告,并处以3万元以下罚款:

(一)违反本办法第十条,未按规定对普通投资者进行细化分类和管理的;

(二)违反本办法第十一条、第十二条,未按规定进行投资者类别转化的;

(三)违反本办法第十三条,未建立或者更新投资者评估数据库的;

(四)违反本办法第十五条,未按规定了解所销售产品或者所提供服务信息或者履行分级义务的;

(五)违反本办法第十六条、第十七条,未按规定划分产品或者服务风险等级的;

(六)违反本办法第二十五条,未按规定录音录像或者采取配套留痕安排的;

(七)违反本办法第二十九条,未按规定制定或者落实适当性内部管理制度和相关制度机制的;

(八)违反本办法第三十条,未按规定开展适当性自查的;

(九)违反本办法第三十二条,未按规定妥善保存相关信息资料的;

(十)违反本办法第六条、第十八条至第二十四条、第二十六条、第二十七条、第三十三条规定,未构成《证券法》第一百九十八条,《证券投资基金法》第一百三十五条、第一百三十七条,《证券公司监督管理条例》第八十三条、第八十四条,《期货交易管理条例》第六十六条、第六十七条规定情形的。

第四十二条 经营机构从业人员违反相关法律法规和本办法规定,情节严重的,中国证监会可以依法采取市场禁入的措施。

第四十三条 本办法自2017年7月1日起施行。

第八十九条 【对普通投资者的倾斜保护】 根据财产状况、金融资产状况、投资知识和经验、专业能力等因素,投资者可以分为普通投资者和专业投资者。专业投资者的标准由国务院证券监督管理机构规定。

普通投资者与证券公司发生纠纷的,证券公司应当证明其行为符合法律、行政法规以及国务院证券监督管理机构的规定,不存在误导、欺诈等情形。证券公司不能证明的,应当承担相应的赔偿责任。

第九十条 【公开征集股东权利】 上市公司董事会、独立董事、持有百分之一以上有表决权股份的股东或者依照法律、行政法规或者国务院证券监督管理机构的规定设立的投资者保护机构(以下简称投资者保护机构),可以作为征集人,自行或者委托证券公司、证券服务机构,公开请求上市公司股东委托其代为出席股东大会,并代为行使提案权、表决权等股东权利。

依照前款规定征集股东权利的,征集人应当披露征集文件,上市公司应当予以配合。

禁止以有偿或者变相有偿的方式公开征集股东权利。

公开征集股东权利违反法律、行政法规或者国务院证券监督管理机构有关规定,导致上市公司或者其股东遭受损失的,应当依法承担赔偿责任。

第九十一条 【上市公司分红】 上市公司应当在章程中明确分配现金股利的具体安排和决策程序,依法保障股东的资产收益权。

上市公司当年税后利润,在弥补亏损及提取法定公积金后有盈余的,应当按照公司章程的规定分配现金股利。

相关规范性文件

《上市公司监管指引第3号——上市公司现金分红》(证监会公告〔2013〕43号,自2013年11月30日起施行)

第一条 为规范上市公司现金分红,增强现金分红透明度,维护投资者合法权益,根据《公司法》、《证券法》、《上市公司信息披露管理办法》和《上市公司证券发行管理办法》等规定,制定本指引。

第二条 上市公司应当牢固树立回报股东的意识,严格依照《公司法》、《证券法》和公司章程的规定,健全现金分红制度,保持现金分红政策的一致性、合理性和稳定性,保证现金分红信息披露的真实性。

第三条 上市公司制定利润分配政策时,应当履行公司章程规定的决策程序。董事会应当就股东回报事宜进行专项研究论证,制定明确、清晰的股东回报规划,并详细说明规划安排的理由等情况。上市公司应当在公司章程中载明以下内容:

(一)公司董事会、股东大会对利润分配尤其是现金分红事项的决策程序和机制,对既定利润分配政策尤其是现金分红政策作出调整的具体条件、决策程序和机制,以及为充分听取独立董事和中小股东意见所采取的措施。

(二)公司的利润分配政策尤其是现金分红政策的具体内容,利润分配的形式,利润分配尤其是现金分红的期间间隔,现金分红的具体条件,发放股票股利的条件,各期现金分红最低金额或比例(如有)等。

第四条 上市公司应当在章程中明确现金分红相对于股票股利在利润分配方式中的优先顺序。

具备现金分红条件的,应当采用现金分红进行利润分配。

采用股票股利进行利润分配的,应当具有公司成长性、每股净资产的摊薄等真实合理因素。

第五条 上市公司董事会应当综合考虑所处行业特点、发展阶段、自身经营模式、盈利水平以及是否有重大资金支出安排等因素,区分下列情形,并按照公司章程规定的程序,提出差异化的现金分红政策:

(一)公司发展阶段属成熟期且无重大资金支出安排的,进行利润分配时,现金分红在本次利润分配中所占比例最低应达到80%;

(二)公司发展阶段属成熟期且有重大资金支出安排的,进行利润分配时,现金分红在本次利润分配中所占比例最低应达到40%;

（三）公司发展阶段属成长期且有重大资金支出安排的，进行利润分配时，现金分红在本次利润分配中所占比例最低应达到20%；

公司发展阶段不易区分但有重大资金支出安排的，可以按照前项规定处理。

第六条　上市公司在制定现金分红具体方案时，董事会应当认真研究和论证公司现金分红的时机、条件和最低比例、调整的条件及其决策程序要求等事宜，独立董事应当发表明确意见。

独立董事可以征集中小股东的意见，提出分红提案，并直接提交董事会审议。

股东大会对现金分红具体方案进行审议前，上市公司应当通过多种渠道主动与股东特别是中小股东进行沟通和交流，充分听取中小股东的意见和诉求，及时答复中小股东关心的问题。

第七条　上市公司应当严格执行公司章程确定的现金分红政策以及股东大会审议批准的现金分红具体方案。确有必要对公司章程确定的现金分红政策进行调整或者变更的，应当满足公司章程规定的条件，经过详细论证后，履行相应的决策程序，并经出席股东大会的股东所持表决权的2/3以上通过。

第八条　上市公司应当在年度报告中详细披露现金分红政策的制定及执行情况，并对下列事项进行专项说明：

（一）是否符合公司章程的规定或者股东大会决议的要求；

（二）分红标准和比例是否明确和清晰；

（三）相关的决策程序和机制是否完备；

（四）独立董事是否履职尽责并发挥了应有的作用；

（五）中小股东是否有充分表达意见和诉求的机会，中小股东的合法权益是否得到了充分保护等。

对现金分红政策进行调整或变更的，还应对调整或变更的条件及程序是否合规和透明等进行详细说明。

第九条　拟发行证券、借壳上市、重大资产重组、合并分立或者因收购导致上市公司控制权发生变更的，应当在募集说明书或发行预案、重大资产重组报告书、权益变动报告书或者收购报告书中详细披露募集或发行、重组或者控制权发生变更后上市公司的现金分红政策及相应的安排、董事会对上述情况的说明等信息。

第十条　上市公司可以依法发行优先股、回购股份。

支持上市公司在其股价低于每股净资产的情形下(亏损公司除外)回购股份。

第十一条 上市公司应当采取有效措施鼓励广大中小投资者以及机构投资者主动参与上市公司利润分配事项的决策。充分发挥中介机构的专业引导作用。

第十二条 证券监管机构在日常监管工作中,应当对下列情形予以重点关注:

(一)公司章程中没有明确、清晰的股东回报规划或者具体的现金分红政策的,重点关注其中的具体原因,相关决策程序是否合法合规,董事、监事、高级管理人员是否勤勉尽责,独立董事是否出具了明确意见等;

(二)公司章程规定不进行现金分红的,重点关注该等规定是否符合公司的实际情况,是否进行了充分的自我评价,独立董事是否出具了明确意见等;

(三)公司章程规定了现金分红政策,但无法按照既定现金分红政策确定当年利润分配方案的,重点关注公司是否按照要求在年度报告中披露了具体原因,相关原因与实际情况是否相符合,独立董事是否出具了明确意见等;

(四)上市公司在年度报告期内有能力分红但不分红尤其是连续多年不分红或者分红水平较低的,重点关注其有关审议通过年度报告的董事会公告中是否详细披露了未进行现金分红或现金分红水平较低的原因,相关原因与实际情况是否相符合,持续关注留存未分配利润的确切用途以及收益情况,独立董事是否对未进行现金分红或现金分红水平较低的合理性发表独立意见,是否按照规定为中小股东参与决策提供了便利等;

(五)上市公司存在大比例现金分红等情形的,重点关注相关决策程序是否合法合规,董事、监事及高级管理人员是否勤勉尽责,独立董事是否出具了明确意见,是否按照规定为中小股东参与决策提供了便利,是否存在明显不合理或相关股东滥用股东权利不当干预公司决策等情形。

第十三条 上市公司有下列情形的,证券监管机构应采取相应的监管措施:

(一)未按规定制定明确的股东回报规划;

（二）未针对现金分红等利润分配政策制定并履行必要的决策程序；

（三）未在定期报告或其他报告中详细披露现金分红政策的制定及执行情况；

（四）章程有明确规定但未按照规定分红；

（五）现金分红监管中发现的其他违法违规情形。

上市公司在有关利润分配政策的陈述或者说明中有虚假或重大遗漏的，证券监管机构应当采取相应的监管措施；依法应当行政处罚的，依照《证券法》第一百九十三条予以处罚。

第十四条 证券监管机构应当将现金分红监管中的监管措施实施情况按照规定记入上市公司诚信档案。上市公司涉及再融资、资产重组事项时，其诚信状况应当在审核中予以重点关注。

第九十二条 【债券持有人会议】 公开发行公司债券的，应当设立债券持有人会议，并应当在募集说明书中说明债券持有人会议的召集程序、会议规则和其他重要事项。

公开发行公司债券的，发行人应当为债券持有人聘请债券受托管理人，并订立债券受托管理协议。受托管理人应当由本次发行的承销机构或者其他经国务院证券监督管理机构认可的机构担任，债券持有人会议可以决议变更债券受托管理人。债券受托管理人应当勤勉尽责，公正履行受托管理职责，不得损害债券持有人利益。

债券发行人未能按期兑付债券本息的，债券受托管理人可以接受全部或者部分债券持有人的委托，以自己名义代表债券持有人提起、参加民事诉讼或者清算程序。

第九十三条 【先行赔付】 发行人因欺诈发行、虚假陈述或者其他重大违法行为给投资者造成损失的，发行人的控股股东、实际控制人、相关的证券公司可以委托投资者保护机构，就赔偿事宜与受到损失的投资者达成协议，予以先行赔付。先行赔付后，可以依法向发行人以及其他连带责任人追偿。

第九十四条 【投资者保护机构】 投资者与发行人、证券公司等发生纠纷的，双方可以向投资者保护机构申请调解。普通投资者与证券公司发生证券业务纠纷,普通投资者提出调解请求的,证券公司不得拒绝。

投资者保护机构对损害投资者利益的行为,可以依法支持投资者向人民法院提起诉讼。

发行人的董事、监事、高级管理人员执行公司职务时违反法律、行政法规或者公司章程的规定给公司造成损失,发行人的控股股东、实际控制人等侵犯公司合法权益给公司造成损失,投资者保护机构持有该公司股份的,可以为公司的利益以自己的名义向人民法院提起诉讼,持股比例和持股期限不受《中华人民共和国公司法》规定的限制。

第九十五条 【证券民事赔偿诉讼的形式】 投资者提起虚假陈述等证券民事赔偿诉讼时,诉讼标的是同一种类,且当事人一方人数众多的,可以依法推选代表人进行诉讼。

对按照前款规定提起的诉讼,可能存在有相同诉讼请求的其他众多投资者的,人民法院可以发出公告,说明该诉讼请求的案件情况,通知投资者在一定期间向人民法院登记。人民法院作出的判决、裁定,对参加登记的投资者发生效力。

投资者保护机构受五十名以上投资者委托,可以作为代表人参加诉讼,并为经证券登记结算机构确认的权利人依照前款规定向人民法院登记,但投资者明确表示不愿意参加该诉讼的除外。

相关司法解释

《最高人民法院关于证券纠纷代表人诉讼若干问题的规定》(法释〔2020〕5号)(2020年7月23日最高人民法院审判委员会第1808次会议通过,自2020年7月31日起施行)

为进一步完善证券集体诉讼制度,便利投资者提起和参加诉讼,降低投资者维权成本,保护投资者合法权益,有效惩治资本市场违法违规行为,维护资本市场健康稳定发展,根据《中华人民共和国民事诉讼法》《中华人民共和国证券法》等法律的规定,结合证券市场实际和审判实践,制定本规定。

一、一般规定

第一条 本规定所指证券纠纷代表人诉讼包括因证券市场虚假陈述、内幕交易、操纵市场等行为引发的普通代表人诉讼和特别代表人诉讼。

普通代表人诉讼是依据民事诉讼法第五十三条、第五十四条、证券法第九十五条第一款、第二款规定提起的诉讼；特别代表人诉讼是依据证券法第九十五条第三款规定提起的诉讼。

第二条 证券纠纷代表人诉讼案件，由省、自治区、直辖市人民政府所在的市、计划单列市和经济特区中级人民法院或者专门人民法院管辖。

对多个被告提起的诉讼，由发行人住所地有管辖权的中级人民法院或者专门人民法院管辖；对发行人以外的主体提起的诉讼，由被告住所地有管辖权的中级人民法院或者专门人民法院管辖。

特别代表人诉讼案件，由涉诉证券集中交易的证券交易所、国务院批准的其他全国性证券交易场所所在地的中级人民法院或者专门人民法院管辖。

第三条 人民法院应当充分发挥多元解纷机制的功能，按照自愿、合法原则，引导和鼓励当事人通过行政调解、行业调解、专业调解等非诉讼方式解决证券纠纷。

当事人选择通过诉讼方式解决纠纷的，人民法院应当及时立案。案件审理过程中应当着重调解。

第四条 人民法院审理证券纠纷代表人诉讼案件，应当依托信息化技术手段开展立案登记、诉讼文书送达、公告和通知、权利登记、执行款项发放等工作，便利当事人行使诉讼权利、履行诉讼义务，提高审判执行的公正性、高效性和透明度。

二、普通代表人诉讼

第五条 符合以下条件的，人民法院应当适用普通代表人诉讼程序进行审理：

（一）原告一方人数十人以上，起诉符合民事诉讼法第一百一十九条规定和共同诉讼条件；

（二）起诉书中确定二至五名拟任代表人且符合本规定第十二条规定的代表人条件；

（三）原告提交有关行政处罚决定、刑事裁判文书、被告自认材料、证券交易所和国务院批准的其他全国性证券交易场所等给予的纪律处分或者采取的自律管理措施等证明证券侵权事实的初步证据。

不符合前款规定的，人民法院应当适用非代表人诉讼程序进行审理。

第六条 对起诉时当事人人数尚未确定的代表人诉讼,在发出权利登记公告前,人民法院可以通过阅卷、调查、询问和听证等方式对被诉证券侵权行为的性质、侵权事实等进行审查,并在受理后三十日内以裁定的方式确定具有相同诉讼请求的权利人范围。

当事人对权利人范围有异议的,可以自裁定送达之日起十日内向上一级人民法院申请复议,上一级人民法院应当在十五日内作出复议裁定。

第七条 人民法院应当在权利人范围确定后五日内发出权利登记公告,通知相关权利人在指定期间登记。权利登记公告应当包括以下内容:

(一)案件情况和诉讼请求;

(二)被告的基本情况;

(三)权利人范围及登记期间;

(四)起诉书中确定的拟任代表人人选姓名或者名称、联系方式等基本信息;

(五)自愿担任代表人的权利人,向人民法院提交书面申请和相关材料的期限;

(六)人民法院认为必要的其他事项。

公告应当以醒目的方式提示,代表人的诉讼权限包括代表原告参加开庭审理,变更、放弃诉讼请求或者承认对方当事人的诉讼请求,与被告达成调解协议,提起或者放弃上诉,申请执行,委托诉讼代理人等,参加登记视为对代表人进行特别授权。

公告期间为三十日。

第八条 权利人应在公告确定的登记期间向人民法院登记。未按期登记的,可在一审开庭前向人民法院申请补充登记,补充登记前已经完成的诉讼程序对其发生效力。

权利登记可以依托电子信息平台进行。权利人进行登记时,应当按照权利登记公告要求填写诉讼请求金额、收款方式、电子送达地址等事项,并提供身份证明文件、交易记录及投资损失等证据材料。

第九条 人民法院在登记期间届满后十日内对登记的权利人进行审核。不符合权利人范围的投资者,人民法院不确认其原告资格。

第十条 权利登记公告前已就同一证券违法事实提起诉讼且符合权利人范围的投资者,申请撤诉并加入代表人诉讼的,人民法院应当予以准许。

投资者申请撤诉并加入代表人诉讼的，列为代表人诉讼的原告，已经收取的诉讼费予以退还；不申请撤诉的，人民法院不准许其加入代表人诉讼，原诉讼继续进行。

第十一条 人民法院应当将审核通过的权利人列入代表人诉讼原告名单，并通知全体原告。

第十二条 代表人应当符合以下条件：

（一）自愿担任代表人；

（二）拥有相当比例的利益诉求份额；

（三）本人或者其委托诉讼代理人具备一定的诉讼能力和专业经验；

（四）能忠实、勤勉地履行维护全体原告利益的职责。

依照法律、行政法规或者国务院证券监督管理机构的规定设立的投资者保护机构作为原告参与诉讼，或者接受投资者的委托指派工作人员或委派诉讼代理人参与案件审理活动的，人民法院可以指定该机构为代表人，或者在被代理的当事人中指定代表人。

申请担任代表人的原告存在与被告有关联关系等可能影响其履行职责情形的，人民法院对其申请不予准许。

第十三条 在起诉时当事人人数确定的代表人诉讼，应当在起诉前确定获得特别授权的代表人，并在起诉书中就代表人的推选情况作出专项说明。

在起诉时当事人人数尚未确定的代表人诉讼，应当在起诉书中就拟任代表人人选及条件作出说明。在登记期间向人民法院登记的权利人对拟任代表人人选均没有提出异议，并且登记的权利人无人申请担任代表人的，人民法院可以认定由该二至五名人选作为代表人。

第十四条 在登记期间向人民法院登记的权利人对拟任代表人的人选提出异议，或者申请担任代表人的，人民法院应当自原告范围审核完毕后十日内在自愿担任代表人的原告中组织推选。

代表人的推选实行一人一票，每位代表人的得票数应当不少于参与投票人数的50%。代表人人数为二至五名，按得票数排名确定，通过投票产生二名以上代表人的，为推选成功。首次推选不出的，人民法院应当即时组织原告在得票数前五名的候选人中进行二次推选。

第十五条 依据前条规定推选不出代表人的，由人民法院指定。

人民法院指定代表人的，应当将投票情况、诉讼能力、利益诉求份额等作为考量因素，并征得被指定代表人的同意。

第十六条　代表人确定后,人民法院应当进行公告。

原告可以自公告之日起十日内向人民法院申请撤回权利登记,并可以另行起诉。

第十七条　代表人因丧失诉讼行为能力或者其他事由影响案件审理或者可能损害原告利益的,人民法院依原告申请,可以决定撤销代表人资格。代表人不足二人时,人民法院应当补充指定代表人。

第十八条　代表人与被告达成调解协议草案的,应当向人民法院提交制作调解书的申请书及调解协议草案。申请书应当包括以下内容:

(一)原告的诉讼请求、案件事实以及审理进展等基本情况;

(二)代表人和委托诉讼代理人参加诉讼活动的情况;

(三)调解协议草案对原告的有利因素和不利影响;

(四)对诉讼费以及合理的公告费、通知费、律师费等费用的分摊及理由;

(五)需要特别说明的其他事项。

第十九条　人民法院经初步审查,认为调解协议草案不存在违反法律、行政法规的强制性规定、违背公序良俗以及损害他人合法权益等情形的,应当自收到申请书后十日内向全体原告发出通知。通知应当包括以下内容:

(一)调解协议草案;

(二)代表人请求人民法院制作调解书的申请书;

(三)对调解协议草案发表意见的权利以及方式、程序和期限;

(四)原告有异议时,召开听证会的时间、地点及报名方式;

(五)人民法院认为需要通知的其他事项。

第二十条　对调解协议草案有异议的原告,有权出席听证会或者以书面方式向人民法院提交异议的具体内容及理由。异议人未出席听证会的,人民法院应当在听证会上公开其异议的内容及理由,代表人及其委托诉讼代理人、被告应当进行解释。

代表人和被告可以根据听证会的情况,对调解协议草案进行修改。人民法院应当将修改后的调解协议草案通知所有原告,并对修改的内容作出重点提示。人民法院可以根据案件的具体情况,决定是否再次召开听证会。

第二十一条　人民法院应当综合考虑当事人赞成和反对意见、本案所涉法律和事实情况、调解协议草案的合法性、适当性和可行性等因素，决定是否制作调解书。

人民法院准备制作调解书的，应当通知提出异议的原告，告知其可以在收到通知后十日内向人民法院提交退出调解的申请。未在上述期间内提交退出申请的原告，视为接受。

申请退出的期间届满后，人民法院应当在十日内制作调解书。调解书经代表人和被告签收后，对被代表的原告发生效力。人民法院对申请退出原告的诉讼继续审理，并依法作出相应判决。

第二十二条 代表人变更或者放弃诉讼请求、承认对方当事人诉讼请求、决定撤诉的，应当向人民法院提交书面申请，并通知全体原告。人民法院收到申请后，应当根据原告所提异议情况，依法裁定是否准许。

对于代表人依据前款规定提交的书面申请，原告自收到通知之日起十日内未提出异议的，人民法院可以裁定准许。

第二十三条 除代表人诉讼案件外，人民法院还受理其他基于同一证券违法事实发生的非代表人诉讼案件的，原则上代表人诉讼案件先行审理，非代表人诉讼案件中止审理。但非代表人诉讼案件具有典型性且先行审理有利于及时解决纠纷的除外。

第二十四条 人民法院可以依当事人的申请，委托双方认可或者随机抽取的专业机构对投资损失数额、证券侵权行为以外其他风险因素导致的损失扣除比例等进行核定。当事人虽未申请但案件审理确有需要的，人民法院可以通过随机抽取的方式委托专业机构对有关事项进行核定。

对专业机构的核定意见，人民法院应当组织双方当事人质证。

第二十五条 代表人请求败诉的被告赔偿合理的公告费、通知费、律师费等费用的，人民法院应当予以支持。

第二十六条 判决被告承担民事赔偿责任的，可以在判决主文中确定赔偿总额和损害赔偿计算方法，并将每个原告的姓名、应获赔偿金额等以列表方式作为民事判决书的附件。

当事人对计算方法、赔偿金额等有异议的，可以向人民法院申请复核。确有错误的，人民法院裁定补正。

第二十七条 一审判决送达后，代表人决定放弃上诉的，应当在上诉期间届满前通知全体原告。

原告自收到通知之日起十五日内未上诉,被告在上诉期间内亦未上诉的,一审判决在全体原告与被告之间生效。

原告自收到通知之日起十五日内上诉的,应当同时提交上诉状,人民法院收到上诉状后,对上诉的原告按上诉处理。被告在上诉期间内未上诉的,一审判决在未上诉的原告与被告之间生效,二审裁判的效力不及于未上诉的原告。

第二十八条 一审判决送达后,代表人决定上诉的,应当在上诉期间届满前通知全体原告。

原告自收到通知之日起十五日内决定放弃上诉的,应当通知一审法院。被告在上诉期间内未上诉的,一审判决在放弃上诉的原告与被告之间生效,二审裁判的效力不及于放弃上诉的原告。

第二十九条 符合权利人范围但未参加登记的投资者提起诉讼,且主张的事实和理由与代表人诉讼生效判决、裁定所认定的案件基本事实和法律适用相同的,人民法院审查具体诉讼请求后,裁定适用已经生效的判决、裁定。适用已经生效裁判的裁定中应当明确被告赔偿的金额,裁定一经作出立即生效。

代表人诉讼调解结案的,人民法院对后续涉及同一证券违法事实的案件可以引导当事人先行调解。

第三十条 履行或者执行生效法律文书所得财产,人民法院在进行分配时,可以通知证券登记结算机构等协助执行义务人依法协助执行。

人民法院应当编制分配方案并通知全体原告,分配方案应当包括原告范围、债权总额、扣除项目及金额、分配的基准及方法、分配金额的受领期间等内容。

第三十一条 原告对分配方案有异议的,可以依据民事诉讼法第二百二十五条的规定提出执行异议。

三、特别代表人诉讼

第三十二条 人民法院已经根据民事诉讼法第五十四条第一款、证券法第九十五条第二款的规定发布权利登记公告的,投资者保护机构在公告期间受五十名以上权利人的特别授权,可以作为代表人参加诉讼。先受理的人民法院不具有特别代表人诉讼管辖权的,应当将案件及时移送有管辖权的人民法院。

不同意加入特别代表人诉讼的权利人可以提交退出声明,原诉讼继续进行。

第三十三条　权利人范围确定后，人民法院应当发出权利登记公告。权利登记公告除本规定第七条的内容外，还应当包括投资者保护机构基本情况、对投资者保护机构的特别授权、投资者声明退出的权利及期间、未声明退出的法律后果等。

第三十四条　投资者明确表示不愿意参加诉讼的，应当在公告期间届满后十五日内向人民法院声明退出。未声明退出的，视为同意参加该代表人诉讼。

对于声明退出的投资者，人民法院不再将其登记为特别代表人诉讼的原告，该投资者可以另行起诉。

第三十五条　投资者保护机构依据公告确定的权利人范围向证券登记结算机构调取的权利人名单，人民法院应当予以登记，列入代表人诉讼原告名单，并通知全体原告。

第三十六条　诉讼过程中由于声明退出等原因导致明示授权投资者的数量不足五十名的，不影响投资者保护机构的代表人资格。

第三十七条　针对同一代表人诉讼，原则上应当由一个投资者保护机构作为代表人参加诉讼。两个以上的投资者保护机构分别受五十名以上投资者委托，且均决定作为代表人参加诉讼的，应当协商处理；协商不成的，由人民法院指定其中一个作为代表人参加诉讼。

第三十八条　投资者保护机构应当采取必要措施，保障被代表的投资者持续了解案件审理的进展情况，回应投资者的诉求。对投资者提出的意见和建议不予采纳的，应当对投资者做好解释工作。

第三十九条　特别代表人诉讼案件不预交案件受理费。败诉或者部分败诉的原告申请减交或者免交诉讼费的，人民法院应当依照《诉讼费用交纳办法》的规定，视原告的经济状况和案件的审理情况决定是否准许。

第四十条　投资者保护机构作为代表人在诉讼中申请财产保全的，人民法院可以不要求提供担保。

第四十一条　人民法院审理特别代表人诉讼案件，本部分没有规定的，适用普通代表人诉讼中关于起诉时当事人人数尚未确定的代表人诉讼的相关规定。

四、附　　则

第四十二条　本规定自2020年7月31日起施行。

《上海金融法院关于证券纠纷示范判决机制的规定》(2021年12月15日上海金融法院审判委员会第14次会议讨论通过)

第一章 总 则

第一条 为妥善处理群体性证券纠纷,维护当事人的合法权益,实现纠纷的及时有效化解,建立示范判决机制。根据《中华人民共和国民事诉讼法》《最高人民法院关于适用〈中华人民共和国民事诉讼法〉的解释》《最高人民法院、中国证券监督管理委员会关于全面推进证券期货纠纷多元化解机制建设的意见》等,结合本院审判工作实际,制定本规定。

第二条 示范判决机制是指本院在处理群体性证券纠纷中,选取具有代表性的案件先行审理、先行判决,通过发挥示范案件的引领作用,妥善化解平行案件的纠纷解决机制。

群体性证券纠纷是指诉讼标的为同一种类且同一方当事人累计人数为十人以上的证券纠纷。

示范案件是指群体性证券纠纷中具有代表性的案件。

平行案件是指群体性证券纠纷中与示范案件有共通的事实争点和法律争点的案件。

第三条 示范判决机制通过审理程序安排,实现群体性证券纠纷的适法统一,提升审判效率,保护中小投资者合法权益,降低诉讼成本,促进矛盾化解。

第四条 凡属于本院管辖范围,因证券市场虚假陈述、内幕交易、操纵市场等证券侵权行为引发的民事赔偿群体性纠纷,可以适用本规定,但依照《最高人民法院关于证券纠纷代表人诉讼若干问题的规定》适用代表人诉讼程序进行审理的除外。

其他群体性金融商事纠纷可以参照本规定处理。

第二章 示范案件的选定

第五条 选定的示范案件需同时具备以下条件:

(一)具有群体性证券纠纷共通的事实争点和法律争点;

(二)案件的事实争点和法律争点具有代表性;

(三)示范案件的当事人或者其委托诉讼代理人具备一定的诉讼能力和专业经验。

第六条 群体性证券纠纷中由国家机关或依法设立的公益性组织机构支持诉讼或提起诉讼且符合示范案件选定条件的,优先选定作为示范案件。

第七条　示范案件可以依任何一方当事人的申请或者本院依职权选定。

第八条　当事人选定示范案件的申请，应以书面形式于一审开庭审理前提出。

第九条　示范案件的申请书应当包含以下内容：

（一）申请案件具备共通的事实和法律争点；

（二）申请案件的事实依据、法律理由及相关证据；

（三）申请案件的代表意义。

第十条　示范案件除解决本案当事人之间的争议外，应全面审查群体性证券纠纷中共通的事实和法律争点。共通的事实争点和法律争点的确定应当征求当事人的意见。

第十一条　本院可以通过阅卷、调查、询问和听证等方式对案件基本事实及争议进行审查，并据此选定示范案件。

第十二条　经当事人申请或本院依职权选定示范案件后，合议庭应当将示范案件的选定结果、共通争点、平行案件的范围及当事人的权利义务告知示范案件和平行案件的当事人。

第十三条　一个示范案件无法涵盖群体性证券纠纷全部共通争点的，可以依当事人的申请或者依职权选定多个示范案件。

第十四条　示范案件存在原告死亡、丧失诉讼能力或者撤回起诉、与被告达成调解等情形导致案件不能继续审理的，应当终结该案作为示范案件并重新选定示范案件。

第三章　示范案件的审理

第十五条　示范案件的文书送达、审前准备、证据调查、排期开庭及作出裁判等程序安排，应先于平行案件处理。

第十六条　根据案件具体情况，本院可以从普通共同诉讼案件中分离出单一诉讼形式的示范案件，或者经当事人同意，将若干单一诉讼案件合并为普通共同诉讼形式的示范案件进行审理。

前款分离或者合并裁定应当在法庭辩论终结前作出。

第十七条　在示范案件审理中，合议庭应当通过释明权的行使，促使当事人围绕共通的事实争点和法律争点明确诉请的事实及法律主张，充分履行举证义务。

第十八条　示范案件的当事人应当围绕共通的事实争点和法律争点充分发表辩论意见。当事人未能充分辩论的，法官应遵循合法、中立、公开、适度的原则行使释明权,促使当事人展开辩论。

第十九条 在示范案件审理中,合议庭就共通的事实争点和法律争点应充分听取当事人的意见,视情就相关争议公开法律见解,保障当事人充分辩论的权利。

第二十条 示范判决应当围绕共通的事实争点和法律争点展开充分论述,着重分析共通的证据,认定共通的事实,阐明共通的法律适用。

第四章 示范案件的专业支持

第二十一条 在示范案件审理中,本院可以依当事人申请或者依职权委托第三方专业机构调取相关交易数据,进行专业分析或者损失核定,以及依法开展委托鉴定、检测、评估、审计等其他专业支持活动。

第二十二条 当事人申请委托损失核定的,应当在本院指定期间内提出,并按损失核定机构的要求预交损失核定费用。逾期不提出申请或者不预交损失核定费用的,视为放弃申请,应承担相应法律后果。

第二十三条 当事人申请委托核定的事项与待证事实无关联的,本院不予准许。

第二十四条 准许当事人委托损失核定申请的,应当组织双方当事人协商确定损失核定机构,当事人协商不成的,由本院根据案件情况随机选取或指定损失核定机构。

第二十五条 当事人未申请损失核定但案件审理确有需要的,本院可以依职权委托损失核定机构进行核定。

第二十六条 本院建立损失核定机构名册。依法成立且具有损失核定专业能力的第三方机构,可以申请加入上述名册,经本院审核通过后可以承担本院委托的损失核定工作。

当事人申请损失核定的,可以在本院名册范围内选定损失核定机构。当事人协商一致选定的损失核定机构未纳入本院名册的,本院应当对该损失核定机构进行审查,审查通过后可以委托损失核定。

本院对损失核定机构名册的管理另行规定。

第二十七条 委托损失核定机构核定损失的,本院应当出具委托书。委托书应根据具体案情,分别载明相关交易数据的交易主体、交易期间以及分析或者计算的方法等内容。

第二十八条 损失核定机构应当出具书面的损失核定意见。损失核定机构及其指派的损失核定人员应当在意见书上加盖公章并签名。

第二十九条 损失核定意见作为申请方当事人提交的证据或者本

院依职权调查的证据,应当组织当事人进行质证。

第三十条 当事人对损失核定意见有异议或者本院认为损失核定人员有必要出庭的,损失核定人员应当出庭作证。经本院通知,损失核定人员拒不出庭作证的,损失核定意见不得作为认定事实的根据;支付费用的当事人可以要求损失核定机构返还相关费用。

第三十一条 示范案件生效判决认定被告侵权行为成立的,为解决共通争点而发生的损失核定费用,由被告全额负担。

第三十二条 当事人可以申请一至二名专家辅助人出庭,代表当事人对损失核定意见、鉴定意见等进行质证,或者对案件事实所涉及的专业问题发表意见。

当事人申请的专家辅助人在法庭上就专业问题发表的意见,视为当事人的陈述。

本院准许当事人申请的,相关费用由提出申请的当事人负担。

第三十三条 本院认为有必要由专家辅助人就案件涉及的专业问题提出意见时,可以依职权指派专家辅助人出庭,并告知案件当事人。

本院依职权指派的专家辅助人因出庭所支出的合理费用由本院负担,并给予适当报酬。

第三十四条 专家辅助人的出庭通知书应当于开庭前三日送达,通知书应当载明开庭时间、地点和专家辅助人的权利、义务等内容。

第三十五条 专家辅助人享有以下权利:

(一)查阅损失核定意见、鉴定意见等或者其他涉及专业问题的案卷材料;

(二)经审判长准许,可以对当事人、损失核定人员、鉴定人等以及其他诉讼参与人进行发问;

(三)就涉案专业问题作出说明、发表意见。

专家辅助人应承担下列义务:

(一)独立、客观地发表意见;

(二)如实回答法庭、案件当事人及诉讼代理人的发问;

(三)保守诉讼中知悉的国家秘密、商业秘密、个人隐私。

第三十六条 本院可以对出庭的专家辅助人进行询问。经本院准许,当事人可以对出庭的专家辅助人进行询问,当事人各自申请的专家辅助人可以就案件中的有关问题进行对质。

专家辅助人不得参与专业问题之外的法庭审理活动。

第三十七条 根据示范案件审理的需要,可以选用具有专业知识的人员作为专家陪审员参与案件审理。

第五章 示范案件的效力

第三十八条 群体性证券纠纷中已有生效裁定确认本院有管辖权,被告以相同理由提出管辖权异议的,本院释明后不再处理。

第三十九条 示范案件选定后,平行案件可以中止审理。

第四十条 示范判决生效后,已为示范判决所认定的共通的事实,平行案件的当事人无需另行举证。

示范判决生效后,已为示范判决所认定的共通的法律适用标准,平行案件的原告主张直接适用的,本院可予支持;平行案件的被告主张直接适用,但原告对此有异议的,本院应予审查。

第四十一条 示范案件出现下列情形之一的,判决部分或全部不具有示范效力:

(一)示范判决所认定的共通事实或法律适用标准被改判;

(二)出现足以影响案件结果的新证据或其他情形。

第四十二条 示范判决生效后,应当及时将示范判决告知平行案件的当事人。

第六章 平行案件的审理

第四十三条 平行案件的审理以调解优先、集约化审理以及简化审理为原则。

平行案件审理过程中,应充分运用电子送达、在线庭审、庭审记录改革、异步审理等方式,提高审判效率。

第四十四条 适用示范判决机制所涉群体性证券纠纷投资者向被告主张权利的,可以在本院指定平台登记姓名、证券账户开户证件号码、交易期间、索赔金额等信息。

投资者依前款完成登记的,构成诉讼时效中断。

第四十五条 对于尚未进入到诉讼程序的纠纷,示范判决生效前,在征求当事人意愿的基础上,引导当事人诉前先行调解。

示范判决生效后,应当在示范判决的基础上由相关调解组织或通过法院一站式多元解纷平台进行诉前调解。

第四十六条 经立案前委派调解,当事人申请撤诉,本院予以准许的,或者当事人达成调解协议申请本院司法确认的,案件受理费免于收取。

经立案前委派调解，当事人达成调解协议，请求本院出具调解书的，诉讼标的额在五万元人民币以下的免于收取案件受理费；诉讼标的额在五万元人民币以上的，案件受理费按全额的四分之一收取。

第四十七条　在法庭开庭审理前委托调解，当事人因达成和解协议而申请撤诉，本院予以准许的，案件受理费可以免予收取；当事人达成调解协议，本院制作民事调解书结案的，案件受理费可以按照全额的四分之一收取。

经法庭开庭审理后委托调解，当事人因达成和解协议而申请撤诉，本院予以准许的，案件受理费可以按照全额的四分之一收取；当事人达成调解协议，本院制作民事调解书结案的，案件受理费可以按照全额减半收取。

第四十八条　示范判决生效后，符合平行案件范围的投资者按照示范判决提起诉讼的，可以根据便利当事人原则，结合案件具体情况收取案件受理费。

第四十九条　平行案件的一方当事人拒绝接受依照示范判决提出的调解方案，且在后续诉讼中未能获得更有利的判决结果，本院可酌情增加其诉讼费用的负担部分。

对方当事人要求赔偿在后续诉讼程序中所增加的交通、住宿等必要费用的，本院可酌情予以支持。

第五十条　平行案件的损失核定一般应委托示范案件选定的损失核定机构。

平行案件经损失核定认定被告应承担赔偿责任的，损失计算费用由被告全额负担；平行案件经损失核定认定被告不承担赔偿责任的，损失计算费用由原告负担。

第五十一条　平行案件当事人可以在本院指定期限内按照示范判决变更诉讼请求、补充证据、提出答辩状。当事人滥用诉讼权利、故意拖延诉讼的，本院依法不予准许。

第五十二条　平行案件双方当事人对示范判决所认定的共通事实和法律适用标准均不持异议的，本院调取交易数据、委托损失核定后可以简化审理。

需要开庭审理的，可以采取集中开庭方式对于平行案件进行合并审理。已经示范判决所认定的事实，当事人可以不再举证、质证。

第五十三条　经当事人同意，平行案件可以通过互联网或专用网络在线开庭审理。仅一方当事人选择在线庭审的,可以根据案件情况,决定采用线下开庭或一方当事人线上、其他当事人线下方式开庭。

第五十四条 经当事人同意,平行案件的开庭审理优先适用录音录像替代庭审笔录。

第五十五条 经当事人同意,本院可以指定当事人在一定期限内,分别登录微法庭等平台,以非同步的方式开展调解、证据交换、调查询问、庭审等诉讼活动。

第五十六条 经当事人同意,平行案件可通过中国审判流程信息公开网、全国统一送达平台、中国移动微法院、全市统一诉讼服务平台、电子邮件等途径送达证据材料、诉讼文书、裁判文书。

第五十七条 平行案件的裁判文书可以采取表格式、要素式等方式,在判决主文中确定赔偿总额,并将原告的姓名、应获赔偿金额等以列表方式作为民事判决书的附件。

当事人对赔偿金额等有异议的,可以向本院申请复核。确有错误的,本院应裁定补正。

第七章 诉讼保全与案件执行

第五十八条 群体性证券纠纷中有证据显示上市公司可能丧失偿付能力或被告存在转移、隐匿财产等可能使判决难以执行的,本院可以依职权裁定采取保全措施,保全金额可以依已登记案件的索赔金额确定。

第五十九条 本院依职权采取保全措施的,可以利用网络执行查控系统等方式,对裁定保全的财产或者保全数额范围内的财产进行查询,并采取相应的查封、扣押、冻结措施。

第六十条 判决生效后进入执行程序,经法院督促后,被执行人自动履行完毕生效法律文书确定义务的,可以免于负担执行费用。

第六十一条 依据生效判决,上市公司控股股东、实际控制人与上市公司负有连带赔偿责任的,可以对其名下财产先行执行。

第六十二条 被执行人名下的财产因涉行政处罚、刑事罚金被在先查封且无其他财产可供执行的,可以协调相关部门交由本院处臵。

第六十三条 履行或者执行生效法律文书所得案款,本院可以直接发放或通知相关协助执行义务人通过证券交易结算系统进行发放。

第八章 审判流程管理

第六十四条 群体性证券纠纷示范案件应由合议庭评议后选定,并提交专业法官会议或本院证券业案件法官专业委员会讨论决定。

第六十五条　示范案件选定后，合议庭应当及时在审判管理信息系统中进行标识，并登记、录入相关案件审理信息。

第六十六条　示范案件的庭审原则上应当通过互联网直播，但依法不公开审理或其他不宜直播的情形除外。

第六十七条　示范案件生效裁判文书原则上应当在互联网公布，法律规定不宜公开的情形除外。

第六十八条　示范案件的审理信息应当依照依法、规范、及时、便民的原则通过互联网公开，涉及国家秘密，以及法律、司法解释规定应当保密或者限制获取审判流程信息的情形除外。

第六十九条　示范判决作出前，应当提交本院证券业案件法官专业委员会讨论，必要时可以提请审判委员会讨论决定。

第七十条　加强示范案件节点式管理，严格执行案件选定、损失核定、开庭、评议、判决等重要节点的审限管理规定，提高示范案件审判效率。

第七十一条　示范案件选定后，对平行案件进行集中统一审理。加强平行案件与示范案件审判环节的无缝衔接，提高司法效能。

第七十二条　为体现平行案件集约化审理效应，加强平行案件损失核定、调解等流程的管理，提高平行案件审判效率。

第九章　机制保障

第七十三条　适用示范判决机制审理案件，应当依托信息化技术提高诉讼效率，完善案件信息化管理系统及中小投资者保护智慧舱等，实现案件登记、文书批量操作、公告通知、开庭审理、调解、司法确认、执行款项发放等诉讼程序的便利化。

第七十四条　示范判决机制适用过程中，应当与证券监管机构、证券交易所、证券登记结算机构、投资者保护机构、调解组织、行业协会等加强沟通，在调查取证、专业支持、诉调对接、案件执行、投资者教育等方面开展合作。

第七十五条　建立信息共享机制，定期与证券监管机构、证券交易所、投资者保护机构等共享行政处罚、生效示范判决及平行案件调解情况。

第七十六条　与证券登记结算机构、证券交易所建立电子交易数据交换机制，简化平行案件登记手续，便利损失赔偿金额计算。

第七十七条　完善“示范判决＋专业调解＋司法确认”全链条的纠

纷多元化解机制,优化委派调解、委托调解流程,实现平行案件纠纷及时有效化解。

第七十八条 积极协调证券监管机构、其他法院等相关部门,落实行政罚款、刑事罚金优先用于民事赔偿的工作衔接和配合机制。

第七十九条 完善风险防范机制,针对案件审理过程中发现的问题以司法建议、审判白皮书等方式提示风险,督促市场主体规范经营,防范群体性矛盾。

第十章 附 则

第八十条 本规定由本院审判委员会负责解释。

第八十一条 本规定自2022年1月11日起施行,2019年1月16日印发的《上海金融法院关于证券纠纷示范判决机制的规定(试行)》同时废止。

《关于做好投资者保护机构参加证券纠纷特别代表人诉讼相关工作的通知》(证监发〔2020〕67号)

中国证监会各派出机构,各交易所,各下属单位,各协会,会内各部门:

为了落实《证券法》第九十五条第三款相关规定,规范证监会系统相关单位参加证券纠纷特别代表人诉讼(以下简称特别代表人诉讼)相关活动,明确各方职责,根据《民事诉讼法》《证券法》《最高人民法院关于证券纠纷代表人诉讼若干问题的规定》等有关规定,现将有关事项通知如下:

一、特别代表人诉讼是指按照《证券法》第九十五条第三款规定,投资者保护机构受五十名以上投资者委托,作为代表人参加的证券民事诉讼。

二、本通知所称投资者保护机构是指中证中小投资者服务中心有限责任公司、中国证券投资者保护基金有限责任公司。

三、投资者保护机构参加特别代表人诉讼,应当坚持必要、透明、公正的原则,切实保护投资者合法权益。

四、对于典型重大、社会影响恶劣的证券民事案件,投资者保护机构依法及时启动特别代表人诉讼。

投资者保护机构应当按照相关司法解释的规定参加诉讼,可以先行在被告具有一定偿付能力、已被有关机关作出行政处罚或者刑事裁判等案件上进行试点诉讼,积累经验,主动探索引领证券纠纷代表人诉讼。

五、投资者保护机构应当建立健全参加特别代表人诉讼的工作机制，明确内部职责分工，配备必要的人员、经费及信息技术设施等保障。

六、投资者保护机构应当制定参加特别代表人诉讼的管理制度，对内部决策程序、实施步骤、通知公告方式、与诉讼参与人之间的权利义务关系、费用管理、工作人员行为规范以及诉讼活动中可能涉及的重要事项等作出规定，严格按照制度执行。

七、投资者保护机构正式参加诉讼前，可以按照有关规定向中国证券登记结算有限责任公司（以下简称中国结算）查询投资者范围、持股情况、亏损情况等相关信息，并依法做好保密工作。

八、投资者保护机构可以建立专家评估机制，根据国家经济金融形势、资本市场改革发展、具体案件情况、社会舆情、投资者需求以及相关部门提议等，按照内部决策程序，自主研究决定是否参加相关案件进行特别代表人诉讼。

投资者保护机构根据实际情况，决定不参加相关案件，可以运用其他方式，积极维护投资者的合法权益。

九、投资者保护机构参加特别代表人诉讼的，应当按照诉讼规则参与各项具体诉讼活动，依法履行代表人职责。

投资者保护机构应当根据案件事实，公正、合理地确定诉讼标的、提出诉讼请求。在确定诉讼标的、提出诉讼请求时，应当充分听取被代表投资者的意见，做好沟通协调、解释说明等工作。

十、中国结算是《证券法》规定的确认权利人的证券登记结算机构。

中国结算应当按照人民法院出具的载有确定的权利登记范围的法律文书，根据证券登记结算系统里的登记记载，确认相关权利人持有证券的事实。

中国结算提供的确认情况，为证券登记结算系统记载的一个或若干交易日日终的证券持有人名单。

十一、中国结算、证券交易所、投资者保护机构等可以根据自身职能，按照司法协助程序积极配合人民法院在特别代表人诉讼过程中的相关工作，在证据核查、损失计算及赔偿金分配等方面提供支持配合。

十二、证监会对投资者保护机构参加特别代表人诉讼工作进行监督，各相关派出机构和会管单位等依法提供支持和服务保障。

投资者保护机构应当及时将参加特别代表人诉讼相关重要情况向中国证监会报告，案件结案后进行专项报告。

十三、投资者保护机构、中国结算、证券交易所等单位之间应当加强沟通合作,可以通过签订备忘录或业务协议等方式完善协作机制。

十四、参加特别代表人诉讼活动的证监会系统各相关单位及其工作人员,应当勤勉尽责,严格遵守法律法规及工作纪律,遵守相关回避规定,保守工作秘密,不得谋取私利,不得接受不当请托及从事其他损害投资者合法权益的行为,切实维护投资者合法权益。

有关单位及其工作人员徇私舞弊、严重失职造成投资者损失的,依法依规追究责任;涉嫌犯罪的,依法追究刑事责任。

十五、证监会系统各相关单位在参加特别代表人诉讼过程中,应当加强与人民法院沟通协调,积极总结经验,及时向证监会反馈意见与建议,不断推动完善特别代表人诉讼制度,保护投资者的合法权益。

十六、本通知自印发之日起施行。

中国证监会

2020 年 7 月 31 日

第七章 证券交易场所

第九十六条 【证券交易场所的法律地位】 证券交易所、国务院批准的其他全国性证券交易场所为证券集中交易提供场所和设施,组织和监督证券交易,实行自律管理,依法登记,取得法人资格。

证券交易所、国务院批准的其他全国性证券交易场所的设立、变更和解散由国务院决定。

国务院批准的其他全国性证券交易场所的组织机构、管理办法等,由国务院规定。

相关行政规章

证券交易所管理办法(2020 年修订)(中国证券监督管理委员会令第 166 号,自 2020 年 3 月 20 日起施行)

第一章 总 则

第一条 为加强对证券交易所的管理,促进证券交易所依法全面履行一线监管职能和服务职能,维护证券市场的正常秩序,保护投资者的合法权益,促进证券市场的健康稳定发展,根据《中华人民共和国证券法》(以下简称《证券法》),制定本办法。

第二条 本办法所称的证券交易所是指经国务院决定设立的证券交易所。

第三条 证券交易所根据《中国共产党章程》设立党委,发挥领导作用,把方向、管大局、保落实,依照规定讨论和决定交易所重大事项,保证监督党和国家的方针、政策在交易所得到全面贯彻落实。

第四条 证券交易所由中国证券监督管理委员会(以下简称中国证监会)监督管理。

第五条 证券交易所的名称,应当标明证券交易所字样。其他任何单位和个人不得使用证券交易所或者近似名称。

第二章 证券交易所的职能

第六条 证券交易所组织和监督证券交易,实施自律管理,应当遵循社会公共利益优先原则,维护市场的公平、有序、透明。

第七条 证券交易所的职能包括:

(一)提供证券交易的场所、设施和服务;

(二)制定和修改证券交易所的业务规则;

(三)依法审核公开发行证券申请;

(四)审核、安排证券上市交易,决定证券终止上市和重新上市;

(五)提供非公开发行证券转让服务;

(六)组织和监督证券交易;

(七)对会员进行监管;

(八)对证券上市交易公司及相关信息披露义务人进行监管;

(九)对证券服务机构为证券上市、交易等提供服务的行为进行监管;

(十)管理和公布市场信息;

(十一)开展投资者教育和保护;

(十二)法律、行政法规规定的以及中国证监会许可、授权或者委托的其他职能。

第八条 证券交易所不得直接或者间接从事:

(一)新闻出版业;

(二)发布对证券价格进行预测的文字和资料;

(三)为他人提供担保;

(四)未经中国证监会批准的其他业务。

第九条 证券交易所可以根据证券市场发展的需要,创新交易品种和交易方式,设立不同的市场层次。

第十条 证券交易所制定或者修改业务规则,应当符合法律、行政法规、部门规章对其自律管理职责的要求。

证券交易所制定或者修改下列业务规则时,应当由证券交易所理事会通过,并报中国证监会批准:

(一)证券交易、上市、会员管理和其他有关业务规则;

(二)涉及上市新的证券交易品种或者对现有上市证券交易品种作出较大调整;

(三)以联网等方式为非本所上市的品种提供交易服务;

(四)涉及证券交易方式的重大创新或者对现有证券交易方式作出较大调整;

(五)涉及港澳台及境外机构的重大事项;

(六)中国证监会认为需要批准的其他业务规则。

第十一条 证券交易所制定的业务规则对证券交易业务活动的各参与主体具有约束力。对违反业务规则的行为,证券交易所给予纪律处分或者采取其他自律管理措施。

第十二条 证券交易所应当按照章程、协议以及业务规则的规定,对违法违规行为采取自律监管措施或者纪律处分,履行自律管理职责。

第十三条 证券交易所应当在业务规则中明确自律监管措施或者纪律处分的具体类型、适用情形和适用程序。

证券交易所采取纪律处分的,应当依据纪律处分委员会的审核意见作出。纪律处分决定作出前,当事人按照业务规则的规定申请听证的,证券交易所应当组织听证。

第十四条 市场参与主体对证券交易所作出的相关自律监管措施或者纪律处分不服的,可以按照证券交易所业务规则的规定申请复核。

证券交易所应当设立复核委员会,依据其审核意见作出复核决定。

第十五条 证券交易所应当建立风险管理和风险监测机制,依法监测、监控、预警并防范市场风险,维护证券市场安全稳定运行。

第十六条 证券交易所应当同其他交易场所、登记结算机构、行业协会等证券期货业组织建立资源共享、相互配合的长效合作机制,联合依法监察证券市场违法违规行为。

第三章 证券交易所的组织

第十七条 实行会员制的证券交易所设会员大会、理事会、总经理和监事会。

第十八条 会员大会为证券交易所的最高权力机构。会员大会行使下列职权：

(一)制定和修改证券交易所章程；

(二)选举和罢免会员理事、会员监事；

(三)审议和通过理事会、监事会和总经理的工作报告；

(四)审议和通过证券交易所的财务预算、决算报告；

(五)法律、行政法规、部门规章和证券交易所章程规定的其他重大事项。

第十九条 证券交易所章程应当包括下列事项：

(一)设立目的；

(二)名称；

(三)主要办公及交易场所和设施所在地；

(四)职能范围；

(五)会员的资格和加入、退出程序；

(六)会员的权利和义务；

(七)对会员的纪律处分；

(八)组织机构及其职权；

(九)理事、监事、高级管理人员的产生、任免及其职责；

(十)资本和财务事项；

(十一)解散的条件和程序；

(十二)其他需要在章程中规定的事项。

章程的制定和修改经会员大会通过后，报中国证监会批准。

第二十条 会员大会每年召开一次，由理事会召集，理事长主持。理事长因故不能履行职责时，由理事长指定的副理事长或者其他理事主持。有下列情形之一的，应当召开临时会员大会：

(一)理事人数不足本办法规定的最低人数；

(二)三分之一以上会员提议；

(三)理事会或者监事会认为必要。

第二十一条 会员大会应当有三分之二以上的会员出席，其决议须经出席会议的会员过半数表决通过。

会员大会结束后十个工作日内,证券交易所应当将大会全部文件及有关情况向中国证监会报告。

第二十二条 理事会是证券交易所的决策机构,行使下列职权:

(一)召集会员大会,并向会员大会报告工作;

(二)执行会员大会的决议;

(三)审定总经理提出的工作计划;

(四)审定总经理提出的年度财务预算、决算方案;

(五)审定对会员的接纳和退出;

(六)审定取消会员资格的纪律处分;

(七)审定证券交易所业务规则;

(八)审定证券交易所上市新的证券交易品种或者对现有上市证券交易品种作出较大调整;

(九)审定证券交易所收费项目、收费标准及收费管理办法;

(十)审定证券交易所重大财务管理事项;

(十一)审定证券交易所重大风险管理和处置事项,管理证券交易所风险基金;

(十二)审定重大投资者教育和保护工作事项;

(十三)决定高级管理人员的聘任、解聘及薪酬事项,但中国证监会任免的除外;

(十四)会员大会授予和证券交易所章程规定的其他职权。

第二十三条 证券交易所理事会由七至十三人组成,其中非会员理事人数不少于理事会成员总数的三分之一,不超过理事会成员总数的二分之一。

理事每届任期三年。会员理事由会员大会选举产生,非会员理事由中国证监会委派。

第二十四条 理事会会议至少每季度召开一次。会议须有三分之二以上理事出席,其决议应当经出席会议的三分之二以上理事表决同意方为有效。理事会决议应当在会议结束后两个工作日内向中国证监会报告。

第二十五条 理事会设理事长一人,副理事长一至二人。总经理应当是理事会成员。

理事长是证券交易所的法定代表人。

第二十六条　理事长负责召集和主持理事会会议。理事长因故临时不能履行职责时,由理事长指定的副理事长或者其他理事代其履行职责。

理事长不得兼任证券交易所总经理。

第二十七条　证券交易所的总经理、副总经理、首席专业技术管理人员每届任期三年。总经理由中国证监会任免。副总经理按照中国证监会相关规定任免或者聘任。

总经理因故临时不能履行职责时,由总经理指定的副总经理代其履行职责。

第二十八条　总经理行使下列职权:

(一)执行会员大会和理事会决议,并向其报告工作;

(二)主持证券交易所的日常工作;

(三)拟订并组织实施证券交易所工作计划;

(四)拟订证券交易所年度财务预算、决算方案;

(五)审定业务细则及其他制度性规定;

(六)审定除取消会员资格以外的其他纪律处分;

(七)审定除应当由理事会审定外的其他财务管理事项;

(八)理事会授予和证券交易所章程规定的其他职权。

第二十九条　监事会是证券交易所的监督机构,行使下列职权:

(一)检查证券交易所财务;

(二)检查证券交易所风险基金的使用和管理;

(三)监督证券交易所理事、高级管理人员执行职务行为;

(四)监督证券交易所遵守法律、行政法规、部门规章和证券交易所章程、协议、业务规则以及风险预防与控制的情况;

(五)当理事、高级管理人员的行为损害证券交易所利益时,要求理事、高级管理人员予以纠正;

(六)提议召开临时会员大会;

(七)提议召开临时理事会;

(八)向会员大会提出提案;

(九)会员大会授予和证券交易所章程规定的其他职权。

第三十条　证券交易所监事会人员不得少于五人,其中会员监事不得少于两名,职工监事不得少于两名,专职监事不得少于一名。

监事每届任期三年。会员监事由会员大会选举产生,职工监事由职工大会、职工代表大会或者其他形式民主选举产生,专职监事由中国证监会委派。证券交易所理事、高级管理人员不得兼任监事。

第三十一条 监事会设监事长一人。

监事长负责召集和主持监事会会议。监事长因故不能履行职责时,由监事长指定的专职监事或者其他监事代为履行职务。

第三十二条 监事会至少每六个月召开一次会议。监事长、三分之一以上监事可以提议召开临时监事会会议。

监事会决议应当经半数以上监事通过。监事会决议应当在会议结束后两个工作日内向中国证监会报告。

第三十三条 理事会、监事会根据需要设立专门委员会。各专门委员会的职责、任期和人员组成等事项,由证券交易所章程具体规定。

各专门委员会的经费应当纳入证券交易所的预算。

第三十四条 证券交易所的从业人员应当正直诚实、品行良好、具备履行职责所必需的专业知识与能力。因违法行为或者违纪行为被开除的证券交易场所、证券公司、证券登记结算机构、证券服务机构的从业人员和被开除的国家机关工作人员,不得招聘为证券交易所的从业人员。

有《中华人民共和国公司法》第一百四十六条规定的情形或者下列情形之一的,不得担任证券交易所理事、监事、高级管理人员:

(一)犯有贪污、贿赂、侵占财产、挪用财产罪或者破坏社会经济秩序罪,或者因犯罪被剥夺政治权利;

(二)因违法行为或者违纪行为被解除职务的证券交易场所、证券登记结算机构的负责人,自被解除职务之日起未逾五年;

(三)因违法行为或者违纪行为被解除职务的证券公司董事、监事、高级管理人员,自被解除职务之日起未逾五年;

(四)因违法行为或者违纪行为被吊销执业证书或者被取消资格的律师、注册会计师或者其他证券服务机构的专业人员,自被吊销执业证书或者被取消资格之日起未逾五年;

(五)担任因违法行为被吊销营业执照的公司、企业的法定代表人并对该公司、企业被吊销营业执照负有个人责任的,自被吊销营业执照之日起未逾五年;

(六)担任因经营管理不善而破产的公司、企业的董事、厂长或者经理并对该公司、企业的破产负有个人责任的,自破产之日起未逾五年;

(七)法律、行政法规、部门规章规定的其他情形。

第三十五条 证券交易所理事、监事、高级管理人员的产生、聘任有不正当情况，或者前述人员在任期内有违反法律、行政法规、部门规章和证券交易所章程、业务规则的行为，或者由于其他原因，不适宜继续担任其所担任的职务时，中国证监会有权解除或者提议证券交易所解除有关人员的职务，并按照规定任命新的人选。

第四章 证券交易所对证券交易活动的监管

第三十六条 证券交易所应当制定具体的交易规则。其内容包括：

(一)证券交易的基本原则；

(二)证券交易的场所、品种和时间；

(三)证券交易方式、交易流程、风险控制和规范事项；

(四)证券交易监督；

(五)清算交收事项；

(六)交易纠纷的解决；

(七)暂停、恢复与取消交易；

(八)交易异常情况的认定和处理；

(九)投资者准入和适当性管理的基本要求；

(十)对违反交易规则行为的处理规定；

(十一)证券交易信息的提供和管理；

(十二)指数的编制方法和公布方式；

(十三)其他需要在交易规则中规定的事项。

第三十七条 参与证券交易所集中交易的，必须是证券交易所的会员，非会员不得直接参与股票的集中交易。会员应当依据证券交易所相关业务规则，对客户证券交易行为进行管理。

第三十八条 证券交易所应当实时公布即时行情，并按日制作证券市场行情表，记载并公布下列事项：

(一)上市证券的名称；

(二)开盘价、最高价、最低价、收盘价；

(三)与前一交易日收盘价比较后的涨跌情况；

(四)成交量、成交金额的分计及合计；

(五)证券交易所市场基准指数及其涨跌情况；

(六)中国证监会要求公布或者证券交易所认为需要公布的其他事项。

证券交易所即时行情的权益由证券交易所依法享有。证券交易所对市场交易形成的基础信息和加工产生的信息产品享有专属权利。未经证券交易所同意,任何单位和个人不得发布证券交易即时行情,不得以商业目的使用。经许可使用交易信息的机构和个人,未经证券交易所同意,不得将该信息提供给其他机构和个人使用。

第三十九条 证券交易所应当就其市场内的成交情况编制日报表、周报表、月报表和年报表,并及时向市场公布。

证券交易所可以根据监管需要,对其市场内特定证券的成交情况进行分类统计,并向市场公布。

第四十条 证券交易所应当保证投资者有平等机会获取证券市场的交易行情和其他公开披露的信息,并有平等的交易机会。

第四十一条 因不可抗力、意外事件、重大技术故障、重大人为差错等突发性事件而影响证券交易正常进行时,为维护证券交易正常秩序和市场公平,证券交易所可以按照业务规则采取技术性停牌、临时停市等处置措施,并应当及时向中国证监会报告。

因前款规定的突发性事件导致证券交易结果出现重大异常,按交易结果进行交收将对证券交易正常秩序和市场公平造成重大影响的,证券交易所按照业务规则可以采取取消交易、通知证券登记结算机构暂缓交收等措施,并应当及时向中国证监会报告并公告。

第四十二条 证券交易所对证券交易进行实时监控,及时发现和处理违反业务规则的异常交易行为。

证券交易所应当对可能误导投资者投资决策、可能对证券交易价格或证券交易量产生不当影响等异常交易行为进行重点监控。

第四十三条 证券交易所应当按照维护市场交易秩序,保障市场稳定运行,保证投资者公平交易机会,防范和化解市场风险的原则,制定异常交易行为认定和处理的业务规则,并报中国证监会批准。

第四十四条 对于严重影响证券交易秩序或者交易公平的异常交易行为,证券交易所可以按照业务规则实施限制投资者交易等措施,并向中国证监会报告。

证券交易所发现异常交易行为涉嫌违反法律、行政法规、部门规章的,应当及时向中国证监会报告。

第四十五条 证券交易所应当加强对证券交易的风险监测。出现重大异常波动的,证券交易所可以按照业务规则采取限制交易、强制停牌等处置措施，并向中国证监会报告；严重影响证券市场稳定的，证券交易所可以按照业务规则采取临时停市等处置措施并公告。

第四十六条 证券交易所应当妥善保存证券交易中产生的交易记录，并制定相应的保密管理措施。交易记录等重要文件的保存期不少于二十年。

证券交易所应当要求并督促会员妥善保存与证券交易有关的委托资料、交易记录、清算文件等，并建立相应的查询和保密制度。

第四十七条 证券交易所应当建立符合证券市场监管和实时监控要求的技术系统，并设立负责证券市场监管工作的专门机构。

证券交易所应当保障交易系统、通信系统及相关信息技术系统的安全、稳定和持续运行。

第四十八条 通过计算机程序自动生成或者下达交易指令进行程序化交易的，应当符合中国证监会的规定，并向证券交易所报告，不得影响证券交易所系统安全或者正常交易秩序。证券交易所应当制定业务规则，对程序化交易进行监管。

第五章 证券交易所对会员的监管

第四十九条 证券交易所应当制定会员管理规则。其内容包括：

（一）会员资格的取得和管理；

（二）席位与交易单元管理；

（三）与证券交易业务有关的会员合规管理及风险控制要求；

（四）会员客户交易行为管理、适当性管理及投资者教育要求；

（五）会员业务报告制度；

（六）对会员的日常管理和监督检查；

（七）对会员采取的收取惩罚性违约金、取消会员资格等自律监管措施和纪律处分；

（八）其他需要在会员管理规则中规定的事项。

第五十条 证券交易所接纳的会员应当是经批准设立并具有法人地位的境内证券经营机构。

境外证券经营机构设立的驻华代表处，经申请可以成为证券交易所的特别会员。

证券交易所的会员种类，会员资格及权利、义务由证券交易所章程和业务规则规定。

第五十一条 证券交易所决定接纳或者开除会员应当在决定后的

五个工作日内向中国证监会报告。

第五十二条 证券交易所应当限定席位的数量。会员可以通过购买或者受让的方式取得席位。经证券交易所同意,席位可以转让,但不得用于出租和质押。

第五十三条 证券交易所应当对交易单元实施严格管理,设定、调整和限制会员参与证券交易的品种及方式。

会员参与证券交易的,应当向证券交易所申请设立交易单元。经证券交易所同意,会员将交易单元提供给他人使用的,会员应当对其进行管理。会员不得允许他人以其名义直接参与证券的集中交易。具体管理办法由证券交易所规定。

第五十四条 证券交易所应当制定技术管理规范,明确会员交易系统接入证券交易所和运行管理等技术要求,督促会员按照技术要求规范运作,保障交易及相关系统的安全稳定。

证券交易所为了防范系统性风险,可以要求会员建立和实施相应的风险控制系统和监测模型。

第五十五条 证券交易所应当按照章程、业务规则的规定,对会员遵守证券交易所章程和业务规则的情况进行检查,并将检查结果报告中国证监会。

证券交易所可以根据章程、业务规则要求会员提供与证券交易活动有关的业务报表、账册、交易记录和其他文件资料。

第五十六条 证券交易所应当建立会员客户交易行为管理制度,要求会员了解客户并在协议中约定对委托交易指令的核查和对异常交易指令的拒绝等内容,指导和督促会员完善客户交易行为监控系统,并定期进行考核评价。

会员管理的客户出现严重异常交易行为或者在一定时期内多次出现异常交易行为的,证券交易所应当对会员客户交易行为管理情况进行现场或者非现场检查,并将检查结果报告中国证监会。

会员未按规定履行客户管理职责的,证券交易所可以采取自律监管措施或者纪律处分。

第五十七条 证券交易所应当按照章程、业务规则对会员通过证券自营及资产管理等业务进行的证券交易实施监管。

证券交易所应当按照章程、业务规则要求会员报备其通过自营及资产管理账户开展产品业务创新的具体情况以及账户实际控制人的有关文件资料。

第五十八条　证券交易所应当督促会员建立并执行客户适当性管理制度，要求会员向客户推荐产品或者服务时充分揭示风险，并不得向客户推荐与其风险承受能力不适应的产品或者服务。

第五十九条　会员出现违法违规行为的，证券交易所可以按照章程、业务规则的规定采取暂停受理或者办理相关业务、限制交易权限、收取惩罚性违约金、取消会员资格等自律监管措施或者纪律处分。

第六十条　证券交易所会员应当接受证券交易所的监管，并主动报告有关问题。

第六章　证券交易所对证券上市交易公司的监管

第六十一条　证券交易所应当制定证券上市规则。其内容包括：

（一）证券上市的条件、程序和披露要求；

（二）信息披露的主体、内容及具体要求；

（三）证券停牌、复牌的标准和程序；

（四）终止上市、重新上市的条件和程序；

（五）对违反上市规则行为的处理规定；

（六）其他需要在上市规则中规定的事项。

第六十二条　证券交易所应当与申请证券上市交易的公司订立上市协议，确定相互间的权利义务关系。上市协议的内容与格式应当符合法律、行政法规、部门规章的规定。

上市协议应当包括下列内容：

（一）上市证券的品种、名称、代码、数量和上市时间；

（二）上市费用的收取；

（三）证券交易所对证券上市交易公司及相关主体进行自律管理的主要手段和方式，包括现场和非现场检查等内容；

（四）违反上市协议的处理，包括惩罚性违约金等内容；

（五）上市协议的终止情形；

（六）争议解决方式；

（七）证券交易所认为需要在上市协议中明确的其他内容。

第六十三条　证券交易所应当依法建立上市保荐制度。

证券交易所应当监督保荐人及相关人员的业务行为，督促其切实履行法律、行政法规、部门规章以及业务规则中规定的相关职责。

第六十四条　证券交易所按照章程、协议以及上市规则决定证券终止上市和重新上市。

证券交易所按照业务规则对出现终止上市情形的证券实施退市,督促证券上市交易公司充分揭示终止上市风险,并应当及时公告,报中国证监会备案。

第六十五条 证券交易所应当按照章程、协议以及业务规则,督促证券上市交易公司及相关信息披露义务人依法披露上市公告书、定期报告、临时报告等信息披露文件。

证券交易所对信息披露文件进行审核,可以要求证券上市交易公司及相关信息披露义务人、上市保荐人、证券服务机构等作出补充说明并予以公布,发现问题应当按照有关规定及时处理,情节严重的,报告中国证监会。

第六十六条 证券交易所应当依据业务规则和证券上市交易公司的申请,决定上市交易证券的停牌或者复牌。证券上市交易的公司不得滥用停牌或复牌损害投资者合法权益。

证券交易所为维护市场秩序可以根据业务规则拒绝证券上市交易公司的停复牌申请,或者决定证券强制停复牌。

中国证监会为维护市场秩序可以要求证券交易所对证券实施停复牌。

第六十七条 证券交易所应当按照章程、协议以及业务规则,对上市公司控股股东、持股百分之五以上股东、其他相关股东以及董事、监事、高级管理人员等持有本公司股票的变动及信息披露情况进行监管。

第六十八条 发行人、证券上市交易公司及相关信息披露义务人等出现违法违规行为的,证券交易所可以按照章程、协议以及业务规则的规定,采取通报批评、公开谴责、收取惩罚性违约金、向相关主管部门出具监管建议函等自律监管措施或者纪律处分。

第六十九条 证券交易所应当比照本章的有关规定,对证券在本证券交易所发行或者交易的其他主体进行监管。

第七章 管理与监督

第七十条 证券交易所不得以任何方式转让其依照本办法取得的设立及业务许可。

第七十一条 证券交易所的理事、监事、高级管理人员对其任职机构负有诚实信用的义务。

证券交易所的总经理离任时,应当按照有关规定接受离任审计。

第七十二条　证券交易所的总经理、副总经理未经批准，不得在任何营利性组织、团体和机构中兼职。证券交易所的非会员理事、非会员监事及其他工作人员不得以任何形式在证券交易所会员公司兼职。

第七十三条　证券交易所的理事、监事、高级管理人员及其他工作人员不得以任何方式泄露或者利用内幕信息，不得以任何方式违规从证券交易所的会员、证券上市交易公司获取利益。

第七十四条　证券交易所的理事、监事、高级管理人员及其他工作人员在履行职责时，遇到与本人或者其亲属等有利害关系情形的，应当回避。具体回避事项由其章程、业务规则规定。

第七十五条　证券交易所应当建立健全财务管理制度，收取的各种资金和费用应当严格按照规定用途使用，不得挪作他用。

证券交易所的收支结余不得分配给会员。

第七十六条　证券交易所应当履行下列报告义务：

（一）证券交易所经符合《证券法》规定的会计师事务所审计的年度财务报告，该报告应于每一财政年度终了后三个月内向中国证监会提交；

（二）关于业务情况的季度和年度工作报告，应当分别于每一季度结束后十五日内和每一年度结束后三十日内向中国证监会报告；

（三）法律、行政法规、部门规章及本办法其他条款中规定的报告事项；

（四）中国证监会要求报告的其他事项。

第七十七条　遇有重大事项，证券交易所应当随时向中国证监会报告。

前款所称重大事项包括：

（一）发现证券交易所会员、证券上市交易公司、投资者和证券交易所工作人员存在或者可能存在严重违反法律、行政法规、部门规章的行为；

（二）发现证券市场中存在产生严重违反法律、行政法规、部门规章行为的潜在风险；

（三）证券市场中出现法律、行政法规、部门规章未作明确规定，但会对证券市场产生重大影响的事项；

（四）执行法律、行政法规、部门规章过程中，需由证券交易所作出重大决策的事项；

(五)证券交易所认为需要报告的其他事项;

(六)中国证监会规定的其他事项。

第七十八条 遇有以下事项之一的,证券交易所应当及时向中国证监会报告,同时抄报交易所所在地人民政府,并采取适当方式告知交易所会员和投资者:

(一)发生影响证券交易所安全运转的情况;

(二)因不可抗力、意外事件、重大技术故障、重大人为差错等突发性事件而影响证券交易正常进行时,证券交易所为维护证券交易正常秩序和市场公平采取技术性停牌、临时停市、取消交易或者通知证券登记结算机构暂缓交收等处理措施;

(三)因重大异常波动,证券交易所为维护市场稳定,采取限制交易、强制停牌、临时停市等处置措施。

第七十九条 中国证监会有权要求证券交易所提供证券市场信息、业务文件以及其他有关的数据、资料。

第八十条 中国证监会有权要求证券交易所对其章程和业务规则进行修改。

第八十一条 中国证监会有权对证券交易所业务规则制定与执行情况、自律管理职责的履行情况、信息技术系统建设维护情况以及财务和风险管理等制度的建立及执行情况进行评估和检查。

中国证监会开展前款所述评估和检查,可以采取要求证券交易所进行自查、要求证券交易所聘请中国证监会认可的专业机构进行核查、中国证监会组织现场核查等方式进行。

第八十二条 中国证监会依法查处证券市场的违法违规行为时,证券交易所应当予以配合。

第八十三条 证券交易所涉及诉讼或者证券交易所理事、监事、高级管理人员因履行职责涉及诉讼或者依照法律、行政法规、部门规章应当受到解除职务的处分时,证券交易所应当及时向中国证监会报告。

第八章 法律责任

第八十四条 证券交易所违反本办法第八条的规定,从事未经中国证监会批准的其他业务的,由中国证监会责令限期改正;构成犯罪的,由司法机关依法追究刑事责任。

第八十五条 证券交易所违反本办法第十条的规定,上市新的证券交易品种或者对现有上市证券交易品种作出较大调整未制定修改业务规则或者未履行相关程序的，由中国证监会责令停止该交易品种的交易，并对有关负责人采取处理措施。

第八十六条 证券交易所违反本办法第十条的规定，制定或者修改业务规则应当报中国证监会批准而未履行相关程序的，中国证监会有权要求证券交易所进行修改、暂停适用或者予以废止，并对有关负责人采取处理措施。

第八十七条 证券交易所违反规定，允许非会员直接参与股票集中交易的，中国证监会依据《证券法》作出行政处罚。

第八十八条 证券交易所违反本办法规定，在监管工作中不履行职责，或者不履行本办法规定的有关报告义务，中国证监会可以采取监管谈话、出具警示函、通报批评、责令限期改正等监管措施。

第八十九条 证券交易所存在下列情况时，由中国证监会对有关高级管理人员视情节轻重分别给予警告、记过、记大过、撤职等行政处分，并责令证券交易所对有关的业务部门负责人给予纪律处分；造成严重后果的，由中国证监会按本办法第三十五条的规定处理；构成犯罪的，由司法机关依法追究有关责任人员的刑事责任：

（一）对国家有关法律、法规、规章、政策和中国证监会颁布的制度、办法、规定不传达、不执行；

（二）对工作不负责任，管理混乱，致使有关业务制度和操作规程不健全、不落实；

（三）对中国证监会的监督检查工作不接受、不配合，对工作中发现的重大隐患、漏洞不重视、不报告、不及时解决；

（四）对在证券交易所内发生的违规行为未能及时采取有效措施予以制止或者查处不力。

第九十条 证券交易所的任何工作人员有责任拒绝执行任何人员向其下达的违反法律、行政法规、部门规章和证券交易所有关规定的工作任务，并有责任向其更高一级领导和中国证监会报告具体情况。没有拒绝执行上述工作任务，或者虽拒绝执行但没有报告的，应当承担相应责任。

第九十一条 证券交易所会员、证券上市交易公司违反法律、行政法规、部门规章和证券交易所章程、业务规则的规定，并且证券交易所没有履行规定的监管责任的，中国证监会有权按照本办法的有关规定，追究证券交易所和证券交易所有关理事、监事、高级管理人员和直接责任人的责任。

第九十二条 证券交易所应当在其职责范围内,及时向中国证监会报告其会员、证券上市交易公司及其他人员违反法律、行政法规、部门规章的情况;按照证券交易所章程、业务规则等证券交易所可以采取自律监管措施和纪律处分的,证券交易所有权按照有关规定予以处理,并报中国证监会备案;法律、行政法规、部门规章规定由中国证监会处罚的,证券交易所可以向中国证监会提出处罚建议。

中国证监会可以要求证券交易所按照业务规则对其会员、证券上市交易公司等采取自律监管措施或者纪律处分。

第九十三条 证券交易所、证券交易所会员、证券上市交易公司违反本办法规定,直接责任人以及与直接责任人有直接利益关系者因此而形成非法获利或者避损的,由中国证监会依法予以行政处罚。

第九章 附 则

第九十四条 本办法由中国证监会负责解释。

第九十五条 本办法自2018年1月1日起施行。2001年12月12日中国证监会公布的《证券交易所管理办法》同时废止。

相关司法解释

《最高人民法院关于对与证券交易所监管职能相关的诉讼案件管辖与受理问题的规定》(法释〔2020〕20号)

为正确及时地管辖、受理与证券交易所监管职能相关的诉讼案件,特作出以下规定:

一、根据《中华人民共和国民事诉讼法》第三十七条和《中华人民共和国行政诉讼法》第二十三条的有关规定,指定上海证券交易所和深圳证券交易所所在地的中级人民法院分别管辖以上海证券交易所和深圳证券交易所为被告或第三人的与证券交易所监管职能相关的第一审民事和行政案件。

二、与证券交易所监管职能相关的诉讼案件包括:

(一)证券交易所根据《中华人民共和国公司法》《中华人民共和国证券法》《中华人民共和国证券投资基金法》《证券交易所管理办法》等法律、法规、规章的规定,对证券发行人及其相关人员、证券交易所会员及其相关人员、证券上市和交易活动做出处理决定引发的诉讼;

(二)证券交易所根据国务院证券监督管理机构的依法授权,对证券发行人及其相关人员、证券交易所会员及其相关人员、证券上市和交易活动做出处理决定引发的诉讼；

（三）证券交易所根据其章程、业务规则、业务合同的规定，对证券发行人及其相关人员、证券交易所会员及其相关人员、证券上市和交易活动做出处理决定引发的诉讼；

（四）证券交易所在履行监管职能过程中引发的其他诉讼。

三、投资者对证券交易所履行监管职责过程中对证券发行人及其相关人员、证券交易所会员及其相关人员、证券上市和交易活动做出的不直接涉及投资者利益的行为提起的诉讼，人民法院不予受理。

四、本规定自发布之日起施行。

《最高人民法院关于上海金融法院案件管辖的规定》（法释〔2021〕9号）（2018年7月31日由最高人民法院审判委员会第1746次会议通过，根据2021年3月1日最高人民法院审判委员会第1833次会议通过的《关于修改〈关于上海金融法院案件管辖的规定〉的决定》修正，该修正自2021年4月22日起施行）

为服务和保障上海国际金融中心建设，进一步明确上海金融法院案件管辖的具体范围，根据《中华人民共和国民事诉讼法》《中华人民共和国行政诉讼法》《全国人民代表大会常务委员会关于设立上海金融法院的决定》等规定，制定本规定。

第一条 上海金融法院管辖上海市辖区内应由中级人民法院受理的下列第一审金融民商事案件：

（一）证券、期货交易、营业信托、保险、票据、信用证、独立保函、保理、金融借款合同、银行卡、融资租赁合同、委托理财合同、储蓄存款合同、典当、银行结算合同等金融民商事纠纷；

（二）资产管理业务、资产支持证券业务、私募基金业务、外汇业务、金融产品销售和适当性管理、征信业务、支付业务及经有权机关批准的其他金融业务引发的金融民商事纠纷；

（三）涉金融机构的与公司有关的纠纷；

（四）以金融机构为债务人的破产纠纷；

（五）金融民商事纠纷的仲裁司法审查案件；

（六）申请认可和执行香港特别行政区、澳门特别行政区、台湾地区法院金融民商事纠纷的判决、裁定案件，以及申请承认和执行外国法院金融民商事纠纷的判决、裁定案件。

第二条 下列金融纠纷案件，由上海金融法院管辖：

(一)境内投资者以发生在中华人民共和国境外的证券发行、交易活动或者期货交易活动损害其合法权益为由向上海金融法院提起的诉讼；

(二)境内个人或者机构以中华人民共和国境外金融机构销售的金融产品或者提供的金融服务损害其合法权益为由向上海金融法院提起的诉讼。

第三条 在上海证券交易所科创板上市公司的证券发行纠纷、证券承销合同纠纷、证券上市保荐合同纠纷、证券上市合同纠纷和证券欺诈责任纠纷等第一审民商事案件，由上海金融法院管辖。

第四条 以上海证券交易所为被告或者第三人的与证券交易所监管职能相关的第一审金融民商事和涉金融行政案件，由上海金融法院管辖。

第五条 以住所地在上海市并依法设立的金融基础设施机构为被告或者第三人的与其履行职责相关的第一审金融民商事案件，由上海金融法院管辖。

第六条 上海市辖区内应由中级人民法院受理的对金融监管机构以及法律、法规、规章授权的组织因履行金融监管职责作出的行政行为不服提起诉讼的第一审涉金融行政案件，由上海金融法院管辖。

第七条 当事人对上海市基层人民法院作出的涉及本规定第一条第一至三项的第一审金融民商事案件和涉金融行政案件判决、裁定提起的上诉案件和申请再审案件，由上海金融法院审理。

第八条 上海市辖区内应由中级人民法院受理的金融民商事案件、涉金融行政案件的再审案件，由上海金融法院审理。

第九条 上海金融法院作出的第一审民商事案件和涉金融行政案件生效裁判，以及上海市辖区内应由中级人民法院执行的涉金融民商事纠纷的仲裁裁决，由上海金融法院执行。

上海金融法院执行过程中发生的执行异议案件、执行异议之诉案件，以及上海市基层人民法院涉金融案件执行过程中发生的执行复议案件、执行异议之诉上诉案件，由上海金融法院审理。

第十条 当事人对上海金融法院作出的第一审判决、裁定提起的上诉案件，由上海市高级人民法院审理。

第十一条 上海市各中级人民法院在上海金融法院成立前已经受理但尚未审结的金融民商事案件和涉金融行政案件，由该中级人民法院继续审理。

第十二条 本规定自2018年8月10日起施行。

《最高人民法院关于北京金融法院案件管辖的规定》(法释〔2021〕7号)(2021年3月1日最高人民法院审判委员会第1833次会议通过,自2021年3月16日起施行)

为服务和保障国家金融管理中心建设,进一步明确北京金融法院案件管辖的具体范围,根据《中华人民共和国民事诉讼法》《中华人民共和国行政诉讼法》《全国人民代表大会常务委员会关于设立北京金融法院的决定》等规定,制定本规定。

第一条 北京金融法院管辖北京市辖区内应由中级人民法院受理的下列第一审金融民商事案件:

(一)证券、期货交易、营业信托、保险、票据、信用证、独立保函、保理、金融借款合同、银行卡、融资租赁合同、委托理财合同、储蓄存款合同、典当、银行结算合同等金融民商事纠纷;

(二)资产管理业务、资产支持证券业务、私募基金业务、外汇业务、金融产品销售和适当性管理、征信业务、支付业务及经有权机关批准的其他金融业务引发的金融民商事纠纷;

(三)涉金融机构的与公司有关的纠纷;

(四)以金融机构为债务人的破产纠纷;

(五)金融民商事纠纷的仲裁司法审查案件;

(六)申请认可和执行香港特别行政区、澳门特别行政区、台湾地区法院金融民商事纠纷的判决、裁定案件,以及申请承认和执行外国法院金融民商事纠纷的判决、裁定案件。

第二条 下列金融纠纷案件,由北京金融法院管辖:

(一)境内投资者以发生在中华人民共和国境外的证券发行、交易活动或者期货交易活动损害其合法权益为由向北京金融法院提起的诉讼;

(二)境内个人或者机构以中华人民共和国境外金融机构销售的金融产品或者提供的金融服务损害其合法权益为由向北京金融法院提起的诉讼。

第三条 在全国中小企业股份转让系统向不特定合格投资者公开发行股票并在精选层挂牌的公司的证券发行纠纷、证券承销合同纠纷、证券交易合同纠纷、证券欺诈责任纠纷以及证券推荐保荐和持续督导合同、证券挂牌合同引起的纠纷等第一审民商事案件,由北京金融法院管辖。

第四条 以全国中小企业股份转让系统有限责任公司为被告或者第三人的与证券交易场所监管职能相关的第一审金融民商事和涉金融行政案件,由北京金融法院管辖。

第五条 以住所地在北京市并依法设立的金融基础设施机构为被告或者第三人的与其履行职责相关的第一审金融民商事案件,由北京金融法院管辖。

第六条 北京市辖区内应由中级人民法院受理的对中国人民银行、中国银行保险监督管理委员会、中国证券监督管理委员会、国家外汇管理局等国家金融管理部门以及其他国务院组成部门和法律、法规、规章授权的组织因履行金融监管职责作出的行政行为不服提起诉讼的第一审涉金融行政案件,由北京金融法院管辖。

第七条 当事人对北京市基层人民法院作出的涉及本规定第一条第一至三项的第一审金融民商事案件和涉金融行政案件判决、裁定提起的上诉案件和申请再审案件,由北京金融法院审理。

第八条 北京市辖区内应由中级人民法院受理的金融民商事案件、涉金融行政案件的再审案件,由北京金融法院审理。

第九条 北京金融法院作出的第一审民商事案件和涉金融行政案件生效裁判,以及北京市辖区内应由中级人民法院执行的涉金融民商事纠纷的仲裁裁决,由北京金融法院执行。

北京金融法院执行过程中发生的执行异议案件、执行异议之诉案件,以及北京市基层人民法院涉金融案件执行过程中发生的执行复议案件、执行异议之诉上诉案件,由北京金融法院审理。

第十条 中国人民银行、中国银行保险监督管理委员会、中国证券监督管理委员会、国家外汇管理局等国家金融管理部门,以及其他国务院组成部门因履行金融监管职责作为申请人的非诉行政执行案件,由北京金融法院审查和执行。

第十一条 当事人对北京金融法院作出的第一审判决、裁定提起的上诉案件,由北京市高级人民法院审理。

第十二条 北京市各中级人民法院在北京金融法院成立前已经受理但尚未审结的金融民商事案件和涉金融行政案件,由该中级人民法院继续审理。

第十三条 本规定自2021年3月16日起施行。

《最高人民法院关于为设立科创板并试点注册制改革提供司法保障的若干意见》(法发〔2019〕17号)

在上海证券交易所(以下简称上交所)设立科创板并试点注册制,是中央实施创新驱动发展战略、推进高质量发展的重要举措,是深化资本市场改革的重要安排。为充分发挥人民法院审判职能作用,共同促进发行、上市、信息披露、交易、退市等资本市场基础制度改革统筹推进,维护公开、公平、公正的资本市场秩序,保护投资者合法权益,现就注册制改革试点期间人民法院正确审理与科创板相关案件等问题,提出如下意见。

一、提高认识,增强为设立科创板并试点注册制改革提供司法保障的自觉性和主动性

1.充分认识设立科创板并试点注册制的重要意义。习近平总书记在首届中国国际进口博览会开幕式上宣布在上海证券交易所设立科创板并试点注册制,充分体现了以习近平同志为核心的党中央对资本市场改革发展的高度重视和殷切希望。中央经济工作会议提出,资本市场在金融运行中具有牵一发而动全身的作用,要通过深化改革,打造一个规范、透明、开放、有活力、有韧性的资本市场。从设立科创板入手,稳步试点股票发行注册制,既是深化金融供给侧结构性改革、完善资本市场基础制度的重要体现,也有利于更好发挥资本市场对提升关键技术创新和实体经济竞争力的支持功能,更好地服务高质量发展。各级人民法院要坚持以习近平新时代中国特色社会主义思想为指导,认真落实习近平总书记关于资本市场的一系列重要指示批示精神,妥善应对涉科创板纠纷中的新情况、新问题,把保护投资者合法权益、防范化解金融风险作为证券审判的根本性任务,为加快形成融资功能完备、基础制度扎实、市场监管有效、投资者合法权益得到有效保护的多层级资本市场体系营造良好司法环境。

2.准确把握科创板定位和注册制试点安排。科创板是资本市场的增量改革,也是资本市场基础制度改革创新的"试验田"。科创板主要服务于符合国家战略、突破关键核心技术、市场认可度高的科技创新企业,发行上市条件更加包容,不要求企业上市前必须盈利,允许"同股不同权"企业和符合创新试点规定的红筹企业上市,实行更加市场化的发行承销、交易、并购重组、退市等制度。根据全国人大常委会授权,股票发行注册制改革过程中调整适用《中华人民共和国证券法》关于股票公开发行核准制度的有关规定。本次注册制试点总体分为上交所审核和证监会注册两个环节,证监会对上交所的审核工作进行监督,建立健全以信息披露为中心的股票发行上市制度。各级人民法院要坚持稳中求进工作总基调,立足证券刑事、民事和行政审判实际,找准工作切入点,通过依法审判进一步落实中央改革部署和政策要求,推动形成市场参与各方依法履职、归位尽责及合法权益得到有效保护的良好市场生态,为投资者放心投资,科创公司大胆创新提供有力司法保障。

二、尊重资本市场发展规律,依法保障以市场机制为主导的股票发行制度改革顺利推进

3. 支持证券交易所审慎开展股票发行上市审核。根据改革安排,上交所主要通过向发行人提出审核问询、发行人回答问题方式开展审核工作。在案件审理中,发行人及其保荐人、证券服务机构在发行上市申请文件和回答问题环节所披露的信息存在虚假记载、误导性陈述或者重大遗漏的,应当判令承担虚假陈述法律责任;虚假陈述构成骗取发行审核注册的,应当判令承担欺诈发行法律责任。为保障发行制度改革顺利推进,在科创板首次公开发行股票并上市企业的证券发行纠纷、证券承销合同纠纷、证券上市保荐合同纠纷、证券上市合同纠纷和证券欺诈责任纠纷等第一审民商事案件,由上海金融法院试点集中管辖。

4. 保障证券交易所依法实施自律监管。由于科创板上市门槛具有包容性和科创公司技术迭代快、盈利周期长等特点,客观上需要加强事中事后监管。对于证券交易所经法定程序制定的科创板发行、上市、持续监管等业务规则,只要不具有违反法律法规强制性规定情形,人民法院在审理案件时可以依法参照适用。为统一裁判标准,根据《最高人民法院关于上海金融法院案件管辖的规定》(法释〔2018〕14号)第三条的规定,以上海证券交易所为被告或者第三人与其履行职责相关的第一审金融民商事案件和行政案件,仍由上海金融法院管辖。

5. 确保以信息披露为中心的股票发行民事责任制度安排落到实处。民事责任的追究是促使信息披露义务人尽责归位的重要一环,也是法律能否"长出牙齿"的关键。在证券商事审判中,要按照本次改革要求,严格落实发行人及其相关人员的第一责任。发行人的控股股东、实际控制人指使发行人从事欺诈发行、虚假陈述的,依法判令控股股东、实际控制人直接向投资者承担民事赔偿责任。要严格落实证券服务机构保护投资者利益的核查把关责任,证券服务机构对会计、法律等各自专业相关的业务事项未履行特别注意义务，对其他业务事项未履行普通注意义务的，应当判令其承担相应法律责任。准确把握保荐人对发行人上市申请文件等信息披露资料进行全面核查验证的注意义务标准，在证券服务机构履行特别注意义务的基础上，保荐人仍应对发行人的经营情况和风险进行客观中立的实质验证，否则不能满足免责的举证标准。对于不存在违法违规行为而单纯经营失败的上市公司，严格落实证券法投资风险“买者自负”原则，引导投资者提高风险识别能力和理性投资意识。

6. 尊重科创板上市公司构建与科技创新特点相适应的公司治理结构。科创板上市公司在上市前进行差异化表决权安排的，人民法院要根据全国人大常委会对进行股票发行注册制改革的授权和公司法第一百三十一条的规定，依法认定有关股东大会决议的效力。科创板上市公司为维持创业团队及核心人员稳定而扩大股权激励对象范围的，只要不违反法律、行政法规的强制性规定，应当依法认定其效力，保护激励对象的合法权益。

7. 加强对科创板上市公司知识产权司法保护力度。依法审理涉科创板上市公司专利权、技术合同等知识产权案件，对于涉及科技创新的知识产权侵权行为，加大赔偿力度，充分体现科技成果的市场价值，对情节严重的恶意侵权行为，要依法判令其承担惩罚性赔偿责任。进一步发挥知识产权司法监督职能，积极探索在专利民事侵权诉讼中建立效力抗辩审理制度，促进知识产权行政纠纷的实质性解决，有效维护科创板上市公司知识产权合法权益。

三、维护公开公平公正市场秩序，依法提高资本市场违法违规成本

8. 严厉打击干扰注册制改革的证券犯罪和金融腐败犯罪，维护证券市场秩序。依法从严惩治申请发行、注册等环节易产生的各类欺诈和腐败犯罪。对于发行人与中介机构合谋串通骗取发行注册，以及发行审核、注册工作人员以权谋私、收受贿赂或者接受利益输送的，依法从严追究刑事责任。压实保荐人对发行人信息的核查、验证义务，保荐人明知或者应当明知发行人虚构或者隐瞒重要信息、骗取发行注册的，依法追究刑事责任。依法从严惩治违规披露、不披露重要信息、内幕交易、利用未公开信息交易、操纵证券市场等金融犯罪分子，严格控制缓刑适用，依法加大罚金刑等经济制裁力度。对恶意骗取国家科技扶持资金或者政府纾困资金的企业和个人，依法追究刑事责任。加强与证券行政监管部门刑事信息共享机制建设,在证券案件审理中发现涉嫌有关犯罪线索的,应当及时向侦查部门反映并移送相关材料。推动完善证券刑事立法,及时制定出台相关司法解释,为促进市场健康发展提供法律保障。

9. 依法受理和审理证券欺诈责任纠纷案件,强化违法违规主体的民事赔偿责任。根据注册制试点安排,股票发行上市审核由过去监管部门对发行人资格条件进行实质判断转向以信息披露为中心,主要由投资者自行判断证券价值。在审理涉科创板上市公司虚假陈述案件时,应当审查的信息披露文件不仅包括招股说明书、年度报告、临时报告等常规信息披露文件,也包括信息披露义务人对审核问询的每一项答复和公开承诺;不仅要审查信息披露的真实性、准确性、完整性、及时性和公平性,还要结合科创板上市公司高度专业性、技术性特点,重点关注披露的内容是否简明易懂,是否便于一般投资者阅读和理解。发行人的高级管理人员和核心员工通过专项资产管理计划参与发行配售的,人民法院应当推定其对发行人虚假陈述行为实际知情,对该资产管理计划的管理人或者受益人提出的赔偿损失诉讼请求,不予支持。加强对内幕交易和操纵市场民事赔偿案件的调研和指导,积极探索违法违规主体对投资者承担民事赔偿责任的构成要件和赔偿范围。加大对涉科创板行政处罚案件和民事赔偿案件的司法执行力度,使违法违规主体及时付出违法违规代价。

10. 依法审理公司纠纷案件,增强投资者对科创板的投资信心。积极调研特别表决权在科创板上市公司中可能存在的“少数人控制”“内部人控制”等公司治理问题,对于以公司自治方式突破科创板上市规则侵犯普通股东合法权利的,人民法院应当依法否定行为效力,禁止特别表决权股东滥用权利,防止制度功能的异化。案件审理中,要准确界定特别表决权股东权利边界,坚持“控制与责任相一致”原则,在“同股不同权”的同时,做到“同股不同责”。正确审理公司关联交易损害责任纠纷案件,对于通过关联交易损害公司利益的公司控股股东、实际控制人等责任主体,即使履行了法定公司决议程序也应承担民事赔偿责任;关联交易合同存在无效或者可撤销情形,符合条件的股东通过股东代表诉讼向关联交易合同相对方主张权利的,应当依法予以支持。

11. 依法界定证券公司投资者适当性管理民事责任,落实科创板投资者适当性要求。投资者适当性管理义务的制度设计,是为了防止投资者购买与自身风险承受能力不相匹配的金融产品而遭受损失。科技创新企业盈利能力具有不确定性、退市条件更为严格等特点，决定了科创板本身有一定风险。对于证券公司是否充分履行投资者适当管理义务的司法审查标准，核心是证券公司在为投资者提供科创板股票经纪服务前，是否按照一般人能够理解的客观标准和投资者能够理解的主观标准向投资者履行了告知说明义务。对于因未履行投资者适当性审查、信息披露及风险揭示义务给投资者造成的损失，人民法院应当判令证券公司承担赔偿责任。

12. 依法审理股票配资合同纠纷，明确股票违规信用交易的民事责任。股票信用交易作为证券市场的重要交易方式和证券经营机构的重要业务，依法属于国家特许经营的金融业务。对于未取得特许经营许可的互联网配资平台、民间配资公司等法人机构与投资者签订的股票配资合同，应当认定合同无效。对于配资公司或交易软件运营商利用交易软件实施的变相经纪业务，亦应认定合同无效。

四、有效保护投资者合法权益，建立健全与注册制改革相适应的证券民事诉讼制度

13. 推动完善符合我国国情的证券民事诉讼体制机制，降低投资者诉讼成本。根据立法进程和改革精神，全力配合和完善符合我国国情的证券民事诉讼体制、机制。立足于用好、用足现行代表人诉讼制度，对于共同诉讼的投资者原告人数众多的，可以由当事人推选代表人，国务院证券监督管理机构设立的证券投资者保护机构以自己的名义提起诉讼，或者接受投资者的委托指派工作人员或委托诉讼代理人参与案件审理活动的，人民法院可以指定该机构或者其代理的当事人作为代表人。支持依法成立的证券投资者保护机构开展为投资者提供专门法律服务等证券支持诉讼工作。按照共同的法律问题或者共同的事实问题等标准划分适格原告群体，并在此基础上分类推进诉讼公告、权利登记和代表人推选。代表人应当经所代表原告的特别授权，具有变更或者放弃诉讼请求等诉讼权利，对代表人与被告签订的和解或者调解协议，人民法院应当依法进行审查，以保护被代表投资者的合法权益。推动建立投资者保护机构辅助参与生效判决执行的机制，借鉴先行赔付的做法，法院将执行款项交由投资者保护机构提存，再由投资者保护机构通过证券交易结算系统向胜诉投资者进行二次分配。积极配合相关部门和有关方面，探索行政罚款、刑事罚金优先用于民事赔偿的工作衔接和配合机制。研究探索建立证券民事、行政公益诉讼制度。

14. 加强配套程序设计,提高投资者举证能力。证券侵权案件中,投资者在取得和控制关键证据方面往往处于弱势地位。探索建立律师民事诉讼调查令制度,便利投资者代理律师行使相关调查权,提高投资者自行收集证据的能力。研究探索适当强化有关知情单位和个人对投资者获取证据的协助义务,对拒不履行协助取证义务的单位和个人要依法予以民事制裁。

15. 大力开展证券审判机制创新,依托信息化手段提高证券司法能力。推动建立开放、动态、透明的证券侵权案件专家陪审制度,从证券监管机构、证券市场经营主体、研究机构等单位遴选专家陪审员,参与证券侵权案件审理。要充分发挥专家证人在案件审理中的作用,探索专家证人的资格认定和管理办法。研究开发建设全国法院证券审判工作信息平台,通过信息化手段实现证券案件网上无纸化立案,实现群体性诉讼立案便利化,依托信息平台完善群体诉讼统一登记机制,解决适格原告权利登记、代表人推选等问题。着力解决案件审理与证券交易数据的对接问题,为损失赔偿数额计算提供支持,提高办案效率。

16. 全面推动证券期货纠纷多元化解工作,推广证券示范判决机制。坚持把非诉讼纠纷解决机制挺在前面,落实《关于全面推进证券期货纠纷多元化解机制建设的意见》,依靠市场各方力量,充分调动市场专业资源化解矛盾纠纷,推动建立发行人与投资者之间的纠纷化解和赔偿救济机制。对虚假陈述、内幕交易、操纵市场等违法行为引发的民事赔偿群体性纠纷,需要人民法院通过司法判决宣示法律规则、统一法律适用的,受诉人民法院可选取在事实认定、法律适用上具有代表性的案件作为示范案件,先行审理并及时作出判决,引导其他当事人通过证券期货纠纷多元化解机制解决纠纷,加大对涉科创板矛盾纠纷特别是群体性案件的化解力度。

17. 加强专业金融审判机构建设,提升证券审判队伍专业化水平。根据金融机构分布和金融案件数量情况,在金融案件相对集中的地区探索设立金融法庭,对证券侵权案件实行集中管辖。其他金融案件较多的人民法院,可以设立专业化的金融审判合议庭。积极适应金融供给侧结构性改革和金融风险防控对人民法院工作的新要求,在认真总结审判经验的基础上,加强对涉科创板案件的分析研判和专业知识储备,有针对性地开展证券审判专题培训,进一步充实各级人民法院的审判力量,努力建设一支政治素质高、业务能力强的过硬证券审判队伍。

《最高人民法院关于为创业板改革并试点注册制提供司法保障的若干意见》(法发〔2020〕28号)

推进创业板改革并试点注册制,是中央全面深化资本市场改革、完善资本市场基础制度、提升资本市场功能的重要安排,也是落实创新驱动发展战略、支持深圳建设中国特色社会主义先行示范区、助推粤港澳大湾区建设的重大举措。为充分发挥人民法院审判职能作用,保障创业板改革并试点注册制顺利推进,保护投资者合法权益,现就人民法院正确审理与创业板相关案件等问题,提出如下意见。

一、切实提高认识,增强为创业板改革并试点注册制提供司法保障的自觉性

1. 充分认识推进创业板改革并试点注册制的重要意义。党的十八大以来,党中央高度重视资本市场发展改革工作。2019年以来,中共中央、国务院先后印发的《粤港澳大湾区发展规划纲要》和《关于支持深圳建设中国特色社会主义先行示范区的意见》,明确提出要完善创业板发行上市、再融资和并购重组制度,创造条件推动注册制改革。2020年3月1日正式施行的证券法明确规定,公开发行证券采取注册制,并确定分步实施股票公开发行注册制改革。推进创业板改革并试点注册制,是中央推进"双区驱动"战略的重要一环,也是全面深化资本市场改革落地的关键一步。各级人民法院要坚持以习近平新时代中国特色社会主义思想为指导,认真贯彻中央关于"双区驱动"战略和全面深化资本市场改革的各项决策部署,以贯彻证券法为契机,依法妥善审理与创业板有关的各类案件,为加快形成融资功能完备、基础制度扎实、市场监管有效、投资者合法权益得到有效保护的多层次资本市场体系营造良好的司法环境。

2. 准确把握创业板改革并试点注册制的总体安排。本次改革是在借鉴科创板改革经验基础上对创业板进行的系统性改革工程,改革思路核心是"一条主线""三个统筹"。"一条主线",即实施以信息披露为核心的股票发行注册制,提高透明度和真实性,由投资者自主进行价值判断,真正把选择权交给市场。"三个统筹":一是统筹推进创业板改革与多层次资本市场体系建设,坚持创业板与其他板块错位发展,创业板主要服务成长型创新创业企业,支持传统产业与新技术、新产业、新业态、新模式深度融合。二是统筹推进试点注册制与其他基础制度建设,对创业板发行、上市、信息披露、交易、退市等基础性制度实施一揽子改革措施,增强对创新创业企业的服务能力。三是统筹推进增量改革与存量改革,包容存量,稳定存量上市公司和投资者预期。各级人民法院要立足证券刑事、民事和行政审判实际,找准工作切入点,通过司法审判推动形成市场参与各方依法履职、归位尽责及合法权益得到有效保护的良好市场生态,为投资者放心投资、市场主体大胆创新创业提供有力司法保障。

二、积极主动作为,依法保障创业板改革并试点注册制顺利推进

3. 对实行注册制创业板上市公司所涉有关证券民商事案件试点集中管辖。按照改革安排,深圳证券交易所履行创业板股票发行审核职责。为统一裁判标准,保障创业板改革并试点注册制顺利推进,对在创业板以试点注册制首次公开发行股票并上市公司所涉证券发行纠纷、证券承销合同纠纷、证券上市保荐合同纠纷、证券上市合同纠纷和证券欺诈责任纠纷等第一审民商事案件,由广东省深圳市中级人民法院试点集中管辖。

4. 保障证券监管部门和证券交易所依法实施行政监管和自律监管。推进创业板改革并试点注册制,除在前端进行发行上市制度改革外,证券监管部门和证券交易所还需对再融资、并购重组、交易、退市等与之相配套的制度进行完善。各级人民法院要立足司法审判,通过统一法律适用保障各项改革举措有效实施。对于证券监管部门、证券交易所经法定程序制定的、与法律法规不相抵触的创业板发行、上市、持续监管等规章、规范性文件和业务规则的相关规定,人民法院可以在审理案件时依法参照适用。对于证券交易所所涉行政与民事纠纷,要积极引导当事人先行通过证券交易所听证、复核等程序表达诉求,寻求救济。严格执行证券法有关保障证券交易所履行自律管理职能的有关规定,依法落实证券交易所正当自律监管行为民事责任豁免原则。

5. 全面参照执行科创板司法保障意见的各项司法举措。为服务保障在上海证券交易所设立科创板并试点注册制改革,最高人民法院制定了专门司法文件,提出了17条专门司法保障举措。本次创业板改革,充分借鉴和吸收了设立科创板并试点注册制改革的各项制度。各级人民法院在审理涉创业板相关案件时,要增强为创业板改革并试点注册制提供司法保障的自觉性和主动性,本意见未规定的,参照适用《最高人民法院关于为设立科创板并试点注册制改革提供司法保障的若干意见》(法发〔2019〕17号)。为更好地发挥司法政策对注册制改革的保障作用，科创板司法保障意见未规定的，人民法院也可以在审理涉科创板相关案件时参照适用本意见规定。

三、做到“零容忍”，依法提高市场主体违法违规成本

6. 依法从严惩处证券犯罪活动。全面落实对资本市场违法犯罪行为“零容忍”要求，全力配合全国人大常委会做好《中华人民共和国刑法修正案（十一）》立法修改工作，支持依法加大对欺诈发行股票、债券罪，违规披露、不披露重要信息罪以及提供虚假证明文件罪追究刑事责任的力度，做好新旧法适用衔接工作。依法加大惩治证券违法犯罪力度，依法从严惩处在创业板申请发行、注册等各环节滋生的各类欺诈和腐败犯罪。对于发行人与中介机构合谋串通在证券发行文件中隐瞒重要事实或者编造重大虚假内容，以及发行审核、注册工作人员以权谋私、收受贿赂或者接受利益输送的，依法从严追究刑事责任；依法从严惩处违规披露、不披露重要信息、内幕交易、利用未公开信息交易、操纵证券市场、背信损害上市公司利益等金融犯罪分子，严格控制缓刑适用，依法加大罚金刑等经济制裁力度。及时修改完善内幕交易等相关司法解释和司法政策，适时发布人民法院从严惩处证券犯罪典型案例，充分发挥刑事责任追究的一般预防和特殊预防功能。

7. 依法判令违法违规主体承担以信息披露为核心的证券民事责任。在证券民商事案件审理中，要严格执行证券法关于民事责任承担的规定，厘清不同责任主体对信息披露的责任边界，区分不同阶段信息披露的不同要求，严格落实发行人及其控股股东、实际控制人等相关人员信息披露的第一责任和证券中介机构保护投资者利益的核查把关责任。在审理涉创业板上市公司虚假陈述案件时，司法审查的信息披露文件不仅包括招股说明书、定期报告、临时报告、公司债券募集说明书、重组报告书等常规信息披露文件，也包括信息披露义务人对审核问询的每一项答复和公开承诺。发行人在其公告的证券发行文件中隐瞒重要事实或者编造重大虚假内容的，应当依法判令承担欺诈发行民事责任。准确把握保荐人对发行人上市申请文件等信息披露资料进行全面核查验证的注意义务标准，在证券服务机构履行特别注意义务的基础上，保荐人仍应对发行人的经营情况和风险进行客观中立的实质验证，否则不能满足免责的举证标准，以进一步压实证券中介机构责任。严格落实证券法第二百二十条的规定，违法违规主体的财产不足以支付全部民事赔偿款和缴纳罚款、罚金、违法所得时，其财产优先用于承担民事赔偿责任。

四、坚持改革创新,依法有效保护投资者合法权益

8. 依法保障证券集体诉讼制度落地实施。人民法院是贯彻落实证券法证券集体诉讼制度的责任主体,要认真遵照执行《最高人民法院关于证券纠纷代表人诉讼若干问题的规定》(法释〔2020〕5号),充分发挥证券集体诉讼震慑证券违法和保护投资者的制度功能。在司法办案中,要立足于畅通投资者维权渠道和降低投资者维权成本两大价值导向,鼓励进一步细化和完善证券代表人诉讼各项程序安排。大力开展证券审判信息化建设,通过信息化手段实现证券案件网上无纸化立案,依托信息平台开展代表人诉讼公告、权利登记、代表人推选等群体性诉讼事项;依法加强与证券交易登记数据的信息对接,为损失赔偿数额计算、赔偿款项发放等提供支持,提高办案效率。进一步加强与证券监管部门、投资者保护机构的沟通协调,依法保障投资者保护机构参加特别代表人诉讼的地位和权利,依法维护被代表投资者的合法权利,确保特别代表人诉讼程序行稳致远。

9. 持续深化证券期货纠纷多元化解机制建设。依托人民法院一站式多元解纷平台机制作用,完善有机衔接、协调联动、高效便民的证券纠纷多元化解机制。通过诉调对接、先行赔付的方式及时化解证券纠纷,依法保障当事人的合法权益。完善示范判决机制,简化平行案件的审理,持续健全"示范判决+委托调解"机制。强化证券纠纷在线调解,加强与证券调解组织的协同配合,构建立体化、多维度的纠纷解决机制。

10. 依法妥善处理好创业板改革新旧制度衔接问题。与科创板新设立不同,本次创业板改革并试点注册制在交易制度、投资者适当性制度以及退市制度方面的改革,与创业板存量投资者和上市公司的利益密切相关。人民法院要准确把握创业板改革中存量与增量的关系,尊重创业板新旧制度衔接的制度规则,审慎评估、依法处理新旧制度衔接过程中可能产生的纠纷,保障创业板注册制改革的平稳实施。认真研究创业板改革过程中因公司治理、并购重组等引发的新情况、新问题,切实维护市场秩序,保护投资者合法权益。

相关裁判摘要

"郑某与上海证券交易所再审行政裁定书"[中华人民共和国最高人民法院行政裁定书(2016)最高法行申1468号]认为,证券交易所具有相应的行政管理职能,可以成为行政案件的适格被告。相关裁判摘要如下:

依据中国证券监督管理委员会颁布的《证券交易所管理办法》第九十九条之规定，以及《最高人民法院关于对与证券交易所监管职能相关的诉讼案件管辖与受理问题的规定》第一条、第二条之规定，证券交易所作为法律法规规章授权组织，有权按照法律、法规、规章的规定实施包括对证券市场的违法行为予以处罚等监管行为，故证券交易所具有相应的行政管理职能，属于行政案件的适格被告。

“王某华、华安证券有限责任公司芜湖新芜路营业部证券交易合同纠纷再审民事裁定书”［安徽省芜湖市中级人民法院民事裁定书(2017)皖02民再12号］认为，证券交易所针对不特定对象制定的《债券市场投资者适当性管理办法》，系不直接涉及投资者利益的行为，投资者对此提起诉讼，不属于人民法院受理民事诉讼的范围。相关裁判摘要如下：

上诉人王某华因与被上诉人华安证券有限责任公司芜湖新芜路营业部、上海证券交易所（下简称上交所）、深圳证券交易所（下简称深交所）证券交易合同纠纷一案，不服安徽省芜湖市镜湖区人民法院(2017)皖0202民再1号民事裁定，向本院提出上诉。本院于2017年6月22日立案后，依法组成合议庭审理了本案，本案现已审理终结。

王某华上诉称：该案应当属于人民法院受理范围，一审裁定不予受理错误，故请求二审法院撤销芜湖市镜湖区人民法院(2017)皖0202民再1号民事裁定，指令芜湖市镜湖区人民法院对该案进行审理。

王某华向一审法院起诉请求：责令三被告停止侵权，不得歧视原告，不得限制原告自由买卖证券的权利，准许原告可以自由买入任何一支公开发行的证券。

一审法院再审审查认为，证券交易所针对不特定对象制定的《债券市场投资者适当性管理办法》，系不直接涉及投资者利益的行为。根据《最高人民法院关于对与证券交易所监管职能相关的诉讼案件管辖与受理问题的规定》第三条的规定，本案不属于人民法院受理民事诉讼的范围。遂依照《最高人民法院关于对与证券移交易所监管职能相关的诉讼案件管辖与受理问题的规定》第三条，《中华人民共和国民事诉讼法》第一百一十九条第四项、第一百五十四条第一款第三项，《最高人民法院关于适用〈中华人民共和国民事诉讼法〉的解释》第二百零八条第三款的规定，遂裁定驳回王某华的起诉。

本院审查认为:被上诉人上交所、深交所制定的《债券市场投资者适当性管理办法》是为了保护投资者合法权益,引导投资者理性参与债券交易,促进债券市场健康稳定发展,普遍适用于广大证券市场投资者,并不直接涉及上诉人王某华的利益。因此,原审法院再审依据《最高人民法关于对与证券交易所监管职能相关的诉讼案件管辖与受理问题的规定》第三条之规定,作出驳回王某华起诉的裁定,并无不妥,应予维持。王某华的上诉理由不能成立,对其上诉请求予以驳回。依照《中华人民共和国民事诉讼法》第一百七十条第一款第一项、第二百零七条之规定,裁定如下:驳回上诉,维持原裁定。本裁定为终审裁定。

"曹某海诉中国证券监督管理委员会等其他一案"[北京市第一中级人民法院行政裁定书(2016)京01行初279号]认为,证监会的答复属于一项信访答复,信访事项不属于行政诉讼的受案范围;上交所既非行政机关,同时也不在本院的管辖范围内,因此起诉人不具备起诉条件。相关裁判摘要如下:

起诉人曹某海向本院提起行政诉讼,状告中国证券监督管理委员会(以下简称证监会)、上海证券交易所(以下简称上交所)。起诉人曹某海诉称,起诉人因为南航权证有关事项向证监会反映,证监会于2016年3月14日作出证监信复字〔2016〕61号答复(以下简称61号答复),称:南航权证事件经过多次信访、复议、诉讼已经有了明确答复,来信中所提问题属于对业务规则的理解和解释问题,为了便利于您,我们就您反映的相关问题请上交所进行了解答,现将答复转交,供参考。随附2016年3月2日上交所作出的关于南航权证业务咨询问题的答复(以下简称上交所答复)。起诉人不服61号答复,认为证监会让起诉人举报的上交所作出答复的行政行为损害起诉人的利益,证监会拒绝履行法定职责,逃避监管责任,故诉至法院,请求判令撤销证监会61号答复;判令证监会拒绝履行法定职责,回答起诉人的申请,证监会推给南航权证责任人上交所回答的行为行政不作为;判令证监会没有履行应有的法定职责规定核准南航权证发行导致上交所恶意同意南航权证创设申请造成超巨量南航权证的创设上市交易行政不作为;判令上交所答复的所有内容违反法律的相关规定;判令确认超过6亿份以上还在继续创设发行上市的南航认沽权证是超股本对应的违规过量创设;判令确认没有经过证监会核准发行只由上交所"同意创设申请"就发行上市创设的南航权证违反法律规定;赔偿起诉人在南航权证交易中的损失以及被证监会长期不作为导致拖延的时间、人力等等一切相关损失。

经审查,本院认为,当事人向法院提起行政诉讼应当符合起诉条件,本案中证监会与上交所并无共同行政行为,不符合法律对共同被告的规定;证监会的61号答复属于一项信访答复,信访事项不属于行政诉讼的受案范围;上交所既非行政机关,同时也不在本院的管辖范围内,因此起诉人曹某海的起诉不具备起诉条件。依照《中华人民共和国行政诉讼法》第二十六条第四款、第四十九条第(四)项、第八十五条的规定,裁定如下:对起诉人曹某海的起诉,本院不予立案。

“王某奇与深圳证券交易所一审行政裁定书”[广东省深圳市中级人民法院行政裁定书(2019)粤03行初139号]重申:投资者对证券交易所履行监管职责过程中对证券发行人及其相关人员、证券交易所会员及其相关人员、证券上市和交易活动做出的不直接涉及投资者利益的行为提起的诉讼,人民法院不予受理。相关裁判摘要如下:

原告王某奇诉称,被告深圳证券交易所依据中国证监会向康得新复合材料集团股份有限公司下达的《行政处罚事先告知书》,推算出康得新复合材料集团股份有限公司2015年至2018年连续四年净利润实际为负,并据此认定康得新复合材料集团股份有限公司触及《深圳证券交易所上市公司重大违法强制退市实施办法》第四条第(三)项规定的重大违法强制退市情形。同时,被告以公司股票可能被实施重大违法强制退市,对康得新股票自7月8日起实施停牌措施。原告认为,行政处罚事先告知书存在明显错误,错误在于中国证监会在下达处罚决定时,对两年前的《2015年年度报告》和《2016年年度报告》的虚增利润违法行为也进行了行政处罚(包括进去了),违反了《中华人民共和国行政处罚法》第二十九条规定。处罚时,依法剔除《2015年年度报告》和《2016年年度报告》的虚增利润违法行为,才能彰显法治权威。事实上,如果剔除,剔除后也并不改轻处罚力度。原告认为,一旦中国证监会在行政处罚事先告知书中,明确揭示不对《2015年年度报告》和《2016年年度报告》的虚增利润违法行为进行行政处罚,就会警醒被告,就会让被告意识到《深圳证券交易所上市公司重大违法强制退市实施办法》自2018年11月16日起施行,按照法不溯及既往原则,不能对康得新适用《深圳证券交易所上市公司重大违法强制退市实施办法》。中国证监会违反了《中华人民共和国行政处罚法》第二十九条规定,被告跟着作出了错误认定。众所周知,《深圳证券交易所上市公司重大违法强制退市实施办法》为被告之业务规则,不属于《中华人民共和国行政处罚法》第二十九条之“法律另有规定的除外”情形,因此依法应当适用“违法行为在二年内未被发现的,不再给予行政处罚”之法律条款。也即,依法不再对康得新复合材料集团股份有限公司二年前发生的违法行为给予处罚。追溯导致连续亏损而致使上市公司“猝死”,对投资者损害极大,在与强制退市相配套的投资者保护办法出台前,应当慎用强制退市处罚,而以规劝上市公司主动退市更加彰显法治力量。本案向法庭揭示了“与强制退市相配套的投资者保护办法”这一政策缺位问题。自2015年行政诉讼法修订之后,对具体的政策文件,行政相对人已经有权向法庭提出附带审查,那么,行政相对人能否请求对缺位的政策文件提出附带审查,以便推动缺位的政策文件最快地推出?如果最后的行政裁判决定能够涉及此点,那将是法治的巨大进步。原告向法庭请求判令被告制定并推出“与强制退市相配套的投资者保护办法”。被告之行政不当损害了原告之合法权益(股票交易权等)。退市对持股者的损害不言而喻。为此,原告提起行政诉讼,请求法院确认被告对康得新复合材料集团股份有限公司适用强制退市处罚认定不当并责令改正。诉讼请求:1.确认被告对康得新复合材料集团股份有限公司适用强制退市处罚认定不当并责令改正;2.附带审查《深证上〔2018〕556号关于发布〈深圳证券交易所股票上市规则〉、〈深圳证券交易所创业板股票上市规则〉、〈深圳证券交易所上市公司重大违法强制退市实施办法〉、〈深圳证券交易所退市公司重新上市实施办法〉的通知》。

本院认为,《中华人民共和国行政诉讼法》第四十九条规定:“提起诉讼应当符合下列条件:……(三)有具体的诉讼请求和事实根据……”本案中,截至原告起诉时,被告并没有作出强制新复合材料集团股份有限公司退市的处罚行为。原告也没有提交被告作出这一处罚行为的证据,被告也主张自己没有作出处罚决定,故原告起诉的行为尚不存在,其起诉不符合起诉条件,依法应予驳回。

同时需要指出的是,根据《最高人民法院关于对与证券交易所监管职能相关的诉讼案件管辖与受理问题的规定》(法释〔2005〕1号)第三点的规定,投资者对证券交易所履行监管职责过程中对证券发行人及其相关人员、证券交易所会员及其相关人员、证券上市和交易活动做出的不直接涉及投资者利益的行为提起的诉讼,人民法院不予受理。即使被告深圳证券交易所作出了如原告声称的处罚决定,原告作为投资者,也无权对此提起行政诉讼。

综上,原告的起诉不符合起诉条件,依法应予驳回。依照《中华人民共和国行政诉讼法》第四十九条、《最高人民法院关于适用〈中华人民共和国行政诉讼法〉的解释》第六十九条第一款第(一)项、第三款之规定,裁定如下:驳回原告王某奇的起诉。

“郑某明与全国中小企业股份转让系统有限责任公司一审行政裁定书”[北京市西城区人民法院行政裁定书(2016)京0102行初1120号]认为,全国股转公司所作分层决定是针对挂牌公司作出的,对投资者的权利义务不产生实际影响,故投资者不具备原告资格。相关裁判文书摘编如下:

原告郑某明诉称,其于2014年10月购买了北京中搜网络技术股份有限公司(以下简称中搜公司)的相关互联网关键词服务产品,是该公司的合作客户,盈利模式为广告共同分账等。2016年6月24日,全国股转公司发布的《关于正式发布创新层挂牌公司名单的公告》中的第五项内容为:“北京中搜网络技术股份有限公司因公司客户和投资者举报反映其存在公司治理不健全、内控不合理等问题,根据《分层管理办法》的规定,将其调整出创新层挂牌公司名单。”郑某明认为,中搜公司至今未被任何一家行政执法机关进行过处罚,亦未明确适用《分层管理办法》的具体条款,全国股转公司作出的该项认定事实不清、法律依据错误,从而导致中搜公司股票大跌,做市商纷纷退出,对郑某明的经济利益造成重大影响。故诉至法院,请求法院撤销全国股转公司作出的《关于正式发布创新层挂牌公司名单的公告》中的第五项内容。

全国股转公司辩称:第一,郑某明不是分层的相对人,无法律上的利害关系,其所称投资中搜公司的法律关系不成立,不具有中搜网络股东身份,不能成为本案的适格原告。第二,全国股转公司不是行政机关或法律、法规、规章授权组织,不是行政主体,属于自律组织,其与中搜公司是自律管理关系,对中搜公司作出的涉诉公告中第五项内容属于自律管理行为,因此,全国股转公司不是本案的适格被告。第三,根据全国股转公司及中国证监会自2015年8月到2016年8月期间收到的对中搜公司的投诉举报中反映的问题,综合市场、投资者及监管机关的各方反映,全国股转公司作出将中搜公司调整出创新层名单的决定事实清楚、适用依据正确充分,且中搜公司并未提出异议。综上,请求法院依法驳回原告诉讼请求。

经审理查明,2014年至2015年间,郑某明分别与他人签订了中搜公司股票置换、代持协议,委托他人代持其持有的中搜公司股票。2016年6月24日,全国股转公司在官网上发布《关于正式发布创新层挂牌公司名单的公告》,其中第五项内容为:"北京中搜网络技术股份有限公司因公司客户和投资者举报反映其存在公司治理不健全、内控不合理等问题,根据《分层管理办法》的规定,将其调整出创新层挂牌公司名单。"

本院认为,当事人提起行政诉讼,应当符合法定起诉条件,具备原告主体资格。《行政诉讼法》第二十五条第一款规定:"行政行为的相对人以及其他与行政行为有利害关系的公民、法人或者其他组织,有权提起诉讼。"本案中,郑某明与他人签订中搜公司股票代持协议,实为中搜公司的隐名股东,全国股转公司所作分层决定中的第五项内容是针对中搜公司作出的,该内容对郑某明的权利义务不产生实际影响,故其不具备本案原告主体资格。据此,驳回原告郑某明的起诉。

"宏亿隆投资管理有限公司与全国中小企业股份转让系统有限责任公司再审审查与审判监督行政裁定书"[北京市高级人民法院行政裁定书(2018)京行申803号]认为,全国中小企业股份转让系统有限责任公司负责组织和监督挂牌公司的股票转让及相关活动,实行自律管理,其对相关公司和相关活动的监管以及依法采取的自律监管措施,均系自律管理范畴而非行使行政职权,宏亿隆投资管理有限公司因要求其履行该监管职责提起的诉讼不属于行政诉讼的受案范围,依法应当裁定驳回起诉。相关裁判摘要如下:

宏亿隆投资管理有限公司提起再审称,终审裁定作出"全国股转公司并无法定行政管理职权""宏亿隆针对全国股转公司未履行法定监管职责所提诉讼不属于行政诉讼受案范围"的认定,明显不符合本案的事实和法律规定,终审裁定程序亦违法。故请求撤销终审裁定,依法指令终审法院予以实体审理。

本院经审查认为,公民、法人或者其他组织提起行政诉讼,应当符合法定起诉条件,属于行政诉讼的受案范围;不属于行政诉讼受案范围,已经立案的,应当裁定驳回起诉。本案中,宏亿隆投资管理有限公司向全国中小企业股份转让系统有限责任公司提交申请,要求履行监管职责。但根据《国务院关于全国中小企业股份转让系统有关问题的决定》、《非上市公众公司监督管理办法》以及《全国中小企业股份转让系统有限责任公司管理暂行办法》的规定，全国中小企业股份转让系统有限责任公司负责组织和监督挂牌公司的股票转让及相关活动，实行自律管理。其对相关公司和相关活动的监管以及依法采取的自律监管措施，均系自律管理范畴而非行使行政职权。宏亿隆投资管理有限公司因要求其履行该监管职责提起的诉讼不属于行政诉讼的受案范围，依法应当裁定驳回起诉。故终审法院裁定驳回宏亿隆投资管理有限公司的起诉并无不当。

综上，宏亿隆投资管理有限公司的再审申请不符合《中华人民共和国行政诉讼法》第九十一条的规定，依照最高人民法院《关于适用〈中华人民共和国行政诉讼法〉的解释》第一百一十六条第二款的规定，裁定如下：驳回宏亿隆投资管理有限公司的再审申请。

"郭某诉光大证券、上海证券交易所、上海金融期货交易所期货内幕交易责任纠纷案"［上海市第一中级人民法院民事判决书（2013）沪一中民六（商）初字第30号］认为，交易所因其自律监管行为承担民事赔偿责任的标准，应结合交易所的性质、交易所监管职责的范围以及资本市场的特点进行合理认定。面对资本市场的突发事件，是否采取监管措施以及采取何种监管措施，应由交易所结合市场具体状况，以合理合法为原则，以维护市场整体秩序及交易公平为目的自主决定。无论交易所在行使其监管职权过程中作为或不作为，只要其行为的程序正当、目的合法，且不具有主观恶意，则交易所通常不因其自主决定的监管行为而承担民事赔偿责任。相关裁判摘要如下：

2013年8月16日11时05分，光大证券在进行交易型开放式指数基金（ETF）申赎套利交易时，因程序错误，其所使用的策略交易系统以234亿元的巨量资金申购股票，实际成交72.7亿元。当天下午开市后，光大证券在未进行信息披露的情况下卖空股指期货、卖出ETF对冲风险。同年11月，证监会对光大证券做出行政处罚决定，认定其相关行为构成内幕交易。原告郭某认为，光大证券上述行为导致当日股指期货市场涨跌幅异常波动，应对其同日进行的股指期货交易损失承担侵权赔偿责任。上海证券交易所、上海金融期货交易所在明知光大证券出现异常交易及内幕交易的情况下，未及时发布提示性或警示性公告，亦未适当履行监管职责且有误导之嫌,故应与光大证券共同承担赔偿责任,遂提起诉讼。

上海市第一中级人民法院于2016年12月28日作出“(2013)沪一中民六(商)初字第30号民事判决”:光大证券赔偿郭某损失11,280元;驳回郭某其余诉讼请求。判决后,各方均未提起上诉,该判决已生效。

法院认为,光大证券相关行为构成内幕交易,郭某在内幕交易时间段内进行IF1309交易且其主要交易方向与光大证券内幕交易方向相反,故其相关交易损失应由光大证券承担。法院同时认为,现无证据证明上海证券交易所、上海金融期货交易所曾发布相关不实信息或在光大证券发布公告前即已提前知晓相关事宜。上海证券交易所、上海金融期货交易所作为证券、期货交易市场的自律管理组织,其除了依照章程行使自律管理职责外,还具有为集中交易提供保障、发布信息的法定义务,并被赋予在法定条件下对特定市场主体采取单方、强制性、不利益措施的权力。光大证券实施内幕交易行为时,上海证券交易所、上海金融期货交易所尚无从知晓其行为原因及性质,亦无法对证券市场主体的该类行为是否违规作出认定,更无发布相关信息的事实基础。至于应否对光大证券的错单交易采取临时停市、限制交易等措施,则应由上海证券交易所、上海金融期货交易所结合当时市场具体状况,以合理合法为原则,以维护市场整体秩序及交易公平为目的自行决定,并非在市场出现异常时即必然立即行使。如否定交易所行使该种权力时的自主决定权,则证券、期货市场的交易行为和交易结果将因个别主体的违规行为而处于不确定状态,实质将对市场秩序及交易公平构成更大伤害。无论交易所在行使其监管职权过程中作为或不作为,只要其行为的程序正当、目的合法,且不具有主观恶意,则交易所通常不应因其自主决定的监管行为而承担民事法律责任。从当日交易情形来看,光大证券错单交易后,市场已在短时间内恢复正常,不存在之后另行临时停市的必要。光大证券之后采取的内幕交易行为,在数量及金额上亦未达到限制交易的法定条件。因此,上海证券交易所、上海金融期货交易所未采取原告所主张的紧急处置措施,应属合理,并未影响证券市场秩序及交易公平,无须因此承担民事赔偿责任。

第九十七条 【证券交易场所的分层】 证券交易所、国务院批准的其他全国性证券交易场所可以根据证券品种、行业特点、公司规模等因素设立不同的市场层次。

第九十八条 【区域性股权市场】 按照国务院规定设立的区域性股权市场为非公开发行证券的发行、转让提供场所和设施，具体管理办法由国务院规定。

相关行政法规和规范性文件

《国务院办公厅关于规范发展区域性股权市场的通知》(国办发〔2017〕11号) 规定：

规范发展区域性股权市场是完善多层次资本市场体系的重要举措，在推进供给侧结构性改革、促进大众创业万众创新、服务创新驱动发展战略、降低企业杠杆率等方面具有重要意义。为贯彻落实党中央、国务院决策部署，推动多层次资本市场长期稳定健康发展，防范和化解金融风险，支持实体经济特别是中小微企业发展，保护投资者合法权益，经国务院同意，现就规范发展区域性股权市场有关事项通知如下：

一、区域性股权市场是主要服务于所在省级行政区域内中小微企业的私募股权市场，是多层次资本市场体系的重要组成部分，是地方人民政府扶持中小微企业政策措施的综合运用平台。要处理好监管与发展的关系，按照既有利于规范、又有利于发展的要求，积极稳妥推进区域性股权市场规范发展，防范和化解金融风险，有序扩大和更加便利中小微企业融资。

二、区域性股权市场由所在地省级人民政府按规定实施监管，并承担相应风险处置责任。证监会要依法依规履职尽责，加强对省级人民政府开展区域性股权市场监管工作的指导、协调和监督。省级人民政府要根据相关金融政策法规，在职责范围内制定具体实施细则和操作办法，建立健全监管机制，指定具体部门承担日常监管职责，不断提升监管能力，依法查处违法违规行为。证监会负责制定统一的区域性股权市场业务及监管规则，对市场规范运作情况进行监督检查，对可能出现的金融风险进行预警提示和处置督导。证监会要对省级人民政府的监管能力和条件进行审慎评估，加强监管培训，采取有效措施，促使地方监管能力与市场发展状况相适应。证监会等国务院有关部门和省级人民政府要加强监管协同,防止监管空白和监管套利,严厉打击各类违法违规行为,维护市场秩序,切实保护投资者合法权益,防范和化解金融风险,促进区域性股权市场健康稳定发展。

三、区域性股权市场运营机构(以下简称运营机构)负责组织区域性股权市场的活动,对市场参与者进行自律管理,保障市场规范稳定运行。运营机构名单由省级人民政府实施管理并予以公告,同时向证监会备案。本通知印发前,省、自治区、直辖市、计划单列市行政区域内已设立运营机构的,不再设立;尚未设立运营机构的,可设立一家;已设立两家及以上运营机构的,省级人民政府要积极稳妥推动整合为一家,证监会要予以指导督促。

四、区域性股权市场的各项活动应遵守法律法规和证监会制定的业务及监管规则。在区域性股权市场发行或转让证券的,限于股票、可转换为股票的公司债券以及国务院有关部门按程序认可的其他证券,不得违规发行或转让私募债券;不得采用广告、公开劝诱等公开或变相公开方式发行证券,不得以任何形式非法集资;不得采取集中竞价、做市商等集中交易方式进行证券转让,投资者买入后卖出或卖出后买入同一证券的时间间隔不得少于五个交易日;除法律、行政法规另有规定外,单只证券持有人累计不得超过法律、行政法规规定的私募证券持有人数量上限;证券持有人名册和登记过户记录必须真实、准确、完整,不得隐匿、伪造、篡改或毁损。在区域性股权市场进行有限责任公司股权融资或转让的,不得违反本通知相关规定。

五、区域性股权市场实行合格投资者制度。合格投资者应是依法设立且具备一定条件的法人机构、合伙企业,金融机构依法管理的投资性计划,以及具备较强风险承受能力且金融资产不低于五十万元人民币的自然人。不得通过拆分、代持等方式变相突破合格投资者标准或单只私募证券持有人数量上限。鼓励支持区域性股权市场采取措施,吸引所在省级行政区域内的合格投资者参与。

六、区域性股权市场的信息系统应符合有关法律法规和证监会制定的信息技术管理规范。运营机构及开立投资者账户、办理登记结算业务的有关机构应按照规定向所在地省级人民政府和证监会报送信息,并将有关信息系统与证监会指定的监管信息系统进行对接。

七、区域性股权市场不得为所在省级行政区域外的企业私募证券或股权的融资、转让提供服务。对不符合本条规定的区域性股权市场,省级人民政府要按规定限期清理，妥善解决跨区域经营问题。运营机构所在地和企业所在地省级人民政府要签订协议，明确清理过程中的监管责任，防范和化解可能产生的风险。

八、国务院有关部门和地方人民政府要在职责范围内采取必要措施，为区域性股权市场规范健康发展创造良好环境，逐步建成融资功能完备、服务方式灵活、运行安全规范、投资者合法权益得到充分保护的区域性股权市场。国务院有关部门出台相关政策措施，可选择运行安全规范、具有较强风险管理能力的区域性股权市场先行先试。

《区域性股权市场监督管理试行办法》(中国证券监督管理委员会令第132号，自2017年7月1日起施行)

第一章　总　　则

第一条　为了规范区域性股权市场的活动，保护投资者合法权益，防范区域性股权市场风险，促进区域性股权市场健康发展，根据《中华人民共和国证券法》《中华人民共和国公司法》《国务院办公厅关于规范发展区域性股权市场的通知》等规定，制定本办法。

第二条　在区域性股权市场非公开发行、转让中小微企业股票、可转换为股票的公司债券和国务院有关部门认可的其他证券，以及相关活动，适用本办法。

第三条　区域性股权市场是为其所在省级行政区域内中小微企业证券非公开发行、转让及相关活动提供设施与服务的场所。

除区域性股权市场外，地方其他各类交易场所不得组织证券发行和转让活动。

第四条　在区域性股权市场内的证券发行、转让及相关活动，应当遵守法律、行政法规和规章等规定，遵循公平自愿、诚实信用、风险自担的原则。禁止欺诈、内幕交易、操纵市场、非法集资行为。

第五条　省级人民政府依法对区域性股权市场进行监督管理，负责风险处置。

省级人民政府指定地方金融监管部门承担对区域性股权市场的日常监督管理职责，依法查处违法违规行为，组织开展风险防范、处置工作。

省级人民政府根据法律、行政法规、国务院有关规定和本办法，制定区域性股权市场监督管理的实施细则和操作办法。

第六条 中国证券监督管理委员会(以下简称中国证监会)及其派出机构对地方金融监管部门的区域性股权市场监督管理工作进行指导、协调和监督,对市场规范运作情况进行监督检查,对市场风险进行预警提示和处置督导。

地方金融监管部门与中国证监会派出机构应当建立区域性股权市场监管合作及信息共享机制。

第七条 区域性股权市场运营机构(以下简称运营机构)负责组织区域性股权市场的活动,对市场参与者进行自律管理。

各省、自治区、直辖市、计划单列市行政区域内设立的运营机构不得超过一家。

第八条 运营机构应当具备下列条件:

(一)依法设立的法人;

(二)开展业务活动所必需的营业场所、业务设施、营运资金、专业人员;

(三)健全的法人治理结构;

(四)完善的风险管理与内部控制制度;

(五)法律、行政法规和中国证监会规定的其他条件。

证券公司可以参股、控股运营机构。

有《中华人民共和国证券法》第一百零八条规定的情形,或者被中国证监会采取证券市场禁入措施且仍处于禁入期间的,不得担任运营机构的负责人。

第九条 省级人民政府对运营机构实施监督管理,向社会公告运营机构名单,并报中国证监会备案。未经公告并备案,任何单位和个人不得组织、开展区域性股权市场相关活动。

第二章 证券发行与转让

第十条 企业在区域性股权市场发行股票,应当符合下列条件:

(一)有符合《中华人民共和国公司法》规定的治理结构;

(二)最近一个会计年度的财务会计报告无虚假记载;

(三)没有处于持续状态的重大违法行为;

(四)法律、行政法规和中国证监会规定的其他条件。

第十一条 企业在区域性股权市场发行可转换为股票的公司债券,应当符合下列条件:

(一)本办法第十条规定的条件;

（二）债券募集说明书中有具体的公司债券转换为股票的办法；

（三）本公司已发行的公司债券或者其他债务没有处于持续状态的违约或者迟延支付本息的情形；

（四）法律、行政法规和中国证监会规定的其他条件。

第十二条　未经国务院有关部门认可，不得在区域性股权市场发行除股票、可转换为股票的公司债券之外的其他证券。

第十三条　在区域性股权市场发行证券，应当向合格投资者发行。单只证券持有人数量累计不得超过200人，法律、行政法规另有规定的除外。

前款所称合格投资者，应当具有较强风险识别和承受能力，并符合下列条件之一：

（一）证券公司、期货公司、基金管理公司及其子公司、商业银行、保险公司、信托公司、财务公司等依法经批准设立的金融机构，以及依法备案或者登记的证券公司子公司、期货公司子公司、私募基金管理人；

（二）证券公司资产管理产品、基金管理公司及其子公司产品、期货公司资产管理产品、银行理财产品、保险产品、信托产品等金融机构依法管理的投资性计划；

（三）社会保障基金，企业年金等养老基金，慈善基金等社会公益基金，以及依法备案的私募基金；

（四）依法设立且净资产不低于一定指标的法人或者其他组织；

（五）在一定时期内拥有符合中国证监会规定的金融资产价值不低于人民币50万元，且具有2年以上金融产品投资经历或者2年以上金融行业及相关工作经历的自然人。

第十四条　在区域性股权市场发行证券，不得通过拆分、代持等方式变相突破合格投资者标准。有下列情形之一的，应当穿透核查最终投资者是否为合格投资者，并合并计算投资者人数：

（一）以理财产品、合伙企业等形式汇集多个投资者资金直接或者间接投资于证券的；

（二）将单只证券分期发行的。

理财产品、合伙企业等投资者符合本办法第十三条第二款第（二）项、第（三）项规定的除外。

第十五条　在区域性股权市场发行证券，不得采用广告、公开劝诱等公开或者变相公开方式。

通过互联网络、广播电视、报刊等向社会公众发布招股说明书、债券募集说明书、拟转让证券数量和价格等有关证券发行或者转让信息的,属于前款规定的公开或者变相公开方式;但符合下列条件的除外:

(一)通过运营机构的信息系统等网络平台向在本市场开户的合格投资者发布证券发行或者转让信息;

(二)投资者需凭用户名和密码等身份认证方式登录后才能查看。

第十六条 在区域性股权市场挂牌转让证券的企业(以下简称挂牌公司),应当符合本办法第十条规定的条件。

第十七条 在区域性股权市场转让证券的,应当符合本办法第十二条、第十三条、第十四条、第十五条规定,不得采取集中竞价、连续竞价、做市商等集中交易方式。

投资者在区域性股权市场买入后卖出或者卖出后买入同一证券的时间间隔不得少于5个交易日。

第十八条 符合下列情形之一的,不受本办法第十三条规定的限制:

(一)证券发行人、挂牌公司实施股权激励计划;

(二)证券发行人、挂牌公司的董事、监事、高级管理人员及发行、挂牌前已持有股权的股东认购或者受让本发行人、挂牌公司证券;

(三)因继承、赠与、司法裁决、企业并购等非交易行为获得证券。

第十九条 运营机构依法对证券发行、挂牌转让申请文件进行审查,出具审查意见,并在发行、挂牌完成后5个工作日内报地方金融监管部门和中国证监会派出机构备案。

第二十条 运营机构应当在每个交易日发布证券挂牌转让的最新价格行情。

第二十一条 证券发行人、挂牌公司及区域性股权市场的其他参与者应当按照规定和协议约定,真实、准确、完整地向投资者披露信息,不得有虚假记载、误导性陈述或者重大遗漏。

运营机构应当建立信息披露网络平台,供信息披露义务人按照规定披露信息。

第二十二条 证券发行人应当披露招股说明书、债券募集说明书,并在发生可能对已发行证券产生较大影响的重要事件时,披露临时报告。

挂牌公司应当在每一会计年度结束之日起4个月内编制并披露年

度报告，并在发生可能对证券转让价格产生较大影响的重要事件时，披露临时报告。

招股说明书、债券募集说明书、年度报告应当包括公司基本情况、公司治理、控股股东和实际控制人情况、业务概况、财务会计报告以及可能对证券发行或者转让具有较大影响的其他情况。

第三章　账户管理与登记结算

第二十三条　投资者在区域性股权市场买卖证券，应当向办理登记结算业务的机构申请开立证券账户。办理登记结算业务的机构可以直接为投资者开立证券账户，也可以委托参与本市场的证券公司代为办理。

开立证券账户的机构应当对申请人是否符合本办法规定的合格投资者条件进行审查，对不符合规定条件的申请人，不得为其开立证券账户。申请人为自然人的，还应当在为其开立证券账户前，通过书面或者电子形式向其揭示风险，并要求其确认。

本办法施行前已开立证券账户但不符合本办法规定的合格投资者条件的投资者，不得认购和受让证券；已经认购或者受让证券的，只能继续持有或者卖出。

第二十四条　投资者在区域性股权市场内买卖证券的资金，应当专户存放在商业银行或者国务院金融监督管理机构批准的具有证券期货保证金存管业务资格的机构。任何单位和个人不得以任何形式挪用投资者资金。

省级人民政府制定投资者在区域性股权市场内买卖证券资金的管理细则，明确投资者资金的动用情形、划转路径和有关各方的职责。

运营机构应当每日监测投资者资金的变动情况，发现异常情形及时处理并向地方金融监管部门和中国证监会派出机构报告。

第二十五条　区域性股权市场的登记结算业务，应当由运营机构或者中国证监会认可的登记结算机构办理。

在区域性股权市场内发行、转让的证券，应当在办理登记结算业务的机构集中存管和登记。办理登记结算业务的机构应当根据证券登记结算的结果，确认证券持有人持有证券的事实，提供证券持有人登记资料。

办理登记结算业务的机构应当妥善保存登记、结算的原始凭证及有关文件和资料，保存期限不得少于20年。

第二十六条 办理登记结算业务的机构应当按照规定办理证券账户开立、变更、注销和证券登记、结算，保证证券持有人名册和登记过户记录真实、准确、完整，证券和资金的清算交收有序进行。

办理登记结算业务的机构不得挪用投资者的证券。

办理登记结算业务的机构与中国证券登记结算有限责任公司应当建立证券账户对接机制，将区域性股权市场证券账户纳入到资本市场统一证券账户体系。

第四章 中介服务

第二十七条 中介机构及其业务人员在区域性股权市场从事相关业务活动的，应当诚实守信、勤勉尽责，遵守法律、行政法规、中国证监会和有关省级人民政府规定等，遵守行业规范，对其业务行为承担责任。

第二十八条 运营机构可以自行或者组织有关中介机构开展下列业务活动：

(一)为参与本市场的企业提供改制辅导、管理培训、管理咨询、财务顾问服务；

(二)为证券的非公开发行组织合格投资者进行路演推介或者其他促成投融资需求对接的活动；

(三)为合格投资者提供企业研究报告和尽职调查信息；

(四)为在本市场开户的合格投资者买卖证券提供居间介绍服务；

(五)与商业银行、小额贷款公司等开展业务合作，支持其为参与本市场的企业提供融资服务；

(六)中国证监会规定的其他业务。

第二十九条 运营机构开展本办法第二十八条规定的业务活动，应当按照下列规定采取有效措施，防范运营机构与市场参与者、不同参与者之间的利益冲突：

(一)为参与本市场的企业提供服务的，应当采取业务隔离措施，避免与投资者的利益冲突；

(二)为合格投资者提供企业研究报告和尽职调查信息的，应当遵循独立、客观的原则，不得提供证券投资建议，不得提供虚假、不实、误导性信息；

(三)为合格投资者买卖证券提供居间介绍服务的，应当公平对待买卖双方，不得损害任何一方的利益；

（四）向服务对象收取费用的，应当符合有关规定并披露收费标准。

第三十条　区域性股权市场应当作为地方人民政府扶持中小微企业政策措施的综合运用平台，为地方人民政府市场化运用贴息、投资等资金扶持中小微企业发展提供服务。

第三十一条　区域性股权市场可以在依法合规、风险可控前提下，开展业务、产品、运营模式和服务方式创新，为中小微企业提供多样化、个性化的服务。

区域性股权市场可以按照规定为中小微企业信息展示提供服务。

第三十二条　区域性股权市场不得为其所在省级行政区域外企业证券的发行、转让或者登记存管提供服务。

第三十三条　区域性股权市场可以与证券期货交易所、全国中小企业股份转让系统、机构间私募产品报价与服务系统、证券期货经营机构、证券期货服务机构、证券期货行业自律组织，建立合作机制。但是，有违反本办法第三十二条规定情形的除外。

符合中国证监会规定条件的运营机构，可以开展全国中小企业股份转让系统的推荐业务试点。

第五章　市 场 自 律

第三十四条　运营机构应当负责区域性股权市场信息系统的开发、运行、维护，以及信息安全的管理，保证区域性股权市场信息系统安全稳定运行。

区域性股权市场的信息系统应当符合有关法律法规和信息技术管理规范，并通过中国证监会组织的合规性、安全性评估；未通过评估的，应当限期整改。

区域性股权市场的信息技术管理规范，由中国证监会另行制定。

第三十五条　运营机构、办理登记结算业务的机构应当将证券交易、登记、结算等信息系统与中国证监会指定的监管信息系统进行对接。

运营机构应当自每个月结束之日起 7 个工作日内，向地方金融监管部门和中国证监会派出机构报送区域性股权市场有关信息；发生影响或者可能影响区域性股权市场安全稳定运行的重大事件的，应当立即报告。

运营机构报送的信息必须真实、准确、完整，指标、格式、统计方法应当规范、统一，具体办法由中国证监会另行制定。

第三十六条 运营机构、办理登记结算业务的机构制定的业务操作细则和自律管理规则,应当符合法律、行政法规、中国证监会规章和规范性文件、有关省级人民政府的监管细则等规定,并报地方金融监管部门和中国证监会派出机构备案。

地方金融监管部门和中国证监会派出机构发现业务操作细则和自律管理规则违反相关规定的,可以责令其修改。

第三十七条 运营机构应当按照规定对区域性股权市场参与者的违法行为及违反自律管理规则的行为,采取自律管理措施,并向地方金融监管部门和中国证监会派出机构报告。

运营机构应当畅通投诉渠道,妥善处理投资者投诉,保护投资者合法权益。

第三十八条 运营机构应当对区域性股权市场进行风险监测、评估、预警和采取有关处置措施,防范和化解市场风险。

第三十九条 运营机构可以以特别会员方式加入中国证券业协会,接受中国证券业协会的自律管理和服务。

证券公司作为运营机构股东或者在区域性股权市场从事相关业务活动的,应当遵守证券行业监管和自律规则。

中国证券业协会督促引导证券公司为区域性股权市场的投融资活动提供优质高效低廉服务。鼓励证券公司为区域性股权市场提供业务、技术等支持。

第六章 监督管理

第四十条 地方金融监管部门实施现场检查,可以采取下列措施:

(一)进入运营机构或者区域性股权市场有关参与者的办公场所或者营业场所进行检查;

(二)询问运营机构或者区域性股权市场有关参与者的负责人、工作人员,要求其对有关检查事项做出说明;

(三)查阅、复制与检查事项有关的文件、资料,对可能被转移、隐匿或者毁损的文件、资料、电子设备予以封存;

(四)检查运营机构或者区域性股权市场有关参与者的信息系统,复制有关数据资料;

(五)法律、行政法规和中国证监会规定的其他措施。

中国证监会派出机构可以采取前款规定的措施,对区域性股权市场规范运作情况进行现场检查。

第四十一条 地方金融监管部门和中国证监会派出机构依法履行职责，被检查、调查的单位和个人应当配合，如实提供有关文件和资料，不得拒绝、阻碍和隐瞒。

第四十二条 运营机构违法违规经营或者出现重大风险，严重危害区域性股权市场秩序、损害投资者利益的，由地方金融监管部门责令停业整顿，并更换有关责任人员。

第四十三条 运营机构或者区域性股权市场参与者违反本办法规定的，地方金融监管部门可以采取责令改正、监管谈话、出具警示函、责令参加培训、责令定期报告、认定为不适当人选等监督管理措施；依法应予行政处罚的，给予警告，并处以3万元以下罚款。具体实施细则由省级人民政府制定。

对违反本办法规定的行为，法律、行政法规或者国务院另有规定的，依照其规定处理。

第四十四条 运营机构从业人员或者其他参与区域性股权市场的人员违反法律、行政法规或者本办法规定，情节严重的，中国证监会可以依法采取证券市场禁入的措施。

第四十五条 对运营机构或者区域性股权市场参与者从事内幕交易、操纵市场等严重扰乱市场秩序行为的，依法从严查处。

第四十六条 中国证监会派出机构发现违反本办法行为的线索，应当移送地方金融监管部门处理。

第四十七条 地方金融监管部门未按照规定对违反本办法行为进行查处的，中国证监会派出机构应当予以指导、协调和监督。

第四十八条 中国证监会派出机构对地方金融监管部门的监管能力和条件进行审慎评估，加强监管培训，采取有效措施，促使地方监管能力与市场发展状况相适应。

第四十九条 中国证监会派出机构可以对区域性股权市场的安全规范运行情况、风险管理能力等进行监测评估。

评估结果应当作为区域性股权市场开展先行先试相关业务的审慎性条件。

第五十条 违反本办法第三条第二款规定，组织证券发行和转让活动，或者违反本办法第九条规定，擅自组织开展区域性股权市场活动的，按照《国务院关于清理整顿各类交易场所切实防范金融风险的决定》（国发〔2011〕38号）和《国务院办公厅关于清理整顿各类交易场所的实施意见》(国办发〔2012〕37号)规定予以清理,并依法追究法律责任。

第五十一条 运营机构应当建立区域性股权市场诚信档案,并按照规定提供诚信信息的查询和公示。

运营机构和区域性股权市场参与者及其相关人员的诚信信息,应当同时按照规定记入中国证监会证券期货市场诚信档案数据库。

第七章 附 则

第五十二条 区域性股权市场为其所在省级行政区域内的有限责任公司股权融资或者转让提供服务的,参照适用本办法。

第五十三条 本办法自2017年7月1日起施行。《关于规范证券公司参与区域性股权交易市场的指导意见(试行)》(证监会公告〔2012〕20号)同时废止。

第九十九条 【社会公共利益优先原则】 证券交易所履行自律管理职能,应当遵守社会公共利益优先原则,维护市场的公平、有序、透明。

设立证券交易所必须制定章程。证券交易所章程的制定和修改,必须经国务院证券监督管理机构批准。

第一百条 【证券交易所名称保护】 证券交易所必须在其名称中标明证券交易所字样。其他任何单位或者个人不得使用证券交易所或者近似的名称。

第一百零一条 【证券交易所的财产】 证券交易所可以自行支配的各项费用收入,应当首先用于保证其证券交易场所和设施的正常运行并逐步改善。

实行会员制的证券交易所的财产积累归会员所有,其权益由会员共同享有,在其存续期间,不得将其财产积累分配给会员。

第一百零二条 【证券交易所的组织机构】 实行会员制的证券交易所设理事会、监事会。

证券交易所设总经理一人,由国务院证券监督管理机构任免。

第一百零三条 【证券交易所的负责人的消极条件】 有《中华人民共和国公司法》第一百四十六条规定的情形或者下列情形之一的,

不得担任证券交易所的负责人：

（一）因违法行为或者违纪行为被解除职务的证券交易场所、证券登记结算机构的负责人或者证券公司的董事、监事、高级管理人员，自被解除职务之日起未逾五年；

（二）因违法行为或者违纪行为被吊销执业证书或者被取消资格的律师、注册会计师或者其他证券服务机构的专业人员，自被吊销执业证书或者被取消资格之日起未逾五年。

第一百零四条　【证券交易所从业人员的消极条件】因违法行为或者违纪行为被开除的证券交易场所、证券公司、证券登记结算机构、证券服务机构的从业人员和被开除的国家机关工作人员，不得招聘为证券交易所的从业人员。

第一百零五条　【证券交易所的会员】进入实行会员制的证券交易所参与集中交易的，必须是证券交易所的会员。证券交易所不得允许非会员直接参与股票的集中交易。

第一百零六条　【投资者参与证券交易的途径】投资者应当与证券公司签订证券交易委托协议，并在证券公司实名开立账户，以书面、电话、自助终端、网络等方式，委托该证券公司代其买卖证券。

第一百零七条　【证券账户实名制】证券公司为投资者开立账户，应当按照规定对投资者提供的身份信息进行核对。

证券公司不得将投资者的账户提供给他人使用。

投资者应当使用实名开立的账户进行交易。

第一百零八条　【清算交收与登记过户】证券公司根据投资者的委托，按照证券交易规则提出交易申报，参与证券交易所场内的集中交易，并根据成交结果承担相应的清算交收责任。证券登记结算机构根据成交结果，按照清算交收规则，与证券公司进行证券和资金的清算交收，并为证券公司客户办理证券的登记过户手续。

第一百零九条　【证券交易即时行情】证券交易所应当为组织公平的集中交易提供保障，实时公布证券交易即时行情，并按交易日制作证券市场行情表，予以公布。

证券交易即时行情的权益由证券交易所依法享有。未经证券交易所许可,任何单位和个人不得发布证券交易即时行情。

相关裁判摘要

“郑某上诉中国证券监督管理委员会其他一案”[北京市高级人民法院行政判决书(2016)京行终3189号]认为,证券交易所组织证券交易,是民事市场行为。相关裁判摘要如下:

本院认为,根据《政府信息公开条例》第二条规定,本条例所称政府信息,是指行政机关在履行职责过程中制作或者获取的,以一定形式记录、保存的信息。本案中,郑某所申请公开的券商申报交易信息系上海证券交易所履行证券集中交易职能时产生的信息。上海证券交易所为证券集中交易提供场所和设施,组织证券交易,并非履行法律、法规授权管理公共事务的职能,而是民事市场行为。故证监会以郑某的复议申请不符合《复议法实施条例》第二十八条规定的受理条件为由,依法驳回郑某的行政复议申请并无不当。

“郑某与上海证券交易所再审行政裁定书”[中华人民共和国最高人民法院行政裁定书(2016)最高法行申1468号]认为,日常证券交易活动中形成的信息,不属于《中华人民共和国政府信息公开条例》规定的政府信息。相关裁判摘要如下:

《中华人民共和国政府信息公开条例》第二条规定,本条例所称政府信息,是指行政机关在履行职责过程中制作或者获取的,以一定形式记录、保存的信息。郑某申请公开一定期限内券商申报买入相关股票的顺序及数量信息,因该类信息属日常证券交易活动中形成的信息,并非证券交易所在履行监管职责过程中制作或者获取的,故不属上述条例所指的政府信息。

第一百一十条 【上市交易股票的停牌或复牌】上市公司可以向证券交易所申请其上市交易股票的停牌或者复牌,但不得滥用停牌或者复牌损害投资者的合法权益。

证券交易所可以按照业务规则的规定,决定上市交易股票的停牌或者复牌。

第一百一十一条 【技术性停牌与临时停市】因不可抗力、意外事件、重大技术故障、重大人为差错等突发性事件而影响证券交易正常进行时,为维护证券交易正常秩序和市场公平,证券交易所可以按照业务规则采取技术性停牌、临时停市等处置措施，并应当及时向国务院证券监督管理机构报告。

因前款规定的突发性事件导致证券交易结果出现重大异常，按交易结果进行交收将对证券交易正常秩序和市场公平造成重大影响的，证券交易所按照业务规则可以采取取消交易、通知证券登记结算机构暂缓交收等措施，并应当及时向国务院证券监督管理机构报告并公告。

证券交易所对其依照本条规定采取措施造成的损失，不承担民事赔偿责任，但存在重大过错的除外。

第一百一十二条　【证券交易所的职权】证券交易所对证券交易实行实时监控，并按照国务院证券监督管理机构的要求，对异常的交易情况提出报告。

证券交易所根据需要，可以按照业务规则对出现重大异常交易情况的证券账户的投资者限制交易，并及时报告国务院证券监督管理机构。

第一百一十三条　【证券交易所的风险监测】证券交易所应当加强对证券交易的风险监测，出现重大异常波动的，证券交易所可以按照业务规则采取限制交易、强制停牌等处置措施，并向国务院证券监督管理机构报告；严重影响证券市场稳定的，证券交易所可以按照业务规则采取临时停市等处置措施并公告。

证券交易所对其依照本条规定采取措施造成的损失，不承担民事赔偿责任，但存在重大过错的除外。

第一百一十四条　【证券交易所风险基金】证券交易所应当从其收取的交易费用和会员费、席位费中提取一定比例的金额设立风险基金。风险基金由证券交易所理事会管理。

风险基金提取的具体比例和使用办法，由国务院证券监督管理机构会同国务院财政部门规定。

证券交易所应当将收存的风险基金存入开户银行专门账户，不得擅自使用。

第一百一十五条　【证券交易所的业务规则】证券交易所依照法律、行政法规和国务院证券监督管理机构的规定，制定上市规则、交易规则、会员管理规则和其他有关业务规则,并报国务院证券监督管理机构批准。

在证券交易所从事证券交易,应当遵守证券交易所依法制定的业务规则。违反业务规则的,由证券交易所给予纪律处分或者采取其他自律管理措施。

相关裁判摘要

2008 年第 12 期《中华人民共和国最高人民法院公报》刊登的**"陈某诉广东省机场管理集团公司、广州白云国际机场股份有限公司、上海证券交易所侵权纠纷案"**的判决认为,在上海证券交易所尽到了监管义务的前提下,原告主张其投资权证损失的原因是交易规则制定的不完善,与事实不符,也与公平公正、风险自负的证券交易原则相悖。相关裁判摘要如下:

本案中,被告上海证券交易所依据法律授权制定《上海证券交易所权证管理暂行办法》并经中国证监会批准生效。上海证券交易所在制定权证交易规则、向交易所会员及投资者揭示权证交易风险等方面均符合法定程序,不存在过错。同时,根据本案查明的事实,被告广东机场集团在"机场 JTP1"发行、上市、交易、行权过程中均严格依照规则充分履行了权证信息披露义务,上海证券交易所对此履行了法定的监管职责,也不存在过错。

权证作为证券市场新兴的交易衍生品种,存在利益与风险并存的特点,投资者在参与权证交易时应当理性评估自身的交易能力,充分注意权证交易的各种风险。原告陈某作为"机场 JTP1"的投资者,应当充分了解权证交易规则以及"机场 JTP1"的基本信息,并在权证交易中谨慎注意投资风险。因此,在发行人被告广东机场集团尽到了权证信息公告的披露义务、证券交易机构被告上海证券交易所尽到了监管义务的前提下,原告主张其投资权证损失的原因是"机场 JTP1"的最后交易日的不确定、权证信息披露的不准确、交易规则制定的不完善,显然与事实不符,也与公平公正、风险自负的证券交易原则相悖。综上,原告的诉讼请求不能成立。

2010 年第 7 期《中华人民共和国最高人民法院公报》刊登的**"邢某强诉上海证券交易所权证交易侵权纠纷案"**的判决认为,投资者以交易所审核创设权证违规为由而提起的民事侵权之诉,具有可诉性。证券交易所审核合格券商创设权证，是证券法赋予其自律监管职能的行为，其审核行为只要符合权证管理业务规则，主观上不具有过错，其对于投资者因权证交易造成的损失不承担赔偿责任，投资者应自行承担风险损失。相关裁判摘要如下：

原告邢某强认为，被告上交所在审核武钢认沽权证时存在违规、欺诈行为，具体表现在未按公告时间创设权证、创设权证严重超量等方面，这些行为直接导致了原告的交易损失，应当由被告进行赔偿。对此，法院认为，被告上交所系根据《权证管理办法》第二十九条的规定，审核合格券商创设武钢权证，该审核行为符合业务规则的具体要求，是被告履行证券法赋予其自律监管职能的行为，具有合法性。根据权证管理办法的有关权证发行的规定，具有权证创设资格、开设创设专用账户且提供履约担保资金的证券公司，在其认为权证价格高估时，可以创设权证，并在市场上卖出，增加权证的供给；在权证价格回归价值时，可以回购并注销权证，释放履约担保品。根据上述业务规程，被告在武钢权证上市前，就已经要求发行人在2005年11月18日发布的公告中对有关创设权证对权证交易价格可能造成的影响予以特别提示。在2005年11月21日，武钢权证上市前两天，被告发布了关于证券公司创设武钢权证有关事项的通知，对权证创设的主体和相关程序进行了规定。2005年11月25日，申请创设武钢权证的券商完成了相关创设登记及担保手续，被告审核后向中国结算上海分公司发出了创设权证业务通知单，同意创设人在权证创设专用账户生成次日可交易的权证。同年11月26日，创设人对创设权证事项进行了披露，明确公布所创设的权证将于11月28日起上市交易。从上述权证创设的过程来看，被告履行了相关监管义务，其行为并无不当。虽然被告在创设权证的通知中载明“该通知自2005年11月28日实施”，但该表述并不表明创设权证只能在该日后即11月29日才能上市，该实施日即为上市日，故只要在11月28日前权证创设的相关手续完成，创设的权证即可上市交易。被告的上述审核行为符合权证创设的惯例，亦未违反业务规则的规定。原告认为被告允许十家券商提前创设武钢权证，没有事实依据，法院难以采信。

对权证交易进行监督和管理，是证券法赋予交易所的一项职能。在武钢认沽权证上市后，投资者对该权证进行了非理性的投机炒作，使该权证严重背离内在价值。被告上交所为抑制这种过度炒作行为的继续,及时审核创设人创设权证,通过增加权证供应量的手段平抑权证价格,其目的在于维护权证交易的正常秩序,作为市场的监管者,其核准创设权证的行为系针对特定产品的交易异常所采取的监管措施。该行为主观上并非出于恶意,行为本身也并非针对特定投资者,而是针对权证交易活动本身作出的普遍监管行为,是交易所的职责所在。就创设权证审核行为而言,被告的行为不符合侵权行为的基本要件,原告邢某强主张被告侵犯其民事权利,依据不足。

原告邢某强认为,被告上交所核准券商超量创设权证亦是造成原告交易损失的直接原因。对此,法院认为,证券交易所作为证券市场的一线监管者行使监管职能,必然会对相对人和社会产生一定的影响和效应。创设权证制度在我国属于一项金融创新制度,是基于股权分置改革的总体要求。结合股改权证的运行特点,借鉴成熟市场的类似做法产生的一种市场化的供求平衡机制。鉴于这项制度仍处于探索阶段,故在创设程序、创设品种、创设数量等方面尚无规范可循,在具体实施时创设人可以根据发行权证的具体情况自由决定实施方案,交易所仅对其资格和上市程序进行审查。对于创设权证的具体规模,业务规则本身亦无限制。虽然涉案认沽权证的创设量远远超出了最初的发行量,但权证管理办法对此并无禁止性规定,只能根据具体权证产品的交易情况和特点予以确定适当的数量,以达到供求平衡。本案中,原告在武钢认沽权证交易中的损失,虽与券商创设权证增加供给量存在关联,但在被告事先已履行必要的信息披露和风险揭示的情况下,原告仍然不顾风险贸然入市,由此造成的交易风险与被告履行市场监管行为不存在必然的、直接的因果关系,故原告要求被告赔偿权证交易差价损失和可得利益损失,没有法律依据,不予支持。

第一百一十六条 【证券交易所的回避制度】证券交易所的负责人和其他从业人员执行与证券交易有关的职务时,与其本人或者其亲属有利害关系的,应当回避。

第一百一十七条 【证券交易所的不可撤销性及其例外】按照依法制定的交易规则进行的交易,不得改变其交易结果,但本法第一百一十一条第二款规定的除外。对交易中违规交易者应负的民事责任不得免除;在违规交易中所获利益,依照有关规定处理。

第八章　证券公司

第一百一十八条　【证券公司的设立】设立证券公司，应当具备下列条件，并经国务院证券监督管理机构批准：

（一）有符合法律、行政法规规定的公司章程；

（二）主要股东及公司的实际控制人具有良好的财务状况和诚信记录，最近三年无重大违法违规记录；

（三）有符合本法规定的公司注册资本；

（四）董事、监事、高级管理人员、从业人员符合本法规定的条件；

（五）有完善的风险管理与内部控制制度；

（六）有合格的经营场所、业务设施和信息技术系统；

（七）法律、行政法规和经国务院批准的国务院证券监督管理机构规定的其他条件。

未经国务院证券监督管理机构批准，任何单位和个人不得以证券公司名义开展证券业务活动。

相关行政规章

《外商投资证券公司管理办法》（2020年修订）（中国证券监督管理委员会令第166号）

第一条　为了适应证券市场对外开放的需要，加强和完善对外商投资证券公司的监督管理，明确外商投资证券公司的设立条件和程序，根据《中华人民共和国公司法》（以下简称公司法）和《中华人民共和国证券法》（以下简称证券法）有关规定，制定本办法。

第二条　本办法所称外商投资证券公司是指：

（一）境外股东与境内股东依法共同出资设立的证券公司；

（二）境外投资者依法受让、认购内资证券公司股权，内资证券公司依法变更的证券公司；

（三）内资证券公司股东的实际控制人变更为境外投资者，内资证券公司依法变更的证券公司。

第三条　中国证券监督管理委员会（以下简称中国证监会）负责对外商投资证券公司的审批和监督管理。

第四条 外商投资证券公司的名称、组织形式、注册资本、业务范围、组织机构的设立及职责以及股东、董事、监事、高级管理人员等，应当符合公司法、证券法等法律、法规和中国证监会的有关规定。

第五条 设立外商投资证券公司除应当符合公司法、证券法、《证券公司监督管理条例》和经国务院批准的中国证监会规定的证券公司设立条件外，还应当符合下列条件：

(一)境外股东具备本办法规定的资格条件，其出资比例、出资方式符合本办法的规定；

(二)初始业务范围与控股股东或者第一大股东的经营证券业务经验相匹配；

(三)中国证监会规定的其他审慎性条件。

第六条 外商投资证券公司的境外股东，应当具备下列条件：

(一)所在国家或者地区具有完善的证券法律和监管制度，相关金融监管机构已与中国证监会或者中国证监会认可的机构签定证券监管合作谅解备忘录，并保持着有效的监管合作关系；

(二)为在所在国家或者地区合法成立的金融机构，近3年各项财务指标符合所在国家或者地区法律的规定和监管机构的要求；

(三)持续经营证券业务5年以上，近3年未受到所在国家或者地区监管机构或者行政、司法机关的重大处罚，无因涉嫌重大违法违规正受到有关机关调查的情形；

(四)具有完善的内部控制制度；

(五)具有良好的国际声誉和经营业绩，近3年业务规模、收入、利润居于国际前列，近3年长期信用均保持在高水平；

(六)中国证监会规定的其他审慎性条件。

第七条 境外股东应当以自由兑换货币出资。

境外股东累计持有的(包括直接持有和间接控制)外商投资证券公司股权比例，应当符合国家关于证券业对外开放的安排。

第八条 申请设立外商投资证券公司，应当由全体股东共同指定的代表或者委托的代理人向中国证监会提交下列文件：

(一)境内外股东的法定代表人或者授权代表共同签署的申请表；

(二)关于设立外商投资证券公司的合同及章程草案；

(三)外商投资证券公司拟任董事长、总经理、合规负责人简历；

（四）股东的营业执照或者注册证书、证券业务资格证书复印件；

（五）申请前3年境内外股东经审计的财务报表；

（六）境外股东所在国家或者地区相关监管机构或者中国证监会认可的境外机构出具的关于该境外股东是否具备本办法第六条第（二）项、第（三）项规定的条件的说明函；

（七）境外股东具有良好的国际声誉和经营业绩，近3年业务规模、收入、利润居于国际前列以及近3年长期信用情况的证明文件；

（八）由中国境内律师事务所出具的法律意见书；

（九）中国证监会要求的其他文件。

第九条　中国证监会依照有关法律、行政法规和本办法对第八条规定的申请文件进行审查，并在规定期限内作出是否批准的决定，书面通知申请人。不予批准的，书面说明理由。

第十条　股东应当自中国证监会的批准文件签发之日起6个月内足额缴付出资或者提供约定的合作条件，选举董事、监事，聘任高级管理人员，并向公司登记机关申请设立登记，领取营业执照。

第十一条　外商投资证券公司应当自营业执照签发之日起15个工作日内，向中国证监会提交下列文件，申请经营证券业务许可证：

（一）营业执照副本复印件；

（二）公司章程；

（三）由中国境内符合证券法规定的会计师事务所出具的验资报告；

（四）董事、监事、高级管理人员和主要业务人员的名单以及符合规定的说明；

（五）内部控制制度文本；

（六）营业场所和业务设施情况说明书；

（七）中国证监会要求的其他文件。

第十二条　中国证监会依照有关法律、行政法规和本办法对第十一条规定的申请文件进行审查，并自接到符合要求的申请文件之日起15个工作日内作出决定。对符合规定条件的，颁发经营证券业务许可证；对不符合规定条件的，不予颁发，并书面说明理由。

第十三条　未取得中国证监会颁发的经营证券业务许可证，外商投资证券公司不得开业，不得经营证券业务。

第十四条　内资证券公司申请变更为外商投资证券公司的，应当具备本办法第五条规定的条件。

收购或者参股内资证券公司的境外股东应当具备本办法第六条规定的条件,其收购的股权比例或者出资比例应当符合本办法第七条的规定。

内资证券公司股东的实际控制人变更为境外投资者,应当具备本办法第六条规定的条件,其间接控制的证券公司股权比例应当符合本办法第七条的规定。不具备条件或者间接控制证券公司股权比例不符合规定的,应当在3个月内完成规范整改。

第十五条 内资证券公司申请变更为外商投资证券公司,应当向中国证监会提交下列文件:

(一)法定代表人签署的申请表;

(二)股东(大)会关于变更为外商投资证券公司的决议;

(三)公司章程修改草案;

(四)股权转让协议或者出资协议(股份认购协议);

(五)拟在该证券公司任职的境外投资者委派人员的名单、简历以及符合规定的说明;

(六)境外股东的营业执照或者注册证书、相关业务资格证书复印件;

(七)申请前3年境外股东经审计的财务报表;

(八)境外股东所在国家或者地区相关监管机构或者中国证监会认可的境外机构出具的关于该境外股东是否具备本办法第六条第(二)项、第(三)项规定条件的说明函;

(九)境外股东具有良好的国际声誉和经营业绩,近3年业务规模、收入、利润居于国际前列以及近3年长期信用情况的证明文件;

(十)由中国境内律师事务所出具的法律意见书;

(十一)中国证监会要求的其他文件。

第十六条 中国证监会依照有关法律、行政法规和本办法对第十五条规定的申请文件进行审查,并在规定期限内作出是否批准的决定,书面通知申请人。不予批准的,书面说明理由。

第十七条 获准变更的证券公司,应当自中国证监会的批准文件签发之日起6个月内,办理股权转让或者增资事宜,向公司登记机关申请变更登记,换领营业执照。

第十八条 获准变更的证券公司应当自变更登记之日起15个工作日内,向中国证监会提交下列文件,申请换发经营证券业务许可证:

(一)营业执照副本复印件;

（二）外商投资证券公司章程；

（三）公司原有经营证券业务许可证及其副本；

（四）由中国境内符合证券法规定的会计师事务所出具的验资报告；

（五）中国证监会要求的其他文件。

第十九条　中国证监会依照有关法律、行政法规和本办法对第十八条规定的申请文件进行审查，并自接到符合要求的申请文件之日起15个工作日内作出决定。对符合规定条件的，换发经营证券业务许可证；对不符合规定条件的，不予换发，并书面说明理由。

第二十条　外商投资证券公司合并或者外商投资证券公司与内资证券公司合并后新设或者存续的证券公司，应当具备本办法规定的外商投资证券公司的设立条件；其境外股东持股比例应当符合本办法的规定。

外商投资证券公司分立后设立的证券公司，股东中有境外股东的，其境外股东持股比例应当符合本办法的规定。

第二十一条　境外投资者可以依法通过证券交易所的证券交易持有上市内资证券公司股份，或者与上市内资证券公司建立战略合作关系并经中国证监会批准持有上市内资证券公司股份。

境外投资者依法通过证券交易所的证券交易持有或者通过协议、其他安排与他人共同持有上市内资证券公司5%以上股份的，应当符合本办法第六条规定的条件，并遵守证券法和中国证监会关于上市公司收购和证券公司变更审批的有关规定。

第二十二条　按照本办法规定提交中国证监会的申请文件及报送中国证监会的资料，必须使用中文。境外股东及其所在国家或者地区相关监管机构或者中国证监会认可的境外机构出具的文件、资料使用外文的，应当附有与原文内容一致的中文译本。

申请人提交的文件及报送的材料，不能充分说明申请人的状况的，中国证监会可以要求申请人作出补充说明。

第二十三条　外商投资证券公司涉及国家安全审查的，按照国家有关规定办理。

第二十四条　香港特别行政区、澳门特别行政区和台湾地区的投资者投资证券公司的，参照适用本办法。国家另有规定的，从其规定。

第二十五条　外商投资证券公司的设立、变更、终止、业务活动及监督管理事项，本办法未作规定的，适用中国证监会的其他有关规定。

第二十六条 本办法自公布之日起施行。《外资参股证券公司设立规则》同时废止。

《关于取消或调整证券公司部分行政审批项目等事项的公告》(中国证券监督管理委员会公告〔2020〕18号)

2019年12月28日,第十三届全国人大常委会第十五次会议审议通过了修订后的《中华人民共和国证券法》(以下简称新《证券法》),自2020年3月1日起施行。现就新《证券法》涉及取消、调整证券公司部分行政审批项目等有关事宜公告如下:

一、根据新《证券法》,自2020年3月1日起,证券公司部分行政审批项目取消或调整(见附件)。

二、自2020年3月1日起,中国证监会及其派出机构不再受理行政相对人提起的新《证券法》取消的证券公司行政审批项目。有关项目取消或调整的后续管理和衔接工作,按照附件中确定的方式执行。财务顾问机构从事证券服务业审批取消,改为事后备案管理,具体以发布的相关规则为准。

三、授权中国证券业协会对证券业从业人员实施事后登记管理,具体方案由中国证券业协会制定并报中国证监会备案后执行。

四、有关行政审批项目取消后,中国证监会将加大事中检查、事后稽查处罚力度,进一步加强对投资者的保护和有关业务活动的监督管理。

中国证监会

2020年3月3日

附件:新《证券法》取消或调整的证券公司相关行政审批项目

序号	项目名称	设定依据	取消或调整后的管理方式和衔接措施
1	证券公司设立、收购或者撤销分支机构审批	《中华人民共和国证券法》《证券公司监督管理条例》	改为事后备案管理。 证券公司设立、收购境内分支机构的,应当自完成工商设立(或变更)登记之日起5个工作日内向分支机构所在地中国证监会派出机构提交下列材料,并抄报公司住所地中国证监会派出机构:(一)备案情况说明,包括营业场所基本情况、岗位设置、人员配备(含从业经历)、制度及信息系统建设情况;(二)分支机构营业执照副本复印件;(三)公司内部决策文件及授权分支机构经营范围文件;(四)分支机构负责人符合任职条件的证明;(五)营业场所所有权或者使用权证明;(六)合规

续表

序号	项目名称	设定依据	取消或调整后的管理方式和衔接措施
2			总监出具的公司符合相关要求的意见。证券公司收购分支机构的,还应当提交收购分支机构的许可证正副本原件、收购协议、最近3年合规运行情况及经营管理情况说明,收购分支机构客户处理、员工安置、系统衔接等方面的说明,在中国证监会指定报刊上的公告证明。 证券公司撤销境内分支机构,应当妥善处理分支机构客户资产,结清分支机构业务并终止经营活动,并自完成上述工作之日起5个工作日内向分支机构所在地中国证监会派出机构提交下列材料,并抄报公司住所地中国证监会派出机构:(一)备案情况说明;(二)公司内部决策文件;(三)关于处理分支机构客户资产、结清证券业务并终止经营活动情况的说明;(四)在中国证监会指定报刊上的公告证明;(五)合规总监出具的公司符合相关要求的意见。 中国证监会派出机构应当依法审慎履职,证券公司设立、收购或者撤销分支机构符合《证券公司分支机构监管规定》(证监会公告〔2013〕17号)相关规定的,为其颁(换)发或者注销许可证,发现不符合规定的,应当责令改正。
2	证券公司董事、监事、高级管理人员任职资格核准	《中华人民共和国证券法》《证券公司监督管理条例》	改为事后备案管理。 证券公司任命董事、监事和高级管理人员,应当自作出决定之日起5个工作日内向公司住所地中国证监会派出机构提交以下材料:(一)备案情况说明;(二)公司决定文件及相关决议;(三)相关人员符合任职条件的证明文件;(四)相关人员签署的诚信经营承诺书;(五)高级管理人员职责范围说明。符合任职条件的证明文件包括:任职情况登记表,身份、学历、学位证明,最近3年个人诚信情况说明,最近3年曾任职单位的鉴定意见;董事、监事还需提交证券公司或股东单位的推荐意见;高级管理人员还需提交符合证券从业条件的证明文件;高级管理人员、董事长类人员还需提交2名推荐人的书面推荐意见、资质测试合格证明、最近3年担任主要负责人的还应当提交离任审计报告。 中国证监会派出机构应当依法审慎履职,发现相关人员不符合《证券法》《证券公司监督管理条例》及中国证监会相关规定的,应当责令限期更换。

续表

序号	项目名称	设定依据	取消或调整后的管理方式和衔接措施
3	证券公司在境外设立、收购或者参股证券经营机构审批	《中华人民共和国证券法》《证券公司监督管理条例》	改为事后备案管理。 证券公司在境外设立、收购或者参股证券经营机构应当自公司董事会决议或其他相关决议通过5个工作日内向中国证监会提交备案情况说明,关于公司资本充足情况、风险控制指标模拟测算情况说明及《证券公司和证券投资基金管理公司境外设立、收购、参股经营机构管理办法》(证监会令第150号)第十条规定的第二至九项文件。 中国证监会机构部应当依法审慎履职,发现证券公司在境外设立、收购或者参股证券经营机构不符合《证券公司和证券投资基金管理公司境外设立、收购、参股经营机构管理办法》相关规定的,应当责令改正。
4	保荐机构注册	《中华人民共和国证券法》	纳入证券公司业务范围审批。
5	证券公司为客户买卖证券提供融资融券服务审批	《中华人民共和国证券法》	纳入证券公司业务范围审批。
6	**原项目名称**:证券公司变更业务范围、增加注册资本且股权结构发生重大调整、减少注册资本、变更持有5%以上股权的股东、实际控制人、变更公司章程重要条款及合并、分立审批	《中华人民共和国证券法》《证券公司监督管理条例》	取消审批的情形改为事后备案管理。 证券公司变更注册资本或股权相关事项不涉及变更主要股东、公司实际控制人的,应当自完成工商变更登记之日起(依法不需办理工商变更登记的,自相关确权登记之日起)5个工作日内向住所地中国证监会派出机构备案,提交《关于实施〈证券公司股权管理规定〉有关问题的规定》(证监会公告〔2019〕16号,以下简称《实施规定》)规定的基本类文件、主体资格类、专项类文件。 证券公司变更公司章程应当自公司股东(大)会通过后5个工作日内向住所地中国证监会派出机构提交备案情况说明(包含章程条款变更原因、内容及新旧对照表)、股东(大)会决议和相关议案。证券公司变更公司章程条款,涉及变更公司名称的,还应当提交名称预核准通知书;涉及设立非证券业务子公司的,还应当提交关于公司资本充足情况及风险控制指标模拟测算情况说明,同时抄报子公司住所地中国证监会派出机构;涉及跨辖区迁

续表

序号	项目名称	设定依据	取消或调整后的管理方式和衔接措施
	调整后的项目名称：证券公司变更业务范围、变更主要股东或者公司的实际控制人及合并、分立审批		址的，证券公司应当同时抄报迁入地中国证监会派出机构。证券公司通过子公司增加或减少业务范围，应当依法向中国证监会报批。 中国证监会派出机构应当依法审慎履职，发现证券公司变更注册资本或股权相关事项不符合《证券公司股权管理规定》（证监会令第156号）和《实施规定》相关要求的，应当责令改正；发现证券公司变更公司章程不符合相关规定的，应当责令改正。中国证监会派出机构应当督促证券公司在监管系统中及时更新相关信息并向中国证监会机构部申请换领许可证（如涉及）。

《新〈证券法〉取消或调整的证券公司行政审批项目的备案工作指引》（2020年3月12日发布）

一、证券公司设立、收购或者撤销分支机构备案

1. 证券公司设立、收购境内分支机构

证券公司设立、收购境内分支机构的，应当自完成工商设立（或变更）登记之日起5个工作日内向分支机构所在地中国证监会派出机构提交下列材料，并抄报公司住所地中国证监会派出机构。

1.1 基本材料

（1）备案情况说明，包括营业场所基本情况、岗位设置、人员配备（含从业经历）、制度及信息系统建设情况；

（2）分支机构营业执照副本复印件；

（3）公司内部决策文件及授权分支机构经营范围文件；

（4）分支机构负责人符合任职条件的证明；（对于学历、学位证明，申请人可自主选择采用证明事项告知承诺制，详见《上海证监局证券经营机构证明事项告知承诺制工作指引》）

（5）营业场所所有权或者使用权证明；

（6）合规总监出具的公司符合相关要求的意见。

1.2 证券公司收购分支机构的，还应当提交以下材料

（1）收购分支机构的许可证正副本原件；

（2）收购协议；

（3）最近3年合规运行情况及经营管理情况说明；

（4）收购分支机构客户处理、员工安置、系统衔接等方面的说明；

(5)在中国证监会指定报刊上的公告证明。

2. 证券公司撤销境内分支机构

证券公司撤销境内分支机构,应当妥善处理分支机构客户资产、结清分支机构业务并终止经营活动,并自完成上述工作之日起5个工作日内向分支机构所在地中国证监会派出机构提交下列材料,并抄报公司住所地中国证监会派出机构。

(1)备案情况说明;

(2)公司内部决策文件;

(3)关于处理分支机构客户资产、结清证券业务并终止经营活动情况的说明;

(4)在中国证监会指定报刊上的公告证明;

(5)合规总监出具的公司符合相关要求的意见。

二、证券公司董事、监事、高级管理人员任职备案

证券公司任命董事、监事和高级管理人员,应当自作出决定之日起5个工作日内向公司住所地中国证监会派出机构提交以下材料。

(1)备案情况说明;

(2)公司决定文件及相关决议;

(3)相关人员符合任职条件的证明文件:包括任职情况登记表,身份、学历、学位证明,最近3年个人诚信情况说明,最近3年曾任职单位的鉴定意见;董事、监事还需提交证券公司或股东单位的推荐意见;高级管理人员还需提交符合证券从业条件的证明文件;高级管理人员、董事长类人员还需提交2名推荐人的书面推荐意见、资质测试合格证明、最近3年担任主要负责人的还应当提交离任审计报告(对于学历、学位证明,申请人可自主选择采用证明事项告知承诺制,详见《上海证监局证券经营机构证明事项告知承诺制工作指引》);

(4)相关人员签署的诚信经营承诺书;

(5)高级管理人员职责范围说明。

三、证券公司变更注册资本或股权相关事项不涉及变更主要股东、公司实际控制人的备案

证券公司变更注册资本或股权相关事项不涉及变更主要股东、公司实际控制人的,应当自完成工商变更登记之日起(依法不需办理工商变更登记的,自相关确权登记之日起)5个工作日内向住所地中国证监会派出机构备案,提交《关于实施〈证券公司股权管理规定〉有关问题的规定》(证监会公告〔2019〕16号,以下简称《实施规定》)规定的基本类文件、主体资格类、专项类文件。

四、证券公司变更公司章程备案

证券公司变更公司章程应当自公司股东(大)会通过后5个工作日内向住所地中国证监会派出机构提交下列材料,涉及特殊事项的,应当满足相应要求。

1. 基本材料

(1)备案情况说明(包含章程条款变更原因、内容及新旧对照表);

(2)股东(大)会决议和相关议案。

2. 补充材料及要求

(1)涉及变更公司名称的,还应当提交名称预核准通知书;

(2)涉及设立非证券业务子公司的,还应当提交关于公司资本充足情况及风险控制指标模拟测算情况说明,同时抄报子公司住所地中国证监会派出机构;

(3)涉及跨辖区迁址的,证券公司应当同时抄报迁入地中国证监会派出机构;

(4)通过子公司增加或减少业务范围的,应当依法向中国证监会报批。

五、后续工作

证券公司应在监管系统中及时更新相关信息并向中国证监会机构部申请换领许可证(如涉及)。

相关行政处罚决定书摘要

“中国证监会行政处罚决定书(杭州恒生网络技术服务有限公司、刘某峰、官某岚)”(〔2016〕123号)认为,恒生网络研发的HOMS金融投资云平台具有的开立证券交易子账户、接受证券交易委托、查询证券交易信息、进行证券和资金交易结算清算等功能具有证券业务属性,其运维方构成非法经营证券业务。相关行政处罚决定书摘要如下:

经查明,杭州恒生网络技术服务有限公司(以下简称恒生网络)存在以下违法事实:恒生网络研发的HOMS金融投资云平台(以下简称HOMS系统)于2012年5月正式运行。

HOMS系统具有开设子账户功能。可以在主账户下开立若干数量子账户,使投资者无须在证券公司开立证券账户即可开展证券交易。

HOMS系统具有委托交易功能。投资者可以在HOMS系统交易端下达委托交易指令。HOMS系统采集这些指令,并通过主账户报盘给证券公司报盘系统,然后根据证券公司报盘系统反馈的成交结果,按照子账户在 HOMS 系统内的委托交易日期及委托流水号进行匹配。

HOMS 系统具有登记、查询、清算等功能。HOMS 系统中存储的数据包括证券公司反馈的主账户交易数据,本地收集的主、子账户交易数据及通过其他渠道外部采集的数据,本地收集的主、子账户开户信息,本地收集的主、子账户运营数据等。HOMS 系统数据存储在恒生网络端。从事配资业务的机构和个人查询数据时通过 HOMS 系统向恒生网络发出申请,申请由恒生网络运行维护部门处理。HOMS 系统清算功能包括两个层次:第一个层次是主账户的清算,由 HOMS 系统将证券公司反馈的主账户成交数据与 HOMS 系统记载的主账户成交情况作比对;第二个层次是子账户的清算,HOMS 系统将主账户的总成交情况与各子账户之间的成交情况作比对,对子账户的成交、持仓情况、红利分配等进行确权,对异常数据进行处理。

上述 HOMS 系统具有的开立证券交易子账户、接受证券交易委托、查询证券交易信息、进行证券和资金交易结算清算等功能具有证券业务属性。投资者通过该系统不在证券公司开户即可进行证券交易。

恒生网络长期持续宣传 HOMS 系统。其通过报纸杂志、电子邮件、网络营销、举办研讨会等多种形式,宣传 HOMS 系统具备的开立虚拟证券账户、交易证券、存储数据、清算交割等功能,挖掘配资客户。恒生网络宣传推介工作不仅仅是推介 HOMS 这个系统工具,而是通过不断与投资者互动反馈来改善、开发出新的客户需求,最终目的是吸引更多交易端投资者加入这个具有证券经纪功能的体系中来参与证券交易。恒生网络与从事配资业务客户签订《投资管理平台服务协议》,协议约定了管理端和交易客户端(子账户)的数量、付费方式,并按照主账户证券交易量的一定比例(万分之零点五到一点五)收取费用。

恒生网络明知从事配资业务客户的经营方式,仍向不具有经营证券业务资质的客户销售该系统,提供相关服务并获取收益。截至 2015 年 7 月 31 日,恒生网络与 149 个从事配资业务的客户签订协议,按照证券交易量的一定比例(万分之零点五到一点五),非法获取收入 109,866,872.67 元。

综上,恒生网络开发运营的 HOMS 系统,包含子账户开立、提供委托交易、存储、查询、清算等多种证券业务属性的功能。恒生网络明知客户经营方式,仍向不具有经营证券业务资质的客户销售该系统,提供相关服务，并获取收益的行为，违反了《证券法》（2014 年修正）第一百二十二条的规定①，构成《证券法》（2014 年修正）第一百九十七条所述非法经营证券业务的行为。②

听证中，恒生网络提出：恒生网络从事的是软件服务业务，没有从事证券经纪业务。恒生网络仅向客户销售 HOMS 系统和提供软件技术服务，收取相应技术服务费用，既未代理投资者买卖证券，也未收取交易佣金，没有经营证券经纪业务。恒生网络开发和提供 HOMS 系统的行为并非证券经纪业务的构成要件，不应定性为证券经纪业务，HOMS 系统具备的软件功能，不能构成指控恒生网络经营证券经纪业务的事实。恒生网络对 HOMS 系统的宣传推介行为，是正当的商业行为。恒生网络不具有帮助客户违法的主观过错。

经复核，对于恒生网络的申辩意见，我会认为：恒生网络开发的 HOMS 系统具备代理证券买卖、清算等基础功能。恒生网络除了向从事配资业务的客户提供软件服务外，还单独或与客户一起与证券公司协商建立通道，并协助客户分配证券交易的账户；恒生网络的宣传资料等证据显示，恒生网络宣传 HOMS 系统最终目的是吸引更多的终端客户；恒生网络运营 HOMS 系统的经纪云部门最主要的年度考核指标是 HOMS 系统终端用户数以及用户买卖证券产生的交易量；恒生网络不断对原有 HOMS 系统进行升级，使系统能够同时容纳百万级账户进行交易，甚至单独为配资业务建立了独立的 HOMS 交易系统；恒生网络提供的 HOMS 系统可以接受不特定投资者委托代理买卖证券及查询业务；恒生网络未经合法授权还主动参与子账户的清算业务，违反《证券登记结算管理办法》第八条和第七十九条的规定。恒生网络按证券交易量的一定比例收取的软件技术服务费实质是佣金收入。综上所述，恒生网络明知从事配资业务的客户将子账户提供给社会不特定投资者

---

① 《证券法》（2014 年修正）第 122 条规定：“设立证券公司，必须经国务院证券监督管理机构审查批准。未经国务院证券监督管理机构批准，任何单位和个人不得经营证券业务。”

② 《证券法》（2014 年修正）第 197 条规定：“未经批准，擅自设立证券公司或者非法经营证券业务的，由证券监督管理机构予以取缔，没收违法所得，并处以违法所得一倍以上五倍以下的罚款；没有违法所得或者违法所得不足三十万元的，处以三十万元以上六十万元以下的罚款。对直接负责的主管人员和其他直接责任人员给予警告，并处以三万元以上三十万元以下的罚款。”

使用,仍向不具有经营证券业务资质的客户销售 HOMS 系统和提供委托交易、查询、清算等服务,并且从中收取佣金等非法利益,上述行为违反了《证券法》(2014 年修正)第一百二十二条的规定,构成《证券法》(2014 年修正)第一百九十七条所述非法经营证券业务的行为。恒生网络关于其行为不构成非法经营证券业务的申辩理由没有事实和法律依据,我会不予采纳。

根据当事人违法行为的事实、性质、情节和社会危害程度,依据《证券法》(2014 年修正)第一百九十七条的规定,我会决定没收恒生网络违法所得 109,866,872.67 元,并处以 329,600,618.01 元罚款。

第一百一十九条 【证券公司设立审批】国务院证券监督管理机构应当自受理证券公司设立申请之日起六个月内,依照法定条件和法定程序并根据审慎监管原则进行审查,作出批准或者不予批准的决定,并通知申请人;不予批准的,应当说明理由。

证券公司设立申请获得批准的,申请人应当在规定的期限内向公司登记机关申请设立登记,领取营业执照。

证券公司应当自领取营业执照之日起十五日内,向国务院证券监督管理机构申请经营证券业务许可证。未取得经营证券业务许可证,证券公司不得经营证券业务。

第一百二十条 【证券公司的业务范围】经国务院证券监督管理机构核准,取得经营证券业务许可证,证券公司可以经营下列部分或者全部证券业务:

(一)证券经纪;

(二)证券投资咨询;

(三)与证券交易、证券投资活动有关的财务顾问;

(四)证券承销与保荐;

(五)证券融资融券;

(六)证券做市交易;

(七)证券自营;

(八)其他证券业务。

国务院证券监督管理机构应当自受理前款规定事项申请之日起

三个月内,依照法定条件和程序进行审查,作出核准或者不予核准的决定,并通知申请人;不予核准的,应当说明理由。

证券公司经营证券资产管理业务的,应当符合《中华人民共和国证券投资基金法》等法律、行政法规的规定。

除证券公司外,任何单位和个人不得从事证券承销、证券保荐、证券经纪和证券融资融券业务。

证券公司从事证券融资融券业务,应当采取措施,严格防范和控制风险,不得违反规定向客户出借资金或者证券。

相关行政规章

《证券公司融资融券业务管理办法》(中国证券监督管理委员会令第117号,自2015年7月1日起施行)

第一章　总　　则

第一条　为了规范证券公司融资融券业务活动,完善证券交易机制,防范证券公司的风险,保护证券投资者的合法权益和社会公共利益,促进证券市场平稳健康发展,制定本办法。

第二条　证券公司开展融资融券业务,应当遵守法律、行政法规和本办法的规定,加强内部控制,严格防范和控制风险,切实维护客户合法权益。

本办法所称融资融券业务,是指向客户出借资金供其买入证券或者出借证券供其卖出,并收取担保物的经营活动。

第三条　证券公司开展融资融券业务,必须经中国证券监督管理委员会(以下简称证监会)批准。未经证监会批准,任何证券公司不得向客户融资、融券,也不得为客户与客户、客户与他人之间的融资融券活动提供任何便利和服务。

第四条　证券公司经营融资融券业务不得有以下行为:

(一)诱导不适当的客户开展融资融券业务;

(二)未向客户充分揭示风险;

(三)违规挪用客户担保物;

(四)进行利益输送和商业贿赂;

(五)为客户进行内幕交易、操纵市场、规避信息披露义务及其他不正当交易活动提供便利;

(六)法律、行政法规和证监会规定禁止的其他行为。

第五条 证监会及其派出机构依照法律、行政法规和本办法的规定,对证券公司融资融券业务活动进行监督管理。

中国证券业协会、证券交易所、证券登记结算机构按照本机构的章程和规则,对证券公司融资融券业务活动进行自律管理。中国证券金融公司对证券公司融资融券业务和客户融资融券交易情况进行监测监控。

第六条 证监会建立健全融资融券业务的逆周期调节机制,对融资融券业务实施宏观审慎管理。

证券交易所建立融资融券业务风险控制指标浮动管理机制,对融资融券业务实施逆周期调节。

第二章 业务许可

第七条 证券公司申请融资融券业务资格,应当具备下列条件:

(一)具有证券经纪业务资格;

(二)公司治理健全,内部控制有效,能有效识别、控制和防范业务经营风险和内部管理风险;

(三)公司最近2年内不存在因涉嫌违法违规正被证监会立案调查或者正处于整改期间的情形;

(四)财务状况良好,最近2年各项风险控制指标持续符合规定,注册资本和净资本符合增加融资融券业务后的规定;

(五)客户资产安全、完整,客户交易结算资金第三方存管有效实施,客户资料完整真实;

(六)已建立完善的客户投诉处理机制,能够及时、妥善处理与客户之间的纠纷;

(七)已建立符合监管规定和自律要求的客户适当性制度,实现客户与产品的适当性匹配管理;

(八)信息系统安全稳定运行,最近1年未发生因公司管理问题导致的重大事件,融资融券业务技术系统已通过证券交易所、证券登记结算机构组织的测试;

(九)有拟负责融资融券业务的高级管理人员和适当数量的专业人员;

(十)证监会规定的其他条件。

第八条 证券公司申请融资融券业务资格,应当向证监会提交下列材料,同时抄报住所地证监会派出机构:

（一）融资融券业务资格申请书；

（二）股东会（股东大会）关于经营融资融券业务的决议；

（三）融资融券业务方案、内部管理制度文本和按照本办法第十二条制定的选择客户的标准；

（四）负责融资融券业务的高级管理人员与业务人员的名册及资格证明文件；

（五）证券交易所、证券登记结算机构出具的关于融资融券业务技术系统已通过测试的证明文件；

（六）证监会要求提交的其他文件。

证券公司的法定代表人和经营管理的主要负责人应当在融资融券业务资格申请书上签字，承诺申请材料的内容真实、准确、完整，并对申请材料中存在的虚假记载、误导性陈述和重大遗漏承担相应的法律责任。

第九条 获得批准的证券公司应当按照规定，向公司登记机关申请业务范围变更登记，向证监会申请换发《经营证券业务许可证》。

取得证监会换发的《经营证券业务许可证》后，证券公司方可开展融资融券业务。

第三章 业务规则

第十条 证券公司经营融资融券业务，应当以自己的名义，在证券登记结算机构分别开立融券专用证券账户、客户信用交易担保证券账户、信用交易证券交收账户和信用交易资金交收账户。

融券专用证券账户用于记录证券公司持有的拟向客户融出的证券和客户归还的证券，不得用于证券买卖；客户信用交易担保证券账户用于记录客户委托证券公司持有、担保证券公司因向客户融资融券所生债权的证券；信用交易证券交收账户用于客户融资融券交易的证券结算；信用交易资金交收账户用于客户融资融券交易的资金结算。

第十一条 证券公司经营融资融券业务，应当以自己的名义，在商业银行分别开立融资专用资金账户和客户信用交易担保资金账户。

融资专用资金账户用于存放证券公司拟向客户融出的资金及客户归还的资金；客户信用交易担保资金账户用于存放客户交存的、担保证券公司因向客户融资融券所生债权的资金。

第十二条 证券公司在向客户融资、融券前，应当办理客户征信，了解客户的身份、财产与收入状况、证券投资经验和风险偏好、诚信合规记录等情况,做好客户适当性管理工作,并以书面或者电子方式予以记载、保存。

对未按照要求提供有关情况、从事证券交易时间不足半年、缺乏风险承担能力、最近20个交易日日均证券类资产低于50万元或者有重大违约记录的客户,以及本公司的股东、关联人,证券公司不得为其开立信用账户。

专业机构投资者参与融资、融券,可不受前款从事证券交易时间、证券类资产的条件限制。

本条第二款所称股东,不包括仅持有上市证券公司5%以下流通股份的股东。

证券公司应当按照适当性制度要求,制定符合本条规定的选择客户的具体标准。

第十三条 证券公司在向客户融资、融券前,应当与其签订载有中国证券业协会规定的必备条款的融资融券合同,明确约定下列事项:

(一)融资、融券的额度、期限、利率(费率)、利息(费用)的计算方式;

(二)保证金比例、维持担保比例、可充抵保证金的证券的种类及折算率、担保债权范围;

(三)追加保证金的通知方式、追加保证金的期限;

(四)客户清偿债务的方式及证券公司对担保物的处分权利;

(五)融资买入证券和融券卖出证券的权益处理;

(六)违约责任;

(七)纠纷解决途径;

(八)其他有关事项。

第十四条 融资融券合同应当约定,证券公司客户信用交易担保证券账户内的证券和客户信用交易担保资金账户内的资金,为担保证券公司因融资融券所生对客户债权的信托财产。

证券公司与客户约定的融资、融券期限不得超过证券交易所规定的期限;融资利率、融券费率由证券公司与客户自主商定。

合约到期前,证券公司可以根据客户的申请为客户办理展期,每次展期期限不得超过证券交易所规定的期限。

证券公司在为客户办理合约展期前,应当对客户的信用状况、负债情况、维持担保比例水平等进行评估。

第十五条 证券公司与客户签订融资融券合同前,应当采用适当的方式向客户讲解业务规则和合同内容,明确告知客户权利、义务及风险,特别是关于违约处置的风险控制安排,并将融资融券交易风险揭示书交由客户书面确认。

第十六条 证券公司与客户签订融资融券合同后,应当根据客户的申请,按照证券登记结算机构的规定,为其开立实名信用证券账户。客户信用证券账户与其普通证券账户的开户人姓名或者名称应当一致。

客户信用证券账户是证券公司客户信用交易担保证券账户的二级账户,用于记载客户委托证券公司持有的担保证券的明细数据。

证券公司应当委托证券登记结算机构根据清算、交收结果等,对客户信用证券账户内的数据进行变更。

第十七条 证券公司应当参照客户交易结算资金第三方存管的方式,与其客户及商业银行签订客户信用资金存管协议。

证券公司在与客户签订融资融券合同后,应当通知商业银行根据客户的申请,为其开立实名信用资金账户。

客户信用资金账户是证券公司客户信用交易担保资金账户的二级账户,用于记载客户交存的担保资金的明细数据。

商业银行根据证券公司提供的清算、交收结果等,对客户信用资金账户内的数据进行变更。

第十八条 证券公司向客户融资,只能使用融资专用资金账户内的资金;向客户融券,只能使用融券专用证券账户内的证券。

客户融资买入、融券卖出的证券,不得超出证券交易所规定的范围。

客户在融券期间卖出其持有的、与所融入证券相同的证券的,应当符合证券交易所的规定,不得以违反规定卖出该证券的方式操纵市场。

第十九条 证券公司经营融资融券业务,按照客户委托发出证券交易、证券划转指令的,应当保证指令真实、准确。因证券公司的过错导致指令错误,造成客户损失的,客户可以依法要求证券公司赔偿,但不影响证券交易所、证券登记结算机构正在执行或者已经完成的业务操作。

第二十条 证券公司融资融券的金额不得超过其净资本的4倍。

证券公司向单一客户或者单一证券的融资、融券的金额占其净资本的比例等风险控制指标,应当符合证监会和证券交易所的规定。

第二十一条 客户融资买入证券的,应当以卖券还款或者直接还款的方式偿还向证券公司融入的资金。

客户融券卖出的,应当以买券还券或者直接还券的方式偿还向证券公司融入的证券。

客户融券卖出的证券暂停交易的,可以按照约定以现金等方式偿还向证券公司融入的证券。

第二十二条 客户融资买入或者融券卖出的证券暂停交易,且交易恢复日在融资融券债务到期日之后的,融资融券的期限顺延。

融资融券合同另有约定的,从其约定。

第二十三条 客户融资买入或者融券卖出的证券预定终止交易,且最后交易日在融资融券债务到期日之前的,融资融券的期限缩短至最后交易日的前一交易日。融资融券合同另有约定的,从其约定。

第四章 债权担保

第二十四条 证券公司向客户融资、融券,应当向客户收取一定比例的保证金。保证金可以证券充抵。

第二十五条 证券公司应当将收取的保证金以及客户融资买入的全部证券和融券卖出所得全部价款,分别存放在客户信用交易担保证券账户和客户信用交易担保资金账户,作为对该客户融资融券所生债权的担保物。

第二十六条 证券公司应当在符合证券交易所规定的前提下,根据客户信用状况、担保物质量等情况,与客户约定最低维持担保比例、补足担保物的期限以及违约处置方式等。

证券公司应当逐日计算客户交存的担保物价值与其所欠债务的比例。当该比例低于约定的维持担保比例时,应当通知客户在约定的期限内补交担保物,客户经证券公司认可后,可以提交除可充抵保证金证券以外的其他证券、不动产、股权等资产。

客户未能按期交足担保物或者到期未偿还债务的,证券公司可以按照约定处分其担保物。

第二十七条 本办法第二十四条规定的保证金比例和可充抵保证金的证券的种类、折算率,第二十六条规定的最低维持担保比例和客户补交担保物的期限,由证券交易所规定。

证券交易所应当对可充抵保证金的各类证券制定不同的折算率要求。

证券公司在符合证券交易所规定的前提下,应当对可充抵保证金的证券折算率实行动态管理和差异化控制。

第二十八条　除下列情形外,任何人不得动用证券公司客户信用交易担保证券账户内的证券和客户信用交易担保资金账户内的资金:

(一)为客户进行融资融券交易的结算;

(二)收取客户应当归还的资金、证券;

(三)收取客户应当支付的利息、费用、税款;

(四)按照本办法的规定以及与客户的约定处分担保物;

(五)收取客户应当支付的违约金;

(六)客户提取还本付息、支付税费及违约金后的剩余证券和资金;

(七)法律、行政法规和本办法规定的其他情形。

第二十九条　客户交存的担保物价值与其债务的比例,超过证券交易所规定水平的,客户可以按照证券交易所的规定和融资融券合同的约定,提取担保物。

第三十条　司法机关依法对客户信用证券账户或者信用资金账户记载的权益采取财产保全或者强制执行措施的,证券公司应当处分担保物,实现因向客户融资融券所生债权,并协助司法机关执行。

第五章　权益处理

第三十一条　证券登记结算机构依据证券公司客户信用交易担保证券账户内的记录,确认证券公司受托持有证券的事实,并以证券公司为名义持有人,登记于证券持有人名册。

第三十二条　对客户信用交易担保证券账户记录的证券,由证券公司以自己的名义,为客户的利益,行使对证券发行人的权利。

证券公司行使对证券发行人的权利,应当事先征求客户的意见,并按照其意见办理。客户未表达意见的,证券公司不得行使对发行人的权利。

前款所称对证券发行人的权利,是指请求召开证券持有人会议、参加证券持有人会议、提案、表决、配售股份的认购、请求分配投资收益等因持有证券而产生的权利。

第三十三条　证券登记结算机构受证券发行人委托以证券形式分派投资收益的,应当将分派的证券记录在证券公司客户信用交易担保证券账户内,并相应变更客户信用证券账户的明细数据。

证券登记结算机构受证券发行人委托以现金形式分派投资收益的,

应当将分派的资金划入证券公司信用交易资金交收账户。证券公司应当在资金到账后,通知商业银行对客户信用资金账户的明细数据进行变更。

第三十四条 客户融入证券后、归还证券前,证券发行人分配投资收益、向证券持有人配售或者无偿派发证券、发行证券持有人有优先认购权的证券的,客户应当按照融资融券合同的约定,在偿还债务时,向证券公司支付与所融入证券可得利益相等的证券或者资金。

第三十五条 证券公司通过客户信用交易担保证券账户持有的股票不计入其自有股票,证券公司无须因该账户内股票数量的变动而履行相应的信息报告、披露或者要约收购义务。

客户及其一致行动人通过普通证券账户和信用证券账户合计持有一家上市公司股票及其权益的数量或者其增减变动达到规定的比例时,应当依法履行相应的信息报告、披露或者要约收购义务。

第六章 监督管理

第三十六条 证券交易所应当根据市场发展情况,对融资融券业务保证金比例、标的证券范围、可充抵保证金的证券种类及折算率、最低维持担保比例等进行动态调整,实施逆周期调节。

证券交易所可以对单一证券的市场融资买入量、融券卖出量和担保物持有量占其市场流通量的比例、融券卖出的价格作出限制性规定。

证券公司应当在符合监管要求的前提下,根据市场情况、客户和自身风险承受能力,对融资融券业务保证金比例、标的证券范围、可充抵保证金的证券种类及折算率、最低维持担保比例和业务集中度等进行动态调整和差异化控制。

业务集中度包括:向全体客户融资、融券的金额占净资本的比例,单一证券的融资、融券的金额占净资本的比例,接受单只担保证券的市值占该证券总市值的比例,单一客户提交单只担保证券的市值占该客户担保物市值的比例等。

第三十七条 证券公司开展融资融券业务,应当建立完备的管理制度、操作流程和风险识别、评估与控制体系,确保风险可测、可控、可承受。

证券公司应当对融资融券业务实行集中统一管理。融资融券业务的决策和主要管理职责应当由证券公司总部承担。

证券公司应当建立健全融资融券业务压力测试机制，定期、不定期对融资融券业务的流动性风险、信用风险、市场风险、技术系统风险等进行压力测试，根据压力测试结果对本办法第三十六条第三款所规定的本公司相关指标进行优化和调整。

第三十八条　证券交易所应当按照业务规则，采取措施，对融资融券交易的指令进行前端检查，对买卖证券的种类、融券卖出的价格等违反规定的交易指令，予以拒绝。

单一证券的市场融资买入量、融券卖出量或者担保物持有量占其市场流通量的比例达到规定的最高限制比例的，证券交易所可以暂停接受该种证券的融资买入指令或者融券卖出指令。

第三十九条　融资融券交易活动出现异常，已经或者可能危及市场稳定，有必要暂停交易的，证券交易所应当按照业务规则的规定，暂停部分或者全部证券的融资融券交易并公告。

第四十条　证券登记结算机构应当按照业务规则，对与融资融券交易有关的证券划转和证券公司信用交易资金交收账户内的资金划转情况进行监督。对违反规定的证券和资金划转指令，予以拒绝；发现异常情况的，应当要求证券公司作出说明，并向证监会及该公司住所地证监会派出机构报告。

第四十一条　中国证券金融公司应当按照业务规则，要求证券公司及时、准确、真实、完整报送融资融券业务有关数据信息；对证券公司融资融券数据进行统计分析，编制定期报告和专项报告，报送证监会；监测监控融资融券业务风险，对发现的重大业务风险情况，及时报告证监会。

第四十二条　证券公司融资融券业务涉及的客户信用交易资金应当纳入证券市场交易结算资金监控系统，证券公司、存管银行、登记结算机构等应当按要求向中国证券投资者保护基金公司报送相关数据信息。

第四十三条　负责客户信用资金存管的商业银行应当按照客户信用资金存管协议的约定，对证券公司违反规定的资金划拨指令予以拒绝；发现异常情况的，应当要求证券公司作出说明，并向证监会及该公司住所地证监会派出机构报告。

第四十四条　证券公司应当按照融资融券合同约定的方式，向客户送交对账单，并为其提供信用证券账户和信用资金账户内数据的查询服务。

证券登记结算机构应当为客户提供其信用证券账户内数据的查询服务。负责客户信用资金存管的商业银行应当按照客户信用资金存管协议的约定,为客户提供其信用资金账户内数据的查询服务。

第四十五条 证券公司应当通过有效的途径,及时告知客户融资、融券的收费标准及其变动情况。

第四十六条 证券公司应当按照证券交易所的规定,在每日收市后向其报告当日客户融资融券交易的有关信息。证券交易所应当对证券公司报送的信息进行汇总、统计,并在次一交易日开市前予以公告。

第四十七条 证监会及其派出机构、中国证券业协会、证券交易所、证券登记结算机构、中国证券金融公司依照规定履行证券公司融资融券业务监管、自律或者监测分析职责,可以要求证券公司提供与融资融券业务有关的信息、资料。

第四十八条 证监会派出机构按照辖区监管责任制的要求,依法对证券公司及其分支机构的融资融券业务活动中涉及的客户选择、合同签订、授信额度的确定、担保物的收取和管理、补交担保物的通知,以及处分担保物等事项进行非现场检查和现场检查。

第四十九条 对违反本办法规定的证券公司或者其分支机构,证监会或者其派出机构可采取责令改正、监管谈话、出具警示函、责令公开说明、责令参加培训、责令定期报告、暂不受理与行政许可有关的文件、暂停部分或者全部业务、撤销业务许可等相关监管措施;依法应予行政处罚的,依照《证券法》、《行政处罚法》等法律法规和证监会的有关规定进行处罚;涉嫌犯罪的,依法移送司法机关,追究其刑事责任。

第七章 附 则

第五十条 负责客户信用资金存管的商业银行,应当是按照规定可以存管证券公司客户交易结算资金的商业银行。

第五十一条 本办法所称专业机构投资者是指:经国家金融监管部门批准设立的金融机构,包括商业银行、证券公司、基金管理公司、期货公司、信托公司和保险公司等;上述金融机构管理的金融产品;经证监会或者其授权机构登记备案的私募基金管理机构及其管理的私募基金产品;证监会认可的其他投资者。

第五十二条 证券交易所、证券登记结算机构和中国证券业协会依照本办法的规定,制定融资融券的业务规则和自律规则,报证监会批准后实施。

第五十三条　本办法自公布之日起施行。2011 年 10 月 26 日发布的《证券公司融资融券业务管理办法》(证监会公告〔2011〕31 号)同时废止。

相关裁判摘要

“张某诉招商证券股份有限公司上海浦东新区浦东南路证券营业部证券纠纷一审民事判决书”[上海市浦东新区人民法院民事判决书(2017)沪 0115 民初 33817 号]认为,在《融资融券业务合同》并未对“卖券还款”指令的交易金额是优先用于偿还负债还是优先认购新股作出约定的情况下,证券公司要求“卖券还款”指令的交易金额不能优先用于新股认购的做法并未违法。相关裁判摘要如下:

2015 年 4 月 16 日,张某与招商证券股份有限公司(以下简称招商证券)签订《融资融券业务合同》,在招商证券处开立了账号为××××××××××的融资融券账户,由营业部提供证券经纪、融资融券等证券服务。2017 年 2 月 23 日下午 14 时左右,张某收到短信通知得知其账户中签新股科达利(证券代码:×××××)500 股,应缴纳新股认购款 18,850 元。张某于 2017 年 2 月 23 日 14 时 46 分 57 秒、14 时 49 分 15 秒分别卖出股票济川药业 600 股、100 股,卖出股票成交金额分别为 19,110 元、3181 元,委托指令均为“卖券还款”。张某拟用上述卖券所得金额申购中签新股。为此,张某联系营业部投资顾问咨询新股认缴款的缴纳事项,投资顾问告知其“卖券还款”所得的金额不能用于申购新股,只能先用于偿还融资融券账户的负债。张某与营业部投资顾问协商,想让该营业部或其投资顾问为其在账户中垫付 2 万元用于新股认购,但遭拒绝。张某尝试从其招商银行账户通过银行转证券的方式向融资融券账户转入 2 万元用于认购新股,但由于活期账户余额不足,转款未能成功。经协商,营业部投资顾问为张某申请延长半小时的资金缴纳时间,如在 2017 年 2 月 23 日 16 时 30 分之前能够转入新股认购款项,也能用于新股认购。但最终由于张某银行账户活期余额不足,未能在 16 时 30 分之前转入新股认购款项。张某认为营业部新股缴纳规定不合理,最终未能成功向账户内转入新股认购款项,其卖出股票济川药业的金额用于偿还账户的融资融券负债,因未能缴纳新股认购款,所中签的新股科达利未认购成功。

另查明,《融资融券业务合同》第 5.1 条约定,张某自愿将信用账户内保证金、融资买入的全部证券和融券卖出所得全部资金以及上述资金、证券所生孳息等所有资产转移给营业部,设立以该营业部为受托人,张某与该营业部为共同受益人,以担保营业部对张某的融资融券债权为目的的信托。第7.8条约定,信用证券账户不得用于从事新股认购等法律法规禁止的事项。第7.9条“融资融券债务清偿”约定,现金偿还是指信用资金账户内如有可用资金,须通过招商证券交易系统“直接还款”菜单发出偿还融资负债的委托;卖券偿还是指通过卖出信用账户内的证券的方式偿还对营业部融资负债,通过招商证券交易系统“卖券还款”菜单委托卖出信用证券账户内证券所得价款,按融资负债产生的时间顺序偿还融资负债,通过招商证券交易系统“卖出”菜单委托卖出信用证券账户内证券所得价款,优先偿还该证券的融资负债。第13.12条约定,随着信息技术的发展和证券市场的创新,新的委托交易方式和新的证券业务品种会不断增加,对于部分新的委托交易方式和新的证券业务品种,在符合国家有关法律法规和行业规范的前提下,营业部将视该项新业务的具体情况,适时提供网上开通或预约服务。

本院认为,本案争议焦点是信用账户中签新股后,张某“卖券还款”指令的交易金额应优先用于偿还负债还是优先认购新股。张某与营业部之间签订的《融资融券业务合同》合法有效,双方当事人理应恪守。虽然《融资融券业务合同》约定张某的信用证券账户不得用于新股认购,但实际上,根据交易所的规定,张某的信用账户可用于新股认购。但对于信用账户中签新股后,《融资融券业务合同》中对“卖券还款”指令的交易金额应当优先用于偿还负债还是优先认购新股并未作出约定,双方未作出进一步约定,在合同没有明确约定的情况下,应当根据相关法律规定作出认定。本院认为,张某及营业部通过《融资融券业务合同》不仅就账户内的保证金等财产设立了信托关系,而且就融资融券业务的具体操作进行了约定。

首先,张某在涉案信用账户中签新股之后,发出了“卖券还款”的委托指令,营业部根据张某的交易指令进行操作,并未违反合同约定。

其次,张某认为“卖券还款”指令的交易金额优先用于新股认购,对此,《融资融券业务合同》并无约定,包括《深交所融资融券交易细则》在内的监管规则,也未规定证券公司对于投资人“卖券还款”指令的交易金额应优先用于新股认购,故营业部行为未违反相应法律规定,亦未违反相关的监管规定。

再次,张某仅以另外一家证券公司的业务规则不足以证明“卖券还款”指令的交易金额优先用于新股认购属于行业惯例。

最后,张某在就如何缴纳新股中签款与营业部咨询沟通的过程中,营业部明确告知相关交易规则和后果,明确告知张某“卖券还款”指令的交易金额不能优先用于新股认购,并告知及时缴纳款项,并为其延长了款项的缴纳时间,张某也尝试通过银行账号转入款项,但未成功的原因系自身银行账户活期余额不足,张某在知晓交易规则情况下,未能缴纳认购款项,系因自身过错导致相关损失发生,营业部行为未违反合同约定与法律规定,也不存在过错,张某应自行承担相应法律后果。

“郝某莎、万向信托有限公司信托纠纷再审审查与审判监督民事裁定书”[中华人民共和国最高人民法院民事裁定书(2017)最高法民申3856号]认为,不能因为信托属于结构化信托并具有融资功能就将其认定为融资法律关系,开展融资业务。相关裁判摘要如下:

根据《证券公司融资融券业务管理办法》第二条规定:融资融券是指向客户出借资金供其买入证券或者出借证券供其卖出,并收取担保物的经营活动。71号合同中第三条关于信托目的规定,委托人基于对受托人的信任,自愿将其合法所有的资金委托给受托人并加入信托计划,指定受托人将本信托计划项下的信托计划资金投资于股票、场内货币型基金、债券逆回购等。71号合同第8.23条亦明确约定投资限制中规定不得进行融资融券交易。根据本案实际情况,万向公司与郝某莎签署的信托合同并不符合融资融券的业务规定,万向公司也未向郝某莎出借资金或者证券,并且诉争的信托计划属于结构化信托,其结构化形式所产生的融资功能,是其本质具有的附随效果,并不能因为信托属于结构化信托并具有融资功能,就将其认定为融资法律关系即万向公司开展融资业务,原审法院认定诉争信托不属于非法融资融券正确。

第一百二十一条　【证券公司的注册资本】证券公司经营本法第一百二十条第一款第(一)项至第(三)项业务的,注册资本最低限额为人民币五千万元;经营第(四)项至第(八)项业务之一的,注册资本最低限额为人民币一亿元;经营第(四)项至第(八)项业务中两项以上的,注册资本最低限额为人民币五亿元。证券公司的注册资本应当是实缴资本。

国务院证券监督管理机构根据审慎监管原则和各项业务的风险

程度,可以调整注册资本最低限额,但不得少于前款规定的限额。

第一百二十二条 【证券公司重大事项的核准】 证券公司变更证券业务范围,变更主要股东或者公司的实际控制人,合并、分立、停业、解散、破产,应当经国务院证券监督管理机构核准。

第一百二十三条 【证券公司的风险控制】 国务院证券监督管理机构应当对证券公司净资本和其他风险控制指标作出规定。

证券公司除依照规定为其客户提供融资融券外,不得为其股东或者股东的关联人提供融资或者担保。

相关行政规章

《证券公司风险控制指标管理办法》(2020修订)(中国证券监督管理委员会令第166号,2006年7月5日中国证券监督管理委员会第185次主席办公会议审议通过,根据2008年6月24日中国证券监督管理委员会《关于修改〈证券公司风险控制指标管理办法〉的决定》、2016年6月16日中国证券监督管理委员会《关于修改〈证券公司风险控制指标管理办法〉的决定》、2020年3月20日中国证券监督管理委员会《关于修改部分证券期货规章的决定》修正)

第一章 总 则

第一条 为了建立以净资本和流动性为核心的风险控制指标体系,加强证券公司风险监管,督促证券公司加强内部控制、提升风险管理水平、防范风险,根据《证券法》等有关法律、行政法规,制定本办法。

第二条 证券公司应当按照中国证券监督管理委员会(以下简称中国证监会)的有关规定,遵循审慎、实质重于形式的原则,计算净资本、风险覆盖率、资本杠杆率、流动性覆盖率、净稳定资金率等各项风险控制指标,编制净资本计算表、风险资本准备计算表、表内外资产总额计算表、流动性覆盖率计算表、净稳定资金率计算表、风险控制指标计算表等监管报表(以下统称风险控制指标监管报表)。

第三条 中国证监会可以根据市场发展情况和审慎监管原则,对各项风险控制指标标准及计算要求进行动态调整;调整之前,应当公开征求行业意见,并为调整事项的实施作出过渡性安排。

对于未规定风险控制指标标准及计算要求的新产品、新业务,证券公司在投资该产品或者开展该业务前,应当按照规定事先向中国证监会、公司注册地的中国证监会派出机构(以下简称派出机构)报告或者报批。中国证监会根据证券公司新产品、新业务的特点和风险状况,在征求行业意见基础上确定相应的风险控制指标标准及计算要求。

第四条 中国证监会可以按照分类监管原则,根据证券公司的治理结构、内控水平和风险控制情况,对不同类别公司的风险控制指标标准和计算要求,以及某项业务的风险资本准备计算比例进行动态调整。

第五条 中国证监会及其派出机构应当对证券公司净资本等各项风险控制指标数据的生成过程及计算结果的真实性、准确性、完整性进行定期或者不定期检查。

中国证监会及其派出机构可以根据监管需要,要求证券公司聘请符合《证券法》规定的会计师事务所对其风险控制指标监管报表进行审计。

第六条 证券公司应当根据中国证监会有关规定建立符合自身发展战略需要的全面风险管理体系。证券公司应当将所有子公司以及比照子公司管理的各类孙公司纳入全面风险管理体系,强化分支机构风险管理,实现风险管理全覆盖。全面风险管理体系应当包括可操作的管理制度、健全的组织架构、可靠的信息技术系统、量化的风险指标体系、专业的人才队伍、有效的风险应对机制。

证券公司应当任命一名具有风险管理相关专业背景、任职经历、履职能力的高级管理人员为首席风险官,由其负责全面风险管理工作。

第七条 证券公司应当根据自身资产负债状况和业务发展情况,建立动态的风险控制指标监控和资本补足机制,确保净资本等各项风险控制指标在任一时点都符合规定标准。

证券公司应当在发生重大业务事项及分配利润前对风险控制指标进行压力测试,合理确定有关业务及分配利润的最大规模。

证券公司应当建立健全压力测试机制,及时根据市场变化情况及监管部门要求,对公司风险控制指标进行压力测试。

压力测试结果显示风险超过证券公司自身承受能力范围的,证券公司应采取措施控制业务规模或降低风险。

第八条 证券公司应当聘请符合《证券法》规定的会计师事务所对其年度风险控制指标监管报表进行审计。

第九条 会计师事务所及其注册会计师应当勤勉尽责,对证券公司风险控制指标监管报表的真实性、准确性、完整性进行审计,并发表恰当的审计意见。

第二章 净资本及其计算

第十条 证券公司净资本由核心净资本和附属净资本构成。其中:

核心净资本＝净资产－资产项目的风险调整－或有负债的风险调整－/＋中国证监会认定或核准的其他调整项目。

附属净资本＝长期次级债×规定比例－/＋中国证监会认定或核准的其他调整项目。

第十一条 证券公司应当按照中国证监会规定的证券公司净资本计算标准计算净资本。

第十二条 证券公司计算核心净资本时,应当按照规定对有关项目充分计提资产减值准备。

中国证监会及其派出机构可以要求公司专项说明资产减值准备提取的充足性和合理性。有证据表明公司未充分计提资产减值准备的,中国证监会及其派出机构可以责令公司整改并追究相关人员责任。

第十三条 证券公司应当根据公司期末或有事项的性质(如未决诉讼、未决仲裁、对外提供担保等)、涉及金额、形成原因和进展情况、可能发生的损失和预计损失进行相应会计处理。对于很可能导致经济利益流出公司的或有事项,应当确认预计负债;对于未确认预计负债,但仍可能导致经济利益流出公司的或有事项,在计算核心净资本时,应当作为或有负债,按照一定比例在净资本中予以扣减,并在净资本计算表的附注中披露。

第十四条 证券公司对控股证券业务子公司出具承诺书提供担保承诺的,应当按照担保承诺金额的一定比例扣减核心净资本。从事证券承销与保荐、证券资产管理业务等中国证监会认可的子公司可以将母公司提供的担保承诺按照一定比例计入核心净资本。

第十五条 证券公司向股东或机构投资者借入或发行的次级债,可以按照一定比例计入附属净资本或扣减风险资本准备。具体规定由中国证监会另行制定。

第三章 风险控制指标标准

第十六条 证券公司经营证券经纪业务的,其净资本不得低于人民币2000万元。

证券公司经营证券承销与保荐、证券自营、证券资产管理、其他证券业务等业务之一的,其净资本不得低于人民币5000万元。

证券公司经营证券经纪业务，同时经营证券承销与保荐、证券自营、证券资产管理、其他证券业务等业务之一的，其净资本不得低于人民币1亿元。

证券公司经营证券承销与保荐、证券自营、证券资产管理、其他证券业务中两项及两项以上的，其净资本不得低于人民币2亿元。

第十七条 证券公司必须持续符合下列风险控制指标标准：

（一）风险覆盖率不得低于100%；

（二）资本杠杆率不得低于8%；

（三）流动性覆盖率不得低于100%；

（四）净稳定资金率不得低于100%；

其中：

风险覆盖率＝净资本/各项风险资本准备之和×100%；

资本杠杆率＝核心净资本/表内外资产总额×100%；

流动性覆盖率＝优质流动性资产/未来30天现金净流出量×100%；

净稳定资金率＝可用稳定资金/所需稳定资金×100%。

第十八条 证券公司应当按照中国证监会规定的证券公司风险资本准备计算标准计算市场风险、信用风险、操作风险资本准备。中国证监会可以根据特定产品或业务的风险特征，以及监督检查结果，要求证券公司计算特定风险资本准备。

市场风险资本准备按照各类金融工具市场风险特征的不同，用投资规模乘以风险系数计算；信用风险资本准备按照各表内外项目信用风险程度的不同，用资产规模乘以风险系数计算；操作风险资本准备按照各项业务收入的一定比例计算。

证券公司可以采取内部模型法等风险计量高级方法计算风险资本准备，具体规定由中国证监会另行制定。

第十九条 证券公司经营证券自营业务、为客户提供融资或融券服务的，应当符合中国证监会对该项业务的风险控制指标标准。

第二十条 证券公司可以结合自身实际情况，在不低于中国证监会规定标准的基础上，确定相应的风险控制指标标准。

第二十一条 中国证监会对各项风险控制指标设置预警标准，对于规定“不得低于”一定标准的风险控制指标，其预警标准是规定标准的120%；对于规定“不得超过”一定标准的风险控制指标，其预警标准是规定标准的80%。

第四章 编制和披露

第二十二条 设有子公司的证券公司应当以母公司数据为基础,编制风险控制指标监管报表。

中国证监会及其派出机构可以根据监管需要,要求证券公司以合并数据为基础编制风险控制指标监管报表。

第二十三条 证券公司的董事、高级管理人员应当对公司半年度、年度风险控制指标监管报表签署确认意见。

证券公司经营管理的主要负责人、首席风险官、财务负责人应当对公司月度风险控制指标监管报表签署确认意见。在证券公司风险控制指标监管报表上签字的人员,应当保证风险控制指标监管报表真实、准确、完整,不存在虚假记载、误导性陈述和重大遗漏;对风险控制指标监管报表内容持有异议的,应当在报表上注明自己的意见和理由。

第二十四条 证券公司应当至少每半年经主要负责人、首席风险官签署确认后,向公司全体董事报告一次公司净资本等风险控制指标的具体情况和达标情况;证券公司应当至少每半年经董事会签署确认,向公司全体股东报告一次公司净资本等风险控制指标的具体情况和达标情况,并至少获得主要股东的签收确认证明文件。

净资本指标与上月相比发生20%以上不利变化或不符合规定标准时,证券公司应当在5个工作日内向公司全体董事报告,10个工作日内向公司全体股东报告。

第二十五条 证券公司应当在每月结束之日起7个工作日内,向中国证监会及其派出机构报送月度风险控制指标监管报表。

派出机构可以根据监管需要,要求辖区内单个、部分或者全部证券公司在一定阶段内按周或者按日编制并报送各项风险控制指标监管报表。

第二十六条 证券公司的净资本等风险控制指标与上月相比发生不利变化超过20%的,应当在该情形发生之日起3个工作日内,向中国证监会及其派出机构报告,说明基本情况和变化原因。

第二十七条 证券公司的净资本等风险控制指标达到预警标准或者不符合规定标准的,应当分别在该情形发生之日起3个、1个工作日内,向中国证监会及其派出机构报告,说明基本情况、问题成因以及解决问题的具体措施和期限。

第五章　监督管理

第二十八条　证券公司的财务会计报告、风险控制指标监管报表被注册会计师出具了保留意见、带强调事项段或其他事项段无保留意见的，证券公司应当就涉及事项进行专项说明。

涉及事项不属于明显违反会计准则、证券公司净资本计算规则等有关规定的，中国证监会及其派出机构可以要求证券公司说明该事项对公司净资本等风险控制指标的影响。

涉及事项属于明显违反会计准则、证券公司净资本计算规则等有关规定的，中国证监会及其派出机构可以要求证券公司限期纠正、重新编制风险控制指标监管报表；证券公司未限期纠正的，中国证监会及其派出机构可以认定其净资本等风险控制指标低于规定标准。

第二十九条　证券公司的财务会计报告、风险控制指标监管报表被注册会计师出具了无法表示意见或者否定意见的，中国证监会及其派出机构可以认定其净资本等风险控制指标低于规定标准。

第三十条　证券公司未按照监管部门要求报送风险控制指标监管报表，或者风险控制指标监管报表存在重大错报、漏报以及虚假报送情况，中国证监会及其派出机构可以根据情况采取出具警示函、责令改正、监管谈话、责令处分有关人员等监管措施。

第三十一条　证券公司净资本或者其他风险控制指标不符合规定标准的，派出机构应当责令公司限期改正，在5个工作日制定并报送整改计划，整改期限最长不超过20个工作日；证券公司未按时报送整改计划的，派出机构应当立即限制其业务活动。

整改期内，中国证监会及其派出机构应当区别情形，对证券公司采取下列措施：

（一）停止批准新业务；

（二）停止批准增设、收购营业性分支机构；

（三）限制分配红利；

（四）限制转让财产或在财产上设定其他权利。

第三十二条　证券公司整改后，经派出机构验收符合有关风险控制指标的，中国证监会及其派出机构应当自验收完毕之日起3个工作日内解除对其采取的有关措施。

第三十三条　证券公司未按期完成整改的，自整改期限到期的次日起，派出机构应当区别情形，对其采取下列措施：

(一)限制业务活动;

(二)责令暂停部分业务;

(三)限制向董事、监事、高级管理人员支付报酬、提供福利;

(四)责令更换董事、监事、高级管理人员或者限制其权利;

(五)责令负有责任的股东转让股权,限制负有责任的股东行使股东权利;

(六)认定负有责任的董事、监事、高级管理人员为不适当人选;

(七)中国证监会及其派出机构认为有必要采取的其他措施。

第三十四条 证券公司未按期完成整改、风险控制指标情况继续恶化,严重危及该证券公司的稳健运行的,中国证监会可以撤销其有关业务许可。

第三十五条 证券公司风险控制指标无法达标,严重危害证券市场秩序、损害投资者利益的,中国证监会可以区别情形,对其采取下列措施:

(一)责令停业整顿;

(二)指定其他机构托管、接管;

(三)撤销经营证券业务许可;

(四)撤销。

第六章 附 则

第三十六条 本办法下列用语的含义:

(一)风险资本准备:指证券公司在开展各项业务等过程中,因市场风险、信用风险、操作风险等可能引起的非预期损失所需要的资本。证券公司应当按照一定标准计算风险资本准备并与净资本建立对应关系,确保风险资本准备有对应的净资本支撑。

(二)负债:指对外负债,不含代理买卖证券款、信用交易代理买卖证券款、代理承销证券款。

(三)资产:指自有资产,不含客户资产。

(四)或有负债:指过去的交易或者事项形成的潜在义务,其存在须通过未来不确定事项的发生或者不发生予以证实;或过去的交易或者事项形成的现时义务,履行该义务不是很可能导致经济利益流出企业或该义务的金额不能可靠计量。

(五)表内外资产总额:表内资产余额与表外项目余额之和。

第三十七条 本办法自2006年11月1日起施行。

第一百二十四条　【证券公司的董监高】证券公司的董事、监事、高级管理人员，应当正直诚实、品行良好，熟悉证券法律、行政法规，具有履行职责所需的经营管理能力。证券公司任免董事、监事、高级管理人员，应当报国务院证券监督管理机构备案。

有《中华人民共和国公司法》第一百四十六条规定的情形或者下列情形之一的，不得担任证券公司的董事、监事、高级管理人员：

（一）因违法行为或者违纪行为被解除职务的证券交易场所、证券登记结算机构的负责人或者证券公司的董事、监事、高级管理人员，自被解除职务之日起未逾五年；

（二）因违法行为或者违纪行为被吊销执业证书或者被取消资格的律师、注册会计师或者其他证券服务机构的专业人员，自被吊销执业证书或者被取消资格之日起未逾五年。

第一百二十五条　【证券公司的从业人员】证券公司从事证券业务的人员应当品行良好，具备从事证券业务所需的专业能力。

因违法行为或者违纪行为被开除的证券交易场所、证券公司、证券登记结算机构、证券服务机构的从业人员和被开除的国家机关工作人员，不得招聘为证券公司的从业人员。

国家机关工作人员和法律、行政法规规定的禁止在公司中兼职的其他人员，不得在证券公司中兼任职务。

第一百二十六条　【证券投资者保护基金】国家设立证券投资者保护基金。证券投资者保护基金由证券公司缴纳的资金及其他依法筹集的资金组成，其规模以及筹集、管理和使用的具体办法由国务院规定。

相关行政规章

《证券投资者保护基金管理办法》（中国证券监督管理委员会令第124号，2016年修订，自2016年6月1日起施行）

第一章　总　　则

第一条　为建立防范和处置证券公司风险的长效机制，维护社会经济秩序和社会公共利益，保护证券投资者的合法权益，促进证券市场有序、健康发展，制定本办法。

第二条 证券投资者保护基金(以下简称基金)是指按照本办法筹集形成的、在防范和处置证券公司风险中用于保护证券投资者利益的资金。

设立国有独资的中国证券投资者保护基金有限责任公司(以下简称基金公司),负责基金的筹集、管理和使用。

第三条 基金主要用于按照国家有关政策规定对债权人予以偿付。

第四条 证券交易活动实行公开、公平、公正和投资者投资决策自主、投资风险自担的原则。

投资者在证券投资活动中因证券市场波动或投资产品价值本身发生变化所导致的损失,由投资者自行负担。

第五条 基金按照取之于市场、用之于市场的原则筹集。基金的筹集方式、标准,由中国证券监督管理委员会(以下简称证监会)商财政部、中国人民银行决定。

第六条 基金公司依据国家有关法律、法规及本办法独立运作,基金公司董事会对基金的合规使用及安全负责。

第二章 基金公司职责和组织机构

第七条 基金公司的职责为:

(一)筹集、管理和运作基金;

(二)监测证券公司风险,参与证券公司风险处置工作;

(三)证券公司被撤销、被关闭、破产或被证监会实施行政接管、托管经营等强制性监管措施时,按照国家有关政策规定对债权人予以偿付;

(四)组织、参与被撤销、关闭或破产证券公司的清算工作;

(五)管理和处分受偿资产,维护基金权益;

(六)发现证券公司经营管理中出现可能危及投资者利益和证券市场安全的重大风险时,向证监会提出监管、处置建议;对证券公司运营中存在的风险隐患会同有关部门建立纠正机制;

(七)国务院批准的其他职责。

第八条 基金公司应当与证监会建立证券公司信息共享机制,证监会定期向基金公司通报关于证券公司财务、业务等的经营管理信息。

证监会认定存在风险隐患的证券公司,应按照规定直接向基金公司报送财务、业务等经营管理信息和资料。

第九条　基金公司设立董事会。董事会由9名董事组成。其中4人为执行董事,其他为非执行董事。董事长人选由证监会商财政部、中国人民银行确定后,报国务院备案。

第十条　董事会为基金公司的决策机构,负责制定基本管理制度,决定内部管理机构设置,聘任或者解聘高级管理人员,对基金的筹集、管理和使用等重大事项做出决定,并行使基金公司章程规定的其他职权。

第十一条　基金公司董事会按季召开例会。董事长或1/3以上的董事联名提议时,可以召开临时董事会会议。

董事会会议由全体董事2/3以上出席方可举行。董事会会议决议,由全体董事1/2以上表决通过方为有效。

第十二条　基金公司设总经理1人,副总经理若干人。总经理负责主持公司的经营管理工作,执行董事会决议。总经理、副总经理由证监会提名,董事会聘任或者解聘。

第十三条　基金公司章程由证监会商财政部、中国人民银行依照法律、行政法规和本办法制定。

第三章　基金筹集

第十四条　基金的来源:

(一)上海、深圳证券交易所在风险基金分别达到规定的上限后,交易经手费的20%纳入基金;

(二)所有在中国境内注册的证券公司,按其营业收入的0.5%～5%缴纳基金;

经营管理或运作水平较差、风险较高的证券公司,应当按较高比例缴纳基金。各证券公司的具体缴纳比例由基金公司根据证券公司风险状况确定后,报证监会批准,并按年进行调整。证券公司缴纳的基金在其营业成本中列支;

(三)发行股票、可转债等证券时,申购冻结资金的利息收入;

(四)依法向有关责任方追偿所得和从证券公司破产清算中受偿收入;

(五)国内外机构、组织及个人的捐赠;

(六)其他合法收入。

第十五条　基金公司设立时,财政部专户储存的历年认购新股冻结资金利差余额,一次性划入,作为基金公司的注册资本;中国人民银行安排发放专项再贷款,垫付基金的初始资金。专项再贷款余额的上限以国务院批准额度为准。

第十六条 根据防范和处置证券公司风险的需要,基金公司可以多种形式进行融资。必要时,经国务院批准,基金公司可以通过发行债券等方式获得特别融资。

基金公司因履行职责需要流动性支持时,证监会会同中国人民银行报请国务院批准后,可以向中国人民银行申请再贷款。

第十七条 证券公司采用当年预缴、次年汇算清缴的方式缴纳基金。

证券公司应在年度审计结束后,根据其审计后的收入和事先核定的比例确定需要缴纳的基金金额,并及时向基金公司申报清缴。

第十八条 中国证券登记结算有限责任公司及各主承销商应于每季结息后5个工作日内,将证券发行申购冻结资金利息全额划入基金公司指定的账户;证券交易所应于每季后10个工作日内,将交易经手费中应纳入基金的部分划入基金公司指定的账户。

第四章 基金使用

第十九条 基金的用途为:

(一)证券公司被撤销、被关闭、破产或被证监会实施行政接管、托管经营等强制性监管措施时,按照国家有关政策规定对债权人予以偿付;

(二)国务院批准的其他用途。

第二十条 为处置证券公司风险需要动用基金的,证监会根据证券公司的风险状况制定风险处置方案,基金公司制定基金使用方案,报经国务院批准后,由基金公司办理发放基金的具体事宜。

第二十一条 基金公司使用基金偿付证券公司债权人后,取得相应的受偿权,依法参与证券公司的清算。

第五章 管理和监督

第二十二条 基金公司应依法合规运作,按照安全、稳健的原则履行对基金的管理职责,保证基金的安全。

基金的资金运用限于银行存款、购买政府债券、中央银行票据、中央企业债券、信用等级较高的金融机构发行的金融债券以及国务院批准的其他资金运用形式。

第二十三条 基金公司日常运营费用按照国家有关规定列支,具体支取范围、标准及预决算等由基金公司董事会制定,报财政部审批。

第二十四条 证监会负责基金公司的业务监管，监督基金的筹集、管理与使用。

财政部负责基金公司的国有资产管理和财务监督。

中国人民银行负责对基金公司向其借用再贷款资金的合规使用情况进行检查监督。

第二十五条 基金公司应建立科学的业绩考评制度，并将考核结果定期报送证监会、财政部、中国人民银行。

第二十六条 基金公司应建立信息报告制度，编制基金筹集、管理、使用的月报信息，报送证监会、财政部、中国人民银行。

基金公司每年应向财政部专题报告财务收支及预算、决算执行情况，接受财政部的监督检查。

基金公司每年应向中国人民银行专题报告再贷款资金的使用情况，接受中国人民银行的监督检查。

第二十七条 证监会应按年度向国务院报告基金公司运作和证券公司风险处置情况，同时抄送财政部、中国人民银行。

第二十八条 证券公司、托管清算机构应按规定用途使用基金，不得将基金挪作他用。

基金公司对使用基金的情况进行检查，并可委托中介机构进行专项审计。接受检查的证券公司或托管清算机构及有关单位、个人应予以配合。

第二十九条 基金公司、证券公司及托管清算机构应妥善保管基金的收划款凭证、兑付清单及原始凭证，确保原始档案的完整性，并建立基金核算台账。

第三十条 证监会负责监督证券公司按期足额缴纳基金以及按期向基金公司如实报送财务、业务等经营管理信息、资料和基金公司监测风险所需的涉及客户资金安全的数据、材料。

证券公司违反前款规定的，证监会应按有关规定进行处理。

第三十一条 对挪用、侵占或骗取基金的违法行为，依法严厉打击；对有关人员的失职行为，依法追究其责任；涉嫌犯罪的，移送司法机关依法追究其刑事责任。

第六章 附 则

第三十二条 本办法所称托管清算机构，是指证券公司被行政接管、托管经营、撤销、关闭或破产时，对证券公司实施行政接管的接管组、实施托管经营的托管组或依法成立的行政清理组。

第三十三条 本办法自2016年6月1日起施行。

第三十四条 本办法由证监会会同财政部、中国人民银行负责解释。

第一百二十七条 【交易风险准备金】证券公司从每年的业务收入中提取交易风险准备金,用于弥补证券经营的损失,其提取的具体比例由国务院证券监督管理机构会同国务院财政部门规定。

第一百二十八条 【内部控制制度】证券公司应当建立健全内部控制制度,采取有效隔离措施,防范公司与客户之间、不同客户之间的利益冲突。

证券公司必须将其证券经纪业务、证券承销业务、证券自营业务、证券做市业务和证券资产管理业务分开办理,不得混合操作。

相关行政规章

《证券公司和证券投资基金管理公司合规管理办法》(2020年修订)(中国证券监督管理委员会令第166号,2017年4月27日中国证券监督管理委员会2017年第3次主席办公会议审议通过,根据2020年3月20日中国证券监督管理委员会《关于修改部分证券期货规章的决定》修正)

第一章 总 则

第一条 为了促进证券公司和证券投资基金管理公司加强内部合规管理,实现持续规范发展,根据《中华人民共和国公司法》《中华人民共和国证券法》《中华人民共和国证券投资基金法》和《证券公司监督管理条例》,制定本办法。

第二条 在中华人民共和国境内设立的证券公司和证券投资基金管理公司(以下统称证券基金经营机构)应当按照本办法实施合规管理。

本办法所称合规,是指证券基金经营机构及其工作人员的经营管理和执业行为符合法律、法规、规章及规范性文件、行业规范和自律规则、公司内部规章制度,以及行业普遍遵守的职业道德和行为准则(以下统称法律法规和准则)。

本办法所称合规管理,是指证券基金经营机构制定和执行合规管理制度,建立合规管理机制,防范合规风险的行为。

本办法所称合规风险，是指因证券基金经营机构或其工作人员的经营管理或执业行为违反法律法规和准则而使证券基金经营机构被依法追究法律责任、采取监管措施、给予纪律处分、出现财产损失或商业信誉损失的风险。

第三条　证券基金经营机构的合规管理应当覆盖所有业务，各部门、各分支机构、各层级子公司和全体工作人员，贯穿决策、执行、监督、反馈等各个环节。

第四条　证券基金经营机构应当树立全员合规、合规从管理层做起、合规创造价值、合规是公司生存基础的理念，倡导和推进合规文化建设，培育全体工作人员合规意识，提升合规管理人员职业荣誉感和专业化、职业化水平。

第五条　中国证券监督管理委员会（以下简称中国证监会）依法对证券基金经营机构合规管理工作实施监督管理。中国证监会派出机构按照授权履行监督管理职责。

中国证券业协会、中国证券投资基金业协会等自律组织（以下简称协会）依照本办法制定实施细则，对证券基金经营机构合规管理工作实施自律管理。

第二章　合规管理职责

第六条　证券基金经营机构开展各项业务，应当合规经营、勤勉尽责，坚持客户利益至上原则，并遵守下列基本要求：

（一）充分了解客户的基本信息、财务状况、投资经验、投资目标、风险偏好、诚信记录等信息并及时更新。

（二）合理划分客户类别和产品、服务风险等级，确保将适当的产品、服务提供给适合的客户，不得欺诈客户。

（三）持续督促客户规范证券发行行为，动态监控客户交易活动，及时报告、依法处置重大异常行为，不得为客户违规从事证券发行、交易活动提供便利。

（四）严格规范工作人员执业行为，督促工作人员勤勉尽责，防范其利用职务便利从事违法违规、超越权限或者其他损害客户合法权益的行为。

（五）有效管理内幕信息和未公开信息，防范公司及其工作人员利用该信息买卖证券、建议他人买卖证券，或者泄露该信息。

（六）及时识别、妥善处理公司与客户之间、不同客户之间、公司不同业务之间的利益冲突，切实维护客户利益，公平对待客户。

(七)依法履行关联交易审议程序和信息披露义务,保证关联交易的公允性,防止不正当关联交易和利益输送。

(八)审慎评估公司经营管理行为对证券市场的影响,采取有效措施,防止扰乱市场秩序。

第七条 证券基金经营机构董事会决定本公司的合规管理目标,对合规管理的有效性承担责任,履行下列合规管理职责:

(一)审议批准合规管理的基本制度;

(二)审议批准年度合规报告;

(三)决定解聘对发生重大合规风险负有主要责任或者领导责任的高级管理人员;

(四)决定聘任、解聘、考核合规负责人,决定其薪酬待遇;

(五)建立与合规负责人的直接沟通机制;

(六)评估合规管理有效性,督促解决合规管理中存在的问题;

(七)公司章程规定的其他合规管理职责。

第八条 证券基金经营机构的监事会或者监事履行下列合规管理职责:

(一)对董事、高级管理人员履行合规管理职责的情况进行监督;

(二)对发生重大合规风险负有主要责任或者领导责任的董事、高级管理人员提出罢免的建议;

(三)公司章程规定的其他合规管理职责。

第九条 证券基金经营机构的高级管理人员负责落实合规管理目标,对合规运营承担责任,履行下列合规管理职责:

(一)建立健全合规管理组织架构,遵守合规管理程序,配备充足、适当的合规管理人员,并为其履行职责提供充分的人力、物力、财力、技术支持和保障;

(二)发现违法违规行为及时报告、整改,落实责任追究;

(三)公司章程规定或者董事会确定的其他合规管理职责。

第十条 证券基金经营机构各部门、各分支机构和各层级子公司(以下统称下属各单位)负责人负责落实本单位的合规管理目标,对本单位合规运营承担责任。

证券基金经营机构全体工作人员应当遵守与其执业行为有关的法律、法规和准则,主动识别、控制其执业行为的合规风险,并对其执业行为的合规性承担责任。

下属各单位及工作人员发现违法违规行为或者合规风险隐患时，应当主动及时向合规负责人报告。

第十一条　证券基金经营机构设合规负责人。合规负责人是高级管理人员，直接向董事会负责，对本公司及其工作人员的经营管理和执业行为的合规性进行审查、监督和检查。

合规负责人不得兼任与合规管理职责相冲突的职务，不得负责管理与合规管理职责相冲突的部门。

证券基金经营机构的章程应当对合规负责人的职责、任免条件和程序等作出规定。

第十二条　证券基金经营机构合规负责人应当组织拟定合规管理的基本制度和其他合规管理制度，督导下属各单位实施。

合规管理的基本制度应当明确合规管理的目标、基本原则、机构设置及其职责，违法违规行为及合规风险隐患的报告、处理和责任追究等内容。

法律法规和准则发生变动的，合规负责人应当及时建议董事会或高级管理人员并督导有关部门，评估其对合规管理的影响，修改、完善有关制度和业务流程。

第十三条　合规负责人应当对证券基金经营机构内部规章制度、重大决策、新产品和新业务方案等进行合规审查，并出具书面合规审查意见。

中国证监会及其派出机构、自律组织要求对证券基金经营机构报送的申请材料或报告进行合规审查的，合规负责人应当审查，并在该申请材料或报告上签署合规审查意见。其他相关高级管理人员等人员应当对申请材料或报告中基本事实和业务数据的真实性、准确性及完整性负责。

证券基金经营机构不采纳合规负责人的合规审查意见的，应当将有关事项提交董事会决定。

第十四条　合规负责人应当按照中国证监会及其派出机构的要求和公司规定，对证券基金经营机构及其工作人员经营管理和执业行为的合规性进行监督检查。

合规负责人应当协助董事会和高级管理人员建立和执行信息隔离墙、利益冲突管理和反洗钱制度，按照公司规定为高级管理人员、下属各单位提供合规咨询、组织合规培训，指导和督促公司有关部门处理涉及公司和工作人员违法违规行为的投诉和举报。

第十五条 合规负责人应当按照公司规定,向董事会、经营管理主要负责人报告证券基金经营机构经营管理合法合规情况和合规管理工作开展情况。

合规负责人发现证券基金经营机构存在违法违规行为或合规风险隐患的,应当依照公司章程规定及时向董事会、经营管理主要负责人报告,提出处理意见,并督促整改。合规负责人应当同时督促公司及时向中国证监会相关派出机构报告;公司未及时报告的,应当直接向中国证监会相关派出机构报告;有关行为违反行业规范和自律规则的,还应当向有关自律组织报告。

第十六条 合规负责人应当及时处理中国证监会及其派出机构和自律组织要求调查的事项,配合中国证监会及其派出机构和自律组织对证券基金经营机构的检查和调查,跟踪和评估监管意见和监管要求的落实情况。

第十七条 合规负责人应当将出具的合规审查意见、提供的合规咨询意见、签署的公司文件、合规检查工作底稿等与履行职责有关的文件、资料存档备查,并对履行职责的情况作出记录。

第三章 合规管理保障

第十八条 合规负责人应当通晓相关法律法规和准则,诚实守信,熟悉证券、基金业务,具有胜任合规管理工作需要的专业知识和技能,并具备下列任职条件:

(一)从事证券、基金工作10年以上,并且通过中国证券业协会或中国证券投资基金业协会组织的合规管理人员胜任能力考试;或者从事证券、基金工作5年以上,并且通过法律职业资格考试;或者在证券监管机构、证券基金业自律组织任职5年以上;

(二)最近3年未被金融监管机构实施行政处罚或采取重大行政监管措施;

(三)中国证监会规定的其他条件。

第十九条 证券基金经营机构聘任合规负责人,应当向中国证监会相关派出机构报送人员简历及有关证明材料。证券公司合规负责人应当经中国证监会相关派出机构认可后方可任职。

合规负责人任期届满前,证券基金经营机构解聘的,应当有正当理由,并在有关董事会会议召开10个工作日前将解聘理由书面报告中国证监会相关派出机构。

前款所称正当理由，包括合规负责人本人申请，或被中国证监会及其派出机构责令更换，或确有证据证明其无法正常履职、未能勤勉尽责等情形。

第二十条　合规负责人不能履行职务或缺位时，应当由证券基金经营机构董事长或经营管理主要负责人代行其职务，并自决定之日起3个工作日内向中国证监会相关派出机构书面报告，代行职务的时间不得超过6个月。

合规负责人提出辞职的，应当提前1个月向公司董事会提出申请，并向中国证监会相关派出机构报告。在辞职申请获得批准之前，合规负责人不得自行停止履行职责。

合规负责人缺位的，公司应当在6个月内聘请符合本办法第十八条规定的人员担任合规负责人。

第二十一条　证券基金经营机构应当设立合规部门。合规部门对合规负责人负责，按照公司规定和合规负责人的安排履行合规管理职责。合规部门不得承担与合规管理相冲突的其他职责。证券基金经营机构应当明确合规部门与其他内部控制部门之间的职责分工，建立内部控制部门协调互动的工作机制。

第二十二条　证券基金经营机构应当为合规部门配备足够的、具备与履行合规管理职责相适应的专业知识和技能的合规管理人员。合规部门中具备3年以上证券、金融、法律、会计、信息技术等有关领域工作经历的合规管理人员数量不得低于公司总部人数的一定比例，具体比例由协会规定。

第二十三条　证券基金经营机构各业务部门、各分支机构应当配备符合本办法第二十二条规定的合规管理人员。

合规管理人员可以兼任与合规管理职责不相冲突的职务。合规风险管控难度较大的部门和分支机构应当配备专职合规管理人员。

第二十四条　证券基金经营机构应当将各层级子公司的合规管理纳入统一体系，明确子公司向母公司报告的合规管理事项，对子公司的合规管理制度进行审查，对子公司经营管理行为的合规性进行监督和检查，确保子公司合规管理工作符合母公司的要求。

从事另类投资、私募基金管理、基金销售等活动的子公司，应当由证券基金经营机构选派人员作为子公司高级管理人员负责合规管理工作，并由合规负责人考核和管理。

第二十五条 证券基金经营机构应当保障合规负责人和合规管理人员充分履行职责所需的知情权和调查权。

证券基金经营机构召开董事会会议、经营决策会议等重要会议以及合规负责人要求参加或者列席的会议的,应当提前通知合规负责人。合规负责人有权根据履职需要参加或列席有关会议,查阅、复制有关文件、资料。

合规负责人根据履行职责需要,有权要求证券基金经营机构有关人员对相关事项作出说明,向为公司提供审计、法律等中介服务的机构了解情况。

合规负责人认为必要时,可以证券基金经营机构名义直接聘请外部专业机构或人员协助其工作,费用由公司承担。

第二十六条 证券基金经营机构应当保障合规负责人和合规管理人员的独立性。

证券基金经营机构的股东、董事和高级管理人员不得违反规定的职责和程序,直接向合规负责人下达指令或者干涉其工作。

证券基金经营机构的董事、监事、高级管理人员和下属各单位应当支持和配合合规负责人、合规部门及本单位合规管理人员的工作,不得以任何理由限制、阻挠合规负责人、合规部门和合规管理人员履行职责。

第二十七条 合规部门及专职合规管理人员由合规负责人考核。对兼职合规管理人员进行考核时,合规负责人所占权重应当超过50%。证券基金经营机构应当制定合规负责人、合规部门及专职合规管理人员的考核管理制度,不得采取其他部门评价、以业务部门的经营业绩为依据等不利于合规独立性的考核方式。

证券基金经营机构董事会对合规负责人进行年度考核时,应当就其履行职责情况及考核意见书面征求中国证监会相关派出机构的意见,中国证监会相关派出机构可以根据掌握的情况建议董事会调整考核结果。

证券基金经营机构对高级管理人员和下属各单位的考核应当包括合规负责人对其合规管理有效性、经营管理和执业行为合规性的专项考核内容。合规性专项考核占总考核结果的比例不得低于协会的规定。

第二十八条 证券基金经营机构应当制定合规负责人与合规管理

人员的薪酬管理制度。合规负责人工作称职的,其年度薪酬收入总额在公司高级管理人员年度薪酬收入总额中的排名不得低于中位数;合规管理人员工作称职的,其年度薪酬收入总额不得低于公司同级别人员的平均水平。

第二十九条 中国证监会及其派出机构和自律组织支持证券基金经营机构合规负责人依法开展工作,组织行业合规培训和交流,并督促证券基金经营机构为合规负责人提供充足的履职保障。

第四章 监督管理与法律责任

第三十条 证券基金经营机构应当在报送年度报告的同时向中国证监会相关派出机构报送年度合规报告。年度合规报告包括下列内容:

(一)证券基金经营机构和各层级子公司合规管理的基本情况;

(二)合规负责人履行职责情况;

(三)违法违规行为、合规风险隐患的发现及整改情况;

(四)合规管理有效性的评估及整改情况;

(五)中国证监会及其派出机构要求或证券基金经营机构认为需要报告的其他内容。

证券基金经营机构的董事、高级管理人员应当对年度合规报告签署确认意见,保证报告的内容真实、准确、完整;对报告内容有异议的,应当注明意见和理由。

第三十一条 证券基金经营机构应当组织内部有关机构和部门或者委托具有专业资质的外部专业机构对公司合规管理的有效性进行评估,及时解决合规管理中存在的问题。对合规管理有效性的全面评估,每年不得少于1次。委托具有专业资质的外部专业机构进行的全面评估,每3年至少进行1次。

中国证监会及其派出机构发现证券基金经营机构存在违法违规行为或重大合规风险隐患的,可以要求证券基金经营机构委托指定的具有专业资质的外部专业机构对公司合规管理的有效性进行评估,并督促其整改。

第三十二条 证券基金经营机构违反本办法规定的,中国证监会可以采取出具警示函、责令定期报告、责令改正、监管谈话等行政监管措施;对直接负责的董事、监事、高级管理人员和其他责任人员,可以采取出具警示函、责令参加培训、责令改正、监管谈话、认定为不适当人选等行政监管措施。

证券基金经营机构违反本办法规定导致公司出现治理结构不健全、内部控制不完善等情形的,对证券基金经营机构及其直接负责的董事、监事、高级管理人员和其他直接责任人员,依照《中华人民共和国证券投资基金法》第二十四条、《证券公司监督管理条例》第七十条采取行政监管措施。

第三十三条　合规负责人违反本办法规定的,中国证监会可以采取出具警示函、责令参加培训、责令改正、监管谈话、认定为不适当人选等行政监管措施。

第三十四条　证券基金经营机构的董事、监事、高级管理人员未能勤勉尽责,致使公司存在重大违法违规行为或者重大合规风险的,依照《中华人民共和国证券法》第一百四十条、第一百四十二条、《中华人民共和国证券投资基金法》第二十五条采取行政监管措施。

第三十五条　证券基金经营机构违反本办法第十八条、第十九条、第二十条、第二十一条、第二十二条、第二十三条、第二十四条、第二十五条、第二十六条、第二十七条、第二十八条规定,情节严重的,对证券基金经营机构及其直接负责的董事、监事、高级管理人员和其他直接责任人员,处以警告、3万元以下罚款。

合规负责人未按照本办法第十五条第二款的规定及时向中国证监会相关派出机构报告重大违法违规行为的,处以警告、3万元以下罚款。

第三十六条　证券基金经营机构通过有效的合规管理,主动发现违法违规行为或合规风险隐患,积极妥善处理,落实责任追究,完善内部控制制度和业务流程并及时向中国证监会或其派出机构报告的,依法从轻、减轻处理;情节轻微并及时纠正违法违规行为或避免合规风险,没有造成危害后果的,不予追究责任。对于证券基金经营机构的违法违规行为,合规负责人已经按照本办法的规定尽职履行审查、监督、检查和报告职责的,不予追究责任。

第五章　附　　则

第三十七条　本办法下列用语的含义:

(一)合规负责人,包括证券公司的合规总监和证券投资基金管理公司的督察长。

(二)中国证监会相关派出机构,包括证券公司住所地的中国证监会派出机构,和证券投资基金管理公司住所地或者经营所在地的中国证监会派出机构。

第三十八条 中国证监会根据审慎监管的原则，可以提高对行业重要性证券基金经营机构的合规管理要求，并可以采取增加现场检查频率、强化合规负责人任职监管、委托外部专业机构协助开展工作等方式加强合规监管。

前款所称行业重要性证券基金经营机构，是指中国证监会认定的，公司内部经营活动可能导致证券基金行业、证券市场产生重大风险的证券基金经营机构。

第三十九条 开展公开募集证券投资基金管理业务的保险资产管理机构、私募资产管理机构等，参照本办法执行。

第四十条 本办法自2017年10月1日起施行。《证券投资基金管理公司督察长管理规定》（证监基金字〔2006〕85号）、《证券公司合规管理试行规定》（证监会公告〔2008〕30号）同时废止。

第一百二十九条 【证券公司的自营业务】 证券公司的自营业务必须以自己的名义进行，不得假借他人名义或者以个人名义进行。

证券公司的自营业务必须使用自有资金和依法筹集的资金。

证券公司不得将其自营账户借给他人使用。

相关规范性文件

《关于证券公司证券自营业务投资范围及有关事项的规定》（2020年修订）（证监会公告〔2020〕20号，自2020年3月20日起施行）

第一条 为了明确证券公司证券自营业务的投资范围及有关事项，根据《证券公司监督管理条例》，制定本规定。

第二条 证券公司从事证券自营业务，可以买卖本规定附件《证券公司证券自营投资品种清单》所列证券。

第三条 证券公司可以委托具备证券资产管理业务资格、特定客户资产管理业务资格或者合格境内机构投资者资格的其他证券公司或者基金管理公司进行证券投资管理。

证券公司将自有资金投资于依法公开发行的国债、投资级公司债、货币市场基金、央行票据等中国证券监督管理委员会（以下简称证监会）认可的风险较低、流动性较强的证券，或者委托其他证券公司或者

> 基金管理公司进行证券投资管理，且投资规模合计不超过其净资本80%的，无须取得证券自营业务资格。
>
> **第四条** 具备证券自营业务资格的证券公司可以依法设立子公司，从事《证券公司证券自营投资品种清单》所列品种以外的金融产品等投资。
>
> 证券公司不得为本条第一款规定的子公司提供融资或者担保。
>
> **第五条** 具备证券自营业务资格的证券公司可以从事金融衍生产品交易。
>
> 不具备证券自营业务资格的证券公司只能以对冲风险为目的，从事金融衍生产品交易。
>
> **第六条** 证券公司与本规定有关事项的净资本和风险资本准备计算，应当符合证监会的规定。
>
> **第七条** 本规定自2011年6月1日起施行。证监会此前公布的有关规定与本规定不一致的，以本规定为准。

第一百三十条 【证券公司的经营】证券公司应当依法审慎经营，勤勉尽责，诚实守信。

证券公司的业务活动，应当与其治理结构、内部控制、合规管理、风险管理以及风险控制指标、从业人员构成等情况相适应，符合审慎监管和保护投资者合法权益的要求。

证券公司依法享有自主经营的权利，其合法经营不受干涉。

第一百三十一条 【客户交易结算资金和证券】证券公司客户的交易结算资金应当存放在商业银行，以每个客户的名义单独立户管理。

证券公司不得将客户的交易结算资金和证券归入其自有财产。禁止任何单位或者个人以任何形式挪用客户的交易结算资金和证券。证券公司破产或者清算时，客户的交易结算资金和证券不属于其破产财产或者清算财产。非因客户本身的债务或者法律规定的其他情形，不得查封、冻结、扣划或者强制执行客户的交易结算资金和证券。

相关裁判摘要

2008 年第 7 期《中华人民共和国最高人民法院公报》刊登的**“天同证券有限责任公司清算组与恒丰银行股份有限公司、恒丰银行股份有限公司济南分行、恒丰银行股份有限公司烟台青年路支行返还扣划结算资金纠纷案”**的判决认为，证券公司对于客户交易结算资金拥有管理权，同时负有保证客户交易结算资金完整的责任。任何针对客户交易结算资金的侵害行为，证券公司都有权并且有责任主张救济。当证券公司被责令关闭、进行行政清理后，由证券监督管理机构指定成立的行政清算组相应取得证券公司对保证客户交易结算资金完整的权利和义务。相关裁判摘要如下：

归纳本案的争议焦点为：一是天同证券清算组是否有权主张恒丰银行返还扣划的证券交易结算资金；二是恒丰银行是否有权从天同证券管理的客户证券交易结算资金账户中扣划资金；三是金建物业委托天同证券管理的一亿元资金的性质。

一、关于天同证券清算组是否有权主张恒丰银行返还扣划的证券交易结算资金，也就是天同证券清算组是否具备原审原告主体资格的问题。天同证券管理的客户交易结算资金确实不属于该公司所有，但是，1999 年 7 月 1 日施行、2004 年 8 月 28 日修订的《证券法》第一百三十二条规定：“综合类证券公司必须将其经纪业务和自营业务分开办理，业务人员、财务账户均应分开，不得混合操作。客户的交易结算资金必须全额存入指定的商业银行，单独立户管理。严禁挪用客户交易结算资金。”第二百一十二条规定：“本法关于客户交易结算资金的规定的实施步骤，由国务院另行规定。”2005 年 10 月 27 日修订的《证券法》第一百三十九条第一款规定：“证券公司客户的交易结算资金应当存放在商业银行，以每个客户的名义单独立户管理。具体办法和实施步骤由国务院规定。”《客户交易结算资金管理办法》第二十一条规定：“证券公司、结算公司、存管银行、结算银行根据证监会要求或遇到客户交易结算资金专用存款账户、清算备付金专用存款账户、验资专户出现重大异常情况时，应当及时向证监会报告。”第二十二条规定：“证券公司应当对客户交易结算资金集中统一管理。证券公司下属证券营业部收到的客户交易结算资金，除留足日常备付的部分外，应当交由证券公司管理。”以上规定表明，证券公司对客户交易结算资金拥有管理权，同时负有保证客户交易结算资金完整的责任。任何针对客户交易结算资金的侵害行为,证券公司都有权并且有责任主张救济。况且本案中,天同证券与恒丰银行签订的《客户证券结算资金存管协议》第十一条第七项约定:"任何将客户交易结算资金银行专用存款账户内的资金转入银行方账户的行为均视为相关存款银行直接挪用客户交易结算资金。"因此,天同证券依据该项约定也有权向恒丰银行主张相应的权利。当证券公司被责令关闭、进行行政清理后,由证券监督管理机构指定成立的行政清算组相应取得证券公司对保证客户交易结算资金完整的权利和责任。因此,天同证券清算组是适格的原告,有权就本案的争议提起诉讼。

二、关于恒丰银行是否有权从天同证券管理的客户证券交易结算资金账户上扣划资金的问题。正如讼争当事人认同的,恒丰银行扣划资金的账户是客户证券交易结算资金账户,该部分资金属相关经纪业务客户所有。除该属性外,客户证券交易结算资金还有保证与证券交易对方足额交收的作用,也就是说该资金上负担有其他优先权利,这也是要保持客户证券交易结算资金完整性的重要原因。就本案情况看,恒丰银行从金建物业取得的权利,在二者之间的《债权转让协议》中既称转让一亿元国债保证金,又称金建物业对天同证券的债权归甲方所有,表明对该权利性质双方当事人并不清晰。基于目前天同证券已经进入行政处置的情况,经甄别确认程序,如果该权利属客户证券交易结算资金,则可以纳入国家收购范围,无须通过诉讼程序寻求救济;如果不属于客户证券交易结算资金,则该部分权利将成为针对天同证券的债权,其债权的实现只能以天同证券的自有资产偿付,不能用属于相关客户的客户交易结算资金偿付。从天同证券与恒丰银行签订的《客户证券结算资金存管协议》内容看,恒丰银行负有不能挪用该资金的责任,该协议并无其他例外情形的约定,恒丰银行应当依照约定维护客户证券交易结算资金的完整。此外,与恒丰银行相同地位的权利人因并不掌握天同证券的客户证券交易结算资金账户,无法像恒丰银行一样获得清偿,恒丰银行因其作为客户证券交易结算资金存管银行的地位自主从客户证券交易结算资金账户上扣划款项,对经纪业务客户及天同证券的其他债权人均是不公平的,也是违反了其与天同证券的约定的。基于上述理由,恒丰银行是否行使以及是否能够行使向天同证券的偿还请求权不能成为恒丰银行是否扣划客户证券交易结算资金的理由。因此,恒丰银行关于其有权从天同证券客户证券交易结算资金账户中取回属于其所有的国债保证金的主张,本院不予支持。

三、关于本案金建物业委托天同证券管理的一亿元资金是否具有客户证券交易结算资金性质的问题。2006 年 3 月 17 日中国证券监督管理委员会作出〔2006〕10 号行政处罚决定书，决定对天同证券撤销证券业务许可，责令其关闭。在进入行政处置程序后，对于客户的权利到底是债权性质还是物权性质，也就是是否具有客户证券交易结算资金的性质的确认，涉及国家是否对该权利进行收购的问题。对此，中国人民银行、财政部、中国银行业监督管理委员会、中国证券监督管理委员会联合制定并发布了《个人债权及客户证券交易结算资金收购意见》，该意见确定的纳入收购范围的客户交易结算资金是指："经纪业务的客户为保证足额交收而在证券公司存入的资金，出售有价证券所得到的所有款项(减去经纪佣金和其他正当费用)，持有证券所获得的股息、现金股利、债券利息，上述资金获得的利息。金融机构处置以前法院已判决的属于收购范围内的客户证券交易结算资金。"关于是否属于客户证券交易结算资金的甄别确认问题，该意见指出："客户证券交易结算资金经托管组或清算组甄别确认后提出收购申请，报监管部门批准后，在实行第三方存管的同时支付收购款。"综合以上意见，对于客户权利是否属于客户证券交易结算资金，在证券公司进入行政处置程序后，由托管组或清算组行使相关甄别权，由监管部门批准。恒丰银行受让金建物业的债权之后，应在天同证券的行政处置程序中向行政清算组请求甄别处理。但无论该笔资金是否属于证券交易结算资金，均不构成恒丰银行直接以天同证券管理的客户证券交易结算资金账户上扣划资金的合法依据。因此，本院不对上述一亿元资金的性质作出认定。

"黄某伟诉安信证券股份有限公司阳江安宁路证券营业部、安信证券股份有限公司客户交易结算资金纠纷一审民事判决书"[阳江市江城区人民法院民事判决书(2014)阳城法民二初字第 135 号]认为，客户交易结算资金包括客户为保证足额交收而存入的资金，出售有价证券所得的所有款项，持有证券所获得股息、现金股利、债权利息，上述资金获得的利息，为客户所有。相关裁判摘要如下：

2003 年 9 月 22 日，原告黄某伟在原广东证券阳江营业部开立证券账户进行证券交易，证券资金账户号码为×××××××。至 2004 年 12 月，原告清空了×××××××账户的所有股票，×××××××账户结存资金为 524,892.88 元，此后，原告在×××××××账户没有再进行过证券交易，×××××××账户资金再也没有使用和提取。

2005年年底,原广东证券因资金不善被托管清算,经证监会批准,被告安信证券于2007年年底在阳江成立营业部(安信证券阳江营业部)接受安置原广东证券阳江营业部的客户(当中包括原告),客户账户也转入安信证券阳江营业部管理。其间,原告因故没有及时办理有关手续。广东证券在破产清算前,广东证券清算组对移交的账户进行统一清查,发现客户资金账户存疑或者资金余额较低多年未交易的账户统一作休眠处理。至2007年9月21日,该资金账户余额534,857.91元,被告于2007年10月25日将原告×××××××账户及资金金额534,857.91元作休眠处理,将原告×××××××账户的资金余额534,857.91元调出该账户另库存放。

2010年,原告向安信证券阳江营业部申请提取×××××××账户结余的存款,并按要求办理了重新开户等手续,但原账户的存款却一直没有转入原告新开账户。后安信证券阳江营业部告知因原告没有在规定的时间处理有关手续,原告×××××××账户处于休眠状态,未能提取原告账户的余款。为此,原告提起诉讼。

本院认为,本案系基于客户交易结算资金纠纷而产生的纠纷。依据我国相关法律规定,客户交易结算资金包括客户为保证足额交收而存入的资金,出售有价证券所得的所有款项,持有证券所获得的股息、现金股利、债权利息,上述资金获得的利息。

原告黄某伟作为原广东证券的客户,在广东证券开立证券交易账户,并委托广东证券进行了证券交易,在黄某伟与广东证券之间已存在证券交易账户,并委托广东证券进行了证券交易,在黄某伟与广东证券之间已存在证券交易委托合同关系。黄某伟基于委托合同关系,将其资金存入广东证券的账户内,用于证券买卖。2004年12月,黄某伟出售其持有的证券所获得的款项及上述款项所产生的利息,均属于客户交易结算资金。2005年11月6日,原广东证券因经营管理不善被中国证监会公告取消证券业务资格并责令关闭,由安信证券接收安置原广东证券相关分支机构的客户,其中包括原告在内的原广东证券阳江营业部的客户由安信证券阳江营业部接收安置,相关客户资料、客户账户及资产也随之转移,原广东证券的权利义务也由安信证券、安信证券阳江营业部承继。根据《证券法》"证券公司不得将客户的交易结算资金和证券归入其自有财产。禁止任何单位或者个人以任何形式挪用客户的交易结算资金和证券。证券公司破产或者清算时,客户的交易结算资金和证券不属于其破产财产或者清算财产。非因客户本身的债务或者法律规定的其他情形，不得查封、冻结、扣划或者强制执行客户的交易结算资金和证券。”的规定，证券公司不得将客户交易结算资金归入其自有财产。故黄某伟名下的客户交易结算资金的所有权仍属于黄某伟。黄某伟有权随时清空证券交易账户，取回账户内的全部客户交易结算资金。两被告亦在庭审中承认，因黄某伟名下的账户被定为风险处置账户，黄某伟账户的资金534,857.91元（含本息）于2007年10月25日被另库存放。现黄某伟要求两被告返还其账户内的资金534,857.91元，本院予以支持。

“陈某午与方正证券股份有限公司湘潭韶山中路证券营业部、中国建设银行股份有限公司湘潭市分行财产损害赔偿纠纷案”［湖南省湘潭市雨湖区人民法院民事判决书（2013）雨法民一初字第342号］认为，证券公司在履行证券交易委托合同中未尽到相关的约定义务及法律法规规定的义务，应承担相应的民事责任。相关裁判摘要如下：

原告陈某午与被告方正证券营业部签订证券交易委托合同书，开设证券交易账户，该委托合同系双方的真实意思表示，双方形成委托合同关系，依法受法律保护。被告方正证券营业部应全面履行合同约定的义务，并按相关法律法规的规定，采取有效措施，保证原告的证券账户及托管的证券的安全。双方《证券交易委托合同书》第八条第二款约定“甲方（即原告陈某午，下同）如需更改密码，可通过自助委托交易系统进行或由其本人携带身份证、证券账户卡到乙方开户部按乙方规定程序办理”、第九条约定“甲方授权他人代理办理委托证券交易和其他相关各项业务，须按乙方要求提供有关证件及《授权委托书》等法律文件，并办理有关手续”，但因被告方正证券营业部内部管理不善、内部监控存在漏洞，其原员工熊某利用职务之便获取了原告原办理证券开户时的基本资料，同时以原告系其客户为由要求营业部的柜台人员重置原告的证券账户密码，被告方正证券营业部的工作人员在履行职责时未尽到严格审查以保障原告账户及资金安全的义务，未严格按规定办理账户密码重置手续，在原告本人未到场、熊某未出示相关授权委托手续也未提供相关证件原件的情况下就将原告的账户密码进行了重置，存有过错。也正是被告方正证券营业部的管理上的漏洞，让熊某得以重置密码对原告的证券账户进行股票买卖操作并将交易结算资金转出，导致原告的财产损失。被告方正证券营业部在履行双方的证券交易委托合同中未尽到相关的约定义务及法律法规规定的义务,且其也未举证证明其没有过错,或有其他免责事由,因此,被告方正证券营业部应对原告的财产损失承担相应的民事责任。

第一百三十二条 【经纪业务管理】 证券公司办理经纪业务,应当置备统一制定的证券买卖委托书,供委托人使用。采取其他委托方式的,必须作出委托记录。

客户的证券买卖委托,不论是否成交,其委托记录应当按照规定的期限,保存于证券公司。

第一百三十三条 【证券公司受托买卖证券】 证券公司接受证券买卖的委托,应当根据委托书载明的证券名称、买卖数量、出价方式、价格幅度等,按照交易规则代理买卖证券,如实进行交易记录;买卖成交后,应当按照规定制作买卖成交报告单交付客户。

证券交易中确认交易行为及其交易结果的对账单必须真实,保证账面证券余额与实际持有的证券相一致。

第一百三十四条 【禁止全权委托】 证券公司办理经纪业务,不得接受客户的全权委托而决定证券买卖、选择证券种类、决定买卖数量或者买卖价格。

证券公司不得允许他人以证券公司的名义直接参与证券的集中交易。

相关规范性文件

《中国证券监督管理委员会江苏监管局回函》(2015年5月14日)

一、相关证券法律、法规对证券公司接受股民委托的方式没有强制性的规定或固定格式。另外,中国证券业协会《证券交易委托代理协议指引》(2014年1月31日发布)第五条明确规定:甲方(投资者)向乙方(证券公司)下达委托指令的方式由双方约定。甲方向乙方下达委托指令的方式包括柜台委托、自助委托以及乙方认可的其他合法委托方式,自助委托包括网上委托、电话委托、热键委托等,具体委托方式以实际开通为准。

二、根据《中华人民共和国证券法》(2014 年修正)第一百四十三条的规定,全权委托是指客户出于投资获利的愿望,在委托证券公司代其买卖证券时,对证券的买进或者卖出,或者买卖证券的种类、数量、价格不加任何限制,完全由证券公司代为决定。客户为了减少投资风险,希望全权委托具有丰富投资经验的证券公司代其买卖证券。但是由于证券市场受社会政治、经济等各个方面因素的影响很大,即使证券公司也难免失误,况且不是所有的证券公司及其从业人员都能忠实地履行诚信义务,有些甚至利用客户的授权为自己谋取私利,如利用客户的账户和资金翻炒证券,或者为证券公司牟利而损害客户利益等。全权委托后若客户没有获利,就会使客户与证券公司之间产生纠纷;证券公司借全权委托的名义去进行证券的投机和炒作,就可能严重损害投资者的利益。同时,证券公司利用全权委托来集中资金买卖证券,还会造成证券市场的价格波动。为了防止过度投机和保护中小投资者的利益,目前,法律禁止全权委托买卖证券。

相关裁判摘要

"上诉人姚某梅与被上诉人华泰证券股份有限公司、华泰证券股份有限公司南京鱼市街证券营业部财产损害赔偿纠纷一案的民事判决书"[江苏省南京市中级人民法院民事判决书(2015)宁商终字第 1193 号]认为,委托单内容空白并不必然构成全权委托。相关裁判摘要如下:

虽然鱼市街营业部让姚某梅签名的委托单内容空白,但结合 2013 年 8 月 15 日协议书的内容判断,姚某梅在空白委托单上的签名行为应视为姚某梅委托鱼市街营业部将"德联集团"股票在第二日全部卖出,双方已经确定姚某梅委托鱼市街营业部出售的股票种类及数量。该种委托并不属于《证券法》第一百四十三条所规定的全权委托。全权委托系指委托人或客户将买卖证券的决定权交给证券公司或证券经纪人,由证券公司或证券经纪人决定买卖证券的品种、数量及价格。本案中,双方已经确定买卖证券的品种及数量,故不属于法律所禁止的全权委托。相关证券法律、法规对证券公司接受股民委托的方式也没有强制性的规定或固定格式,故姚某梅与鱼市街营业部的上述委托方式并不违反法律禁止性规定。

第一百三十五条 【禁止收益承诺】证券公司不得对客户证券买卖的收益或者赔偿证券买卖的损失作出承诺。

相关裁判摘要

2007年第1期《中华人民共和国最高人民法院公报》刊登的**"湘财证券有限责任公司与中国光大银行长沙新华支行、第三人湖南省平安轻化科技实业有限公司借款合同代位权纠纷案"**的判决认为，客户与证券经营机构在委托理财合同中约定，由证券经营机构保证客户的投资收益达到一定比例，不足部分由证券经营机构补足。此类约定属于委托理财合同中保证本息固定回报的条款，即保底条款。它因违反了《证券法》的规定而无效。因保底条款属于委托理财合同的目的条款或核心条款，故保底条款无效即导致委托理财合同整体无效。相关裁判摘要如下：

平安轻化作为委托人与受托人湘财证券之间签订的《受托投资管理合同》及《补充协议》中约定，平安轻化将资金委托给湘财证券在一定期限内投资于证券市场，并由湘财证券按期支付给平安轻化相应的投资收益，上述内容符合委托理财合同特点。双方关于湘财证券保证平安轻化的资金年投资收益率达到7.8%，不足部分由湘财证券补足的约定属于委托理财合同中保证本息固定回报的条款。《证券法》明确规定，券商不得以任何方式对客户证券买卖收益或者赔偿证券买卖的损失作出承诺。本案保底条款的内容显然违反了上述法律的禁止性规定，应属无效条款。保底条款应属委托理财合同之目的条款或核心条款，保底条款无效应导致委托理财合同整体无效，故本案《受托投资管理合同》及《补充协议》作为委托理财合同整体无效。受托人湘财证券应当将委托资金本金返还委托人平安轻化，并按中国人民银行规定的同期定期存款利率标准支付利息。平安轻化不得向湘财证券要求合同约定的投资收益部分，其已收的780万元作为不当得利应返还给湘财证券。原审判决确认本案《受托投资管理合同》及《补充协议》有效，并判令湘财证券按人民银行同期贷款利率向光大新华支行支付利息不当，应予纠正。

第一百三十六条 【证券从业人员职务行为责任归属】证券公司的从业人员在证券交易活动中，执行所属的证券公司的指令或者利用职务违反交易规则的，由所属的证券公司承担全部责任。

证券公司的从业人员不得私下接受客户委托买卖证券。

相关裁判摘要

2013年第2期《中华人民共和国最高人民法院公报》刊登的**"张某英与中国工商银行股份有限公司昌吉回族自治州分行、新疆证券有限责任公司、杨某、张某民财产损害赔偿纠纷案"**的判决认为，证券公司员工利用职务之便盗卖客户股票获取价金，应承担赔偿损失的侵权责任。证券公司员工的职务身份增加了其侵权行为发生的可能性和危险性，证券公司对此种行为应当预见到并应采取一定措施予以避免，但因其内部管理不善、内部监控存在漏洞导致未能避免，应当认定证券公司员工的侵权行为与其履行职务有内在关联，证券公司应承担赔偿责任。相关裁判摘要如下：

新疆维吾尔自治区高级人民法院二审认为，本案中杨某利用其在新疆证券公司的工作便利办理银证转账开销户手续，私自办理张某英的灵通卡并与张某英的股票账户对接，将张某英股票账户上的12,870股价值92,299.35元特变电工股票卖出后共计取款91,270元，杨某的行为触犯我国刑法，已被追究刑事责任，侵权人因同一行为应当承担刑事责任的，不影响依法承担侵权责任。杨某的行为主观上存在占有他人合法财产的故意，事实上已侵犯了张某英合法的财产权利，造成了张某英的财产损失，其行为同时构成了民法中的侵权。杨某的侵权行为虽然并非履行新疆证券公司的行为，并非因执行工作任务而产生，但新疆证券公司负有保护股民资金和股票安全的法定义务，杨某的侵权行为利用了其在新疆证券公司的工作便利，借助了新疆证券公司的终端操作平台，杨某的侵权行为与新疆证券公司管理不善、内部监控存在漏洞有着直接的关联，新疆证券公司对造成张某英的损失存在明显的过失。工行昌吉回族自治州分行作为发放银行卡的专业机构负有谨慎审核办卡人身份及在他人代办时审查授权合法性的义务，而工行昌吉回族自治州分行违反了相关操作规程，未尽审查义务，为杨某实施侵权行为提供了便利，工行昌吉回族自治州分行亦存在明显的过失。杨某、新疆证券公司和工行昌吉回族自治州分行之间虽无共同的故意或过失，但三者的侵害行为直接结合发生同一损害后果，杨某、新疆证券公司与工行昌吉回族自治州分行构成共同侵权，一审法院对于侵权性质认定正确，杨某、新疆证券公司与工行昌吉回族自治州分行关于其不应承担责任的上诉请求没有事实及法律依据，本院不予支持。

第一百三十七条 【信息查询与保存】证券公司应当建立客户信息查询制度,确保客户能够查询其账户信息、委托记录、交易记录以及其他与接受服务或者购买产品有关的重要信息。

证券公司应当妥善保存客户开户资料、委托记录、交易记录和与内部管理、业务经营有关的各项信息,任何人不得隐匿、伪造、篡改或者毁损。上述信息的保存期限不得少于二十年。

第一百三十八条 【信息报送】证券公司应当按照规定向国务院证券监督管理机构报送业务、财务等经营管理信息和资料。

国务院证券监督管理机构有权要求证券公司及其主要股东、实际控制人在指定的期限内提供有关信息、资料。

证券公司及其主要股东、实际控制人向国务院证券监督管理机构报送或者提供的信息、资料,必须真实、准确、完整。

第一百三十九条 【审计或评估】国务院证券监督管理机构认为有必要时,可以委托会计师事务所、资产评估机构对证券公司的财务状况、内部控制状况、资产价值进行审计或者评估。具体办法由国务院证券监督管理机构会同有关主管部门制定。

第一百四十条 【监管措施】证券公司的治理结构、合规管理、风险控制指标不符合规定的,国务院证券监督管理机构应当责令其限期改正;逾期未改正,或者其行为严重危及该证券公司的稳健运行、损害客户合法权益的,国务院证券监督管理机构可以区别情形,对其采取下列措施:

(一)限制业务活动,责令暂停部分业务,停止核准新业务;

(二)限制分配红利,限制向董事、监事、高级管理人员支付报酬、提供福利;

(三)限制转让财产或者在财产上设定其他权利;

(四)责令更换董事、监事、高级管理人员或者限制其权利;

(五)撤销有关业务许可;

(六)认定负有责任的董事、监事、高级管理人员为不适当人选;

(七)责令负有责任的股东转让股权,限制负有责任的股东行使股东权利。

证券公司整改后,应当向国务院证券监督管理机构提交报告。国务院证券监督管理机构经验收，治理结构、合规管理、风险控制指标符合规定的，应当自验收完毕之日起三日内解除对其采取的前款规定的有关限制措施。

第一百四十一条　【证券公司股东虚假出资、抽逃出资】证券公司的股东有虚假出资、抽逃出资行为的，国务院证券监督管理机构应当责令其限期改正，并可责令其转让所持证券公司的股权。

在前款规定的股东按照要求改正违法行为、转让所持证券公司的股权前，国务院证券监督管理机构可以限制其股东权利。

第一百四十二条　【金融监管措施】证券公司的董事、监事、高级管理人员未能勤勉尽责，致使证券公司存在重大违法违规行为或者重大风险的，国务院证券监督管理机构可以责令证券公司予以更换。

第一百四十三条　【停业整顿、托管、接管或撤销】证券公司违法经营或者出现重大风险，严重危害证券市场秩序、损害投资者利益的，国务院证券监督管理机构可以对该证券公司采取责令停业整顿、指定其他机构托管、接管或者撤销等监管措施。

相关行政规章

《证券公司风险处置条例》(2016 年修订)(国务院令第 666 号，自 2016 年 2 月 6 日起施行)

第一章　总　　则

第一条　为了控制和化解证券公司风险，保护投资者合法权益和社会公共利益，保障证券业健康发展，根据《中华人民共和国证券法》(以下简称《证券法》)、《中华人民共和国企业破产法》(以下简称《企业破产法》)，制定本条例。

第二条　国务院证券监督管理机构依法对处置证券公司风险工作进行组织、协调和监督。

第三条　国务院证券监督管理机构应当会同中国人民银行、国务院财政部门、国务院公安部门、国务院其他金融监督管理机构以及省级人民政府建立处置证券公司风险的协调配合与快速反应机制。

第四条　处置证券公司风险过程中，有关地方人民政府应当采取有效措施维护社会稳定。

第五条　处置证券公司风险过程中，应当保障证券经纪业务正常进行。

第二章 停业整顿、托管、接管、行政重组

第六条 国务院证券监督管理机构发现证券公司存在重大风险隐患,可以派出风险监控现场工作组对证券公司进行专项检查,对证券公司划拨资金、处置资产、调配人员、使用印章、订立以及履行合同等经营、管理活动进行监控,并及时向有关地方人民政府通报情况。

第七条 证券公司风险控制指标不符合有关规定,在规定期限内未能完成整改的,国务院证券监督管理机构可以责令证券公司停止部分或者全部业务进行整顿。停业整顿的期限不超过3个月。

证券经纪业务被责令停业整顿的,证券公司在规定的期限内可以将其证券经纪业务委托给国务院证券监督管理机构认可的证券公司管理,或者将客户转移到其他证券公司。证券公司逾期未按照要求委托证券经纪业务或者未转移客户的,国务院证券监督管理机构应当将客户转移到其他证券公司。

第八条 证券公司有下列情形之一的,国务院证券监督管理机构可以对其证券经纪等涉及客户的业务进行托管;情节严重的,可以对该证券公司进行接管:

(一)治理混乱,管理失控;

(二)挪用客户资产并且不能自行弥补;

(三)在证券交易结算中多次发生交收违约或者交收违约数额较大;

(四)风险控制指标不符合规定,发生重大财务危机;

(五)其他可能影响证券公司持续经营的情形。

第九条 国务院证券监督管理机构决定对证券公司证券经纪等涉及客户的业务进行托管的,应当按照规定程序选择证券公司等专业机构成立托管组,行使被托管证券公司的证券经纪等涉及客户的业务的经营管理权。

托管组自托管之日起履行下列职责:

(一)保障证券公司证券经纪业务正常合规运行,必要时依照规定垫付营运资金和客户的交易结算资金;

(二)采取有效措施维护托管期间客户资产的安全;

(三)核查证券公司存在的风险,及时向国务院证券监督管理机构报告业务运行中出现的紧急情况,并提出解决方案;

(四)国务院证券监督管理机构要求履行的其他职责。

托管期限一般不超过12个月。满12个月,确需继续托管的,国务院证券监督管理机构可以决定延长托管期限,但延长托管期限最长不得超过12个月。

第十条 被托管证券公司应当承担托管费用和托管期间的营运费用。国务院证券监督管理机构应当对托管费用和托管期间的营运费用进行审核。

托管组不承担被托管证券公司的亏损。

第十一条 国务院证券监督管理机构决定对证券公司进行接管的,应当按照规定程序组织专业人员成立接管组,行使被接管证券公司的经营管理权,接管组负责人行使被接管证券公司法定代表人职权,被接管证券公司的股东会或者股东大会、董事会、监事会以及经理、副经理停止履行职责。

接管组自接管之日起履行下列职责:

(一)接管证券公司的财产、印章和账簿、文书等资料;

(二)决定证券公司的管理事务;

(三)保障证券公司证券经纪业务正常合规运行,完善内控制度;

(四)清查证券公司财产,依法保全、追收资产;

(五)控制证券公司风险,提出风险化解方案;

(六)核查证券公司有关人员的违法行为;

(七)国务院证券监督管理机构要求履行的其他职责。

接管期限一般不超过12个月。满12个月,确需继续接管的,国务院证券监督管理机构可以决定延长接管期限,但延长接管期限最长不得超过12个月。

第十二条 证券公司出现重大风险,但具备下列条件的,可以由国务院证券监督管理机构对其进行行政重组:

(一)财务信息真实、完整;

(二)省级人民政府或者有关方面予以支持;

(三)整改措施具体,有可行的重组计划。

被停业整顿、托管、接管的证券公司,具备前款规定条件的,也可以由国务院证券监督管理机构对其进行行政重组。

第十三条 证券公司进行行政重组,可以采取注资、股权重组、债务重组、资产重组、合并或者其他方式。

行政重组期限一般不超过12个月。满12个月,行政重组未完成的,国务院证券监督管理机构可以决定延长行政重组期限,但延长行政重组期限最长不得超过6个月。

国务院证券监督管理机构对证券公司的行政重组进行协调和指导。

第十四条 国务院证券监督管理机构对证券公司做出责令停业整顿、托管、接管、行政重组的处置决定,应当予以公告,并将公告张贴于被处置证券公司的营业场所。

处置决定包括被处置证券公司的名称、处置措施、事由以及范围等有关事项。

处置决定的公告日期为处置日,处置决定自公告之时生效。

第十五条 证券公司被责令停业整顿、托管、接管、行政重组的,其债权债务关系不因处置决定而变化。

第十六条 证券公司经停业整顿、托管、接管或者行政重组在规定期限内达到正常经营条件的,经国务院证券监督管理机构批准,可以恢复正常经营。

第十七条 证券公司经停业整顿、托管、接管或者行政重组在规定期限内仍达不到正常经营条件,但能够清偿到期债务的,国务院证券监督管理机构依法撤销其证券业务许可。

第十八条 被撤销证券业务许可的证券公司应当停止经营证券业务,按照客户自愿的原则将客户安置到其他证券公司,安置过程中相关各方应当采取必要措施保证客户证券交易的正常进行。

被撤销证券业务许可的证券公司有未安置客户等情形的,国务院证券监督管理机构可以比照本条例第三章的规定,成立行政清理组,清理账户、安置客户、转让证券类资产。

第三章 撤　　销

第十九条 证券公司同时有下列情形的,国务院证券监督管理机构可以直接撤销该证券公司:

(一)违法经营情节特别严重、存在巨大经营风险;

(二)不能清偿到期债务,并且资产不足以清偿全部债务或者明显缺乏清偿能力;

(三)需要动用证券投资者保护基金。

第二十条 证券公司经停业整顿、托管、接管或者行政重组在规定期限内仍达不到正常经营条件,并且有本条例第十九条第(二)项或者第(三)项规定情形的,国务院证券监督管理机构应当撤销该证券公司。

第二十一条　国务院证券监督管理机构撤销证券公司，应当做出撤销决定，并按照规定程序选择律师事务所、会计师事务所等专业机构成立行政清理组，对该证券公司进行行政清理。

撤销决定应当予以公告，撤销决定的公告日期为处置日，撤销决定自公告之时生效。

本条例施行前，国务院证券监督管理机构已经对证券公司进行行政清理的，行政清理的公告日期为处置日。

第二十二条　行政清理期间，行政清理组负责人行使被撤销证券公司法定代表人职权。

行政清理组履行下列职责：

（一）管理证券公司的财产、印章和账簿、文书等资料；

（二）清理账户，核实资产负债有关情况，对符合国家规定的债权进行登记；

（三）协助甄别确认、收购符合国家规定的债权；

（四）协助证券投资者保护基金管理机构弥补客户的交易结算资金；

（五）按照客户自愿的原则安置客户；

（六）转让证券类资产；

（七）国务院证券监督管理机构要求履行的其他职责。

前款所称证券类资产，是指证券公司为维持证券经纪业务正常进行所必需的计算机信息管理系统、交易系统、通信网络系统、交易席位等资产。

第二十三条　被撤销证券公司的股东会或者股东大会、董事会、监事会以及经理、副经理停止履行职责。

行政清理期间，被撤销证券公司的股东不得自行组织清算，不得参与行政清理工作。

第二十四条　行政清理期间，被撤销证券公司的证券经纪等涉及客户的业务，由国务院证券监督管理机构按照规定程序选择证券公司等专业机构进行托管。

第二十五条　证券公司设立或者实际控制的关联公司，其资产、人员、财务或者业务与被撤销证券公司混合的，经国务院证券监督管理机构审查批准，纳入行政清理范围。

第二十六条　证券公司的债权债务关系不因其被撤销而变化。

自证券公司被撤销之日起,证券公司的债务停止计算利息。

第二十七条 行政清理组清理被撤销证券公司账户的结果,应当经具有证券、期货相关业务资格的会计师事务所审计,并报国务院证券监督管理机构认定。

行政清理组根据经国务院证券监督管理机构认定的账户清理结果,向证券投资者保护基金管理机构申请弥补客户的交易结算资金的资金。

第二十八条 行政清理组应当自成立之日起10日内,将债权人需要登记的相关事项予以公告。

符合国家有关规定的债权人应当自公告之日起90日内,持相关证明材料向行政清理组申报债权,行政清理组按照规定登记。无正当理由逾期申报的,不予登记。

已登记债权经甄别确认符合国家收购规定的,行政清理组应当及时按照国家有关规定申请收购资金并协助收购;经甄别确认不符合国家收购规定的,行政清理组应当告知申报的债权人。

第二十九条 行政清理组应当在具备证券业务经营资格的机构中,采用招标、公开询价等公开方式转让证券类资产。证券类资产转让方案应当报国务院证券监督管理机构批准。

第三十条 行政清理组不得转让证券类资产以外的资产,但经国务院证券监督管理机构批准,易贬损并可能遭受损失的资产或者确为保护客户和债权人利益的其他情形除外。

第三十一条 行政清理组不得对债务进行个别清偿,但为保护客户和债权人利益的下列情形除外:

(一)因行政清理组请求对方当事人履行双方均未履行完毕的合同所产生的债务;

(二)为维持业务正常进行而应当支付的职工劳动报酬和社会保险费用等正常支出;

(三)行政清理组履行职责所产生的其他费用。

第三十二条 为保护债权人利益,经国务院证券监督管理机构批准,行政清理组可以向人民法院申请对处置前被采取查封、扣押、冻结等强制措施的证券类资产以及其他资产进行变现处置,变现后的资金应当予以冻结。

第三十三条 行政清理费用经国务院证券监督管理机构审核后,从被处置证券公司财产中随时清偿。

前款所称行政清理费用，是指行政清理组管理、转让证券公司财产所需的费用，行政清理组履行职务和聘用专业机构的费用等。

第三十四条　行政清理期限一般不超过12个月。满12个月，行政清理未完成的，国务院证券监督管理机构可以决定延长行政清理期限，但延长行政清理期限最长不得超过12个月。

第三十五条　行政清理期间，被处置证券公司免缴行政性收费和增值税、营业税等行政法规规定的税收。

第三十六条　证券公司被国务院证券监督管理机构依法责令关闭，需要进行行政清理的，比照本章的有关规定执行。

第四章　破产清算和重整

第三十七条　证券公司被依法撤销、关闭时，有《企业破产法》第二条规定情形的，行政清理工作完成后，国务院证券监督管理机构或者其委托的行政清理组依照《企业破产法》的有关规定，可以向人民法院申请对被撤销、关闭证券公司进行破产清算。

第三十八条　证券公司有《企业破产法》第二条规定情形的，国务院证券监督管理机构可以直接向人民法院申请对该证券公司进行重整。

证券公司或者其债权人依照《企业破产法》的有关规定，可以向人民法院提出对证券公司进行破产清算或者重整的申请，但应当依照《证券法》第一百二十九条的规定报经国务院证券监督管理机构批准。

第三十九条　对不需要动用证券投资者保护基金的证券公司，国务院证券监督管理机构应当在批准破产清算前撤销其证券业务许可。证券公司应当依照本条例第十八条的规定停止经营证券业务，安置客户。

对需要动用证券投资者保护基金的证券公司，国务院证券监督管理机构对该证券公司或者其债权人的破产清算申请不予批准，并依照本条例第三章的规定撤销该证券公司，进行行政清理。

第四十条　人民法院裁定受理证券公司重整或者破产清算申请的，国务院证券监督管理机构可以向人民法院推荐管理人人选。

第四十一条　证券公司进行破产清算的，行政清理时已登记的不符合国家收购规定的债权，管理人可以直接予以登记。

第四十二条　人民法院裁定证券公司重整的，证券公司或者管理人应当同时向债权人会议、国务院证券监督管理机构和人民法院提交重整计划草案。

第四十三条 自债权人会议各表决组通过重整计划草案之日起10日内,证券公司或者管理人应当向人民法院提出批准重整计划的申请。重整计划涉及《证券法》第一百二十九条规定相关事项的,证券公司或者管理人应当同时向国务院证券监督管理机构提出批准相关事项的申请,国务院证券监督管理机构应当自收到申请之日起15日内做出批准或者不予批准的决定。

第四十四条 债权人会议部分表决组未通过重整计划草案,但重整计划草案符合《企业破产法》第八十七条第二款规定条件的,证券公司或者管理人可以申请人民法院批准重整计划草案。重整计划草案涉及《证券法》第一百二十九条规定相关事项的,证券公司或者管理人应当同时向国务院证券监督管理机构提出批准相关事项的申请,国务院证券监督管理机构应当自收到申请之日起15日内做出批准或者不予批准的决定。

第四十五条 经批准的重整计划由证券公司执行,管理人负责监督。监督期届满,管理人应当向人民法院和国务院证券监督管理机构提交监督报告。

第四十六条 重整计划的相关事项未获国务院证券监督管理机构批准,或者重整计划未获人民法院批准的,人民法院裁定终止重整程序,并宣告证券公司破产。

第四十七条 重整程序终止,人民法院宣告证券公司破产的,国务院证券监督管理机构应当对证券公司做出撤销决定,人民法院依照《企业破产法》的规定组织破产清算。涉及税收事项,依照《企业破产法》和《中华人民共和国税收征收管理法》的规定执行。

人民法院认为应当对证券公司进行行政清理的,国务院证券监督管理机构比照本条例第三章的规定成立行政清理组,负责清理账户,协助甄别确认、收购符合国家规定的债权,协助证券投资者保护基金管理机构弥补客户的交易结算资金,转让证券类资产等。

第五章 监督协调

第四十八条 国务院证券监督管理机构在处置证券公司风险工作中,履行下列职责:

(一)制订证券公司风险处置方案并组织实施;

(二)派驻风险处置现场工作组,对被处置证券公司、托管组、接管组、行政清理组、管理人以及参与风险处置的其他机构和人员进行监督和指导;

（三）协调证券交易所、证券登记结算机构、证券投资者保护基金管理机构，保障被处置证券公司证券经纪业务正常进行；

（四）对证券公司的违法行为立案稽查并予以处罚；

（五）及时向公安机关等通报涉嫌刑事犯罪的情况，按照有关规定移送涉嫌犯罪的案件；

（六）向有关地方人民政府通报证券公司风险状况以及影响社会稳定的情况；

（七）法律、行政法规要求履行的其他职责。

第四十九条 处置证券公司风险过程中，发现涉嫌犯罪的案件，属公安机关管辖的，应当由国务院公安部门统一组织依法查处。有关地方人民政府应当予以支持和配合。

风险处置现场工作组、行政清理组和管理人需要从公安机关扣押资料中查询、复制与其工作有关资料的，公安机关应当支持和配合。证券公司进入破产程序的，公安机关应当依法将冻结的涉案资产移送给受理破产案件的人民法院，并留存必需的相关证据材料。

第五十条 国务院证券监督管理机构依照本条例第二章、第三章对证券公司进行处置的，可以向人民法院提出申请中止以该证券公司以及其分支机构为被告、第三人或者被执行人的民事诉讼程序或者执行程序。

证券公司设立或者实际控制的关联公司，其资产、人员、财务或者业务与被处置证券公司混合的，国务院证券监督管理机构可以向人民法院提出申请中止以该关联公司为被告、第三人或者被执行人的民事诉讼程序或者执行程序。

采取前两款规定措施期间，除本条例第三十一条规定的情形外，不得对被处置证券公司债务进行个别清偿。

第五十一条 被处置证券公司或者其关联客户可能转移、隐匿违法资金、证券，或者证券公司违反本条例规定可能对债务进行个别清偿的，国务院证券监督管理机构可以禁止相关资金账户、证券账户的资金和证券转出。

第五十二条 被处置证券公司以及其分支机构所在地人民政府，应当按照国家有关规定配合证券公司风险处置工作，制订维护社会稳定的预案，排查、预防和化解不稳定因素，维护被处置证券公司正常的营业秩序。

被处置证券公司以及其分支机构所在地人民政府,应当组织相关单位的人员成立个人债权甄别确认小组,按照国家规定对已登记的个人债权进行甄别确认。

第五十三条 证券投资者保护基金管理机构应当按照国家规定,收购债权、弥补客户的交易结算资金。

证券投资者保护基金管理机构可以对证券投资者保护基金的使用情况进行检查。

第五十四条 被处置证券公司的股东、实际控制人、债权人以及与被处置证券公司有关的机构和人员,应当配合证券公司风险处置工作。

第五十五条 被处置证券公司的董事、监事、高级管理人员以及其他有关人员应当妥善保管其使用和管理的证券公司财产、印章和账簿、文书等资料以及其他物品,按照要求向托管组、接管组、行政清理组或者管理人移交,并配合风险处置现场工作组、托管组、接管组、行政清理组的调查工作。

第五十六条 托管组、接管组、行政清理组以及被责令停业整顿、托管和行政重组的证券公司,应当按照规定向国务院证券监督管理机构报告工作情况。

第五十七条 托管组、接管组、行政清理组以及其工作人员应当勤勉尽责,忠实履行职责。

被处置证券公司的股东以及债权人有证据证明托管组、接管组、行政清理组以及其工作人员未依法履行职责的,可以向国务院证券监督管理机构投诉。经调查核实,由国务院证券监督管理机构责令托管组、接管组、行政清理组以及其工作人员改正或者对其予以更换。

第五十八条 有下列情形之一的机构或者人员,禁止参与处置证券公司风险工作:

(一)曾受过刑事处罚或者涉嫌犯罪正在被立案侦查、起诉;

(二)涉嫌严重违法正在被行政管理部门立案稽查或者曾因严重违法行为受到行政处罚未逾3年;

(三)仍处于证券市场禁入期;

(四)内部控制薄弱、存在重大风险隐患;

(五)与被处置证券公司处置事项有利害关系;

(六)国务院证券监督管理机构认定不宜参与处置证券公司风险工作的其他情形。

第六章　法律责任

第五十九条　证券公司的董事、监事、高级管理人员等对该证券公司被处置负有主要责任的，暂停其任职资格1至3年；情节严重的，撤销其任职资格、证券从业资格，并可以按照规定对其采取证券市场禁入的措施。

第六十条　被处置证券公司的董事、监事、高级管理人员等有关人员有下列情形之一的，处以其年收入1倍以上2倍以下的罚款，并可以暂停其任职资格、证券从业资格；情节严重的，撤销其任职资格、证券从业资格，处以其年收入2倍以上5倍以下的罚款，并可以按照规定对其采取证券市场禁入的措施：

（一）拒绝配合现场工作组、托管组、接管组、行政清理组依法履行职责；

（二）拒绝向托管组、接管组、行政清理组移交财产、印章或者账簿、文书等资料；

（三）隐匿、销毁、伪造有关资料，或者故意提供虚假情况；

（四）隐匿财产，擅自转移、转让财产；

（五）妨碍证券公司正常经营管理秩序和业务运行，诱发不稳定因素；

（六）妨碍处置证券公司风险工作正常进行的其他情形。

证券公司控股股东或者实际控制人指使董事、监事、高级管理人员有前款规定的违法行为的，对控股股东、实际控制人依照前款规定从重处罚。

第七章　附　　则

第六十一条　证券公司因分立、合并或者出现公司章程规定的解散事由需要解散的，应当向国务院证券监督管理机构提出解散申请，并附解散理由和转让证券类资产、了结证券业务、安置客户等方案，经国务院证券监督管理机构批准后依法解散并清算，清算过程接受国务院证券监督管理机构的监督。

第六十二条　期货公司风险处置参照本条例的规定执行。

第六十三条　本条例自公布之日起施行。

第一百四十四条　【边控与禁令】在证券公司被责令停业整顿、被依法指定托管、接管或者清算期间，或者出现重大风险时，经国务院

证券监督管理机构批准,可以对该证券公司直接负责的董事、监事、高级管理人员和其他直接责任人员采取以下措施:

(一)通知出境入境管理机关依法阻止其出境;

(二)申请司法机关禁止其转移、转让或者以其他方式处分财产,或者在财产上设定其他权利。

第九章 证券登记结算机构

第一百四十五条 【证券登记结算机构的地位】 证券登记结算机构为证券交易提供集中登记、存管与结算服务,不以营利为目的,依法登记,取得法人资格。

设立证券登记结算机构必须经国务院证券监督管理机构批准。

第一百四十六条 【设立证券登记结算机构的条件】 设立证券登记结算机构,应当具备下列条件:

(一)自有资金不少于人民币二亿元;

(二)具有证券登记、存管和结算服务所必须的场所和设施;

(三)国务院证券监督管理机构规定的其他条件。

证券登记结算机构的名称中应当标明证券登记结算字样。

第一百四十七条 【证券登记结算机构的职能】 证券登记结算机构履行下列职能:

(一)证券账户、结算账户的设立;

(二)证券的存管和过户;

(三)证券持有人名册登记;

(四)证券交易的清算和交收;

(五)受发行人的委托派发证券权益;

(六)办理与上述业务有关的查询、信息服务;

(七)国务院证券监督管理机构批准的其他业务。

第一百四十八条 【证券登记结算机构的运营方式】 在证券交易所和国务院批准的其他全国性证券交易场所交易的证券的登记结算,应当采取全国集中统一的运营方式。

前款规定以外的证券,其登记、结算可以委托证券登记结算机构或者其他依法从事证券登记、结算业务的机构办理。

第一百四十九条　【证券登记结算机构章程、业务规则】证券登记结算机构应当依法制定章程和业务规则，并经国务院证券监督管理机构批准。证券登记结算业务参与人应当遵守证券登记结算机构制定的业务规则。

第一百五十条　【证券存管】在证券交易所或者国务院批准的其他全国性证券交易场所交易的证券，应当全部存管在证券登记结算机构。

证券登记结算机构不得挪用客户的证券。

第一百五十一条　【证券持有人名册】证券登记结算机构应当向证券发行人提供证券持有人名册及有关资料。

证券登记结算机构应当根据证券登记结算的结果，确认证券持有人持有证券的事实，提供证券持有人登记资料。

证券登记结算机构应当保证证券持有人名册和登记过户记录真实、准确、完整，不得隐匿、伪造、篡改或者毁损。

第一百五十二条　【业务安全保障】证券登记结算机构应当采取下列措施保证业务的正常进行：

（一）具有必备的服务设备和完善的数据安全保护措施；

（二）建立完善的业务、财务和安全防范等管理制度；

（三）建立完善的风险管理系统。

第一百五十三条　【资料保存】证券登记结算机构应当妥善保存登记、存管和结算的原始凭证及有关文件和资料。其保存期限不得少于二十年。

第一百五十四条　【证券结算风险基金】证券登记结算机构应当设立证券结算风险基金，用于垫付或者弥补因违约交收、技术故障、操作失误、不可抗力造成的证券登记结算机构的损失。

证券结算风险基金从证券登记结算机构的业务收入和收益中提取，并可以由结算参与人按照证券交易业务量的一定比例缴纳。

证券结算风险基金的筹集、管理办法，由国务院证券监督管理机构会同国务院财政部门规定。

第一百五十五条 【证券结算风险基金】证券结算风险基金应当存入指定银行的专门账户,实行专项管理。

证券登记结算机构以证券结算风险基金赔偿后,应当向有关责任人追偿。

第一百五十六条 【证券登记结算的解散】证券登记结算机构申请解散,应当经国务院证券监督管理机构批准。

第一百五十七条 【证券账户的开立】投资者委托证券公司进行证券交易,应当通过证券公司申请在证券登记结算机构开立证券账户。证券登记结算机构应当按照规定为投资者开立证券账户。

投资者申请开立账户,应当持有证明中华人民共和国公民、法人、合伙企业身份的合法证件。国家另有规定的除外。

第一百五十八条 【结算规则】证券登记结算机构作为中央对手方提供证券结算服务的,是结算参与人共同的清算交收对手,进行净额结算,为证券交易提供集中履约保障。

证券登记结算机构为证券交易提供净额结算服务时,应当要求结算参与人按照货银对付的原则,足额交付证券和资金,并提供交收担保。

在交收完成之前,任何人不得动用用于交收的证券、资金和担保物。

结算参与人未按时履行交收义务的,证券登记结算机构有权按照业务规则处理前款所述财产。

第一百五十九条 【清算交收】证券登记结算机构按照业务规则收取的各类结算资金和证券,必须存放于专门的清算交收账户,只能按业务规则用于已成交的证券交易的清算交收,不得被强制执行。

第十章 证券服务机构

第一百六十条 【证券服务机构的范围、基本义务与市场准入】会计师事务所、律师事务所以及从事证券投资咨询、资产评估、资信评级、财务顾问、信息技术系统服务的证券服务机构,应当勤勉尽责、恪尽职守,按照相关业务规则为证券的交易及相关活动提供服务。

从事证券投资咨询服务业务，应当经国务院证券监督管理机构核准；未经核准，不得为证券的交易及相关活动提供服务。从事其他证券服务业务，应当报国务院证券监督管理机构和国务院有关主管部门备案。

相关行政规章

《证券服务机构从事证券服务业务备案管理规定》(中国证券监督管理委员会公告〔2020〕52号)

第一条　为加强对证券服务机构从事证券服务业务活动的监督管理，规范证券服务机构从事证券服务业务向中国证券监督管理委员会(以下简称中国证监会)和国务院有关主管部门备案的行为，维护证券市场秩序，根据《证券法》，制定本规定。

第二条　证券服务机构从事证券服务业务应当按照本规定备案。本规定所称证券服务机构，是指会计师事务所、律师事务所以及从事资产评估、资信评级、财务顾问、信息技术系统服务的证券服务机构。

第三条　中国证监会和国务院有关主管部门依法对证券服务机构从事证券服务业务的备案行为实施监督管理。

中国证监会和国务院有关主管部门为证券服务机构从事证券服务业务备案，不代表对证券服务机构执业能力的认可。

第四条　会计师事务所从事下列证券服务业务，应当按照本规定向中国证监会和国务院有关主管部门备案：

(一)为证券的发行、上市、挂牌、交易等证券业务活动制作、出具财务报表审计报告、内部控制审计报告、内部控制鉴证报告、验资报告、盈利预测审核报告，以及中国证监会和国务院有关主管部门规定的其他文件；

(二)为证券公司及其资产管理产品制作、出具财务报表审计报告、内部控制审计报告、内部控制鉴证报告、验资报告、盈利预测审核报告，以及中国证监会和国务院有关主管部门规定的其他文件。

会计师事务所参与前款第(一)项相关主体重要组成部分或者其控制的主体的审计，其审计对象的资产总额、营业收入中的一项达到前款第(一)项相关主体最近一期经审计合并财务报表对应项目金额百分之十五的，视同从事证券服务业务。

第五条 律师事务所为下列证券活动提供证券服务业务,制作、出具法律意见书,应当按照本规定向中国证监会和国务院有关主管部门备案:

(一)首次公开发行股票、存托凭证及上市;

(二)上市公司发行证券及上市;

(三)上市公司及非上市公众公司收购、重大资产重组及股份回购;

(四)上市公司合并、分立及分拆;

(五)上市公司及非上市公众公司实行股权激励计划或者员工持股计划;

(六)公开发行公司债券及上市交易;

(七)境内企业直接或者间接到境外发行证券或者将其证券在境外上市交易(包括后续增发股份);

(八)股份有限公司股票向特定对象转让导致股东累计超过200人,以及股份有限公司申请股票在全国中小企业股份转让系统挂牌并公开转让;

(九)股份有限公司向特定对象发行股票导致股东累计超过200人,股东人数超过200人的非上市公众公司向特定对象发行股票,以及向不特定合格投资者公开发行股票。

第六条 资产评估机构从事下列证券服务业务,应当按照本规定向中国证监会和国务院有关主管部门备案:

(一)为证券发行、上市、挂牌、交易的主体及其控制的主体、并购标的等制作、出具资产评估报告,以及中国证监会和国务院有关主管部门规定的其他文件;

(二)为证券公司及其资产管理产品制作、出具资产评估报告,以及中国证监会和国务院有关主管部门规定的其他文件。

第七条 资信评级机构从事下列证券服务业务,应当按照本规定向中国证监会备案:

(一)为经中国证监会依法注册发行的债券、资产支持证券制作、出具资信评级报告及提供相关评级服务;

(二)为在证券交易所、国务院批准的其他全国性证券交易场所等上市交易或者挂牌转让的债券、资产支持证券(国债除外)制作、出具资信评级报告及提供相关评级服务;

(三)为本条第(一)项和第(二)项规定的证券的发行人、发起机构、上市公司、非上市公众公司、证券公司制作、出具资信评级报告及提供相关评级服务；

（四）为中国证监会规定的其他评级对象制作、出具资信评级报告及提供相关评级服务。

第八条　财务顾问机构为上市公司收购、重大资产重组、合并、分立、分拆、股份回购、激励事项等对上市公司股权结构、资产和负债、收入和利润等具有重大影响的相关事项提供方案设计、出具专业意见等证券服务业务的，应当按照本规定向中国证监会备案。

第九条　信息技术系统服务机构从事下列证券服务业务，应当按照本规定向中国证监会备案：

（一）重要信息系统的开发、测试、集成及测评；

（二）重要信息系统的运维及日常安全管理。

前款所称重要信息系统，是指支撑证券交易场所、证券登记结算机构等证券市场核心机构，证券经营机构和证券专项业务服务机构关键业务系统，出现异常将对证券市场和投资者产生重大影响的信息系统。

第十条　证券服务机构首次从事证券服务业务，应当在签订服务协议之日起 10 个工作日内备案，报送下列材料：

（一）证券服务机构备案表；

（二）证券服务机构营业执照、在行业主管部门取得的执业许可或者备案文件；

（三）证券服务机构及其依照本规定备案的从业人员因执业行为涉嫌违法违规被立案调查，或者被司法机关立案侦查，以及近三年因执业行为受到刑事处罚、行政处罚、监督管理措施、自律监管措施和纪律处分的情况；

（四）中国证监会和国务院有关主管部门规定的其他材料。证券服务机构首次从事证券服务业务的实际时间早于签订服务协议时间的，应当在实际从事证券服务业务之日起 10 个工作日内备案。

第十一条　会计师事务所、资产评估机构从事证券服务业务首次备案，除了提交本规定第十条规定的备案材料外，还应当提交下列材料：

（一）从事证券服务业务质量控制制度等内部管理制度及执行情况说明；

（二）截至备案上月末注册会计师、资产评估师情况；

(三)截至备案上月末合伙人(股东)情况;

(四)上一年度财务报表审计报告;

(五)职业责任保险保单信息(如有)。

第十二条 律师事务所从事证券服务业务首次备案,除了提交本规定第十条规定的备案材料外,还应当提交下列材料:

(一)从事证券法律业务风险控制制度等内部管理制度;

(二)负责证券法律业务风险控制的人员配备情况;

(三)截至备案上月末从事证券法律业务的合伙人、执业律师情况。

第十三条 资信评级机构从事证券服务业务首次备案,除了提交本规定第十条规定的备案材料外,还应当提交下列材料:

(一)公司章程;

(二)公司股权结构说明,包括注册资本、股东名单及其出资额或者所持股份,股东在本机构以外的实体持股情况,实际控制人、受益所有人情况;

(三)公司营业场所、组织机构设置及公司治理情况;

(四)公司董事、监事、高级管理人员以及资信评级分析人员的情况说明和证明文件;

(五)公司主要股东、实际控制人、受益所有人的信用报告;

(六)符合资信评级监管要求的机构和人员管理、业务规则、独立性、信息披露等方面的制度和执行情况说明。

第十四条 财务顾问机构从事证券服务业务首次备案,除了提交本规定第十条规定的备案材料外,还应当提交下列材料:

(一)公司章程;

(二)公司股权结构说明,包括注册资本、股东名单及其出资额或者所持股份;

(三)公司主要股东、实际控制人,公司董事、监事、高级管理人员以及财务顾问主办人员的情况说明和证明文件;

(四)公司组织机构、治理结构情况;

(五)从事财务顾问业务立项制度、质量控制制度、内核制度、合规管理制度、风险管理制度等内部控制制度及执行情况说明;

(六)公司上一年度财务报表审计报告。

第十五条 信息技术系统服务机构从事证券服务业务首次备案,除了提交本规定第十条规定的备案材料外,还应当提交下列材料:

（一）控股股东、实际控制人和从业人员情况；

（二）商业计划书；

（三）合规管理制度；

（四）产品和服务情况；

（五）产品类客户情况和服务类客户情况；

（六）上一年度财务报表审计报告。

第十六条 证券服务机构发生下列重大事项的，应当在10个工作日内备案：

（一）证券服务机构的名称、住所及法定代表人或者主要负责人、质量控制负责人或者风险控制负责人发生变更；

（二）持有证券服务机构百分之五以上股份的股东，实际控制人，及其董事、监事或者高级管理人员，合伙人发生变更；

（三）证券服务机构与证券服务业务有关的质量控制制度、风险控制制度等内部管理制度发生重大变更；

（四）证券服务机构及其依照本规定备案的从业人员因执业行为涉嫌违法违规被立案调查，或者被司法机关立案侦查，以及因执业行为受到刑事处罚、行政处罚、监督管理措施、自律监管措施和纪律处分；

（五）证券服务机构及其依照本规定备案的从业人员因执业行为与委托人、投资者发生民事纠纷，进行诉讼或者仲裁；

（六）设立或撤销分所或者分支机构；

（七）中国证监会和国务院有关主管部门规定的其他重大事项。

第十七条 证券服务机构应当于每年4月30日前提交年度备案材料，备案内容包括证券服务机构基本情况和经营情况、依照本规定备案的从业人员的变动情况、内部管理制度的执行情况和变动情况，以及中国证监会和国务院有关主管部门规定的其他事项。证券服务机构连续一个自然年度未从事证券服务业务的，可以不按照本规定第十六条和本条的规定进行重大事项备案和年度备案。未进行重大事项备案和年度备案的证券服务机构，再次从事证券服务业务的，需要按照本规定第十条的规定提交材料。

第十八条 中国证监会与国务院有关主管部门建立备案信息共享工作机制，加强数据信息的共享和运用。

第十九条 证券服务机构报送的备案材料不完备或者不符合规定的，中国证监会和国务院有关主管部门在接收备案材料10个工作日内一次性告知证券服务机构补正备案材料。证券服务机构应当在10个工作日内补正。

证券服务机构提供的备案材料完备的,中国证监会和国务院有关主管部门自收齐备案材料之日起20个工作日内,以通过网站公示证券服务机构基本情况的方式,为证券服务机构办结备案手续。证券服务机构提交补正材料的时间不计算在内。

证券服务机构应当保证所报送的备案文件和信息真实、准确、完整。

第二十条 证券服务机构在本规定施行前已经签订服务协议,正在从事证券服务业务的,应当在本规定施行之日起10个工作日内按照本规定关于首次备案的要求进行备案。

第二十一条 会计师事务所、资产评估机构、资信评级机构为基金期货经营机构及其发行的产品等提供本规定第四条第一款第(二)项、第六条第(二)项、第七条第(三)项规定的服务的,参照适用本规定,但法律、行政法规另有规定的除外。

第二十二条 从事证券服务业务依法应当经中国证监会核准的,不适用本规定。

第二十三条 本规定自2020年8月24日起施行。

附件:1. 会计师事务所备案表(略)

2. 律师事务所备案表(略)

3. 资产评估机构备案表(略)

4. 资信评级机构备案表(略)

5. 财务顾问机构备案表(略)

6. 信息技术系统服务机构备案表(略)

《证券投资顾问业务暂行规定》(2020年修订)(证监会公告〔2020〕20号,自2020年3月20日起施行)

第一条 为了规范证券公司、证券投资咨询机构从事证券投资顾问业务行为,保护投资者合法权益,维护证券市场秩序,依据《证券法》、《证券公司监督管理条例》、《证券、期货投资咨询管理暂行办法》,制定本规定。

第二条 本规定所称证券投资顾问业务,是证券投资咨询业务的一种基本形式,指证券公司、证券投资咨询机构接受客户委托,按照约定,向客户提供涉及证券及证券相关产品的投资建议服务,辅助客户作出投资决策,并直接或者间接获取经济利益的经营活动。投资建议服务内容包括投资的品种选择、投资组合以及理财规划建议等。

第三条　证券公司、证券投资咨询机构从事证券投资顾问业务，应当遵守法律、行政法规和本规定，加强合规管理，健全内部控制，防范利益冲突，切实维护客户合法权益。

第四条　证券公司、证券投资咨询机构及其人员应当遵循诚实信用原则，勤勉、审慎地为客户提供证券投资顾问服务。

第五条　证券公司、证券投资咨询机构及其人员提供证券投资顾问服务，应当忠实客户利益，不得为公司及其关联方的利益损害客户利益；不得为证券投资顾问人员及其利益相关者的利益损害客户利益；不得为特定客户利益损害其他客户利益。

第六条　中国证监会及其派出机构依法对证券公司、证券投资咨询机构从事证券投资顾问业务实行监督管理。

中国证券业协会对证券公司、证券投资咨询机构从事证券投资顾问业务实行自律管理，并依据有关法律、行政法规和本规定，制定相关执业规范和行为准则。

第七条　向客户提供证券投资顾问服务的人员，应当符合相关从业条件，并在中国证券业协会注册登记为证券投资顾问。证券投资顾问不得同时注册为证券分析师。

第八条　证券公司、证券投资咨询机构应当制定证券投资顾问人员管理制度，加强对证券投资顾问人员注册登记、岗位职责、执业行为的管理。

第九条　证券公司、证券投资咨询机构应当建立健全证券投资顾问业务管理制度、合规管理和风险控制机制，覆盖业务推广、协议签订、服务提供、客户回访、投诉处理等业务环节。

第十条　证券公司、证券投资咨询机构从事证券投资顾问业务，应当保证证券投资顾问人员数量、业务能力、合规管理和风险控制与服务方式、业务规模相适应。

第十一条　证券公司、证券投资咨询机构向客户提供证券投资顾问服务，应当按照公司制定的程序和要求，了解客户的身份、财产与收入状况、证券投资经验、投资需求与风险偏好，评估客户的风险承受能力，并以书面或者电子文件形式予以记载、保存。

第十二条　证券公司、证券投资咨询机构向客户提供证券投资顾问服务，应当告知客户下列基本信息：

（一）公司名称、地址、联系方式、投诉电话、证券投资咨询业务资格等；

(二)证券投资顾问的姓名及其登记编码;

(三)证券投资顾问服务的内容和方式;

(四)投资决策由客户作出,投资风险由客户承担;

(五)证券投资顾问不得代客户作出投资决策。

证券公司、证券投资咨询机构应当通过营业场所、中国证券业协会和公司网站,公示前款第(一)、(二)项信息,方便投资者查询、监督。

第十三条 证券公司、证券投资咨询机构应当向客户提供风险揭示书,并由客户签收确认。风险揭示书内容与格式要求由中国证券业协会制定。

第十四条 证券公司、证券投资咨询机构提供证券投资顾问服务,应当与客户签订证券投资顾问服务协议,并对协议实行编号管理。协议应当包括下列内容:

(一)当事人的权利义务;

(二)证券投资顾问服务的内容和方式;

(三)证券投资顾问的职责和禁止行为;

(四)收费标准和支付方式;

(五)争议或者纠纷解决方式;

(六)终止或者解除协议的条件和方式。

证券投资顾问服务协议应当约定,自签订协议之日起5个工作日内,客户可以书面通知方式提出解除协议。证券公司、证券投资咨询机构收到客户解除协议书面通知时,证券投资顾问服务协议解除。

第十五条 证券投资顾问应当根据了解的客户情况,在评估客户风险承受能力和服务需求的基础上,向客户提供适当的投资建议服务。

第十六条 证券投资顾问向客户提供投资建议,应当具有合理的依据。投资建议的依据包括证券研究报告或者基于证券研究报告、理论模型以及分析方法形成的投资分析意见等。

第十七条 证券公司、证券投资咨询机构应当为证券投资顾问服务提供必要的研究支持。证券公司、证券投资咨询机构的证券研究不足以支持证券投资顾问服务需要的,应当向其他具有证券投资咨询业务资格的证券公司或者证券投资咨询机构购买证券研究报告,提升证券投资顾问服务能力。

第十八条 证券投资顾问依据本公司或者其他证券公司、证券投资咨询机构的证券研究报告作出投资建议的,应当向客户说明证券研究报告的发布人、发布日期。

第十九条 证券投资顾问向客户提供投资建议，应当提示潜在的投资风险，禁止以任何方式向客户承诺或者保证投资收益。

鼓励证券投资顾问向客户说明与其投资建议不一致的观点，作为辅助客户评估投资风险的参考。

第二十条 证券投资顾问向客户提供投资建议，知悉客户作出具体投资决策计划的，不得向他人泄露该客户的投资决策计划信息。

第二十一条 证券公司、证券投资咨询机构从事证券投资顾问业务，应当建立客户回访机制，明确客户回访的程序、内容和要求，并指定专门人员独立实施。

第二十二条 证券公司、证券投资咨询机构从事证券投资顾问业务，应当建立客户投诉处理机制，及时、妥善处理客户投诉事项。

第二十三条 证券公司、证券投资咨询机构应当按照公平、合理、自愿的原则，与客户协商并书面约定收取证券投资顾问服务费用的安排，可以按照服务期限、客户资产规模收取服务费用，也可以采用差别佣金等其他方式收取服务费用。

证券投资顾问服务费用应当以公司账户收取。禁止证券公司、证券投资咨询机构及其人员以个人名义向客户收取证券投资顾问服务费用。

第二十四条 证券公司、证券投资咨询机构应当规范证券投资顾问业务推广和客户招揽行为，禁止对服务能力和过往业绩进行虚假、不实、误导性的营销宣传，禁止以任何方式承诺或者保证投资收益。

第二十五条 证券公司、证券投资咨询机构通过广播、电视、网络、报刊等公众媒体对证券投资顾问业务进行广告宣传，应当遵守《广告法》和证券信息传播的有关规定，广告宣传内容不得存在虚假、不实、误导性信息以及其他违法违规情形。

证券公司、证券投资咨询机构应当提前 5 个工作日将广告宣传方案和时间安排向公司住所地证监局、媒体所在地证监局报备。

第二十六条 证券公司、证券投资咨询机构通过举办讲座、报告会、分析会等形式，进行证券投资顾问业务推广和客户招揽的，应当提前 5 个工作日向举办地证监局报备。

第二十七条 以软件工具、终端设备等为载体，向客户提供投资建议或者类似功能服务的，应当执行本规定，并符合下列要求：

(一)客观说明软件工具、终端设备的功能,不得对其功能进行虚假、不实、误导性宣传;

(二)揭示软件工具、终端设备的固有缺陷和使用风险,不得隐瞒或者有重大遗漏;

(三)说明软件工具、终端设备所使用的数据信息来源;

(四)表示软件工具、终端设备具有选择证券投资品种或者提示买卖时机功能的,应当说明其方法和局限。

第二十八条 证券公司、证券投资咨询机构应当对证券投资顾问业务推广、协议签订、服务提供、客户回访、投诉处理等环节实行留痕管理。向客户提供投资建议的时间、内容、方式和依据等信息,应当以书面或者电子文件形式予以记录留存。

证券投资顾问业务档案的保存期限自协议终止之日起不得少于5年。

第二十九条 证券公司、证券投资咨询机构应当加强人员培训,提升证券投资顾问的职业操守、合规意识和专业服务能力。

第三十条 证券公司、证券投资咨询机构以合作方式向客户提供证券投资顾问服务,应当对服务方式、报酬支付、投诉处理等作出约定,明确当事人的权利和义务。

第三十一条 鼓励证券公司、证券投资咨询机构组织安排证券投资顾问人员,按照证券信息传播的有关规定,通过广播、电视、网络、报刊等公众媒体,客观、专业、审慎地对宏观经济、行业状况、证券市场变动情况发表评论意见,为公众投资者提供证券资讯服务,传播证券知识,揭示投资风险,引导理性投资。

第三十二条 证券投资顾问不得通过广播、电视、网络、报刊等公众媒体,作出买入、卖出或者持有具体证券的投资建议。

第三十三条 证券公司、证券投资咨询机构及其人员从事证券投资顾问业务,违反法律、行政法规和本规定的,中国证监会及其派出机构可以采取责令改正、监管谈话、出具警示函、责令增加内部合规检查次数并提交合规检查报告、责令清理违规业务、责令暂停新增客户、责令处分有关人员等监管措施;情节严重的,中国证监会依照法律、行政法规和有关规定作出行政处罚;涉嫌犯罪的,依法移送司法机关。

第三十四条 证券公司从事证券经纪业务,附带向客户提供证券及证券相关产品投资建议服务,不就该项服务与客户单独作出协议约定、单独收取证券投资顾问服务费用的，其投资建议服务行为参照执行本规定有关要求。

第三十五条　本规定自2011年1月1日起施行。

《关于加强对利用"荐股软件"从事证券投资咨询业务监管的暂行规定》（2020年修订）（证监会公告〔2020〕20号，自2020年3月20日起施行）

为进一步规范证券投资咨询机构利用"荐股软件"从事证券投资咨询业务，加大对以"荐股软件"名义从事非法证券投资咨询活动的打击力度，保护投资者合法权益，依据《证券法》、《证券、期货投资咨询管理暂行办法》（证委发〔1997〕96号）、《证券投资顾问业务暂行规定》（证监会公告〔2010〕27号），制定本规定。

一、本规定所称"荐股软件"，是指具备下列一项或多项证券投资咨询服务功能的软件产品、软件工具或者终端设备：

（一）提供涉及具体证券投资品种的投资分析意见，或者预测具体证券投资品种的价格走势；

（二）提供具体证券投资品种选择建议；

（三）提供具体证券投资品种的买卖时机建议；

（四）提供其他证券投资分析、预测或者建议。

具备证券信息汇总或者证券投资品种历史数据统计功能，但不具备上述第（一）项至第（四）项所列功能的软件产品、软件工具或者终端设备，不属于"荐股软件"。

二、向投资者销售或者提供"荐股软件"，并直接或者间接获取经济利益的，属于从事证券投资咨询业务，应当经中国证监会许可，取得证券投资咨询业务资格。

未取得证券投资咨询业务资格，任何机构和个人不得利用"荐股软件"从事证券投资咨询业务。

三、证券投资咨询机构利用"荐股软件"从事证券投资咨询业务，应当遵循客观公正、诚实信用原则，不得误导、欺诈客户，不得损害客户利益。

四、证券投资咨询机构利用"荐股软件"从事证券投资咨询业务，必须遵守《证券法》、《证券、期货投资咨询管理暂行办法》、《证券投资顾问业务暂行规定》等法律法规和中国证监会的有关规定，并符合下列监管要求：

(一)在公司营业场所、公司网站、中国证券业协会网站公示信息,包括但不限于:公司名称、住所、联系方式,投诉电话,证券投资咨询业务许可证号,证券投资咨询从业人员姓名及其登记编码;同时还应当通过公司网站公示产品分类、具体功能、产品价格、服务收费标准和收费方式等信息。

(二)将“荐股软件”销售(服务)协议格式、营销宣传、产品推介等材料报住所地证监局和中国证券业协会备案。

(三)遵循客户适当性原则,制定了解客户的制度和流程,对“荐股软件”产品进行分类分级,并向客户揭示产品的特点及风险,将合适的产品销售给适当的客户。

(四)公平对待客户,不得通过诱导客户升级付费等方式,将相同产品以不同价格销售给不同客户。

(五)建立健全内部管理制度,实现对营销和服务过程的客观、完整、全面留痕,并将留痕记录归档管理;相关业务档案的保存期限自相关协议终止之日起不得少于5年。

(六)通过网络、电话、短信方式营销产品、提供服务的,应当明确告知客户公司的联系方式,并提醒客户发现营销或者服务人员通过其他方式联系时,可以向本公司反映、举报,也可以向中国证监会及其派出机构投诉、举报。

(七)不得对产品功能和服务业绩进行虚假、不实、夸大、误导性的营销宣传,不得以任何方式向客户承诺或者保证投资收益。

(八)产品销售、协议签订、服务提供、客户回访、投诉处理等业务环节均应当自行开展,不得委托未取得证券投资咨询业务资格的机构和个人代理。

五、证券投资咨询机构利用“荐股软件”从事证券投资咨询业务,应当在合同签订、产品销售、服务提供、客户回访、投诉处理等各个业务环节中,加强投资者教育和客户权益保护。证券投资咨询机构应当主动告知客户公司及执业人员的证券投资咨询业务资格及其查询方式;客观、准确告知客户“荐股软件”的作用,全面揭示“荐股软件”存在的局限和纠纷解决方式;主动向客户提示非法证券投资咨询活动的风险和危害。

六、证券投资咨询机构及其工作人员利用“荐股软件”从事证券投资咨询业务,违反相关法律法规和本规定的,中国证监会及其派出机构依法采取监管措施或者依法进行处罚；涉嫌犯罪的，依法移送司法机关。

七、未取得证券投资咨询业务资格的机构和个人利用"荐股软件"从事非法证券投资咨询活动的，中国证监会及其派出机构按照法律法规和《国务院办公厅关于严厉打击非法发行股票和非法经营证券业务有关问题的通知》（国办发〔2006〕99号）的规定，配合地方政府、工商行政管理部门、公安机关、司法机关等，依法予以查处；涉嫌犯罪的，依法追究刑事责任。

八、投资者在购买"荐股软件"和接受证券投资咨询服务时，应当询问相关机构或者个人是否具备证券投资咨询业务资格，也可以在中国证监会网站（网址：www. csrc. gov. cn）、中国证券业协会网站（网址：www. sac. net. cn）进行查询核实，防止上当受骗。发现非法从事证券投资咨询活动的，请及时向公安机关、中国证监会及其派出机构举报。

九、本规定自2013年1月1日起施行。

《证券基金经营机构信息技术管理办法》（中国证券监督管理委员会令第179号，自2021年1月15日起施行）（2017年3月31日中国证券监督管理委员会2017年第2次主席办公会议审议通过，根据2021年1月15日中国证券监督管理委员会《关于修改、废止部分证券期货规章的决定》修正）

第一章　总　　则

第一条　为加强证券基金经营机构信息技术管理，保障证券基金行业信息系统安全、合规运行，保护投资者合法权益，根据《证券法》、《证券投资基金法》、《证券公司监督管理条例》等法律法规，制定本办法。

第二条　证券基金经营机构借助信息技术手段从事证券基金业务活动，信息技术服务机构为证券基金业务活动提供信息技术服务，适用本办法。

第三条　本办法所称证券基金经营机构，是指经中国证监会批准在境内设立的证券公司和管理公开募集基金的基金管理公司（以下简称基金管理公司）。

本办法所称信息技术服务机构，是指为证券基金业务活动提供信息技术服务的机构。信息技术服务的范围如下：

（一）重要信息系统的开发、测试、集成及测评；

（二）重要信息系统的运维及日常安全管理；

(三)中国证监会规定的其他情形。

以上机构统称证券基金经营与服务机构。

第四条 证券基金经营机构是从事证券基金业务活动的责任主体,应当保障充足的信息技术投入,在依法合规、有效防范风险的前提下,充分利用现代信息技术手段完善客户服务体系、改进业务运营模式、提升内部管理水平、增强合规风控能力,持续强化现代信息技术对证券基金业务活动的支撑作用。

第五条 中国证监会及其派出机构依法对证券基金经营与服务机构借助信息技术手段从事证券基金业务活动或提供相关服务实施监督管理。

中国证券业协会及中国证券投资基金业协会依照本办法制定和完善相关自律规则,对证券基金经营机构借助信息技术手段从事证券基金业务活动或提供相关服务实施自律管理。

中证信息技术服务有限责任公司(以下简称中证信息)在中国证监会指导下制定相关配套业务规则,协助开展信息技术相关备案、监测、检测和检查等工作。

第二章 信息技术治理

第六条 证券基金经营机构应当完善信息技术运用过程中的权责分配机制,建立健全信息技术管理制度和操作流程,保障与业务活动规模及复杂程度相适应的信息技术投入水平,持续满足信息技术资源的可用性、安全性与合规性要求。

第七条 证券基金经营机构董事会负责审议本公司的信息技术管理目标,对信息技术管理的有效性承担责任,履行下列职责:

(一)审议信息技术战略,确保与本公司的发展战略、风险管理策略、资本实力相一致;

(二)建立信息技术人力和资金保障方案;

(三)评估年度信息技术管理工作的总体效果和效率;

(四)公司章程规定的其他信息技术管理职责。

第八条 证券基金经营机构经营管理层负责落实信息技术管理目标,对信息技术管理工作承担责任,履行下列职责:

(一)组织实施董事会相关决议;

(二)建立责任明确、程序清晰的信息技术管理组织架构,明确管理职责、工作程序和协调机制;

（三）完善绩效考核和责任追究机制；

（四）公司章程规定或董事会授权的其他信息技术管理职责。

第九条　证券基金经营机构应当在公司管理层下设立信息技术治理委员会或指定专门委员会（以下统称信息技术治理委员会）负责制定信息技术战略并审议下列事项：

（一）信息技术规划，包括但不限于信息技术建设规划、信息安全规划、数据治理规划等；

（二）信息技术投入预算及分配方案；

（三）重要信息系统建设或重大改造立项、重大变更方案；

（四）信息技术应急预案；

（五）使用信息技术手段开展相关业务活动的审查报告以及年度评估报告；

（六）信息技术治理委员会委员提请审议的事项；

（七）其他对信息技术管理产生重大影响的事项。

信息技术治理委员会应当由高级管理人员以及合规管理部门、风险管理部门、稽核审计部门、主要业务部门、信息技术管理部门等部门负责人组成，可聘请外部专业人员担任信息技术治理委员会委员或顾问。

第十条　证券基金经营机构应当指定一名熟悉证券、基金业务，具有信息技术相关专业背景、任职经历、履职能力的高级管理人员为首席信息官，由其负责信息技术管理工作，并具备下列任职条件：

（一）从事信息技术相关工作十年以上，或者在证券监管机构、证券基金业自律组织任职八年以上；

（二）最近三年未被金融监管机构实施行政处罚或采取重大行政监管措施；

（三）中国证监会规定的其他条件。

第十一条　证券基金经营机构应当设立信息技术管理部门或指定专门机构（以下统称信息技术管理部门）负责实施信息技术规划、信息系统建设、信息技术质量控制、信息安全保障、运维管理等工作。

第三章　信息技术合规与风险管理

第十二条　证券基金经营机构应当将信息技术运用情况纳入合规与风险管理体系，为合规管理部门和风险管理部门配备与业务活动规模、复杂程度相适应的信息技术资源，并建立相应的审查、监测和检查机制，确保合规与风险管理覆盖信息技术运用的各个环节。

第十三条 证券基金经营机构借助信息技术手段从事证券基金业务活动的，应当在业务系统上线时，同步上线与业务活动复杂程度和风险状况相适应的风险管理系统或相关功能(以下统称风险管理系统)，对风险进行识别、监控、预警和干预。

第十四条 证券基金经营机构借助信息技术手段从事证券基金业务活动前，应当开展内部审查，验证下列事项并建立存档记录：

(一)业务系统的流程设计、功能设置、参数配置和技术实现应当遵循业务合规的原则，不得违反法律法规及中国证监会的规定；

(二)风险管理系统功能完备、权限清晰，能够与业务系统同步上线运行；

(三)具备完善的信息安全防护措施，能够保障经营数据和客户信息的安全、完整；

(四)具备符合要求的信息系统备份及运维管理能力，能够保障相关系统安全、平稳运行。

第十五条 证券基金经营机构应当识别借助信息技术手段从事证券基金业务活动的各类风险，建立持续有效的风险监测机制。证券基金经营机构应当及时、稳妥处置发现的风险问题，并至少每年开展一次风险监测机制及执行情况的有效性评估。

第十六条 证券基金经营机构应当定期开展信息技术管理工作专项审计，频率不低于每年一次，确保三年内完成信息技术管理全部事项的审计工作，包括但不限于信息技术治理、信息技术合规与风险管理、信息技术安全管理、应急管理。

证券基金经营机构应当委托外部专业机构开展信息技术管理工作的全面审计，频率不低于每三年一次；未能有效实施信息技术管理被采取行政处罚措施、监管措施或者自律管理措施的，应当在三个月内完成对有关事项的专项审计。

证券基金经营机构应当跟踪审计发现问题的整改情况，相关问题未能及时整改的，应当说明理由，并将审计报告提交信息技术治理委员会审议。证券基金经营机构应当妥善保存审计报告，保存期限不得少于二十年。

第十七条 除法律法规及中国证监会另有规定外，证券基金经营机构应当通过自身运营管理的信息系统直接接收客户交易指令，并记录客户交易指令接收时间。

第十八条　证券基金经营机构应当按照中国证监会有关规定采集、记录、存储、报送客户交易终端信息，并采取有效的技术措施，保障相关信息真实、准确、完整。

证券基金经营机构借助专业化交易信息系统向特定客户提供交易服务的，应当要求客户登记交易终端信息；信息发生变更的，应当要求客户履行变更程序，确保客户真实使用的客户交易终端信息与登记内容一致。

第十九条　证券基金经营机构使用电子合同从事证券基金业务活动的，应当将电子合同存储在指定的信息系统，并提供可供投资者及合同其他相关方查询、下载的公开渠道。

第二十条　证券基金经营机构从事证券交易相关业务，应当按照监管规定及自律管理规则的要求，确保风险管理系统具备审查账户资金及证券是否充足、监控交易及资金划转是否异常等功能。

第四章　信息技术安全

第一节　信息系统安全

第二十一条　证券基金经营机构应当建立独立于生产环境的专用开发测试环境，避免风险传导；开发测试环境使用未脱敏数据的，应当采取与生产环境同等的安全控制措施。

证券基金经营机构在生产环境开展重要信息系统技术或业务测试的，应对测试流程及结果进行审查。

第二十二条　证券基金经营机构重要信息系统上线或发生重大变更的，应当制定专项实施方案，并对信息系统上线或变更操作行为进行审查、确认和跟踪。

证券基金经营机构重要信息系统计划停止使用的，应当开展技术和业务影响评估，制定完整的系统停用和数据迁移保管方案，并组织必要的评审及停用后的安全检查。

第二十三条　证券基金经营机构应当结合公司发展战略、市场交易规模等因素定期对重要信息系统开展压力测试和评估分析，确保其容量满足业务开展需要。

第二十四条　证券基金经营机构应当建立健全信息系统安全监测机制，设定监测指标并持续监测重要信息系统的运行状。

证券基金经营机构应当指定专人跟踪监测发现的异常情形，及时处置并定期开展评估分析。

第二十五条 证券基金经营机构应当妥善保存信息系统开发、测试、上线、变更及运维过程中产生的文档，并根据业务开展情况以及信息系统的重要程度建立与监测工作相适应的日志留痕机制，确保满足应急处置和审计需要。

第二十六条 证券基金经营机构重要信息系统部署以及所承载数据的管理，应当遵循法律法规等规定。

第二十七条 证券基金经营机构可以在安全、合规的前提下为子公司提供机房、通信网络及其他信息技术基础设施，并协助开展相关运维工作。

证券基金经营机构为其子公司提供信息技术服务的，应当充分评估信息技术基础设施的支撑能力与冗余程度，并与子公司签订服务协议，明确合作双方的权利义务，以及建立日常协作、业务隔离和应急管理机制，防范基础设施共用产生的新增风险。

证券基金经营机构可以设立信息技术专业子公司，为母公司提供信息技术服务。信息技术专业子公司经中国证监会备案后可为其他金融机构提供信息技术服务。

第二十八条 证券基金经营机构应当确保重要信息系统具备可审计功能，并可以根据监管部门的要求转换、提供数据。

第二节 数据治理

第二十九条 证券基金经营机构应当结合公司发展战略，建立全面、科学、有效的数据治理组织架构以及数据全生命周期管理机制，确保数据统一管理、持续可控和安全存储，切实履行数据安全及数据质量管理职责，不断提升数据使用价值。

第三十条 证券基金经营机构应当将经营及客户数据按照重要性和敏感性进行分类分级，并根据不同类别和级别作出差异化数据管理制度安排。

第三十一条 证券基金经营机构应当完善网络隔离、用户认证、访问控制、数据加密、数据备份、数据销毁、日志记录、病毒防范和非法入侵检测等安全保障措施，保护经营数据和客户信息安全，防范信息泄露与损毁。

第三十二条 证券基金经营机构应当遵循最少功能以及最小权限等原则分配信息系统管理、操作和访问权限，并履行审批流程。合规管理和风险管理部门应当对权限管理制度和操作流程进行合规审查及风险控制。

证券基金经营机构应当建立对信息系统权限的定期检查与核对机制，确保用户权限与其工作职责相匹配，防止出现授权不当的情形。

证券基金经营机构应当对重要信息系统的开发、测试、运维实施必要分离，保证信息技术管理部门内部岗位的相互制衡。

第三十三条 证券基金经营机构应当记录经营数据和客户信息的使用情况，并持续监督信息技术服务机构等相关方落实保密协议的情况。

证券基金经营机构发现其他机构、个人违规存储或使用自身经营数据和客户信息的，应当排查数据泄露途径、评估影响范围，采取合理可行的整改措施，及时处置风险隐患，并按照中国证监会规定履行报告和调查处理职责。

证券基金经营机构发现信息技术服务机构等相关方违规存储或者使用自身经营数据和客户信息的，应当责令其立即改正并销毁已获取的经营数据和客户信息；信息技术服务机构等相关方拒绝配合整改的，证券基金经营机构应当立即停止与其合作，并采取措施维护自身及客户的合法权益。

第三十四条 证券基金经营机构应当建立健全数据安全管理制度，不得收集与服务无关的客户信息，不得购买或使用非法获取或来源不明的数据。在收集使用客户信息之前，证券基金经营机构应当公开收集、使用的规则和目的，并征得客户同意。

除法律法规和中国证监会另有规定外，证券基金经营机构不得允许或者配合其他机构、个人截取、留存客户信息，不得以任何方式向其他机构、个人提供客户信息。

第三十五条 证券基金经营机构应当充分挖掘、梳理和分析数据内容，提高管理精细化程度，在业务经营、风险管理与内部控制中加强数据应用，实现同一客户、同类业务统一管理，充分发挥数据价值。

第三节 应急管理

第三十六条 证券基金经营机构借助信息技术手段从事证券基金业务活动的，应当建立信息技术应急管理的组织架构，确定重要业务及其恢复目标，制定应急预案，配置充足资源，稳妥处置信息技术突发事件，并积极开展应急演练和信息技术应急管理的评估与改进。

第三十七条 证券基金经营机构应当落实下列应急管理职责：

（一）信息技术管理部门为信息技术应急管理的牵头组织部门，组

织开展信息技术应急预案的制定、演练、评估与改进工作,并负责信息系统的应急响应与恢复;

(二)各业务部门负责评估本业务条线信息技术突发事件相关风险,开展业务影响分析,确定并实施重要业务恢复目标和恢复策略;

(三)风险管理部门负责评估信息系统与相关业务恢复目标和恢复策略制定的合理性,确保与公司整体风险管理策略保持一致。

第三十八条 证券基金经营机构应当制定并持续完善应急预案,包括应急管理建设目标、备份信息系统建设和恢复机制、备份数据恢复机制、业务恢复或替代措施、应急联系方式、与客户沟通方式、向监管部门及有关单位的报告路径、应急预案披露与更新机制等内容。

证券基金经营机构应急预案应当充分考虑重要信息系统故障、相关信息技术服务机构无法继续提供服务、证券基金经营机构信息技术高管或重要技术团队发生重大变动以及自然灾害等可能影响重要信息系统平稳运行的事件。

第三十九条 证券基金经营机构应当根据系统变更、业务变化等情况,持续更新应急预案。

证券基金经营机构应当根据应急预案定期组织关键岗位人员开展应急演练,演练频率不低于每年一次,并确保应急演练在两年内覆盖全部重要信息系统。应急演练应当形成报告,保存期限不得少于五年。

第四十条 证券基金经营机构应当在公司网站、客户交易终端等渠道公示信息技术突发事件发生时客户可采取的替代交易方式等信息,提示客户防范和应对可能出现的风险。

第四十一条 证券基金经营机构应当确保备份系统与生产系统具备同等的处理能力,保持备份数据与原始数据的一致性。重要信息系统应当符合下列信息系统备份能力等级要求:

(一)实时信息系统、非实时信息系统的数据备份能力应当达到第一级;

(二)非实时信息系统的故障应对能力应当达到第二级;

(三)证券公司实时信息系统的故障应对能力应当达到第四级,基金管理公司实时信息系统的故障应对能力应当达到第三级;

(四)实时信息系统、非实时信息系统应当具备灾难及重大灾难应对能力,相关技术指标应当分别达到灾难应对能力第五级、重大灾难应对能力第六级;

（五）灾难应对能力可以通过重大灾难应对能力体现，但重大灾难应对能力相关技术指标应当达到灾难应对能力第五级。

第四十二条 证券基金经营机构应当按照中国证监会有关规定，建立信息安全事件的分级响应机制，明确内部处置工作流程，确保相关信息系统及时恢复运行。

第五章 信息技术服务机构

第四十三条 证券基金经营机构借助信息技术手段从事证券基金业务活动的，可以委托信息技术服务机构提供产品或服务，但证券基金经营机构依法应当承担的责任不因委托而免除或减轻。

证券基金经营机构应当清晰、准确、完整的掌握重要信息系统的技术架构、业务逻辑和操作流程等内容，确保重要信息系统运行始终处于自身控制范围。除法律法规及中国证监会另有规定外，不得将重要信息系统的运维、日常安全管理交由信息技术服务机构独立实施。

第四十四条 证券基金经营机构委托信息技术服务机构提供服务，应当按照本办法第十四条的规定对信息技术服务机构及相关信息系统进行内部审查，并向中国证监会及其派出机构报送审查意见及相关资料。

证券基金经营机构应当在选择信息技术服务机构之前，制定更换服务提供方的流程及预案，确保在特定情况下可更换服务提供方。

第四十五条 证券基金经营机构应当与信息技术服务机构签订服务协议和保密协议，明确各方权利、义务和责任，约定质量考核标准、持续监控机制、异常处理机制、服务变更或者终止的处置流程以及现场服务人员保密要求等内容，并持续监督信息技术服务机构及相关人员落实服务协议和保密协议的情况。

证券基金经营机构应当参照本办法第三条在服务协议中列明委托信息技术服务机构提供的服务范围、服务方式、涉及信息系统及相关证券基金业务活动类型。

第四十六条 信息技术服务机构出现异常情形的，证券基金经营机构应当按照应急预案开展内部评估与审查；信息技术服务机构保障能力不足，导致相关产品或服务的可用性、完整性或机密性丧失的，应当及时更换信息技术服务机构。

第四十七条 信息技术服务机构应当向中国证监会备案，具体规定由中国证监会另行制定。

第四十八条 基金信息技术服务机构备案材料应当包括本机构基本情况、信息技术服务情况、服务对象情况、内部控制情况等相关资料。备案内容发生变更的,基金信息技术服务机构应当及时更新备案材料。

基金信息技术服务机构备案材料不完整或者不符合规定的,应当根据中国证监会要求及时补正。

第四十九条 为证券公司、证券投资咨询机构提供信息技术服务的机构(以下简称证券信息技术服务机构)可以自愿接受中证信息业务指导,并遵守相关业务规则。

第五十条 信息技术服务机构应当健全内部质量控制机制,定期监测相关产品或服务,在提供服务过程中出现明显质量问题的,应当立即核实有关情况,采取必要的处理措施,明确修复完成时限,及时完成修复工作。

第五十一条 信息技术服务机构为证券基金业务活动提供信息技术服务,不得有下列行为:

(一)参与证券基金经营机构向客户提供业务服务的任何环节或向投资者、社会公众等发布可能引发其从事证券基金业务误解的信息;

(二)截取、存储、转发和使用证券基金业务活动相关经营数据和客户信息;

(三)在服务对象不知情的情况下,转委托第三方提供信息技术服务;

(四)提供的产品或服务相关功能、操作流程、系统权限及参数配置违反现行法律法规;

(五)无正当理由关闭系统接口或设置技术壁垒;

(六)向社会公开发布信息安全漏洞、信息系统压力测试结果等网络安全信息或泄露未公开信息;

(七)法律法规及中国证监会禁止的其他行为。

第六章 监督管理

第五十二条 证券基金经营机构新建或更换重要信息系统所在机房、证券基金交易相关信息系统,应当在开展相关业务活动的五个工作日内向中国证监会报送有关资料,包括内部审查意见、机房基本信息、技术架构设计、操作流程、信息安全管理资料、业务制度、合规管理及风险管理制度等。

第五十三条 证券基金经营机构应当在报送年度报告的同时报送

年度信息技术管理专项报告，说明报告期内信息技术治理、信息技术合规与风险管理、信息技术安全管理、信息技术审计等执行本办法规定的情况。

信息技术服务机构提供信息技术服务时，应当按照中国证监会要求定期报送相关资料。

证券基金经营与服务机构提交报告的内容应当真实、准确、完整。

第五十四条 证券基金经营机构应当按照中国证监会有关规定履行信息安全事件报告和调查处理职责。

第五十五条 信息技术服务机构出现下列情形的，应当立即报告住所地中国证监会派出机构：

（一）人员、财务、技术管理等方面发生重大变化，可能无法持续为证券基金经营机构提供信息技术服务；

（二）提供的信息技术服务存在明显缺陷，可能导致所服务的三家及以上证券基金经营机构发生信息系统运营异常、数据泄露、遭受网络攻击等情形；

（三）其他可能对投资者合法权益、证券期货市场造成严重影响的事件。

第五十六条 中国证监会及其派出机构在对证券基金经营与服务机构信息技术管理及服务活动的监管过程中，可以采用渗透测试、漏洞扫描及信息技术风险评估等方式开展现场检查及非现场检查。证券基金经营与服务机构应当予以配合，如实提供有关文件、资料，不得拒绝、阻碍或隐瞒。

第五十七条 证券基金经营机构违反本办法规定的，中国证监会及其派出机构可以依法对其采取责令改正、暂停业务、出具警示函、责令定期报告、责令增加合规检查次数、公开谴责等行政监管措施；对直接负责的主管人员和其他责任人员采取责令改正、监管谈话、出具警示函、公开谴责等行政监管措施。

第五十八条 证券基金经营机构违反本办法规定，反映公司治理混乱、内控失效的，中国证监会及其派出机构可以按照《证券投资基金法》第二十四条、《证券公司监督管理条例》第七十条的规定，采取责令暂停部分或全部业务、责令更换董事、监事、高级管理人员或者限制其权利等行政监管措施。

第五十九条 信息技术服务机构违反本办法规定的，中国证监会及其派出机构可以要求其提交说明材料,并采取责令改正、监管谈话、出具警示函等行政监管措施,情节严重的,中国证监会及其派出机构可以对信息技术服务机构及其直接负责的主管人员和其他直接责任人员单处或者并处警告、三万元以下罚款。

第七章 附 则

第六十条 证券基金专项业务服务机构借助信息技术手段从事证券基金业务活动的,参照本办法执行。

从事证券公司客户交易结算资金存管活动的商业银行、从事公开募集基金的基金托管机构、证券基金经营机构在境内依法设立的子公司及其下设机构借助信息技术手段从事相关证券基金业务活动的,参照本办法执行。

第六十一条 证券基金专项业务服务机构违反本办法规定的,中国证监会及其派出机构可以对证券基金专项业务服务机构及其直接负责的主管人员和其他直接责任人员单处或者并处警告、责令停止基金服务业务或三万元以下罚款等行政监管措施。

第六十二条 证券基金经营机构、证券基金专项业务服务机构应当按照本办法第五十二条规定,在本办法实施之日起半年内将已投产的重要信息系统所在机房、证券基金交易相关信息系统等相关情况报送中国证监会。

本办法实施前,已提供相关服务的基金信息技术服务机构应当按照本办法规定,在本办法实施之日起半年内向中国证监会备案。

本办法实施前,已从事相关业务活动且不符合本办法第十七条规定的,证券基金经营机构应当妥善处理相关问题,并在本办法实施之日起半年内完成整改;整改未完成前,不得借助违规接收客户交易指令的信息系统增加新客户或提供新服务。

第六十三条 本办法中下列用语的含义:

(一)证券基金专项业务服务机构,是指从事公开募集基金的销售、销售支付、份额登记、估值、投资顾问、评价等基金服务业务的机构和证券投资咨询机构。

(二)重要信息系统,是指支持证券基金经营机构和证券基金专项业务服务机构关键业务功能、如出现异常将对证券期货市场和投资者产生重大影响的信息系统。包括集中交易系统、投资交易系统、金融产品销售系统、估值核算系统、投资监督系统、份额登记系统、第三方存管系统、融资融券业务系统、网上交易系统、电话委托系统、移动终端交易系统、法人清算系统、具备开户交易或者客户资料修改功能的门户网站、承载投资咨询业务的系统、存放承销保荐业务工作底稿相关数据的系统、专业即时通信软件以及与上述信息系统具备类似功能的信息系统。

（三）重大变更，是指经证券基金经营机构、证券基金专项业务服务机构自行评估，可能影响业务合规和信息系统安全稳定运行的系统变更，包括但不限于信息技术服务机构更换、技术架构重大调整、主要功能变化等。

（四）专业化交易信息系统，是指除网上交易系统、移动终端交易系统等标准化交易系统外，证券基金经营机构向具有个性化需求并且符合规定条件的特定客户提供服务的交易系统。

（五）证券基金经营机构信息系统备份能力、数据备份能力、故障应对能力、重大灾难应对能力、实时信息系统、非实时信息系统以及备份能力等级相关定义参见中国证监会关于信息系统备份能力相关行业标准。

第六十四条　本办法自2019年6月1日起实施。《证券投资基金销售机构通过第三方电子商务平台开展业务管理暂行规定》（证监会公告〔2013〕18号）同时废止。

第一百六十一条　【证券投资咨询机构的行为】证券投资咨询机构及其从业人员从事证券服务业务不得有下列行为：

（一）代理委托人从事证券投资；

（二）与委托人约定分享证券投资收益或者分担证券投资损失；

（三）买卖本证券投资咨询机构提供服务的证券；

（四）法律、行政法规禁止的其他行为。

有前款所列行为之一，给投资者造成损失的，应当依法承担赔偿责任。

相关行政处罚决定书摘要

“中国证监会行政处罚决定书（李某胜、丁某森）”（〔2014〕18号）认为，投资顾问人员出租个人业务资格的行为违背了其作为执业人员应负的诚信义务。相关决定书摘要如下：

> 2008年2月19日至2009年3月27日,“证券之星”等网站发布署名为华泰证券李某胜的荐股文章64篇。2009年3月18日至31日,“全景网”等网站发布署名为中信建投证券丁某森的荐股文章5篇。
>
> 2007年年底,任某请李某胜帮其朋友撰写荐股文章,每月报酬5000元,李某胜表示同意。但实际李某胜并未给任某等人写过文章,任某只是让其朋友借李某胜的名义发表荐股文章。2008年年初,任某告诉李某胜他以李某胜的名义在163网站注册了一个邮箱,任某及其朋友将荐股文章发到该邮箱后再转发到网络媒体。
>
> 2009年3月,任某向丁某森表示其朋友余某等人欲借其名义在网站上发表荐股文章,每月支付给丁某森8000元,丁某森表示同意。任某要求丁某森在163网站注册一个邮箱,该邮箱名称和密码均由任某指定,并在注册后交由任某使用。任某提供给丁某森在“新浪”等网站发布文章需要的授权书模本和各网站传真号码,丁某森填好后,连同其身份证和证券分析师执业证书复印件一起传真给上述网站。
>
> 我会认为,李某胜、丁某森出租个人业务资格的行为违背了其作为执业人员应负的诚信义务,违反了《证券、期货投资咨询管理暂行办法》(以下简称《暂行办法》)第十九条的规定。李某胜、丁某森的上述行为对投资者构成欺诈,同时,为他人利用其从业资格从事违法行为提供了便利条件。
>
> 根据李某胜、丁某森违法行为的事实、性质、情节与社会危害程度,依据《暂行办法》第三十六条的规定,我会决定:对李某胜、丁某森分别处以3万元罚款,同时暂停李某胜证券投资咨询业务资格2年,暂停丁某森证券投资咨询业务资格1年。

第一百六十二条 【证券服务机构的信息和资料的保存】证券服务机构应当妥善保存客户委托文件、核查和验证资料、工作底稿以及与质量控制、内部管理、业务经营有关的信息和资料,任何人不得泄露、隐匿、伪造、篡改或者毁损。上述信息和资料的保存期限不得少于十年,自业务委托结束之日起算。

第一百六十三条 【证券服务机构的义务和法律责任】证券服务机构为证券的发行、上市、交易等证券业务活动制作、出具审计报告及其他鉴证报告、资产评估报告、财务顾问报告、资信评级报告或者法律意见书等文件，应当勤勉尽责，对所依据的文件资料内容的真实性、准确性、完整性进行核查和验证。其制作、出具的文件有虚假记载、误导性陈述或者重大遗漏，给他人造成损失的，应当与委托人承担连带赔偿责任，但是能够证明自己没有过错的除外。

相关司法解释

《最高人民法院关于审理涉及会计师事务所在审计业务活动中民事侵权赔偿案件的若干规定》（法释〔2007〕12号，自2007年6月15日起施行）

第一条　利害关系人以会计师事务所在从事注册会计师法第十四条规定的审计业务活动中出具不实报告并致其遭受损失为由，向人民法院提起民事侵权赔偿诉讼的，人民法院应当依法受理。

第二条　因合理信赖或者使用会计师事务所出具的不实报告，与被审计单位进行交易或者从事与被审计单位的股票、债券等有关的交易活动而遭受损失的自然人、法人或者其他组织，应认定为注册会计师法规定的利害关系人。

会计师事务所违反法律法规、中国注册会计师协会依法拟定并经国务院财政部门批准后施行的执业准则和规则以及诚信公允的原则，出具的具有虚假记载、误导性陈述或者重大遗漏的审计业务报告，应认定为不实报告。

第三条　利害关系人未对被审计单位提起诉讼而直接对会计师事务所提起诉讼的，人民法院应当告知其对会计师事务所和被审计单位一并提起诉讼；利害关系人拒不起诉被审计单位的，人民法院应当通知被审计单位作为共同被告参加诉讼。

利害关系人对会计师事务所的分支机构提起诉讼的，人民法院可以将该会计师事务所列为共同被告参加诉讼。

利害关系人提出被审计单位的出资人虚假出资或者出资不实、抽逃出资，且事后未补足的，人民法院可以将该出资人列为第三人参加诉讼。

第四条　会计师事务所因在审计业务活动中对外出具不实报告给利害关系人造成损失的，应当承担侵权赔偿责任，但其能够证明自己没有过错的除外。

会计师事务所在证明自己没有过错时，可以向人民法院提交与该案件相关的执业准则、规则以及审计工作底稿等。

第五条 注册会计师在审计业务活动中存在下列情形之一,出具不实报告并给利害关系人造成损失的,应当认定会计师事务所与被审计单位承担连带赔偿责任:

(一)与被审计单位恶意串通;

(二)明知被审计单位对重要事项的财务会计处理与国家有关规定相抵触,而不予指明;

(三)明知被审计单位的财务会计处理会直接损害利害关系人的利益,而予以隐瞒或者作不实报告;

(四)明知被审计单位的财务会计处理会导致利害关系人产生重大误解,而不予指明;

(五)明知被审计单位的会计报表的重要事项有不实的内容,而不予指明;

(六)被审计单位示意其作不实报告,而不予拒绝。

对被审计单位有前款第(二)至(五)项所列行为,注册会计师按照执业准则、规则应当知道的,人民法院应认定其明知。

第六条 会计师事务所在审计业务活动中因过失出具不实报告,并给利害关系人造成损失的,人民法院应当根据其过失大小确定其赔偿责任。

注册会计师在审计过程中未保持必要的职业谨慎,存在下列情形之一,并导致报告不实的,人民法院应当认定会计师事务所存在过失:

(一)违反注册会计师法第二十条第(二)、(三)项的规定;

(二)负责审计的注册会计师以低于行业一般成员应具备的专业水准执业;

(三)制定的审计计划存在明显疏漏;

(四)未依据执业准则、规则执行必要的审计程序;

(五)在发现可能存在错误和舞弊的迹象时,未能追加必要的审计程序予以证实或者排除;

(六)未能合理地运用执业准则和规则所要求的重要性原则;

(七)未根据审计的要求采用必要的调查方法获取充分的审计证据;

(八)明知对总体结论有重大影响的特定审计对象缺少判断能力,未能寻求专家意见而直接形成审计结论;

(九)错误判断和评价审计证据;

（十）其他违反执业准则、规则确定的工作程序的行为。

第七条 会计师事务所能够证明存在以下情形之一的，不承担民事赔偿责任：

（一）已经遵守执业准则、规则确定的工作程序并保持必要的职业谨慎，但仍未能发现被审计的会计资料错误；

（二）审计业务所必须依赖的金融机构等单位提供虚假或者不实的证明文件，会计师事务所在保持必要的职业谨慎下仍未能发现其虚假或者不实；

（三）已对被审计单位的舞弊迹象提出警告并在审计业务报告中予以指明；

（四）已经遵照验资程序进行审核并出具报告，但被验资单位在注册登记后抽逃资金；

（五）为登记时未出资或者未足额出资的出资人出具不实报告，但出资人在登记后已补足出资。

第八条 利害关系人明知会计师事务所出具的报告为不实报告而仍然使用的，人民法院应当酌情减轻会计师事务所的赔偿责任。

第九条 会计师事务所在报告中注明“本报告仅供年检使用”、“本报告仅供工商登记使用”等类似内容的，不能作为其免责的事由。

第十条 人民法院根据本规定第六条确定会计师事务所承担与其过失程度相应的赔偿责任时，应按照下列情形处理：

（一）应先由被审计单位赔偿利害关系人的损失。被审计单位的出资人虚假出资、不实出资或者抽逃出资，事后未补足，且依法强制执行被审计单位财产后仍不足以赔偿损失的，出资人应在虚假出资、不实出资或者抽逃出资数额范围内向利害关系人承担补充赔偿责任。

（二）对被审计单位、出资人的财产依法强制执行后仍不足以赔偿损失的，由会计师事务所在其不实审计金额范围内承担相应的赔偿责任。

（三）会计师事务所对一个或者多个利害关系人承担的赔偿责任应以不实审计金额为限。

第十一条 会计师事务所与其分支机构作为共同被告的，会计师事务所对其分支机构的责任部分承担连带赔偿责任。

第十二条 本规定所涉会计师事务所侵权赔偿纠纷未经审判，人民法院不得将会计师事务所追加为被执行人。

相关裁判摘要

“招商证券股份有限公司、瑞华会计师事务所与李某川、周某东、中安科股份有限公司、中安消技术有限公司、广东华商律师事务所证券虚假陈述责任纠纷二审民事判决书”[上海市高级法院民事判决书(2020)沪民终666号]认为,证券服务机构的注意义务和应负责任范围,应限于各自的工作范围和专业领域,其制作、出具的文件有虚假记载、误导性陈述或者重大遗漏,应当按照证券法及相关司法解释的规定,考量其过错程度、造成投资者损失的原因力等因素,分别确定其应当承担的法律责任。相关裁判摘要如下:

两被上诉人要求证券服务机构承担连带赔偿责任,两上诉人则认为即使法院判决认定其承担赔偿责任,也应当限制在与其行为及过错相适应的范围之内。对此本院认为,关于证券虚假陈述民事赔偿中,证券服务机构存在过错及虚假陈述行为的前提下,是否一概承担全额连带责任问题,《证券法》(1998年修订)第一百六十一条规定了专业机构和人员应就其负有责任的部分承担连带责任,《最高人民法院关于审理证券市场因虚假陈述引发的民事赔偿案件的若干规定》第二十四条也据此对专业中介服务机构及其直接责任人虚假陈述承担相应部分赔偿责任予以进一步明确。尽管在2005年修改后的《证券法》中不再区分中介机构故意或过失等情况,但从上述法律规定来看,连带赔偿责任并非仅限于全额连带赔偿,部分连带赔偿责任仍是法律所认可的一种责任形式。此外,2007年《最高人民法院关于审理涉及会计师事务所在审计业务活动民事侵权赔偿案件的若干规定》第五条、第六条对会计师事务所审计业务中故意和过失侵权造成利害关系人的赔偿责任作出了不同规定,在会计师事务所主观过错为过失的情况下,应根据其过失大小确定赔偿责任。根据上述法律规定,本院认为,证券服务机构的注意义务和应负责任范围,应限于各自的工作范围和专业领域,其制作、出具的文件有虚假记载、误导性陈述或者重大遗漏,应当按照证券法及相关司法解释的规定,考量其过错程度、造成投资者损失的原因力等因素,分别确定其应当承担的法律责任。

关于招商证券公司的赔偿责任范围:其一,从虚假陈述的内容来看,案涉证监会行政处罚涉及“班班通”项目、“智慧石拐”项目和“BT”项目等。如前所述,就“班班通”项目,招商证券公司未能依据独立财务顾问的执业准则尽到勤勉尽责义务。关于“智慧石拐”项目和“BT”项目,主要涉及收入确认等财务会计、审计问题,并非招商证券公司作为独立财务顾问的专业范围,招商证券公司对上述事项仅承担一般注意义务,审核过程中不存在明显过错。其二,从主观过错程度来看,案涉重大资产重组中,中安科公司系案涉交易信息的直接披露者,中安消技术公司系案涉交易的信息提供者,两者对有关交易信息的真实、准确、完整负有法定义务。招商证券公司的主观过错表现为对重大资产重组中的重要事项未予充分关注和审核,尚无证据证明其与中安科公司、中安消技术公司存在恶意串通等明知或应当明知的情形。招商证券公司在其出具的《独立财务顾问报告》中也就其所依据的资料来源和法律责任作了声明。因此,与中安科公司、中安消技术公司相比,招商证券公司的过错程度相对较轻。其三,从原因力的角度而言,投资者根据案涉重大资产重组等市场信息作出投资决策,其中盈利预测、交易定价等均是投资者判断公司价值的重要因素。案涉"班班通"项目占中安消技术公司2014年度预测营业收入的26%,构成相关评估和交易定价的重要基础,从而对中安科股票价格和投资者交易决策造成一定影响。综上,整体考量招商证券公司的行为性质和内容、过错程度、与投资者损失之间的原因力等因素,本院酌定招商证券公司在25%的范围内对中安科公司的证券虚假陈述民事责任承担连带赔偿责任。

关于瑞华事务所的赔偿责任范围,从瑞华事务所的虚假陈述行为内容来看,主要涉及"智慧石拐"项目的收入确认问题。关于案涉盈利预测审核,鉴于盈利预测本身具有不确定性,审计机构仅承担有限保证责任。从现有证据来看,瑞华事务所作为外部审计机构,其基于中安消技术公司提供的框架协议等材料进行盈利预测审核,并不存在明显过错。案涉4个"BT"项目所涉虚假陈述金额较小,对于审计重要性而言相对较低。从主观过错程度来看,本案中亦无证据证明瑞华事务所与中安科公司、中安消技术公司存在虚假陈述的共同故意或明知相关材料虚假。因此,与中安科公司、中安消技术公司相比,瑞华事务所的主观过错程度相对较轻。从对投资者的决策影响看,认定为虚假记载的营业收入5551万元(其中5000万元为"智慧石拐"项目)占到2013年财务报告中母公司营业收入的19.4%,合并报表口径为3.7%。同时,考虑到2013年中安消技术公司财务报告同样构成其盈利预测的基础之一,"智慧石拐"项目收入确认对于盈利预测及评估和交易定价也产生一定影响。据此,综合考量瑞华事务所虚假陈述所涉事项及其过错程度等因素,本院酌定瑞华事务所在15%的范围内对中安科公司的证券虚假陈述民事责任承担连带赔偿责任。

相关行政处罚决定书摘要

“中国证监会行政处罚决定书”(立信会计师事务所、王某成、肖某和)(〔2017〕55号)认为,对于某些事项,相关中介机构已做到勤勉尽责。相关处罚决定书摘要如下:

出库单提货人签名字迹确实存在差异,但现有证据难以判断出库单的签名是否出自同一人。当事人虽未对该事项进行关注,但通过实地走访、函证等其他审计程序,确认了相关事实无误,综合判断当事人在该事项上勤勉尽责,对当事人的此项申辩意见,我会予以采纳。康华农业与桂林华科生物科技有限公司之间的《土地使用权转让合同》已由律师事务所审核并出具法律意见,康华农业也取得了国土资源局颁发的《国有土地使用权证》。没有证据确认土地权证是否造假,中介机构要质疑法定权属证书真假的难度大,结合律师事务所出具的法律意见书,认定当事人已做到勤勉尽责,对当事人的此项申辩意见,我会予以采纳。

第十一章 证券业协会

第一百六十四条 【证券业协会的法律地位】证券业协会是证券业的自律性组织,是社会团体法人。

证券公司应当加入证券业协会。

证券业协会的权力机构为全体会员组成的会员大会。

第一百六十五条 【证券业协会的章程】证券业协会章程由会员大会制定,并报国务院证券监督管理机构备案。

第一百六十六条 【证券业协会的职责】证券业协会履行下列职责:

(一)教育和组织会员及其从业人员遵守证券法律、行政法规,组织开展证券行业诚信建设,督促证券行业履行社会责任;

(二)依法维护会员的合法权益,向证券监督管理机构反映会员的建议和要求；

（三）督促会员开展投资者教育和保护活动，维护投资者合法权益；

（四）制定和实施证券行业自律规则，监督、检查会员及其从业人员行为，对违反法律、行政法规、自律规则或者协会章程的，按照规定给予纪律处分或者实施其他自律管理措施；

（五）制定证券行业业务规范，组织从业人员的业务培训；

（六）组织会员就证券行业的发展、运作及有关内容进行研究，收集整理、发布证券相关信息，提供会员服务，组织行业交流，引导行业创新发展；

（七）对会员之间、会员与客户之间发生的证券业务纠纷进行调解；

（八）证券业协会章程规定的其他职责。

第一百六十七条　【证券业协会的组织机构】证券业协会设理事会。理事会成员依章程的规定由选举产生。

第十二章　证券监督管理机构

第一百六十八条　【证券监管机构的职责】国务院证券监督管理机构依法对证券市场实行监督管理，维护证券市场公开、公平、公正，防范系统性风险，维护投资者合法权益，促进证券市场健康发展。

第一百六十九条　【证券监管机构的具体职责】国务院证券监督管理机构在对证券市场实施监督管理中履行下列职责：

（一）依法制定有关证券市场监督管理的规章、规则，并依法进行审批、核准、注册，办理备案；

（二）依法对证券的发行、上市、交易、登记、存管、结算等行为，进行监督管理；

（三）依法对证券发行人、证券公司、证券服务机构、证券交易场所、证券登记结算机构的证券业务活动，进行监督管理；

（四）依法制定从事证券业务人员的行为准则，并监督实施；

（五）依法监督检查证券发行、上市、交易的信息披露；

(六)依法对证券业协会的自律管理活动进行指导和监督;

(七)依法监测并防范、处置证券市场风险;

(八)依法开展投资者教育;

(九)依法对证券违法行为进行查处;

(十)法律、行政法规规定的其他职责。

第一百七十条 【执法权限】国务院证券监督管理机构依法履行职责,有权采取下列措施:

(一)对证券发行人、证券公司、证券服务机构、证券交易场所、证券登记结算机构进行现场检查;

(二)进入涉嫌违法行为发生场所调查取证;

(三)询问当事人和与被调查事件有关的单位和个人,要求其对与被调查事件有关的事项作出说明;或者要求其按照指定的方式报送与被调查事件有关的文件和资料;

(四)查阅、复制与被调查事件有关的财产权登记、通讯记录等文件和资料;

(五)查阅、复制当事人和与被调查事件有关的单位和个人的证券交易记录、登记过户记录、财务会计资料及其他相关文件和资料;对可能被转移、隐匿或者毁损的文件和资料,可以予以封存、扣押;

(六)查询当事人和与被调查事件有关的单位和个人的资金账户、证券账户、银行账户以及其他具有支付、托管、结算等功能的账户信息,可以对有关文件和资料进行复制;对有证据证明已经或者可能转移或者隐匿违法资金、证券等涉案财产或者隐匿、伪造、毁损重要证据的,经国务院证券监督管理机构主要负责人或者其授权的其他负责人批准,可以冻结或者查封,期限为六个月;因特殊原因需要延长的,每次延长期限不得超过三个月,冻结、查封期限最长不得超过二年;

(七)在调查操纵证券市场、内幕交易等重大证券违法行为时,经国务院证券监督管理机构主要负责人或者其授权的其他负责人批准,可以限制被调查的当事人的证券买卖,但限制的期限不得超过三个月;案情复杂的,可以延长三个月;

(八)通知出境入境管理机关依法阻止涉嫌违法人员、涉嫌违法单位的主管人员和其他直接责任人员出境。

为防范证券市场风险，维护市场秩序，国务院证券监督管理机构可以采取责令改正、监管谈话、出具警示函等措施。

相关行政规章

《证券期货违法行为行政处罚办法》（中国证券监督管理委员会令第186号，自2021年7月15日起施行）

第一条 为了规范中国证券监督管理委员会（以下简称中国证监会）及其派出机构行政处罚的实施，维护证券期货市场秩序，保护公民、法人和其他组织的合法权益，根据《中华人民共和国行政处罚法》《中华人民共和国证券法》《中华人民共和国证券投资基金法》《期货交易管理条例》等法律、法规，制定本办法。

第二条 中国证监会依法对全国证券期货市场实行集中统一监督管理。中国证监会派出机构按照授权，依法履行行政处罚职责。

第三条 自然人、法人或者其他组织违反证券期货法律、法规和规章规定，应当给予行政处罚的，中国证监会及其派出机构依照有关法律、法规、规章和本办法规定的程序实施。

第四条 中国证监会及其派出机构实施行政处罚，遵循公开、公平、公正、效率和审慎监管原则，依法、全面、客观地调查、收集有关证据。

第五条 中国证监会及其派出机构作出的行政处罚决定，应当事实清楚、证据确凿、依据正确、程序合法、处罚适当。

第六条 中国证监会及其派出机构发现自然人、法人或者其他组织涉嫌违反证券期货法律、法规和规章，符合下列条件，且不存在依法不予行政处罚等情形的，应当立案：

（一）有明确的违法行为主体；

（二）有证明违法事实的证据；

（三）法律、法规、规章规定有明确的行政处罚法律责任；

（四）尚未超过二年行政处罚时效。涉及金融安全且有危害后果的，尚未超过五年行政处罚时效。

第七条 中国证监会及其派出机构通过文字记录等形式对行政处罚进行全过程记录，归档保存。根据需要，可以对容易引发争议的行政处罚过程进行音像记录，被调查的单位和个人不配合－的，执法人员对相关情况进行文字说明。

第八条 中国证监会及其派出机构执法人员必须忠于职守,依法办事,公正廉洁,不得滥用权力,或者利用职务便利牟取不正当利益;严格遵守保密规定,不得泄露案件查办信息,不得泄露所知悉的国家秘密、商业秘密和个人隐私;对于依法取得的个人信息,应当确保信息安全。

第九条 中国证监会及其派出机构进行调查时,执法人员不得少于二人,并应当出示执法证和调查通知书等执法文书。执法人员少于二人或者未出示执法证和调查通知书等执法文书的,被调查的单位和个人有权拒绝。

执法人员应当在询问笔录或现场笔录等材料中对出示情况进行记录。

第十条 被调查的单位和个人应当配合调查,如实回答询问,按要求提供有关文件和资料,不得拒绝、阻碍和隐瞒。

第十一条 中国证监会及其派出机构调查、收集的证据包括:

(一)书证;

(二)物证;

(三)视听资料;

(四)电子数据;

(五)证人证言;

(六)当事人的陈述;

(七)鉴定意见;

(八)勘验笔录、现场笔录。

证据必须经查证属实,方可作为认定案件事实的根据。

以非法手段取得的证据,不得作为认定案件事实的根据。

第十二条 书证原则上应当收集原件。收集原件确有困难的,可以收集与原件核对无误的复印件、照片、节录本。复印件、照片、节录本由证据提供人核对无误后注明与原件一致,同时由证据提供人逐页签名或者盖章。提供复印内容较多且连续编码的,可以在首尾页及骑缝处签名、盖章。

第十三条 物证原则上应当收集原物。收集原物确有困难的,可以收集与原物核对无误的复制品或者证明该物证的照片、录像等其他证据。原物为数量较多的种类物的,可以收集其中一部分。收集复制品或者影像资料的,应当在现场笔录中说明取证情况。

第十四条　视听资料原则上应当收集有关资料的原始载体。收集原始载体确有困难的，可以收集与原始载体核对无误的复制件，并以现场笔录或其他方式注明制作方法、制作时间、制作人和证明对象等。声音资料应当附有该录音内容的文字记录。

第十五条　电子数据原则上应当收集有关数据的原始载体。收集电子数据原始载体确有困难的，可以制作复制件，并以现场笔录或其他方式记录参与人员、技术方法、收集对象、步骤和过程等。具备条件的，可以采取拍照或录像等方式记录取证过程。对于电子数据的关键内容，可以直接打印或者截屏打印，并由证据提供人签字确认。

第十六条　当事人的陈述、证人证言可以通过询问笔录、书面说明等方式调取。询问应当分别单独进行。询问笔录应当由被询问人员及至少二名参与询问的执法人员逐页签名并注明日期；如有修改，应当由被询问人签字确认。

通过书面说明方式调取的，书面说明应当由提供人逐页签名或者盖章并注明日期。

第十七条　对于涉众型违法行为，在能够充分证明基本违法事实的前提下，执法人员可以按一定比例收集和调取书证、证人证言等证据。

第十八条　下列证据材料，经审查符合真实性、合法性及关联性要求的，可以作为行政处罚的证据：

（一）中国证监会及其派出机构在立案前调查或者监督检查过程中依法取得的证据材料；

（二）司法机关、纪检监察机关、其他行政机关等保存、公布、移交的证据材料；

（三）中国证监会及其派出机构通过依法建立的跨境监督管理合作机制获取的证据材料；

（四）其他符合真实性、合法性及关联性要求的证据材料。

第十九条　中国证监会及其派出机构根据案情需要，可以委托下列单位和人员提供协助：

（一）委托具有法定鉴定资质的鉴定机构对涉案相关事项进行鉴定，鉴定意见应有鉴定人签名和鉴定机构盖章；

（二）委托会计师事务所、资产评估事务所、律师事务所等中介机构以及专家顾问提供专业支持；

(三)委托证券期货交易场所、登记结算机构等检验、测算相关数据或提供与其职能有关的其他协助。

第二十条 中国证监会及其派出机构可以依法要求当事人或与被调查事件有关的单位和个人,在指定的合理期限内,通过纸质、电子邮件、光盘等指定方式报送与被调查事件有关的文件和资料。

第二十一条 中国证监会及其派出机构依法需要采取冻结、查封、扣押、限制证券买卖等措施的,按照《中华人民共和国行政强制法》等法律、法规以及中国证监会的有关规定办理。

第二十二条 中国证监会及其派出机构依法需要采取封存、先行登记保存措施的,应当经单位负责人批准。

遇有紧急情况,需要立即采取上述措施的,执法人员应当在二十四小时内向单位负责人报告,并补办批准手续。单位负责人认为不应当采取的,应当立即解除。

第二十三条 采取封存、先行登记保存措施的,应当当场清点,出具决定书或通知书,开列清单并制作现场笔录。

对于封存、先行登记保存的证据,中国证监会及其派出机构可以自行或采取委托第三方等其他适当方式保管,当事人和有关人员不得隐藏、转移、变卖或者毁损。

第二十四条 对于先行登记保存的证据,应当在七日内采取下列措施:

(一)根据情况及时采取记录、复制、拍照、录像、提取电子数据等证据保全措施;

(二)需要检查、检验、鉴定、评估的,送交检查、检验、鉴定、评估;

(三)依据有关法律、法规可以采取查封、扣押、封存等措施的,作出查封、扣押、封存等决定;

(四)违法事实不成立,或者违法事实成立但依法不应予以查封、扣押、封存的,决定解除先行登记保存措施。

第二十五条 执法人员制作现场笔录的,应当载明时间、地点和事件等内容,并由执法人员和当事人等在场有关人员签名或者盖章。

当事人或者有关人员拒绝或不能在现场笔录、询问笔录、证据材料上签名、盖章的,执法人员应当在现场笔录、询问笔录、证据材料上说明或以录音录像等形式加以证明。必要时,执法人员可以请无利害关系第三方作为见证人签名。

第二十六条　实施行政处罚过程中，有下列情形之一的，中国证监会可以通知出境入境管理机关依法阻止涉嫌违法人员、涉嫌违法单位的主管人员和其他直接责任人员出境：

（一）相关人员涉嫌违法行为情节严重、影响恶劣，或存在本办法第三十八条规定的行为，出境后可能对行政处罚的实施产生不利影响的；

（二）相关人员涉嫌构成犯罪，可能承担刑事责任的；

（三）存在有必要阻止出境的其他情形的。

阻止出境的期限按照出境入境管理机关的规定办理，需要延长期限的，应当通知出境入境管理机关。到期不通知的，由出境入境管理机关按规定解除阻止出境措施。

经调查、审理，被阻止出境人员不属于涉嫌违法人员或责任人员，或者中国证监会认为没有必要继续阻止出境的，应当通知出境入境管理机关依法解除对相关人员的阻止出境措施。

第二十七条　案件调查终结，中国证监会及其派出机构根据案件不同情况，依法报单位负责人批准后，分别作出如下决定：

（一）确有应受行政处罚的违法行为的，根据情节轻重及具体情况，作出行政处罚决定；

（二）违法行为轻微，依法可以不予行政处罚的，不予行政处罚；

（三）违法事实不能成立的，不予行政处罚；

（四）违法行为涉嫌犯罪的，依法移送司法机关。

对情节复杂或者重大违法行为给予行政处罚，中国证监会及其派出机构负责人应当集体讨论决定。

第二十八条　中国证监会设立行政处罚委员会，对按照规定向其移交的案件提出审理意见、依法进行法制审核，报单位负责人批准后作出处理决定。

中国证监会派出机构负责人作出行政处罚的决定之前，依法由从事行政处罚决定法制审核的人员进行法制审核。

第二十九条　中国证监会及其派出机构在行政处罚过程中发现违法行为涉嫌犯罪的，应当依法、及时将案件移送司法机关处理。

司法机关依法不追究刑事责任或者免予刑事处罚，但应当给予行政处罚的，中国证监会及其派出机构依法作出行政处罚决定。

第三十条　行政处罚决定作出前，中国证监会及其派出机构应当向当事人送达行政处罚事先告知书，载明下列内容：

(一)拟作出行政处罚的事实、理由和依据;

(二)拟作出的行政处罚决定;

(三)当事人依法享有陈述和申辩的权利;

(四)符合《中国证券监督管理委员会行政处罚听证规则》所规定条件的,当事人享有要求听证的权利。

第三十一条 当事人要求听证的,按照听证相关规定办理。

当事人要求陈述、申辩但未要求听证的,应当在行政处罚事先告知书送达后五日内提出,并在行政处罚事先告知书送达后十五日内提出陈述、申辩意见。当事人书面申请延长陈述、申辩期限的,经同意后可以延期。

当事人存在下列情形的,视为明确放弃陈述、申辩、听证权利:

(一)当事人未按前两款规定提出听证要求或陈述、申辩要求的;

(二)要求听证的当事人未按听证通知书载明的时间、地点参加听证,截至听证当日也未提出陈述、申辩意见的;

(三)要求陈述、申辩但未要求听证的当事人,未在规定时间内提出陈述、申辩意见的。

第三十二条 中国证监会及其派出机构对已经送达的行政处罚事先告知书认定的主要事实、理由、依据或者拟处罚决定作出调整的,应当重新向当事人送达行政处罚事先告知书,但作出对当事人有利变更的除外。

第三十三条 当事人收到行政处罚事先告知书后,可以申请查阅涉及本人行政处罚事项的证据,但涉及国家秘密、他人的商业秘密和个人隐私的内容除外。

第三十四条 证券期货违法行为的违法所得,是指通过违法行为所获利益或者避免的损失,应根据违法行为的不同性质予以认定,具体规则由中国证监会另行制定。

第三十五条 中国证监会及其派出机构应当自立案之日起一年内作出行政处罚决定。有特殊情况需要延长的,应当报经单位负责人批准,每次延长期限不得超过六个月。

中国证监会及其派出机构作出行政处罚决定的,应当依照《中华人民共和国行政处罚法》的规定,在七日内将行政处罚决定书送达当事人,并按照政府信息公开等规定予以公开。

第三十六条 行政执法文书可以采取《中华人民共和国民事诉讼法》

规定的方式送达当事人。当事人同意的，可以采用传真、电子邮件等方式送达。

第三十七条　申请适用行政执法当事人承诺制度的，按照有关规定办理。

第三十八条　有下列拒绝、阻碍执法情形之一的，按照《证券法》第二百一十八条的规定追究责任：

（一）殴打、围攻、推搡、抓挠、威胁、侮辱、谩骂执法人员的；

（二）限制执法人员人身自由的；

（三）抢夺、毁损执法装备及执法人员个人物品的；

（四）抢夺、毁损、伪造、隐藏证据材料的；

（五）不按要求报送文件资料，且无正当理由的；

（六）转移、变卖、毁损、隐藏被依法冻结、查封、扣押、封存的资金或涉案财产的；

（七）躲避推脱、拒不接受、无故离开等不配合执法人员询问，或在询问时故意提供虚假陈述、谎报案情的；

（八）其他不履行配合义务的情形。

第三十九条　本办法所称派出机构，是指中国证监会派驻各省、自治区、直辖市和计划单列市监管局。

中国证监会稽查总队、证券监管专员办事处根据职责或授权对证券期货违法行为进行立案、调查的，依照本办法执行。

第四十条　行政处罚相关信息记入证券期货市场诚信档案数据库。

第四十一条　本办法自公布之日起施行。

《中国证券监督管理委员会冻结、查封实施办法》（2020 年修订）（中国证券监督管理委员会令第 166 号，自 2020 年 3 月 20 日起施行）

第一条　为了保护投资者和当事人的合法权益，及时有效查处证券违法行为，规范冻结、查封工作，维护市场秩序，根据《中华人民共和国证券法》及相关法律法规，制定本办法。

第二条　中国证券监督管理委员会及其派出机构依法履行职责，有权冻结、查封涉案当事人的违法资金、证券等涉案财产或者重要证据。

第三条　冻结、查封违法资金、证券等涉案财产或者重要证据，必须依照本办法规定的程序提交申请，经法律部门审查，报中国证券监督管理委员会主要负责人或者其授权的其他负责人批准，制作决定书、通知书，由执法人员实施。

第四条 中国证券监督管理委员会案件调查部门、案件审理部门及派出机构在对证券违法案件进行调查、审理或者执行时,发现存在下列情形之一的,可以申请冻结、查封:

(一)已经转移、隐匿违法资金、证券等涉案财产的;

(二)可能转移、隐匿违法资金、证券等涉案财产的;

(三)已经隐匿、伪造、毁损重要证据的;

(四)可能隐匿、伪造、毁损重要证据的;

(五)其他需要及时冻结、查封的情形。

第五条 有下列情形之一的,视为可能转移或者隐匿违法资金、证券等涉案财产:

(一)涉案当事人本人开立的资金账户、证券账户和银行账户或由其实际控制的资金账户、证券账户和银行账户,以及与其有关联的资金账户、证券账户和银行账户中存放的违法资金、证券,部分已经被转移或者隐匿的;

(二)被举报的违法资金、证券等涉案财产已经或者将要被转移、隐匿并提供具体的转移或者隐匿线索的;

(三)通过与他人签订合同等形式,拟将违法资金、证券等涉案财产作为合同标的物或者以偿还贷款、支付合同价款等名义转移占有的;

(四)当事人因涉嫌严重违法而被立案调查,且其涉案场所、账户或者人员已经被执法部门调查的;

(五)其他有证据证明有转移或者隐匿违法资金、证券等涉案财产迹象的。

第六条 有下列特征之一的,视为重要证据:

(一)对案件调查有重大影响的;

(二)对案件定性有关键作用的;

(三)不可替代或者具有唯一性的;

(四)其他重要证据。

第七条 中国证券监督管理委员会案件调查部门、案件审理部门及派出机构需要实施冻结、查封时,应当提交申请,经部门或者派出机构主要负责人批准,交法律部门审查。业务监管部门在履行监管职责中发现需要采取冻结、查封措施的,应当及时通报案件调查部门实施冻结、查封。

第八条 冻结、查封申请书应当载明下列事项:

（一）被冻结、查封当事人姓名或者名称、地址等基本情况；

（二）申请冻结、查封的具体事项，包括涉案财产或者重要证据的名称、代码、数量、金额、地址等；

（三）主要违法事实与申请冻结、查封的理由；

（四）其他需要说明的事项。

第九条　负责审查的法律部门应当及时处理冻结、查封申请，出具审核意见，并制作冻结、查封决定书，报中国证券监督管理委员会主要负责人或者其授权的其他负责人批准。

第十条　冻结、查封决定书应当载明下列事项：

（一）被冻结、查封当事人姓名或者名称、地址等基本情况；

（二）冻结、查封的理由和依据；

（三）冻结、查封财产或者证据的名称、数量和期限；

（四）申请行政复议的途径；

（五）中国证券监督管理委员会公章和日期。

第十一条　申请书、决定书经批准后，由申请部门负责实施。实施冻结、查封的部门应当制作冻结通知书或者查封通知书，通知书应当载明下列事项：

（一）协助冻结、查封的单位名称；

（二）冻结、查封的法律依据；

（三）冻结、查封的财产或者证据所在机构的名称或者地址；

（四）冻结、查封的财产或者证据的名称、数额等；

（五）冻结、查封的起止时间；

（六）其他需要说明的事项；

（七）中国证券监督管理委员会公章和日期。

第十二条　实施冻结，应当依照有关规定，向协助执行部门出示冻结决定书，送达冻结通知书，并在实施冻结后及时向当事人送达冻结决定书。当事人应当将被冻结情况告知其控制的涉案财产的名义持有人。

第十三条　实施查封，应当依照有关规定向当事人送达查封决定书。需要有关部门协助的，还应当向协助执行部门送达查封通知书。

实施查封后，应当制作现场笔录和查封清单。查封清单一式两份，由当事人和实施部门分别保存。

第十四条　冻结或者查封应当由两名以上执法人员实施。

执法人员在实施冻结或者查封时应当出示有效证件。

第十五条 现场笔录应当载明下列事项:

(一)冻结、查封的时间、地点;

(二)实施冻结、查封的单位和个人;

(三)被冻结、查封的单位和个人;

(四)协助冻结、查封的单位和个人;

(五)冻结、查封的具体事项,包括涉案财产或者重要证据的名称、代码、数量、金额、地址等;

(六)当事人的陈述和申辩;

(七)其他应当载明的事项。

现场笔录和清单由当事人、见证人和执法人员签名或者盖章,当事人不在现场或者当事人、见证人拒绝签名或者盖章的,应当在笔录中予以注明。

第十六条 查封可以采取下列方式:

(一)查封动产的,应当在该动产上加贴封条或者采取其他足以公示查封的适当方式;

(二)查封已登记的不动产、特定动产及其他财产权的,应当张贴封条或者公告,并通知有关登记机关办理查封登记手续;

(三)查封未登记的不动产、特定动产及其他财产权的,应当张贴封条或者公告,并告知法定权属登记机关;

(四)查封重要证据的,应当加贴封条或者采取其他足以公示查封的适当方式;

(五)其他合法的方式。

第十七条 冻结、查封的期限为六个月。因特殊原因需要延长的,应当在冻结、查封期满前十日内办理继续冻结、查封手续。每次延长期限不得超过三个月,冻结、查封期限最长不超过二年。

逾期未办理继续冻结、查封手续的,视为自动解除冻结、查封。

第十八条 冻结证券,其金额应当以冻结实施日前一交易日收市后的市值计算。

冻结证券时,中国证券监督管理委员会及其派出机构可以明确被冻结的证券是否限制卖出。

限制证券卖出的,由证券公司或者证券登记结算机构协助执行冻结。冻结期间,证券持有人可以提出出售部分或者全部被冻结证券的请求，经申请部门审查认为确有必要的，可以解除卖出限制，并监督证券持有人依法出售，同时将所得资金转入相关资金账户予以冻结。

不限制证券卖出的，由证券公司等控制资金账户的单位协助执行冻结。冻结期间，证券持有人可以依法出售部分或者全部被冻结的证券，同时将所得资金转入相关资金账户予以冻结。

证券公司协助执行冻结的，应当于当日将冻结信息发送证券登记结算机构。

证券被冻结后，不得进行转托管或转指定，不得设定抵押、质押等权利，不得进行非交易过户，不得进行重复冻结。

第十九条　有下列情形之一的，经中国证券监督管理委员会主要负责人或者其授权的其他负责人批准，应当及时解除冻结、查封措施：

（一）已经完成调查、处罚的；

（二）经查证，确实与案件无关的；

（三）当事人提供相应担保的；

（四）其他应当及时解除冻结、查封的情形。

第二十条　冻结、查封财产的数额应当与违法行为的情节或者行政处罚决定的金额相适应。

第二十一条　案件调查结束后，当事人的违法行为涉嫌犯罪需要移送公安机关的，应当将冻结、查封的证据、材料一并移送。

第二十二条　当事人逾期不履行处罚决定的，中国证券监督管理委员会可以依法申请人民法院强制执行冻结、查封的涉案财产。

第二十三条　解除冻结、查封参照实施冻结、查封程序办理。

第二十四条　当事人对冻结、查封决定不服的，可以依法向中国证券监督管理委员会申请行政复议。

行政复议期间，冻结、查封措施不停止执行，但是有下列情形之一的，可以停止执行：

（一）实施部门认为需要停止执行并批准的；

（二）当事人申请停止执行并批准的；

（三）法律、法规规定应当停止执行的。

第二十五条　未按规定程序实施冻结、查封，给当事人的合法财产造成重大损失的，依法给予赔偿；对直接负责的主管人员和直接责任人员给予行政处分；构成犯罪的，依法追究刑事责任。

第二十六条　当事人和协助执行单位拒绝、阻碍中国证券监督管理委员会及其执法人员实施冻结、查封措施,由中国证券监督管理委员会责令改正,处以十万元以上一百万元以下的罚款,并由公安机关依法给予治安管理处罚;构成犯罪的,依法追究刑事责任。

第二十七条 本办法由中国证券监督管理委员会负责解释。

第二十八条 本办法自2006年1月1日起施行。

《中国证券监督管理委员会限制证券买卖实施办法》(证监会令第177号,自2020年10月30日起施行)(2007年4月30日中国证券监督管理委员会2007年第204次主席办公会议审议通过,根据2020年10月30日中国证券监督管理委员会《关于修改、废止部分证券期货规章的决定》修正)

第一条 为维护证券市场正常秩序,保护投资者合法权益,有效打击证券违法行为,依据《中华人民共和国证券法》第一百七十条第(七)项,制订本办法。

第二条 限制证券买卖是指中国证券监督管理委员会(以下简称中国证监会)在调查操纵证券市场、内幕交易等重大证券违法行为时,对被调查事件当事人受限账户的证券买卖行为采取的限制措施。

限制证券买卖措施由中国证监会调查部门(以下简称调查部门)具体实施。

第三条 受限账户包括被调查事件当事人及其实际控制的资金账户、证券账户和与当事人有关的其他账户。

与当事人有关的其他账户包括:

(一)有资金往来的;

(二)资金存取人为相同人员或机构的;

(三)交易代理人为相同人员或机构的;

(四)有转托管或交叉指定关系的;

(五)有抵押关系的;

(六)受同一监管协议控制的;

(七)下挂同一个或多个股东账户的;

(八)属同一控制人控制的;

(九)调查部门通过调查认定的其他情况。

第四条 限制证券买卖措施包括:

(一)不得买入指定交易品种,但允许卖出;

(二)不得卖出指定交易品种,但允许买入;

(三)不得买入和卖出指定交易品种;

（四）不得办理转托管或撤销指定交易；

（五）调查部门认为应采取的其他限制措施。

第五条　调查部门限制证券买卖的时间不得超过三个月。案情复杂的，经批准可延长三个月。

第六条　调查部门实施本措施，应当制作《限制/解除限制证券买卖申请书》，经法律部门审核，报中国证监会主要负责人或者其授权的其他负责人批准。

第七条　《限制/解除限制证券买卖申请书》应当载明以下事项：

（一）案由；

（二）受限账户的基本情况；

（三）采取限制/解除限制措施的原因；

（四）采取限制/解除限制措施的法律依据；

（五）限制措施的主要内容，包括受限账户名称、代码、限制品种、限制方式和限制期限。

同时，应当附带下列材料：

（一）证明调查部门正在对被调查事件当事人的证券违法行为进行调查的材料；

（二）证明受限账户基本情况的材料；

（三）证明受限账户符合本办法第三条规定的材料；

（四）调查部门认为受限账户符合采取限制/解除限制措施的原因的证据。

《限制/解除限制证券买卖申请书》应当经调查部门主要负责人签字批准、加盖公章。

第八条　实施限制证券买卖措施，调查部门应当向证券交易所、证券登记结算公司、证券经营机构等协助实施限制证券买卖的机构发出《限制/解除限制证券买卖通知书》。

第九条　《限制/解除限制证券买卖通知书》应当载明以下事项：

（一）实施依据；

（二）受限账户；

（三）限制方式；

（四）限制品种；

（五）限制期限；

（六）协助执行单位。

第十条 协助实施限制证券买卖的机构应当按要求及时、有效地执行限制措施。限制期满,应及时解除。

第十一条 调查部门应将实施限制证券买卖措施的情况通知当事人或托管受限账户的证券经营机构。

当事人有权申请复议。复议期间,限制证券买卖措施不停止执行。

第十二条 限制期限届满前,需解除限制证券买卖措施的,经中国证监会主要负责人或者其授权的其他负责人批准,可予以解除。

第十三条 根据需要,有关部门可对限制证券买卖情况予以公告。

第十四条 协助实施限制证券买卖的机构未按要求及时、有效地执行限制措施,依有关法规追究责任。

第十五条 调查部门未按规定程序实施限制证券买卖措施的,将依法追究责任。

第十六条 本办法自公布之日起施行。

《首发企业现场检查规定》(中国证券监督管理委员会公告〔2021〕4号,自2021年1月29日起施行)

第一条 为规范首发企业现场检查行为,强化首发企业信息披露监管,督促中介机构归位尽责,保护投资者合法权益,根据《中华人民共和国证券法》《中华人民共和国公司法》《首次公开发行股票并上市管理办法》《科创板首次公开发行股票注册管理办法(试行)》《创业板首次公开发行股票注册管理办法(试行)》《存托凭证发行与交易管理办法(试行)》等,制定本规定。

第二条 本规定所称现场检查,是指针对申请在境内证券交易所(以下简称交易所)首次公开发行股票或存托凭证并上市的企业(以下简称检查对象),由中国证券监督管理委员会(以下简称中国证监会)及其派出机构和交易所作为检查机构,在检查对象的生产、经营、管理场所以及其他相关场所,采取一定方式对其信息披露质量及中介机构执业质量进行监督检查的行为。

第三条 检查对象和中介机构应当配合现场检查工作,保证提供的有关文件资料和接受问询时陈述的内容真实、准确、完整,不得拒绝、阻碍和隐瞒。

第四条 现场检查工作人员必须忠于职守,廉洁公正,遵守保密规定,确保现场检查独立、客观、公正、高效,不得干预检查对象正常的生产经营活动,不得利用职务便利牟取不正当利益。

第五条 检查对象确定包括问题导向和随机抽取两种方式。

第六条 问题导向的检查对象由中国证监会审核、注册部门或交易所审核部门(以下统称审核或注册部门)确定。在发行上市审核和注册阶段,首发企业存在与发行条件、上市条件和信息披露要求相关的重大疑问或异常,且未能提供合理解释、影响审核判断的,可以列为检查对象。

第七条 中国证券业协会依据相关规定随机抽取检查对象,检查对象确定后应当及时向社会公布相关信息。随机抽取的企业名单范围由中国证监会汇总提供的所有未经上市委会议审议或未经发审会审核且未参与过随机抽取的首发企业构成。

第八条 检查对象确定后,审核或注册部门应当在三个工作日内书面通知检查对象和中介机构,检查对象自收到书面通知后十个工作日内撤回首发申请的,原则上不再对该企业实施现场检查。在撤回申请后十二个月内再次申请境内首发上市的,应当列为检查对象。

第九条 针对问题导向的检查对象,检查机构应当结合重点存疑事项的性质和内容开展现场检查,可以围绕上述存疑事项对检查范围进行必要拓展;针对随机抽取的检查对象,检查机构应当重点围绕财务信息披露质量等事项开展现场检查。

第十条 中国证监会依法组织实施现场检查工作,现场检查时,检查组人员不得少于二人。必要时,可以聘请独立的外部专业人员从事辅助检查工作。检查组应加强对聘请的外部专业人员的管理,督促其履职尽责,遵守保密规定,并要求外部专业人员签订承诺书。

第十一条 检查对象及相关中介机构认为检查人员与其存在利害关系的,有权申请检查人员回避。检查人员与检查对象有利害关系的,应当回避。

对检查对象提出的回避申请,检查机构应当在三个工作日内以口头或者书面形式作出决定。

第十二条 启动现场检查前,检查机构应当至少提前五个工作日以书面形式告知检查对象,要求检查对象准备有关文件和资料,要求相关人员在场配合检查。

第十三条 检查人员进行现场检查时,应当出示合法证件和监督检查通知书。

第十四条 实施现场检查时,检查组可以根据需要采取以下检查方式:

(一)查看检查对象的生产、经营、管理场所及其他相关场所,获取有关工商等资料;

(二)获取有关资金流水,生产、销售、仓储记录,会计凭证,会计账簿,财务报表等文件资料;

(三)就主要业务循环和会计信息系统进行穿行测试;

(四)问询检查对象控股股东和实际控制人、董事、监事、高级管理人员以及销售、采购、生产、仓储、财务等相关人员;

(五)走访检查对象重要客户及供应商等有关单位和人员,核实相关信息;

(六)核查中介机构工作底稿,询问有关人员、进行现场取证等;

(七)检查组认为必要的其他方式。

第十五条 检查组应当重点围绕检查对象存在的相关问题对中介机构执业质量进行延伸检查,就中介机构履职尽责情况发表意见。

第十六条 检查组形成检查报告前,应当就现场检查中发现的主要问题及情况听取检查对象及中介机构的解释说明,检查对象及中介机构可以就相关问题提供书面说明材料及相关证据。

第十七条 审核或注册部门收到现场检查工作报告后应当就检查对象存在的信息披露质量问题,书面要求检查对象和中介机构进行补充说明、整改规范。

第十八条 根据检查对象存在信息披露问题的严重程度,交易所可以依据有关规定对检查对象及其控股股东、实际控制人和相关责任人员采取自律管理措施,中国证监会可以依据法律、行政法规、证监会规章对上述单位和个人采取行政监管措施、给予行政处罚。

第十九条 现场检查发现中介机构及相关执业人员未勤勉尽责、在执业质量等方面存在违法违规行为的,交易所可以依据有关规定对上述单位和个人采取自律管理措施,中国证监会可以依据法律、行政法规、证监会规章对上述单位和个人采取行政监管措施、给予行政处罚。

第二十条 检查对象、中介机构及其相关人员拒绝或阻碍现场检查的,由中国证监会依据有关规定处理。

第二十一条 检查人员实施现场检查过程中存在违法违规行为的,由中国证监会责令改正,依法给予行政处分,或由交易所依规给予纪律处分;构成犯罪的,依法移送司法机关追究刑事责任。

第二十二条　中国证监会和交易所对检查对象的检查结果并不表明对其信息披露真实性、准确性、完整性作出保证，也不代表对其投资价值的实质性判断。

第二十三条　本规定自公布之日起施行。《关于组织对首发企业信息披露质量进行抽查的通知》（发行监管函〔2014〕147号）同时废止。

相关规范性文件

《最高人民法院　最高人民检察院　公安部　中国证监会关于查询、冻结、扣划证券和证券交易结算资金有关问题的通知》（自2008年3月1日起实施）

一、人民法院、人民检察院、公安机关在办理案件过程中，按照法定权限需要通过证券登记结算机构或者证券公司查询、冻结、扣划证券和证券交易结算资金的，证券登记结算机构或者证券公司应当依法予以协助。

二、人民法院要求证券登记结算机构或者证券公司协助查询、冻结、扣划证券和证券交易结算资金，人民检察院、公安机关要求证券登记结算机构或者证券公司协助查询、冻结证券和证券交易结算资金时，有关执法人员应当依法出具相关证件和有效法律文书。

执法人员证件齐全、手续完备的，证券登记结算机构或者证券公司应当签收有关法律文书并协助办理有关事项。

拒绝签收人民法院生效法律文书的，可以留置送达。

三、人民法院、人民检察院、公安机关可以依法向证券登记结算机构查询客户和证券公司的证券账户、证券交收账户和资金交收账户内已完成清算交收程序的余额、余额变动、开户资料等内容。

人民法院、人民检察院、公安机关可以依法向证券公司查询客户的证券账户和资金账户、证券交收账户和资金交收账户内的余额、余额变动、证券及资金流向、开户资料等内容。

查询自然人账户的，应当提供自然人姓名和身份证件号码；查询法人账户的，应当提供法人名称和营业执照或者法人注册登记证书号码。

证券登记结算机构或者证券公司应当出具书面查询结果并加盖业务专用章。查询机关对查询结果有疑问时，证券登记结算机构、证券公司在必要时应当进行书面解释并加盖业务专用章。

四、人民法院、人民检察院、公安机关按照法定权限冻结、扣划相关证券、资金时,应当明确拟冻结、扣划证券、资金所在的账户名称、账户号码、冻结期限,所冻结、扣划证券的名称、数量或者资金的数额。扣划时,还应当明确拟划入的账户名称、账号。

冻结证券和交易结算资金时,应当明确冻结的范围是否及于孳息。

本通知规定的以证券登记结算机构名义建立的各类专门清算交收账户不得整体冻结。

五、证券登记结算机构依法按照业务规则收取并存放于专门清算交收账户内的下列证券,不得冻结、扣划:

(一)证券登记结算机构设立的证券集中交收账户、专用清偿账户、专用处置账户内的证券。

(二)证券公司(此处删掉六字)在证券登记结算机构开设的客户证券交收账户、自营证券交收账户和证券处置账户内的证券。

六、证券登记结算机构依法按照业务规则收取并存放于专门清算交收账户内的下列资金,不得冻结、扣划:

(一)证券登记结算机构设立的资金集中交收账户、专用清偿账户内的资金;

(二)证券登记结算机构依法收取的证券结算风险基金和结算互保金;

(三)证券登记结算机构在银行开设的结算备付金专用存款账户和新股发行验资专户内的资金,以及证券登记结算机构为新股发行网下申购配售对象开立的网下申购资金账户内的资金;

(四)证券公司在证券登记结算机构开设的客户资金交收账户内的资金;

(五)证券公司在证券登记结算机构开设的自营资金交收账户内最低限额自营结算备付金及根据成交结果确定的应付资金。

七、证券登记结算机构依法按照业务规则要求证券公司等结算参与人、投资者或者发行人提供的回购质押券、价差担保物、行权担保物、履约担保物等担保物,在交收完成之前,不得冻结、扣划。

八、证券公司在银行开立的自营资金账户内的资金可以冻结、扣划。

九、在证券公司托管的证券的冻结、扣划,既可以在托管的证券公司办理,也可以在证券登记结算机构办理。不同的执法机关同一交易日分别在证券公司、证券登记结算机构对同一笔证券办理冻结、扣划手续的，证券公司协助办理的为在先冻结、扣划。

冻结、扣划未在证券公司或者其他托管机构托管的证券或者证券公司自营证券的，由证券登记结算机构协助办理。

十、证券登记结算机构受理冻结、扣划要求后，应当在受理日对应的交收日交收程序完成后根据交收结果协助冻结、扣划。

证券公司受理冻结、扣划要求后，应当立即停止证券交易，冻结时已经下单但尚未撮合成功的应当采取撤单措施。冻结后，根据成交结果确定的用于交收的应付证券和应付资金可以进行正常交收。在交收程序完成后，对于剩余部分可以扣划。同时，证券公司应当根据成交结果计算出同等数额的应收资金或者应收证券交由执法机关冻结或者扣划。

十一、已被人民法院、人民检察院、公安机关冻结的证券或证券交易结算资金，其他人民法院、人民检察院、公安机关或者同一机关因不同案件可以进行轮候冻结。冻结解除的，登记在先的轮候冻结自动生效。

轮候冻结生效后，协助冻结的证券登记结算机构或者证券公司应当书面通知做出该轮候冻结的机关。

十二、冻结证券的期限不得超过二年，冻结交易结算资金的期限不得超过六个月。

需要延长冻结期限的，应当在冻结期限届满前办理续行冻结手续，每次续行冻结的期限不得超过前款规定的期限。

十三、不同的人民法院、人民检察院、公安机关对同一笔证券或者交易结算资金要求冻结、扣划或者轮候冻结时，证券登记结算机构或者证券公司应当按照送达协助冻结、扣划通知书的先后顺序办理协助事项。

十四、要求冻结、扣划的人民法院、人民检察院、公安机关之间，因冻结、扣划事项发生争议的，要求冻结、扣划的机关应当自行协商解决。协商不成的，由其共同上级机关决定；没有共同上级机关的，由其各自的上级机关协商解决。

在争议解决之前，协助冻结的证券登记结算机构或者证券公司应当按照争议机关所送达法律文书载明的最大标的范围对争议标的进行控制。

十五、依法应当予以协助而拒绝协助,或者向当事人通风报信,或者与当事人通谋转移、隐匿财产的,对有关的证券登记结算机构或者证券公司和直接责任人应当依法进行制裁。

十六、以前规定与本通知规定内容不一致的,以本通知为准。

十七、本通知中所规定的证券登记结算机构,是指中国证券登记结算有限责任公司及其分公司。

《最高人民法院关于证券监督管理机构申请人民法院冻结资金账户、证券账户的若干规定》(2005年4月29日起实施)

一、关于人民法院内部分工。人民法院,收到证券监督管理机构冻结资金账户、证券账户的申请,由立案庭登记后及时移交行政审判庭审查,由行政审判庭作出是否受理的裁定。人民法院裁定冻结资金账户、证券账户的,由行政审判庭执行。

二、关于费用的收取。人民法院受理申请冻结资金账户、证券账户案件,每件收取一万元以下受理费。冻结期满后需要继续冻结的,不再收取受理费。采取冻结措施的实际费用由申请人承担。

《中国证监会委托上海、深圳证券交易所实施案件调查试点工作规定》(证监会令第111号,自2015年1月9日起施行)

第一条 为了加强证券期货市场稽查执法力量,规范委托调查行为,维护公开、公平、公正的市场秩序,维护投资者特别是中小投资者合法权益,促进资本市场健康发展,根据《中华人民共和国证券法》、《中华人民共和国证券投资基金法》、《中华人民共和国行政处罚法》、《期货交易管理条例》等有关法律、行政法规,制定本规定。

第二条 中国证监会及其派出机构负责证券期货市场违法案件的调查工作,中国证监会依法委托上海、深圳证券交易所(以下简称交易所)实施部分案件的调查取证。

第三条 中国证监会委托交易所对部分涉嫌欺诈发行、内幕交易、操纵市场、虚假陈述等违法行为,实施调查取证;采用一事一委托的方式,委托交易所对涉嫌重大、新型、跨市场等特定违法行为,实施调查取证。

第四条 交易所在委托的范围内,应当以中国证监会的名义,依照《中华人民共和国证券法》、《中华人民共和国证券投资基金法》、《中华人民共和国行政处罚法》、《期货交易管理条例》等法律、行政法规和中国证监会相关规定实施案件调查；调查终结，将证据等案件材料移交中国证监会稽查执法部门或其指定的派出机构复核后，由中国证监会或其授权的派出机构依照法定程序对调查结果进行审查、作出决定。交易所受托实施案件调查，有权采取《中华人民共和国证券法》、《中华人民共和国证券投资基金法》、《期货交易管理条例》等法律、行政法规规定的措施，但需要采取查封、冻结、封存等与行政处罚权有关的行政强制措施的，应当报请中国证监会稽查执法部门依法办理。

第五条　交易所应当设立专门的部门从事受托案件调查，其工作人员经培训、考试考核合格，取得中国证监会统一颁发的行政执法证件后，方可上岗从事案件调查工作。

第六条　交易所应当自行完成受委托的案件调查事项，不得将受委托事项再委托给其他组织或者个人。

第七条　中国证监会依法对交易所及其工作人员实施案件调查进行监督和指导，并对委托行为的后果承担法律责任。

第八条　交易所未根据委托实施案件调查，或者超越委托范围、权限、期限实施案件调查的，中国证监会责令改正；情节严重的，撤销委托，并依法对直接负责的主管人员和其他直接责任人员给予行政处分。

交易所的工作人员执行案件调查任务，滥用职权、徇私舞弊、玩忽职守、泄露秘密，或者有违反法律、行政法规、中国证监会规定的其他情形，造成严重后果的，依法给予处分。

交易所或者其工作人员在受托实施案件调查时，因违法违规行为侵害被调查单位和个人的合法权益而造成损害的，依法承担赔偿责任；构成犯罪的，依法追究刑事责任。

第九条　本规定自2015年1月9日起施行。

第一百七十一条　【行政和解】国务院证券监督管理机构对涉嫌证券违法的单位或者个人进行调查期间，被调查的当事人书面申请，承诺在国务院证券监督管理机构认可的期限内纠正涉嫌违法行为，赔偿有关投资者损失，消除损害或者不良影响的，国务院证券监督管理机构可以决定中止调查。被调查的当事人履行承诺的，国务院证券监督管理机构可以决定终止调查；被调查的当事人未履行承诺或者有国务院规定的其他情形的，应当恢复调查。具体办法由国务院规定。

国务院证券监督管理机构决定中止或者终止调查的，应当按照规定公开相关信息。

第一百七十二条 【监督检查与调查】国务院证券监督管理机构依法履行职责,进行监督检查或者调查,其监督检查、调查的人员不得少于二人,并应当出示合法证件和监督检查、调查通知书或者其他执法文书。监督检查、调查的人员少于二人或者未出示合法证件和监督检查、调查通知书或者其他执法文书的,被检查、调查的单位和个人有权拒绝。

第一百七十三条 【被检查、调查的单位和个人的配合义务】国务院证券监督管理机构依法履行职责,被检查、调查的单位和个人应当配合,如实提供有关文件和资料,不得拒绝、阻碍和隐瞒。

第一百七十四条 【信息公开】国务院证券监督管理机构制定的规章、规则和监督管理工作制度应当依法公开。

国务院证券监督管理机构依据调查结果,对证券违法行为作出的处罚决定,应当公开。

第一百七十五条 【金融监管信息共享机制】国务院证券监督管理机构应当与国务院其他金融监督管理机构建立监督管理信息共享机制。

国务院证券监督管理机构依法履行职责,进行监督检查或者调查时,有关部门应当予以配合。

第一百七十六条 【奖励举报制】对涉嫌证券违法、违规行为,任何单位和个人有权向国务院证券监督管理机构举报。

对涉嫌重大违法、违规行为的实名举报线索经查证属实的,国务院证券监督管理机构按照规定给予举报人奖励。

国务院证券监督管理机构应当对举报人的身份信息保密。

第一百七十七条 【跨境监管合作】国务院证券监督管理机构可以和其他国家或者地区的证券监督管理机构建立监督管理合作机制,实施跨境监督管理。

境外证券监督管理机构不得在中华人民共和国境内直接进行调查取证等活动。未经国务院证券监督管理机构和国务院有关主管部门同意,任何单位和个人不得擅自向境外提供与证券业务活动有关的文件和资料。

第一百七十八条　【案件移送】国务院证券监督管理机构依法履行职责，发现证券违法行为涉嫌犯罪的，应当依法将案件移送司法机关处理；发现公职人员涉嫌职务违法或者职务犯罪的，应当依法移送监察机关处理。

第一百七十九条　【证券监管机构工作人员的义务】国务院证券监督管理机构工作人员必须忠于职守、依法办事、公正廉洁，不得利用职务便利牟取不正当利益，不得泄露所知悉的有关单位和个人的商业秘密。

国务院证券监督管理机构工作人员在任职期间，或者离职后在《中华人民共和国公务员法》规定的期限内，不得到与原工作业务直接相关的企业或者其他营利性组织任职，不得从事与原工作业务直接相关的营利性活动。

第十三章　法律责任

第一百八十条　【擅自公开或者变相公开发行证券的法律责任】违反本法第九条的规定，擅自公开或者变相公开发行证券的，责令停止发行，退还所募资金并加算银行同期存款利息，处以非法所募资金金额百分之五以上百分之五十以下的罚款；对擅自公开或者变相公开发行证券设立的公司，由依法履行监督管理职责的机构或者部门会同县级以上地方人民政府予以取缔。对直接负责的主管人员和其他直接责任人员给予警告，并处以五十万元以上五百万元以下的罚款。

第一百八十一条　【欺诈发行证券的法律责任】发行人在其公告的证券发行文件中隐瞒重要事实或者编造重大虚假内容，尚未发行证券的，处以二百万元以上二千万元以下的罚款；已经发行证券的，处以非法所募资金金额百分之十以上一倍以下的罚款。对直接负责的主管人员和其他直接责任人员，处以一百万元以上一千万元以下的罚款。

发行人的控股股东、实际控制人组织、指使从事前款违法行为的，没收违法所得，并处以违法所得百分之十以上一倍以下的罚款；没有违法所得或者违法所得不足二千万元的,处以二百万元以上二千万元以下的罚款。对直接负责的主管人员和其他直接责任人员,处以一百万元以上一千万元以下的罚款。

第一百八十二条　【保荐人虚假陈述的法律责任】保荐人出具有虚假记载、误导性陈述或者重大遗漏的保荐书,或者不履行其他法定职责的,责令改正,给予警告,没收业务收入,并处以业务收入一倍以上十倍以下的罚款;没有业务收入或者业务收入不足一百万元的,处以一百万元以上一千万元以下的罚款;情节严重的,并处暂停或者撤销保荐业务许可。对直接负责的主管人员和其他直接责任人员给予警告,并处以五十万元以上五百万元以下的罚款。

第一百八十三条　【违法承销的法律责任】证券公司承销或者销售擅自公开发行或者变相公开发行的证券的,责令停止承销或者销售,没收违法所得,并处以违法所得一倍以上十倍以下的罚款;没有违法所得或者违法所得不足一百万元的,处以一百万元以上一千万元以下的罚款;情节严重的,并处暂停或者撤销相关业务许可。给投资者造成损失的,应当与发行人承担连带赔偿责任。对直接负责的主管人员和其他直接责任人员给予警告,并处以五十万元以上五百万元以下的罚款。

第一百八十四条　【违法承销的法律责任】证券公司承销证券违反本法第二十九条规定的,责令改正,给予警告,没收违法所得,可以并处五十万元以上五百万元以下的罚款;情节严重的,暂停或者撤销相关业务许可。对直接负责的主管人员和其他直接责任人员给予警告,可以并处二十万元以上二百万元以下的罚款;情节严重的,并处以五十万元以上五百万元以下的罚款。

第一百八十五条　【擅自改变募集资金用途的法律责任】发行人违反本法第十四条、第十五条的规定擅自改变公开发行证券所募集资金的用途的,责令改正,处以五十万元以上五百万元以下的罚款;对直接负责的主管人员和其他直接责任人员给予警告,并处以十万元以上一百万元以下的罚款。

发行人的控股股东、实际控制人从事或者组织、指使从事前款违法行为的,给予警告,并处以五十万元以上五百万元以下的罚款;对直接负责的主管人员和其他直接责任人员，处以十万元以上一百万元以下的罚款。

第一百八十六条　【股票转让违规的法律责任】违反本法第三十六条的规定，在限制转让期内转让证券，或者转让股票不符合法律、行政法规和国务院证券监督管理机构规定的，责令改正，给予警告，没收违法所得，并处以买卖证券等值以下的罚款。

第一百八十七条　【违法持有、买卖证券的法律责任】法律、行政法规规定禁止参与股票交易的人员，违反本法第四十条的规定，直接或者以化名、借他人名义持有、买卖股票或者其他具有股权性质的证券的，责令依法处理非法持有的股票、其他具有股权性质的证券，没收违法所得，并处以买卖证券等值以下的罚款；属于国家工作人员的，还应当依法给予处分。

第一百八十八条　【证券服务机构及其从业人员违法买卖股票的法律责任】证券服务机构及其从业人员，违反本法第四十二条的规定买卖证券的，责令依法处理非法持有的证券，没收违法所得，并处以买卖证券等值以下的罚款。

第一百八十九条　【短线交易的法律责任】上市公司、股票在国务院批准的其他全国性证券交易场所交易的公司的董事、监事、高级管理人员、持有该公司百分之五以上股份的股东，违反本法第四十四条的规定，买卖该公司股票或者其他具有股权性质的证券的，给予警告，并处以十万元以上一百万元以下的罚款。

第一百九十条　【程序化交易违法的法律责任】违反本法第四十五条的规定，采取程序化交易影响证券交易所系统安全或者正常交易秩序的，责令改正，并处以五十万元以上五百万元以下的罚款。对直接负责的主管人员和其他直接责任人员给予警告，并处以十万元以上一百万元以下的罚款。

第一百九十一条　【内幕交易的法律责任】证券交易内幕信息的知情人或者非法获取内幕信息的人违反本法第五十三条的规定从事内幕交易的，责令依法处理非法持有的证券，没收违法所得，并处以违法所得一倍以上十倍以下的罚款；没有违法所得或者违法所得不足五十万元的,处以五十万元以上五百万元以下的罚款。单位从事内幕交易的,还应当对直接负责的主管人员和其他直接责任人员给予警告,并处以二十万元以上二百万元以下的罚款。国务院证券监督管理机构工作人员从事内幕交易的,从重处罚。

违反本法第五十四条的规定,利用未公开信息进行交易的,依照前款的规定处罚。

相关司法解释

《最高人民法院印发〈关于审理证券行政处罚案件证据若干问题的座谈会纪要〉的通知》(2011年7月13日)(法〔2011〕225号)

监管机构提供的证据能够证明以下情形之一,且被处罚人不能作出合理说明或者提供证据排除其存在利用内幕信息从事相关证券交易活动的,人民法院可以确认被诉处罚决定认定的内幕交易行为成立:(一)证券法第七十四条规定的证券交易内幕信息知情人,进行了与该内幕信息有关的证券交易活动;(二)证券法第七十四条规定的内幕信息知情人的配偶、父母、子女以及其他有密切关系的人,其证券交易活动与该内幕信息基本吻合;(三)因履行工作职责知悉上述内幕信息并进行了与该信息有关的证券交易活动;(四)非法获取内幕信息,并进行了与该内幕信息有关的证券交易活动;(五)内幕信息公开前与内幕信息知情人或知晓该内幕信息的人联络、接触,其证券交易活动与内幕信息高度吻合。

相关裁判摘要

"苏某鸿与中国证券监督管理委员会二审行政判决书"[北京市高级人民法院(2018)京行终445号]认为证监会在认定内幕信息知情人时未尽到全面、客观、公正的法定调查义务,中国证监会认定内幕信息知情人事实不清、证据不足。相关裁判摘要如下:

关于中国证监会认定殷某国为内幕信息知情人是否事实清楚的问题。苏某鸿认为,中国证监会在调查过程中,并未找到殷某国,核实清楚殷某国的身份信息,也未对殷某国的情况展开调查,认定殷某国属于内幕信息知情人事实不清,法律依据不明。中国证监会认为,其已穷尽各种手段调查收集证据,而且即使找到了相关人员,其不配合调查的情况也很常见,虽然作为涉案人员的殷某国一直未被找到,但其他涉案人员询问笔录以及有关会议记录证明,殷某国实际参与了资产注入事项的形成过程并知悉铜矿收购事项,为内幕信息知情人。

本院认为,先调查取证,后作出认定和处理,是行政执法的基本原则。行政程序启动后,调查收集证据并在证据基础上认定事实,是行政机关负有的法定义务。根据《中华人民共和国行政处罚法》第三十六条的规定,在行政处罚一般程序中,行政机关发现公民、法人或者其他组织有依法应当给予行政处罚的行为的,必须全面、客观、公正地调查,收集有关证据。结合行政执法实践,该规定的理解主要包含以下几层含义:一是行政机关调查收集证据必须全面,在内容上既包括对相对人有利的证据,也包括对相对人不利的证据,在范围上既要向涉嫌违法的相对人进行调查,也要向了解案件事实的直接当事人和利害关系人进行调查,特别是案件涉及的直接当事方,是案件事实的直接经历者,也是权利攸关方,理当成为行政调查不可或缺的对象。二是行政机关调查收集证据必须客观,避免主观随意性,遵循证据相互印证的规则,将调查来的直接证据和间接证据、直接当事方证言与其他了解案情的证人证言相互比对,提升据以认定事实的客观性。三是行政机关调查收集证据必须公正,即调查收集证据不存在偏私或武断,不仅要做到调查手段和程序合法,还应当以当事人看得见的方式实现全面客观调查收集证据的目标。当然,上述三个方面是行政处罚一般程序中调查收集证据的原则要求,并不排除行政机关在具体调查收集证据方法、时机和手段上享有一定的裁量空间,只要裁量没有超出必要限度,法院在审查行政处罚合法性时应当予以尊重。

本案中,中国证监会认定苏某鸿从事法律所禁止的内幕交易,其中殷某国为内幕信息知情人是关键的事实基础,应当做到证据扎实充分。按照前述行政处罚调查收集证据的法定要求,中国证监会在认定这一关键事实的时候,应当遵循全面、客观、公正的原则调查收集有关证明殷某国为内幕信息知情人的证据,即既调查收集有关"物"的证据,比如相关会议记录,又调查收集有关"人"的证据,比如涉案的利害关系人,在调查收集有关"人"的证据的时候,既要向知道殷某国是否参与内幕信息形成的其他人调查收集证据,也要向直接当事方的殷某国调查收集证据,以确保调查的全面性;既需要向内幕信息其他知情人调查了解内幕信息知情人范围以及殷某国是否属于内幕信息知情人,也需要直接向殷某国本人调查了解其在内幕信息形成和发展乃至传递过程中的情况,通过证据相互印证并排除矛盾来确保据以定案事实的客观性;在认定殷某国为内幕信息知情人且苏某鸿对此提出异议的情况下,既需要让殷某国参与调查程序并陈述其所知晓的事实,还需要将该调查程序和方式以殷某国以及受该认定影响的其他利害关系人看得见的方式展示出来,通过公开公平的程序确保调查的公正性。简而言之,中国证监会认定殷某国为内幕信息知情人,除了相关会议记录以及其他相关人员的证人证言外,还必须向殷某国本人进行调查询问,除非穷尽调查手段而客观上无法向殷某国本人进行调查了解。这就是说,虽然有关会议记录和其他涉案人员询问笔录均显示殷某国为内幕信息知情人,中国证监会还应当向作为直接当事人的殷某国进行调查了解,除非穷尽调查手段仍存在客观上无法调查的情况。至于调查的手段,一般情况下是向当事人发送调查或询问通知书,具体方式可以由中国证监会裁量;至于通知的方式,按照法律的规定和日常生活经验,可以在当事人的住所地、经常居住地或户籍所在地以及当事人的工作场所等地方向当事人进行送达,也可以根据实际情况使用电话、传真等便捷方式通知当事人接受调查或询问,并做好相应的证据留存工作。本案中,中国证监会认为需要向殷某国进行直接调查了解,实际上也为寻找殷某国接受调查采取了一定的实际行动,比如通过电话方式联系殷某国,还试图到殷某国可能从业的单位进行调查了解,但是,中国证监会的这些努力尚不构成穷尽调查方法和手段,也不能根据这些努力得出客观上存在无法向殷某国进行调查了解的情况。这是因为,中国证监会寻找殷某国的相关场所,只是殷某国可能从业的单位,并不是确定的实际可以通知到殷某国的地址,而且看不出中国证监会曾到殷某国住所地、经常居住地或户籍所在地等地方进行必要的调查了解。即使是便捷通知方式,在案证据显示,中国证监会联系殷某国的方式也并不全面,电话联络中遗漏掉了“139××××××××”号码,且遗漏掉的该号码恰恰是苏某鸿接受询问时强调的殷某国联系方式,也是中国证监会调查人员重点询问的殷某国联系方式,更是中国证监会认定苏某鸿与殷某国存在数十次电话和短信联络的手机号码。执法中存在的上述疏漏,说明中国证监会对殷某国的调查询问并没有穷尽必要的调查方式和手段,直接导致其认定殷某国为内幕信息知情人的证据,因未向本人调查了解而不全面、因其他证据未能与本人陈述相互印证并排除矛盾而导致事实在客观性上存疑、因未让当事人本人参与内幕信息知情人的认定并将该过程以当事人看得见的方式展示出来而使得公正性打了折扣。据此,本院确认中国证监会在认定殷某国为内幕信息知情人时未尽到全面、客观、公正的法定调查义务,中国证监会认定殷某国为内幕信息知情人事实不清、证据不足。苏某鸿对该问题的主张成立,本院予以支持。

对于中国证监会认为是否向殷某国本人进行调查了解属于其执法裁量范围的主张,本院认为,殷某国系中国证监会认定的内幕信息知情人,在认定苏某鸿内幕交易中起着关键的"联接点"作用,依法应当纳入调查范围,中国证监会在开展调查的方式、程序和手段上存在一定的裁量空间,但在是否对殷某国进行调查了解的问题上不存在裁量的空间,因此对中国证监会的该项主张,本院不予采纳。中国证监会还认为,即使找到了殷某国,其也可能不配合调查。本院认为,这是一个基于假设的主张,本身不足为据。而且,进一步来说,中国证监会在调查过程中所需要做的是把法定调查义务履行到位,对应当开展调查的当事人穷尽调查方式和手段,无论如何,法定调查义务的履行都不是以被调查人配合为前提的,更不能以被调查人可能不配合调查为由怠于履行法定调查职责。因此,对中国证监会的该项意见,本院不予采纳。

关于中国证监会认定苏某鸿构成内幕交易是否正确的问题。

苏某鸿认为,其买入威华股票具有合理理由和依据,交易时间与中国证监会认定的内幕信息形成没有高度吻合的特征,且中国证监会的认定反复摇摆,在行政处罚事先告知及被诉复议决定中对于内幕交易的认定皆为"较为吻合",与被诉处罚决定中认定的"高度吻合"不同。中国证监会认为,内幕信息敏感期内,苏某鸿与殷某国有过多次联络,且苏某鸿交易威华股份的时点与资产注入事项的进展情况高度吻合,交易行为异常,且没有为此交易行为提供充分有说服力的解释,应当推定构成内幕交易。

双方当事人的这个争议,主要涉及推定的适用条件问题,具体又分为推定的基础事实是否清楚以及基础事实是否达到相应的证明标准问题。对于推定适用空间以及本案中推定的基础事实是否清楚问题。正如一审判决所述,隐蔽性是内幕交易的突出特点,如果要求行政执法机关必须掌握内幕交易的直接证据才能认定违法事实,可能导致行政执法机关难以对内幕交易行为实施有效的行政监管。因此,在内幕交易的行政处罚案件中,如果基于现有证据已经足以推定交易行为是基于获知内幕信息而实施的,即可以认定当事人存在内幕交易行为,除非当事人能作出合理说明或提供证据排除其存在利用内幕信息从事相关证券交易活动。这项认识,也反映在最高人民法院《关于审理证券行政处罚案件证据若干问题的座谈会纪要》中,该纪要第一部分“关于证券行政处罚案件的举证问题”明确,人民法院在审理证券内幕交易行政处罚案件时,应当考虑到该类案件违法行为的特殊性,由监管机构承担主要违法事实证明责任,通过推定的方式适当向原告转移部分特定事实的证明责任。在证据法上,推定是根据严密的逻辑推理和日常生活经验,从已知事实推断未知事实存在的证明规则。根据该规则,行政机关一旦查明某一事实,即可直接认定另一事实,主张推定的行政机关对据以推定的基础事实承担举证责任,反驳推定的相对人对基础事实和推定事实的不成立承担举证责任。本案中,中国证监会认为苏某鸿与内幕信息知情人殷某国在内幕信息敏感期内有过多次联络,且苏某鸿交易威华股份的时点与资产注入事项的进展情况高度吻合,且没有为此交易行为提供充分有说服力的解释,应当推定构成内幕交易。这里,苏某鸿在内幕信息敏感期内与内幕信息知情人殷某国多次联络接触且苏某鸿证券交易活动与内幕信息进展情况高度吻合属于基础事实,苏某鸿的证券交易活动构成内幕交易属于推定事实。中国证监会需要对基础事实承担举证责任,苏某鸿则对推翻基础事实和推定事实承担举证责任,前者是后者的前提和基础,只有中国证监会认定的基础事实成立,才需要苏某鸿承担后续举证责任。在基础事实中,殷某国为内幕信息知情人的事实是其重要组成部分,而根据前述第二个焦点问题的分析,中国证监会对该事实的认定构成事实不清,因而导致推定的基础事实不清。在此情况下,中国证监会对苏某鸿证券交易活动构成内幕交易的推定亦不成立。

对于据以推定的基础事实是否达到相应证明标准问题。本院尽管已认定中国证监会推定苏某鸿构成内幕交易的基础事实存在事实不清问题,但对于双方当事人在本案中围绕基础事实应达到的证明标准问题的争议,仍有必要予以回应。证明标准,是法律上运用证据证明待证事实所要达到的程度要求。其重要价值之一,在于为衡量负有举证责任的一方当事人是否切实尽到举证责任提供判断标准,如果对主张的事实的证明没有达到法定的证明标准,其诉讼主张就不能成立。行政诉讼调整的对象和范围具有多样性和广泛性,不同类型行政行为的性质以及对当事人权利义务的影响程度不同,因而理论上一般认为,行政诉讼证明标准具有灵活性、中间性和层次性,需要根据具体案件情况,在排除合理怀疑的上限标准与合理可能性的下限标准之间合理确定个案中所适用的证明标准。具体到内幕交易行政处罚领域,证券监管机关应依法对被诉处罚决定的合法性承担举证责任,只是考虑到内幕交易案件在调查上的特殊性,才为证券监管机关适用推定认定事实提供一定的空间和可能,但即便如此,也要考虑到内幕交易行政处罚往往对当事人合法权益产生巨大影响,在推定的适用标准上应当秉持审慎原则,尤其是对据以推定的基础事实的证明标准,要求也应当更高。正因为此,最高人民法院《关于审理证券行政处罚案件证据若干问题的座谈会纪要》第五部分"关于内幕交易行为的认定问题"明确,当事人在内幕信息公开前与内幕信息知情人联络接触,其证券交易活动与内幕信息高度吻合,且被处罚人不能作出合理说明或者提供证据排除其存在利用内幕信息从事相关证券交易活动的,人民法院可以确认被诉处罚决定认定的内幕交易行为成立。这里"高度吻合"的标准,就是证券监管机关对据以推定的基础事实所要达到的证明程度要求,也与内幕交易行为性质以及对相对人权利义务影响程度相适应。本案中,被诉处罚决定认为苏某鸿与殷某国接触联络且交易威华股份的时点与内幕信息的进展情况高度吻合,且苏某鸿不能提供充分而有说服力的解释,据此推定苏某鸿构成内幕交易,被诉复议决定则认为苏某鸿买入威华股份的交易时点与内幕信息的形成过程较为吻合,且苏某鸿不能合理说明其在内幕信息公开前买入威华股份的原因,据此维持被诉处罚决定。显然,被诉处罚决定和被诉复议决定在推定构成内幕交易的基础事实的证明程度上适用了不同的标准,前者适用的是"高度吻合"标准,后者适用的是"较为吻合"标准。而对于如何看待被诉处罚决定和被诉复议决定之间不一致的关系问题。最高人民法院《关于适用〈中华人民共和国行政诉讼法〉的若干意见》第一百三十五条规定,复议机关决定维持原行政行为的,人民法院应当在审查原行政行为合法性的同时,一并审查复议决定的合法性;作出原行政行为的行政机关和复议机关对原行政行为合法性共同承担举证责任,可以由其中一个机关实施举证行为,复议机关对复议决定的合法性承担举证责任;复议机关作共同被告的案件,复议机关在复议程序中依法收集和补充的证据,可以作为人民法院认定复议决定和原行政行为合法的依据。由此可见,现行行政诉讼制度改变了过去将原行政行为和复议维持决定作为两个完全独立的行政行为来对待的模式,而是将复议维持决定与原行政行为作为一个整体来认识和把握,复议机关可以修正和补充原行政行为的事实和法律状态,经过修正或补充后,原行政行为已不再是原来作出时的状态,而是以复议决定修正和补充后的形式体现出来的原行政行为。因此,本案中,被诉处罚决定中的"高度吻合"已为被诉复议决定中的"较为吻合"所修正,且该修正与在案证据显示的内幕信息形成发展与相关交易活动进行的案件事实基本一致,据此可以认定,被诉处罚决定据以推定苏某鸿存在内幕交易的基础事实没有达到"高度吻合"的证明标准。

综合上述分析,被诉处罚决定认定苏某鸿构成内幕交易事实不清,被诉复议决定维持被诉处罚决定错误,本院应当一并纠正。

第一百九十二条 【操纵市场与利用未公开信息交易的法律责任】 违反本法第五十五条的规定,操纵证券市场的,责令依法处理其非法持有的证券,没收违法所得,并处以违法所得一倍以上十倍以下的罚款;没有违法所得或者违法所得不足一百万元的,处以一百万元以上一千万元以下的罚款。单位操纵证券市场的,还应当对直接负责的主管人员和其他直接责任人员给予警告,并处以五十万元以上五百万元以下的罚款。

第一百九十三条 【编造、传播虚假信息的法律责任】 违反本法第五十六条第一款、第三款的规定,编造、传播虚假信息或者误导性信息,扰乱证券市场的,没收违法所得,并处以违法所得一倍以上十倍以下的罚款;没有违法所得或者违法所得不足二十万元的,处以二十万元以上二百万元以下的罚款。

违反本法第五十六条第二款的规定,在证券交易活动中作出虚假陈述或者信息误导的,责令改正,处以二十万元以上二百万元以下的罚款;属于国家工作人员的,还应当依法给予处分。

传播媒介及其从事证券市场信息报道的工作人员违反本法第五十六条第三款的规定,从事与其工作职责发生利益冲突的证券买卖的,没收违法所得,并处以买卖证券等值以下的罚款。

第一百九十四条 【证券公司损害客户利益的法律责任】 证券公

司及其从业人员违反本法第五十七条的规定，有损害客户利益的行为的，给予警告，没收违法所得，并处以违法所得一倍以上十倍以下的罚款；没有违法所得或者违法所得不足十万元的，处以十万元以上一百万元以下的罚款；情节严重的，暂停或者撤销相关业务许可。

相关裁判摘要

2001 年第 5 期《中华人民共和国最高人民法院公报》刊登的**"王某武诉云集路证券营业部股票纠纷案"**的判决认为，证券公司在经办代理业务的过程中违规操作，违背客户委托，应承担赔偿责任。相关裁判摘要如下：

华夏证券有限公司武汉分公司宜昌云集路营业路（以下简称云集路营业部）作为王某武的指定代理商，负有保障王某武账户股票及资金安全的义务。云集路营业部在经办代理业务的过程中违规操作，未经严格审查并履行相关手续，对王某武账户轻率办理精密、大额取款预约及取款业务，致王某武账户股票被卖、资金被取走，在没有充分证据证实"是王某武所为"或"是王某武委托他人所为"的情况下，应当赔偿王某武被取走的资金，并按同期银行存款利率年息 2.25%承担利息损失。同时，对王某武因处理该纠纷的误工费及相关差旅费损失，云集路营业部也应酌情赔偿。

第一百九十五条 【出借或借用证券账户的法律责任】违反本法第五十八条的规定，出借自己的证券账户或者借用他人的证券账户从事证券交易的，责令改正，给予警告，可以处五十万元以下的罚款。

第一百九十六条 【违法收购上市公司的法律责任】收购人未按照本法规定履行上市公司收购的公告、发出收购要约义务的，责令改正，给予警告，并处以五十万元以上五百万元以下的罚款。对直接负责的主管人员和其他直接责任人员给予警告，并处以二十万元以上二百万元以下的罚款。

收购人及其控股股东、实际控制人利用上市公司收购，给被收购公司及其股东造成损失的，应当依法承担赔偿责任。

第一百九十七条 【信息披露违法的法律责任】信息披露义务人未按照本法规定报送有关报告或者履行信息披露义务的，责令改正，给予警告,并处以五十万元以上五百万元以下的罚款;对直接负责的主管人员和其他直接责任人员给予警告,并处以二十万元以上二百万元以下的罚款。发行人的控股股东、实际控制人组织、指使从事上述违法行为,或者隐瞒相关事项导致发生上述情形的,处以五十万元以上五百万元以下的罚款;对直接负责的主管人员和其他直接责任人员,处以二十万元以上二百万元以下的罚款。

信息披露义务人报送的报告或者披露的信息有虚假记载、误导性陈述或者重大遗漏的,责令改正,给予警告,并处以一百万元以上一千万元以下的罚款;对直接负责的主管人员和其他直接责任人员给予警告,并处以五十万元以上五百万元以下的罚款。发行人的控股股东、实际控制人组织、指使从事上述违法行为,或者隐瞒相关事项导致发生上述情形的,处以一百万元以上一千万元以下的罚款;对直接负责的主管人员和其他直接责任人员,处以五十万元以上五百万元以下的罚款。

相关行政处罚决定书摘要

"中国证券监督管理委员会广东监管局行政处罚决定书"(〔2021〕8号)认为,虽然披露行为及涉及的相关行为均发生于新《证券法》之前,但其信息披露后一直未予更正,社会危害性一直存在,该信息披露违法行为处于继续状态,因此,可以适用新《证券法》进行处罚。相关行政处罚决定书摘要如下:

虽然2018年年报的披露及涉及的相关行为均发生于新《证券法》之前,但其信息披露后一直未予更正,社会危害性一直存在,广东榕泰2018年年报信息披露违法行为处于继续状态;另一方面,广东榕泰系基于"掩盖应收账款被全额计提减值准备风险"及"隐瞒关联交易"的违法故意,连续在2018年年报、2019年年报编制中分别独立实施虚增利润及未如实披露关联关系、关联交易的信息披露违法行为,该信息披露违法行为具有连续性。广东榕泰上述信息披露违法行为均在新《证券法》施行之后才终止,适用新《证券法》进行认定并无不妥。

综上,根据当事人违法行为的事实、性质、情节与社会危害程度,依据《证券法》第一百九十七条的规定,我局决定:

一、对广东榕泰责令改正,给予警告,并处以300万元罚款,其中对广东榕泰未按照规定报送年度报告的行为,责令改正,给予警告,并处以50万元罚款;对广东榕泰披露的信息有虚假记载的行为,责令改正,给予警告,并处以250万元罚款。

二、对杨某生给予警告,并处以330万元罚款,其中对其作为广东榕泰未按照规定报送年度报告的直接负责的主管人员,给予警告,并处以30万元罚款;对其作为广东榕泰披露的信息有虚假记载的直接负责的主管人员,给予警告,并处以200万元罚款;对其作为广东榕泰披露的信息有虚假记载的实际控制人,处以100万元罚款。

三、对郑某佳给予警告,并处以160万元罚款,其中对其作为广东榕泰未按照规定报送年度报告的直接负责的主管人员,给予警告,并处以20万元罚款;对其作为广东榕泰披露的信息有虚假记载的直接负责的主管人员,给予警告,并处以140万元罚款。

四、对朱某鹏给予警告,并处以80万元罚款。

五、对林某雄、杨某给予警告,并分别处以75万元罚款。

六、对罗某雄、林某金给予警告,并分别处以55万元罚款。

七、对高某鹏、冯某升、陈某挟、郑某彬、杨某静、陈某扬给予警告,并分别处以50万元罚款。

八、对徐某旭给予警告,并处以20万元罚款。

第一百九十八条 【投资者适当性管理违法的法律责任】证券公司违反本法第八十八条的规定未履行或者未按照规定履行投资者适当性管理义务的,责令改正,给予警告,并处以十万元以上一百万元以下的罚款。对直接负责的主管人员和其他直接责任人员给予警告,并处以二十万元以下的罚款。

第一百九十九条 【违法征集股东权利的法律责任】违反本法第九十条的规定征集股东权利的,责令改正,给予警告,可以处五十万元以下的罚款。

第二百条 【非法开设证券交易场所的法律责任】非法开设证券交易场所的,由县级以上人民政府予以取缔,没收违法所得,并处以违法所得一倍以上十倍以下的罚款;没有违法所得或者违法所得不足一百万元的,处以一百万元以上一千万元以下的罚款。对直接负责的主管人员和其他直接责任人员给予警告,并处以二十万元以上二百万元以下的罚款。

证券交易所违反本法第一百零五条的规定,允许非会员直接参与股票的集中交易的,责令改正,可以并处五十万元以下的罚款。

第二百零一条 【证券账户违法的法律责任】证券公司违反本法第一百零七条第一款的规定,未对投资者开立账户提供的身份信息进行核对的,责令改正,给予警告,并处以五万元以上五十万元以下的罚款。对直接负责的主管人员和其他直接责任人员给予警告,并处以十万元以下的罚款。

证券公司违反本法第一百零七条第二款的规定,将投资者的账户提供给他人使用的,责令改正,给予警告,并处以十万元以上一百万元以下的罚款。对直接负责的主管人员和其他直接责任人员给予警告,并处以二十万元以下的罚款。

第二百零二条 【擅自设立证券公司、非法经营证券业务的法律责任】违反本法第一百一十八条、第一百二十条第一款、第四款的规定,擅自设立证券公司、非法经营证券业务或者未经批准以证券公司名义开展证券业务活动的,责令改正,没收违法所得,并处以违法所得一倍以上十倍以下的罚款;没有违法所得或者违法所得不足一百万元的,处以一百万元以上一千万元以下的罚款。对直接负责的主管人员和其他直接责任人员给予警告,并处以二十万元以上二百万元以下的罚款。对擅自设立的证券公司,由国务院证券监督管理机构予以取缔。

证券公司违反本法第一百二十条第五款规定提供证券融资融券服务的,没收违法所得,并处以融资融券等值以下的罚款;情节严重的,禁止其在一定期限内从事证券融资融券业务。对直接负责的主管人员和其他直接责任人员给予警告,并处以二十万元以上二百万元以下的罚款。

第二百零三条 【骗取许可、核准的法律责任】提交虚假证明文件或者采取其他欺诈手段骗取证券公司设立许可、业务许可或者重大事项变更核准的,撤销相关许可,并处以一百万元以上一千万元以下的罚款。对直接负责的主管人员和其他直接责任人员给予警告,并处以二十万元以上二百万元以下的罚款。

第二百零四条 【证券公司重大事项违法的法律责任】证券公司违反本法第一百二十二条的规定,未经核准变更证券业务范围,变更主要股东或者公司的实际控制人,合并、分立、停业、解散、破产的,责令改正,给予警告,没收违法所得,并处以违法所得一倍以上十倍以下的罚款;没有违法所得或者违法所得不足五十万元的,处以五十万元以上五百万元以下的罚款;情节严重的,并处撤销相关业务许可。对直接负责的主管人员和其他直接责任人员给予警告,并处以二十万元以上二百万元以下的罚款。

第二百零五条 【证券公司违法提供融资或者担保的法律责任】证券公司违反本法第一百二十三条第二款的规定,为其股东或者股东的关联人提供融资或者担保的,责令改正,给予警告,并处以五十万元以上五百万元以下的罚款。对直接负责的主管人员和其他直接责任人员给予警告,并处以十万元以上一百万元以下的罚款。股东有过错的,在按照要求改正前,国务院证券监督管理机构可以限制其股东权利;拒不改正的,可以责令其转让所持证券公司股权。

第二百零六条 【防火墙违法的法律责任】证券公司违反本法第一百二十八条的规定,未采取有效隔离措施防范利益冲突,或者未分开办理相关业务、混合操作的,责令改正,给予警告,没收违法所得,并处以违法所得一倍以上十倍以下的罚款;没有违法所得或者违法所得不足五十万元的,处以五十万元以上五百万元以下的罚款;情节严重的,并处撤销相关业务许可。对直接负责的主管人员和其他直接责任人员给予警告,并处以二十万元以上二百万元以下的罚款。

第二百零七条 【证券自营业务违法的法律责任】证券公司违反本法第一百二十九条的规定从事证券自营业务的,责令改正,给予警告,没收违法所得,并处以违法所得一倍以上十倍以下的罚款;没有违法所得或者违法所得不足五十万元的,处以五十万元以上五百万元以下的罚款;情节严重的,并处撤销相关业务许可或者责令关闭。对直接负责的主管人员和其他直接责任人员给予警告,并处以二十万元以上二百万元以下的罚款。

第二百零八条 【挪用客户的资金和证券的法律责任】违反本法第一百三十一条的规定,将客户的资金和证券归入自有财产,或者挪用客户的资金和证券的,责令改正,给予警告,没收违法所得,并处以违法所得一倍以上十倍以下的罚款;没有违法所得或者违法所得不足一百万元的,处以一百万元以上一千万元以下的罚款;情节严重的,并处撤销相关业务许可或者责令关闭。对直接负责的主管人员和其他直接责任人员给予警告,并处以五十万元以上五百万元以下的罚款。

第二百零九条 【经纪业务违法的法律责任】证券公司违反本法第一百三十四条第一款的规定接受客户的全权委托买卖证券的,或者违反本法第一百三十五条的规定对客户的收益或者赔偿客户的损失作出承诺的,责令改正,给予警告,没收违法所得,并处以违法所得一倍以上十倍以下的罚款;没有违法所得或者违法所得不足五十万元的,处以五十万元以上五百万元以下的罚款;情节严重的,并处撤销相关业务许可。对直接负责的主管人员和其他直接责任人员给予警告,并处以二十万元以上二百万元以下的罚款。

证券公司违反本法第一百三十四条第二款的规定,允许他人以证券公司的名义直接参与证券的集中交易的,责令改正,可以并处五十万元以下的罚款。

第二百一十条 【私下接受客户委托买卖证券的法律责任】证券公司的从业人员违反本法第一百三十六条的规定,私下接受客户委托买卖证券的,责令改正,给予警告,没收违法所得,并处以违法所得一倍以上十倍以下的罚款;没有违法所得的,处以五十万元以下的罚款。

第二百一十一条 【报送信息违法的法律责任】证券公司及其主要股东、实际控制人违反本法第一百三十八条的规定,未报送、提供信息和资料,或者报送、提供的信息和资料有虚假记载、误导性陈述或者重大遗漏的,责令改正,给予警告,并处以一百万元以下的罚款;情节严重的,并处撤销相关业务许可。对直接负责的主管人员和其他直接责任人员,给予警告,并处以五十万元以下的罚款。

第二百一十二条 【擅自设立证券登记结算机构的法律责任】违反本法第一百四十五条的规定,擅自设立证券登记结算机构的,由国务院证券监督管理机构予以取缔,没收违法所得,并处以违法所得一倍以上十倍以下的罚款;没有违法所得或者违法所得不足五十万元的,处以五十万元以上五百万元以下的罚款。对直接负责的主管人员和其他直接责任人员给予警告,并处以二十万元以上二百万元以下的罚款。

第二百一十三条 【证券服务机构违法的法律责任】 证券投资咨询机构违反本法第一百六十条第二款的规定擅自从事证券服务业务,或者从事证券服务业务有本法第一百六十一条规定行为的,责令改正,没收违法所得,并处以违法所得一倍以上十倍以下的罚款;没有违法所得或者违法所得不足五十万元的,处以五十万元以上五百万元以下的罚款。对直接负责的主管人员和其他直接责任人员,给予警告,并处以二十万元以上二百万元以下的罚款。

会计师事务所、律师事务所以及从事资产评估、资信评级、财务顾问、信息技术系统服务的机构违反本法第一百六十条第二款的规定,从事证券服务业务未报备案的,责令改正,可以处二十万元以下的罚款。

证券服务机构违反本法第一百六十三条的规定,未勤勉尽责,所制作、出具的文件有虚假记载、误导性陈述或者重大遗漏的,责令改正,没收业务收入,并处以业务收入一倍以上十倍以下的罚款,没有业务收入或者业务收入不足五十万元的,处以五十万元以上五百万元以下的罚款;情节严重的,并处暂停或者禁止从事证券服务业务。对直接负责的主管人员和其他直接责任人员给予警告,并处以二十万元以上二百万元以下的罚款。

相关行政处罚决定书摘要

“中国证券监督管理委员会北京监管局行政处罚决定书(上海证券通投资资讯科技有限公司北京分公司)”(〔2019〕4号)

经查明,上海证券通投资资讯科技有限公司北京分公司(以下简称上海证券通北京分公司)在开展证券投资咨询业务时,多名员工使用工作手机,通过微信聊天、朋友圈、群发助手等方式,向投资人承诺收益,发送虚假或者误导投资者的信息,具体内容包括:“一日游,收益稳稳地,一天三五点一个月60% -150%不是梦”“不求翻倍,只寻60%保底收益”“预期60%,肯定没问题”“抢到就是60%以上的收益”“本次收益预计50%以上,买到就是赚到”“最后三天时间,锁仓保底收益60%+1(预计翻倍)”“一旦跟上带您称霸股市”“投票的客户下周早盘股票直接通过微信发给您,会有涨停股票哦”“一天一个板不是吹出来的”“你还在等什么,加入就是涨停”等。我局认为,上海证券通北京分公司向投资人承诺收益,传播虚假或误导投资者信息的行为违反了《证券、期货投资咨询管理暂行办法》《证券法》的规定。

当事人及其代理人在听证和陈述申辩材料中提出:“向投资人承诺收益,发送虚假或误导投资者的信息”系上海证券通北京分公司员工个人行为。经复核,我局认为:向投资人承诺收益、传播虚假或误导投资者信息的行为系公司行为。一是上海证券通北京分公司员工以公司名义对外开展业务,其行为及相关法律责任应由公司承担。二是上海证券通北京分公司为员工统一配备工作手机并统一申请微信号码,而且规定员工上班时间不能使用私人手机,不能将工作手机带离公司,本案相关信息系上海证券通北京分公司员工在工作场所、工作时间发送。三是本案相关信息中的营销话术内容高度相似,模式高度统一,组织行为特征明显。

根据当事人上述违法行为的事实、性质、情节与社会危害程度,依据《证券法》的规定,我局决定:对上海证券通北京分公司向投资人承诺收益、传播虚假或误导投资者信息的行为,责令改正,并处以30万元罚款。

第二百一十四条　【资料保存违法的法律责任】发行人、证券登记结算机构、证券公司、证券服务机构未按照规定保存有关文件和资料的,责令改正,给予警告,并处以十万元以上一百万元以下的罚款;泄露、隐匿、伪造、篡改或者毁损有关文件和资料的,给予警告,并处以二十万元以上二百万元以下的罚款;情节严重的,处以五十万元以上五百万元以下的罚款,并处暂停、撤销相关业务许可或者禁止从事相关业务。对直接负责的主管人员和其他直接责任人员给予警告,并处以十万元以上一百万元以下的罚款。

第二百一十五条　【证券市场诚信档案】国务院证券监督管理机构依法将有关市场主体遵守本法的情况纳入证券市场诚信档案。

相关行政规章

《证券期货市场诚信监督管理办法》(中国证券监督管理委员会令第166号,自2020年3月20日起施行)(2017年11月2日中国证券监督管理委员会2017年第7次主席办公会议审议通过,根据2020年3月20日中国证券监督管理委员会《关于修改部分证券期货规章的决定》修正)

第一章 总 则

第一条 为了加强证券期货市场诚信建设,保护投资者合法权益,维护证券期货市场秩序,促进证券期货市场健康稳定发展,根据《证券法》等法律、行政法规,制定本办法。

第二条 中国证券监督管理委员会(以下简称中国证监会)建立全国统一的证券期货市场诚信档案数据库(以下简称诚信档案),记录证券期货市场诚信信息。

第三条 记入诚信档案的诚信信息的界定、采集与管理,诚信信息的公开、查询,诚信约束、激励与引导等,适用本办法。

第四条 公民(自然人)、法人或者其他组织从事证券期货市场活动,应当诚实信用,遵守法律、行政法规、规章和依法制定的自律规则,禁止欺诈、内幕交易、操纵市场以及其他损害投资者合法权益的不诚实信用行为。

第五条 中国证监会鼓励、支持诚实信用的公民、法人或者其他组织从事证券期货市场活动,实施诚信约束、激励与引导。

第六条 中国证监会可以和国务院其他部门、地方人民政府、国家司法机关、行业组织、境外证券期货监管机构建立诚信监管合作机制,实施诚信信息共享,推动健全社会信用体系。

第二章 诚信信息的采集和管理

第七条 下列从事证券期货市场活动的公民、法人或者其他组织的诚信信息,记入诚信档案:

(一)证券业从业人员、期货从业人员和基金从业人员;

(二)证券期货市场投资者、交易者;

(三)证券发行人、上市公司、全国中小企业股份转让系统挂牌公司、区域性股权市场挂牌转让证券的企业及其董事、监事、高级管理人员、主要股东、实际控制人;

(四)区域性股权市场的运营机构及其董事、监事和高级管理人员,为区域性股权市场办理账户开立、资金存放、登记结算等业务的机构;

(五)证券公司、期货公司、基金管理人、债券受托管理人、债券发行担保人及其董事、监事、高级管理人员、主要股东和实际控制人或者执行事务合伙人,合格境外机构投资者、合格境内机构投资者及其主要投资管理人员,境外证券类机构驻华代表机构及其总代表、首席代表;

(六)会计师事务所、律师事务所、保荐机构、财务顾问机构、资产评估机构、投资咨询机构、信用评级机构、基金服务机构、期货合约交割仓库以及期货合约标的物质量检验检疫机构等证券期货服务机构及其相关从业人员;

(七)为证券期货业务提供存管、托管业务的商业银行或者其他金融机构,及其存管、托管部门的高级管理人员;

(八)为证券期货业提供信息技术服务或者软硬件产品的供应商;

(九)为发行人、上市公司、全国中小企业股份转让系统挂牌公司提供投资者关系管理及其他公关服务的服务机构及其人员;

(十)证券期货传播媒介机构、人员;

(十一)以不正当手段干扰中国证监会及其派出机构监管执法工作的人员;

(十二)其他有与证券期货市场活动相关的违法失信行为的公民、法人或者其他组织。

第八条 本办法所称诚信信息包括:

(一)公民的姓名、性别、国籍、身份证件号码,法人或者其他组织的名称、住所、统一社会信用代码等基本信息;

(二)中国证监会、国务院其他主管部门等其他省部级及以上单位和证券期货交易场所、证券期货市场行业协会、证券登记结算机构等全国性证券期货市场行业组织(以下简称证券期货市场行业组织)作出的表彰、奖励、评比,以及信用评级机构、诚信评估机构作出的信用评级、诚信评估;

(三)中国证监会及其派出机构作出的行政许可决定;

(四)发行人、上市公司、全国中小企业股份转让系统挂牌公司及其主要股东、实际控制人,董事、监事和高级管理人员,重大资产重组交易各方,及收购人所作的公开承诺的未履行或者未如期履行、正在履行、已如期履行等情况;

(五)中国证监会及其派出机构作出的行政处罚、市场禁入决定和采取的监督管理措施;

（六）证券期货市场行业组织实施的纪律处分措施和法律、行政法规、规章规定的管理措施；

（七）因涉嫌证券期货违法被中国证监会及其派出机构调查及采取强制措施；

（八）违反《证券法》第一百七十一条的规定，由于被调查当事人自身原因未履行承诺的情况；

（九）到期拒不执行中国证监会及其派出机构生效行政处罚决定及监督管理措施，因拒不配合中国证监会及其派出机构监督检查、调查被有关机关作出行政处罚或者处理决定，以及拒不履行已达成的证券期货纠纷调解协议；

（十）债券发行人未按期兑付本息等违约行为、担保人未按约定履行担保责任；

（十一）因涉嫌证券期货犯罪被中国证监会及其派出机构移送公安机关、人民检察院处理；

（十二）以不正当手段干扰中国证监会及其派出机构监管执法工作，被予以行政处罚、纪律处分，或者因情节较轻，未受到处罚处理，但被纪律检查或者行政监察机构认定的信息；

（十三）因证券期货犯罪或者其他犯罪被人民法院判处刑罚；

（十四）因证券期货侵权、违约行为被人民法院判决承担较大民事赔偿责任；

（十五）因违法开展经营活动被银行、保险、财政、税收、环保、工商、海关等相关主管部门予以行政处罚；

（十六）因非法开设证券期货交易场所或者组织证券期货交易被地方政府行政处罚或者采取清理整顿措施；

（十七）因违法失信行为被证券公司、期货公司、基金管理人、证券期货服务机构以及证券期货市场行业组织开除；

（十八）融资融券、转融通、证券质押式回购、约定式购回、期货交易等信用交易中的违约失信信息；

（十九）违背诚实信用原则的其他行为信息。

第九条　诚信档案不得采集公民的宗教信仰、基因、指纹、血型、疾病和病史信息以及法律、行政法规规定禁止采集的其他信息。

第十条　本办法第八条第（二）项所列公民、法人或者其他组织所受表彰、奖励、评比和信用评级、诚信评估信息，由其自行向中国证监会及其派出机构申报,记入诚信档案。

公民、法人或者其他组织按规定向中国证监会及其派出机构申报前款规定以外的其他诚信信息,记入诚信档案。

公民、法人或者其他组织申报的诚信信息应当真实、准确、完整。

第十一条 本办法第八条第(一)项、第(三)项至第(十二)项诚信信息,由中国证监会及其派出机构、证券期货市场行业组织依其职责采集并记入诚信档案;第(十七)项、第(十八)项诚信信息,由相关证券期货市场行业组织、证券期货经营机构采集并记入诚信档案;其他诚信信息由中国证监会及其派出机构通过政府信息公开、信用信息共享等途径采集并记入诚信档案。

第十二条 记入诚信档案的诚信信息所对应的决定或者行为经法定程序撤销、变更的,中国证监会及其派出机构相应删除、修改该诚信信息。

第十三条 本办法第八条规定的违法失信信息,在诚信档案中的效力期限为3年,但因证券期货违法行为被行政处罚、市场禁入、刑事处罚和判决承担较大侵权、违约民事赔偿责任的信息,其效力期限为5年。

法律、行政法规或者中国证监会规章对违法失信信息的效力期限另有规定的,国务院其他主管部门对其产生的违法失信信息的效力期限另有规定的,从其规定。

前款所规定的效力期限,自对违法失信行为的处理决定执行完毕之日起算。

超过效力期限的违法失信信息,不再进行诚信信息公开,并不再接受诚信信息申请查询,公民、法人或者其他组织根据本办法第十七条申请查询自己信息的除外。

第三章 诚信信息的公开与查询

第十四条 本办法第八条第(二)、(三)、(四)、(六)项信息和第(五)项的行政处罚、市场禁入信息依法向社会公开。

中国证监会在其网站建立证券期货市场违法失信信息公开查询平台,社会公众可通过该平台查询本办法第八条第(五)项行政处罚、市场禁入决定信息,第(六)项信息等违法失信信息。

第十五条 中国证监会对有下列严重违法失信情形的市场主体,在证券期货市场违法失信信息公开查询平台进行专项公示:

（一）因操纵市场、内幕交易、欺诈发行、虚假披露信息、非法从事证券期货业务、利用未公开信息交易以及编造、传播虚假信息被中国证监会及其派出机构作出行政处罚；

（二）被中国证监会及其派出机构采取市场禁入措施；

（三）因证券期货犯罪被人民法院判处刑罚；

（四）因拒不配合中国证监会及其派出机构监督检查、调查被有关机关作出行政处罚或者处理决定；

（五）到期拒不执行中国证监会及其派出机构生效行政处罚决定；

（六）经责令改正仍逾期不履行《证券法》第八十四条规定的公开承诺；

（七）严重侵害投资者合法权益、市场反应强烈的其他严重违法失信情形。

严重违法失信主体的专项公示期为一年，自公示之日起算。

中国证监会对有第（五）、（六）项情形的市场主体，统一归集至全国信用信息共享平台安排公示的，按照相关规定办理。

第十六条　除本办法第十四条、第十五条规定之外的诚信信息，公民、法人或者其他组织可以根据本办法规定向中国证监会及其派出机构申请查询。

第十七条　公民、法人或者其他组织提出诚信信息查询申请，符合以下条件之一的，中国证监会及其派出机构予以办理：

（一）公民、法人或者其他组织申请查询自己的诚信信息的；

（二）发行人、上市公司申请查询拟任董事、监事、高级管理人员的诚信信息的；

（三）发行人、上市公司申请查询拟参与本公司并购、重组的公民、法人或者其他组织的诚信信息的；

（四）发行人、上市公司申请查询拟委托的证券公司、证券服务机构及其相关从业人员的诚信信息的；

（五）证券公司、债券受托管理人、证券服务机构申请查询其所提供专业服务的发行人、上市公司及其董事、监事、高级管理人员、控股股东和实际控制人以及债券发行担保人的诚信信息的；

（六）证券公司、期货公司、基金管理人、证券期货服务机构申请查询已聘任或者拟聘任的董事、监事、高级管理人员或者其他从业人员的诚信信息的；

(七)中国证监会规定的其他条件。

第十八条 公民、法人或者其他组织提出诚信信息查询申请,应当如实提供如下材料:

(一)查询申请书;

(二)身份证明文件;

(三)办理本办法第十七条第(二)项至第(六)项查询申请的,查询申请书应经查询对象签字或者盖章同意,或者有查询对象的其他书面同意文件。

第十九条 公民、法人或者其他组织提出的查询申请,符合条件,材料齐备的,中国证监会及其派出机构自收到查询申请之日起5个工作日内反馈。

第二十条 公民、法人或者其他组织申请查询的诚信信息属于国家秘密,其他公民、法人或者其他组织的商业秘密及个人隐私的,中国证监会及其派出机构不予查询,但应当在答复中说明。

第二十一条 记入诚信档案的公民、法人或者其他组织,认为其诚信信息具有本办法第十二条规定的应予删除、修改情形的,或者具有其他重大、明显错误的,可以向中国证监会及其派出机构申请更正。

中国证监会及其派出机构收到公民、法人或者其他组织的信息更正申请后,应当在15个工作日内进行处理,并将处理结果告知申请人。确有本办法第十二条规定的应予删除、修改情形的,或者其他重大、明显错误情形的,应予更正。

第二十二条 公民、法人或者其他组织通过申请查询获取诚信信息的,不得泄露或者提供他人使用,不得进行以营利为目的的使用、加工或者处理,不得用于其他非法目的。

第四章 诚信约束、激励与引导

第二十三条 中国证监会建立发行人、上市公司、全国中小企业股份转让系统挂牌公司、证券公司、期货公司、基金管理人、证券期货服务机构、证券期货基金从业人员等主要市场主体的诚信积分制度,实行诚信分类监督管理。

诚信积分和诚信分类监督管理具体办法另行制定。

第二十四条 向中国证监会及其派出机构申请行政许可,申请人以及申请事项涉及的有关当事人应当书面承诺其所提交的申请材料真实、准确、完整,并诚信合法地参与证券期货市场活动。

第二十五条 中国证监会及其派出机构审查行政许可申请,应当查阅申请人以及申请事项所涉及的有关当事人的诚信档案,对其诚信状况进行审查。

证券期货市场行业组织在履行登记、备案、注册、会员批准等工作职责时,应当按照前款规定办理。

证券交易场所依法审核公开发行证券及上市交易或挂牌转让申请时,应当按照第一款规定办理。

第二十六条 中国证监会及其派出机构审查行政许可申请,发现申请人以及有关当事人有本办法第八条第(四)项中的未履行或者未如期履行承诺信息,或者第(五)项至第(十八)项规定的违法失信信息的,可以要求申请人或者受申请人委托为行政许可申请提供证券期货服务的有关机构提供书面反馈意见。

书面反馈意见应就如下事项进行说明:

(一)诚信信息所涉及相关事实的基本情况;

(二)有关部门所作决定、处理的执行及其他后续情况,并提供证明材料;

(三)有关证券期货服务机构关于诚信信息对行政许可事项是否构成影响的分析。

申请人或者有关证券期货服务机构应在规定期限内提交书面反馈意见。

第二十七条 申请人或者有关证券期货服务机构的书面反馈意见不明确,有关分析、说明不充分的,中国证监会及其派出机构可以直接或者委托有关机构对有关事项进行核查。

第二十八条 根据本办法第二十六条、第二十七条提供书面反馈意见或者进行核查的时间,不计入行政许可法定期限。

第二十九条 行政许可申请人以及申请事项所涉及的有关当事人有本办法第八条第(四)项中的未履行或者未如期履行承诺信息,或者第(五)项至第(十八)项规定的违法失信信息之一,属于法定不予许可条件范围的,中国证监会及其派出机构应当依法作出不予许可的决定。

申请人以及申请事项所涉及的有关当事人的诚信信息虽不属于法定不予许可条件范围,但有关法律、行政法规和规章对行政许可法定条件提出诚实信用要求、作出原则性规定或者设定授权性条款的,中国证监会及其派出机构可以综合考虑诚信状况等相关因素,审慎审查申请人提出的行政许可申请事项。

第三十条 业务创新试点申请人有本办法第八条第(四)项中的未履行或者未如期履行承诺信息,或者第(五)项至第(十八)项规定的违法失信信息之一的,中国证监会及其派出机构、证券期货市场行业组织可以暂缓或者不予安排,但申请人能证明该违法失信信息与业务创新明显无关的除外。

第三十一条 中国证监会及其派出机构审查行政许可,对符合以下条件的,在受理后,即时进行审查:

(一)近三年没有违反证券期货法律、行政法规和中国证监会规定的失信记录;

(二)近三年没有因违法开展经营活动被银行、保险、税收、环保、海关等相关主管部门予以行政处罚;

(三)没有因证券期货犯罪或者其他犯罪被人民法院判处刑罚。

中国证监会及其派出机构审查行政许可,可以在同等条件下对诚信积分较高的申请人优先审查。

第三十二条 中国证监会及其派出机构、证券期货市场行业组织在业务创新试点安排中,可以在法律、行政法规规定的范围内,对于同等条件下诚信状况较好的申请人予以优先安排。

第三十三条 中国证监会及其派出机构在对公民、法人或者其他组织进行行政处罚、实施市场禁入和采取监督管理措施中,应当查阅当事人的诚信档案,在综合考虑当事人违法行为的性质、情节、损害投资者合法权益程度和当事人诚信状况等因素的基础上,依法作出处理。

第三十四条 中国证监会及其派出机构在开展监督检查等日常监管工作中,应当查阅被监管机构的诚信档案,根据被监管机构的诚信状况,有针对性地进行现场检查和非现场检查,或者适当调整、安排现场检查的对象、频率和内容。

第三十五条 证券登记结算机构、证券公司、期货公司等机构在为投资者、客户开立证券、期货相关账户时,应当查询投资者、客户的诚信档案,按照规定办理相关账户开立事宜。

第三十六条 证券公司在办理客户证券质押式回购、约定式购回以及融资融券业务申请时,可以查阅客户的诚信档案,根据申请人的诚信状况,决定是否予以办理,或者确定和调整授信额度。

证券金融公司在开展转融通业务时,可以查阅证券公司的诚信档案，根据证券公司的诚信状况，决定是否对其进行转融通，或者确定和调整授信额度。

第三十七条 发行人、上市公司、全国中小企业股份转让系统挂牌公司、证券公司、期货公司、基金管理人、证券期货服务机构拟聘任董事、监事、高级管理人员以及从业人员的，应当查询拟聘任人员的诚信档案，并将其诚信状况作为决定是否聘任的依据。

第三十八条 证券公司、证券服务机构受托为发行人、上市公司、全国中小企业股份转让系统挂牌公司等提供证券服务的，应当查询委托人的诚信档案，并将其诚信状况作为决定是否接受委托、确定收费标准的依据。

第三十九条 公民、法人或者其他组织公开发布证券期货市场评论信息，所述事实内容与实际情况不相符合的，或者存在其他显著误导公众情形的，中国证监会及其派出机构可以对其出具诚信关注函，记入诚信档案，并可将有关情况向其所在工作单位、所属主管部门或者行业自律组织通报。

证券期货投资咨询机构及其人员公开发布证券期货市场评论信息违反规定的，依照有关规定处理、处罚。

公民、法人或者其他组织利用公开发布证券期货市场评论信息进行操纵市场等违法行为的，依法予以处罚；构成犯罪的，由司法机关依法追究刑事责任。

第四十条 证券期货市场行业组织应当教育和鼓励其成员以及从业人员遵守法律，诚实信用。对遵守法律、诚实信用的成员以及从业人员，可以给予表彰、奖励。

中国证监会鼓励证券期货市场行业组织等建立证券期货市场诚信评估制度，组织开展对有关行业和市场主体的诚信状况评估，并将评估结果予以公示。

中国证券业协会、中国期货业协会、中国上市公司协会、中国证券投资基金业协会建立年度诚信会员制度。具体办法由相关协会制定，报中国证监会备案。

第四十一条 上市公司、全国中小企业股份转让系统挂牌公司、证券公司、期货公司、基金管理人和证券期货服务机构等应当不断完善内部诚信监督、约束制度机制，提高诚信水平。

中国证监会及其派出机构对前款规定机构的内部诚信监督、约束制度机制建设情况进行检查、指导,并可以将检查情况在行业和辖区内进行通报。

第四十二条 对有本办法第八条第(四)项中的未履行或者未如期履行承诺信息,或者第(五)项至第(十八)项规定的违法失信信息的公民,中国证监会及其派出机构、证券期货市场行业组织可以不聘任其担任下列职务:

(一)中国证监会股票发行审核委员会委员;

(二)中国证监会上市公司并购重组审核委员会委员;

(三)中国证监会及其派出机构、证券期货市场行业组织成立的负有审核、监督、核查、咨询职责的其他组织的成员。

第四十三条 中国证监会与国务院其他部门、地方人民政府、国家司法机关和有关组织建立对证券期货市场参与主体的失信联合惩戒和守信联合激励制度机制,提供证券期货市场主体的相关诚信信息,依法实施联合惩戒、激励。

第五章 监督与管理

第四十四条 中国证监会诚信监督管理机构履行下列职责:

(一)界定、组织采集证券期货市场诚信信息;

(二)建立、管理诚信档案,组织、督促诚信信息的记入;

(三)组织办理诚信信息的公开、查询和共享;

(四)建立、协调实施诚信监督、约束与激励机制;

(五)中国证监会规定的其他诚信监督管理与服务职责。

第四十五条 中国证监会各派出机构负责接收、办理公民、法人或者其他组织根据本办法规定提出的诚信信息记入申报、诚信信息查询申请、诚信信息更正申请等事项。

第四十六条 中国证监会及其派出机构、证券期货市场行业组织,未按照本办法规定及时、真实、准确、完整地记入诚信信息,造成不良后果的,按照有关规定对相关责任人员进行行政处分;情节严重的,依法追究法律责任。

第四十七条 违反本办法第十条、第十八条、第二十二条、第三十五条、第三十七条、第三十八条规定的,中国证监会及其派出机构可以采取责令改正、监管谈话、出具警示函、责令公开说明、在一定期限内不予接受其诚信信息申报和查询申请等监督管理措施;情节严重的,依法追究法律责任。

> **第六章　附　　则**
>
> **第四十八条**　中国证监会及其派出机构办理诚信信息查询，除可以收取打印、复制、装订、邮寄成本费用外，不得收取其他费用。
>
> **第四十九条**　证券期货市场行业组织在履行自律管理职责中，查询诚信档案，实施诚信约束、激励的，参照本办法有关规定执行。
>
> **第五十条**　本办法自2018年7月1日起施行。《证券期货市场诚信监督管理暂行办法》（证监会令第106号）同时废止。

第二百一十六条　【不履行法定责任的法律责任】国务院证券监督管理机构或者国务院授权的部门有下列情形之一的，对直接负责的主管人员和其他直接责任人员，依法给予处分：

（一）对不符合本法规定的发行证券、设立证券公司等申请予以核准、注册、批准的；

（二）违反本法规定采取现场检查、调查取证、查询、冻结或者查封等措施的；

（三）违反本法规定对有关机构和人员采取监督管理措施的；

（四）违反本法规定对有关机构和人员实施行政处罚的；

（五）其他不依法履行职责的行为。

第二百一十七条　【渎职的法律责任】国务院证券监督管理机构或者国务院授权的部门的工作人员，不履行本法规定的职责，滥用职权、玩忽职守，利用职务便利牟取不正当利益，或者泄露所知悉的有关单位和个人的商业秘密的，依法追究法律责任。

第二百一十八条　【治安管理处罚】拒绝、阻碍证券监督管理机构及其工作人员依法行使监督检查、调查职权，由证券监督管理机构责令改正，处以十万元以上一百万元以下的罚款，并由公安机关依法给予治安管理处罚。

第二百一十九条　【刑事责任】违反本法规定，构成犯罪的，依法追究刑事责任。

第二百二十条　【民事赔偿责任优先原则】违反本法规定，应当承担民事赔偿责任和缴纳罚款、罚金、违法所得，违法行为人的财产不足以支付的,优先用于承担民事赔偿责任。

第二百二十一条 【证券市场禁入】违反法律、行政法规或者国务院证券监督管理机构的有关规定,情节严重的,国务院证券监督管理机构可以对有关责任人员采取证券市场禁入的措施。

前款所称证券市场禁入,是指在一定期限内直至终身不得从事证券业务、证券服务业务,不得担任证券发行人的董事、监事、高级管理人员,或者一定期限内不得在证券交易所、国务院批准的其他全国性证券交易场所交易证券的制度。

相关规范性文件

《证券市场禁入规定》(中国证券监督管理委员会令第185号,自2021年7月19日起施行)

第一条 为了维护证券市场秩序,保护投资者合法权益和社会公众利益,促进证券市场健康稳定发展,根据《中华人民共和国证券法》《中华人民共和国证券投资基金法》《中华人民共和国行政处罚法》等法律、行政法规,制定本规定。

第二条 中国证券监督管理委员会(以下简称中国证监会)及其派出机构(以下统称执法单位)对违反法律、行政法规或者中国证监会有关规定的有关责任人员采取证券市场禁入措施,以事实为依据,遵循公开、公平、公正的原则。

第三条 下列人员违反法律、行政法规或者中国证监会有关规定,情节严重的,执法单位可以根据情节严重的程度,采取证券市场禁入措施:

(一)证券发行人的董事、监事、高级管理人员,其他信息披露义务人或者其他信息披露义务人的董事、监事、高级管理人员,证券发行人、其他信息披露义务人持股百分之五以上的股东、实际控制人,证券发行人、其他信息披露义务人持股百分之五以上的股东、实际控制人的董事、监事、高级管理人员,或者执法单位认定的其他对欺诈发行或信息披露违法行为直接负责的主管人员或其他直接责任人员;

(二)证券公司及其依法设立的子公司的董事、监事、高级管理人员及工作人员,证券公司的股东、实际控制人或者股东、实际控制人的董事、监事、高级管理人员;

（三）证券服务机构、债券受托管理人的董事、监事、高级管理人员、合伙人、负责人及工作人员，证券服务机构、债券受托管理人的股东、实际控制人或者股东、实际控制人的董事、监事、高级管理人员；

（四）公开募集证券投资基金（以下简称基金）管理公司及其依法设立的子公司、其他公募基金管理人、基金托管人及其设立的基金托管部门、基金服务机构的董事、监事、高级管理人员及工作人员，基金管理公司、其他公募基金管理人和基金服务机构的股东、实际控制人或者股东、实际控制人的董事、监事、高级管理人员；

（五）私募投资基金管理人、私募投资基金托管人、私募投资基金销售机构及其他私募服务机构的董事、监事、高级管理人员、工作人员，私募投资基金管理人的股东、实际控制人、合伙人、负责人；

（六）直接或者间接在证券交易所、国务院批准的其他全国性证券交易场所（以下统称证券交易场所）进行投资的自然人或者机构投资者的交易决策人；

（七）编造、传播虚假信息或者误导性信息的有关责任人员；

（八）执法单位及相关自律组织的工作人员；

（九）执法单位认定的其他违反法律、行政法规或者中国证监会有关规定的有关责任人员。

第四条　执法单位可以采取的市场禁入种类包括：

（一）不得从事证券业务、证券服务业务，不得担任证券发行人的董事、监事、高级管理人员；

（二）不得在证券交易场所交易证券。

执法单位可以根据有关责任人员的身份职责、违法行为类型、违法行为的社会危害性和违法情节严重的程度，单独或者合并适用前款规定的不同种类市场禁入措施。

第五条　被采取本规定第四条第一款第一项证券市场禁入措施的人员，在禁入期间内，除不得继续在原机构从事证券业务、证券服务业务或者担任原证券发行人的董事、监事、高级管理人员职务外，也不得在其他任何机构中从事证券业务、证券服务业务或者担任其他证券发行人的董事、监事、高级管理人员职务。

被采取本规定第四条第一款第一项证券市场禁入措施的人员，应当在收到证券市场禁入决定后立即停止从事证券业务、证券服务业务或者停止履行证券发行人董事、监事、高级管理人员职务，并由其所在机构按规定的程序解除其被禁止担任的职务。

第六条 被采取本规定第四条第一款第二项证券市场禁入措施的人员,在禁入期间内,不得直接或者以化名、借他人名义在证券交易场所交易上市或者挂牌的所有证券。但在禁入期间存在以下情形的除外:

(一)有关责任人员被依据《中华人民共和国证券法》和中国证监会有关规定责令回购或者买回证券;

(二)有关责任人员被责令依法处理非法持有的证券;

(三)有关责任人员持有的证券被依法强制扣划、卖出或转让;

(四)根据相关法律、行政法规、中国证监会规定或者依法制定的证券交易场所相关业务规则,为防范和化解信用类业务风险需要继续交易证券;

(五)为履行在被禁入前已经报送或者已经公开披露的材料中约定的义务需要继续交易证券;

(六)卖出被禁入前已经持有的证券;

(七)法律、行政法规、中国证监会或者依法制定的证券交易场所业务规则规定,或者中国证监会认定的其他情形。

被采取本规定第四条第一款第二项证券市场禁入措施的人员,应当在收到证券市场禁入决定后立即停止证券交易活动。

证券交易场所应当做好相配套的限制证券账户交易权限工作,证券登记结算机构和证券公司应当予以配合。

第七条 违反法律、行政法规或者中国证监会有关规定,情节严重的,可以对有关责任人员采取3年以上5年以下本规定第四条第一款第一项规定的证券市场禁入措施;行为恶劣、严重扰乱证券市场秩序、严重损害投资者利益或者在重大违法活动中起主要作用等情节较为严重的,可以对有关责任人员采取6年以上10年以下本规定第四条第一款第一项规定的证券市场禁入措施;有下列情形之一的,可以对有关责任人员终身采取本规定第四条第一款第一项规定的证券市场禁入措施:

(一)严重违反法律、行政法规或者中国证监会有关规定,被人民法院生效司法裁判认定构成犯罪的;

(二)从业人员等负有法定职责的人员,故意不履行法律、行政法规或者中国证监会规定的义务,并造成特别恶劣社会影响,或者致使投资者利益受到特别严重损害,或者导致其他特别严重后果的;

（三）在报送或者公开披露的材料中，隐瞒、编造或者篡改重要事实、重要财务数据或者其他重要信息，或者组织、指使从事前述行为或者隐瞒相关事项导致发生上述情形，严重扰乱证券市场秩序，或者造成特别恶劣社会影响，或者致使投资者利益受到特别严重损害的；

（四）违反法律、行政法规或者中国证监会有关规定，从事欺诈发行、内幕交易、操纵证券市场等违法行为，严重扰乱证券市场秩序并造成特别恶劣社会影响，或者获取违法所得等不当利益数额特别巨大，或者致使投资者利益受到特别严重损害的；

（五）违反法律、行政法规或者中国证监会有关规定，情节严重，应当采取证券市场禁入措施，且存在故意出具虚假重要证据，隐瞒、毁损重要证据等阻碍、抗拒执法单位及其工作人员依法行使监督检查、调查职权行为的；

（六）因违反法律、行政法规或者中国证监会有关规定，5 年内曾经被执法单位给予行政处罚 2 次以上，或者 5 年内曾经被采取本规定第四条第一款第一项规定的证券市场禁入措施的；

（七）组织、策划、领导或者实施重大违反法律、行政法规或者中国证监会有关规定的活动的；

（八）其他违反法律、行政法规或者中国证监会有关规定，情节特别严重的。

违反法律、行政法规或者中国证监会有关规定，影响证券交易秩序或者交易公平，情节严重的，可以对有关责任人员采取本规定第四条第一款第二项规定的证券市场禁入措施，禁止交易的持续时间不超过 5 年。

第八条　违反法律、行政法规或者中国证监会有关规定，情节严重的，可以单独对有关责任人员采取证券市场禁入措施，或者一并依法进行行政处罚；涉嫌犯罪的，依法移送有关部门，并可同时采取证券市场禁入措施。

第九条　有下列情形之一的，应当对有关责任人员从轻、减轻采取证券市场禁入措施：

（一）主动消除或者减轻违法行为危害后果的；

（二）配合查处违法行为有立功表现的；

（三）受他人胁迫或者诱骗实施违法行为的；

（四）在执法单位依法作出行政处罚决定或者证券市场禁入决定前主动交代违法行为的；

(五)其他依法应当从轻、减轻采取证券市场禁入措施的。

违法情节轻微并及时纠正,没有造成危害后果的,免予采取证券市场禁入措施。初次违法并且危害后果轻微并及时纠正的,可以免予采取证券市场禁入措施。

第十条 共同违反法律、行政法规或者中国证监会有关规定,需要采取证券市场禁入措施的,对负次要责任的人员,可以比照应负主要责任的人员,适当从轻、减轻或者免予采取证券市场禁入措施。

第十一条 执法单位采取证券市场禁入措施前,应当告知当事人采取证券市场禁入措施的事实、理由及依据,并告知当事人有陈述、申辩和要求举行听证的权利。具体程序按照《中国证券监督管理委员会行政处罚听证规则》等规定执行。

第十二条 被采取证券市场禁入措施的人员因同一违法行为同时被人民法院生效司法裁判认定构成犯罪或者进行行政处罚的,如果对其所作人民法院生效刑事司法裁判或行政处罚决定被依法撤销或者变更,并因此影响证券市场禁入措施的事实基础或者合法性、适当性的,依法撤销或者变更证券市场禁入措施。

第十三条 被执法单位采取证券市场禁入措施的人员,执法单位将通过中国证监会或者相关派出机构网站,或者指定媒体向社会公布,并记入证券市场诚信档案。

第十四条 有关责任人员违反执法单位依法作出的证券市场禁入决定或者所在机构及相关工作人员不配合履行证券市场禁入决定的,执法单位可依据相关法律法规进行处罚,相关法律法规没有规定的,给予警告并处国务院规定限额以下的罚款;涉嫌犯罪的,依法移送有关部门追究刑事责任。

第十五条 执法单位依法宣布个人或者单位的直接责任人员为期货市场禁止进入者的,可以参照本规定执行。

第十六条 本规定下列用语具有如下含义:

(一)证券发行人:包括上市公司、非上市公众公司、公司债券发行人和法律、行政法规以及中国证监会规定的其他证券发行人;

(二)信用类业务:包括融资融券、股票质押、债券质押式回购以及其他由法律、行政法规、中国证监会或者证券交易场所业务规则规定的,由投资者提供担保品进行资金或证券融通的交易活动;

(三)从业人员:包括本规定第三条第二项、第三项、第四项、第五项

和第八项规定的人员,或者执法单位认定的其他人员;

(四)立即:本规定第五条第二款所称"立即"是指证券市场禁入决定送达之日的次一工作日,本规定第六条第二款所称"立即"是指证券市场禁入决定送达之日的次一交易日,法律、行政法规或者中国证监会另有规定的除外;

(五)本规定所称以上、以下、不超过,均包括本数。

第十七条　本规定自2021年7月19日起施行。2006年7月10日中国证监会发布施行的《证券市场禁入规定》(2006年3月7日中国证券监督管理委员会第173次主席办公会议审议通过,根据2015年5月18日中国证券监督管理委员会《关于修改〈证券市场禁入规定〉的决定》修订,以下简称原规定)同时废止。

对于本规定实施前发生的应予证券市场禁入的违法行为,依照原规定办理,但适用本规定对有关责任人员有利的,适用本规定。

对发生于本规定实施以前,继续或者连续到本规定实施以后的行为,依照本规定办理。

第二百二十二条　【罚没所得入国库】依照本法收缴的罚款和没收的违法所得,全部上缴国库。

第二百二十三条　【复议与诉讼】当事人对证券监督管理机构或者国务院授权的部门的处罚决定不服的,可以依法申请行政复议,或者依法直接向人民法院提起诉讼。

第十四章　附　　则

第二百二十四条　【境外上市】境内企业直接或者间接到境外发行证券或者将其证券在境外上市交易,应当符合国务院的有关规定。

第二百二十五条　【境内上市外资股】境内公司股票以外币认购和交易的,具体办法由国务院另行规定。

第二百二十六条　【施行日期】本法自2020年3月1日起施行。